KB041729

최신 인터넷 관련 법, 형사판결, 연방대법원 판례 보완

LAW 101

미국법에 대하여
알아야 할
모든 것

Jay M. Feinman 저

김영준 역

박영사

저자 서문

법은 어디에나 존재한다. 매일 저녁 TV 뉴스에는 흉악범죄의 재판 이야기, 집단소송massive lawsuit 또는 새로 제기된 헌법소송constitutional claim에 관한 이야기를 듣게 된다. 그리고 모두 다 너무나 복잡하게 보인다. 경찰이 실수하게 만들고 범죄자가 법망을 빠져나갈 수 있게 하는 그런 이상한 법조항들은 어째서 존재하는가? 왜 소송litigation은 그렇게 시간이 오래 걸리고 비용도 많이 드는가? 법원은 연방헌법Constitution의 기초자들framers이 꿈에도 상상하지 못했던 상황에 대하여 헌법의 문구가 어떻게 적용되어야 할지를 어떻게 생각해 내는 것일까?

법률가들은 이러한 이슈들을 이해하는 훈련을 받았고 그들에게 도움을 주는 자료도 많이 있다. 내가 재직하는 로스쿨의 도서관에는 100만여 권의 장서와 수도 없는 온라인 자료들이 있어서 변호사들이 법령statute, 법률의견judicial opinion, 법에 관하여 정통한 주석서commentary를 찾아볼 수 있다. 이 책은 법률가가 아닌 다른 모든 사람들을 위한 책이다. Law 101은 변호사들과 판사들이 쓰는 원칙과 원리에 대한 기초적 설명을 하는 책이다. 이 책은 아주 직선적인 전제, 즉 법률문제에 대하여 판단을 내리기는 쉬운 일이 아니지만 누구나 그 문제가 어떤 것과 관련되어 있는지에 관하여 기본적인 이해는 가질 수 있다는 전제에서 출발한다.

이 책의 각 장은 모든 법률가가 로스쿨 1학년에 배우는 기본적 과목, 즉 헌법constitutional law, 국민의 기본권civil rights, 민사소송법civil procedure과 소송절차litigation process, 불법행위법torts, 계약법contracts, 물권법property, 형법criminal law과 형사소송법criminal procedures을 설명한다. 각 장에서 당신은 이들 각 과목의 바닥에 깔린 기본적 원리를 배우고, 법률용어를 알게 되고, 그 원리들이 일반적인 사건과 이례적인 사건에 어떻게 적용되는지 알아보게 된다(더 많은 법률용어의 간단한 정의들을 알아보고 싶다면 이 책과 자매 책인 '당신이 알아야 할 1001개의 법률용어1001 Legal Words You Need to Know'를 읽어 보기 바란다). 이 책은 단순히 법을 알려주는 것만이 아니라 이보다 더 중요한 목적을 가지고 있는데 그것은 당신으로 하여금 법률가와 판사들이 부딪히는 어려운 의문과 골치 아픈 사건들에 대하여 생각해 보게 함으로써 법이 형성되어 가는 과정에 접해 보도록 하는 것이다. 독자들은 이 길을 따라가면서 또한 재미를 느끼기도 할 텐데 그것은 법이 다루는 상황은 때로는 웃기기도, 화나게 하는 것이기도 하며 그래서 언제나 흥미롭기 때문이다.

이 책을 읽고 나면 당신은 다툼의 대상이 되는 어떤 법적 이슈에 대하여 듣게 되면 그 이슈의 배경과 복잡성을 더 잘 이해하게 되고 이런 때 법은 어때야 할 것인지에 관하여 당신 스스로의 판단을 더 잘 할 수 있게 될 것이다. 당신은 또한 주택을 소유하는 일부터 누구를 상대로 소송을 제기하는 일 그리고 당신의 헌법상 권리를 주장하는 것 등등 당신이 일상생활에서 마주칠 수 있는 법적 문제를 생각하는 데 더 잘 준비가 되어 있을 것이다. 당신이 로스쿨에 들어갈 생각을 해 본 일이 있다면 Law 101은 로스쿨이 어떤 곳인지 맛볼 수 있게 해 줄 것이다. 그리고 당신이 로스쿨이든 다른 학교든 학생이라면 기본적 법률 과목에 대하여 다른 곳에서는 얻기 힘든 큰 그림을 이 책으로부터 얻을 수 있을 것이다.

저자도 변호사이고 법학교수이지만 이 책을 쓰고 개정하는 일은 저자 스스로에게도 독자에게 주고자 했던 것과 똑같은 정도로 교육이 되고 있다. 나도 내 전공이 아닌 분야의 많은 주제에 대하여 다시 생각해야 했고, 나 스스로 오랫동안 공부한 분야도 새롭게 연구해야 했다. 이 과정에서 도움을 주신 모든 분들께 깊은 감사를 드린다. Carl Bogus, Ed Chase, Kim Ferzan, Beth Hillman, Greg Lastowka, Thomas LeBien, Earl Maltz, Stanislaw Pomorski, Mike Sepanic, Rick Singer, Allan Stein, Bob Williams 등이 훌륭한 코멘트를 해 주었다. Elizabeth Boyd, Sheryl Fay, Nicole Friant, Amy Newman, Beth Pascal은 자료조사에 도움을 주었다. Chris Carr와 Bill Lutz는 기초적인 지원을 해 주었다. Camden에 있는 Rutgers 로스쿨과 학장님은 이러한 일을 해 낼 수 있는 환경을 만들어 주었다. 그중에서도 특히 이 작업이 있을 수 있게 해 준 John Wright에게 감사한다.

역자 서문

나는 이 책을 2002년에 알게 되었다. Washington D.C.의 주미대사관에 법무협력관으로 파견 근무 중이었는데 법무 분야의 외교업무를 수행하려면 마땅히 미국의 법제를 알아야 했다. 그뿐만이 아니다. 대사관에 고국의 검사가 근무 중임을 아는 교민들도 수시로 미국법에 관한 문제까지도 상담을 요청하곤 하였다. 그러나 미국의 법을 일목요연하게 해설해 주는 개론서가 없음은 Duke Law School 연수시절부터 알고 있었고, 당시까지 국내의 해설책자도 드물었다. 무엇보다 먼저 개념을 설명하고 관련 법조문을 해설하는 법학교육에 익숙한 한국의 법률가로서는 과목마다 판례 위주의 두꺼운 교과서를 읽고 공부한다는 것은 벅찬 일이었다. 그러던 어느 날 서점에서 이 책의 초판을 발견하였다.

책을 읽으며 많은 것을 얻었다. 법의 기본정신은 법제에 불구하고 다 같으나 그 구현방식은 이렇게 다를 수 있음을 알게 되었고, 이민의 나라가 역사의 발전 단계마다 마주치는 수많은 사회문제를 어떻게 해결하여 오늘에 이르렀는지, 미국식 실용주의가 법에 어떻게 반영되는지 조금씩 깨닫게 되었다. 자연히 미국역사를 공부하게 되었고 일찍이 프랑스의 정치학자 토크빌이 '미국에서 모든 정치 문제가 사법적 판단에 의하여 해결될 것'이라고 예언한 이유를 이해할 수 있었다. 모두 나열할 수는 없지만 업무에도 적지 않은 도움을 받았다. 법무부 국제법무과장으로 한미 FTA 협상대표로 나섰을 때 주로 법률가들인 상대의 속셈과 사고방식을 간파하는 데에도 유익하였다.

한미관계도 생각해 볼 수 있었다. 미국은 조선이 최초로 수호조약을 맺은 서방국이다. 고종은 이 신생국가가 열강의 각축 속에서 조선을 지켜 주리라 믿고 기대에 벅찼다고 한다. 미국은 일본과 밀약으로 기대를 저버렸고 장애를 모두 제거한 일본은 조선을 집어삼켰다. 미국은 전쟁에 이기고도 소련을 개입시켜 분단의 원인을 제공하고, 한반도를 방어선에서 제외하여 6·25의 단초를 만드는가 하면 엄청난 희생을 치르며 공산화를 저지하였다. 태평양 건너의 나라가 한민족 현대사 3대 비극에 모두 관계가 있고, 지금은 가장 중요한 동맹국이다. 그렇다면 우리를 위해서도 미국을 알아야 한다. 친미, 반미, 용미는 각자 생각 나름이

지만 어느 쪽이든 미국을 제대로 이해한 다음의 일이 아닌가?

법률가로서 반성도 있었다. 우선 나부터 학창시절 형사절차상 피의자의 권리를 보호해 온 미국 판례를 공부하며 가졌던 막연한 동경에서 벗어날 수 있었다. 국민의 자유와 권리의 보루로서 미국 법원의 공로를 평가절하할 생각은 없지만 그 판결들은 다인종국가의 태생적 문제를 해결하려는 고민과 타협의 산물임을 알고 보는 것과 센티멘털리즘으로 보는 것은 다르다. 법제도를 개선하자고 하면 외국 입법례를 금과옥조로 여기고 그것이 그 나라의 어떤 상황에 대처하고자 만들어졌는지에 관심을 두지 않는 풍조에 염증을 느끼고 있던 차에 법무부 법무심의관의 법령관리 업무에도 참고가 되었다. 아직도 많은 한국인이 외국의 법에 환상과 선입견을 가지고 있는 것 같아 안타깝다.

그래서 이 책을 번역하여 출간하기로 마음먹었다. 저자는 '일반인도 법을 이해하도록, 로스쿨 지망생이 법의 맛을 보도록 하는 데 저술 의도가 있다.'고 한다. 나는 이 책이 미국의 법을 다 설명해 주지는 않지만 — 그리고 저자의 주장처럼 재미있게 읽기는 아무래도 어렵겠지만 — 먼저 한국의 법률가에게는 미국법의 정신과 운영 실태를 접하여 미국을 정확하게 이해하는 통로가 되고, 다음으로 법의 나라인 미국에 살면서 그 법을 알아야 할 필요성이 누구보다 절실한 많은 재미동포에게 도움이 될 수 있을 것이라는 데 번역의 의미를 둔다. 미국의 저명한 법학자가 역시 각 분야의 저명한 법학자들의 조력을 받아 저술한 개설서이니 만큼 누구나 읽어 볼 가치는 충분하리라고 본다.

과정은 순탄하지 못하였다. 열심히 작업하다가도 급한 일로 뒷전에 밀리기 일쑤였고 심지어 몇 년씩 관심을 두지 못한 일도 여러 번 있었다. 외국법 해설서이니 독자들의 이해를 돕기 위하여 역자 주석이 꼭 필요할 터인데 입체적 설명과 혼동 방지를 위해 한국의 법과 비교하여 해설하는 것도 능력에 부치는 큰일이 아닐 수 없었다. 작업이 지연되는 동안 부지런한 저자가 4번이나 개정하는 바람에 바뀐 곳을 찾아 반영하느라 애를 먹었다. 포기하고 싶은 때도 많았으나 그때마다 대학동기이자 평생의 친구인 서석호 변호사가 있었다. 때로 진행상황을 묻고 독려한 그가 없었으면 이 책은 세상에 나오지 못하였을 것임을 인정하며 이 기회를 빌려 감사의 뜻을 표한다.

이 작업에 항상 따뜻한 관심을 가지고 성원해 준 아내 박계현과 세 딸 윤우,

승우, 현우에게 고마움을 전한다. 특히 큰딸 윤우는 법학도로서 공부할 시간을 쪼개어 교정에 큰 도움을 주었다. 오랜 노력의 끝자락에 역자 서문을 쓰다 보니 출판물에 사랑하는 가족들의 이름을 언급하고 고마움을 표할 수 있는 망외의 기쁨도 얻어 혼자 미소짓는다. 그리고 출판을 흔쾌히 결정해 주신 박영사의 조성호 이사님과 조판에 애써 주신 윤혜경 님께도 감사드린다. 이 책은 여기가 끝이 아니고 앞으로 개정판이 나올 때마다 번역과 각주를 다듬어 보다 알찬 미국법의 소개서가 되도록 노력할 것을 약속하며, 독자들의 애정과 충고를 바라 마지않는다.

2021. 7.

역자 김영준 배

※ 원서에 각주가 전혀 없으므로 모든 각주는 역자가 부가한 주석이며, 책의 성격상 각주는 내용의 이해를 돕는 한도에서 간략히 작성되었음을 밝힙니다.

차례

뜨거운 커피, 자동차 사고Hot Coffee and Crashing Cars

계약은 계약이다.A Deal's a Deal

비밀의 책은 없다.

Law
101

비밀의 책은 없다.There Are No Secret Books

당신도 법을 이해할 수 있다.You Can Understand the Law

미국인들은 법에 사로잡혀 있다. 어찌 보면 당연한 일이다. 법은 매우 중요하고 지적으로 도전할 만한 일이며 때로는 충격적이기도 하기 때문이다. 과거에 신문 1면을 장식했던 사건 몇 개를 보도록 하자.

- 79세의 Stella Liebeck은 Albuquerque, New Mexico의 어느 McDonald's 점포의 드라이브스루 창구drive-through window에서 커피 한 잔을 샀다. 그녀는 크림과 설탕을 넣기 위하여 다리 사이에 컵을 끼고 뚜껑을 열다가 커피를 쏟았고 그로 인해 화상을 입었다. Liebeck은 피부이식을 포함한 화상치료를 위하여 7일간 병원 신세를 졌고, 커피가 위험한 정도로 뜨거웠다고 주장하며 McDonald's를 제소하였다. 배심원단jury은 그녀의 상해에 대한 배상금으로 16만 달러를 지급하게 하고 이와 함께 McDonald's에 대한 징벌punishment의 의미로 270만 달러를 지급할 것을 명하였는데 270만 달러라는 액수는 배심원단이 McDonald's의 전체 매장에서 이틀간 커피를 판매한 금액에 상당한 금액이 징벌배상액punitive damage으로 적절하다고 판단한 데 따라 결정되었다(이 징벌배상금punitive damage은 나중에 판사가 48만 달러로 감액하였다). 이 사건은 불법행위제도tort system가 미쳐 날뛴 황당한 사례인가, 아니면 잘못한 사람을 벌주기 위하여 부상을 당한 피해자가 받아야 할 공정한 판단인가? 이는 제5장에서 다룬다.

- James Obergefell과 John Arthur는 서로 알게 되어 사랑에 빠지고 수십 년간 관계를 이어갔다. John이 몸이 약화되는 진행성 불치병인 ALS 또는 루게릭병

을 진단받은 후 그들은 James가 죽기 전에 혼인하기를 원하였다. 그들은 집이 있는 Ohio에서 동성혼인same-sex marriage이 합법화된 Maryland로 가서 결혼하였다. 3개월 후에 John이 사망하자 James는 Ohio가 동성혼인을 인정하지 않기 때문에 John의 사망증명서death certificate에 생존 배우자로 등재될 수 없었다. James가 소송을 제기하자 연방대법원US Supreme Court[1]은 추가조항 제4조 the Fourth Amendment[2]가 주정부에게 동성혼인한 부부에게 혼인증명marriage license을 발급하고 다른 주에서 이루어진 그러한 혼인을 인정할 것을 요구한다고 판결하였다. 대법관들은 이러한 사건에서 연방헌법[3]의 의미가 무엇인지를 어떻게 알아내는가? 제3장에서 다룬다.

- Ferguson, Missouri의 경찰관인 Darren Wilson은 편의점convenience store에서 강도사건이 발생한 직후 10대의 아프리카계 미국인인 Michael Brown에게 다가갔는데 Brown과 Wilson 사이에 싸움이 벌어졌고 Brown이 도주하였다. 그 직후에 벌어진 일에 대하여 목격자들의 말은 엇갈리는데 결국 Wilson은 무장하지 아니한 Brown에게 최소한 6발 이상의 총을 쏘아 그를 죽게 하였다. 대배심grand jury이 사건을 조사하고 Wilson을 살인죄homicide로 기소하기를 거부하였다. Brown의 사망과 대배심 결정은 흑인생명권운동Black Lives Matter의 확산을 불렀다. 경찰관은 용의자를 체포함에 있어 어떤 경우에 사망을 야기할 수도 있는 무력을 행사할 수 있는가? 제8장에서 다룬다.

법이 다루는 사건이 언제나 동성혼인에 대한 헌법적 보호나 Michael Brown에 대한 총격과 같이 드라마틱한 사건에 관한 것은 아니다. 법은 여러 가지 방식으로 우리의 일상생활을 넘나든다. 비평가들은 오늘날 우리가 "법의 과잉

---

1) 미국의 연방대법원은 각 주state의 헌법에 따라 설치된 주대법원과 구별하기 위하여 항상 대문자로 시작하여 the US Supreme Court라고 표기한다. 이 책에서도 연방대법원임을 명확하게 하기 위하여 항상 '연방대법원'이라는 용어를 쓴다.

2) 미국에서 법을 개정할 때 사용되는 'Amendment'라는 용어의 번역에 관하여는 제2장 주3) 참조. 이 책에서는 이제까지 대한민국에서 주로 사용되어 온 '수정헌법 제X조'라는 용어 대신에 '추가조항 제X조'라고 부르기로 한다.

3) 미국의 연방헌법은 각 주state의 헌법과 구별하기 위하여 대문자로 시작한다. 이 책에서 연방헌법은 각 주헌법과 구별하기 위하여 항상 '연방헌법'이라고 표시한다.

hyperlexis", 즉 법이 너무 많고 변호사도 너무 많은 현실 때문에 고통받고 있다고 비판하지만 법은 인간의 사회가 시작된 때부터 사회에 깊이 스며 있었다. Pilgrim 들은 Massachusetts에 상륙하기도 전에 그들이 새로운 세상에 정착하는 과정을 규율할 법률문서인 Mayflower Compact를 만들었다. 식민시대colonial times에도 경제, 공적 행동, 사회적 도덕에 대한 법적 규제는 최소한 오늘날과 거의 같은 정도로 광범위하게 이루어지고 있었다. 간통fornication, 음주난행drunkenness, 무위도 식idleness 등의 평범한 인간의 잘못들이 법적으로, 그것도 아주 빈번하게 처벌받았고, 법은 빵 덩어리의 크기를 정하고 어떤 상품은 팔 수 있는 시간과 장소를 제한하는 등 경제적 사안에 대하여도 세밀하게 통제를 가하였다. 보통의 소송이 이루어지는 법정court도 법률가들의 열변과 대중의 견해 표명으로 가득 찬 공공 집회의 장이 되곤 했다. 오늘날 법은 개인적 차원에서는 아파트를 임차하고, 주택을 소유하며, 결혼하고, 자동차를 운전하는 일, 돈을 빌리는 일, 물품을 구매하는 일, 단체에 가입하는 일, 학교나 일터에 가는 일, 건강보험에 가입하는 일 등을, 그리고 집단적 차원에서는 정부가 세금을 징수하고, 방송용 전파airwaves의 배분과 사이버공간을 규율하며, 범죄를 단속하고 공해를 규제하는 일 등에서 우리에게 영향을 미친다.

우리가 끝없이 법에 빠져 있음에도 불구하고 대부분의 사람들에게 법의 실체를 많이 안다는 것은 쉽지 않은 일이다. 법은 너무나 복잡하고 방대해서 누구든지, 심지어 가장 박식한 법률가라도 이를 다 알 수는 없다. 더욱이 변호사들lawyers과 법학자들legal scholars은 일반인이 법에 접근할 수 있게 해 주고자 자신들만이 다니는 길에서 벗어날 마음이 없다. 오히려 그 정반대의 태도를 취하여 법률 직종 종사자들은 일부 사이비 종교의 승려들처럼 법을 신비롭고 다가가기 어려운 것으로 남겨 두고자 애쓰는 일이 너무 흔하다.

그러나 누구든지 법을 어느 정도는 배울 수 있다. 이것이 이 책 Law 101이 의도하는 바다. 이 책은 법의 기본, 즉 변호사와 판사들이 사용하는 규칙, 원리, 주장들을 설명한다. 모든 사람이 여기저기에서 법을 조금씩 알게 되는 정도 그 이상으로 더 많은 것을 알기에는 법률의 수가 너무나 많기 때문에 이 책에서도 모든 법을 다루지는 않는다. 어떤 변호사는 New Jersey에서의 의료사고medical malpractice 분야만을, 어떤 변호사는 기업에 관한 연방조세법federal tax law만을 심충적으로 공부하는 등 대부분의 변호사들이 특정 분야에 전문화하는 이유 중의 하나도 이 때문이다. 그러나 모든 변호사는 비슷한 로스쿨 과정을 경험하였기 때문에 기초 과목이나 기초 개념에 관해서는 똑같은 것을 꽤 많이 안다.

대중은 법에 대해서 만큼이나 로스쿨에 대해서도 병적으로 매혹되어 있는 것으로 보인다. '하버드 대학의 공부벌레들the Paper Chase'에서부터 '금발이 너무해 Legally Blonde'에 이르기까지 여러 책과 영화들이 로스쿨 1학년 과정이 지적인 자극을 받으면서도 호되고 비인간적인 경험을 하는 기간이라는 고정관념을 심어주었다. 로스쿨 1학년 과정은 변호사가 되는 데 필요한 전방위적 훈련을 받는 시기이기 때문에 이 책은 로스쿨 1학년생들이 법 지식의 핵심이라고 하여 배우는 것들을 집중적으로 다루는데 이것은 비법률가인 사람에게도 유용하고 흥미로울 것이다.

미국의 거의 모든 로스쿨의 1학년 커리큘럼은 비슷하다. 어떤 주제들은 중요하다고 취급되는데 이 책은 그러한 주제들을 탐구한다. 헌법constitutional law은 정부가 조직되는 원리(제2장)와 개인의 자유가 정부의 행위로부터 어떻게 보호받는지(제3장)에 관한 것이다. 민사소송법civil procedure은 소송의 과정을 다룬다(제4장). 불법행위법torts law은 개인이 입은 손해를 배상받는 방법(제5장)을 다룬다. 계약법contract law은 개인 사이의 합의를 규율하는 법이다(제6장). 물권법 property law은 물건의 소유ownership에 관한 사람 사이의 관계를 규율한다(제7장). 형법criminal law은 어떤 잘못된 행동이 있었을 때 국가가 이를 이유로 사람의 생명이나 자유를 박탈할 수 있게 하는지를 규정한다(제8장). 형사소송법criminal procedure은 형사재판을 하는 절차와 거기에서 피고인이 어떤 권리를 가지는지를 규정한다(제9장).

거의 모든 로스쿨이 헌법, 계약법 그리고 기타의 과목들을 강의하며 학교는 달라도 가르치는 강의 내용은 사용되는 교재나 다루는 주제의 면에서 상당히 유사하다. New Jersey, Iowa, California를 막론하고 모든 로스쿨은 대개 같은 판결judicial opinion이나 법률statute을 이용하여 미국 전체에 통용되는 법의 기본원칙을 가르친다. 당신이 이 책을 읽은 후 로스쿨 수업을 받는다면 1학년 과정의 많은 것이 익숙하게 느껴질 것이다. 그러나 강의마다 교수가 다르며 교수마다 서로 다른 시각을 가지고 있다. 그 시각의 차이 중 어떤 것은 미미하지만 어떤 것은 중요하다. 어느 교수는 정치적으로 진보적이고 어떤 교수는 보수적이다. 어떤 교수는 경제적 분석을 법을 이해하는 핵심으로 보고 이를 선호하지만 다른 교수는 자연법적natural law⁴⁾ 접근법을 취한다. 이와 같은 각각의 시각 차이 또는 입장 차이 하나하나에 의하여 법이 어떤 것인지를 이해하는 방식도 매우 달라질 수밖에 없다. 그러므로 로스쿨 학생과 변호사들은 모두 원칙적으로 같은 법을 알고 있지만 각자 다른 방식으로 이해한다.

이 책도 역시 나름의 시각을 가지고 있다. 그러나 특별히 다른 방식이라 할 것은 없다. 이 책의 시각은 최고의 법학자들로부터 얻어졌다. 이 시각의 어떤 요소들은 널리 받아들여지고 있지만 논쟁의 여지가 있는 것들도 있다. 이 시각은 아래와 같은 법에 대한 몇 가지 통찰로 요약될 수 있다.

법은 법률서적 안에 있지 않다. 우리가 법을 생각할 때 언제나 제일 먼저 떠오르는 것 중의 하나가 책이다. 대개 들기조차 힘들게 두껍고, 먼지에 덮여 있으며, 판결문이 가득 실린 가죽 장정본이며, 법령과 판결문으로 가득한 책들이 꽂혀 있는 서가가 줄지어 있는 법학도서관에 있는 그런 책들이다. 책은 법에 관하여 많은 것을 말해 주지만 책이 곧 법은 아니다. 반대로 법은 인쇄된 책장 속이 아니라 사람의 행동 속에 살아 있으며 법은 판사와 변호사와 일반 시민들의 상호작용 안에 존재한다.

예를 들어 우리가 가장 자주 마주치는 법률인 속도제한speed limit을 생각해 보자. 거의 모든 고속도로에 적용되는 법적 속도제한이란 무엇인가? 이것을 법률서적에서만 본 사람은 그 답이 시속 65마일이라고 하겠지만 우리는 이보다 더 많은 어떤 것을 알고 있다. New Jersey Turnpike에서 시속 65마일로 운전하면 트럭이 바짝 뒤쫓아오면서 저속 차선으로 나가라고 전조등을 번쩍거리는 일을 당할 각오를 해야 한다. 운전자들의 행동으로 본 속도제한은 65마일보다 상당히 높다. 그리고 법집행 공무원들도 똑같이 행동한다. 경찰은 3~5마일의 여유를 주며 절대로 66마일로 달린 사람에게 티켓을 주지는 않는다. 그랬다가는 판사가

---

4) 자연법이란 국가의 입법기관이나 법적인 효력이 있는 규범을 정립할 권한이 있는 인간이 인위적으로 제정하여 만든 실정법에 대비되는 개념으로 정의하는 학자에 따라 조금씩 다르지만 대체로 인간의 이성이 명령하는 올바른 세상의 규범으로 굳이 문자화되거나 국가의 권력이 뒷받침되지 않아도 그 자체로 규범성이 인정된다고 보이는 어떤 원리라고 할 수 있다.

웃으면서 그 사람들을 교통법정traffic court에서 내보낼 것이다. 현실적인 문제로서 법원은 1, 2마일을 초과한 사람들 때문에 시간을 허비하기 싫어할 것이고, 법적 문제로서 경찰의 속도측정 장비가 그렇게 미세한 구분을 해낼 수 있을 정도로 정확하지 않기 때문이다. 그렇다면 얼마나 빨리 달릴 수 있는지에 관한 법은 무엇인가라는 문제가 생기는데 책에 적혀 있는 것과는 뭔가가 좀 다르다.

그래서 법의 의미를 이해하려면 우리는 사건을 세상에서 일어나고 있는 그대로 들여다보아야 한다. 우리는 그러한 사건들을 일반화하고 법에 대한 우리의 이해를 도와줄 이론과 개념을 창조할 수는 있으나 그 기준은 언제나 세상에 두어야 하며 관념에 두어서는 안 된다. 로스쿨에서 이것이 수행되는 방법 중의 하나는 소송이 벌어지게 만든 개개의 사실상황과 그 상황을 해결하는 판결, 즉 판례법cases이라고 불리는 것에 주목하는 것이다. 모든 판례법은 앞서 본 Stella Liebeck이 McDonald's를 상대로 제소하는 일, 경찰관 Darren Wilson이 Michael Brown을 사망하게 한 일과 같이 실제 세상에서 일어나는 일에서 시작되고 이와 연관이 있는 많은 일들에 대하여 생각해 볼 수 있게 하는 매개체가 되어주는데 이것을 가지고 우리는 특정한 사실관계와 법의 일반원칙 사이를 오가며 생각을 할 수 있게 된다. 이 책은 이러한 모델을 따르며 법의 원칙들을 탐구하기 위하여 여러 흥미 있는 사건들을 이용한다.

법은 비밀이 아니다. 법이 책 속에 머물고 있다는 관념도 잘못되었지만 그만큼이나 법을 비밀스럽다고 보는 것, 또는 적어도 보통 사람이 쉽사리 접근할 수 없다고 보는 태도도 잘못이다. 법을 변호사들과 같이 고차원적이고 기술적인 수준에서 이해하고 적용하려면 전문적 지식이 필요하겠지만 법의 기본적 내용을 이해하려면 그럴 필요가 없다. 법은 인간의 삶을 반영한다. 법에 구현되어 있는 원칙들과 사안들은 우리가 우리 삶의 다른 측면에서 경험하는 원칙 및 사안과 다르지 않다. 예를 들자면 계약법은 사람들이 상업적이거나 아니거나를 막론하고 어떤 상황 속에서 어떤 약속을 하고, 그 약속을 해석하고, 이를 지키거나 위반하는 방식에 대한 해설commentary이다. 법률가가 아닌 사람이 계약의 성립 contract formation에 관한 객관설objective theory이나 사기방지법Statute of Frauds을 설명할 수는 없겠으나(제6장을 읽은 후에는 할 수 있을 것이다) 그들도 계약과 약속에 관하여 생각은 많이 해 왔을 것이다. 손가락을 꼰 채 어떤 약속을 하였다

면 그 약속이 소용없다는 뜻인가? 당신이 아이들을 영화관에 데려가기로 했는데 그 사이에 중요한 사업상 회의가 생기면 그 약속에서 벗어날 수 있는가? 당신이 그냥 약속을 지킬 생각이 없어졌다면 어떻게 될 것인가? 새로 산 텔레비전이 제대로 작동하지 않으면 가게에 반환할 수 있는가? 일반인도 이런 것들에 대하여 많이 생각해 왔다.

이런 일은 우리가 매일 맞부딪히는 사안들이다. 법은 이러한 사안들을 토론하고 그에 관한 원칙을 탐구하는 또 다른 광장이 되지만 관련된 기본적 생각에는 법률가가 아니더라도 완전하게 접근할 수 있다.

간단한 해답은 없다. 법은 삶을 반영하는데 인간의 삶은 복잡하다. 그러므로 법률문제는 간단한 해결을 거부한다.

삶은 두 가지 면에서 복잡하다. 먼저, 사람의 일은 대개 엉켜 있기 마련이라 그 속에서 법적 의미를 가진 이슈를 찾아내고 적절한 해결방법을 만들어 내기는 어려운 일이다. 속도제한speed limit을 생각해 보자. 우리가 이 경우에서 "제한속도보다 빨리 달리는 것은 범죄다."라는 명쾌한 원칙을 정하면 어쩔 도리가 없이 "매우 아픈 아이를 병원에 데려가는 부모는 제한속도를 초과할 수 있다."는 예외도 만들어 두는 수밖에 없게 된다. 만약 "그 환경에서 적정하다고 보이는 속도로 운전하라."는 식으로 원칙을 모호하게 만들면 우리는 사건마다 이 원칙이 어떻게 적용되어야 하는지를 놓고 논쟁에 휘말릴 것이다.

둘째, 삶이 복잡한 이유는 우리가 종종 하나의 사안에 두 마음을 가지기 때문이다. 우리는 일관성consistency, 공정성fairness 그리고 예측가능성predictability을 확보하기 위하여 명확한 법 원칙을 가지고 싶어 한다. 그러나 우리는 어떤 원칙이 적용되었을 때 불공평한 결과가 생긴다면 특정한 당사자를 그 원칙의 가혹함으로부터 구제해 주기 위하여 각각의 사건들 간의 형평성equity을 확보할 수 있는 어떤 여지를 남겨 두고 싶어 한다.

정치인들은 우리가 어려운 법적 문제에 간단한 해답이 있다고 생각해 주기를 바라는 때가 많다. 우리는 지난 몇 년간 소송남발frivolous litigation을 억제하고 범죄에 강력히 대처하며 사람들로 하여금 자신의 행동에 책임을 지게 하거나 다른 구호를 내세운다면 모든 문제가 해결될 수 있다는 정치적 주장과 단순논리에 익숙해졌다. 이 책이 취하는 시각에서는 그건 절대 그렇지 않다.

법은 정치적 갈등이 싸우는 전쟁터이다. 법이 다루는 복잡한 문제들과 우리가 그에 대하여 각자 서로 다르게 반응하는 것이 바로 정치적 논쟁의 소재가 된다. 이는 공화당－민주당 사이의 정치라거나 선거에 있어서의 정치를 말하는 것이 아니며 사회적 자원과 사회적 가치를 둘러싸고 벌이는 투쟁과 똑같다는 뜻이다. 법적 판단을 함에 있어서 가장 중요한 것은 누가 무엇을 가져야 하는가, 누가 살고 누가 죽어야 하는가, 무엇이 옳고 무엇이 그른가 등 어느 사회든 해결해 나가야 하는 근본적 의문에 대한 해답을 찾는 일이다. 낙태 허용 논쟁과 같은 주요한 헌법적 쟁점에 관해서는 누구나 이 점을 쉽게 알아볼 수 있겠지만 실은 다른 모든 법적 사안에도 역시 똑같은 말을 할 수 있다. 패스트푸드 체인점이 살찌기 쉬운 음식을 대형 사이즈로 개발하여 판촉활동을 하였다는 이유로 비만 관련 질병에 책임을 져야 할 것인가? 우리는 이와 같은 모든 법적 판단이 넓은 의미에서 정치적인 것이라고 보아야 한다.

국민이 법을 만든다. 법은 사물에 관한 당연한 명령의 일부라고 생각되는 경우가 많다. 법과 법적 판단이 변할 수 없는 정의의 원칙에 근거를 두고 있다고 본다면 다른 대안이 있을 수 없는 필연적 결론이고, 사람의 행동의 산물이 전혀 아닌 것처럼 생각될 수도 있다. 변호사와 판사들은 "법은 －－－를 요구한다."거나 "판례에 의하면 －－－한 결과가 된다."라는 문구를 자주 쓰면서 마치 법 그 자체가 어떤 행동을 할 뿐 자신들은 이에 개입하지 않는 것처럼 말하곤 한다. 이런 말은 당치 않다. 법은 국민이 만드는 것이고 "법the law" 또는 "선례 precedents"가 어떤 것을 규율하는 것이 아니라 우리가 규율한다. 만약 우리가 규율한다고 보지 않는다면 특권층이나 정치적으로 힘이 있는 자, 법률 전문가 등 일부 사람들에게 그들이 자신은 그렇게 할 의무가 없다고 부인함에도 불구하고 그들로 하여금 법제도를 지배하도록 허용하는 것에 다름이 아니다. 그러한 이슈가 낙태abortion이든, 제조자책임manufacturer's liability이든, 악수로 한 합의handshake agreement에 집행력enforceability[5]이 있는지의 문제이든지 간에 변호사나 판사만이

---

5) 계약은 당사자들 사이에서 어떤 법적인 효과가 일어나게 하자는 의사의 합치이므로 특별히 어떤 형식을 갖추어야만 효력이 인정되는 요식계약이나 반드시 어떤 물건을 제공하면서 체결하여야 하는 요물계약 등 일부의 예외를 제외하면 원칙적으로 의사가 합치되기만 하면 계약으로서 효력이 있으며 따라서 꼭 서면으로 작성하지 않은 구두의 합의도 서로에게 구속력이 있고 법원에 그 이행을 강제하도록 해 달라고 요청할 수 있다. 다만, 구두에 의한 계약은 그 내용을 입증하기 어렵

아니라 우리 모두가 무엇이 우리가 생각하는 공정하고 쓸모 있는 결과인지를 판단해야 한다.

이 책은 법률가가 아닌 사람들도 법의 원칙과 그 뒤에 숨어 있는 원리와 갈등을 이해할 수 있도록 법의 신비를 벗겨주고자 한다. 이 책이 당신에게 스스로의 변호사가 되는 방법을 알려주지는 않는다. 이 책에서 당신은 이혼소송을 제기하는 방법, 소액법원small claims court에 제소하는 방법, 자신의 유언장will을 작성하는 방법을 배울 수는 없다. 그런 조언은 다른 책들에서 얻을 수 있을 것이고 이 책은 그보다 덜 직접적일지 모르지만 더 중요한 이슈들을 다룬다. 이 책은 특정한 거래의 방법론이 아니라 법의 바탕이 되는 큰 이슈들을 탐구한다. 이 책을 읽고 나면 나중에 당신이 어떤 법률문제에 대처하기 위하여 구체적인 법률안내 서적을 이용하든 또는 변호사를 찾아가든지 간에 당신은 그 법원칙과 구도 뒤에서 어떤 일이 벌어지고 있는지 감을 더 잘 잡을 수 있을 것이다. 그리고 이 책이 법률가를 위한 전문적 논문, 유언장 작성 매뉴얼 등의 다른 모든 법률서적에 비하여 더 크게 다른 점이 있다면 이 책은 재미있게 읽을 수 있다는 점이다. 가공의 동화작가인 Lemony Snicket은 "법에 관한 책은 매우 길고, 매우 지루하고, 매우 읽기 어렵다는 악명이 높다."라고 했다. Law 101은 그렇지 않다. 법이 그러하듯 이 책은 수수께끼, 도전의 과제, 흥미 있는 이야기, 사색을 부르는 질문들 그리고 지적인 자극으로 가득 차 있다.

각 장은 질문－답변의 형식으로 구성된다. 질문은 각 장의 이야기를 전개시키는 이정표의 역할을 하며 관심 있는 특정 주제만을 골라 읽을 수 있도록 해준다. 이 책의 여러 곳에서 질문이 답변보다 더 많으며 이슈들은 해결되지 않은 채 남게 된다. 이제 당신도 법학도의 일원이라고 말할 수 있게 되었지만 법학도들은 원래 이러한 경우를 많이 당하며 이로 인해 심한 좌절을 겪는다. 그러나 원래 그럴 수밖에 없다. 어떤 문제에는 법이 명확한 해답을 주지 않으며 어떤 이슈들은 영원히 해결되지 않는다. 법원이 모든 문제를 해결하지는 못하며 어려

고 중요한 내용은 서면으로 작성해 두는 것이 일반적이므로 일방이 나중에라도 계약의 성립을 부인하는 경우 승소하기가 어렵다는 현실적인 난점이 있다. 법도 이러한 면을 일부 인정하기도 하는데 한국 법상으로 서면에 의하지 않은 증여계약은 당사자가 취소할 수 있도록 하고 있다.

운 문제에 정당한 해결책을 찾아내는 것은 지식 있는 모든 사람들의 권리이자 의무이다. 이 책을 읽고 나면 당신은 이 과정에 참여함에 있어 좀 더 나은 위치에 설 수 있을 것이다.

미국 최고의 법The Supreme Law of the Land

*정부의 구조*Constitutional Law

　　민사소송법civil procedure 또는 물권법property law을 전혀 모르는 사람도 8학년 사회 과목에서 배운 헌법의 기본 요소, 즉 권력분립separation of powers, 견제와 균형check and balance, 사법심사judicial review, 적법절차due process와 법의 평등보호equal protection of law, 언론, 종교, 출판의 자유freedom of speech, religion, press 등을 기억할 것이다. 8학년 때의 학교 수업이 기억나지 않는다 해도 신문과 TV 뉴스는 헌법이 얼마나 중요한지 계속 상기시켜 준다. 낙태abortion는 헌법상 보호를 받는가? 소수자우대정책affirmative action은? 정부는 테러 용의자라는 이유로 미국 시민을 군대 교도소에 구금할 수 있는가? 등등.

　　정부는 모든 일을 연방헌법에 부합되는 방법으로 수행해야 한다. 헌법은 대통령과 연방의회Congress의 관계, 연방정부federal government와 각 주state의 관계를 규정하고 낙태 규제, 세금 부과, 고속도로 건설, 약물소지가 금지되는 스쿨존의 설정, 우표 발행 등에 관하여 정부가 어떤 일을 할 수 있는지를 규율한다. 나아가 모든 사회적 핫이슈는 헌법문제가 되는 것 같다. 한때는 노예제도 또는 근로자를 위하여 최장 노동시간과 최소 임금을 정하는 법률이 헌법에 합치하는지가 그런 이슈였으며, 이제 낙태abortion, 성적 소수자LGBT의 권리와 선거자금의 문제 등이 그러한 이슈가 되고 있다. 2000년의 대통령선거 직후의 혼란으로 연방대법원까지 가서 판결로 해결된 Bush v. Gore 사건에서 보았듯 누가 대통령이 되어야 하는지의 문제조차도 헌법적 이슈가 되었다. 그러므로 미국 정부가 어떻게 구성되고 무엇을 할 수 있으며 무엇은 할 수 없는지를 정하는 헌법이 우리가 미국의 법을 탐구하는 출발점이다.

*헌법constitutional law*이란 무엇인가?

헌법학은 미합중국의 연방헌법United States Constitution[1])과 각 주의 헌법(주헌법에 관한 상세 사항은 간략히 다룬다)을 해석하고 적용하는 데 관한 학문이다. 1787년에 작성된 연방헌법의 초안은 4,400개 미만의 단어로 쓰였고 조항article[2])이라는 7개의 소부분으로 나뉘어 있다. 권리장전Bill of Rights(연방헌법에 처음 추가된 10개의 추가조항Amendment[3]))은 1791년에 추가되었고, 그 이후 2세기가 넘는 동안 17개의 조문만이 신설되었을 뿐이다. 연방헌법을 처음부터 끝까지 읽어

---

1) 미국은 여러 개의 주가 연합하여 하나의 국가를 이루는 이른바 연방제(聯邦制) 국가인데, 연방제 국가는 그 형태에 따라 연방을 구성하는 각 지방(支邦)이 가지는 정부로서의 독립성과 권한이 조금씩 다르다. 미국은 지방인 각 주State가 이론상으로는 별개의 독립국가와 같은 강한 독립성을 가지지만 공동의 목적을 달성하기 위하여 미합중국the United States of America이라는 연방을 구성하고 외교, 국방 등 주권의 일부를 연방에 위임한 느슨한 형태의 연방국가라고 분류된다. 이처럼 연방국가를 구성하고 연방정부의 행동준칙을 정하는 규범으로 미합중국 연방헌법US Constitution이 있는데 각 주도 이론상 독립적인 국가이므로 주마다 자체의 헌법이 있다. 이 책에서는 주의 헌법과 구별하기 위하여 연방헌법을 지칭하는 경우 반드시 '연방헌법'이라는 용어를 사용한다.

2) 법조문은 체계적으로 구성하기 위하여 각 조문으로 나누는데 대한민국에서는 개별 조항은 하나의 '조'라고 부르고 그 안의 세부사항은 '항', '호', '목' 등으로 순차로 나누어 규정하는 형식을 취한다. 미국의 연방법은 대한민국과 같이 헌법, 민법, 형법 등 각각의 법률에 이름을 붙이고 각 법률이 제1조로부터 시작하는 형태가 아니라 하나의 법률 분야를 Title이라고 이름 붙이고 모든 조문을 일련번호를 붙여 편찬하는 방법을 쓴다. 각각의 조항은 Article이라 부르고 그 아래의 세부규정은 Section, Paragraph, Subparagraph로 세분하여 부르는데 그 체계가 반드시 한국 법의 조, 항, 호, 목과 일치하는 것은 아니다.

3) 'Amendment'라는 단어는 보통 '개정'이라고 번역되며 대한민국에서 법률의 개정은 종전에 있던 특정한 법조문의 문구를 수정하거나 삭제 또는 제XX조의2라는 가지번호를 붙여 추가하는 형식으로 이루어지고 따라서 법개정으로 새로운 법전을 편찬할 때는 개정된 조문의 문구만이 게시되므로 우리나라에서는 '개정조항'이라는 용어가 타당하다. 즉, 어떤 조항이 삭제, 신설, 수정되면 새 법전에는 종전의 조문번호는 그대로 두고 해당 부분을 고치거나 덧붙이거나 삭제한 후 '<xx년 x월 x일 본조(항) 삭제(신설, 개정)>'이라는 문구를 표시하는 방식을 쓴다. 이에 비하여 미국에서 연방헌법을 고치거나 새로운 조항을 추가하려면 종전의 헌법 조문은 그대로 두고 말미에 예컨대 Amendment Ⅳ와 같이 로마자 숫자를 붙이는 조문번호로 추가하는 방식을 쓰고 이를 the Fourth Amendment라고 읽는다. 우리나라에서는 이러한 방식으로 이루어지는 연방헌법의 개정조항을 대개 amendment라는 말을 그대로 번역하여 '수정 헌법 제X조'라고 지칭하는 것이 보통인데 이에 따르면 한국인의 입장에서는 종전에도 그 조항이 있었고 여기에 무언가를 고쳤다는 뜻으로 오해되기 쉬우므로 '추가조항'이라는 용어가 적합하다고 생각되며 이 번역서에서는 '추가조항'이라는 용어를 쓰기로 한다. 미국 연방헌법의 Amendment는 1992년까지 총 27개가 있으나 1917년에 주류의 제조, 거래 등을 금지하는 제18조가 추가되었다가 1933년 추가조항 제21조로 제18조를 폐지함으로써 현재 효력이 있는 추가조항은 총 26개이다.

본 미국인은 많지 않겠으나 읽으려고 마음먹으면 시간이 별로 걸리지도 않는다.

헌법 규정은 이해하기 쉽게 씌어 있어야 마땅하다고 생각될 것이다. 그러나 연방헌법은 매우 단출하게 구성되어 있음에도 불구하고 – 아니 단출하기 때문인지도 모르지만 – 연방헌법이 무슨 뜻을 가지는지 그리고 어떻게 적용되어야 하는지는 법학에서 가장 뜨거운 논쟁의 주제가 되어 왔다. 그리고 헌법은 아래 네 가지의 이유로 우리가 이 책에서 다루고자 하는 모든 법 분야 중에서도 가장 독특하다.

첫째, 다른 법 분야에서는 법들이 함께 작용한다. 물권법property law은 토지나 냉장고 같은 물건에 대한 권리를 창설하고 계약법contract law은 그러한 권리를 다른 사람에게 양도하는 방법을 규정한다. 불법행위법tort law은 손해를 입은 사람이 잘못한 사람으로부터 손해를 배상받을 권리를 규정하고, 민사소송법civil procedure은 피해자가 자신의 권리를 회복받는 절차를 정한다. 그러나 헌법은 주안점이 다르고 다른 법 분야에 비하여 법체계상의 지위도 다르다. 헌법은 물권법, 계약법, 불법행위법처럼 개인 사이의 관계를 언급하지 않는다. 반면에 헌법은 정부의 구조와 기능, 그리고 정부와 개별 시민 사이의 관계를 규정한다. 헌법은 또한 전국정부national government와 주정부state government가 서로 상대방에 대하여 가지는 권한을 규정하고 정부가 종교의 자유freedom of religion를 침해하는 등의 어떤 행위는 하지 못하도록 금지한다. 정부의 권한을 규정하고 제한함에 있어 헌법은 다른 모든 법보다 우월하다. 연방헌법은 스스로를 "국가 최고의 법 the supreme Law in the Land"이라고 선언한다. 각 주 또는 연방이 제정하는 계약, 형사처벌criminal punishment, 정치자금 기부 또는 공립학교 등 어떤 분야에 관한 어떤 법률이라도 연방헌법에 저촉되면 효력이 없다.

둘째, 다른 법 분야는 법의 원칙rules, 원리principles 그리고 주장arguments들에 방대한 근거를 제공하는 성문법statutes의 혼합체와 판례judicial decisions[4]에 바탕

---

4) 법이 어떻게 만들어지고 어떤 효력을 가지느냐에 관하여는 성문법주의와 불문법주의로 나누는데, 성문법주의는 권한이 있는 국가기관, 보통은 입법부가 글로 써서 제정, 반포한 법률만이 법으로서 효력을 가지고 성문법이 아닌 것들은 이에 보충적인 효력만을 가지도록 하는 방식이고, 불문법주의는 반드시 글로 표현되어 있지 않아도 국민의 법의식과 관행이 법이라고 인정하는 것이면 법으로서 구속력을 가지는 경우라고 할 수 있다. 약간 관점은 다르지만 세계의 법체계를 크게 대륙법

을 두고 있다. 예컨대 계약법은 보통법common law5)의 주제들에 대한 판사들의 판결에서 시작되었고 이후 여러 성문법률statute이 이를 수정하는 방식으로 발전하였다. 법원이 계약에 관한 사건을 판결하려면 영국의 오래된 판결부터 현재의 각 주state의 성문법률에 이르기까지 참으로 많은 법의 근원source of law6)을 참조할 수 있다. 헌법은 다르다. 헌법에 관한 판결은 궁극적으로 하나의 좁은 법의

계Continental Law System와 영미법계Anglo‐American Law System로 나누기도 하는데 전자는 독일, 프랑스와 같이 중앙집권의 전통이 강한 나라에서 국가가 주도하여 성문법statute을 제정, 시행해 온 나라를 말하며 이들은 대개 성문법국가이다. 후자는 주로 영국에서 왕권이 미약하던 시절 지역공동체에서 어떤 사안에 대하여 이루어진 사회적 합의가 법적 구속력을 가지게 된 경우로서 미국이 이러한 전통을 이어받았기 때문에 영미법계라고 부르며 불문법국가라고 불린다. 또 다른 것으로 시민법계civil law system와 보통법계common law system의 분류를 들 수 있는데 대륙법과 영미법의 분류와 대체로 일치한다고 보면 되고 common law system에서는 법의 형성에 지역공동체의 합의가 중요한 역할을 하고 자연히 법원의 판결이 유사한 사건에 대한 선례로서 사실상 성문법과 동일한, 나아가 성문법을 폐지하는 효력을 가지게 되므로 판사법judge‐made law이라고 불리기도 한다. 오늘날은 불문법국가도 성문법을 제정하여 사용하므로 중요한 차이는 불문법, 특히 판례가 성문법의 효력을 개폐할 수 있는지 여부에 있는데 미국 연방형사소송규칙에 자백은 신빙성만 있으면 증거로 사용할 수 있다는 규정이 여전히 존재함에도 판례로 임의성이 없는 자백, 즉 미란다 원칙을 고지하지 않고 얻은 자백은 증거로 사용할 수 없게 한 것과 같이 어떤 판결이 나오면 이에 저촉되는 성문법은 폐지절차 없이도 효력을 잃는 것이 그 예라고 할 수 있다.

5) 보통법common law은 지방분권이 발달한 영국의 독특한 전통에 의하여 국가의 의회가 제정하는 법률인 제정법이 아니라 판사들이 개개의 사건에 대하여 내리는 판결, 이른바 판례법이 법으로서의 효력을 가지는 법제이며 법적 효력은 판결이 내려진 지역에서만이 아니라 영국 전역에 공통적으로 효력을 가진다고 하여 common law라는 이름을 가지게 되었다고 한다. 보통법에 의하여 법의 일반원칙이 형성되어 가면서 특수한 경우에도 이를 그대로 적용하면 형평의 이념에 타당하지 않은 경우도 생기게 되므로 이를 구제하기 위한 형평법equity이 생기게 되어 보통법과 형평법은 대립되는 개념이 되기도 하였다. 그러나 양자의 구별이 모호해지고 영국식의 불문법국가에서도 성문법이 널리 사용되게 됨에 따라 오늘날은 형평법까지도 포함하여 영국식의 법제를 널리 지칭하는 용어라고 보면 될 것이다.

6) 법이 어떠한 형태로 존재하는지, 즉 법으로 구속력을 가지는 규범이 어떤 형태로 존재하는지를 법의 근원이라는 뜻으로 법원(法源)source of law이라고 부르는데 이 책에서는 재판기관인 법원(法院)court과 구분하기 위하여 법의 근원이라는 표현을 쓴다. 법의 근원은 다양하며 성문법국가에서도 글로 쓰여 있지는 않지만 확립된 법의식, 관습 또는 상식에 의하여 구속력을 가지는 규범도 이른바 불문법으로 법적 효력을 가진다. 성문법국가에서는 불문법은 성문법을 개폐하지는 못하고 이와 충돌하는 성문법이 제정되면 효력을 잃지만 성문법에 대하여 보충적 효력을 가지는 것으로 인정되는데, 이러한 국가에서도 어떤 사안에 대하여 이미 내려진 상급법원의 판결은 그 사건뿐만 아니라 이후의 다른 사건에서도 하급법원이 그 취지와 다른 판단을 하는 경우 상소되면 상급법원은 특별한 사유가 없이는 종전 자신의 견해를 견지하여 하급법원의 판결을 파기할 것이라는 점에서 구속력을 가지게 된다. 이러한 점에서 성문법국가에서도 판례법도 법의 근원이 된다.

근원, 즉 연방헌법과 추가조항Amendments의 문구에만 의지하여 내려야 한다.

헌법의 문구가 관장해야 하는 상황은 끝도 없이 무한하고 다양한데 문제의 해결은 간단한 헌법 문구에만 의지하여야 하기 때문에 헌법학은 정말 어렵다. 헌법조문들이 각각 작은 이슈들을 다루고 또 세밀하게 언급한다면 그 조문을 어떻게 적용해야 할지 알아내는 데 별 문제가 없겠지만, 그런 경우는 흔치 않고, 오히려 문구는 모호한 데 반하여 문구가 적용되어야 할 사건은 매우 다양하므로 우리는 그 조문이 무슨 뜻이고 특정한 사건에 관하여 그 조문으로부터 어떤 결론이 도출되어야 할 것인지 결정해야만 한다. 어떤 경우에는 헌법이 사용하는 단어는 헌법학에서 보편적인 합의로 어떤 특별한 의미가 부여되어 있어 그 단어에 관하여 일반인이 알고 있는 것과는 다른 의미를 가지기도 한다. 추가조항 제 1조the First Amendment는 "연방의회는 종교의 창설establishment 또는 그 자유로운 신봉free exercise의 금지에 관한 법을 제정할 수 없다."라고 하는데 헌법조문을 가장 완고하고 직선적으로 해석하는 사람이라도 이 추가조항이 연방의회 이외에 대통령 또는 법원에게도 적용된다는 데에는 이견이 없다. 헌법 문구의 단어들이 확장적으로 해석되어야 하는 경우도 있다. 헌법이 모든 주정부는 "그 관할 내에 있는 모든 사람에게 법의 평등한 보호를 거부할 수 없다."고 명령한다면 이것은 주립대학이 학생집단을 다양화하기 위하여 아프리카계 미국인African American 학생에게 입학에 관한 우대를 해 줄 수 없다는 뜻이라고 해야 하는가?

셋째, 헌법은 다른 모든 법영역에서보다 더 뚜렷하게 근본적인 정치적 이슈와 가치의 선택이라는 문제를 제기한다. 이 책의 주제 중의 하나는 각 분야의 법과 모든 법적 판단이 중요한 가치를 내포하고 있다는 것이다. 예를 들자면 불법행위법torts law에서 우리는 사람이 어떤 행동을 할 때 다른 사람에게 손해를 입힐 가능성을 얼마만큼 고려하라고 요구할 것인지를 결정해야 한다. 그러나 헌법에서는 가치의 문제가 더 명백하게 드러나기 때문에 논쟁이 더 많아진다. 모든 법이 어느 정도는 정치적 성격을 가진다고 해도 헌법은 다른 어떤 법 분야보다도 드러내 놓고 정치적이다. 연방헌법의 해석과 적용에 있어 간단하거나 다툼이 없는 이슈는 거의 없다.

넷째, 다른 법의 영역에는 법을 만들고 적용하는 과정이 명확하고 또한 적절하다고 보인다. 입법부legislature와 법원court은 법의 원리를 형성하고 법원은 개별 사건을 판결하면서 그 원리들을 적용한다. 헌법에 관한 사건에서 누가 어떤 절차에 따라 판결할 것인가라는 절차 자체는 분명하지만, 그 판결이 적절한지 여부에는 이견이 많이 제기된다. 그리고 다른 법의 영역에서는 설사 판결이 정당한지에 의문이 제기될 수는 있다손 치더라도 그 사건을 판결을 할 권한이 법원에 있음은 당연하다고 여겨진다. 그러나 헌법 분야에서는 이와 대조적으로 왜 판사들이 헌법의 최종적인 판단자가 되어야 하는지, 그리고 판사들이 연방헌법을 해석하고 적용할 때 어떠한 헌법의 해석론을 사용해야 하는지가 중심적 이슈가 된다.

헌법의 문언을 해석할 필요가 있으면 법원들이 이를 수행하며, 특히 연방 차원의 법원이 하게 된다. 필요한 경우 사건은 최종적 심판단계까지 올라가서 미국 연방대법원US Supreme Court의 9인의 대법관justice의 심리에 부쳐진다. 그러나 연방대법원의 대법관은 국민에 의하여 선출되는 직책이 아니라 대통령이 임명하는 직책이며, 한번 임명되면 종신직으로 근무하고 심지어 대법관의 자격을 다시 심사받는 일도 없다.[7] 헌법이 근본적인 정치적 이슈를 다룬다면 우리는 민주적인 사회를 위한다면서 왜 그 이슈들을 그처럼 비민주적인undemocratic[8] 기관으로 하여금 판단하도록 하는가? 더욱이 연방의회Congress 같이 명백히 정치성을 가진 정부기관은 유권자들과 협의하고 이익집단의 로비를 받고 여론조사를 해 보고 공개적으로 찬반토론을 거쳐 정치적인 이슈들을 해결한다. 반면, 연방대법원은 분명히 이러한 정치과정에서 벗어나 있음에도 불구하고 어떻게 뜨거운 정치적 쟁점을 판단하는가?

이 장에서 논의하는 주제는 이와 같은 헌법의 네 가지 특성에서 비롯된다. 가장 기초적 이슈는 연방정부의 구조 및 권한과 관계가 있다. 연방헌법이 비준ratification[9]됨으로써 전국정부national government가 창설되고 정부의 구성과 권한

---

7) 미국 연방대법관을 포함하여 연방법원의 판사는 한번 임명되면 스스로 사퇴하지 않는 한 죽을 때까지 재임용도 없이 한 법원에서 무기한 근무하며 설사 건강상의 이유 등으로 사퇴하더라도 사망 시까지 보수를 받는다. 법관의 독립성을 위한 조치이며 이 때문에 90세가 넘은 연방판사도 많다.

8) 여기서 비민주적이라 함은 연방대법관 등 연방법원의 판사들이 국민의 선거에 의하여 선출되지 않은 비선출직이며 의사결정에 있어 국민의 여론과 직접적으로 소통하지 않는다는 뜻이다.

9) 1776년 7월 4일 독립선언 이후 1781년 3월 13개 주 대표들이 자신들을 대표할 연방정부를 구성하고 그 정부의 활동준칙으로 제정한 연합규약Article of Confederation이 발효하였으나 정부로서의 권한이 미약하여 당시의 상황에 제대로 대처하지 못하는 등 여러 가지 결함이 드러나자 이

이 정해졌다. 연방헌법은 먼저 연방정부가 행정부executive, 입법부legislative, 사법부 judicial 등 세 개의 부branch로 구성되는 방법과 각 부가, 그리고 전체로서의 연방 정부가 어떤 일을 할 수 있는지를 규정한다. 연방정부는 적어도 개념적으로 제 한되어 있으나 동시에 최고의 권력을 가진 정부, 즉 연방헌법이 연방정부에 부 여하는 권력만을 가지지만 부여받은 권력의 범위 내에서는 가장 우월한 권력을 가진 정부이다. 따라서 전국정부national government의 권력을 규정하는 일은 동시 에 연방주의 원칙principle of federalism, 다시 말하면 전국정부와 각 주정부state 간 의 관계를 규정하는 일이 된다(전국정부와 각 주정부의 권력은 모두 개인의 자 유를 보장하는 헌법규정, 특히 권리장전Bill of Rights과 남북전쟁 이후의 추가조항 Amendment들에 의하여 역시 제한을 받는다. 이에 관해서는 제3장에서 다룬다). 이와 같이 모든 특정한 주제들을 살펴보는 일이 바로 헌법해석의 쟁점이다. 연 방법원들federal courts, 특히 미국 연방대법원U.S. Supreme Court은 연방헌법에 대한 유권해석기관authoritative interpreter이다. 그들은 연방헌법의 조항을 특정 사안에 적용할 때 그 조항이 어떤 뜻을 가지는지 어떻게 판단하는가?

우리는 헌법이라고 하면 보통 미합중국의 연방헌법United States Constitution을 생각하지만 각 주들도 모두 그 자신의 헌법을 가지고 있고 따라서 그 자체의 헌 법체계도 가지고 있다. 주헌법state constitution은 모두 입법부, 행정부, 사법부라는 부branch를 두고 권리장전Bill of Rights을 가지고 있는 점에서 연방헌법과 많은 점 에서 비슷하다. 그러나 각 주의 헌법은 연방헌법과 중요한 점에서 차이가 있다.

대부분의 주헌법은 연방헌법보다 훨씬 길고 더 상세한 규정들을 가지고 있 다. 예컨대 Alabama 헌법은 600페이지를 넘으므로 이 책보다 두 배쯤 길다. 현 대적으로 개정된 1947년 New Jersey 헌법은 미국 연방헌법보다 세 배쯤 길다.

주헌법이 길어지는 데에는 몇 가지 이유가 있다. 전국정부national government

를 시정할 강력한 정부를 새로 구성해야 한다는 의견이 대두되었다. 1787년 5월 Philadelphia에 서 George Washington, James Madison 등 Founding Fathers 55인의 참여하에 제헌회의 Constitutional Convention가 소집되었고 각 주의 이해관계에 따른 격론을 벌인 끝에 1787년 9월 17일 현재의 미국 연방헌법 초안이 완성되었다. 이 헌법안은 9개 이상의 주가 비준하면 발효하게 되어 있어 그해 12월 7일 Delaware가 최초로 비준한 이후 1788년까지 총 9개 주가 비준하여 발 효하였으며 1790년 5월 29일까지 13개 주의 비준이 끝났다.

는 헌법에 열거된 권력enumerated power, 즉 연방헌법이 자신에게 부여하는 권력만을 가지는 정부이며 헌법의 문구는 매우 추상적이다. 각 주는 이에 반하여 속성상 하나의 독립적인 국가의 정부로서 모든 국가의 정부에게 일반적으로 인정되는 통치권력을 본원적으로 가지고 있으며 따라서 주헌법은 권력의 부여보다는 제한에 주안점을 두는데 그러한 제한은 매우 구체적으로 서술되는 때가 많다. 주헌법들은 헌법이 국민의 권리 또는 정부의 조직에 관한 기본적 지침이라는 의미에서 볼 때 특별히 "헌법적"이라고 볼 수 없는 조항을 종종 포함한다. 예컨대 Idaho가 헌법에 물에 대한 권리와 가축에 관한 규정을 두고, New Mexico가 이중언어 사용 교육에 관한 규정을 두는 것과 같이 자기 주에 특별한 관심사항인 주제를 언급하는 경우가 많다. 이외에 California 헌법이 법원의 판결문을 공개하는 준칙에 관한 조항을 두는 것과 같이 헌법에 이미 포함되어 있다고 생각되는 사항들을 보다 상세히 규정하는 조항들도 있다. 끝으로 전국에 적용되는 연방헌법은 1791년 권리장전Bill of Rights을 추가하는 개정을 한 이후에는 17차례밖에 개정되지 않았을 정도로 까다로운 절차를 거쳐야 개정될 수 있다는 차이가 있다. 주헌법은 보통 주의 입법부나 헌법위원회 또는 시민들의 청원으로 개정안이 제안되고 주민투표referendum로 채택되면 곧바로 개정될 수 있다. 그 결과 주헌법들은 예컨대 Alabama 헌법이 900번이 넘도록 개정된 것과 같이 자주 개정된다. 실제로 주헌법들은 통째로 대체될 수 있고 자주 그렇게 되기도 하여 현행의 Georgia 헌법은 10번째 전면 개정되었다.

　주헌법들에 포함된 권리장전 조항들 역시 더 상세하며 어떤 면에서는 연방헌법의 권리장전보다 더 중요하다. 연방헌법의 권리장전은 나중에 연방헌법의 본문 뒤에 추가되었는데 각 주의 권리장전 규정들은 보통 헌법의 제일 앞에 나온다. 이러한 전통은 나중에 연방헌법의 권리장전을 제정할 때 모델이 된 유명한 문서인 버지니아 인권선언Virginia Declaration of Rights이 주헌법에 일찍이 포함되었던 것과 같이 연방 초기의 주정부의 헌법들이 처음 제정되던 시기로 거슬러 올라간다. 이러한 초기의 문서들에는 국민의 권리를 보장하는 규정들과 함께 펜실베이니아 권리선언Pennsylvania Declaration of Rights이 입법부는 "지혜와 도덕성이 있다고 가장 잘 알려진 사람들"로 구성되어야 한다고 권고하는 것과 같이 정부의 구성 원리에 대하여 어떤 권고를 하는 규정들도 포함되어 있다. 오늘날 각 주헌법의 권리장전들은 연방헌법의 권리장전과 전보다 더 비슷하게 보이게 되었지만 두 가지 중요한 방법으로 그 내용을 보충한다. 주헌법에는 연방의 권리장전과 비슷하면서도 권리보호에 대하여 더 상세하게 규정하는 조항을 포함하는 경우가 많다. 예컨대 Louisiana 헌법은 연방헌법의 추가조항 제8조가 "잔인하고 이례적인 형벌cruel and unusual punishment"을 금지하는 것과 유사하게 "잔인하거나 이례적인 처벌"을 금지하는데, 이에 그치지 않고 "과도한excessive" 처벌까지도 금지하며, Louisiana 대법원은 이 조항을 형사처벌은 범죄의 중대성과 균형이 맞을 것을 요구하는 뜻이라고 해석하였다. 그리고 각 주의 헌법 중 11개는 연방대법원이 연방헌법의 권리장전에 묵시적으로 포함되어 있다고 해석하는 사생활권right to privacy(제3장 참조)을 명시적으로 규정하는가 하면, 39개 주의 헌법이 법적손해legal injury[10]를 입은 사람에게 법적 구제를 받을 권리를 보장하는 등으로 연방헌법에 규정되어 있지 않는 여러 권리들을 명시적으로 규정하는 주헌법들이 많다. 주법원들은 신체손해 사건에서 배상액damages의 최고한도를 정하는 것은 법원을 이용할 국민의 권리에 대한 침해로 보아 위헌선언strike down하거나, 빈곤한 도시의 학교구역을 위하여 주정부가 특별자금을 지원하여야 한다고 강제하거나, 연방대법원이 동성혼인을 할 권리를 인정하기 오래전에 이를 인정하는 등등으로 여러 가지 경우에 이와 같은 규정들을 이용해 왔다.

각 주헌법이 연방헌법에 의하여 부여되는 권리보다 더 폭넓게 각종 권리를 국민에게 부여함으로써 William Brennan 대법관이 명명한 바와 같은 "새로운 사법적 연방주의new judicial federalism"가 나타나게 되었다. 오랫동안 법률가들과 일반 대중은 막연히 개인의 권리 보호는 연방법원들의 몫이라고 여겨 왔다. 그러나 1970년대부터 각 주헌법은 국민의 권리를 창설하고 이를 확장시킬 수 있는 잠재적 근원이 되는 독립적 근거로서 관심을 받기 시작했다. 그때부터 각 주법원state court은 연방법원들이 다루어온 상황과 비슷하거나 또는 비슷하지 않은 상황들 모두에 대하여 각 주의 헌법을 활발하게 적용하기 시작했다.

---

10) 법적 권리를 침해당하여 손해를 입은 경우를 말하며 신체 상해로 손해를 입은 경우와 대비되는 개념이다. 영미법계의 불법행위법은 신체적 손해를 중심으로 발전하여 법적 지위에 대한 침해를 배상받을 수 있는지에 의문이 있으므로 헌법으로 이를 명확히 해 주기 위한 규정이라고 할 수 있다.

예를 들면 상당하지 않은 수색search과 압수seizure로부터 보호받을 권리는 연방헌법과 주헌법들이 공통적으로 보장하는 권리인데, 1988년 한 사건에서 연방대법원은 수거해 가라고 집 밖에 내놓은 쓰레기봉투에 대하여는 이를 내놓은 사람이 사생활의 보호에 대한 합리적 기대를 가질 수 없다고 하면서 경찰이 범죄의 증거를 수집하기 위하여 이를 수색search하더라도 추가조항 제4조의 위반을 구성하지 않는다고 판시하였다(California v. Greenwood). 똑같은 이슈가 4년이 지난 후 State v. Hempele (1990) 사건으로 New Jersey 대법원에서 문제되자 New Jersey 대법원은 누구나 쓰레기와 관련해서도 사생활에 대한 합리적 기대를 가진다고 믿었다. 이 법원은 이와 배치되는 연방대법원의 판례가 있음을 알고 있었으며 이를 의식한 듯 "[비]록 우리가 New Jersey 헌법이라는 바다를 항해함에 있어 연방대법원이 북극성이 될 수는 있어도 우리 배가 안전하게 항해하도록 할 궁극적 책임은 우리에게 있다. 우리가 그 별만을 바라보다가 우리의 승객들이 연방대법원의 판례가 가장 우선한다는 헌법원칙의 모래톱에 걸려 위험에 빠지도록 해서는 안 된다."는 다소 거창한 문구로 주법원에도 국민의 권리를 보호할 독자적 의무가 있다고 하였다.

헌법은 왜 필요한가?

이 질문은 좀 생뚱맞아 보인다. 우리는 헌법에 너무나 익숙해져 있어서 정부를 조직하고 시민의 자유를 보호하기 위해 헌법이 필요하다는 사실이 너무나 자명하다고 생각한다. 그리고 우리가 헌법을 필요로 하든 안 하든 우리는 헌법을 가지고 있고 헌법은 거기 있으며 헌법은 우리 정치제도의 근간이 되는 문서이다.

그러나 법에 있어서 없으면 안 되거나 꼭 필요한 것은 없다. 미국과 같은 입헌주의의 형태를 가지지 않는 다른 나라도 민주적 정치제도와 풍부한 시민의 자유를 가지고 있다. 예컨대 영국은 글로 쓰여진 성문헌법11)도, 법률에 대한 사법

---

11) 영국에는 대한민국이나 미국의 헌법전과 같이 하나의 문서로 이루어진 헌법이 없고 Magna Carta 등 국가의 통치기구와 국민의 기본권을 언급하는 개별적 문서와 헌법 관행이 헌법의 역할을 한다. 헌법이라는 제목하에 각 편, 장, 절 등에 의하여 체계적으로 기술된 헌법전이 없는 헌법은 불문헌법이라고 하고 하나의 문서로 이루어진 헌법은 성문헌법이라고 부른다.

심사제도judicial review[12])도 없다. 우리에게 헌법이 필요한지 여부를 생각함에 있어 진짜 질문은 미국식 헌법이라는 브랜드가 우리에게 무엇을 해 주느냐이다.

우리는 개인으로는 이룰 수 없는 일들을 함께 이루기 위하여 우리를 대신하여 일할 정부를 구성하거나 지원한다. 정부는 예컨대 학교를 짓고 교사를 고용하며 모든 사람이 이용할 공교육제도를 만들기 위하여 우리의 자원을 모으는 집단적인 행동을 가능하게 한다. 정부는 범죄자, 양심 없는 상인, 위험한 약물을 제조하는 사람, 외국의 테러리스트로부터 우리를 보호하는 사회 안전을 제공한다.

정부는 이 모든 일들을 하기 위해 강력해야만 한다. 정부는 학교에 비용을 대고, 제약회사를 규제하고, 비뚤어진 상인에게 벌금을 부과하고, 노상강도를 구금시키고, 군대를 유지하기 위하여 우리에게서 세금을 거둘 권한이 필요하다. 그러나 이렇게 강력한 정부는 그 자체로 문제가 된다. 정부가 우리에게 도를 넘는 세금을 부과하거나, 소상인에게 부당하게 과도한 규제를 가하거나, 사람을 잘못 보고 감옥에 가두거나, 정부에 반대한다고 군대를 동원하여 진압하는 일이 없을 것이라고 어떻게 확신할 수 있는가?

우리가 정부의 권력을 견제하는 방법의 하나는 민주적 정부를 만드는 것이다. 국민이 민주적 정부를 통제하면 정부는 국민이 원치 않거나 국민의 권리를 침해하는 일을 하지 못하게 된다. 그러나 민주주의가 잘 작동하고 국민이 정부를 정말로 잘 통제한다고 해도 (어떤 사람은 현대 미국에 대하여 이것이 잘 이

---

12) 헌법은 어느 나라에서든 국가에서 최고의 법이므로 의회가 제정한 법률도 헌법에 합치하여야 하는데 국민 사이에 그 법률이 헌법의 정신에 부합하는지, 즉 합헌성constitutionality 여부에 이견이 있는 때는 누가 그 합치 여부를 판단할 것인지가 문제된다. 이 판단을 사법부가 하도록 하는 경우를 사법심사제도judicial review, 정확히 말하자면 '사법부에 의한 법률의 합헌성 심사제도'라고 할 것이다. 사법부는 구체적인 사건을 심리하면서 그 사건에 적용될 법률이 헌법에 부합하지 않는 경우 그 법률 조항의 전부 또는 일부를 무효라고 선언하여 그 사건에 적용을 거부하고 다른 조항이나 다른 법원리를 적용하여 사건의 결론을 내리게 된다. 대한민국 헌법은 이러한 기능을 헌법재판소에 부여하는데 헌법재판소도 넓은 의미의 사법부에 속하므로 사법심사 국가로 볼 수 있다. 대한민국에서 사법심사는 위헌적 법률에 의하여 권리를 침해당하였다고 주장하는 국민이 직접 헌법재판소에 제소하거나, 일반 법원의 판사가 사건을 심리하는 도중 위헌성이 있다고 판단하는 경우 헌법재판소에 위헌심사를 제청하는 형태로 이루어지며, 헌법재판소는 합헌 또는 위헌결정, 조항의 적용방법 또는 범위에 따라 위헌성이 있는 경우 한정합헌, 헌법에 정면으로 위배되지는 않으나 헌법의 정신에 부합하지 않는다고 보는 경우 헌법불합치 등 여러 가지 결정을 할 수 있다. 사법심사의 상세 사항은 이후의 본문 참조.

루어지고 있는지 의문을 제기하기도 하지만) 문제는 항상 잠재되어 있다. 헌법의 핵심 요소 중 하나는 다수의 공격으로부터 소수집단과 개인의 권리를 보호하는 것이다. 헌법은 다수결의 원리와 같은 민주적 절차가 완전하게 작동하는 것만을 보호해서는 안 되며 민주적 절차로부터 소수자minority, 항의자protester, 반대자dissident, 괴짜eccentric들도 보호해야 한다.

헌법은 정부에 권한을 주는 일과 그 권한을 제한하는 일 사이의 충돌을 놓고 고심한다. 헌법은 정부가 어떻게 조직되어야 하는가, 정부가 얼마나 많은 권한을 가져야 하는가, 정부가 그 권한을 행사하려면 어떠한 절차에 따라야 하는가, 시민의 삶 중에서 어떤 영역은 정부의 간섭으로부터 자유로워야 하는가 등등의 문제를 다룬다. 헌법만이 이런 이슈들을 고민하는 유일한 영역은 아니며 헌법이 이를 종국적으로 해결하지도 못하지만 헌법은 적어도 그 해결을 위하여 애쓰는 절차를 제공하는 역할은 한다.

그러나 헌법이 어떻게 이런 일들을 수행하는가? 헌법을 하나의 과정process으로 생각하는 것이 도움이 되겠다. 헌법은 중요한 이슈들을 토론하는 언어와 광장을 제공한다. 헌법의 언어는 연방헌법의 문구에서 시작하고 이를 해석한 선례들과 여기서 도출되는 원리들에 의하여 확장되어 나간다. 중요한 사회적, 정치적 이슈들인 권력분립separation of powers, 연방주의federalism, 언론의 자유freedom of speech, 적법절차due process 등등이 관습적으로 헌법 언어 안에서 규정지어진다. 법률가들은 이것이 전문가들만이 쓰는 특별한 법적 용어라고 생각하고 싶어 하지만 실제로 헌법 논쟁은 법원과 변호사들만이 하는 것이 아니라 다른 정부 공무원들, 이익집단들 그리고 일반 대중에 의해서도 이루어진다.

헌법 논쟁은 이 언어를 사용하여 여러 곳에서 이루어지지만 미국의 헌법적 전통은 법원, 특히 미국 연방대법원을 이 논쟁이 유권적으로 해결되는 곳으로 지정했다. 연방대법원이 정치성이 전혀 없는 기관이라고 할 수는 없겠으나 대법관의 기능이 제한되어 있고 평생 동안 봉직하기 때문에 정부의 다른 부branch에 비하여 직접적인 정치적 영향으로부터 멀리 떨어져서 활동한다. 연방대법원이 언제나 그리고 모든 문제를 해결하지는 않으나 헌법사건에 관하여 연방대법원에 제기되는 법적 주장과 그에 대하여 내려지는 판결은 주요 논쟁거리를 분석하고 해결하는 골격을 잡는 데 중대한 역할을 한다.

연방헌법이 미국의 인종문제를 다루면서 겪어 온 명암을 예로 들어 보자. 노예제도에 관한 뜨거운 논쟁이 결국 남북전쟁Civil War으로 이어졌던바, Dred Scott이라는 노예는 자신이 그 주인의 집이 있는 Missouri로 돌아오기 전에 그의 주인과 함께 Illinois와 Wisconsin Territory에 거주하였으므로 자유인이 되었다고 주장하며 연방법원에 소를 제기하였다. Illinois는 자유주free state였고, 북위 36도 30분의 북쪽에 있는 준주territory는 1820년의 Missouri Compromise[13])에 의하여 노예제도가 금지되어 있었는데, Scott은 자신을 법적으로 자유인으로 취급하는 주와 준주territory에 발을 디딘 적이 있으므로 노예주slavery state인 Missouri에 돌아왔다고 해도 노예제도의 구속을 받을 수 없다고 주장하였다. 노예제도는 전국적으로 정치적, 도덕적 및 경제적 차원에서 엄청난 중요성을 가진 이슈였으나 Scott v. Sandford 사건(Dred Scott의 사건은 연방대법원에서 이렇게 명명되었다)에서 이 이슈는 헌법적 차원의 용어로 재구성되었다.

1857년 Roger Taney 대법원장Chief Justice이 제시한 다수의견으로 연방대법원은 Scott과 같은 흑인은 연방헌법 Article Ⅲ와 Ⅳ에서 말하는 "시민citizen"이 아니므로 그는 연방법원에 소를 제기할 수 없다고 판시하였으며, 더욱 특기할 것은 Missouri Compromise가 위헌이라고 선언한 점이다. Taney의 의견에 의하면 연방헌법을 성안할 때 흑인들은 "종속적이고 열등한 존재로 간주"되었으므로 "모든 인간이 평등하게 창조되었음"을 주장하는 독립선언서Declaration of Independence가 적용될 범위에 포함되지 않고 그리하여 연방법원에 제소할 수 있는 사람, 즉 시민의 계층에 속하지 않는다. 그리고 비록 연방의회가 북부North와 남부South 간에 이해의 균형을 잡겠다는 일련의 정치적 판단에 따라 Missouri Compromise

---

13) 1820년 노예제도의 존폐를 놓고 대립하던 미국의 남부와 북부가 상호 세력균형을 위하여 법률로 타협한 협정이다. 당시 미국은 노예주와 자유주가 각각 11개로 새로 연방에 가입할 Missouri를 노예주로 인정하면 이 균형이 깨어질 것이므로 Missouri를 노예주로 인정하되 Massachusettes에서 Maine을 분리시켜 자유주로 인정함으로써 양측을 12개씩으로 유지하고, 앞으로 새로운 주가 연방에 가입하려면 북위 36도 30분 이북은 자유주, 이남은 노예주로 한다고 결정하였다. 이 협정은 노예제도를 둘러싼 갈등을 일시적으로 유보하는 역할을 하였으나 1854년 미시시피강 서쪽에 Kansas와 Nebraska 등 2개의 준주를 설치하되 노예제도의 인정 여부는 주민의 결정에 위임한 Kansas Nebraska법에 의하여 사실상 효력을 잃었고 1857년 Dred Scott 판결에서 연방대법원이 위헌선언함으로써 폐기되었다.

를 정밀하게 만들어 냈지만 그 과정에서 연방의회는 헌법으로부터 부여받은 권한을 초월하였다고 했다. 일단 준주Territory에 정착한 사람들이 그들 자신의 정부를 조직하였다면 연방의회가 그 준주를 위하여 입법을 해 줄 수는 없다는 것이다.

Dred Scott 판결은 헌법의 본질과 한계를 잘 드러내 보여준다. 노예제도는 미국이 나라로 성립된 때부터 매우 무거운 이슈였고 연방헌법 자체 내에 타협적 조항compromise provision에 이를 녹여 넣어 두었으며 연방의회, 법원들 그리고 일반 대중들 사이에 널리 논쟁의 주제가 되어 왔다. Dred Scott 사건에서 보았듯이 이 논쟁은 실질적인 헌법 이슈를 다루고 있고, 토론은 도덕적, 정치적 그리고 경제적 용어와 함께 헌법적 언어로 이루어졌다. 연방의회가 어떤 권한이 있기에 준주와 새로 연방에 편입된 주들을 노예주 또는 자유주로 그 지위를 결정하는가? 각 주가 노예제도를 금지하거나 또는 주인과 노예들이 자기 주 경계를 넘어 여행하는 일을 실효적으로 금지하기 위하여 어느 정도의 조치를 할 수 있는가? 흑인들은 연방법원에 제소할 수 있는 헌법적 공동체의 구성원인가?

헌법용어로 이루어진 논쟁은 법정 밖까지 넘쳐 나왔다. Abraham Lincoln과 Stephen Douglas는 1858년 상원의원 선거운동 때의 유명한 토론에서 Dred Scott 판결과 헌법적 권한의 본질을 놓고 충돌하였다. Douglas는 "[판]결이 내려지면 나의 개인적 의견이나 당신의 의견, 기타 모든 의견은 내려놓고 유권적인 사법적 판단을 인정해야 한다."고 하여 연방대법원 판결이 확정적이라고 인정했다. Lincoln은 "내가 연방의회에 있었다면, 그리고 새로운 준주에서 노예제도가 금지되어야 하는지 여부에 관한 문제에서 표결할 일이 생긴다면 Dred Scott 판결에 불구하고 나는 찬성표를 던질 것이다."고 말하여 의회와 같은 정부의 다른 부branch도 연방헌법에 대한 독자적 해석을 할 수 있다고 주장했다.

이 논쟁의 불길은 미국식 입헌주의constitutionalism의 중심 요소, 즉 연방대법원이 미국 헌법을 해석하는 최종적 기관인가라는 주제로 옮겨 붙었다. Dred Scott 판결이 있기 반세기 전에 연방대법원은 자신이 헌법을 최종적으로 해석하는 권한을 가진 기관이라고 선언했고 정치 시스템은 이를 묵인한 바 있다.14) 그러나

---

14) 미국에서 법원이 연방헌법을 해석할 권한이 있다는 헌법적 전통, 즉 미국식 사법심사제도가 생겨난 계기는 후에 자세히 설명하는 Marbury v. Madison 판결이다.

Dred Scott 판결에 대한 정치적 반응은 연방대법원의 역할의 한계를 보여주었다. Taney 대법원장은 Dred Scott 판결로 노예제도에 대한 국가적 논쟁이 일거에 그리고 영원히 해결되기를 바라는 표정이 역력했다. 그러나 정치를 담당하는 부branch가 Missouri Compromise과 1850년 Compromise를 가지고도 해내지 못한 일을 사법부가 판결을 통하여 해내지는 못했다. 해결은 커녕 Dred Scott 판결은 찬반 양측의 열정에 불을 당겨 곧 전쟁으로 이어졌다.

헌법 판결을 통하여 노예제도라는 이슈를 해결하려던 연방대법원의 노력이 실패했음에도 불구하고 인종문제는 남북전쟁 이후에도 여전히 헌법적 이슈로 간주되었다. 추가조항 제13조, 제14조 및 제15조 등의 새로운 헌법조항들은 노예제도를 종식시키고 인종차별을 금지하며 흑인들의 정치참여를 보장하는 도구라고 믿어졌다. 추가조항 제14조[15]는 (Dred Scott 판결을 뒤집고) 원래의 연방헌법과 권리장전Bill of Rights에 새로 해방된 노예들에게 시민권citizenship과 시민의 특권privilege 및 면책immunity, 적법절차due process of law, 법에 의한 평등보호 equal protection of the laws 등을 보장하는 개념을 도입하였다는 점에서 특히 중요한 의미를 가진다. 이러한 재건조항Reconstruction Amendment[16]은 정부에게 노예제도의 잔재를 척결할 권한을 부여함과 동시에 정부가 시민의 생활에 대하여 차별하거나 간섭할 권한을 제한하는 양면의 효과를 가져왔다.

이후 150년이 더 지나도록 이 조항들에 대한 해석은 원리에 있어서나 결과에 있어서 일관된 적이 없다. 예를 들면 두 개의 유명한 판결에서 연방대법원은 처음에는 기차에서의 인종분리racial segregation를 허용하였으나(Plessy v. Ferguson, 1896), 나중에 학교에서의 인종분리를 금지하였다(Brown v. Board of Education,

---

15) 남북전쟁에서 패배한 이후에도 남부 주들은 암살된 링컨을 승계하여 대통령이 된 앤드루 존슨의 남부에 대한 유화책에 따라 해방된 흑인에 대한 차별정책을 유지하고 흑인단속법을 다시 제정하였다. 한편 공화당 주도로 제정된 민권법(Civil Rights Act)에 존슨 대통령이 거부권을 행사하자 공화당 강경파는 이에 분개한 나머지 1866년 6월에 추가조항 제14조를 통과시켜 흑인에게도 적법절차를 보장한다.

16) 남부 주들을 연방에 복귀시키기 위하여 1867년 공화당 강경파는 일련의 재건법(Reconstruction Acts)을 제정하여 10개의 남부 주들을 5개 군관구로 구분하고 군정지사를 임명하여 군정을 실시하였다. 이때 각 주별로 흑인들이 참여한 가운데 새로운 주헌법을 제정하도록 하였으며 이후 수립되는 주정부는 반드시 연방헌법 추가조항 제14조를 비준해야만 연방에 가입할 수 있게 되었다.

1954). 이처럼 길고 복잡한 이야기를 되풀이할 필요 없이 Dred Scott 판결에서
와 같은 인종에 관한 논쟁이 법정에서든, 마을 광장에서든 이러한 헌법 원리들
의 도움으로 이루어졌음을 기억하면 될 것이다. 추가조항 제14조는 평등이 무엇
을 의미하고 정부가 평등을 이루는 일 또는 불평등을 예방하거나 이를 구제하는
일을 하기 위하여 무엇을 할 수 있고 또는 해야만 하는지를 확인하는 조항인바,
이 조항이 규정하는 "법의 평등보호equal protection of the laws"를 어떻게 정의할
것인가의 문제는 인종문제에 관한 논쟁에서 중심적인 의문이 되어 왔다. 주정부
는 도로건설 공사업자 선정 시에 소수인종인 건설업자들을 우대할 수 있는가? 대
학은 학생집단의 다양성을 높이기 위하여 흑인 응시자에게 혜택을 줄 수 있는가?

이러한 의문들을 해결하기 위한 논쟁은 부분적으로 헌법적인 담론을 통하여
이루어지고 해답의 일부도 법원의 판결을 통해 나온다. 그러나 논쟁은 법정 밖
으로, 헌법의 테두리 밖으로 흘러넘쳐 입법기관, 선거과정, 언론 그리고 국민감
정으로부터 영향을 받는다.

헌법은 그러므로 중요한 이슈들을 다루는 용어와 과정을 제공한다. 헌법이
단순히 용어에 그치는 것도, 단순히 과정에 그치는 것도 아니지만 200년 이상을
거치는 동안 조금씩 바뀌어 가면서도 중요하고 친숙한 것이 되어 왔다.

연방대법원은 헌법의 의미를 어떻게 판단하는가?

연방대법원은 연방헌법을 해석, 적용하면서 정부의 권력을 정의하고 제한한
다. 그러나 연방대법원의 권한은 무엇이 제한하는가? 연방대법원이 이제부터 도
로건설에 얼마를 써야 하는지 자신이 연방의회에 지시하겠다고 선언한다는 경우
또는 모든 미국인은 일요일마다 로마 카톨릭 교회에 나가야만 한다고 선언하겠
다는 경우를 가정해 보자. 무엇으로 연방대법원이 정부의 다른 부branch 또는 주
정부의 정당한 권한을 침해하거나 또는 비정상적인 판결로 국민의 권리를 짓밟
지 못하도록 규제할 것인가?

이처럼 황당한 가정으로부터 알 수 있듯이 연방대법원은 궁극적으로 정치적
현실에 의하여 제한을 받는다. 연방대법원이 도로에 지출할 재원에 대하여 연방
의회에 어떤 지시를 하려 하거나 국민들을 강제로 교회에 가게 하려 한다면 이

에 대한 반발로 연방대법원의 판결은 신뢰를 잃게 된다. 연방대법원은 스스로 그 판결을 강제로 집행할 힘이 없기 때문에 연방대법원의 헌법적 권위는 사법기관과 법의 지배rule of law를 존중하는 미국의 문화적 전통에 의하여 지탱된다. 이러한 존중은 연방대법원의 대법관들이 연방헌법을 적용하면서 법이 어떠해야 한다는 그들의 견해를 단순히 표시하는 데 그치는 것이 아니라는 믿음에서 비롯된다. 그보다는 연방헌법 자체가 그들의 판결을 이끌어 나간다. 연방헌법의 문구 또는 이를 해석하는 방법 중 무언가가 특정 사건에서 연방대법원이 무엇을 할 수 있는지를 통제하고 제한한다. 연방헌법이 연방대법원이 해석하는 바에 따라 정부의 다른 각 기관의 권한의 범위를 규율하듯이, 연방헌법은 연방대법원 자체의 권한도 제한한다.

그러나 문제는 헌법의 문구가 짧고 모호함에도 연방대법원은 엄청나게 다양한 종류의 사건을 판결하는 데 이를 이용해야만 한다는 것이다. 예컨대 연방헌법 Article I, section 8, clause 3는 연방의회에게 "외국과의, 여러 주 간의 그리고 인디언 부족과의 통상commerce을 규율할" 권한을 주고 있다. 연방대법원은 어떻게 이 조항이 연방의회가 Obamacare를 입법할 때 개인에게 건강보험을 의무적으로 구입하도록 요구할 수 있다고 허용하는 뜻을 가지고 있음을 아는가(연방대법원은 연방의회가 통상조항Commerce Clause 때문에 그런 일을 할 수는 없지만 보험을 구입하지 않으면 세금에 의한 제재를 가하는 제도를 만들 수는 있다고 하였다)? 또는 낙태사건인 Roe v. Wade 판결을 보자. 연방대법원은 어떻게 연방헌법이 여성은 임신기간의 첫 1/3분기first trimester 동안은 본질적으로 제한받지 않는 낙태선택권을 갖지만, 임신이 더 진행되는 경우 주정부가 낙태를 제한하거나 금지할 수 있도록 허용한다고 결론을 내린 것인가? 또는 1954년의 판결로서 공립학교에서 인종분리를 금지한 Brown v. Board of Education 판결을 보자. 오늘날엔 누구나 이 판결은 정당하였고 미국의 사회정의의 발전사에 기념비가 되었다고 인정한다. 그러나 추가조항 제14조를 통과시킨 연방의회가 Washington D.C.에는 인종이 분리된 공립학교의 설치도 또한 허용한 일이 있는데 연방대법원은 어떻게 인종분리 학교가 추가조항 제14조의 평등보호 조항에 의하여 금지된다고 결론내릴 수 있었는가?

연방헌법의 어디에도 건강보험, 낙태, 인종분리, 학교 등이 언급되어 있지 않다. 그럼에도 연방대법원은 이러한 문제를 포함하여 수천 가지의 다른 주제에 대하여 판결하여야 한다. 헌법해석의 이론은 헌법에 있어 매우 중요하지만 연방헌법은 그 자신을 해석할 지침은 전혀 제공하지 않는다. 따라서 그러한 이론을 정립하는 일이 판사들과 학자들의 주요 관심사가 되어 왔다.

연방헌법이 그 문구 자체에서 뜻이 명확히 드러난다면 이를 해석하기 쉬울 것이다. 불행히도 그렇지 않다. 대부분의 헌법규정은 통상조항Commerce Clause처럼 모호하다. 연방헌법에 연방의회가 "여러 주 사이의among several states" 통상을 규율할 수 있다고 씌어 있다고 해서 연방의회의 주간통상 규율권interstate commerce power의 범위 내에 건강보험의 구입을 의무화할 권한이 포함되어 있는지의 여부를 우리에게 말해 주지는 않는다. 나아가 어떤 문구는 글자 그대로의 뜻을 가지고 있다고 도저히 해석할 수 없는 경우도 있다. 추가조항 제1조는 "연방의회는 … 언론의 자유를 박탈하는 어떠한 법률도 제정할 수 없다."라고 하는데 모든 헌법 관련 법률가는 이 헌법적 금지가 비록 명시적으로 기재되어 있지 않더라도 대통령과 연방대법원에도 역시 적용된다는 데 이견이 없다. 말은 절대로 그 스스로 어떤 뜻을 가지지 못하기 때문에 우리에게 이를 해석할 어떤 방법이 필요하다.

헌법해석의 이론을 둘러싼 중요한 다툼의 하나가 연방헌법은 오로지 그 기초자framer가 어떤 의도intent를 가지고 그 조항을 기초했는지 또는 조항이 채택될 당시에 기초자들이 그 조문을 어떻게 이해하고 있었는지에 따라 좁게 해석되어야 한다고 믿는 견해와 그러한 의도와 이해 이상의 것을 살펴보아야 한다고 주장하는 견해 사이의 논쟁이다. 전자의 이론은 David Brewer 대법관이 판결(South Carolina v. United States, 1905)에서 말한 것처럼 연방헌법이 "변하지 않는 본질과 의미changeless nature and meaning"를 가진다는 주장으로 근원주의originalism 또는 해석주의interpretivism라고 불리며, 후자는 비근원주의non-originalism라고 불리는데 때로 '살아 있는 연방헌법living Constitution의 사상'이라고 지칭되기도 한다.

근원주의자originalist는 연방헌법은 그 구조 자체가 헌법규정을 기초할 당시의 최초의 이해original understanding를 고수할 것을 요구하고 있고 판사들이 이를 마음대로 넘나드는 것을 금지한다고 본다. 연방헌법의 기초자들은 국민을 대신하여 연방정부에게 권력을 위임하였다. 사법심사권power of judicial review도 비록 헌법규정에 명시되어 있지는 않지만 그와 같이 위임된 권력 중의 하나라고 한다.

그러나 법원을 포함한 정부의 어떤 기관도 자신에게 위임된 권한을 초월할 수 없고 그러므로 연방대법원도 판결을 함에 있어 언제나 기초자들의 의도에 따라야만 한다고 주장한다.

근원주의자들은 연방헌법의 구조 자체가 법적으로 이와 같은 최초의 이해를 고수할 것을 요구하기도 하지만 나아가 여기에 실제적인 필요성이 있기도 하다고 주장한다. 최초의 의도에 충실할 때 헌법에 관한 판결은 확고한 근거를 가질 수 있다는 것이다. 가장 잘 알려진 근원주의자의 한 사람인 Scalia 대법관은 "근원주의자들은 최소한 자신이 무엇을 찾으려 하는지는 알고 있는데 그것은 바로 문구의 원래의 의미이다. 자주, 실제로는 늘 그렇다고 감히 말할 수 있을 만큼, 최초의 의도는 식별하기 쉽고 적용하기도 간단하다."라고 하였다. 연방대법원이 한 번 이 바탕을 넘어서 버리면 법원은 의당 기초자의 확고한 이해 이외의 다른 어떤 것, 예를 들어 그 사건에서 무엇이 정당한 결과가 될지에 관한 정치적, 경제적 또는 철학적 이론 등 따로 판결에 정당성을 부여할 수 있을 만한 다른 근거를 찾아야만 한다는 것이다. 그러나 거기에 사용될 이론은 진보적인 것, 보수적인 것 그리고 기타 등등 매우 많은데 그들 중 어떤 것을 택할지는 대법관이라도 자신의 선호밖에는 별다른 근거가 없다는 문제가 있다. 이렇게 개인적 선호도에 따른 선택이 가능하기 때문에 순전히 자기 자신의 취향에 따른 판단으로 연방의회나 주정부가 내린 결정을 묵살해 버리는 행동주의 판결activist judging이나 대법관activist justice들이 생겨날 우려, 즉 Scalia 대법관이 동성혼인에 대한 헌법적 권리를 인정한 Obergefell v. Hodges (2015) 판결에서 경고한 바와 같이 "국민들에게서 그들이 독립선언서Declaration of Independence에서 주장하고 1776년 독립혁명Revolution으로 얻어 낸 가장 중요한 자유, 즉 스스로를 통치할 자유를 강탈하는 … 사법에 의한 정부전복"과 다름없는 무시무시한 결과가 초래될 수 있다고 주장한다.

최초의 의도가 헌법의 굳건한 원천이 된다는 근원주의originalism의 개념은 헌법 문구를 평범하게 해석하면 그만이라는 생각처럼 매력적이기는 하지만 근원주의를 취하지 않는 판사와 학자들은 그 개념이 가지는 문제점을 찾아냈다. 연방헌법 기초자들의 최초의 의도 또는 그들이 이해한 바를 역사적 관점에서 판단할 우리의 능력에는 원천적인 문제가 있다는 것이다. "기초자들의 의도"에 의지한다 함은 명확한 범위를 가진 기초자 집단이 있었어야 하고 우리가 매우 확실한 정도로 그들의 의도를 추측할 수 있다는 것을 전제로 한다. 그러나 누가 기초자들framers인가? 최초의 연방헌법은 여러 다른 주에서 서로 다른 견해를 가진 대표단이 모여 구성된 회의에서 초안이 작성되고 협상되고 의결되었으며, 13개 주의 의회legislature 또는 협의회convention의 멤버들에 의하여 비준ratify되었다. 권리장전the Bill of Rights은 초대 연방의회First Congress가 기초하고 각 주의 비준을 받았다. 이후의 추가조항들Amendments은 그 이후의 연방의회들이 기초하고 더 많은 주의회들에 의하여 비준되었다. 그렇다면 우리는 문제되는 조항의 초안을 잡은 사람들, 각 주의 의회 또는 협의회convention에서 토론에 참여한 사람, 또는 비준을 한 입법기관 중 어느 누구의 의도를 집중적으로 탐구해야 하는가?

역사적으로 헌법기초자들이 어떤 의도를 가졌는지 확정하는 데 이와 같은 어려움이 있기 때문에 어떤 근원주의자originalist는 기초자의 의도가 아니라 그 헌법 조항이 제정될 당시의 사회 전반의 이해general understanding가 어떠했는지를 탐구하는데 중점을 두기도 하는데 Scalia 대법관은 이를 "합리적인 사람이 법의 문구로부터 모아볼 수 있는 의도intent"라고 표현하였다. 그러므로 원래의 이해를 찾아내는 일은 우리가 기초자들이 살던 세계의 모습을 파악할 수 있고 그렇게 파악된 모습을 우리 자신의 세상에 응용할 수 있다는 것을 전제로 한다. 그러나 비근원주의자들은 이를 파악하기 어렵다는 점을 지적한다. 근원주의originalism는 역사적인 의도를 마치 땅에서 발굴되기를 기다리는 유물과 같은 하나의 사실이라고 생각하지만 200년 전의 과거의 일에 관한 진실을 발굴해 내는 일은 어려운 때가 많다는 것이다. 더욱이 역사가들은 과거에 대한 이해는 언제나 현재의 우리 자신의 시각에 따라 형성된다는 점을 지적한다. 현재에 대한 우리의 이해라는 필터에 여과됨이 없이 과거를 파악하기가 불가능하다면 200여 년이 넘는 기간에 걸쳐 일어난 일들을 알고 있으면서도 어떻게 마치 그것들을 전혀 알지 못하는 것처럼 행세하면서 그때 당시의 의도가 어떤 것이었다고 말할 수 있을 것인가? 더 나아가 비근원주의자들은 우리가 가지고 있는 과거에 대한 이해가 정확하다고 하더라도 이를 현재에 적용하기에는 상황이 엄청나게 변해 버렸다고 주장한다. 추가조항 제1조를 기초하고 비준한 사람들이 언론의 자유freedom of speech와 출판의 자유freedom of press에 관하여 생각했을 그때에는 연설과 출판만

이 사용할 수 있었던 유일한 커뮤니케이션 수단이었으므로 그들은 문자 그대로의 스피치와 프레스, 즉 육성에 의한 연설과 인쇄에 의한 출판물에 대한 자유에 관한 어떤 생각만을 염두에 두면 되었다. 그러나 오늘날은 예컨대 인터넷이나 공격적인 TV 광고로 포르노그래피에까지도 즉시 접속이 가능한 세상인데 그 이해를 어떻게 변형해야만 이들에 대한 규제에 적용할 수 있겠는가?

원래의 이해가 구체적으로 파악되지도 않는 마당에 이처럼 엄청나게 변화한 사회를 다루자면 연방대법원이라 하여도 원래의 이해가 바로 이러한 것이라고 쉽게 확신해 버리고 적용할 수는 없다. 그 대신 연방대법원은 아마도 헌법에 어째서 어떤 특정한 용어가 사용되었고 일련의 헌법 규정들이나 또는 전체로서의 연방헌법이 어째서 그렇게 만들어졌는지 그 동기가 된 원래의 원리를 찾기 위하여 보다 넓은 시각으로 들여다보아야만 할 것이다. 엄격한 근원주의의 문제점은 어떤 규정에 숨어 있는 의도를 너무 협소하게 보는 것이라고 할 수도 있다. 어떤 근원주의자들과 일부 비근원주의자들은 그 대안으로 헌법 문구에서 나오는 원리를 발전시켜 나가면 연방대법원의 연방헌법 해석을 적절히 통제할 수 있을 것이라고 제안한다.

누구나 법에 따른 적정한 절차due process of law 없이 생명, 자유, 또는 재산권을 부인당하지 않는다고 규정하는 추가조항 제5조 및 제14조의 적법절차 조항을 생각해 보자. 이 조항이 제정될 당시의 국민들이 그 뜻에 대하여 어떤 특정한 생각을 가지고 있었는지를 우리가 알 수 있다고 가정해 보자. 여기서 우리는 그 내용을 추측하기 위하여 권리장전the Bill of Rights의 다른 조항까지도 참조할 수 있다. 다른 조항들을 결합시켜 해석해 보면 자유는 신체적 자유를 포함하며, 정부는 피고인이 변호인counsel의 조력을 받고, 재판에서 증인을 대면하여confront 반대신문을 할 수 있는 등등의 권리가 보장된 배심재판trial by jury을 거치지 않으면 어떤 사람의 자유를 박탈할 수 없게 된다는 결론이 나온다. 그러나 이러한 적법절차 조항들이 추가조항 제4조, 제5조 그리고 제6조에 의한 보호들을 한 번더 부연하는 의미만을 가지고 있다고 본다면 적법절차 조항들은 옥상옥의 불필요한 조항이 되었을 것이다. 반면에 이 조항들은 정부의 간섭으로부터 보호받아야 할 미국인의 권리들에 관하여 보다 보편적인 원칙을 선언하는 의미를 가진다고 볼 수도 있다. 이와 같이 "자유liberty"를 보다 넓게 이해한다면 사람이 일상생활과 개인적인 일을 영위함에 있어 정부로부터 방해받지 않을 권리를 의미하고,

이 자유의 권리는 침해할 중요한 근거가 있을 때에만 정부가 침해할 수 있다는 뜻이 된다. 그러므로 적법절차 조항의 뜻을 확정하고 적용하는 데 있어 연방대법원은 이 조항이 배심재판을 받을 권리right to a jury trial라는 좁은 의미와 정부의 간섭으로부터 자유로울 권리라는 넓은 의미를 모두 가지고 있을 수 있다는 점을 고려해야 한다. 여기서의 넓은 의미는 관련된 기술이나 사회적 상황이 출현하지 않았기 때문에 연방헌법의 기초자들이 기초할 당시에 고려할 수 없었던 사건을 재판할 때 특히 쓸모가 있게 된다.

그러나 이러한 접근법에는 두 가지 문제가 있다. 첫째는 원래의 의도를 좁게 설정하려는 시도에 역사적인 근거가 박약할 수도 있겠지만 국가로부터 간섭받지 않을 권리 같은 원칙들을 정립하려고 할 때 그 원칙들의 역사적 근거를 찾기가 더 어려울 수 있다는 점이다. 연방대법원이 어떤 헌법규정의 의미에 관하여 보편적인 이해를 정립하려고 시도하면 과거의 의도를 재해석할 때 생기는 모든 문제점들이 더 확대되어 나타난다. 이것은 마치 연방대법원이 헌법의 기초자들에게 그저 "당신들은 적법절차 조항이 어떤 뜻을 가지는 것으로 이해했습니까?"라고 묻는 것을 넘어서 "당신들이 당시에는 결코 헌법에 포함시킬 수 없었던 것을 포함하여 당신들의 생각 뒤에 있던 더 넓은 개념은 무엇이었습니까?"라는 대화까지 해야 한다는 것이 된다. 이 질문은 기초 당시의 의도의 범위를 벗어나는 답을 요구하는 것에 다름 아니며 오히려 기초자들이 가졌던 원래의 이해에 관계 없이 연방대법원이 헌법조항에 자신이 생각하는 의미를 마음대로 부여할 수 있도록 허용하는 처사가 될 것이다.

연방대법원이 일단 이 길에 들어선다면 둘째의 문제점이 저절로 드러난다. 헌법의 어떤 조항이든 그 조항 안에 의미의 보편성generality의 수준이 다른 여러 개의 원칙들이 내포되어 있다고 말할 수 있다. 그렇다면 개별 사건에 대한 판결은 보편성의 수준에 따라 내려지게 되는데 연방대법원은 여러 개의 원칙 중에서 자신이 가장 우월한 원칙이라고 생각하는 원칙을 골라 적용할 수 있게 된다. 어려운 문제는 의미가 넓은 것이든 좁은 것이든 모든 원칙은 연방대법원 자신이 문제되는 조항을 현명하게 해석하는 것이라고 스스로 인정하는 견해를 근거로 전개될 수밖에 없다는 데 있다. 연방대법원의 견해는 헌법조항의 문구, 그 연혁, 그 조문에 대한 이전까지의 해석론interpretation, 그리고 현재의 정치적 및 사회적 현실에 영향을 받는다. 이에 의하여 생겨나는 위험한 문제는, 물론 헌법해석이 시작될 때부터 시작된 문제이기도 하지만, 연방대법원이 견해를 만들어 나갈 때 연방대법원을 견제할 수 있는 것은 연방대법원이 스스로 해석을 잘 하는 것밖에 없다는 점, 그리고 최종적으로는 정치현실에 의한 통제를 받는 것 이외에는 아무 것도 없다는 점이다.

결국 근원주의originalism와 비근원주의non-originalism 및 이들의 수많은 변종들 중에서 어떤 것을 선택하더라도 그 선택은 연방헌법의 본질은 무엇인가, 왜 여기에 복종해야 하는가, 그리고 그 해석에 있어 연방대법원의 역할은 무엇인가라는 등등에 관한 정치적 이론에 근거한 선택이다. 이는 답하기가 어려운 문제이며 역사적 경험도 우리에게 이 문제의 해답을 주지는 못한다. 사실 헌법사학자들은 기초자들 자신은 근원주의자가 아니었다고 주장한다. 18세기 후반의 법률가나 정치인들은 제헌의회constitutional convention와 같은 입법기관이 적극적으로 나서서 기본법fundamental law을 제정한다는 개념을 가지지 않았고, 그 기관이 법을 제정할 때 가졌던 생각이 나중에 그 법을 해석하는 데 있어 지침으로 되어야 한다는 생각도 하지 않았다는 것이다. 그리고 Kennedy 대법관의 말처럼 연방헌법과 그에 대한 추가조항Amendments을 기초한 사람들은 그 조항들의 의미가 변화할 수밖에 없을 것이라는 생각을 하고 있었을 수도 있다.

> 권리장전과 추가조항 제14조를 기초하고 비준한 세대는 자신들이 모든 차원에서의 자유의 범위를 알고 있다고 생각하지 않았으며, 후세 사람에게 그 의미를 알아가면서 모든 사람이 자유를 누리도록 권리를 보호해 주는 선언을 하라고 위임하였다고 보인다. 새로운 통찰력에 의하여 연방헌법이 부여하는 중심적 보호와 이에 대한 새로운 법적 제약이 생겨나 둘 사이의 괴리가 드러나면 다시 자유의 요구가 생겨날 것이고 이에 대하여 답이 주어져야 한다(Obergefell v. Hodges, 2015).

그렇다면 이 말은 헌법해석은 전적으로 연방대법관들의 관점에 달려 있으며 우리는 그저 그들이 자신의 정치적 견해와 개인적 선호에 따라 마음대로 연방헌법에 의미를 부여할 수 있다고 인정해야 한다는 말인가? 그 답은 예스이기도 하고 노이기도 하다. 대법관들의 판결이 순전히 헌법문구의 평범한 의미, 역사적 증거, 객관적 원리들에 의하여서만 결정되지는 않는다는 의미에서는 "예스"이다. 헌법을 해석하자면 연방대법원의 대법관은 여러 대안 중에서 어느 하나를 선택할 수밖에 없으며 판사는 살아가면서 다른 곳에서 여러 가지의 선택들을 하는 것과 마찬가지로 무엇이 올바른 답인지에 관한 자신들의 감각에 따라 선택을 한다. 그런데 대법관은 자신이 원하기만 하면 완전히 자유롭게 어떤 근거로든, 어떤 선택이든 할 수는 없다는 의미에서는 "노"이다. 대법관들은 헌법 문구가 과거에 어떻게 이해되어 왔는지에, 그리고 정치문화와 법률문화에 의하여 제약을 받는다.

이에 따라 우리는 헌법이 원칙과 권리의 집합체이지만 그와 같은 정도로 언어와 과정이기도 하다는 점을 인정해야 한다는 생각으로 되돌아가게 된다. 연방헌법의 문구와 그 문구들이 법정 안에서 또는 밖에서 이해되고 해석되고 주장되어 온 방식들은 대법관들이 연방헌법을 해석하고 적용함에 있어 반드시 사용해야 하는 언어가 된다. 연방헌법은 헌법적 이슈의 뼈대를 만들고 그에 대한 주장을 표현하는 방식을 제공한다. 헌법적 전통의 테두리를 지키면서도 여러 가지 다른 말을 할 수는 있으나 우리가 일상적인 말을 할 때와 마찬가지로 헌법에 관하여 어떤 말을 하고자 할 때 어떤 것들은 그것을 표현할 말이 없기 때문에 또는 있다고 해도 부적절 또는 부적당하기 때문에 말할 수 없는 것도 있다. 1857년에 나온 Dred Scott 판결에서는 연방대법원이 당시까지의 헌법적 용어와 헌법적 역사를 이용하여 흑인을 미국 시민이 될 수 없는, "사람 중에서 종속적이고 열등한 계층"이라고 선언한다고 해도 크게 문제될 것은 없었겠지만 오늘날의 법원은 이런 일을 할 수 없게 되었다. 오늘날의 법원은 그러나 소수자우대정책affirmative action을 긍정하는 판결 또는 부정하는 판결 중 어느 것이든 다 할 수 있는데 그 이유는 어느 쪽의 결론이든 사회적으로 받아들여질 수 있는 헌법적 담론의 범위 안에서 이루어지는 논의를 거치기 때문이다. 설사 판결에 동의하지 않거나 소수자우대정책이 "잘못이다."라고 생각하는 사람들도 적어도 헌법적 담론의 방식에 따라 이루어지는 논의라면 어떤 주장이든 할 수 있음을 인정할 것이고 그렇다면 어떠한 판결이 내려지든 그 판결이 인종을 차별하는 현대판 Dred Scott 판결로 낙인찍혀야 한다고 말하지는 않을 것이다.

신중하게 수행되고 선의good faith에 따라 이루어진다면 헌법해석은 중요한 사회적 이슈를 절제된 방법으로 토론하는 모범적 형태가 된다. 이 토론은 직접적인 정치적 논쟁과는 거리를 두는 어떤 수준을 지키며 이루어질 수 있고 그 파급효과를 참작하는 일, 헌법 원칙을 형성하는 일, 형성된 원칙을 다른 상황에 유추적용하는 일 등이 쉬워지도록 해 주는 기능을 발휘할 수 있는데 사실 이러한 것들을 해내는 데에는 법적 절차를 이용하는 것이 가장 좋다. 헌법분석constitutional analysis은 다른 사람을 설득하는 데는 물론이고 더 나아가 개인이 자신의 가설과 신념을 검증하는 하나의 방법도 될 수 있다. 물론 헌법 논쟁이 이러한 수준으로 이루어지지 않는 경우가 너무나 많다. 오히려 선입견이 가득한 신념을 원색적으로 표출하는 또 하나의 수단이 되기도 한다. 연방헌법에 대한 해석론은 다양하기 마련이므로 대법관들이건 다른 누구이건 심각한 해석과정을 거치지 아니하고 자신들이 원하는 결론에 가장 잘 들어맞는 해석론을 선택하려 할 위험은 항상 남아 있다.

연방대법원은 연방헌법을 해석하는 권한을 어디서 얻었는가?

연방대법원이 연방헌법을 어떻게 해석하는지의 이슈는 연방대법원이 사법심사권power of judicial review[17]을 가지고 있기 때문에 결정적으로 중요한 의미를 가진다. 대부분의 사건에 대하여 연방헌법이 어떤 뜻을 가지고 있고 그것이 특정한 사건에 어떻게 적용되어야 하는지는 연방대법원이 최종적으로 선언한다(연방법원federal court이든 주법원state court이든 모든 법원은 헌법적 이슈에 대하여 판결해야 할 의무와 권한을 가지지만 다른 모든 법원의 판결은 최종적으로 연방대법원의 재심사를 받게 될 수 있다). 우리는 법원의 사법심사judicial review에 너무나 익숙하기 때문에 이 제도가 자연스럽고, 필수불가결하며 심지어 미국의 정부를 구성하는 데 필요한 부분이라고 생각하는 것 같다. 그러나 그 권력이 얼마나 넓고도 강력한지에 주목해야 한다. 연방대통령, 연방의회, 주의회, 주지사, 주법원, 주정부 및 연방정부의 행정기관, 공무원 그리고 모든 일반 시민은 헌법적 문제에 관하여 9명의 연방대법관이 내리는 명령에 따라야 한다. 연방헌법을 기

---

17) 사법심사제도의 일반적 사항에 관하여는 본장 주12) 참조.

초할 때 이와 같이 광범위한 권력은 다른 어느 나라에서도 알지 못했고 오늘날에도 전 세계의 사법제도 중에서도 이례적이다.

놀랍게도 연방헌법 자체는 사법심사권power of judicial review을 연방대법원에 부여하는 조항을 두지 않는다. 연방헌법 Article Ⅲ는 "미합중국의 사법권은 하나의 최고 법원supreme Court과 연방의회가 수시로 결정하여 설치하는 하급법원들inferior Courts에 부여된다."라고 규정하고, 그 권력을 "이 헌법에 따라 발생하는 법law 및 형평법equity상의 모든 사건"과 다른 범주에까지 미치도록 하였다. 이 조항들은 연방법원의 조직과 관할jurisdiction에 관한 규정이다. 이 규정들에 의하여 연방대법원Supreme Court이 창설되기는 하지만 "최고supreme"라 함은 단지 "가장 높음highest", 즉 법원들의 위계질서 중에서 가장 높다는 위치만을 지정할 뿐 그 법원이 어떤 권한을 가지는지는 정해 주지 않는다. 연방헌법에 의하여 발생하는 사건을 심리할hear 권한은 어떤 종류의 사건들을 재판할 수 있다는 관할권jurisdiction을 부여한다는 뜻이지 그 사건들을 재판함에 있어 법률이 헌법에 부합하는지 여부에 대한 헌법적 심사constitutional review를 할 권한까지 가지고 있다고 말해 주는 것은 아니다. Article Ⅳ는 "이 헌법Constitution, 그리고 이 헌법에 따라 제정되는 미합중국의 법은 .... 이 나라의 최고의 법supreme Law of the Land이다."라고 규정한다. 이 조항은 연방헌법이 다른 "미합중국의 법"보다 우월하다고, 달리 말하여 연방헌법이 연방의회가 제정하는 법률들acts보다 우월하다는 말은 하지 않으며, 연방대법원이 연방의회, 대통령, 각 주정부를 제쳐 놓고 연방헌법의 의미를 최종적으로 판단할 권한을 가진다는 말도 하지 않는다.

사법심사권은 1803년 Marbury v. Madison 사건에 대한 연방대법원의 판결로 창설되었다. 헌법학자들은 일치하여 Marbury 판결을 지금까지 나온 연방대법원의 판결 중 가장 중요한 판결이라고 보고 있으며 그에 관한 이야기는 시간이 흘러도 계속 되풀이된다. 지금의 우리 시대에 일어나는 많은 중요한 법적 사건과 마찬가지로 이 사건에는 중요한 인물, 당파 정치 그리고 법에 어긋나지 않는 작은 음모가 개재되어 있다.

George Washington 대통령의 임기가 끝나갈 무렵 미국의 정치는 John Adams를 대통령에 당선시키고 1796년부터 1800년까지 연방의회를 지배한 연방당the Federalist Party과 1800년에 연방의회의 다수를 차지하고 Thomas Jefferson을 대통령에 당선시킨 민주공화당the Democratic Republican Party(현재의 민주당the Democratic Party의 전신)의 양당이 지배하는 체제였다. 연방당은 1800년 선거에서 행정부와 입법부에 대한 지배권을 잃게 될 것이 명백해지자 사법부에서만큼은 자신들의 권력을 공고히 남겨두기 위해 움직였다. 곧 퇴임하게 될 Adams 대통령은 자기 행정부의 국무장관secretary of state이었던 John Marshall을 대법원장에 지명하였다. 아직까지 연방의회를 지배하던 연방당은 하급 연방판사lower federal judge의 정원을 늘리고, 연방대법원의 (공석이 있으면 공화당원이 연방대법관으로 새로 임명되어 들어올 수 있으므로 이를 막기 위하여) 대법관 정원[18]을 줄이며, Washington D.C.에 새로 42명의 치안판사justice of peace를 둘 수 있게 하는 법안을 통과시켰다.

Adams 대통령은 그의 임기의 마지막 날에 새로 증설된 치안판사 자리에 충직한 연방당원들을 임명하였고 상원Senate은 이를 인준하였다. Jefferson이 대통령에 취임하기 전날 밤, Adams 대통령의 임기 마지막 달 동안 국무장관으로 재직하던 John Marshall은 새 치안판사들의 임명장에 미합중국 국새Seal of the US를 날인하는 국무장관의 전통적인 임무를 수행하였다. 그러나 부주의로 인해 그날 밤 안으로 임명장 몇 개가 판사 임명 예정자에게 전달되지 못했고 그 다음 날 새로 취임한 Jefferson 대통령은 자기 행정부의 국무장관인 John Madison에게 아직 전달되지 못하고 남아 있는 임명장의 전달을 보류하도록 지시하였는데 이 중에 치안판사로 임명되었던 자로서 곧 유명해지는 William Marbury의 임명장도 포함되어 있었다.

Marbury는 자기의 임명장을 달라며 연방대법원에 이행영장writ of mandamus이라고 알려진 문서의 발부를 청구하는 소송을 제기하였다(이행영장은 행정부

---

18) 연방대법관의 정원은 연방헌법에 정해져 있지 않으므로 연방의회가 법원조직법Judiciary Act 등의 연방법률로 정하게 되는데 1789년에는 6인, 1807년에 7인, 1837년에 9인, 1863년에는 10인으로 변하다가 1869년 9인으로 정해진 후 현재까지 변하지 않고 있다. 1937년 Franklin D. Roosevelt 대통령은 보수주의 대법관들이 뉴딜정책을 배척하는 판결들을 연달아 내리자 정원을 증원하고 진보적 대법관을 임명하여 연방대법원의 구성을 진보적으로 변화시키고자 시도한 바 있는데 이를 의식한 연방대법원이 루즈벨트에 협조적 태도로 전환하고 사법부의 변화에 대하여 여러 반발이 제기되자 이 계획을 포기하였다. 이에 관하여는 본장 본문에서 다시 설명된다(p.55 참조).

공무원에게 그의 임무 범위 내에 속하는 어떤 의무, 즉 여기서는 Marbury에게 임명장을 전달하는 일을 이행하라고 명하는 법원의 명령이다). 그가 1801년에 소송을 제기했음에도 불구하고 공화당이 지배하게 된 새 연방의회는 1801년 및 1802년의 연방대법원의 회기[19]를 폐지하였으므로 이 사건에 대한 판결은 1803년에야 내려졌다. 결국 연방대법원은 Marshall 대법원장이 제시한 다수의견으로 판결하였는데 당시의 윤리적 감각[20]에 따라 Marshall은 자신이 이 드라마의 주인공이었다는 사실과 이를 해결할 판사의 역할을 수행한다는 사실 사이에서 어떤 갈등을 느끼지 않았다.

Marbury 사건을 판결하면서 Marshall과 그가 이끄는 연방대법원은 딜레마에 빠졌다. 만약 Marshall이 Marbury에게 임명장을 받을 권리가 있다고 판결하지 못한다면 행정부가 권력을 장악하는 것을 수수방관하는 결과가 되고 이는 자신의 연방주의 원칙과 사법부의 권력을 확보해야 한다는 신념에 반한다. 그러나 연방대법원의 권위가 아직 충분히 확립되지 못하였으므로 그가 임명장 전수를 명령하면 Jefferson 대통령과 Madison 국무장관이 이를 간단히 일축해 버림으로써 헌법적 위기가 발생할 우려가 있었다. Marshall은 여기서 천재적 기질을 발휘하여 연방대법원이 사법심사권을 가진다고 하면서도 이 권한을 Marbury가 임명장을 받을 수 없다는 쪽으로 행사하여 논란에서 옆걸음질을 쳤다.

Marshall이 제시한 다수의견opinion of the Court은 우선 Marbury의 임명은 대통령이 임명장에 서명한 때 완결되었다고 한다. 판결은 일단 국무장관이 그 임

---

19) 미국 연방대법원은 1년 내내 직무를 수행하는 것이 아니라 일정한 회기를 정하여 그 시기에만 재판을 하는데 이는 연방 성립 초기에 사법부의 조직과 예산, 대법관에 대한 처우 등이 확립되지 않아 다수의 대법관이 Washington D.C. 등 연방의 수도에 계속 거주하지 못하고 각 지역의 자기 집에서 생활하다가 일정한 회기를 정하여 집합, 직무를 수행한 때가 있었던 전통이 남아 있기 때문이다. Washington D.C.에는 대법관들이 회기에 함께 생활하던 하숙집이 남아 있다. 연방의회는 초기에 연방대법원을 경시하여 운영에 필요한 예산 등을 배정하지 않아 재판업무를 수행할 수 없게 만드는 때도 있었다.

20) 오늘날은 사건을 심판하는 판사가 그 사건에 어떤 관련이 있으면 판사 스스로 그 사건의 심판을 담당하지 않겠다는 의사표시를 할 수 있고, 또는 당사자는 판사가 이러한 관련성 또는 사건에 어떤 예단을 가지고 있음을 주장하여 그 사건의 심판에 관여하지 말라고 요구할 수 있는데 전자를 회피라고 하고 후자는 기피라고 한다. 이 사건에서 Marshall 대법원장은 자신이 국무장관으로서 임명장 전수의 책임자였으므로 사건 관계인으로서 오늘날이라면 당연히 회피 또는 기피의 대상이 되었을 것이다.

명장에 국새를 날인하고 본인에게 전달하는 행위는 행정적인 절차에 불과하므로 이 절차가 이행되지 못했다고 해서 Marbury의 치안판사로서의 지위가 영향을 받지 않는다고 한다. 다음으로 Marbury에게 임명장을 받을 권리가 있으므로 법에 의한 적절한 구제를 해 주려면 국무장관에게 임명장을 전수하라고 강제해야만 한다고 인정하였다. Marshall의 책략은 세 번째 단계에 있다. 연방대법원은 이러한 구제를 청구하기에 적절한 법원이 아니라는 것이다.

연방헌법 Article Ⅲ는 외국의 외교관이나 미국 정부가 당사자로 되는 사건에 대하여는 연방대법원에 전속관할original jurisdiction21)(즉, 사건을 다른 법원보다 가장 우선하여 심리할 권한)을 주고 다른 모든 사건에 관하여는 연방대법원은 하급심의 판결에 대한 상고사건22)만을 심리할 수 있다고 규정한다. 1789년 법원조직법the Judiciary Act은 연방대법원의 관할권을 확대하여 연방 공무원에 대하여 어떤 일을 하라는 이행영장writ of mandamus을 발부할 권한도 연방대법원의 전속관할에 속하도록 하였다. Marbury는 이 법원조직법에 근거하여 자신이 Madison을 상대로 제기한 소송의 관할권이 연방대법원에 있다고 주장하였다. 다수의견이 절묘한 점은 Marshall 대법원장의 의견대로 그 법원조직법은 Article Ⅲ가 연방의 회에게 부여하는 입법권의 범위를 넘어서기 때문에 연방대법원의 관할권을 확대하는 일이 헌법상 허용되지 않음에도 불구하고 이행영장의 발부권한까지 연방대법원에 부여함으로써 연방대법원의 전속관할권을 헌법상 허용되지 않는 방법으로 확장하였으므로 그 조항은 무효이고, 그러므로 연방대법원은 이 사건에 대한 관할권을 가질 수 없어 Marbury에 대한 구제조치를 해 줄 수 없다고 판시한 데 있다. 이 판결에 의하여 연방당the Federalist Party의 인사가 연방판사에 임명되는

---

21) 어떤 종류의 사건은 어떤 종류의 법원이 전담하여 처리하는 것이 적절하고 유리하다는 사법정책적 고려에 따라 특정한 종류의 사건은 어떤 특정한 법원만이 재판할 수 있도록 하는 것을 전속관할이라고 한다. 대한민국에서도 선거의 유효성에 대한 소송은 대법원만이 담당하도록 하고 범죄인을 외국에 인도할지 여부를 결정하는 재판은 서울고등법원만이 하도록 하는 등 보통의 민사, 형사, 행정사건의 관할권을 정하는 원칙에 예외를 두는 전속관할의 예가 상당수 있다.

22) 대한민국에서는 하급법원의 판단에 불복하여 상급법원에 그 시정을 구하는 당사자의 행동을 총괄하여 상소라고 하고, 제1심 판결에 불복하여 제2심에 제기하는 상소는 항소(抗訴), 제2심 법원의 판결에 불복하여 대법원에 상소하는 것은 상고(上告)라고 부른다. 하급법원의 판결이 아닌 명령, 결정에 대한 상소는 항고(抗告), 재항고(再抗告)로 부른다.

것을 막고자 하는 민주공화당Republicans의 직접적 관심사는 해결되었는데, 이 사건의 더 큰 중요성은 그 법원조직법 또는 연방의회가 제정한 어떤 다른 법률이 연방헌법에 합치하는지 여부를 판단할 최종적인 권한을 연방대법원이 확보해 버린 데 있다. 이에 따라 이 판결은 눈앞의 이슈를 양보하는 대신 연방대법원의 권한을 엄청나게 확대하는 결과를 가져왔다.

Marshall에게 연방대법원이 법률의 합헌성constitutionality, 즉 헌법에 합치하는지를 심사할 권한이 있는지 여부는 매우 쉬운 문제였다. 국민은 연방헌법을 근본이며 최고이고 영속적인 법이 되도록 결단하였다. 연방정부를 제한된 권력만을 가진 정부로 만들겠다는 것도 헌법정책의 한 부분이다. 정부의 각 부branch는 국민이 연방헌법에 의하여 각 부에 위임해 준 권력만을 행사할 수 있다. 그러므로 연방헌법에 반하거나 거기에 열거된enumerated 권한을 넘는 행위는 모두 무효이다. Article Ⅲ가 연방대법원에게 제한된 관할권만을 부여한 것은 그 권한만을 주겠다는 한정적인 규정이므로 연방의회는 법원조직법을 가지고 연방공무원에 대한 이행영장writ of mandamus 청구소송까지 연방대법원이 심리하도록 그 관할권을 확장해 줄 헌법상 권한이 없다는 것이다.

여기까지는 좋다. 핵심은 그러한 주장의 다음 단계에 있다. 연방헌법은 기본법fundamental law이며 그러므로 그것은 법law이고, 법의 해석interpretation과 적용application은 법원의 고유 영역이라는 것이다.

> 더 말할 것 없이 무엇이 법인지what the law is를 선언하는 것은 사법부의 영역이고 직무이다 … 그러므로 어떤 법률이 헌법에 어긋나는데 그 법률과 헌법이 특정 사건에 동시에 적용되게 되어 있다면 법원은 헌법을 무시하고 그 법률에 맞추어 판결하는 방안이나, 법률을 무시하고 헌법에 맞추어 판결하는 방안의 양자 중 하나를 선택해야만 한다. 즉, 법원은 상충하는 두 규범 중 어떤 것으로 이 사건을 규율할 것인지 결정해야 한다. 이것은 사법부 직무의 기본이다.

이처럼 Marshall은 삼단논법으로 깔끔하게 결론지었다. 연방헌법은 법이다. 법원이 법을 해석한다. 그러므로 법원은 연방헌법을 해석한다. 그러나 이 논법은 Marshall에게 자명했지만 다른 사람에게는 자명하지 않았다. 법원이 전통적으로 해석해 온 법과 연방헌법에 적혀 있는 법은 완전히 다른 것일 수도 있기 때문이다. 연방헌법이 기본법이라면 보통의 성문법statute이나 판례법case과 같게 취급되어서는 안 될 수도 있다. 기본법이라는 바로 그 이유 때문에 헌법의 해석은 정부의 다른 부branch에 맡기는 것이 더 옳을지 모른다. 연방의회는 위의 법원조직법을 제정할 때처럼 어떤 법을 제정할 때 그 법의 합헌성을 판단할 수 있고 법원은 그러한 의회의 판단이 최종적인 것이라고 보고 존중해야 하는 것으로 해도 헌법정책에 명백히 어긋나는 것도 아닐 것이다.

Marbury v. Madison 판결은 논리적 정합성이 결여되어 있음에도 불구하고 법률이 헌법에 합치하는지 여부를 법원이 판단한다는 사법심사judicial review의 원칙을 처음으로 강하게 선언한 판결이었다. 비록 연방대법원이 1857년의 Dred Scott 사건까지는 연방법률을 무효화한 일이 없을 정도로 Marbury 판결 이후 수십 년 동안 연방의회의 입법을 위헌이라고 선언하는 일은 극히 자제했지만, 법원은 자신에게 그러한 권한이 있다고 주장해 왔고, 입법부와 행정부는 처음부터 이를 묵인하였다. 또한 연방대법원이 19세기 초반에는 자주 공격을 받았던 상황을 감안하면 어쩌면 이 권한은 연방대법원이 매우 절제하여 행사했기 때문에 그 뿌리를 내릴 수 있었을지도 모른다.

연방대법원은 주법state law에 대하여도 비슷한 권한이 있음을 주장하며 사법심사권을 강화해 나갔다. 1810년 연방대법원은 Fletcher v. Peck 사건에서 처음으로 사기의 방법에 의한 토지소유권의 이전을 취소하도록 하는 법률이 연방헌법의 계약조항contract clause을 위반하였다는 이유로 주법을 무효화시켰다. 그 후 또 하나의 토지 관련 분쟁사건인 1816년의 Martin v. Hunter's Lessee 판결에서 Virginia의 최고법원은 한쪽 당사자의 손을 들어주었으나 연방대법원은 상고를 받아들이고23) 이와 달리 판결하였다. Virginia 법원은 그 자신이 스스로 이 문제에 대한 판결을 할 수 있으며 연방의 법원조직법the Judiciary Act이 연방대법원에 이러한 사건의 상고심 관할권을 준 것은 위헌이라고 주장하면서 연방대법원의 명령에 따르기를 거부하였다. 이 사건이 연방대법원에 되돌아오자 Joseph Story

---

23) 연방대법원은 자신에 대한 상고가 있다고 하여 이를 의무적으로 심판하여야 하는 것은 아니며, 자신이 어떤 사건을 심판할 생각이 있는 경우에만 이심영장certiorari을 발부하여 사건을 이송시켜 수리하고 심리한다.

대법관이 제시한 다수의견에 따라 연방대법원은 헌법상 권한을 다시 주장하였다. 각 주는 연방헌법을 비준함으로써 각 주가 가지는 주권sovereignty의 일부를 연방정부에 양보하였다. 연방의 사법권은 헌법의 해석과 관련 있는 모든 사건을 포괄하며, 연방헌법상 최고조항supremacy clause에 따라 연방법이 우선한다. 결국 Cohens v. Virginia (1821) 사건에서 연방대법원은 주의 형사절차에 대한 심사까지 포함하도록 권한을 확장하였다. 주의 형사절차가 연방법원에서 심사받지 않는다면 주는 유효한 헌법상 권리를 주장하는 사람을 처벌함으로써 연방의 법과 정책 시행에 훼방을 놓을 수 있기 때문이라는 것이다.

이에 따라 1834년 John Marshall의 대법원장 재임기간이 끝날 무렵까지 연방대법원이 주와 연방의 입법부와 행정부 공무원들의 행위의 합헌성을 심사할 기초가 놓여졌다. 그 이후 연방헌법을 해석하는 연방대법원의 권한이 막강하다는 것이 널리 인식되게 되었다. 그 권한은 그러나 유일하지도 무제한이지도 않다. 모든 주요 공직자는 연방헌법을 수호하겠다는 취임선서를 하며 이에 따라 그들의 직무를 수행할 때 이를 해석하게 된다. 상원의원senator은 법안을 표결할 때 합헌성을 검토하며, 대통령은 테러리스트에 대한 드론 공격을 명령할 때 그것이 군대의 통수권자로서의 자신의 권한 범위 내에 속하는지 여부를 판단하고, 경찰관마저도 순찰을 함에 있어 용의자를 촉수검사frisking[24]하는 것이 합헌인지 여부를 판단한다. 이쯤 되면 진짜 문제는 누가 연방헌법을 해석하느냐가 아니고 누구의 해석이 가장 우월하냐이다.

미국의 역사를 통하여 대통령과 다른 공무원들도 자신들에게 연방헌법이 요구하는 바가 무엇인지를 판단하고 그 판단에 따라 행동할 독자적인 권한이 있다고 주장해왔다. Thomas Jefferson은 "모든 헌법 문제의 최종적인 심판자로서의 법관"이라는 생각을 "실제로는 매우 위험하며, 우리를 과두정치oligarchy에 의한 독재 속에 가두는 독트린"이라고 간주하였으며, 스스로 1798년의 난동방지법the Sedition Act이 위헌이라고 생각했기 때문에 법원이 그 법을 합헌이라고 인정하여 사건에 적용하여 유죄로 처벌하였음에도 불구하고 연방헌법이 대통령에게 부여

---

24) 경찰관이 수상한 행동을 하는 사람을 검문할 때 무기나 중요 증거물을 소지하고 있는지 알아보기 위하여 의복이나 무기를 숨길 수 있을 만한 부위를 가볍게 건드려 보는 것을 촉수검사라고 한다.

한 권한 중 하나를 행사하여 그 법에 의하여 유죄판결을 받은 피고인들을 사면 pardon[25])하였다. Abraham Lincoln이 흑인은 시민이 아니라고 판시한 1857년의 Dred Scott 판결이 연방의원으로서나 대통령으로서나 자신을 기속하지 못한다고 선언하면서 비난한 것은 유명한 일이다. 최근의 대통령들, 특히 George W. Bush는 여러 차례에 걸쳐 자신은 어떤 법률조항이 헌법에 부합되는지 의심하지만 그 법안이 의회를 통과하였으므로 일단 그 법안에 서명하여 법률로 공포한다는 서명성명signing statement을 발표함으로써 자신은 그 법을 집행하지 않겠다는 의지를 천명하곤 했다. 오늘날 일부 학자들은 정부의 정치적 부branch가 연방헌법의 해석에 더 많은 역할을 해야 한다는 대중헌법주의popular constitutionalism가 부활되어야 한다고 주장하기도 한다.

그러나 연방대법원과 다른 연방정부의 부branch 사이에 연방헌법의 해석에 관한 갈등이 생기면 연방대법원이 대개 승리한다. 연방대법원에 저항을 시도하였다가 쓸데없는 일로 끝난 두 개의 예를 보자. Brown v. Board of Education 사건에서 연방대법원이 판결로 공립학교에서의 인종분리segregation를 금지하자 남부의 여러 주에서 공식적, 비공식적 저항에 부딪혔다. 예컨대 일부 남부 주의 의회들은 그 판결이 무효라는 결의안을 채택하고 인종분리를 철폐한 학교에 재정지원을 하지 않는다는 정책으로 그 판결의 효과를 회피하려고 하였다. Cooper v. Aaron (1958) 판결에서 연방대법원은 "연방의 사법기관은 연방헌법의 의미를 해석하는 데 있어 최고의 기관이며, 이 원리는 처음부터 이 법원과 이 나라가 우리 헌법제도에 영속적이고 필수불가결한 요소라고 존중해 왔다."라고 하면서 이러한 모든 시도들을 거부하고 Marbury 판결의 원칙을 재확인하였다. 연방대법원의 권한에 대한 남부 주들의 저항은 헌법질서에 엄청난 도전이 되었으므로 9명의 대법관 전원이 판결서에 각자의 서명을 해 두는 특별한 조치까지 하였다.

Watergate 사건 시대에 법원들은 Nixon 대통령과 그 추종자들의 불법행위에 대한 수사에 부수되는 여러 사건을 처리해야 했다. 예를 들자면 United States

---

25) 대통령이 국가원수의 지위에서 형벌을 면제, 감경 또는 변경하여 주는 권한을 말하며, 특정한 죄에 대하여 일반적으로 하는 일반사면과 이미 형벌을 선고받아 확정된 자에게 하는 특별사면이 있다. 일반사면은 국회의 동의를 얻어 하는 것이 보통이다.

v. Nixon (1974) 사건에서 대통령은 Watergate 사건의 특별검사special prosecutor
가 제출하라고 요구하는 증거가 대통령의 행정특권executive privilege에 의한 보호
대상이라고 주장하면서 제출을 거부하였는데 연방대법원은 그와 같은 대통령의
주장이 유효한지 여부는 대통령이 아닌 법원이 판단해야 한다고 판결하였다. 연
방대법원의 선언보다 더 놀라운 것은 Nixon 대통령이 이를 수용했다는 점이다.
일련의 판결들이 결국 불명예스러운 사임을 초래할 것임을 알고도 닉슨 대통령
은 확립된 법원의 사법심사judicial review의 관행에 도전하지 못했다.

연방헌법의 효력은 정부의 모든 일에 미치기 때문에 정부의 모든 업무가 사
법심사의 대상이라고 생각할 수 있고, Marbury v. Madison 판결의 논리에 따르
면 연방대법원이 모든 경우에 헌법적 심사를 해야 한다고 볼 수 있다. 그럼에도
불구하고 연방대법원은 헌법의 요구 또는 사법자제judicial prudence[26])의 원칙의
차원에서 연방의회나 대통령에게 맡겨지고 사법심사의 대상으로 되지 않는 이슈
들이 있다고 결론짓는다. 연방대법원은 사법적 기관이라는 현실적 문제와 다른
부branch와의 관계를 감안하여 그 임무를 정해야 한다는 정치적 고려 때문에 자
신이 할 수 있는 일에 한계가 있다는 이유로 정치문제political question를 판단하
는 일은 자제한다.

그러한 예를 찾아보자면, 월남전 기간 중 연방헌법상 선전포고를 할 권한을
가지는 연방의회가 공식적으로 선전포고를 하지 않았다는 이유를 들어 법원에
이 전쟁이 불법이라고 선언해달라고 청구하거나 또는 정부가 Cambodia를 폭격
하는 등 전쟁 방법의 일부가 잘못되었다며 관련자들을 기소하는 것을 금지해 달
라는 소송이 봇물처럼 제기되었다. 혹자는 Marbury 판결에 따라 이것이 헌법해
석과 직결된 문제라고 생각할 수도 있다. 연방헌법상 대통령이 군대를 파견하려
면 반드시 연방의회가 선전포고를 해야 하는가, 아니면 선전포고 없이도 대통령
이 전쟁을 수행하고 연방의회는 여기에 재정지원을 할 수 있는가? 그러나 그러
한 문제에 판결을 하는 것은 정부의 다른 부만이 처리하도록 되어 있거나 그 부

---

26) 사법부는 대통령이나 의회처럼 국민에 의해 선출되지 아니한 권력으로 이른바 국민 대표성이 가
  장 미약하다거나, 직무의 성격, 조직 및 인적 구성, 전문성 등에서 적극적이고 창설적인 일을 하
  는 데 적합하지 않다는 등 여러 가지 이유로 그 권한을 필요한 최소한도에서 행사하여야 하고
  사법부 스스로 이러한 태도를 견지하여야 한다는 이론이다.

에 맡기는 것이 가장 좋을 그러한 종류의 정책결정을 연방대법원으로 하여금 하도록 하는 처사가 되지 않을까? 만약 그렇다면 그것들은 법원이 판단할 수 없는 재판불가non-justiciable의 정치문제political question이다. 이 사건들은 물론이고 나중에 Reagan 대통령이 수행한 El Salvador 군사개입 및 제1차 Gulf War에 관련되어 제기된 소송에서 하급법원들은 전쟁과 평화에 관한 판단은 대통령과 연방의회에 맡겨져 있다고 판결하였으며 이 소송 중 연방대법원에까지 올라온 사건은 하나도 없다.

헌법은 다른 연방정부 기관에는 어떤 권한을 주는가?

연방대법원은 각 주와 연방의 법률이 합헌적인지를 판단하기 위하여 이를 심사할 권한을 가진다. 연방법원은 연방법률에 의하여 발생하거나 서로 다른 주 출신의 시민 사이의 소송 등 보통의 민사사건civil case과 은행강도bank robbery, 약물사범drug offences, 기타의 연방법률 위반사건violations of federal law 등의 형사사건criminal case과 같이 헌법소송이 아닌 많은 사건에도 관할권jurisdiction을 가진다. 그렇다면 헌법은 입법부(연방의회)와 (대통령이 이끄는) 행정부 등 연방정부의 다른 부branch의 권한에 대하여는 무어라고 하는가?

헌법이 고민하는 근본적 문제를 되새겨 보자. 국민이 개인의 차원에서는 할 수 없는 일을 수행하도록 정부에게 권한을 주면서도 정부가 너무 강력해진 나머지 국민의 자유를 위협하는 일을 하지 못하도록 보장하는 방법은 무엇인가? 이에 대한 연방헌법의 답은 독특한 역사적 상황에서 생성되었다.

연방헌법의 기초자들은 Articles of Confederation[27])에 따라 설치된 정부가 너무 취약하다는 광범위한 인식에 응답하였다. 그에 의하여 설치되어 있던 연방

---

27) 이전까지 각자 독립국가와 다름없이 행동하던 각 주가 독립전쟁 과정에서 상부상조할 필요성을 인식하고 신대륙 전체를 통합할 수 있는 중앙정부를 구성하자는 움직임이 생겨나자 1776년 John Dickinson이 'Articles of Confederation and Perpetual Union'을 제안하였다. 이 제안은 1777년 11월에 대륙회의에서 채택되고 당시의 모든 주가 참여하여 1781년 연합정부를 구성하는 등 시행에 이르렀다. 그러나 이 헌장에 의하여 구성된 정부는 권한이 미약하여 9개 주가 독자적 육군을 조직하고 각자 화폐를 발행하는 행위 등 독립된 정부와 다름없이 행동을 함으로써 정부로서 구실을 제대로 하지 못하였다.

의회는 과세권도, 단일한 전국적 화폐를 발행할 권한도, 통상trade을 규율할 권한도 없었다. 당시 대통령은 제한된 권한만을 가진 연방의회의 의원에 불과한 등 강력한 행정부도 없었고 연방법원 제도도 없었다. 주들은 자기 주의 상공업을 보호하기 위하여 다른 주에서 자기 주로 건너오는 상품에 관세를 부과하는 등 주 사이의 갈등이 만연하였고 전국정부national government는 엄청난 독립전쟁Revolutionary War의 전쟁비용을 상환할 능력이 없어 재정위기가 촉발되었다. 이에 따라 이 헌장에 의하여 구성된 전국정부는 실패작이라는 인식이 널리 퍼져 있었다.

문제는 이러한 상황에 대처할 연합정부가 충분히 강력하지 못하다는 데 있었으므로 이에 대한 대응방법도 자명하였으며 1787년에 열린 제헌회의constitutional convention는 이러한 의견을 받아들여 전국정부national government에게 각 주들 사이의 갈등을 조정하고, 국가 재정문제의 질서를 잡고, 군대를 모집하고 비용을 대며, 대외관계를 수행하기에 충분하도록 더 강력한 권한을 주었다. 그러나 이는 근본적 문제의 일부에 대한 대답일 뿐이었다. 기초자들은 새로운 전국정부가 주정부의 적절한 권한영역을 침범하거나 시민의 기본권을 위협할 가능성을 깊이 염려하였다. 그러므로 연방정부는 연방헌법 그 자체에 "열거된enumerated" 권한만을 가짐으로써 종전 정부에 비하여 권한이 확대되지만 제한된 권한만을 가지는 정부여야 한다고 인식되었다. 헌법구조에 암시되어 있고 추가조항 제10조에 명시되어 있듯이 열거된 권한enumerated power이라는 개념은 "연방헌법에 의하여 미합중국에 위임되지 않은 권한과 연방헌법이 주에게 금지한 권한이 아닌 권한은 각 주 또는 국민에게 유보된다reserved."라고 표현되어 있다. 그리고 새 정부는 우리가 견제와 균형check and balance 또는 권력분립separation of powers이라고 알고 있는 시스템을 통해서만 권한을 행사할 수 있도록 하였다. 모든 법률은 양원제bicameral[28)의 입법부에서 나와야 하고 대통령의 동의를 받아야 제정되기 때문에 다수라고 하여 각 주의 이익이나 국민의 권리를 유린할 수 없다. 지나치게

---

28) 국가에 국민의 대표기관으로서 의회가 구성되는 원리는 의회의 수에 따라 크게 양원제와 단원제로 나눌 수 있다. 미국은 상원Senate과 하원US House of Representatives으로 구성되는데 상원의원은 각 주에서 2명씩 선출되고 하원의원은 인구 비례에 따라 선출된다. 양원제는 국가의 정치적 연혁에 따라 채택 여부와 기능 및 상호관계에서 다양한 모습을 보이는데 미국과 같은 연방국가가 각 주의 의견과 국민 개인의 의견의 총합이라는 국민 여론을 국정에 조화롭게 반영시킨다는 취지를 가지고 있다고 인정된다.

강한 전국정부를 예방하기 위한 마지막 보호장치로 권리장전Bill of Rights이라는 구체적인 보장이 초대 연방의회에서 기초되고 1791년 채택되었다.

새 정부는 헌법에 따라 이러한 기대들에 부응하며 초창기를 보냈다. 새로운 정부는 당시의 가장 시급한 문제들과 나라의 기본적 요구사항에 대처해 나갔다. 초대 연방의회는 국무부State, 국방부War, 재무부Treasury, 체신부the Post Office, 법무부the Office of Attorney General29) 그리고 연방법원 제도 등 필수적 정부기관들을 창설하였고 조세 부과, 국립은행national bank 설치, 인구조사, 화폐제도 수립, 특허patent와 저작권copyright 관련 법률 제정 등 중요한 경제문제를 처리하였다. 그러나 남북전쟁Civil War 직전까지 연방정부의 규모는 여전히 매우 작았다.

그러나 이 제한되고, 헌법에 열거된enumerated 권력만을 가지는 정부에게 어떤 일이 일어났는지 살펴보자. 오늘날의 어떤 이에게 "정부government"가 무엇이냐고 묻는다면, 사람들은 전국정부를 먼저 생각할 것이다. 미국 대통령은 언론에서 "세계에서 가장 힘센 사람"으로 자주 묘사된다. 연방의회는 멸종위기의 동물 보호에서부터 수입물품에 대한 과세까지 거의 모든 것에 관하여 법률을 제정한다. 약 200만 명의 강력한 연방 관료조직은 세금을 거두고, 사회보장과 의료보험을 운영하며, 의약품의 안전성과 효과를 검증하고, 5억 에이커를 넘는 연방 소유의 토지를 관리하고, 매년 3조 5천억 달러 이상의 예산을 지출한다. 한편 주정부는 공립학교 운영과 도로 관리 등 중요한 일을 하지만 그들의 활동은 연방정부의 존재에 비하면 먼지 같이 작아 보인다.

이와 같이 열거된 권력만을 가진 정부가 적은 범위와 제한된 영향력만을 가진 정부로부터 출발하여 사실상 현대생활의 모든 면까지 통할하는 거대 정부로 변화하는 동안 변화의 모든 단계마다 연방헌법의 해석을 통한 제약을 받아 왔다. 연방정부가 이렇게 변모해 온 경로를 보면 연방헌법이 어떻게 해석되고 적용되어 왔는지를 알 수 있다. 뜻이 모호한 헌법 문구가 헌법을 기초할 당시에는 예견될 수 없었던 상황들에 적용되어야 했고, 연방대법원은 정부권력의 적절한

---

29) 대한민국 등 대부분의 나라는 법무행정을 담당하는 법무부와 수사와 공소유지를 담당하는 검찰이 별도로 설치되어 법무부장관과 검찰총장이 각각 분리되어 있으나 미국의 연방 및 각 주는 한 사람이 법무부장관과 검찰총장의 권한을 모두 가지고 있으며 연방정부나 주정부에 Department of Justice가 설치되어 있으나 그 수장은 Secretary of Justice가 아니라 Attorney General이라고 부른다.

범위가 어디까지인가를 고려함에 있어 헌법의 문구 자체와 변화하는 정치적, 경제적, 사회적 가치 모두에 응답해야만 했다. 물론 그 이야기의 줄거리는 연방정부의 권한이 엄청나게 확대되었다는 것인데 이처럼 권한이 확대되는 데 기여한 요소로는 헌법 문구에 열거되어 있는 권력을 확장적으로 해석하려는 태도와 행정부와 입법부 사이 및 연방정부와 주정부 사이의 권한의 균형을 잡아가는 과정에서 이들이 각자 권력을 나누어 가지기보다는 서로 공유하는 데 더 힘썼다는 점을 들 수 있다.

연방헌법은 Article Ⅰ, section 8에서 17개의 구체적 조항과 1개의 일반 조항을 통하여 정부의 권력을 근본적으로는 연방의회에 주고 있다. 그러나 여기서 말하는 "구체적specific"이란 제한적이라는 뜻이 아니다. section 8이 부여하는 권력은 "세금을 부과, 징수하고", "자금을 빌리며", "전쟁을 선포하고", "군대를 모집하고 유지하는" 권력을 포함한다. 그리고 기타의 권한에 관한 조항인 clause 18에서는 "[이]상의 권력과 이 연방헌법이 미합중국 정부에 부여하는 모든 권력을 수행하는 데 필요하고도 적절한 모든 법령을 제정할 권한"을 규정한다.

연방의 권력이 확대되고 정부의 각 부branch 사이에서 권력이 공유되는 예로 입법부 또는 행정부가 어떠한 방법으로 통상조항commerce clause에 의한 권력행사를 시도하였으며 연방대법원은 그들의 권한행사에 대하여 어떻게 합헌성 심사라는 무기로 대응해 왔는지 알아보자.

연방헌법 Article Ⅰ, section 8, clause 3은 연방의회에 "외국과의with foreign nations, 그리고 여러 주 사이의among the several States 및 인디언 부족들Indian Tribes과의 통상commerce을 규율할" 권한을 부여한다. 이전에 존재하던 Articles of Confederation에 의하면 연방정부는 각 주 사이의interstate 또는 국가 간의 통상을 규율할 권한도, 개별 주가 통상을 방해하는 일을 금지할 권한도 거의 없었다. 통상조항은 연방정부가 대내적 및 대외적으로 국가경제에 대한 규율권한을 행사할 수 있도록 함으로써 이와 같은 현상을 시정할 목적으로 고안되었다. 이 권한의 크기는 "여러 주 사이의 … 통상"이라는 용어의 해석에 따라 결정된다. 이 조항은 단순하게 보자면 Articles of Confederation 시대에 만연하던 주 사이의 갈등, 예컨대 한 주가 자기 주의 독립성을 강조하여 다른 주로부터 자기 주에 반입되는 상품들에 세금을 부과하던 일 등을 금지하자는 뜻에 그친다고 볼 수 있다. 그러나 연방의회는 이 통상조항을 연방의 규제권한이 경제 전반에 미칠 수 있도록 확대하고 주정부의 권한을 이에 상응하는 만큼 제한할 수 있는 권한을 주는 뜻으로 이용하였다. 연방대법원은 가끔 주목할 만한 예외를 두기도 했지만 대부분은 이 권한이 주장되면 이를 묵인하였다.

다른 수많은 헌법원칙들에 관해서도 마찬가지이지만 통상조항commerce clause의 범위를 처음으로 널리 정의한 사람은 John Marshall 대법원장이다. Gibbons v. Ogden (1824) 사건에서 New York 주의회는 증기기관을 장착한 기선을 발명한 Robert Fulton과 그의 동업자에게 New York의 수역에서 증기선을 운항할 독점권을 주었고 Fulton은 그 독점권의 일부를 Ogden에게 프랜차이즈 형태로 부여하였다. Gibbons가 연방법률을 근거로 New Jersey와 New York 사이를 오가는 경쟁 증기선 회사를 운영하자 Ogden은 Gibbons를 상대로 자신의 프랜차이즈권 침해 금지를 청구하였다. 연방대법원은 New York의 독점권 부여는 선박운항의 허가에 관한 연방법률에 저촉되며 최고조항supremacy clause 때문에 무효라고 판시하였다. 그럼에도 불구하고 Marshall은 이 판결을 통상조항을 이용하여 전국정부의 권력을 강화시켜 주는 계기로 이용하였다.

Marshall은 각 주 사이의 통상을 규율할 연방의회의 권한에 세 가지 요소가 있다고 하고 각각 넓게 정의하였다. 첫째는 통상이다. Ogden의 변호사는 "통상commerce"은 단순한 통행, 또는 한 주에서 다른 주로 물건이 오고 가는 것으로서 항해navigation는 여기서 제외된다고 주장했다. Marshall은 "통상commerce은 의심할 여지가 없이 통행traffic이지만 그보다 좀 더 큰 무엇을 가지는데 그것이 바로 교섭intercourse이다. 이는 국가들 사이 및 국가들의 일부분들 사이에서 모든 부문에서의 상업적 교섭commercial intercourse을 말한다."라고 말하여 통행은 통상의 일부분에 지나지 않는다고 하였다.

다음에 정의되어야 할 용어는 "여러 주 사이의among several states"였다. Marshall에 의하면 among이란 단순히 어떤 것들의 사이between를 의미하지 않는다. "어떤 것이 다른 것들의 사이among others에 있다는 말은 다른 것들과 섞여 있음intermingle을 말한다. 주들 사이의 통상commerce among the states은 각 주의 외부 경계선에서 멈추지 않고 그 내부로 들어갈 수 있다는 것을 말한다." 연방의회는 순전히 어떤 주 안에 국한되어 일어나는 통상까지 규율할 권한은 가지지 않지만 어떤 활동이 순전히 어떤 주 내부에 국한되는지 여부는 그 물리적인 존재가 아니라 효과로 판단되어야 한다. 하나의 활동이 완전히 어떤 하나의 주의 경계 내에서 수행되었다고 해도 그 주의 경계 밖까지 영향을 미쳤다면 그것은 주들 사이의 통상이라고 하여야 한다는 것이다.

마지막 단계는 "규율regulate"을 정의하는 것이다. Marshall은 "그 권한은, 연방의회에 주어진 다른 모든 권한과 마찬가지로, 그 자체로 완결적이며 그 최대한까지 행사될 수 있고, 헌법 그 자체에 규정된 것 이외에는 어떤 제한도 받지 않는다."고 판단하였다.

그러므로 연방대법원은 어떤 한 주의 경계를 넘어 영향을 미치는 통상행위라면 연방의회가 이를 규율할 헌법적 권한이 있다고 결론지었다. 그러나 연방대법원이 이러한 권한을 정의하려면 연방의회가 그러한 권한을 주장하는 행위를 하고 누군가 그 권한에 도전하여 법적 분쟁이 생김으로써 연방대법원이 그 사건을 심판할 수 있어야만 하는데 Gibbons v. Ogden 판결 이후 반세기 동안 연방대법원은 이 정의를 더 나아가 검토할 기회를 가지지 못했다.

1887년부터 1937년에 이르는 그 다음 반세기 동안은 연방의회는 통상권한을 보다 더 적극적으로 행사하고자 시도하는 데 반하여 연방대법원은 이를 좁게 해석하려는 입장을 취하였다. 이때는 이른바 대기업의 시대era of bigness로서 U.S. Steel, Standard Oil 등 대기업들이 등장하고 부와 경제력이 또 다른 모습으로 집중되는 때였다. 연방의회와 주의회들은 새로운 경제권력을 규제하는 입법을 하였으나 연방대법원은 보다 보수화되면서 통상에 대한 입법부의 권한을 인정해 주는 데 소극적 태도를 보였다. 연방대법원은 통상조항의 적용범위를 정의함에 있어 통상의 효과에 초점을 맞추는 Marshall의 태도를 버리고 외형적, 한정적 접근법을 취하였다. Marshall은 Gibbons v. Ogden 판결에서 통상commerce은 통행traffic 이상의 것이라고 판결하였으나 1895년의 한 판결에서 연방대법원은 통상은 통행에 불과하다는 태도에 가까워졌다. 연방의회는 주요 산업에서 새로 나타나는 독점현상을 규제할 목적으로 셔먼반독점법Sherman Antitrust Act을 제정하였다. United States v. E.C. Knight 사건에서 연방대법원은 통상조항commerce clause에 근거한 연방의회의 권한을 좁게 해석함으로써 Sherman Act의 적용범위를 축소하였다. American Sugar Refining Company는 미국의 설탕 생산의

90% 이상을 지배하게 되어 설탕산업에서 독점적 지위를 가지게 되었다. 그러나 연방대법원은 이것은 제조에 관한 독점이지 통상에 관한 독점이 아니므로 연방정부는 헌법상 이 독점을 규제할 권한이 없다고 판결하였다. "통상은 제조 이후에 이루어지며 제조의 일부가 아니다 … 어떤 물건이 다른 주로 수출되기 위하여 제조되었다는 사실 그 자체만으로 그 물건이 통상의 대상인 물품이 되지는 않는다."는 것이다.

연방대법원이 통상조항을 보수적으로 해석하는 경향은 대공황Great Depression 으로부터 국가를 구하기 위하여 계획된 New Deal 입법의 일부 핵심적 사항들을 위헌으로 선언strike down한 데서 최고조에 달하였다. 예를 들어 Schechter Poultry Corp. v. United States (1935) 판결에서 연방대법원은 경제회복계획의 중심적 요소인 National Industrial Recovery Act를 위헌이라고 선언하며 무효화하였다. 다른 무엇보다도 이 법률은 대통령으로 하여금 각 지역의 무역협회로부터 동의를 받아 경쟁법code of competition을 시행할 수 있도록 함으로써 New Deal 정책의 핵심사항을 규정하고 있었다. Schechter Poultry Corp.은 New York City의 가금류 산업에 관한 경쟁법에 관련된다. 가금류는 의심의 여지없이 대량으로 생산되며 주간통상을 위하여 운송되고 국가경제에 중요한 영향을 미친다. 이 법률은 가금류의 판매를 규율할 목적을 가지고 있으나 연방대법원은 통상조항의 적용범위를 넘어섰다고 판단하였다. 연방대법원은 E.C. Knight 판결을 연상시키는 문구를 사용하여 "적어도 문제된 가금류에 관하여는 주간통상의 흐름은 중단되었다. 그 가금류는 New York 내에서 영원한 휴식에 들어갔다."라고 하여 통상을 좁게 규정했다.

연방대법원의 New Deal 입법 무효화로 정부의 다른 부들은 시련을 맞이하게 되고 Franklin Roosevelt 대통령은 잘 알려진 대로 1936년 선거에서 압도적 지지로 재선에 성공하자 이 상황을 타개하고자 하였다. FDR은 유명한 그의 법원봉쇄계획court-packing plan을 제안하여 현직 연방대법관 중 70세 이상이고 10년 이상 대법원에서 근무한 사람 1인마다 한 사람씩 대통령이 대법관을 추가로 임명할 수 있게 하는 방안을 추진하였다. 이 계획이 채택되었다면 그는 여섯 명의 새 연방대법관을 임명할 수 있었을 것이고 New Deal 입법을 수호할 진보파를 대법관에 임명함으로써 연방대법원에서 다수의 진보세력을 확고하게 확보할 수 있었을 것이다.

법원봉쇄계획을 둘러싼 논란은 매우 치열하였고 그 과정에서 연방대법원의 헌법적 역할이 매우 모호함이 명백하게 드러났다. 진보주의자들은 연방대법원이 국민의 절대 다수의 의지를 좌절시킬 힘이 있다는 데 분노하였고, 이 계획이 국민에 의하여 선출되지 아니한 기관을 제어할 고삐라고 보았다. 그러나 비록 이 판결에는 동의하지 않으면서도 연방대법원을 지지하는 사람이 많았고, 그들은 헌법에 단순한 정치 이상의 무언가가 있다면 연방대법원은 판결을 함에 있어 이러한 종류의 직접적인 정치적 간섭으로부터 자유로워야 한다고 보았다.

결국 법원봉쇄계획은 연방의회를 통과하지는 못했지만 연방대법원에 영향을 주었다. 1937년 중반부터는 중도파이던 Owen Roberts 대법관이 규제입법을 좀 더 일관성 있게 지지하는 태도로 변화하였으며 그 다음의 몇 년 동안 "4인의 기수 Four Horsemen"라는 악명으로 지칭되던 보수주의적 대법관들(James McReynolds, Willis Van Devanter, Pierce Butler, George Sutherland)이 은퇴하고 Roosevelt 대통령이 임명하고 그의 입법정책에 보다 동조적인 대법관들이 그 자리를 채웠다. 그 결과 통상조항의 해석이 의회의 권한을 거의 전적으로 존중하는 기준, 즉 효과에 중점을 두는 Marshall의 이론을 연상시키는 쪽으로 옮겨 갔고 그 이후 현재까지 그대로 유지되고 있다.

Wickard v. Filburn (1942) 판결에서 연방대법원은 Marshall이 Gibbons v. Ogden 판결에서 언급한 통상규제권한의 분석을 구체적으로 인용하였다. 소규모 농부인 Filburn은 자신에게 할당된 밀 생산량보다 239부셸을 초과하여 생산하였다는 이유로 농무부장관으로부터 벌금 117.11달러를 부과받았는데, 그는 이를 순전히 자기 농장 안에서만 사용할 생각이었고 다른 주에는 물론이고 다른 어떤 용도로든지 판매할 생각이 아예 없었다. 여기서도 역시 그 행동이 생산 또는 제조였는지 여부 또는 마케팅인지 유통이었는지 여부는 아무 상관이 없었다. 연방대법원이 문제삼은 것은 통상에 대한 영향이고 그 행동의 성격이 아니었다. 통상조항이 부여하는 연방의회의 통상규제권한의 범위를 정함에 있어서 핵심은 설사 규제받을 행위가 그 자체로서는 주간통상행위interstate commerce가 아니라 하더라도 주간통상에 영향을 미치는지 여부이다. Filburn이 밀을 경작하여 그 밀을 스스로 소비했다면 그는 그만큼을 시장에서 사지 않았을 것이다. 많은 소규모 농부들이 똑같은 일을 하여 그 결과가 합쳐지면 전국의 밀 시장에 실질적인 영향을 주었을 것이고 그렇다면 주간통상에 영향을 미칠 것이므로 전국의 밀 생산량을 조절하기 위하여 의회가 조치를 취하기에 적절한 대상이었다고 보았다.

New Deal에 의한 변화가 있은 이후 반세기 동안 연방대법원은 연방의회가 통상규율권한을 활용한 거의 모든 경우에 이를 묵인하였는데 그중의 몇 가지만 들자면 최저임금minimum wages과 최장근로시간maximum hours of work을 정하는 입법, 상업적 장소에서 인종차별의 금지, 식품 판매에 대한 규제 그리고 고리대금업자에 대한 처벌 등이 있다. Hodel v. Virginia Surface Mining and Reclamation Association (1981) 판결에서 Rehnquist 대법관은 이러한 연혁을 요약하고 "미국의 연방제도에서 최고의 '허구fiction' 중의 하나는 연방의회가 자신에게 위임된 권력만을 행사한다고 하는 것"이고, "우리 연방대법원이 통상조항을 해석해 온 방식이 이 허구의 범위를 여실히 보여준다."라고 말했다. 새로운 대법관의 임명으로 연방대법원의 다수세력이 변화하면서 Rehnquist의 경고는 New Deal 이후 처음으로 통상조항을 근거로 삼아 연방의회가 행사하는 권한에 제한을 가하는 신연방주의new federalism의 근거로 부상하였다.

1990년 연방의회는 학교로부터 1,000피트(약 305미터) 이내에서 총기를 소지하는 것을 연방범죄federal crime[30]로 규정하는 법률을 제정하였다. Alfonso Lopez는 그가 다니던 고등학교에 권총을 가지고 들어가다가 이 법에 의하여 기소되었고, Lopez는 그 법률의 제정이 연방의회에 주어진 열거된 권력enumerated power 중 어디에도 해당하지 않는다며 기소를 기각dismiss해 달라는 신청을 했다. 정부는 이 법이 통상규제권한의 행사라고 항변하였다. 스쿨존에서 총을 소지하면 폭력적 범죄가 일어날 수 있고, 그러한 범죄로 인한 사회적 비용이 상당하며, 학교 안에 총이 있으면 면학의 분위기를 해쳐 결과적으로 시민사회 전체에 해를 끼치게 되기 때문에 학교구역에서 총기소지가 주간통상interstate commerce에 미치는 영향이 중대하다는 것이다. 연방대법원은 Rehnquist 대법원장이 제시한 의견에 따라 정부의 입장을 배척하고 학교구역에서 총을 소지하는 행위는 Wickard v. Filburn 판결에서 밀을 경작하는 행위와 같은 경제적 활동이 아니고 따라서 통

---

30) 연방도 하나의 국가이고 연방정부도 주정부와 구분되는 하나의 정부이므로 그 자체의 이익을 보호하기 위하여, 또한 여러 주에 걸친 범죄의 단속을 각각 법과 처리방식이 다른 어느 한 주에만 맡기는 경우의 불합리를 방지하기 위하여 연방 자체의 형법이 있고 이를 위반하는 것을 연방범죄라고 한다.

상조항의 적용범위 내에 있지 않다고 판결하였다. 특히 연방의회가 총기소지가 주간통상에 특별한 부담을 준다는 증거를 제시하지도 못한 상태에서 이 법률이 유효하다고 한다면 범죄단속, 교육, 유아보육 등 전통적으로 주정부의 영역이라고 인정되어 온 영역을 침범하는 거의 모든 다른 연방법률도 역시 합헌이라고 할 수밖에 없어질 것이라고 하였다(United States v. Lopez, 1995).

신연방주의의 강력함은 2013년 연방대법원이 Obama 행정부의 기념비적인 건강보험제도의 개혁사례로서 대중적으로는 Obamacare라고 불리는 Affordable Care Act(ACA)의 합헌성을 심사할 때 명확히 드러났다(National Federation of Independent Business v. Sebelius, 2012). 이 법률에서 가장 논란이 된 조항은 모든 사람이 건강보험을 가져야 하고 가지지 않을 경우 소득세 부과에서 제재를 받아야 한다는 "개인적 의무individual mandate" 조항이었다. 연방대법원의 구성에 비추어 이례적으로 Roberts 대법원장이 이러한 의무화는 통상조항에 의한 연방의회의 권한 범위를 넘어서는 것이라는 의견을 제시하자 4명의 보수적 대법관이 이에 동조하였고, 한편 Roberts 대법원장이 의무화에 응하지 않으면 연방의회의 과세권한에 의하여 제재를 가하는 것은 합헌이라는 의견을 제시하자 4명의 진보적 대법관이 이에 가담하였다.

개인적 의무화는 건강보험 시장에 존재하는 몇 가지의 경제적 문제에 대처하기 위하여 고안되었다. 예를 들면 병원들은 환자가 건강보험을 가지고 있는지 여부를 불문하고 치료를 해 주어야 하는 경우가 있는데, 그러한 경우 환자에게서 치료비를 받지 못하면 이를 벌충하기 위하여 다른 환자의 치료에 더 높은 수가를 매겨서 이 금액을 전가시키며, 이에 따라 보험자insurer는 자신의 보험가입자들로부터 더 높은 보험료를 받음으로써 이 비용을 전가시킨다. ACA는 또한 보험사가 이미 질병을 가진 사람들에게 보장을 거절하지 못하도록 함으로써 사람들이 병이 생길 때까지 보험의 구입을 미루자는 유혹을 받게 하고, 이에 의하여 모든 사람의 보험 비용을 상승시키는 효과를 가져온다. 그러므로 개인이 보험을 유지할지 여부가 누구나 가끔은 이용하여야 하는 건강보험의 시장과 건강관리의 비용 전반에 영향을 미친다. 이 영향 때문에 정부는 ACA에 의한 규제는 주간통상에 실질적인 영향을 주는 활동을 규제한다는 점에서 Wickard v. Filburn 판결에서의 밀 경작에 대한 규제와 매우 유사하다고 주장하였다.

Roberts 대법원장은 이러한 주장에 동의하지 않았다. 그는 연방헌법이 연방정부에게 "통상을 규율할to regulate commerce" 권한을 부여하지만 이 권한은 먼저 규율할 대상인 통상이 존재할 것을 전제한다고 한다. 이 개인적 의무individual mandate는 통상에 해당하는 활동을 규율하는 것이 아니다. "그것은 오히려 개인에게 자신들이 그렇게 하지 않으면 주간통상에 영향이 있을 것이라는 이유로 상품을 구입하는 데 보다 적극적으로 임할 것을 요구한다."는 것이다. Wickard 판결은 그 경작자가 밀 시장에 영향을 주는 밀의 경작 — 즉, 부작위가 아니라 작위 — 에 종사하고 있었다는 점에서 이와 다르다는 것이다. 이 판결에 대한 논쟁에서 자주 사용되었고 Roberts 대법원장이 암시하기도 했던 분석의 논리는 연방의회가 비록 채소의 판매는 규율할 수 있다고 해도 모든 사람에게 채소를 구입하라고 강제할 수는 없는데 그 이유는 이를 강제한다면 채소의 소비를 증가시킬 것이고 이는 건강을 증진시키고 비만을 감소시킴으로써 건강관리비용을 절감시키기 때문이라는 것이다.

Roberts 대법원장은 이 법이 부과하는 개인적 의무는 통상권한commerce power의 범위 밖에 있으므로 통상조항으로는 강제할 수 없다고 하면서도 정부의 과세권taxing power을 이용하여 강제하는 것은 지지하였다. ACA는 개인이 보험을 가지지 않으면 "세금tax"이 아니라 "제재penalty"로서 납부해야 하는 금액을 규정하고 이 금액을 국세청IRS이 소득세income tax 징수제도를 통하여 징수하도록 하고 있다. 과세권을 이용하면 통상조항에 의할 경우에 문제되는 작위activity/부작위inactivity의 구분은 상관없게 되며 이는 주택의 구입을 장려하기 위하여 저당권공제mortgage deduction를 이용하는 것과 같이 다른 종류의 조세장려금제도와 비슷해진다라고 한다.

Roberts 대법원장의 의견에 대해서는 헌법적 분석 이외에도 평론가들이 많은 의견을 토해 냈다. 어떤 사람은 평상시 보수주의 경향을 보이던 Roberts 대법원장이 통상조항의 적용범위를 제한하는 대신 이러한 기념비적인 입법을 지지하기 위하여 다른 루트를 택한 것이라고 하였다. 어떤 사람들은 이 권한에 엄밀한 선을 긋고 앞서의 판례를 좁게 해석함으로써 전반적인 사법적 억제권한을 행사한 것이라고 보았다. 다른 사람들은 초기 New Deal 정책에 대한 논쟁을 회상하면서 이 견해는 통상조항의 적용범위를 제한하면서도 중요하고 정치적으로 논란이 많은 법률을 위헌으로 선언하는 일을 피하고자 한 것으로 부분적으로 연방대법원의 역할에 한계가 있음을 감안하였기 때문이라고 한다.

연방헌법이 대통령에게 부여하는 구체적 권한 중에는 군대의 총사령관으로서 하는 행위, 상원의 조언과 동의를 받아 대사, 연방판사 그리고 행정공무원을 임명하는 행위 그리고 입법을 권고하거나 법률안을 거부vetoing[31]하는 권한 등이 포함된다. 더욱이 연방헌법이 연방의회에 대하여는 "연방헌법에 의하여 부여된 입법권"만을 가진다고 하는 데 비하여 대통령에 대하여는 "행정권executive power은 대통령에게 부여된다."라고 명시하는데, 이것은 비록 대통령의 행정권한이 연방헌법에 명시적으로 열거되어 있지 않다고 해도 대통령은 최고 행정권자가 보통 행사할 수 있는 모든 권한을 갖고 있음을 시사하는 것이라고 받아들여지고 있고, 연방대법원도 그렇게 해석하고 있다. 대통령의 권력 범위 내에서 대통령의 구체적 권한은 확장되는 경향이 있다. 예를 들자면 2002년 연방의회는 시민권자가 여권에 자신의 출생지를 자신이 태어났다고 주장하는 곳으로, 즉 "예루살렘, 이스라엘[32]" 등과 같이 기재할 수 있도록 허용하는 법률을 통과시켰다. 연방대법원은 외국의 주권을 승인하는 것은 대통령의 고유권한인데 이 법률이 이 권한을 침해한다는 이유로 무효화하였다(Zivotofsky v. Kerry, 2015).

대통령은 헌법에 열거된 것이든 원래 일반적 행정권에 속하는 것이라는 이유로 인정되는 것이든 많은 강력한 권한을 가지고 있지만 그 행사가 무제한적으로 허용되지도 않고 연방의회의 권력으로부터 독립되어 있지도 않다. 연방의 권력과 대통령의 행정권한의 범위에 관한 논쟁은 국가 위기 때에 더욱 격렬해진다. 국가를 수호하기 위한 정부의 권한과 군대의 총사령관으로서 대통령의 역할의

---

31) 법률안거부권은 대통령제를 채택하는 국가에서 행정부가 의회에 대하여 가지는 견제권의 하나로 인정되며 의회가 한 입법에 대통령이 동의하지 않는 경우 그 공포를 거부하여 법으로 성립하지 못하도록 하는 제도를 말한다. 의회가 통과시킨 법률안을 대통령이 거부하고 의회에 재의를 요구하면 의회는 원래의 가결 정족수보다 더 많은 찬성으로 재의결할 수 있고 이때는 대통령이 다시 거부를 할 수는 없도록 하는 것이 보통이다.

32) 예루살렘은 요르단과 이스라엘이 동서로 양분하여 영유하다가 1967년 제3차 중동전쟁에서 이스라엘이 동부 지역까지 점령하여 현재 분쟁지역으로 되어 있으므로 이와 같이 여권에 예루살렘이 이스라엘 소속인 것처럼 기재하는 것은 요르단과 이스라엘의 주권의 범위에 관한 문제로 연방의회가 입법으로 외국의 주권을 승인할 대통령의 고유 권한을 침범하는 것이 될 수 있다.

범위는 오랫동안 논란의 대상이 되어 왔으며 그 논란은 2001년 9월 11일 테러리스트들의 공격 이후 더욱 격렬해졌다.

연방헌법은 연방의회에게 "선전포고declare war"를 하고 군대에 재정지원을 하며 통제할 권한을 주는 한편 대통령을 군대의 "총사령관Commander in Chief"으로 지정한다. 그러므로 연방의회와 대통령은 연방의회가 선전포고를 하면 대통령이 전쟁을 수행하는 방식으로 협력하여 일할 수 있다. 미국의 역사상 연방의회가 직접 선전포고를 한 것은 1812년 전쟁과 가장 최근의 것으로 제2차 세계 대전 도중에 한 것 등 6회에 불과하고, 남북전쟁Civil War과 한국전쟁Korean War 등 연방의회가 선전포고를 하지 않은 전쟁도 많이 있다. 연방의회는 자신이 공식으로 선전포고를 하지 않는 경우가 더 많고 그 이외의 방법으로 대통령이 전쟁을 위하여 군대를 파견할 수 있는 권한을 준다. 9.11 테러 이후 연방의회는 군대사용수권결의안Authorization for Use of Military Force Resolution을 통과시켜 대통령에게 이 테러에 책임을 묻고 장래의 테러행위를 예방하기 위하여 군대를 사용할 권한을 부여하였으며, 대통령은 이후부터 2001년 Afghanistan 침공과 2003년 Iraq 침공을 정당화하는 것뿐만 아니라 그곳과 다른 10여 개의 국가에서의 군사행동에 이 결의를 활용하였다.

대통령은 때로 의회의 승인 없이 군사행동에 나서거나 행동한 후 승인을 요구하기도 하는데, 이러한 경우는 한 통계에 의하면 Adams 대통령이 미국 상선을 공격한 프랑스 선박을 나포하는 데 해군력을 사용한 것을 필두로 Clinton 대통령이 Kosovo에서의 인종청소를 중단시키기 위하여 공군력 사용을 명령한 것까지만 따져도 130회를 넘는다고 한다. 대통령들은 이러한 행동들을 국가를 공격으로부터 방위하기 위하여 대통령에게 부여된 고유의 권한이라거나, 외국에서 위기에 빠진 미국인들을 보호할 필요가 있다든가, UN이나 NATO 등의 국제기구에 대한 의무 때문이라는 등의 이유로 정당화해 왔다.

대통령이 총사령관으로서 연방의회의 수권authorization 없이 행동할 때 그 권한은 어디까지 확대될 수 있을 것인가는 가장 논란이 심한 이슈가 되어 왔다. 하나의 이론은 한국전쟁 동안의 Steel Seizure Cases에서 제시되었다. Truman 대통령은 철강공장에서 파업이 예고되자 전쟁의 목적상 철강의 생산을 유지할 필요가 있다며 연방정부가 이를 접수하도록 명령하였다. 연방대법원은 연방의회로부터 권한을 부여받지 못하였다면(실제로는 노동쟁의labor disputes를 해소하기 위하여 정부가 공장을 접수할 권한을 승인해 달라는 대통령의 요청을 연방의회가 이미 거부한 상태) Truman은 군대의 총사령관으로서 또는 그의 일반적 행정권한으로부터 그러한 권한을 가지지 않는다고 판결하였다. Robert Jackson 대법관은 이러한 판결의 결론에 동의하면서도 대통령의 권한을 좀 더 유연하고 기능적으로 분석하는 기준을 제시하였고 이후 이 의견이 자주 인용되어 왔다. 대통령이 의회의 수권에 따라 행동할 때는 그의 권한은 최대이며, 대통령이 연방의회의 명시적인 또는 묵시적인 의사에 반하여 행동할 때에는 그의 권한은 최소이고, 연방의회가 언급하지 않은 이슈에 대하여 대통령으로서 자신의 독립적인 권한에 의지하여 행동할 때라면 그는 "황혼의 지대a zone of twilight"에서 활동하는 것이며 이때 권한범위는 "사안의 긴급성에 따라 결정되어야 하므로 현재로서는 가늠할 수 없다."는 것이다(Youngstown Sheet & Tube Co. v. Sawyer, 1952).

연방의회도 역시 베트남 전쟁에 대한 논쟁이 가열됨에 따라 이에 대한 대응책으로 한 입법에 Nixon 대통령이 거부권veto을 한 번 행사하자 이를 무력화하기 위하여 1973년 전쟁권한결의War Powers Resolution of 1973를 입법하여 대통령의 권한을 견제하려고 하였다. 이 결의는 대통령이 전쟁 상황으로 군대를 투입하고자 하는 경우 연방의회와 협의하여야 하며 연방의회의 승인을 얻지 못하면 60일 이후에는 군대를 철수시켜야 한다고 하였다. 이 결의가 헌법에 어긋나게 대통령의 권한을 제약하는 것인지의 여부가 심사를 받은 일은 없고, 이 문제는 연방대법원이 떠안기를 달가워하지 않아 온 정치적 문제를 야기할 것이기 때문에 아마 앞으로도 연방대법원의 심사대상이 될 일은 없을 것으로 보인다.[33] 그동안 대통령들은 어떤 경우에는 이 결의를 존중하기도 했고 어떤 때는 그러지 않았다. Clinton 대통령은 1994년 Haiti에 쿠데타가 있은 후 Jean-Bertrand Aristide 대통령을 복권시키기 위하여 군대를 파견할 때는 이를 이용하였으나 1998년 Sudan과 Afghanistan에 있는 Al Qaeda 기지에 공습을 명령할 때는 그

---

33) 연방대법원은 사건의 당사자가 연방대법원이 사건을 심리해 줄 것을 요구하는 상고를 하더라도 이를 실제로 심리할 것인지를 선택할 수 있으므로 원치 않는 경우 이심영장certiorari을 발부하지 않을 것이다.

렇게 하지 않았다.

전쟁을 할 권한은 또한 헌법적으로 보장된 민간인의 자유와 충돌할 수 있다. 남북전쟁 동안에 Lincoln 대통령은 전쟁 수행을 방해하는 사람들을 기한 없이 구금할 수 있게 하기 위하여 인신보호법habeas corpus[34]을 정지시켰다. 연방대법원의 Roger Taney 대법관이 남군Confederate에 동조하였다는 이유로 구금된 John Merryman을 법원에 출석시키거나 석방하라는 인신보호영장writ of habeas corpus을 발부하자 Lincoln은 연방의회가 회기 중에in session 있지 않을 때에는 대통령이 조치를 취할 수 있는 헌법적 권한이 있다고 주장하면서 Merryman을 구금하고 있는 군인들에게 이 명령을 무시하도록 지시하였다. Taney는 이 문제를 더 이상 추궁하지 않았고 뒤이어 연방의회는 연방헌법이 허용한 바에 따라 그 영장의 집행정지를 승인하였다.

9.11 공격이 있은 후 연방의회는 대통령에게 그 공격을 계획하고 지원한 사람이나 집단에 대하여 "필요하고 적절한 모든 무력을 사용할" 권한을 주었다. 그 결과 미군은 Al Qaeda와 연결되었다고 믿을 만한 전투원, 기타의 사람(미국 국민 포함)을 체포하였고 그들을 미국 국내와 Cuba의 Guantanamo Bay에 있는 해군기지에 구금하였다. George W. Bush 행정부는 대통령이 군사력을 사용할 수 있도록 권한을 준 연방의회의 결의와 행정의 수반이자 군대의 총사령관인 대통령의 고유 권한에 의하여 대통령은 평화시에 적용되는 법이 통제하는 것을 넘어서, 그리고 법원의 심사를 받을 필요가 없는 일련의 광범위한 조치들을 할 권한이 있다고 주장하였는데 아마도 Bush 행정부의 내심은 후자를 더 중요시하였던 것으로 보인다. Bush 행정부의 법무부Justice Department는 "전시에는 적을 가장 잘 압도할 수 있는 수단이 무엇인지 결정하는 판단은 대통령에게만 맡겨져 있다."는 법률의견서를 냈다. 이에 따라 Bush 대통령은 처음에는 설사 연방의회

---

34) 'You have the body'라는 뜻의 라틴어로서 법원이 어떤 사람의 신병을 구금하고 있는 자에게 피구금자를 법원에 출두시키라고 명령하는 것을 말한다. 법원이 구금이 적법한지 여부를 심사하여 불법 구금이라고 판단되면 그 사람을 석방시키는 데 목적이 있으며 유, 무죄 여부를 떠나 사람이 적법절차due process에 의하여 구금되었는지 여부만을 심사하는 것이 원칙이다. 원래 어떠한 사유로든지 인신이 구금되어 있는 경우라면 널리 허용되나 형사판결로 구금된 자가 상소 이외의 부수적 불복방법collateral attack으로 많이 활용하며 제9장에서 다시 설명된다.

가 UN고문방지협약UN Convention against Torture에 가입함으로써 미국 내에서 고문행위가 금지[35]되도록 했다고 해도 대통령은 정보를 얻기 위하여 수감자들을 고문하라고 명령할 헌법적 권한이 있다고 주장하였다가 이 문제가 공론화된 이후 법무부는 그 의견서를 철회하였고 대통령도 그러한 주장을 포기하였다. Bush 행정부는 Guantanamo Bay에 구금된 수감자는 물론 심지어 "적성전투원enemy combatant"으로 지목된 미국 시민들도 이러한 조치에 이의하기 위하여 법원을 이용할 수 없다고 주장하였다(9.11 사태 이후 정부는 감청wiretapping, 이메일 가로채기, 그리고 다른 전자적 감시 장치의 사용을 확대하였는데 이러한 수단들은 추가조항 제4조에 따른 이슈들과 관련되며 이에 관해서는 제9장에서 논의한다).

2004년의 두 개의 사건에서 연방대법원은 테러에 대한 전쟁을 하는 동안이더라도 대통령의 그러한 권한은 제한되어야 하고, 법원은 대통령의 권한의 범위를 심사할 권한을 가진다고 주장하면서 이러한 요구들을 받아들이지 않았다. 특히 미국이 Guantanamo Bay에 대하여 통제권을 가지는 한 연방법원들은 "스스로 잘못이 전혀 없다고 주장하는 개인을 무기한이 될 수도 있는 기간 동안 행정부가 구금하는 일이 적법한지 여부를 판단할" 관할권을 가진다고 판시하였다(Rasul v. Bush, 2004). Yaser Hamadi는 미국 시민으로 Afghanistan에서 Taliban을 도와 싸운 혐의로 체포되었는데 역시 마찬가지로 자신이 어떤 근거로 적성전투원 enemy combatant으로 분류되었는지 그 근거를 통지받을 권리와 법원과 같은 중립적 판단기관 앞에서 그것이 정당한지를 다툴 권리가 있다고 주장하였다. 연방대법원은 대통령은 의회의 결의에 따라 미국 시민을 적성전투원으로 지목하고 그 사람을 구금할 것을 명령할 수 있지만, 비록 적성전투원이라고 해도 무기한으로, 또한 정부의 그러한 주장이 적법한지 중립적 기관 앞에서 다툴 권리를 포함하는 등의 적법절차due process를 제공받지 못하고 구금되어서는 안 된다고 판결하였다(Hamadi v. Rumsfeld, 2004).

Rasul 판결과 Hamadi 판결이 나온 후에 연방의회는 2005년 피구금자처우법

---

35) 대부분의 국가가 자국이 체결 또는 가입한 조약 또는 일반적으로 승인된 국제규범은 국내에서도 법적 효력을 가지는 것으로 하기 때문에 UN 고문방지협약에 가입하면 그 국가가 국내법을 별도로 입법하지 않아도 고문이 법적으로 금지되는 효과가 있다.

Detainee Treatment Act of 2005과 2006년 군사재량법Military Commissions Act of 2006을 제정하여 피구금자의 지위를 심사하는 절차를 규정하고, 피구금자에 관한 군 당국의 결정에 대하여는 법원의 심사권이 제한되며, 특히 피구금자가 인신보호청구소송habeas corpus action을 제기하지 못하도록 하였다. Boumedienne v. Bush (2007) 판결에서 연방대법원은 그와 같은 절차와 제한은 위헌이라고 선언하였다. 연방헌법은 인신보호절차habeas corpus가 "폭동 또는 침략으로 인한 위협으로부터 공공의 안전이 요구되는 때"에만 연방의회에 의하여 정지될 수 있다고 규정하는데 이 법률들은 이 정지조항이 요구하는 사항을 준수하지도 않았고, 인신보호절차를 대신할 만한 다른 적절한 절차를 두지도 않았다. 군 당국의 재량에 운명이 달려있는 피구금자는 변호사도 아니고 심지어 피구금자의 변호인advocate도 아닌 "대리인representative"만을 가질 수 있고, 정부가 제출하는 증거는 유효하다고 추정되며, 피구금자는 자신에 대한 증거자료 중 비밀로 분류되지 아니한 부분만을 받아 볼 수 있고, 그 자신의 증거제출에 제한을 받아 "합리적으로 수집할 수 있는" 증거만을 제출할 수 있는 것으로 한다면 헌법에 위반된다는 것이다.

9.11 이후의 판결들은 특히 드라마틱하지만 보다 일반적인 점을 보여준다. 대통령과 연방의회의 권력은 언제나 권리장전Bill of Rights에 의한 제약을 받는다. 예를 들면 연방의회는 종교의 자유(제3장에서 논함)를 제한하는 입법을 할 수 없고 재산권의 사용에 대하여는 재산권을 박탈taking하는 것에 해당할 정도로 가치를 감소시키는 제약(제7장에서 논함)을 부과할 수 없다.

주state는 헌법상 어떤 권한을 가지는가?

지금까지 이야기는 Articles of Confederation에 의한 정부의 허약성을 시정할 수 있을 만큼 충분히 강력한 정부를 만든 과정과 열거된 권한enumerated powers의 원칙을 이용하여 그 정부의 권력을 제한하고자 한 연방헌법의 취지, 그리고 이후에 통상조항commerce clause 등과 같이 특정한 권한을 부여하는 조항들을 넓게 해석함으로써 연방정부의 권한을 확대해나가는 과정에 관한 것이었다. 그러면 주정부는 어떠한가? 각 주정부는 전국정부national government가 창설되기 이전부터 존재했으며 각 주의 대표들이 연방헌법을 기초하고 비준했다. 연방정부의 권력이 팽창하는데 주들은 어떻게 헌법의 구조에 적응하였는가?

다른 모든 헌법 이슈와 마찬가지로 이 질문에 대한 답변 역시 간단하지 않다. 연방헌법의 문구 자체만 보면 주정부에 명시적으로 부여하는 권력도 별로 없고, 주에 대한 연방정부의 권한 또는 연방정부에 대한 주정부의 권한을 명시적으로 제한하지도 않는 등 주정부의 권력에 대하여 별다른 언급을 하지 않는다. 세월이 변하면서 연방정부와 각 주정부는 서로 다른 방식으로 자신들의 권한을 주장하였고 연방대법원은 이들이 각각 적정하게 기능할 영역을 정해주는데 고민을 해 왔다.

연방헌법이 이 용어를 명확히 쓰고 있지는 않지만, 연방주의federalism, 즉 주정부와 전국정부가 정부의 권력을 나누어 가진다는 사상은 미국 헌법제도의 가장 근본적인 공리이다. 연방대법원이 연방정부의 권력 팽창을 묵인해 옴으로써 그 제한은 대개 현실적 제한이라기보다는 이론적인 제한에 지나지 않게 되었음은 위에서 본 바와 같지만, 연방정부는 어디까지나 헌법에 열거되어 있는 권력enumerated power만을, 즉 연방헌법이 특별히 그에 부여한 권력만을 행사할 수 있는 정부이다. 반면에 주정부는 질서유지를 위한 일반적 경찰권력police power 또는 정부들이 보통 하는 일 모두를 수행할 권력을 가진 정부라고 간주된다. 연방정부의 권력이라고 열거되어 있는 권력(예컨대 통상규제권한commerce power 등)의 의미는 법원들이 발전시켜온 많은 법해석에 의하여 정리되어 왔으나, 주정부의 권한에 관하여는 이에 상응할만한 법체계가 없는데 그 이유는 주정부의 권한은 헌법에 열거되어 있는 것에 한정되지 않고 일반적으로 주어지는 것이기 때문이다. 연방헌법이 주정부의 일반적 권한을 명시하지 않는 것은 그럴 필요가 없기 때문이다. 우리가 오늘날의 정치적 상황과 헌법의 구조를 보면 이 이치를 금방 알 수 있듯이 연방헌법을 기초할 당시에도 누구나 이러한 개념을 알고 있었던 것이다.

주와 연방의 권력은 쉽게 조화될 수 있어야 한다. 전국정부가 연방헌법에 특별히 열거되어 있는 권력만을 제한적으로 가짐에 비하여 주정부는 일반적인 권력을 가진다. 추가조항 제10조the Tenth Amendment는 "이 연방헌법에 의하여 미합중국 정부에 위임되지 않았거나 각 주가 가질 수 없다고 금지되지 않은 권한은 각 주에 또는 국민에게 유보된다."라고 하여 각 주의 권한이 전국정부의 권한을 넘는 범위에까지 미침을 명확히 밝히고 있다. 그러나 연방헌법은 Article Ⅵ, section 2에서 "이 연방헌법, 그리고 이에 따라 제정된 미합중국의 법률은 … 이 땅에서 최고의 법이며, 모든 주의 판사들은 이에 기속되고, 어느 주의 헌법이나 법률에 포함된 어떤 사항도 이에 반하는 것은 존재할 수 없다."라고 하는 최고조항 supremacy clause도 역시 가지고 있다. 따라서 각 주는 일반적인 권한을 가지며 연방정부는 제한된 권한만을 가지지만 연방정부는 부여받은 그 권한의 범위 내에서는 최고이다. 그렇다면 법원이 연방과 주의 권한 사이에 선을 그을 방법은 무엇인가?

남북전쟁 이후부터 New Deal이 시작되기까지 오랫동안 연방대법원은 주의 권한을 우대하여 연방의 권한을 제한하고자 하는 경향을 보여 왔다. 이와 같은 접근법은 (앞에서 논한 바와 같이) 연방대법원이 보수적인 태도를 취해 온 것의 당연한 결과였고, 연방대법원은 이에 따라 통상조항commerce clause과 기타의 조항을 이용하여 연방이 가지는 권한의 범위를 제한해 왔다. 이 개념은 이중주권 dual sovereignty이라고 불렸다. 전국정부와 주정부가 모두 각자에게 적절한 권한 범위를 가지며, 서로 상대의 영역을 침범할 수 없다. 연방대법원은 연방의회가 제정한 문제의 법률이 연방헌법에 열거된 권력의 범위를 넘어섰거나 주정부의 권한을 침범했다는 이유로 자주 무효화시켰다. 예컨대 Hamner v. Dagenhart (1918) 판결에서 연방대법원은 어린이의 노동으로 생산된 상품을 주간통상interstate commerce을 위하여 운송하는 것을 금하는 연방법률이 통상조항commerce clause의 범위를 넘어섰으므로 무효라고 판결하였고, Keller v. United States (1909) 판결에서는 매춘용 주택을 금지하는 연방법률은 주의 경찰권을 침범하였다고 하였다.

이중주권dual sovereignty의 개념과 이를 이용하여 주정부의 권한을 넓게 인정하던 경향은 쇠퇴하였다. 두 개의 주권의 영역을 명확히 구분할 수 있다는 생각은 20세기나 21세기의 법사상가들보다는 19세기적 사상에 좀 더 적합하였을 뿐이고, Roosevelt 정부, Great Depression, New Deal 등을 거치면서 연방대법원은 연방정부의 권한팽창을 더 기꺼이 묵인하였다. 오늘날 전국정부와 주정부 사이의 권한분배의 문제는 알쏭달쏭하기 짝이 없는 잠자는 연방권력의 효과effect of dormant federal power의 이론을 포함한 선취의 원칙doctrine of preemption36)에 의

---

36) 어떤 문제는 전국적인 성격이 강하여 그 영역에서는 각 주가 독자적인 규율을 하도록 맡기기보다는 연방이 통일적으로 규율하는 것이 적당하다고 보아 그 영역에서는 연방의 입법이 각 주법

하여 규율된다. 연방정부가 활동하는 곳에서는 연방의 법률이 이와 실제로 충돌하거나 또는 잠재적으로 충돌할 가능성이 있는 주법의 영역을 우선하여 선취preempt한다는 것이다. 그리고 때로는 연방정부가 어떤 영역에서 비록 활동하지는 않았지만 활동할 수 있었던 경우, 즉 연방의 권력이 잠자고 있던 때에도 이에 관한 주정부의 입법이 역시 금지된다고 한다.

연방법과 합치되지 않는 주법을 연방법이 선취preemption한다는 것은 최고조항supremacy clause이 작용한 결과라고 쉽게 이해할 수 있다. 연방중재법the Federal Arbitration Act은 설사 주법에 이와 저촉되는 규정이 있더라도 계약 당사자들은 계약에 관련된 분쟁을 중재arbitration에 부칠 수 있는 것으로 합의할 수 있다고 하는데, 이러한 합의를 무효라고 보려던 California의 법률은 이 영역을 연방법이 선취하였으므로 효력이 없다(Southland Corp. v. Keating, 1984). 그런데 어려운 문제는 주법과 연방법이 서로 명백하게 불일치하지는 않지만 어느 한도에서는 충돌의 소지가 있는 경우라면 과연 그 주법이 무효라고 해야 할 것인가에 관하여 발생한다. 연방대법원은 때때로 연방주의federalism에 대한 관심을 존중하여 법률들 사이에 충돌이 없도록 해석하려 하기도 하고 다른 경우, 특히 국가의 통일성을 유지하기 위한 필요성을 느끼는 사건에 있어서는 국가적 이익에 보다 민감한 반응을 보이기도 한다. Cipollone v. Liggett Group, Inc. (1992) 판결에서 연방대법원은 담배 포장지의 표시를 규율하는 연방법률이 흡연의 위험성을 경고하지 않으면 불법행위에 해당한다고 규정하는 주의 불법행위책임법torts liability law을 선취하였다고 판결하였다. 그러나 Altria Group, Inc. v. Good (2008) 판결에서는 소비자들이 주법을 근거로 담배 제조업자들이 "라이트"라는 이름을 붙임으로써 그 담배가 덜 해로운 것처럼 보이도록 기만적인 광고를 했다는 이유로 사기피해 배상소송fraud claim을 제기하였는데 이때는 연방법률이 주법을 선취하지 않았다고 결론지었다. 두 사건에서 연방대법원은 그 법률을 제정할 때의 연방의회의 명시적 의도와 묵시적 의도 모두에 초점을 맞추었는데 Cipollone 판결에서는 담배의 포장지에 건강에 관한 경고를 하라는 연방 차원의 요구에 주법이 충돌한다고 보았으나 Altria Group 사건에서는 문제된 주법은 흡연의 건강

보다 우선한다는 연방대법원의 이론이다.

에 대한 영향에 초점을 두는 것이 아니라 기만적 광고를 규제하는 데 목적이 있으므로 연방법과 충돌하지 않는다고 보았다. 연방의회가 어떤 영역에서 주법보다 선취하고자 하는 "분명하고 명백한 목적"을 표시하지 않았다면 주의 질서유지권한police power이 유효하게 살아 있다고 보아야 한다는 것이다.

연방의회가 어느 분야를 규제하고자 미리 점령하였다면 연방법률은 아직 실제로 충돌이 생기지 않은 경우라도 그 분야를 주법보다 선취할 수 있다. 이것은 연방의회가 원래 어떤 범위까지 규제를 하려는 의도를 가지고 있었는지에 관한 해석의 문제이다. 그 이슈들이 인디언부족 문제, 이민, 또는 철새 떼가 전국적으로 이동하는 것 등과 같이 국가적 이익에 관련 있거나 전국적으로 통일성을 가지고 시행될 필요가 있는 것이라면 연방대법원은 연방법이 그 분야를 선취한다고 해석할 가능성이 높다.

선취이론 중에서 가장 애매한 경우는 아마 연방의회의 권한 범위 안에 있으나 연방의회가 아직 입법을 하지 않은 분야에 관하여 발생할 것이다. 아직 행사되지 않은 채 잠자는 권한dormant power이 있으면 주는 연방이 행동하기 전까지의 사이에는 어떠한 조치도 취할 수 없는가? 강력한 전국정부에 대한 초기의 신봉자들은 연합규약Articles of Confederation에 의하여 조직되었던 정부가 허약했던 주된 이유는 각 주가 자기 주의 경계를 넘어서까지 효과를 미치는 사항에 대하여도 입법을 할 수 있었기 때문이었고, 통상조항commerce clause이나 최고조항supremacy clause은 이 약점을 보완하기 위한 규정이라고 주장하였다. 따라서 주는 비록 통상에 어떤 부수적 효과가 있는 다른 영역에 관해서는 입법할 수 있을지 몰라도 연방의 통상권한이 적용될 영역이라면 아무 행동도 할 수 없다고 한다. 다른 사람들은 연방의 권력을 좁게 보는 견해를 취하여 주의 입법은 연방의 입법에 실제로 충돌하는 때에만 선취된다고preempted 주장한다.

이 이슈에 대한 해결책은 1850년대에 모색되기 시작해서 New Deal의 진행에 따라 발생한 일련의 사건들을 통하여 확정적으로 형성되었다. 이 심사기준은 연방주의federalism의 관심사에 매우 민감하다. 주정부가 자기 지역의 필요에 맞추어 입법을 하는 것은 마땅히 허용되어야 하나 주간통상commerce among the states의 흐름을 방해하는 입법은 허용되어서는 안 된다. 연방대법원은 각 주가 자신의 법을 집행함으로써 얻는 이익과 그 법이 주간통상에 끼치는 부담 및 차별 사이에서 균형을 잡는다. 그러므로 각 주는 자기 주 안의 도로를 달리는 트럭의 속도와 중량을 제한하는 입법을 함으로써 도로의 안전이라는 자신의 이익을 지킬 수 있고, 설사 이를 지킬 수 있는 트럭이 거의 없다 하더라도 이러한 금지가 (예컨대 South Carolina State Highway Dept. v. Barnwell Bros., 1938 판결과 같이) 어떤 주 안에서만 사용되는 트럭과 그 주를 통과하는 다른 주 소속의 트럭에게 똑같이 적용된다면 문제가 없다. 그러나 (Kassel v. Consolidated Freightways Corp., 1981 판결에서와 같이) 자기 주의 트럭에게는 대부분 면제해 주면서 다른 주의 초대형 트랙터-트레일러에만 길이를 제한하는 입법을 할 수는 없다.

헌법에 따른 전국정부와 주정부 간의 권한 분배에 관하여 언급해야 할 또 한 가지가 있다. 연방정부가 헌법에 열거되어 있는 권한enumerated powers만을 가지는 데 비하여 주정부는 독립적인 헌법적 지위와 일반적 경찰권을 가지므로 연방정부가 주정부에게 어떤 일을 하라고 지시할 수 없는 일들이 있다. 예컨대 연방정부는 Oklahoma가 연방에 가입할 때 그랬던 것처럼 주의 수도를 어디에 두라고 말할 수 없다(Coyle v. Smith, 1911). 그러나 연방정부와 연방의 예산이 커짐에 따라 연방의회는 주정부에게 직접 명령하지 않고도 자신이 원하는 것을 하도록 하는 방법을 고안해 냈다. 연방의회는 연방의 예산이 주정부를 통하여 집행되는 정책을 수립할 때 주정부가 특정한 조건에 따라야만 이에 참여할 수 있다는 조건을 달 수 있다. 예를 들면, 추가조항 제21조[37]는 알콜성 음료의 판매 금지를 해제하면서 술을 통제할 거의 전적인 권한을 주정부에 주었다. 추가조항이 그 권한을 주정부에게 주었기 때문에 이 헌법개정으로 인하여 연방의회는 음

---

37) 역사상 유명한 미국의 금주법 개헌인 연방헌법 추가조항 제18조를 폐지하는 연방헌법 추가조항이다. 1917년 12월 18일 미국 전역에서 주류의 제조, 판매, 운송, 수입, 수출을 전면 금지하는 내용의 연방헌법 추가조항 제18조가 미국 연방의회를 통과하고 1919년 1월 16일까지 전체 주의 3/4이 비준하여 발효하였으며 이 조항을 근거로 1920년 제정된 Bolsted Act가 시행됨에 따라 미국 전역에서 이른바 금주법이 시행되었다. 이 조항은 1851년 Maine을 시작으로 청교도 정신이 강한 18개 주에서 금주법이 실시되고 있던 차에 제1차 세계 대전의 영향으로 곡물 기근 현상이 심화되자 전체 미국에서 술을 금지하자는 분위기가 확산되어 제정되었으나 집에서의 음주는 금지되지 않는 등 여러 문제점이 드러나 1933년 12월 15일 추가조항 제21조로 위 추가조항을 폐지함으로써 금주법 시대는 막을 내렸다. 미국 연방헌법상 이전의 헌법조항을 뒤집는 유일한 개정사례이다.

주 허용연령을 전국에 일률적으로 정할 권한이 없게 되었다고 할 수도 있다. 그러나 1988년에 연방의회는 음주 허용연령을 21세 이상으로 정하지 않는 주에게는 연방이 지원하는 도로관리 자금 중 일부의 지급을 보류하겠다는 입법을 하였다. 실제적 문제로서 모든 주가 도로를 건설하고 유지하자면 연방의 자금에 의존하지 않을 수 없으므로 이와 같은 음주 허용연령은 전국적인 요건이 정해진 것과 마찬가지의 효과를 발휘하였다. 연방의회는 헌법 때문에 직접은 할 수 없는 일을 간접적으로는 해도 되는가? William Rehnquist 대법원장이 주도한 다수의견은 도로관리 자금을 통제하는 일은 연방의회의 예산지출 권한 범위 내에 있고, 음주 허용연령은 국민들이 주간고속도로interstate highways를 안전하게 여행하는 데 관련이 있다는 이유로 이를 긍정하였다(South Dakota v. Dole, 1987).

통상조항에 의한 연방의회의 권한에 관하여, NFIB v. Sebelius (2013) 판결은 주에 관계된 연방의회의 행동권한에 제한을 가하였는데 이 사건에서 연방대법원은 처음으로 연방의회의 예산보조에 관한 권한행사가 위헌이라고 판시하였다. ACA는 저소득층인 미국인에게 헬스케어를 제공할 목적으로 의료부조Medicaid를 확장하면서 주정부가 빈곤선poverty line의 133% 내의 주민에게 이를 적용하도록 하였는데, 연방정부는 2016년까지만 그 비용의 100%를 보조하고 그 이후에는 90%로 감축하겠다고 하였다. Roberts 대법원장의 의견에 따른 판결은 이러한 조치는 주정부로 하여금 의료부조Medicaid에 참여하도록 권장하는 것이 아니라 이를 강요하기 때문에 선을 넘었다고 결론을 내렸다. 그는 새로운 프로그램에 따르지 못한다고 하여 Medicaid의 예산을 삭감하겠다고 위협하는 것은 주정부의 "머리에 총을 들이대는 처사"라고 하고, 그 이유는 Medicaid는 매우 튼튼히 자리잡은 제도로서 주정부의 예산에서 엄청난 부분을 차지하고 있기 때문에 주정부는 이 자금을 잃게 되면 견딜 수 없게 되기 때문이라고 하였다.

3

기본적 자유권First Freedoms

국민의 기본권Constitutional Rights

헌법의 기본적 관심사는 국민이 국가에게 원하는 것을 해 주기에 충분할 정도로 강력한 능력을 가진 정부를 구성하는 것과 그러면서도 또한 정부가 국민이 원치 않는 일은 하지 않도록 그 권력을 제한하는 것이다. 국민들이 정부가 하기 않기를 바라는 일 중 중요한 것은 우리의 "권리rights"를 침해하지 않는 것이다. "권리"라는 말의 뜻은 물론 세월을 두고 변해 왔지만 우리는 그 말 안에 정부가 우리에게 할 수 없는 무언가가 내포되어 있다는 생각에 익숙해져 있다.

미국 헌법 역사의 첫 150년 동안 헌법의 주된 관심사는 앞 장에서 알아본 바와 같이 정부의 구조, 즉 연방헌법이 연방의 법원들, 연방의회, 그리고 대통령에게 어떤 권한을 주며 연방의 권력이 주정부의 권한을 어떤 방법으로 제한하는가 등이었다. 20세기 중반 이후부터는 헌법에 관련된 소송은 개인이 어떠한 권리를 가지는지를 정하는 데에 관한 것이 늘어났고 이제 우리는 여기에 대하여 알아보고자 한다.

헌법은 어떠한 권리를 보호하는가?

모든 헌법상 권리는 연방헌법의 하나 또는 그 이상의 조항에 그 근거를 가지고 있다. 이 권리들에 대하여 알아보는 방법 중에는 추가조항 제1조가 자유언론을 보장하고, 제14조는 적법절차 조항이라는 등등으로 그 조항 하나하나를 들여다보고 거기에서 파생되는 권리들을 검토해 보는 방법이 있다. 그러나 더 쉬운 방법은 이 권리들을 두 개의 그룹으로 나누어 보는 것이다.

권리의 첫째 그룹은 절차적 권리process rights이다. 이 권리들은 정부가 지켜야만 하는 절차, 즉 정부가 개인 또는 어떤 집단에 관련이 있는 어떤 조치를 할 때 준수해야 하는 방식에 관한 것이다. 둘째 그룹은 실체적 권리substantive rights이다. 이 권리들은 정부가 아무리 절차를 지키더라도 침범할 수 없는 개인적 자유의 영역을 정한다. 절차권process right과 실체권substantive right 사이의 경계가 특별히 명확한 것은 아니지만 이러한 구분은 쓸모가 있다.

절차권과 실체권의 차이를 보여주는 몇 가지 예를 보자. 당신이 사회보장급여Social Security benefit를 받고 있다면 단순히 공무원 몇 명이 당신이 이제 급여를 받을 자격을 잃었다고 생각한다고 해서 그냥 끊어 버릴 수는 없다. 급여가 중단되려면 당신이 헌법상 적법절차due process에 대한 권리를 가지고 있으므로 정부는 당신에게 당신이 자격이 없다는 의견을 통지해야 하고, 청문회hearing에서 당신이 의견을 말할 기회를 주어야만 한다. 이것이 절차권이다. 다른 한편으로 정부가 당신을 강제로 카톨릭 미사에 참석시키고자 한다면 이에 관한 헌법적 이슈는 절차권의 문제가 아닌 실체권의 문제이다. 설사 정부가 당신에게 통지를 하고 청문절차를 제공했다고 해도 정부는 당신이 스스로 종교를 선택한다는 실체적인 헌법상 권리를 침해할 수 없다.

절차권process rights에는 추가조항 제5조와 제14조에 규정된 "법에 의한 적절한 절차due process of law"와 추가조항 제14조에 규정된 "법에 의한 평등한 보호equal protection of the laws"에 대한 권리가 포함된다. 적법절차는 정부가 개인에 관하여 어떤 조치를 취할 때는 공정한 절차에 따라야 한다는 뜻이다. 어려운 문제는 특정한 경우에 적절한 절차가 무엇인지를 판단하는 일이다. 어떤 사람이 사형에 처해질 수도 있는 범죄의 혐의를 받고 있다면 사회보장급여가 중단될지 모르는 경우보다 문제가 더 심각함이 자명하며 따라서 연방헌법은 그 경우 더 많은 절차적 요건을 두도록 한다. 그러나 많은 경우 사람이 언제 적법절차due process에 대한 권리를 가지는지 그리고 어떤 절차가 요구되는지를 결정하는 것은 더 복잡한 문제로 된다.

평등보호equal protection에 관한 헌법원칙은 20세기 중반부터 처음에는 민권운동civil rights movement의 결과로, 그 이후에는 소수인종racial minority 이외의 여성, 소수민족ethnic group, 그리고 성적소수자LGBT 등과 같은 집단의 구성원들의 요구에 의하여 크게 확대되었다. 평등보호는 예를 들면 연방대법원이 Brown v. Board of Education 판결에서 주정부가 흑인 어린이들을 백인 어린이들과 구분된 학교에 보내도록 하여 불평등하게 대우할 수 없다고 판시한 것과 같이 정부가 같은 상황에 있는 사람들을 동등하게 대우할 것을 요구한다. 이것은 지금의 우리에게는 너무나 당연하게 여겨지지만 대부분의 평등보호 요구에는 논란의 소지가 많다. 평등보호를 받을 권리가 있는 사람은 누구인가? 라틴계? 트랜스젠더? 신체적 문제가 있는 사람? 그리고 서로 다른 사람들과 다른 집단들을 평등하게 대우한다는 것은 무엇을 뜻하는가?

실체권substantive rights은 절차권보다 더 다양하지만 아주 일반적인 수준에서 말하자면 한 개 또는 두 개의 목적을 위하여 존재한다고 말할 수 있다. 그 목적의 하나는 국민으로 하여금 정치 과정을 포함하여 사회에서 벌어지는 일들에 완전하게 참여할 수 있도록 허용하는 것이다. 예를 들자면, 언론의 자유freedom of speech와 출판의 자유freedom of press는 자유로운 정치적 담론과 민주적 정부를 만드는 데 기여한다. 또 하나의 목적은 국민이 잘 살고 개인의 존엄성integrity을 지키며 자신의 개성을 발전시키고 표현할 수 있도록 하는 것이다. 예를 들면 언론의 자유는 자신의 의견을 표현할 수 있게 해 주며, 자신의 종교를 선택하고 신봉할 수 있는 권리는 인격의 성장을 심화시키는 데 필요하다.

개별적 권리를 상세히 알아보기에 앞서 일반적으로 헌법적 권리에 관하여 한 가지 더 기억해 둘 것이 있다. 권리장전the Bill of Rights은 연방헌법에 최초로 추가된 10개의 조항인데 새로 강력한 모습으로 태어난 연방정부의 위협으로부터 개인을 더 잘 보호하기 위한 수단으로 연방헌법이 채택된 직후에 추가되었다. 권리장전은 그 조문들이 사용하는 용어도 그렇거니와 그 당시 사람들이 이해한 바로도 국민을 주정부가 아니라 연방정부의 행동으로부터 보호하는 것으로 되어 있다. 남북전쟁Civil War 이후에 추가조항 제13조, 제14조 및 제15조가 연방헌법에 추가되었는데, 이에 의하여 노예제도slavery가 폐지되고 아프리카계 미국인들에게 투표권이 확립되었으며 평등보호가 보장되고 주정부에까지 적법절차 준수의 요건이 확대되었다. 비록 이 추가조항들 그 자체에는 이 조항들 사이의 관계 및 권리장전에 표현된 자유들 간의 관계가 언급되어 있지는 않지만 연방대법원은 점차적으로 선택적 통합이론selective incorporation이라고 불리는 접근법을 채택하였다. 추가조항 제14조는 권리장전에 의한 모든 보호를 통째로 주정부의 행위에까지 적용하지는 않는데, 반면에 연방대법원은 각 조항을 따로 검토하여 가장 중요한 것들을 추가조항 제14조에 선택적으로 통합시킨다. 연방대법원은 "전통과 미국 국민의 양심 속에 확실히 뿌리내려 근본적 자유라고 순위가 매겨져야 하는 ... [또한] 천부적 자유ordered liberty[1]라는 개념에 함축되어 있는 정의의 원리"를 채택함으로써 이에 관한 심사기준을 마련하기에 이르렀다. 이 기준을 적용하여 연방대법원은 점차로 권리장전의 거의 모든 조항들을 추가조항 제14조의 적용 대상으로 끌어들였고 이들이 주정부에게도 기속력이 있다고 하게 되었다.

적법절차due process란 무엇인가?

추가조항 제5조the Fifth Amendment는 연방정부에 적용되는데 "누구든지... 법의 적정한 절차due process of law에 의하지 아니하고는 생명life, 자유liberty 또는 재산권property을 박탈당하지 아니한다."라고 규정한다. 추가조항 제14조the Fourteenth Amendment는 "주정부State는 법의 적정한 절차에 의하지 아니하고는 그 누구의 생명, 자유 또는 재산권을 박탈할 수 없다."라고 덧붙인다. "자유liberty", "재산권property" 및 "적정한 절차due process" 등 이 두 조항의 핵심용어는 대부분 모호하다. 그 뜻을 알아보자면 역사, 문화 그리고 사법권에 대한 지식과 우리 사회의 가치에 대한 광범위한 토론이 필요하다. 그러나 그 문구 자체를 먼저 읽어보는 것이 적법절차조항due process clause을 이해하는 출발점이 될 것이다.

적법절차조항은 모든 사람이 "생명, 자유 또는 재산권"이라고 불리는 어떤 것들에 대한 권리를 가지고 있음을 전제한다. 정부는 스스로 "법의 적정한 절차 due process of law"를 준수하지 않으면 이 권리 중 어떤 것도 빼앗지 못한다. 이 개념은 정부의 행위를 금지하는 의미와 정부의 행위에 권한을 준다는 암시의 의미 두 가지를 모두 가지고 있다. 이 조항은 비록 추상적일지는 몰라도 명시적으로 정부가 할 수 없는 일, 즉 적법절차 없이 사람의 생명, 자유 또는 재산권을

---

1) 인간의 자유는 실정법에 의하여 새삼스럽게 보장받는 것이 아니라 하늘 또는 신이 부여한 것으로 법이 보장하지 않더라도 인간이 인간이기 때문에 원래부터 가지고 있다고 보는 시각이다.

박탈하는 일은 할 수 없다고 말한다. 이 조항들은 또한 정부가 할 수 있는 일, 즉 적법절차를 거치면 사람으로부터 생명, 자유 또는 재산권을 박탈할 수 있음을 암시한다.

이는 당연하면서도 중요하다. 우리는 정부가 사람의 생명, 자유 또는 재산권을 박탈할 수 있음을 알고 있다. 주state는 범죄자를 수감하고, 그의 총과 도주용 차량을 몰수하고 심지어 처형도 할 수 있다. 정부는 국민을 살리기도 하고 죽일 수도 있는 생사여탈권까지 가지는 등 엄청난 권력을 가지고 있다. 그러나 그 권력은 적법절차조항에 의한 제한을 받는다. 예컨대 정부가 누군가를 수감하려면 그에게 공정한 재판fair trial과 상소권right of appeal을 허용하여야 하고 피고인이 원하는 경우 그를 위한 변호인attorney을 제공하여야 한다. 적법절차는 정부의 정책과 법의 지배rule of law가 공정하고 일관되게 수행되도록 담보하기 위하여 고안되었다(형사절차에서의 적법절차 요건은 제9장에서 논한다).

이 조항을 읽으면 우선 알 수 있듯이 적법절차에 대한 권리를 주장하는 경우 다음과 같은 두 가지 문제가 생긴다. 첫째, 주장되는 권리가 추가조항 제5조 또는 제14조가 보호하는 범위 안에 있는 생명, 자유 또는 재산에 대한 권리인가? 둘째, 그 권리가 보호 가치가 있는 것이라면 얼마나 보호를 받아야 하는가, 즉 어느 정도의 절차가 적정한가?

적법절차조항의 해석을 두고 생명권에 관하여는 논의할 것이 많지 않으나, 자유권과 재산권에 대해서는 상당히 많다. 생명에 대한 권리는 주로 사형death penalty이 선고될 수 있는 사건에서 주로 문제된다. 또한 낙태 사건과 관련해서도 암묵적인 시사점이 있다. 예컨대 Roe v. Wade 판결에서 연방대법원은 태아fetus는 연방헌법이 사용하는 용어인 "사람person2)"에 해당하지 않으므로 태아는 적법절차 조항이 의미하는 사람의 범주 안에 있지 않다고 판시하였다. 그러므로 태아는 적법절차 권리를 가지지 않는다.

헌법적 의미에서의 자유liberty에 신체의 자유가 포함됨은 명백하며 그러므로 이 조항에 의하여 범죄를 이유로 국민을 구금할 정부의 능력은 제한을 받는다.

---

2) 출생의 어느 시점에 사람으로 되고 사망의 어느 시점에 사람이 아닌 것으로 되는지 즉, 사람의 시기와 종기에 관하여는 본장 주25) 및 제8장 주39) 참조.

자유에는 교도소에 사람을 감금하는 것 이외에 신체적인 억압을 받지 않는 것도 포함된다. 주정부가 어린이를 그 부모의 양육권custody으로부터 분리하여 정부가 보호하겠다고 선언하는 때, 정신적으로 건강하지 않은 사람을 정신치료시설에 보호하려 할 때 또는 수감되었던 자가 받은 가석방parole을 취소할 때 등은 정부가 그들의 자유를 제한하려 하는 것이며, 적법절차조항은 정부가 이러한 일들을 할 때 공정한 절차를 준수할 것을 요구한다.

헌법상 자유권은 신체적 활동 이외의 행동을 하는 데 있어서의 자유를 또한 포함한다. 연방대법원은 자유라 함은 적법절차의 목적상 "단순히 신체적 억압에서의 자유만을 의미하지 않고 개인이 계약을 체결하고, 생활상 통상적인 직업에 종사하고, 쓸모 있는 지식을 습득하며, 결혼하고 가정을 꾸려 자식을 기르고, 자신의 진심이 지시하는 바에 따라 신을 숭배하며, 그리고 자유로운 인간이 질서 있게 행복을 추구하는 데 필수적인 요소로서 … 오랫동안 인정되어 온 그러한 권리들"을 의미한다고 말하였다(Board of Regents v. Roth, 1972 판결에서 Meyer v. Nebraska, 1923 판결을 인용하여). 그러므로 주정부가 어린이를 부모로부터 떼어 놓으려면 그 어린이는 다른 곳에 위탁 양육되거나 주립 보호시설에 들어가야 하므로 자유에 관한 이해관계를 가지며, 부모 역시 자기 가정의 자율권autonomy of family이라는 자유에 관한 이해관계를 가진다.

재산property에 유형의 재물tangible property[3])이 포함됨은 명백하다. 정부는 공정한 절차 없이 당신의 재산을 임의로 사용use하거나 몰수seize할 수 없다. 재산권은 또한 정부가 정당한 보상just compensation을 하지 않고는 재산을 빼앗을 수 없다는 추가조항 제5조의 명령에 따라 보호된다. 토지수용권eminent domain을 행사함에 있어 정부는 당신의 소유지를 가로지르는 도로를 건설하기 위하여 당신의 재산을 징발condemn하고 공공의 목적에 사용할 수 있지만 정부는 청문회를 거쳐야 하고 그 땅값을 지급하여야만 한다(토지수용권은 제7장에서 논한다).

---

3) 재산에는 형체를 가지고 세상에 존재하는 재산이 있고 형체는 없지만 재산적 가치가 있는 것도 있다. 토지, 집, 자동차, 보석 등 형체가 있고 손으로 만질 수 있는 것이 전자의 예이고 채권, 주식이나 특허권 등 지적재산권과 같이 재산으로서 가치를 가진 권리도 재산권에 속하는데 이들은 형체가 없다는 점에서 무체재산권이라고 부른다.

재산이란 보통 무체재산intangible proterty을 포함하여 소유할 가치가 있는 것을 말한다. 예를 들어 주정부의 피용자는 그의 직업에 대하여 재산적 권리라고 할 만한 것을 가지는가, 또는 사회보장Social Security에 의하여 장애인 급여를 받는 사람이 그 급여에 대한 재산적 권리라고 할 만한 것을 가지는가, 그래서 이것들에 대하여도 적법절차에 대한 권리가 적용되어야 하는가?

1960년대와 1970년대에 사회에서 아주 중요한 것들 중에서 많은 것들이 더이상 물리적인 형태를 가지지 않으면서도 면허license, 사회보장수급 자격부여entitlement program, 공공계약public contract, 정부 내 일자리government job, 기타 등등 정부가 만들어 내는 무형적 이익intangible interest으로 되는 현상이 더욱 뚜렷해졌다. 1970년에 나온 Goldberg v. Kelly 판결에서 연방대법원은 New York 주정부는 먼저 증거청문회evidentiary hearing를 거치지 않으면 사회보장급여를 받는 사람의 급여를 단절할 수 없다고 판시하였다. 다른 사건에서 연방대법원은 특정한 조건을 충족시키면 가석방parole4)을 받을 수감자의 이익, 주립대학에 교수가 계속 고용되는 이익, 그리고 소비자가 전기 등 생활에 필요한 공공서비스utility를 계속하여 이용할 수 있다는 기대 등은 적법절차의 보호를 받을 수 있기에 충분한 재산적 이익이라고 판결하였다.

연방대법원은 그러나 1970년대 중반으로부터 나오기 시작한 일련의 판결들로 이러한 판단의 체계가 확대 적용될 가능성을 제한하였다. 적법절차는 사람이 그러한 자격entitlement을 가질 때만 부여되는데 그 자격이란 이미 보유하고 있는 어떤 것을 말하며 미래의 혜택을 기대하는 것과는 다르다. 그러므로 수감된 자는 주정부가 이미 허가한 가석방parole을 취소하려고 할 때는 적법절차 권리를 가질 수도 있겠으나, 그가 가석방을 받을 수 있는지 판정받는 때에는 가지지 않는다. 어떤 것이 자격entitlement인지 아니면 기대expectation에 불과한지를 결정하기 위하여 연방대법원은 그러한 이익을 창설하는 주법state law을 가장 먼저 들여다본다. 그러므로 주법에 의하여 학생은 학교에 계속 다녀야 한다는 기대를 가

---

4) 형사판결로 부과된 징역형의 형기를 다 마치기 전에 선행 기타 교화의 정도에 따라 더 이상 구금할 필요가 없다고 인정되는 경우에 미리 석방하는 것으로 주거지 제한, 일정 장소에 출입금지 등 가석방과 함께 부과된 조건에 따라야 하는 경우가 있으며 이를 위반하면 재수감될 수도 있다.

지고 있기 때문에 학생이 학교에서 정학을 당하려면 그전에 청문hearing을 거칠 권리를 가지고 있는 반면, 만약 주법이 주정부의 공무원이 계속 고용될 권리가 단순한 기대라고 규정하고 있다면 그가 청문을 거쳐야만 해고될 수 있다는 적법절차 상의 권리를 가지지 않을 수도 있다.

어떤 사람이 생명, 자유, 재산의 이익을 가지고 있다고 인정하면, 적법절차의 분석에 있어 생기는 두 번째의 이슈는 정부가 그러한 이익을 침해하기에 앞서 어떤 절차를 거쳐야 적정하다고 볼 것인가이다. 영미적Anglo – American 전통에 익숙한 법률가들은 적법절차라는 용어로부터 재판trial을 먼저 떠올린다. 사람에게 적법절차를 부여하는 방식은 그러므로 재판과 비슷한 어떤 것을 부여하는 것이고 여기에는 사안을 통지받고, 증거를 제출하고 자신의 주장을 할 기회를 보장받으며, 증인에 대하여 반대신문cross – examination을 할 수 있고, 기타의 방법으로 정부 측의 증거를 다툴 수 있어야 하며, 자신을 대리할 변호인을 가지는 것 그리고 중립적인 판단자가 있고, 그 판단자로부터 판단의 근거를 제시받는 것 등이 포함된다.

그러나 헌법은 적법절차에 관련이 있으면 모든 경우에 재판에 유사한 절차가 제공되어야 한다고 요구하는가? 적법절차라는 가치가 중대범죄사건, 사회보장급여의 취소, 학교에서 정학당하는 일 등에서 모두 동등하게 중요하며 따라서 이 모든 사건에 이해관계가 있는 사람은 정식의 재판, 변호사 또는 상소권 등을 가져야만 하는가? 정부가 하는 어떤 조치가 자유 또는 재산적 이익에 영향이 있기만 하면 언제나 정식의 재판절차를 제공해야 한다면 그 제도는 마비될 수 있으므로 효율성에 대한 배려도 해야 한다.

Mathews v. Eldridge (1976) 판결에서 연방대법원은 주어진 상황에서 어느 정도의 절차가 주어져야 하는지에 관하여 3요소 형량기준three factors balancing test을 정하였다. 첫째, 정부조치로 영향을 받을 사람의 이익이 무엇인가? 그 이익이 클수록 더 많은 절차가 요구되는데 정신병 환자가 비자발적으로 기한을 정하지도 않은 채 정신병 치료시설에 수용되어야 할 경우라면 3개월간 운전면허 정지처분을 받을 사람보다는 더 많은 절차가 필요하고, 그 운전자는 3일 동안의 정학처분을 받는 학생보다는 더 많은 절차가 필요하다. 둘째, 잘못된 결정을 내릴 위험성이 얼마나 크고 더 상세한 절차를 거친다면 그 위험성을 얼마나 감소시킬 수 있는가이다. 사실관계를 더 조사하여 확정해야 할 필요가 없는 경우, 예컨대 세 번 이상 관련 범죄로 유죄판결을 받아 3진아웃제로 운전자의 면허가 자동적으로 정지된다는 등의 경우에는 더 이상의 절차를 거쳐 봐야 별 도움이 되지 못하는 반면, 운전자가 약물에 중독되었는지intoxicated 여부가 문제되는 경우와 같이 다툼의 소지가 있는 사실상 및 법률상 이슈가 많다면 더 많은 절차를 거치는 것이 실수의 위험을 줄일 수 있다. 셋째, 더 광범위한 절차를 거치는 데 필요한 행정적 또는 재정적 부담을 포함하여 정부가 문제가 되는 조치를 취하는 데 얼마나 커다란 이해관계를 가지는지이다. 사회보장급여의 등급을 변경할 때마다 모두 정식재판 절차를 거치도록 한다면 연방정부에 엄청난 비용이 필요할 것이기 때문이다.

학교가 학생을 처벌할 때 이 심사기준이 어떻게 적용될지를 보자. Columbus, Ohio에 있는 고등학교 교장이 점심시간 식당에서 싸움을 벌여 학교 기물을 파손한 사건에 관련된 학생을 10일간 정학시키려고 하였다. Ohio는 의무교육 및 무상교육 제도를 채택하였으므로 여기에는 헌법상 보호되는 재산적 이익이 관련되고 따라서 적법한 절차를 거칠 것이 요구된다. 그러나 어느 만큼의 절차가 적정한가? 교장은 이를 목격한 교사의 보고서 한 장으로 정학시킬 수 있는가, 그 학생 측의 이야기를 들어야만 하는가, 아니면 그 학생은 변호사가 자신을 대리하는 등의 정식 청문절차full hearing를 요구할 권리가 있는가? 이 절차는 학생이 정학처분을 당하기 이전에 열려야만 하는가 아니면 그러한 결정이 내려진 후 재심사를 할 수 있다면 충분한가?

연방대법원은 Goss v. Lopez (1975) 판결에서 이 이슈에 대하여 판결하였다. 학교에 등교하는 일은 중요하고 정학처분에는 낙인효과가 따르기 때문에 그 학생은 공정한 판단을 거쳐 충분하다고 할 이유가 없이는 정학을 당하지 않는 데 중대한 이해관계가 있다. 성실하게 행동하는 교장이라도 한쪽의 이야기만 듣고 그 학생에게 그러한 혐의를 반박하거나 자신의 행동의 이유를 설명할 기회를 주지 않은 채 결정을 내린다면 실수할 가능성이 있다. 교장이 정학처분을 내리기 전에 그 학생을 불러 설명을 요구하는 일은 큰 지연이나 비용을 요구하지 않으나 정식 청문회full hearing를 요구하는 것은 학교 행정에 부당한 비용과 부담을 줄 것이다.

그러나 어떤 경우에는 이 정도의 절차도 적정하지 않다. 선생님이 교실에서 소란을 피운 학생에게 방과 후 학교에 남아 있는 벌을 주고자 할 때 청문의 기회를 먼저 주어야만 하는가? 물론 아니다. 그리고 어떤 때는 더 많은 절차가 필요하다. 학교가 한 학년 동안 학생을 정학시키려고 한다면 그 학생에게는 학교에 다닐 이익과 잘못된 결정을 막아야 할 이익이 훨씬 더 크며, 따라서 더 정식에 가까운 절차가 요구될 터인데 어쩌면 학생을 대변해 줄 조력자가 있는 상태에서 증거를 제출받고 반대신문을 할 수 있도록 하는 등 재판에 유사한 절차가 적당할 수도 있다.

헌법은 모든 사람이 평등하게 대우받아야 한다고 하는가?

아니다, 그렇지 않다. 그러나 헌법은 모든 사람에게 "법의 평등한 보호equal protection of the law"를 보장한다. 그 차이는 무엇인가?

추가조항 제14조는 원래 재건시대Reconstruction[5]) 중 남부에서 노예제도의 잔재를 청산하기 위하여 채택된 조항으로 주정부는 "그 관할하의 모든 사람에게 법의 평등한 보호를 거부할 수 없다."고 규정한다(이 추가조항이 채택된 후 전국정부에 적용될 평등보호의 원칙은 추가조항 제5조의 적법절차 조항에서 나온다고 해석되었다). 평등보호조항equal protection clause은 20세기 중반 이후 국민의 권리가 엄청나게 팽창하는 원천이 되었다. 민권운동civil rights movement과 여기서 파생된 다른 차별반대운동은 많은 소송으로 이어졌는데 그 대부분은 평등보호조항에 근거하였다.

평등보호조항은 세 가지 면에서 모든 사람이 절대적으로 평등한 대우를 받아야 한다고 보장하지는 않는다. 첫째, 다른 모든 헌법조항과 마찬가지로 평등보호조항은 정부의 차별만을 금지하며 개인에 의한 차별을 금지하지는 않는다. 연방헌법은 주정부가 흑인black people을 차별하는 것을 금하지만 개인들의 행동에 관여할 아무런 권한이 없으므로 백인우월주의white supremacist 단체는 흑인 구성

---

5) 남북전쟁 이후 전쟁으로 초토화된 남부를 재건하고 해방된 노예들의 시민권과 관련된 문제를 처리하여 전쟁에 패배하고 노예를 상실하게 된 남부인들의 적개심을 잠재우고 사회를 통합하기 위한 조치들이 시행된 기간을 말한다.

원을 받아들일 헌법적 의무가 없다. 그러나 평등보호조항은 간접적으로 개인의 행위를 규율한다. 개인이 정부가 창설하였거나 집행하는 권리를 정부를 대신하여 행사할 때에는 연방대법원은 주정부 자체가 행동하는 것과 같이 볼 것이다. 예컨대 Shelly v. Kraemer (1948) 사건에서 한 주택 소유자는 소유권증서deed에 집을 흑인에게 매도하지 않기로 제한하는 이웃들의 협약covenant이 기재되어 있으므로 이를 이행하라고 제소하였는데, 어느 법원이 이러한 협약을 이행하라고 명령하는 판결을 한다면 이는 평등보호조항을 위반하는 차별적인 "주정부의 행위state action"로 된다는 이유로 이웃의 주택 소유자는 이를 이행하지 않아도 되게 되었다. 또한 개인 또는 사업체의 행위 중에 주와 연방의 민권법civil rights law에 의하여 통제되는 것이 많다. 추가조항 제14조의 평등원칙을 더 심화시키기 위하여 각 주의회와 연방의회는 민간인이라도 다른 사람을 고용할 때나, 식당과 같은 공공의 시설 기타 등등에서 인종, 성별, 국적 또는 기타의 이유로 차별을 금지하는 입법을 많이 하였다.

둘째, "법의 평등보호equal protection of the laws"라 함은 정부가 법률을 통과시키거나 정책을 마련할 때 또는 어떤 행동을 할 때 사람들을 관련 법률에 의하여 평등하게 대우하여야 함을 의미한다. 그러나 정부는 국민들이 어떤 정책이 없기 때문에 어떤 종류의 불평등을 겪게 된다고 하여 이를 시정할 프로그램을 개시해야 한다는 등 옆길로 샐 필요까지는 없다. 예를 들면 정부는 인종을 이유로 하는 차별을 할 수는 없으나 개인이 행하는 차별마저 구제하는 입법을 해야 할 헌법적 의무는 (비록 실제로는 연방의회가 이러한 일을 많이 해 왔지만) 없다.

셋째이자 가장 중요한 것은 정부는 국민을 일정한 집단으로 구분하고 그렇게 할 만한 정당한 이유가 있는 경우 그 집단을 다르게 대우할 수 있다. 당신이 66세에 은퇴하면 사회보장급여를 받지만 46세에 은퇴하면 받지 못한다. 주립대학은 자기 주 주민에게는 타 주 출신에 비하여 학비를 적게 받을 수 있다. 주정부와 연방정부는 거의 모든 활동에서 이러한 유형의 구분을 하여 주민이나 집단을 달리 대우한다. 평등보호조항equal treatment clause은 정부가 모든 사람을 똑같이 대우하라고 요구하지 않으며 비슷한 상황에 있는similarly situated 모든 사람을 똑같이 대우할 것을 요구한다. 평등보호의 목적상 이는 문제되는 사람이나 집단이 관련되는 정부 정책에 관하여 거의 비슷한 처지에 있어야만 한다는 것을 의미한다.

헌법의 근본 이슈는 정부에게 그 권한의 행사에 대하여 제한을 가하면서도 정부의 목적 달성에 충분한 권한을 주는 것이라는 점을 기억하자. 평등보호조항은 특정한 종류의 제한을 규정한다. 우리는 정부가 공공의 이익을 더 증진할 능력이 있기를 바라며, 여기에는 어떤 사람들에게 이익을 주고 어떤 사람들에게 불이익을 줄 것인가라는 분류가 전제되어야 한다. 그러나 우리는 그러한 이익과 불이익이 공공의 이익을 발전시키지 못하거나 도덕적으로 불쾌한 어떤 특징에 따라 분배되지 않기를 바란다.

정부의 활동에 이러한 성격의 제한을 가할 필요성은 정부의 정책이 어떤 소수 집단에게 차별적인 효과를 가지는 경우 특히 뚜렷하게 드러난다. 미국의 제도 하에서는 다수가 지배하지만 너무 많이 지배해서는 안 되며, 선거에서 다수를 차지한 집단이 소수집단에게 자신의 의사를 관철시킬 수 있지만 그것이 특별한 불이익을 주거나 힘을 약화시키거나 낙인을 찍는 종류여서는 안 된다. 예를 들어 인종을 구분하여 학교를 만들면 모든 어린이에게 양질의 공공교육을 제공한다는 목적을 발전시킬 수 없고, 흑인 학교는 백인들로 이루어진 다수로부터 필요한 재원을 덜 받게 되는 경향이 생기기 때문에, 또한 인종분리는 나쁜 것이라는 낙인이 찍혀 있기 때문에 오히려 그 목적을 저해한다. 어떤 아이가 어느 학교에 다니느냐는 지리적 요인이나 학업 성적에 의하여, 또는 경우에 따라 재력에 의하여 좌우될 수는 있겠지만 인종은 아무런 영향도 미치지 말아야 하기 때문에 인종에 따라 분리된 학교는 또한 공정성과 평등성에 대한 우리의 관념을 침해한다.

이러한 양상은 법원이 평등보호조항을 집행할 권한을 가진 정부기관이라는 점 때문에 더 복잡해진다. 법원이 평등보호를 근거로 법률에 대하여 너무 공격적으로 심사한다면 법원이 입법의 영역을 침범하고, 공공의 이익을 달성하는 데 어떤 분류classification가 가장 적합한지를 결정하게 됨으로써 법원이 너무 강력해질 수 있다. 반대로 법원이 입법자의 결단을 너무 존중한다면 평등한 보호를 제공하라는 헌법적 의무를 이행하지 못하고 다른 부들branches이 너무 강력해지도록 방치하는 꼴이 된다.

연방대법원은 이러한 염려에 대하여 누구 또는 무엇이 차별을 받는지에 따라 (그리고 대법관의 이념적 성향과 당시의 정치적 기류에 따라 영향을 받음은 물론이지만) 어떤 입법적 결단은 좀 더 존중하고 다른 것은 덜 존중하는 태도로 이에 대처한다. 경제문제에 대한 정부의 일상적인 규제로부터 발생하는 분류 classification는 발전시키고자 하는 정부의 이익에 비추어 그 분류가 합리적이라고 보이는 한 특별히 의심할 것이 없다. 이러한 경우에 연방대법원은 분류와 정부의 이익 사이에 이성적 관련성rational relationship이 있는지만 살펴보는 등 대충 심사할 것이고 아마도 그 정책을 지지할 가능성이 높다. 반면에 어떤 분류들, 예를 들자면 인종, 출신 국가, 기타의 취약집단suspect class이거나 또는 언론의 자유 free speech와 같은 헌법상 기본권의 행사에 부담을 주는 어떤 분류들은 특히 의심스럽다고 간주된다. 그러한 사건에서 연방대법원은 그 법률이 어떤 구분을 하고 있다면 여기에 특히 엄격한 기준에 의한 심사(이른바 엄격심사strict scrutiny)를 하고 이를 무효화시킬 가능성이 높다. 만약 사건이 그 중간의 어디쯤에 해당한다면 연방대법원은 이른바 중간심사intermediate review라는 멋진 이름으로 명명된 기준에 의하여 심사를 할 것이다.

이성적 연관성rational relationship의 심사기준은 대부분의 일반적인 경제 관련 또는 규제 관련 입법에 적용된다. 정부의 기능 중 하나가 광고의 규제부터 퇴직연금 지급 등까지 모든 종류의 경제적 사안을 규율하는 것이다. 그러한 규제를 마련함에 있어 (행정부도 그 법률을 집행하는 데 있어서는 마찬가지이겠지만) 입법부는 (퇴직연금의 수급자격을 66세로 정하는 등) 집단 간의 분류classification를 해야만 한다. 만약 법원이 모든 경우에 입법부 또는 행정부의 결정을 재심사할 수 있다고 한다면 사법부가 실제에 있어 정부의 가장 강력한 부가 될 것이다. 그러나 연방대법원은 이와 다른 태도를 취하여 보통의 입법을 평등보호조항에 의하여 심사함에 있어 자신의 임무는 두 개의 질문을 해 보는 데 한정된다고 결론지었다. 그 입법이 합당한 정부의 목표를 추구하고 있는가? 그것이 그 목표를 달성하는 데 이성적인 관련이 있는가? 두 개의 질문에 대한 대답이 모두 "그렇다."이면 그 법률은 평등보호조항에 부합한다는 것이다.

실제적인 문제로서 연방대법원은 이성적 연관성의 심사기준rational relationship test을 적용하기로 한 사건에서는 대개 문제가 된 정부의 조치를 지지한다. 연방대법원의 견해에 의하면 이러한 종류의 통상적 입법을 할 때는 어떤 분류가 적절한지를 판단할 입법부의 권한은 엄청난 존중을 받아야 한다. 따라서 연방대법원은 입법에 합당한 목적이 있음을 으레 인정하거나 심지어 추정하기까지 하며 그 목적과 사용된 분류 사이에 최소의 관련성만을 요구한다. 이에 대한 예외는 거의 없지만 연방대법원이 Romer v. Evans (1996) 판결에서 판시한 바와 같이 그러한 분류에 "영향을 받은 사람이 속한 집단에 대한 증오"가 드러나 있을 때 정도가 예외가 된다. 예를 들면 연방대법원은 이 사건에서 Colorado가 주헌법을 개정하여 주정부 또는 지방정부가 성적 취향에 근거한 차별로부터 보호하는 법률을 제정할 수 없도록 하는, 즉 성적소수자에 대한 차별을 허용하는 조항을 추가한 데 대하여 이 개정조항이 "적절한 입법적 목적을 증진하기 위해서가 아니라 동성애자들을 다른 모든 사람과 평등하지 않도록 만들기 위하여 구분하는 바 ... 주정부는 어떤 사람의 집단을 자기 주의 법률에 대한 이방인으로 간주할 수 없다."라는 이유로 무효화하였다.

이성적 연관성 심사기준의 반대는 엄격심사strict scrutiny이다. 추가조항 제14조의 평등원칙은 두 개의 핵심적 적용대상 영역을 가지는데 이 조항이 원래 의도한 보호의 대상이 아프리카계 미국인들African American이었던 만큼 정부의 조치가 이와 같은 취약집단suspect class을 대상으로 하는 경우와 정부의 조치가 헌법상 기본권fundamental rights을 차별적 방식으로 침해하는 경우라면 연방대법원은 그 법률이 평등보호조항에 합치하는지 여부를 심사함에 있어 엄격심사를 채택할 것이다. 이러한 경우라면 연방대법원은 정부의 다른 부의 의견을 존중하려 하지 않고 그러한 분류가 꼭 필요한 정부의 목적을 달성하는 데 필요한지 여부를 그 자신의 견해에 따라 판단하곤 한다. 대개의 경우 연방대법원이 엄격심사를 사용하는 때는 문제된 정부조치는 무효로 판단된다.

가장 오랜 역사를 가진 취약집단은 물론 인종과 출신국가 등 또는 그에 유사한 범주이다. 어떤 정부조치가 사람을 그의 인종에 따라 구별하면 그 조치는 미국의 노예제도slavery 및 인종차별주의racism의 역사에 비추어 태생적으로 의심을 받는다. 이에 따라 연방대법원은 인종에 의한 분류가 필요한 정부의 목표 달성에 정말로 필요한지를 알아보기 위하여 그 조치를 정밀하게 검토하고 거의 언제나 그러한 분류를 무효화시킨다. 실제로 연방대법원이 소수인종에 대한 노골적 차별을 지지한 사건은 악명 높은 일본인 강제수용사건Japanese internment case에서 뿐인데 여기서 법원은 제2차 세계 대전 기간 동안 태평양 연안의 주에 거주하는 일본계 미국인들을 이동시키고 수용소에 억류하는 것을 허용하였다(종전 후 수십 년이 지난 1980년대에야 억류명령을 위반한 일본계 미국인들에 대한 유죄판결이 무효화되었고 연방의회는 이 조치를 공식 사과하였다).

엄격심사strict scrutiny는 정부가 사용한 분류classification의 방법이 헌법상 기본권fundamental interest을 위반하여 차별하는 경우에 역시 적용된다. 자유언론free speech과 같이 연방헌법 자체에 표현되어 있는 기본권이거나 한 주에서 다른 주로 이사할 권리 등과 같이 명시적으로 표현되어 있지는 않으나 연방대법원이 헌법의 구도 안에 내재되어 있다고 판시한 기본권들이 그 예이다. 연방대법원은 정부의 분류가 어떤 사람들에게 그들의 기본권을 행사하는 데 부담을 준다면 그 분류가 시급한 정부의 이익을 달성하는 데 필요한지를 판단하기 위하여 엄격하게 심사하려 한다. 만약 그러한 필요성이 없다고 판단되면 ─ 대부분의 경우 필요하지 않다고 판단되는데 ─ 그 분류는 평등보호조항을 위배하는 것으로 판시한다. 예컨대 연방대법원은 투표권을 가지려면(Dunn v. Blumstein, 1972 판결), 그리고 사회보장급여를 받으려면(Shapiro v. Thompson, 1969) 자기 주에 1년간 거주해야 한다는 요건이 거주이전의 자유right to travel에 부당한 제약이 된다는 이유로 이 법률들을 무효화하였다.

마지막으로 취약집단suspect class처럼 거슬리지는 않으나 적어도 의문의 여지가 있는 분류가 있으며, 기본권fundamental interest과 같은 정도의 헌법적 지위를 가지지는 않지만 그럼에도 불구하고 중요한 권리들도 있다. 이러한 중간적 분류intermediate classification와 권리들은 너무나 당연하게 중간적인 수준의 심사를 받아야 마땅하다. 이 경우라면 연방대법원은 정부의 이익과 문제의 분류와의 관계를 취약집단이나 기본권 침해의 경우와 같이 철저히 심사하지 않으며, 또한 일반적인 경제적 규제에 있어서와 같이 타 부의 입장을 존중하지도 않는다. 이러한 중간적 집단intermediate class의 대표적인 예는 성별에 의한 분류인데 연방대법원의 견해에 의하면 성차별sex discrimination은 인종차별race discrimination과 같은 불명예나 억압의 역사를 가지지 않으나 충분히 의문의 소지가 있기 때문에 보통의 입법상 분류보다는 엄격한 심사가 요구된다고 한다. 성차별이 이와 같은 중간적 범주에 속하기 때문에 판결 결과를 예측하기는 힘들다. 예컨대 Utah의 법률은 여성은 18세에 성년이 되지만 남성은 21세에 성년이 된다고 규정하므로 부모가 아들을 딸보다 더 오래 부양할 수밖에 없게 되어 있는데 연방대법원은 이 법률이 남성이 자기 가족의 부양을 더 잘 할 능력을 가질 수 있게 해 주어야 한다는 이유로 아들들을 더 오래 교육시키기 위하여 양육기간이 그처럼 길어지게 만들 의도에서 비롯되었다며 이를 위헌으로 선언하였다(Stanton v. Stanton, 1975). 그러나 연방대법원은 남성이 미성년의 여성과 성교한 경우 의제강간statutory rape[6]으로 규정하는 California 법률은 설사 그 법에 여성이 미성년의 남성과 성교하는 것을 금지하는 조항이 없으므로 이것이 여성을 우대하는 것이 아니냐는 의심이 있다고 해도 주정부는 여성이 혼전 임신으로 받게 될 독특한 해악을 예방하는 데 이익을 가진다는 이유로 이를 합헌이라고 하였다(Michael M. v. Superior Court, 1981).

이와 같은 3층 구조의 평등보호 분석법은 그 개념에 질서 있게 접근하는 수단이 된다고 하겠지만 어려운 문제는 여전히 남아 있다. 평등보호의 원칙에 관련하여 최근의 가장 중요한 이슈의 하나로서 지지자들은 "소수자우대affirmative action"라고 부르고 반대자들은 "역차별reverse discrimination"이라고 부르는 이슈를 검토해 보자. 이 이슈는 말하기는 간단하나 해결하기는 어렵다. 추가조항 제14조가 말하는 평등원칙은 형식적 평등, 즉 정부가 인종에 의한 구분은 절대로 할 수 없다는 뜻인가? 아니면 정부가 인종적 불평등을 시정하기 위하여 인종을 구분하여 대우함에 있어 역사와 사회적 맥락을 고려할 수 있도록 허용하는 것인가? 원래 평등보호조항equal protection clause은 소수자의 이익을 보호하기 위하여 채택되었다. 소수자우대정책affirmative action을 지지하는 사람들은 옛날부터 차별받아 왔고 정치적으로 힘이 약한 소수자에게 구제조치를 하는 것은 그 조항의 원래 의도에 부합하며 실제로 과거의 차별로부터 받은 악영향을 불식시키기 위해 필요하다고 주장한다. 나아가 예컨대 학교에서의 인종적 다양성을 증대시키는 우대정책은 소수자 학생들에게 롤모델을 제공하고 모든 사람을 위한 교육환경을 풍요롭게 함으로써 모두에게 이득이 된다고 한다. 반대자들은 평등보호조항을 적절히 적용하는 길은 특정 집단에게 이익이 되든지 불이익이 되든지를 막론하고 인종이나 성별 같은 취약집단suspect class을 이용하여 행해지는 모든

---

6) 성행위의 상대방이 일정 연령에 미달하는 등 일정한 경우 성행위에 대한 상대방의 동의나 폭력성의 유무에 관계없이 강간으로 인정하여 처벌하는 것을 말한다.

형태의 차별을 금지하는 것이어야 한다고 주장한다. 소수자 집단의 구성원에게 혜택을 주는 소수자우대정책은 그들에 대한 차별행위에 가담하지 않았던 사람에게 불공정한 부담을 주고, 오히려 불공정한 차별의 대상으로 되게 한다는 것이다.

늘 그랬듯이 상대적으로 쉬운 사건들을 가지고 시작해 보자. 학교분리금지 school desegregation 사건에서 학교구역school district은 인종을 이유로 학생들을 의도적으로 차별했다는 판결을 받았다. 인종분리 학교의 영향을 치유하려면 인종에 따라 교사와 학생을 학교들에게 골고루 배분하는 등 인종을 염두에 둔 조치가 필요할 수도 있다. 이러한 종류의 우대정책은 치유를 위한 것이고 이를 입증할 증거가 있으며 과거의 의도적 차별을 치유하는 길은 인종을 하나의 범주로 이용하는 방법밖에는 없다.

그러나 정부가 과거에 차별이 행해졌다는 역사적 증명이 없음에도 자발적으로 소수자우대정책을 시행하는 경우를 가정해 보자. 이에 관하여는 연방대법원의 다수 세력이 수시로 변화하고 사건의 발단이 되는 사회적 맥락이 매우 다양한 탓으로 여러 가지 접근법이 생겨났다. 예를 들면 1990년에 5:4로 우세를 점한 다수 대법관들은 연방통신위원회Federal Communication Commission가 소수자가 소유하는 라디오 또는 TV 방송국에 혜택을 주는 정책을 합헌이라고 판시한 일이 있는데(Metro Broadcasting, Inc. v. Federal Communication Commission), 1995년에는 1991년 임명된 Thomas 대법관이 Metro Broadcasting 판결에 소수의견을 낸 4명에 동조함에 따라 연방정부가 도로건설 사업에서 소수자인 건설사업자에게 혜택을 주는 정책은 위헌이라고 판단되었다(Adarand Contractors, Inc. v. Pena).

소수자우대정책을 놓고 격론이 벌어진 분야는 고등교육이다. Regents of the University of California v. Bakke (1978) 판결에서 대법관들은 6개의 독자적 의견을 내놓았고 그중 어느 하나도 다수의 지지를 받지 못하였으므로 결국 Powell 대법관이 캐스팅 보트를 행사하게 되었는데 다른 대법관들은 그의 논리에 완전히 동의하지 않았음에도 그의 의견이 지배의견controlling opinion[7]으로 되

---

7) 여러 명의 법관으로 구성된 재판부에서 법원의 판결court's opinion은 참여하는 법관들이 사건에

었다. 그는 공립대학이라면 소수집단의 구성원을 위하여만 특히 입학정원의 일부를 유보해 둘 수는 없으며, 응시자 개인에 대하여 입학허가를 개별적으로 심사할 때는 인종을 고려할 수 있겠지만, 소수자우대정책이 이와 같은 방법으로 시행되었다면 엄격심사strict scrutiny를 거쳐 그 합헌성이 결정되어야 한다고 결론지었다.

Bakke 판결 이후 수십 년 동안 대학들은 다양한 소수자우대정책을 사용하였다. 2003년에 연방대법원은 University of Michigan 로스쿨과 이 대학의 학부의 입학허가에 각각 관련된 두 개의 사건으로 이 이슈를 다시 다루었다. 로스쿨에 관한 사건인 Grutter v. Bollinger 사건에서 연방대법원은 그 로스쿨의 소수자우대프로그램의 합헌성을 인정하였는데 학부의 입학허가와 관련된 Gratz v. Bollinger 판결에서는 이와 유사한 학부의 우대정책을 위헌이라고 하였다. 이 두 사건에서 연방대법원은 우선 인종에 의한 분류는 "꼭 필요한 정부의 이익을 증진하기 위하여 면밀하게 설계되어야 할 것"을 요구하는 엄격심사를 받아야 한다는 원칙을 재확인하였다. 연방대법원이 이 프로그램이 유효하기 위하여 필요한 요건이라고 본 이 대학교에 꼭 필요한 이익이란 "다양한 학생집단으로부터 흘러나오는 교육적 장점"이라는 점에서 두 사건 모두 동일하였다. 그런데 로스쿨은 이렇게 필요한 이익을 증진하고자 로스쿨 커뮤니티의 다양성에 각 지원자들이 얼마나 기여할 수 있을지를 널리, 또한 학생 개인별로 심사하였고, 그 과정에서

관하여 논의하는 합의(合議)로 결정되는데 보통은 주심판사의 의견과 이에 반대되는 의견이 제시되고 다른 법관들이 각자 의견을 표시하여 그중 과반수가 지지하는 의견, 즉 다수의견에 따라 판결이 선고되고, 이때 소수의견을 낸 판사는 판결서에 자신의 의견을 따로 설시할 수 있는 것이 원칙이다. 이때 여러 법관이 여러 개의 독자적 의견을 제시하여 어느 것에도 과반수의 찬성이 이루어지지 않는 경우에는 가장 불리한 의견부터 가장 유리한 의견까지 논리적 순서에 따라 배열하고, 차례로 더하여 과반수가 되는 의견을 지배의견으로 하는 방법을 쓴다. 이 사건에서 무조건 위헌과 무조건 합헌이라는 의견 사이에서 합헌이 되기 위한 조건이 까다로운 순서로 배열하면 Powell 대법관의 의견이 다섯 번째에 해당하여 적당한 조건을 붙이면 합헌이 된다는 의견이 5:4로 과반수가 되므로 그의 의견이 지배의견으로 되는 것이다. 대한민국의 법원조직법은 이러한 경우에 민사소송의 승소금액에 관하여는 원고에게 가장 유리한 금액, 예컨대 3명으로 구성된 재판부에서 손해배상액으로 0원, 100만 원, 500만 원이 되어야 한다는 3개의 의견이 제시된 경우 500만 원에서 시작하여 2:1로 되는 금액, 즉 100만 원으로 결정하도록 하고 형사사건에서는 피고인에게 가장 불리한 의견에서 시작하여 2:1이 되는 유리한 의견, 즉 징역 2년, 4년, 5년이 제시되면 두 번째로 불리한 징역 4년으로 결정하도록 한다.

인종과 더불어 지역사회 봉사활동과 사업 기타 분야에서의 경험 등과 같은 광범위한 요소들도 고려하였다. 반면에 이 대학의 학부는 이와 달리 소수인종인 지원자에게는 입학에 필요한 점수의 1/5이 자동으로 추가되는 입학점수제를 사용하였고, 이에 따라 실질적으로 소수인종에 속하는 지원자는 최소한의 자격만 갖추면 입학이 보장되는 결과를 가져왔다. 서로 다른 대법관들이 각 판결의 다수의견에 가담하였는데, 이 두 판결의 다수의견에 가담한 대법관의 구성은 서로 달랐지만, 연방대법원은 로스쿨의 정책은 그 목적을 달성하기 위하여 면밀하게 고안되었고 Bakke 판결이 설정한 요건을 충족하였으므로 합헌이지만 학부의 그것은 그렇지 못하다고 판시하였다.

Grutter 판결과 Gratz 판결이 나온 후 University of Texas는 학생집단의 다양성 부족 문제에 대처하기 위하여 입학자 집단의 75%는 Texas 소재 고등학교의 상위 10%로부터 선발하고 25%는 다양성을 하나의 요소로 고려한 입학점수에 의하여 선발하였다. 백인 학생인 Abigail Fisher는 이 프로그램에 의하여 입학이 거부되자 인종을 요소로 사용하는 것은 허용될 수 없다고 주장하며 소송을 제기하였다.

Fisher v. University of Texas (2013, 2015) 판결에서 Kennedy 대법관은 다수의견에서 대학은 학생집단의 다양성에 절실한 필요가 있다고 재확인하였다. 그러나 인종에 의한 분류는 엄격심사의 대상이기 때문에 학교는 인종을 요소로 사용하는 것이 다양성을 얻기 위하여 필요하다는 점을 입증하여야 한다고 요구하였다. 연방대법원은 이 대학이 다양성이라는 목표를 정의하고 이를 달성하기 위하여 취한 조치들을 검토한 후 그 계획이 정밀하게 마련되었고 이러한 목표를 달성하는 데 가능하고 또 실효성이 있는 다른 대안이 없다고 결론내렸다.

연방헌법은 어떻게 언론자유를 보장하는가?

권리장전the Bill of Rights은 새로이 조직된 전국정부가 국민의 권리를 침해할 권한이 없음을 명확히 하기 위하여 채택되었다. 연방헌법의 추가조항 중 제1조는 "연방의회는 언론speech의 자유 또는 출판press의 자유를 축소시키는 − − − 법률을 제정할 수 없다."라고 하여 국민의 권리 중 무엇이 가장 기본적인 권리인지를 말해 주고 있다. 언론의 자유freedom of speech는 공개된 정치적 토론을 가능하게 하고 국민이 정부의 권한에 대하여 도전할 수 있게 해 줌으로써 다른 자유들의 수호자로 기능한다.

자유언론조항free speech clause은 제정된 이래 제1차 세계 대전 기간 동안 정부가 언론을 억압함으로써 처음으로 언론자유에 관한 소송이 홍수를 이루기까지 100년 이상의 기간 동안 거의 문제되지 않았다. 그 이후에서야 연방대법원은 추가조항 제1조에 관하여 언론의 자유를 크게 보호하는 해석론을 발전시켰다. 1950년대의 McCarthyism[8] 시대가 대표적이겠지만 억압의 시절에는 자주 그 보호가 약화되기도 했으나 미국은 여전히 다른 어떤 나라보다 언론의 자유를 널리 보호하는 나라이다.

학자들과 판사들은 자유언론에 관한 법적 발전을 설명하고 이끌기 위하여 여러 이론을 개발하였다. 그 이론들이 중요한 이유는 우리가 자유언론을 보호하는 이유가 바로 무엇을 보호하고 어떻게 보호해야 하는지를 결정짓는 역할을 하기 때문이다. 이에 관한 고전적 견해는 언론의 자유가 서로 다른 버전의 진실과 선이 자신에 대한 지지자를 더 많이 끌어모으기 위하여 경쟁하는 "사상의 시장marketplace of ideas"을 열어 준다는 것이다. 이 견해는 Abrams v. United States (1919) 판결에 대한 Oliver Wendell Holmes Jr. 대법관의 소수의견에서 가장 잘 표현되었는데, 이 사건은 러시아혁명 기간 동안 미국이 볼세비키Bolsheviks의 활동을 저지할 목적으로 이 혁명에 개입하자 미국의 무정부주의자anarchist들이 "세계의 노동자들"에게 미국의 개입에 반대하는 의미로 파업하자고 촉구하는 전단을 출판한 혐의로 기소된 사건이다. 연방대법원의 다수의견은 발행자(최장 20년까지의 징역형을 선고받음)가 유죄라는 판결을 긍정하였는데 Holmes 대법관은 Louis Brandeis 대법관과 함께 "바람직한 궁극적 선은 사상을 자유롭게 교환함

---

8) 제2차 세계 대전 이후 미국의 정, 관계에 암암리에 공산주의가 침투하자 1950년 공화당 상원의원 J. R. McCarthy(Wisconsin)가 미국 국무부에 공산주의자 205명이 암약하고 있다는 연설을 한 이후에 미국의 정, 관계에 선풍적으로 불어닥친 반공산주의 운동을 말한다. 이 운동은 제2차 세계 대전 이후 공산주의가 급팽창하고 한국전쟁 이후 공산주의에 대한 경계심이 높아지자 더욱 힘을 얻었는데 군부와 대통령까지 가리지 않고 반공주의의 성향이 강한 집단이 반대파를 공산주의자로 지목하여 제거하는 수단으로 악용되기도 하는 등 부작용이 심해지자 1954년 상원에서 McCarthy 에 대한 견책결의가 통과되면서 힘을 잃고 소멸되었다.

으로써 도달할 수 있다 - 진리를 가장 잘 알아보는 방법은 시장에서 경쟁을 거쳐 스스로를 납득시킬 수 있는 생각의 힘이 얼마나 큰지를 알아보는 것이다."라고 주장하며 다수의견에 반대하였다.

사상들이 경쟁해야 할 가장 중요한 "시장marketplace"은 정치적 영역이다. 민주주의에서 공공의 이슈, 정부의 정책, 공직 후보자에 대한 자유로운 토론은 이것이 시민에게 정보를 주고, 공공의 가치를 깨우쳐 주며, 정부에 대한 비판의 장을 제공하기 때문에 국민들의 자치self-governance에 필수적인 요소이다. 정치에 관한 언론을 보호하는 일은 따라서 추가조항 제1조가 보호의 범위를 구체적으로 규정하고 있지는 않다고 해도 그 조항의 핵심 목표가 된다.

사상의 시장marketplace of ideas 이론은 자유언론이 보다 나은 정치적 결단에 도달하게 할 수 있다는 수단적 효과에만 주목하기 때문에 너무 협소하다고 볼 수 있다. 그러므로 다른 이론은 언론의 자유가 개인의 존엄성을 인정하고 발전을 촉진하는 수단이 된다는 의미에서 독립적인 가치를 가진다고 주장한다. 모든 사람의 언론을 보호하는 것은 곧 모든 사람의 목소리가 사회에서 잠재적 가치를 인정받는다는 것이고, 모든 사람이 공공의 담론에 참여함으로써 그 과정에서 배우고 성장할 수 있도록 하는 길이라는 것이다.

우리가 이 이론 중에서 어느 하나를 따르든 또는 이 둘을 조합한 이론에 따르든 간에 추가조항 제1조의 자유언론 보장의 내용을 정의하는 데에는 여전히 어려움이 있다. "언론speech"은 몇 가지만 들어 보더라도 정치적 의견을 표현하는 것, 인종에 대한 모멸적 언사를 하는 것, 혼잡한 극장에서 '불이야.'라고 외치는 것, 슈퍼마켓에서 파는 타블로이드 신문이 영화배우에 대한 험담을 하는 것 또는 광고에서 가짜 약속을 하는 것 등 아주 여러 가지의 형태를 가진다. 추가조항 제1조의 취지에 따른 언론에는 미국 국기를 불태우는 행위, 피케팅시위 picketing, 정치운동에 기부하는 일 또는 외설적인 몸짓 등 비언어적 표현도 포함되게 되었다. 이러한 여러 형태의 "언론" 중에서 어느 것이 추가조항 제1조에 의하여 정부의 간섭으로부터 보호를 받는가, 그리고 그러한 보호는 어느 한도까지 주어져야 하는가?

추가조항 제1조는 언론을 보호하는데 언론은 발언자에 의하여 행해진다. 누가 추가조항 제1조가 말하는 발언자로 간주되는가? 보통은 이는 쉬운 질문이다.

연단에서 웅변하는 자, 피켓 팻말을 들고 있는 사람, 웹페이지에 무언가를 게재하는 사람은 분명히 발언자이다. 그런데 그가 자연인이 아니고 법인이라면 어떠한가? 법인, 노동조합 그리고 이와 비슷한 단체는 오랫동안 그들의 의사표현 활동에 제약을 받아 왔다. 논란이 아주 많았던 Citizens United v. Federal Election Commission (2010) 판결에서 연방대법원은 법인의 경비지출에 관하여 추가조항 제1조에 의한 보호를 널리 부여하였다.

2008년 비영리법인인 Citizens United는 Hillary Clinton에게 비판적인 영상을 제작하였고 그녀가 민주당 대통령 후보가 된 이후 이 영상을 홍보하는 텔레비전 광고를 제작하였다. 연방의 선거법은 예비선거primary election로부터 30일 이내에 이러한 종류의 "선거 관련 의사소통electioneering communication"에 대하여 법인이 자금을 지원하는 일에 제한을 가한다. 연방대법원은 Roberts 대법원장이 다수의견에 대한 동의의견에서 말한 바와 같이 "추가조항 제1조는 연단 위에서 개인이 연설하는 것과 외로이 팸플릿을 배포하는 것 이상의 것을 보호한다."라고 주장하고 여기에는 평범한 비영리법인, 가족사업체 그리고 ExxonMobil과 같은 회사도 포함된다고 하였다. 정부는 법인이 이런 곳에 자금을 지출하면 그 영향력이 너무 커질 수 있고 공무원의 부패로 이어지거나 적어도 부패한 것처럼 보이는 외관을 만들어 낼 수 있다고 주장하였으나 연방대법원은 이러한 우려를 일축하면서 언론을 하는 사람은 이에 필요한 비용을 대기 위하여 누구나 경제시장에서 자신의 자금을 가져다 쓰기 마련이므로 법인이라고 하여 구별할 필요가 없으며 또한 누구나 사상의 시장marketplace of ideas에 참여할 자격이 있다고 상기시켰다.

아주 이상한 일이지만 정부 자체는 추가조항 제1조가 보호하고자 하는 언론을 하는 자가 아니며 따라서 정부가 하는 표현적 활동은 제한을 받지 않는다. 시민의 언론은 사상의 시장에서 경쟁하여 설득력이 있는 사상과 의견이 그렇지 못한 것들을 이기게 된다. 그러나 정부의 언론에는 이와 다른 형태의 견제수단이 있는데 정치와 선거과정이 바로 그것이다. 그러므로 시 당국은 9.11 사건의 피해자를 추모하거나, 역사적 의미가 있는 곡물창고를 기념하거나, 최초로 설립된 소방서를 기념하는 기념비를 공공의 공원에 전시할 수는 있는 반면에 다른 것 중에서도 어떤 특정한 종교조직이 자신들이 신봉하는 교리를 공원에 건립하는 것은 거부할 수 있는데 시 당국은 언론을 하는 자로서 자신이 무엇은 표현하기를 원하고 무엇은 표현하기를 원치 않는지 선택할 수 있기 때문이다(Pleasant Grove City v. Summon, 2009). 설사 개인의 의사표시인 것처럼 보이는 것도 주정부가 권한을 부여한 것이면 정부의 언론과 동일하게 취급되므로 Texas의 자동차사업소motor vehicle department는 남부연합 참전자 자손협회Sons of Confederate Veterans가 남부연합의 전쟁깃발이 그려진 특별한 자동차번호판license plate9)을 승인해 달라는 신청은 거부할 수 있지만, 국제로터리Rotary International의 슬로건과 로고가 새겨진 자동차 번호판과 "Get It Sold with RE/MAX"라는 슬로건이 새겨진 번호판은 승인할 수 있다고 하였다(Walker v. Texas Division, Sons of Confederate Veterans, 2015).

헌법의 가장 중요한 원칙 중의 하나가 엉뚱하게도 연방대법원의 판결의 각주에 기재된 문구에 의하여 확립되었다. Harlan Stone 대법원장은 United States v. Carolene Products Co. (1938) 판결에서 이제는 전설이 되어 버린 각주 4에서 언론의 자유를 포함한 어떤 권리들은 헌법에서 더 특별한 지위를 가진다고 주장하였다. 각주 4는 연방대법원은 보통의 입법들을 일단 합헌이라고 추정하겠지만 "어떤 법률이 문면 자체에 의하여 최초의 추가조항 10개와 같이 연방헌법조항이 특별히 정부가 어떤 자유를 제한하지 못하도록 금지하는 범위 내에 있다고 보인다면" 그러한 추정의 크기가 줄어들어야 한다고 한다. 이에 따라 언론의 자유 등 권리장전the Bill of Rights에 규정된 헌법적 권리들에게는 다른 권리에 비하여 "우월적 지위preferred position"가 부여되었다. 이와 같은 우월적 지위는 정부가 언론을 통제하려는 시도를 하는 경우 사법부가 이에 대하여 "보다 엄격한 사법적 검토"를 함으로써 실현된다고 하며 실제로 이러한 일이 언론 보호의 영역에서 그대로 이루어졌다.

언론자유가 우월적 지위를 가지기 때문에 주정부와 연방정부의 권력이 헌법으로 보장되는 언론을 금지 또는 제한하려는 시도를 하면 이 시도는 여러 방법으로 제약을 받는다. 첫째, 정부는 일반적으로 언론에 대하여 사전의 억제prior

---

9) 대한민국에서는 자동차 번호판은 정부가 마련한 양식에 의한 것만이 허용되나 미국에서는 일반인이 제작한 양식을 사용할 수 있고 번호의 부여도 정해진 방식에 의하지 아니하고 다른 번호와 중복되지만 않으면 개인이 선택할 수 있는 것이 원칙이다.

restraints, 즉 정부가 비록 언론이 행해진 후 그것이 잘못되었다는 이유로 발표자를 처벌하는 것은 헌법상 허용될 수 있다손 치더라도 언론을 아예 하지 못하도록 미리 금지할 수는 없다. 둘째, 언론을 그 내용contents에 의하여 금지할 수 없다. 셋째, 정부는 언론의 시간, 장소 그리고 방법을 제한할 수는 있으나 이는 그럴 만한 절박한 필요가 있는 때에 한하여 허용되며, 언론을 가장 덜 제약하는 방법을 택하여야 하고, 제약의 원칙이 너무 추상적이지도, 지나치게 광범위하지도 않아야 한다.

언론에 대한 사전억제의 금지는 추가조항 제1조the First Amendment에 의한 가장 강력한 제한이라고 할 수 있다. 전쟁 중에 전직 정부관리가 (국가안보 관련 공무원이었던 Daniel Elsberg가 월남전 동안 Pentagon Papers Case에서 했던 것처럼) 정부의 정책에 관련된 중요한 정보를 공개함으로써 전쟁 수행을 방해하려고 한다고 가정하자. 그 정보가 전쟁에 대한 지지를 감소시키고 나아가 적을 이롭게 하는 일까지 야기할 수 있다면 정부는 그러한 피해가 생기기 전에 이를 예방하기 위한 정지명령injunction[10]을 얻기를 원할 수 있다. 나아가 그러한 정지명령은 판사 앞에서 신속한 심리만으로 얻어질 수 있고 그 전직 공무원이 그러한 정지명령을 위반하면 법정모독contempt of court[11]으로 처벌받을 수 있다. 정지명령은 그러므로 그 정보가 공개되지 못하도록 한다는 면에서는 형사처벌보다 정부에게 유리한 구제수단이다.

---

10) 어떤 행위가 한 번 그대로 시행되어 버리고 나면 다른 사람이 다시 회복하기 어려운 손해를 볼 가능성이 있는 경우 원칙적으로는 그것이 올바른 행위인지를 따져 시행하도록 할지 여부를 결정해야 할 것이나 그러자면 시간이 오래 걸리기 때문에 임시로 그 행위를 일단 중단할 것을 명하는 것이 정지명령injunction이다. 법원이 서류 심사 또는 간단한 당사자 신문만을 하여 그러한 정지의 필요성이 있는지 여부만을 심사하여 결정한다. 어느 책이 출판되면 명예를 훼손당할 우려가 있는 경우, 집회를 금지하는 정부의 처분이 효력을 발생할 수 없도록 하여 일단 집회를 개최할 수 있도록 하는 경우 등이 그 예이다.

11) 법원의 권위를 훼손하는 행위에 대하여 제재를 가하는 것을 말한다. 원래 영국에서 법정에서의 폭력, 협박, 난동 등에 대하여 일정한 처벌을 한 데서 비롯되었으며 폭력, 협박, 난동 등으로 재판을 방해하는 경우, 법원의 명령을 이행하지 않는 경우, 허위 또는 부정한 방법으로 법원의 기능 수행을 방해하는 경우 등이 이에 해당한다. 제재수단은 징역, 감치, 벌금 등을 부과하는 형사적 제재와 상대방의 신청에 따라 법원이 어떤 제재처분을 하도록 하는 민사적 제재가 있다. 한국에서는 형법 제138조가 '법원의 재판을 방해 또는 위협할 목적으로 법정 또는 그 부근에서 모욕 또는 소동'하는 경우 법정모욕죄로 처벌하는데 법원의 명령을 이행하지 않는 데 대한 직접적인 제재수단은 일반화되어 있지 않다.

그러나 자유언론조항은 정부가 가장 좋아하는 것을 주지 않기 위하여 고안되었다. 초기의 영국과 미국의 법상 자유언론이란 사전억제prior restraints의 금지를 뜻한다고 이해되었다. 정부는 사람이 선동적이거나 볼썽사납거나 기타의 금지된 것들을 말하거나 출판하였다는 이유로 사람을 처벌할 수는 있으나 그 말을 사전에 검열하거나censor 이를 발행하는 일을 미리 금지할 수는 없다. 이 원칙은 사전억제 금지원칙doctrine prohibiting prior restraints이라는 이름으로 추가조항 제1조의 현대적 해석론으로 이어졌다. 정부는 비록 어떤 언론을 사후에 처벌할 수 있다고 해도 이를 일반적으로 사상의 시장marketplace of ideas에서 배제할 수는 없다. 유일한 예외는 연방대법원이 Pentagon Papers 사건에서 인정한 것으로서 전시에 군대의 이동에 관한 정보를 공개하여 군대를 위험에 빠뜨리는 것 또는 이와 유사한 위험을 "불가피하게inevitably, 직접적으로directly 그리고 즉각적으로 immediately" 초래할 수밖에 없는 성질의 언론뿐이다.

연방대법원은 그러나 외설obscenity과 상업광고commercial advertising의 두 개의 영역에서는 사전억제를 허용하였다. 연방대법원은 이 분야에서 사전억제의 필요성 유무를 어떻게 판정할지의 기준에 대하여 명확히 입장을 밝히지는 않았는데 아마 이 부분에서는 출판이 조금 지연된다고 해도 별로 중요하지 않으며, 이 영역에서의 언론은 중요성의 지위가 낮다는 점 등을 감안한 결과라고 생각된다. 정치적 논쟁에 사전억제를 가하면 중요한 견해나 사실이 중요한 순간에 사상의 시장에서 밀려날 수 있지만 외설물 배포나 광고에서는 시간의 압박이 그리 크지 않은 것이 보통이다.

언론을 보호하는 두 번째의 유형은 언론의 내용contents을 정부가 통제할 수 없게 하는 것이다. 아주 비상시의 상황을 제외하고는 언론에 대한 정부의 통제는 내용중립적content-neutral이어야 한다. 다시 말하면 정부는 어떤 시각을 다른 시각에 비하여 우대하거나 홀대할 수 없다. Thurgood Marshall 대법관의 의견대로 "그러나, 다른 무엇보다도, 추가조항 제1조는 정부가 메시지, 사상, 그 주제 또는 그 내용을 이유로 표현을 제한할 권한이 없다는 것을 뜻한다."

이러한 맥락에서 논쟁이 매우 치열한 국기소훼flag burning의 문제를 생각해 보자. 1984년의 공화당 전당대회Republican National Convention 도중에 Gregory Lee Johnson은 Reagan 행정부의 정책에 항의하면서 미국 국기를 펼치고 석유를 끼었은 후 불을 질렀다. 국기가 타는 동안 Johnson과 그의 동조자들은 "미국, 그 빨강, 흰색 그리고 푸른색의 깃발이여, 우리는 네게 침을 뱉노라."라고 외쳤다. Johnson은 국기에 대한 의도적 모독행위intentional desecration를 금지하는 Texas 법률에 따라 유죄판결을 받고 징역 1년과 벌금 2,000달러를 선고받았다.

Johnson은 국기만이 아니라 전국적인 논쟁의 폭풍에도 불을 질렀다. 1989년 연방대법원에서 그에 대한 상고심(Texas v. Johnson)이 열렸다. 연방대법원은 5대 4의 다수로 그 Texas 법률이 추가조항 제1조를 위반하여 언론의 내용을 통제하는 입법이라는 이유로 이 법에 의하여 내려진 유죄판결을 파기하였다. 주정부 측의 검사들이 인정한 바와 같이 Johnson의 행위는 표현expression, 즉 사상을 소통하려는 뜻이었고 그 이유 때문에 기소되었다. 주정부는 그러나 정부는 국민들이 국기가 불태워지면 분노할 것이기 때문에 평화가 저해될 우려가 있어 이를 예방할 이익과 "국가의 정체성과 통일성의 상징으로서 국기를 보존할" 이익을 가지고 있다고 주장하였다. 첫째의 주장은 받아들여지지 않았는데 이유는 국기 소훼행위가 즉각적으로 무법상태lawlessness를 야기할 가능성이 없었고, 나아가 그러한 결과가 발생할 가능성이 있다고 하여도 그처럼 폭력이 발생할 가능성이 있다는 이유로 Johnson을 기소하면 이는 위헌적인 "heckler's veto[12]", 즉 헌법상 보호되는 언론에 대하여 어떤 반응이 우려된다고 하여 그 우려가 언론을 억압하는 근거로 쓰일 수는 없다는 이유 때문이었다. 두 번째 주장은 그것이 내용에 대한 직접적 통제라는 이유로 받아들여지지 않았다. 다수의견에 따르면 "추가조항 제1조의 근저에 움직일 수 없는 원칙이 있다면 그것은 단순히 일반사회가 어떤 사상이 공격적이라거나 동의하기 어렵다고 생각한다는 이유로 정부가 그 사상의 표현을 금지할 수 없다는 것이다. 우리는 설사 우리 국기에 관련된 사건이라고 해도 이 원칙에서 예외를 발견할 수 없다."

---

12) 원래는 연설장에서 야유 기타의 방법으로 연설자를 방해하는 행위를 가리키는데 법적으로는 어떤 언론이나 집회가 반대하는 측의 격렬한 반응을 야기하는 등 공공의 안녕을 해칠 우려가 있다는 이유로 정부가 언론의 권리를 제한 또는 박탈하는 것을 말한다. Wikipedia에 의하면 이에 대한 미국법의 태도는 일관되지 않는데 대체로 그러한 격렬한 반응이 예상된다고 하여 연설자 등 표현행위자의 권리를 사전에 제약할 수는 없지만 즉시 폭력이 야기될 우려가 있으면 당국은 heckler들을 만족시켜 평온을 유지하기 위한 목적으로는 행위자를 중지시킬 수 있다고 하는 것이 보통이라고 한다(Wikipedia 해당 항목 참조).

정부의 언론 통제가 내용중립적content-neutral이어야 한다는 요건은 또한 공격적이거나 사실이 아닐 수도 있는 의견이라도 이를 통제하거나 처벌할 정부의 권한이 제한을 받는다는 것을 의미하기도 한다. 록밴드 The Slants[13]의 아시아계 미국인 멤버들은 민족적 특징에 대한 비하의 의미를 가지는 이 이름을 사용함으로써 아시아계의 "명예를 회복하고" 거기서 폄하하는 의미를 없애기 위하여 이를 밴드의 이름으로 선택하였다. 연방특허상표청Patent and Trademark Office은 이 이름이 사람이나 집단을 폄훼하거나 명예를 훼손하는 의미가 있는 상표를 금지하는 법률에 위배된다는 이유로 상표로 등록하기를 거절하였다. 연방대법원은 정부의 결정을 번복하면서 "인종, 민족, 성별, 종교, 연령, 장애 또는 기타 유사한 이유로 모욕하는 언론은 가증스럽다. 그러나 우리의 자유언론에 대한 해석론에서 가장 자신 있게 자랑할 만한 것은 우리는 우리가 증오하는 사상의 표현도 보호한다는 것이다(Matal v. Tam, 2017)."라고 말하였다. 다른 사건으로 Xavier Alvarez는 자신이 Detroit Red Wings의 하키선수라고 거짓말하고 멕시코의 신인 여배우와 결혼하였는데 — 연방대법원은 "거짓말은 그의 버릇이다."라고 말하였지만 — 실제로 그 사건이 연방대법원까지 올라가게 된 이유는 그가 자신이 명예훈장Medal of Honor을 받았다고 공공연히 주장하였던 거짓말을 처벌하는 것이 언론의 내용에 대한 제한에 해당하는지의 이슈가 있었기 때문이었다(United States v. Alvarez, 2012). 이러한 거짓말은 Stolen Valor Act[14]에 의하여 형사처벌을 받게 되어 있고 Alvarez는 기소되었다. 정부는 거짓 언론은 가치가 없고 사상의 시장과 공공의 논쟁에 기여하는 바가 없다고 주장하였다. 연방대법원은 거짓된 내용의 언론이라도 내용중립성content neutrality의 원칙에 대한 예외를 인정하기를 거부하였다. 어떤 종류의 거짓 언론, 예컨대 공무원에 대하여 허위사실을 말하는 것과 같은 명예훼손적이거나 역효과를 부르는 언론은 금지되거나 처벌받을 수 있다. 그러나 내용을 이유로 하는 제한은 효력이 없는 것으로 추정된다고 하면서 그 이유는 George Orwell의 소설 1984를 인용하여 "우리의 헌

---

13) 서양인들이 한국, 중국 일본 등 동북아시아의 민족의 눈 모양에 대하여 모욕적 의미로 사용하는 말로서 slant-eyed라고도 한다.
14) 군대에서 받은 훈장 등에 관하여 거짓말을 하는 경우 처벌하는 법률이다.

법 전통은 오세아니아의 진실부Oceania's Ministry of Truth가 우리에게 필요하다는 생각을 거부한다."는 데 있다고 하였다.

정부가 언론의 내용을 규제할 수는 없지만 언론과 기타의 표현적 행위를 할 시간, 장소와 방법을 규제할 수는 있다. 언론의 자유가 있다고 하여 예컨대 주거지역에서 한 밤중에 대형 스피커를 이용하여 자신의 견해를 토해 내거나 어떤 집단이 교통정책에 항의하고자 러시아워에 거리의 한복판을 행진할 수 있는가? 분명 그렇지 않다. 정부는 언론의 내용의 검열이 아니라면 언론이 행해지는 방법에 합리적 제약을 가할 수는 있다.

그러나 여기에도 문제는 있다. 시간, 장소와 방법에 대한 규제는 내용을 규제하기 위한 구실로 사용될 수 있다. 어느 시의 조례가 대형 스피커를 사용하려면 경찰서장의 허가를 받아야 한다고 하면 경찰서장은 그 장소, 시간은 물론 누구에게 허가를 해 줄지 말지를 결정할 재량권이 있으므로 이를 가지고 어떤 종류의 언론의 내용에 차별을 가할 수 있다. 이 문제를 방지하기 위하여 연방대법원은 언론의 자유가 우월적 지위를 가지고 있는 만큼 그에 합당한 시간, 장소와 방법에 관한 규제의 기준을 마련하였다. 첫째, 연방대법원이 United States v. O'Brien (1968) 판결에서 판시한 대로 "추가조항 제1조의 자유에 대한 제한이 필요하더라도 제한의 정도는 [정부가] 어떤 이익을 증진하기 위하여 반드시 필요하다고 인정되는 한도보다 더 커서는 [안 된다]." 이는 종종 최소제약적 대안기준least restrictive alternative test이라고 불린다. 표현의 시간, 장소와 방법을 규제함에 있어 정부는 언론자유를 불필요하게 제약하지 않도록 정부의 이익에 가장 잘 봉사할 수 있으면서도 가장 덜 규제적인 방법을 사용하여야만 한다. 시청은 길거리가 어지럽혀지지 않도록 하는 데 이익을 가지지만, 설사 길거리에서 전단이나 소책자를 배포하는 일을 허용하면 받은 사람이 이를 받자마자 길에 내버림으로써 길이 어지럽혀질 수 있다고 하여도 배포행위 자체를 금지할 수는 없는데 그 이유는 길거리에 실제로 종이를 버리는 사람만을 처벌하는 등의 덜 제약적인 대안이 있기 때문이다.

둘째로, 그 규제가 지나치게 광범위해서는 안 된다. 규제가 너무 광범위하게 설계된다면 보호받아야 할 언론까지도 금지될 우려가 있고 언론의 내용을 너무 많이 제한할 수 있다. Houston v. Hill (1987) 판결에서 연방대법원은 "임무를 수행하는 모든 경찰관을 방해하는" 행위를 불법이라고 하는 조례를 무효화하였다. 정부가 경찰관에 대한 방해행위를 예방하고자 할 수는 있지만 보호받아야 하는 어떤 언론까지도 처벌하게 될 우려가 있는 금지수단을 사용하면서까지 그렇게 할 수는 없다.

셋째로, 규제가 지나치게 모호해서는 안 된다. 모호한 법률로는 국민들에게 그들이 무엇을 할 수 있고 무엇은 할 수 없는지를 알려줄 수 없으며, 그래서 국민들이 처벌이 두려워 추가조항 제1조에 의하여 할 수 있는 행동까지도 제한받을 수 있다. 그리고 법률이 모호하면 정부 관리의 손에 그 법에 의한 허가, 제한, 처벌을 하는 데 너무 많은 재량을 주어 관리들이 헌법이 허용하지 않는 방법으로 그 재량을 행사하고자 할 가능성이 있다.

누군가 돈을 주지 않으면 과거의 어두운 비밀을 폭로하겠다며 당신을 협박 blackmail한다고 가정해 보자. 또는 어느 출판사가 어린이 포르노가 가득 실린 잡지를 발간하려고 한다고 가정해 보자. 그 사람이 처벌을 받지 않고 추가조항 제1조의 보호를 주장하며 그런 일을 할 수 있는가? 사람들은 대부분 어떤 언론은 헌법적 보호를 완전하게 받아야 하지만 어떤 것은 그렇지 않다는 데 의견을 같이한다. 문제는 어디에 선을 긋느냐이다.

완전히 보호되어야 하는 언론, 부분적으로 보호되어야 하는 언론, 보호받지 못할 언론을 구분하는 기준을 설정하기 위하여 연방대법원은 추가조항 제1조의 이론으로부터 출발한다. 사상의 시장marketplace of ideas 이론의 관점에서 보면 언론 또는 의사소통 행위는 주로 그것이 공적인 토론의 일부이기 때문에 가치를 가진다. 공공의 토론에 기여하는 바가 없는 언론은 거기에 기여하는 언론과 같은 수준의 보호를 받을 가치가 없다. 이에 대한 규제를 지지하는 사람들은 예를 들어 포르노그래피는 공공의 논의에 아무것도 보태지 못한다고 주장한다. 어떤 종류의 언론은 공공의 토론에 기여하지도 못하면서 단지 해악만을 끼치는 것도 있고, 설사 기여하는 바가 조금 있다고 하여도 그들이 끼치는 해악이 기여하는 것보다 엄청나게 큰 것도 있다. 협박범blackmailer의 협박은 설사 그 말이 어떠한 가치를 가지는 경우가 있다고 해도 이보다 훨씬 더 크게 사회질서를 위협한다. 자기표현self−expression 이론의 관점에서도 같은 결론이 나오는데 비록 다양한 형태의 언론이 자기표현의 중요한 수단이 되기는 하지만 (협박과 같은) 어떤 것들은 그렇지 않고, (어린이 포르노그래피 등의) 다른 경우에서는 그 해악이 그러한 표현이 허용됨으로써 얻어지는 가치보다 더 크다.

헌법적 지위를 보장받을 수 없음이 너무나 명백해서 판결에도 잘 등장하지 않을 정도로 보호받지 못할 언론의 한 형태는 법률이 보통 범죄라고 간주하는 행위의 일부가 되는 경우이다. 강도가 "돈이 아니면 목숨을 내놓아라."라고 말하거나 어떤 회사가 기업공개를 하면서 허위의 투자설명서를 발행하는 경우라면 그 언론은 공적으로 중요한 사안에 대한 의견을 표현하는 것도 아니고 기능적으로도 단지 강도가 당신의 주머니에 손을 넣어 지갑을 빼앗아 가는 행위와 다를 바가 없다.

범죄행위의 일부가 되는 언론은 매우 쉬운 경우이다. 다른 형태의 보호받지 못할 언론과 부분적으로만 보호받을 언론에 관해서는 개념을 정의하고 경계를 긋기가 더 어려워진다. 상업적 언론, 명예훼손defamation 기타의 불법행위, 외설obscenity 그리고 불법적 행위를 선동하는 것 등은 추가조항 제1조의 보호를 일부 받지만 전통적으로 보호받아 온 언론의 형태만큼 충분하게 보호받지는 못한다.

상업적 언론commercial speech에는 광고, 상호trade name의 사용, 변호사들의 고객 유치, 집에 "매물For Sale"이라는 표시를 붙이는 것, 일반적인 소비자 정보를 배포하는 것 그리고 주로 이와 유사한 경제적 동기를 가지는 활동을 포함한다. 연방대법원은 처음에는 약사가 처방약의 가격을 광고하지 못하게 하는 Virginia의 법률을 1976년에 무효화(Virginia State Board of Pharmacy v. Virginia Citizens Consumer Council, Inc.)하면서 상업적 언론도 추가조항 제1조의 보호를 받을 수 있다고 선언했다. 말하는 사람이 가지는 이익이 경제적인 것이라고 해서 그의 언론이 보호받을 자격이 없다고 해서는 안 된다는 것인데, 노동쟁의labor disputes를 하고 있는 노동조합원의 이익은 경제적인 것이지만 그들의 언론이 오랫동안 보호되어 온 것이 그 예이다. 소비자들은 싼 값에 좋은 상품을 찾기 마련이고 소비자들이 정보를 잘 알고 선택하면 대중에게 일반적으로 이익이 되기 때문에 경제의 영역에서도 정치적 영역에서와 마찬가지로 정보와 사상이 자유롭게 전파되는 데 강력한 이해관계가 있다.

그러한 이익이 충분히 강력하므로 상업적 언론도 추가조항 제1조의 보호를 받을 수 있지만 상업적 언론의 이익은 다른 종류의 언론이 가지는 이익만큼 강하지는 않다. 허위이고 기만적인 광고 등 어떤 종류의 상업적 언론은 완전히 금지될 수 있다. 이 카테고리에 관한 판결들은 상업적 언론이 얼마만큼 보호를 적게 받는지 보여준다. 연방대법원은 검안사optometrist가 독자적 상호trade name를 가지고 일하는 것을 금지하는 Texas 법률을 지지했다. 검안사optometrist가 자신이 의사인 것처럼 소비자들을 속이기 위해 독자적 상호를 사용했다는 증거는 없지만 그들이 그렇게 할 우려가 있다는 점이 그 규제를 뒷받침하기에 충분하다는 것이다. 기만의 위험이 없는 상업적 언론은 더 많은 보호를 받을 자격이 있으나 그러한 언론 중 어떤 것, 예컨대 과도한 음주를 줄이기 위하여 맥주 광고를 규제하는 것 등은 정부가 이를 규제하는 데 정당한 이익을 가지기도 하기 때문에 이들이 얼마나 보호받아야 할지가 언제나 명확하지는 않다. 연방대법원은 여러 번에 걸쳐 알콜성 음료의 광고에 대한 규제는 위헌이라고 하였고, 복권과 카지노 도박장의 광고를 금지하는 것은 지지했으며, 광고판을 이용한 담배제품 광고를 금지하는 일은 무효라고 하고, 주법으로 변호사나 다른 전문직 종사자가 고객을 유치하는 방법을 제한하는 것에는 태도가 갈린다.

명예훼손defamation은 다른 사람의 평판을 떨어뜨리는 허위의 경멸적인 말에 대하여 책임을 지게 되는 불법행위이다. 그러므로 누군가 어떤 상원의원이 어느 회사로부터 기부를 받고 그 영향으로 어떤 입법을 지지하였다고 거짓말을 하거나 신문사가 그런 취지로 허위의 기사를 썼다면 상원의원은 자기의 평판이 저해되었음을 이유로 소송을 걸 수 있다(이러한 목적을 위해서 추가조항 제1조의 출판의 자유freedom of press는 언론의 자유freedom of speech와 같은 기준으로 취급된다). 그러나 여기에는 문제가 있다. 추가조항 제1조는 공공의 일에 대한 언급을 권장하는데 여기에는 정부와 공무원에 대한 비판도 포함된다. 명예훼손defamation에 관한 법리를 이유로 공무원에게 이러한 구제수단을 너무 너그럽게 허용하면 시민들은 비판의 목소리를 내는 데 훨씬 더 주의해야 할 것이고 사상의 시장은 위축될 것이다. 그러나 개인의 평판을 보호해야 할 이익은 여전히 유효하다. 이 둘 사이에서 어떻게 균형을 잡을 것인가?

연방대법원은 민권운동civil rights movement의 와중에 발생한 New York Times Co. v. Sullivan (1964) 판결에서 이 딜레마를 다루었다. Montgomery, Alabama의 경찰서장은 New York Times에 Montgomery 경찰이 가혹행위를 했다고 주장하면서 민권운동을 지지해 달라고 호소하는 광고가 게재되었다는 이유로 그 신문사를 제소하였다. 비록 그 광고는 몇 가지 사소한 부분에서만 사실이 아니었지만 Alabama의 법에 의한 명예훼손에 해당한다는 판결을 받았고, Times는 비록 그 광고가 허위인지 모르고 게재했더라도 출판인으로서 책임이 있게 되었다. 연방대법원은 그러나 이 판결을 뒤집었다. William Brennan 대법관이 주도한 다수의견은 "공공 이슈에 대한 토론은 설사 정부와 공무원에 대하여 격렬하고 신랄하며 때로 불쾌할 정도로 날카로운 공격이라도 충분히 허용되도록 방해받아서는 안 되며, 토론의 기회가 대담하고 활짝 열려 있어야 한다는 원칙에 대하여 심오한 국가적 결단이 있다."는 것이 "추가조항 제1조의 핵심적 의미이다."라고 말하였다.

이 핵심적 의미를 보호하기 위하여 연방대법원은 보통법common law에 따르자면 명예훼손에 해당하게 될 형태의 언론에 대하여 헌법적 보호를 주었다. 그렇게 하지 않으면 명예훼손 소송은 의견의 표현을 얼어붙게 하는 도구로 사용될 수 있다. 인기가 없는 견해를 지지하는 사람은 사실을 잘못 알고 말했다는 이유로 처벌을 받는다거나, 자신의 시각을 좋아하지 않는 배심원들에 의해 불리한 판단을 받을 수 있다거나 또는 단순히 소송비용을 지출해야 하는 것이 두렵다는 등의 이유로 결국 자신의 의견을 발표하는 데 소극적이게 될 것이고 이는 연방대법원의 표현에 따르자면 "자기검열self-censorship"을 하는 결과로 연결된다는 것이다. 공무원에 대한 언론은 공무원이 그 말이 허위이고 "실제적 악의actual malice"를 가지고 이루어진 것임을 입증하지 못한다면 헌법에 의하여 보호되는데 연방대법원은 이를 "그것이 허위임을 알았거나, 허위일지 모른다는 점을 경솔하게 무시한reckless disregard 경우"라고 정의하였다. 이 기준에 따르면 대부분의 공적인 언급이나 Times의 광고 게재와 같이 선의good faith15)로 이루어진 모든 언론사의 판단journalistic judgement은 헌법적 특권을 가지며 악의malice로 이루어진 명예훼손만이 헌법적 보호를 받지 못하게 된다.

---

15) 선의라는 단어는 일반적인 의미에서는 '좋은 뜻을 가진'을 의미하지만 법률용어로는 어떤 사실에 대하여 알지 못하였다는 의미로 사용된다. 법에서는 선의의 제3자라는 말이 많이 사용되는데 예컨대 A와 B가 가장매매를 하여 B에게 등기명의만을 넘겨주었는데 C는 그런 사실을 모르고 B로부터 소유권을 이전받았다면 A가 후에 C에 대하여 B와의 매매계약이 가장매매이므로 무효이고 자신이 소유권을 돌려받아야 한다는 주장을 하지 못하게 되며 이때 C를 선의의 제3자라고 부른다. 반대로 C가 가장매매인 사실을 알고 있었다면 그는 설사 인격적으로는 훌륭한 사람이라도 '악의bad faith의 제3자'라고 부르게 된다.

공적인 논쟁에도 같은 이익이 있기 때문에 만약 그러한 이익이 없다면 다른 사람에 대한 불법행위로 책임을 져야 할 가능성이 있는 언론도 보호된다. Westboro Baptist Church의 교인들은 이라크에서 임무수행 중 사망한 Matthew Snyder 일병의 장례식에서 피케팅을 하였다. 이 교회의 교인들은 미국의 동성연애에 관용적 태도, 특히 군대에서의 동성연애를 용인하는 것을 하느님이 싫어한다고 믿은 나머지 자주 동성애자인 군인의 장례식과 비슷한 행사에 대하여 "Thank God for Dead Soldiers", "God Hate Fags", 기타 모멸적 감정을 드러내는 표지판을 가지고 피케팅을 하였다. Snyder의 아버지는 교인들의 험악한 행동이 자신에게 극심한 정신적 고통을 주었고 그들이 사적인 일에 침입하였다고 주장하면서 의도적으로 정신적 고통을 가한 불법행위를 이유로 교인들을 제소하였다. 연방대법원은 그 피케팅이 상처를 주는 행동임을 인정하면서도 공공 도로에서 평온하게 행해졌고, "추가조항 제1조에 의한 보호의 심장에 있는" 보호의 대상인 "공공의 관심사"에 관한 것이라고 하였다. 이 사건에서와 같이 타인에게 고통을 주는 언론이라도 "우리가 공적인 토론을 옥조이지 말아야 한다는 것을 보장하기 위하여" 불법행위의 책임으로부터 보호받아야 한다는 것이다.

　　외설적obscene 언론(저작물, 사진, 영화 그리고 실제의 행동에 의한 표현을 모두 포함한다)은 추가조항 제1조의 보호범위 밖에 있으며 따라서 외설을 규제 또는 금지하기 위한 정부의 조치는 보호받는 언론에 대한 금지의 제한과 같은 정도의 강력한 제한을 받지 않는다. 연방대법원은 대부분의 외설 관련 사건에 대하여 상세하게 논하지도 않았고 보호할 가치가 없다고 그냥 추정해버리는 태도를 보였다. 그러나 성인전용극장adult theater의 금지에 관련된 사건에서 규제의 필요성에 관하여 몇 가지 이유를 제시하였다. 외설물과 범죄 사이에 어떤 연관이 있을 수 있으므로 국가는 범죄를 예방하기를 바라는 마음에서 외설물을 규제할 수 있다. 나아가 사회공동체에 외설물이 존재하면 그 공동체의 공공환경이 오염되고, 이를 원치 않는 사람이 접할 수 있게 되어 공동체를 전반적으로 해친다. 언론의 자유는 널리 보호되어야 한다고 주장하는 이론들도 정말 외설적인 것들은 중요한 이슈에 대한 공공의 토론에 기여하지도 못하고, (대법관들이 중간급의 감수성에 따라 판단한다고 해도) 정당한 개인의 성숙 또는 자기표현 self－expression에 기여하지도 못한다고 본다.

연방대법원이 외설obscenity은 보호받지 못한다는 견해를 오래 유지해 왔지만 보호받지 못할 외설적 언론과 보호받아야 하는 비외설적 언론을 구분하는 데는 훨씬 큰 어려움을 겪어왔다. Hustler 잡지는 어떤 사람에게는 개인에게 통렬한 사회적 풍자와 무해한 오락을 함께 제공하는 잡지일 수 있지만, 다른 사람에게는 동물적 쾌락을 혐오스럽게 추구하는 것으로 보일 수 있다. 아마도 모든 법적 개념의 정의 중에서 가장 유명한 것은 Potter Stewart 대법관이 자신은 외설이 무엇을 뜻하는지 정의할 수는 없다고 하면서도 그러나 "그걸 보면 나는 안다I know it when I see it."(Jacobellis v. Ohio, 1964)라고 말한 것일 것이다. 그러나 대법관들은 외설에 관하여 그들의 개인적 기호에만 의존하지는 않았으며, 외설이 무엇인지를 결정하기 위하여 일련의 심사기준을 형성해 왔는데 여기에 대법관들 사이에 중대한 의견불일치가 있다는 점에서 일반적으로 헌법 문제에 특정한 의미를 부여하기가 얼마나 어려운 일인지를 알 수 있다.

연방대법원이 최근에 만들어 낸 기준은 Miller v. California (1973) 판결에서 나왔다. 외설 여부를 판단하는 심사기준은 세 부분으로 구성된다:

(a) 평균적인 사람이 당시의 사회공동체contemporary community의 기준을 적용해 볼 때 그 작품이 전체적으로 보아 음란한 흥미에 호소하는가; (b) 그 작품이 적용될 만한 주법률이 구체적으로 규정하는 바와 같이 명백하게 불쾌한 방법으로 성적인 행위를 묘사 또는 기술하는가; 그리고 (c) 그 작품에 전체로 보아 진지한 문학적, 예술적, 정치적 또는 과학적 가치가 결여되어 있는가.

첫째의 심사기준은 연방대법원이 나중의 판결에서 말한 바와 같이 성적행위에 대한 "수치스러운shameful 또는 병적인morbid" 흥미(음란한 흥미)와 "정상적normal이고 건강한healthy 성적 욕망"을 구분한다. 이 요소는 근본적으로는 외설인지 여부를 판단하는 의사를 결정할 절차가 어떤 것이어야 하는지를 정의한다. 국가는 법률이나 조례ordinance로 "동시대의 사회공동체contemporary community의 기준"이 어떤 것인지를 규정함으로써 무엇이 보호받지 못하는 외설로 되는지를 정하는 데 넓은 지평을 가지며, 그리고는 예컨대 어떤 책 또는 성인영화가 이

기준을 위반했는지 여부를 판단하는 역할은 배심원에게 맡기면 된다는 것이다. 주정부는 또한 여기에 관련되는 사회공동체가 어느 곳의 공동체라고 규정할 수도 있는데 그 이유는 헌법이 배심원에게 판단의 준거라고 제시되어야 할 공동체가 미국 전체이어야 한다고 요구하지 않고, 심지어 어떤 특정한 공동체의 기준을 채택하여야 한다고 요구하지도 않기 때문이다. 따라서 그 사회공동체는 느슨하고 모든 것이 허용되는 Hollywood 지역의 공동체가 될 수도 있고, Bible Belt[16]의 엄격한 동네의 공동체가 될 수도 있기 때문에 영화제작자나 출판업자는 서로 다른 기준에 의하여 심사를 받게 될 수도 있다. 사회공동체 기준에 의한 심사는 인터넷이 미국의 모든 지역공동체에 도달할 수 있기 때문에 인터넷으로 출판된 자료에 관하여 특히 문제가 된다. 아직까지 대법관들은 이와 같은 기술의 발전에 발맞추어 이 심사기준이 수정되어야 하는지에 대해서는 합의에 도달하지 못하고 있다. 어린이들이 World Wide Web에서 외설적 자료를 보지 못하게 할 의도로 제정된 Child Online Protection Act[17]가 합헌인지를 심리하면서 이 법이 채용하고 있는 사회공동체 기준을 지지하는 의견이 최다득표[18]를 얻기는 하였는데, 이 판결에는 Breyer 대법관이 그의 찬성의견concurrence에서 밝힌 바와 같이 지역사회 공동체 기준을 사용하면 가장 청교도적인 공동체에서 재판이 이루어져야만 자료가 전국적으로 퍼져 나가는 것을 효과적으로 막을 수 있게 된다 (Ashcroft v. American Civil Liberties Union, 2002).[19]

---

16) 미국 동남부와 중남부의 성서 근본주의fundamentalism가 강력한 지역을 가리키는 말이다.

17) 이 법은 1996년 연방의회가 18세 이하 미성년자에게 유해 정보를 전파하기 위해 인터넷을 사용하는 것을 금지하는 내용으로 제정한 Communication Decency Act가 Reno v. American Civil Liberties Union (1997) 판결로 인터넷이 방송과는 다름에도 불구하고 방송과 똑같이 취급한다는 이유로 인터넷상의 정보를 방송에서와 같은 기준으로 규제하는 것은 위헌이라고 판시되자 연방의회가 그 법률을 대체하는 입법으로 제정하였다.

18) 이 판결은 Third Circuit 연방항소법원에 환송되었다가 다시 연방대법원으로 되돌아와 최종판결이 내려졌는데 여기서는 Thomas 대법관의 의견을 Rehnquist, Scalia 등 두 대법관은 완전히 지지하였으나 지지자가 3인에 불과하였으므로 바로 다수의견으로 되지는 못하였고 이 의견의 일부를 지지한 O'Conner, Breyer 두 대법관의 의견과 합쳐져 5인의 다수가 형성되었으므로 이에 따라 판결되었다.

19) 이 판결은 Child Online Protection Act가 "미성년자에게 유해한 자료"인지 여부의 판정에 지역공동체 기준community standard을 사용하고 있다는 그 자체만으로 이 법에 의한 규제가 추가 조항 제1조를 위반되는 정도로 지나치게 넓다고 할 수는 없다고 하였다. Breyer 대법관의 의견

둘째의 요소도 첫째의 것과 마찬가지로 모호하긴 하지만 연방대법원은 위에서 본 Miller 판결에서 명백하게 불쾌한offensive 성적 행위와 관련하여 몇 개의 예를 제시하였는데 "(a) 통상적이든 변태적이든, 실제의 행동이든 시뮬레이션이든을 막론하고 극단적인 성적 행동을 명백하게 불쾌하게 제시하거나 묘사하는 일, (b) 자위행위, 배설행위를 명백하게 불쾌하게 제시하거나 묘사하는 일과 성기의 추잡스런 노출lewd exhibition" 등이 그것들이다. 물론 이 예들은 매우 모호하기 때문에 자위행위를 사려 깊고 인상적으로 묘사하는 것과 야한 소설에나 알맞을 만한 정도로 묘사하는 것 그리고 자위행위를 명백히 불쾌하게 묘사하는 것 사이의 경계를 어디에서 찾을 수 있을지는 여전히 어려운 문제로 남는다.

끝으로 세 번째 요소는 명시적으로 작품의 가치에 주목한다. 어떤 책이 진지한 문학적, 예술적, 정치적 또는 과학적 가치를 가지고 있다면 외설이 아니다. 이 기준은 앞의 두 개의 기준과는 달리 지역공동체의 기준을 참조함이 없이 판단된다. 예컨대 만약 어떤 문학평론가 그룹이 책에 가치가 있다고 판단한다면 지역공동체의 사람이 한 명도 동의하지 않는다고 해도 이 세 번째의 기준에 의하여 외설이 아니다.

보호받지 못하는 언론에 관련된 유형의 하나는 어린이의 사진을 포함하는 성적으로 노골적인 표현이 된 자료로서 Miller 기준에 의하면 외설로 되지 않을 수 있는 것들이다. New York v. Ferber (1982) 판결에서 연방대법원은 주정부는 어린이들이 성적 착취sexual exploitation를 당하지 않도록 하는 데 매우 강한 이익을 가진다는 이유를 들면서 대법관들의 만장일치로 주정부는 16세 미만의 어린이에 의한 성적 행동을 내용으로 하는 자료의 배포를 금지할 수 있다고 판결하였다. 그러한 배포를 금지하면 무엇보다 어린이를 이런 방식으로 이용하는 일을 억제하는 효과가 엄청날 것이므로 주정부의 목적을 간접적으로 달성하는 효과가 있기 때문이라는 것이다. 그러나 컴퓨터로 어린이의 영상을 만들고 이를 이용하여 제작된 가상적virtual 어린이 포르노는 노골적인 성적 행동을 포함하더라도 헌

은 유해성에 대한 판단기준이 지역공동체마다 다를 것이므로 느슨한 기준을 가진 지역공동체에서 외설 여부를 판단한다면 어떤 자료는 금지되지 않을 것이고 따라서 다른 지역으로 전파될 수 있기 때문에 미성년유해물을 효과적으로 차단하려면 가장 엄격한 기준을 가진 공동체의 기준을 사용하여야 하는 문제점이 있다며 이 기준이 완전하지 못하다는 점을 지적한 것으로 해석된다.

법에 의하여 보호되는데 그 이유는 그 이미지와 실제의 어린이에게 가해지는 해악의 관련성이 멀기 때문이라고 한다(Ashcroft v. Free Speech Coalition, 2002).

보호받지 못할 언론의 또 다른 형태로 폭력을 선동하는 언론이 있다. 이 이야기는 "언론자유를 가장 절실하게 보호한다고 해도 극장에서 거짓으로 '불이야.'라고 외쳐 공포상황을 만들어 내는 사람을 보호하지는 않을 것이다."라는 Holmes 대법관의 말에서 시작된다. 그러한 경우의 말은 "모든 면에서 폭력과 같은 효과를 가진다." 어떤 경우이든 쟁점은 그 말이 해악을 부를 "명백하고 현존하는 위험a clear and present danger"을 야기할 가능성이 있는지의 여부이다.

혼잡한 극장의 비유가 강렬한 인상을 주기는 하지만 이 원칙은 발언자가 정부에 대하여 폭력적인 행동을 하라고 대중을 선동하는 경우에 가장 자주 적용되었다. 제1차 세계 대전 기간 및 1919~1920년의 Red Scare[20] 기간 중, 1950년대 McCarthyism[21] 기간 동안 그리고 현재까지도 미국 정부는 정부에 대한 반대자들을 잠재적 위험성이 있는 언론을 하였다는 이유로 기소해 왔다. Holmes 대법관이 명백하고 현존하는 위험을 부르는 언론만을 보호받지 못할 언론으로 한정하였음에도 불구하고 연방대법원은 여러 가지 형태의 정치적 의사표현을 추가조항 제1조의 보호로부터 배제하는 데 너무나도 적극적인 태도로 임하였다.

제1차 세계 대전 기간 중에 정부는 전쟁수행의 노력에 반대하는 사람들, 러시아혁명Russian Revolution에 동정적 태도를 보이는 급진주의자들, 기타의 정치적 반대자들political dissidents을 기소하였다. 이에 관한 당시의 지배적 원칙은 "나쁜 경향bad tendency"의 이론인데 이에 의하면 나쁜 결과를 가져오는 경향이 있다고 보이는 언론은 보호받지 못한다고 하며, 이 이론은 심지어 맥락상 나쁜 결과가 발생할 가능성이 매우 희박하다고 보이는 경우에도 마찬가지로 적용되었다. 예컨대 Abrams v. United States (1919) 사건에서 Abrams와 그의 지지자는 미국이 러시아혁명을 반대하는 역할을 하고 있다고 비난하면서 이에 항의하는 뜻으로 총파업을 촉구하는 전단을 New York 거리에 뿌렸다. 이들은 전시에 전쟁을

---

20) 세계적으로 공산주의가 급팽창함에 따라 미국에서 발생한 공산주의에 대한 공포와 이에 따른 반공사상을 말하는데 이후 반공산주의의 성향이 강한 집단이 정치적 반대자나 집단을 공산주의자로 낙인찍고 매도하려는 풍토를 지칭하는 말로 변화하였다.

21) 본장 주8) 참조.

위한 국가의 노력에 저항하는 행위를 처벌하는 전시 법령wartime act에 의하여 유죄판결을 받았고, 그들의 전단 살포가 대형 사회불안, 저항 또는 군수물자 생산 방해로 이어질 가능성은 터무니없이 낮았음에도 불구하고 연방대법원은 그들에 대한 하급심의 유죄판결을 유지하였는데 Holmes 대법관은 아래와 같은 소수의견을 냈다:

> [우]리는 우리가 증오하고 사람의 죽음을 초래할 수도 있다고 믿는 의견의 표현이라도 그것이 적법하고 시급한 법의 목적이 즉시 저해될 목전의 위협으로 됨으로써 국가를 구하려면 이를 즉각 제재해야 할 필요가 있는 경우가 아니라면 그 표현을 제지하려는 시도에 대하여는 영원한 경계심을 가져야 한다.

1950년대에 연방대법원은 위협되는 해악의 중대성을 그 발생의 가능성과 비교하여 가늠하는 명백하고 현존하는 위험성a clear and present danger 심사기준의 균형적 버전을 도입하였다. Dennis v. United States (1951) 판결에서 피고인들은 폭력으로 미국 정부를 전복시킬 것을 목적으로 하는 미국공산당Communist Party of the United States을 조직하고자 모의한 혐의로 유죄판결을 받았다. 위협되는 해악(폭력에 의한 정부전복)이 중대했으므로 그 맥락에서 피고인들이 목적을 달성할 가능성이 극히 희박했다고 해도 그들의 언론은 추가조항 제1조에 의한 보호를 받지 못할 선동이라고 인정되었다. 한편 Yates v. United States (1957) 사건은 공산당 간부들이 폭력에 의한 정부전복의 필요성을 찬양하고 교육하였다는 경우인데 하급심에서 유죄가 선고되었다. 연방대법원은 Dennis 판결에서와 달리 이들의 행위는 원리를 가르치는 것을 목적으로 하였고 정부를 전복할 행동을 조직하고자 하지는 않았으므로 해악의 중대성이 인정되지 않다는 이유로 헌법에 따라 유죄가 될 수 없다고 하였다.

끝으로 1969년에 연방대법원은 Brandenburg v. Ohio 판결에서 나쁜 경향이론bad tendency approach과 균형이론balancing approach을 거부하고 보호받지 못할 언론을 즉각적으로 불법상태unlawfulness를 야기할 우려가 있는 언론으로 제한하는 태도를 취하였다. 연방대법원은 "무력의 사용 또는 법위반을 옹호하는 행위를 금지 또는 배척하는 것은 그러한 옹호에 즉각적으로 무법적 행동을 선동 또는 야기할 목적이 있거나 그러한 행동을 선동 또는 발생시킬 가능성이 있는 경우가 아니라면" 헌법에 위배된다고 하였다. Ku Klux Klan 회원이 두건을 쓰고 총으로 무장한 채 행진하면서 인종차별적 언론을 행하였더라도 이 언론은 "폭력적 행동을 하기 위한 집단을 만드는" 일이 아니므로 보호받는다. 어떤 생각이든지 이를 옹호하는 발언은 보호받을 언론이며, 어떤 행동이라도 이를 옹호하는 일은 그 행동이 법의 위반을 초래할 의도로 행해지고 그럴 가능성이 높은 경우가 아니면 보호를 받는다는 것이다.

제1차 세계 대전 기간, 1920년대의 Red Scare, 1950년대의 McCarthyism 시대에서와 마찬가지로 추가조항 제1조는 9.11 공격 이후에도 도전을 받았다. 이때는 예상되는 장래의 공격에 대비하여 안보를 강화할 필요가 있고, 미국 내외에서 그림자와 같은 적과 끝이 보이지 않는 테러와의 전쟁을 벌여야 하는 상황이 예상됨에 따라 언론의 자유와 기타의 시민의 자유권은 새로운 도전을 받게 되었다. 이전 시대와 비교해 보자면 비록 전시라고 하더라도 정부의 과잉대응은 제한을 받게 되었다는 점이 우리가 헌법에 의한 국민의 자유와 권리의 보호의 중요성을 좀 더 성숙하게 이해하게 되었다는 하나의 징표가 될 것이다. 법학자 Geoffrey Stone의 지적대로, 1912년 대통령선거에 사회주의당Socialist Party 소속 후보로 입후보하여 거의 1백만 표 가량을 얻었던 Eugene Debs는 제1차 세계 대전 중에 징병을 방해한 혐의로 체포되어 재판에서 유죄를 선고받았는데, 오늘날 민주당의 대통령 선거 후보자였던 Howard Dean이 이라크 전쟁에 반대했다는 이유로 Debs와 같이 기소 당하는 일은 상상하기 어렵다. 2005년 7월 7일의 런던 지하철 폭탄테러사건 이후 Tony Blair 영국 수상은 테러리즘을 "묵인하거나 찬양하거나 정당화하는" 행위를 범죄로 규정하고 정부가 "테러의 조장"에 이용된 회교사원을 폐쇄할 수 있도록 하는 법안을 제안하였다. 미국에서 이와 유사한 시도가 진지하게 고려된 일은 없지만, 있다 해도 Brandenburg 판결의 심사기준에 의하여 위헌으로 판단될 것이 거의 확실하다.

그러나 추가조항 제1조의 보호는 완전히 보장된 일이 없으며 위기 시에는 더 그러하다. Bush 행정부는 정부의 수사권을 확대하는 USA PATRIOT Act를 제안하여 의회가 이를 신속히 입법했으며, 전시에는 행정부에 새로운 집행권이 있다고 주장하였고(제2장에서 논의하였음), 9.11 직후에는 테러리스트와 연루되었다는 구체적 증거도 없이 미국 시민이 아닌 사람 수천 명을 구금하였다. PATRIOT Act에 이어 국가안보국National Security Agency이 비밀리에 통신을 감청할 권한을 확대하는 여러 법률들이 제정되었으며 Obama 행정부는 이를 매우 공격적으로 활용하였다. 그러나 시민의 자유권이 지켜져야 한다는 전통의 생명력은 대중 사이에서, 연방의회 내에서 또한 법원들에서 그러한 조치들에 대한 반대가 나온 사실에 의하여 입증되었다. Stone 교수는 Louis Brandeis 대법관이 Whitney v. California (1927) 판결에서 "공포는 억압을 기르지만" 그러나 "용기는 자유로 통하는 비밀열쇠이다."라고 한 말을 적절히도 인용하여 이 상황을 묘사하였다.

연방헌법은 어떻게 종교의 자유를 보호하는가?

미국인들은 종교의 자유freedom of religion를 우리의 자유 중 가장 중요한 것 중의 하나로 생각하며, 이 자유는 실제로 중요하다. 연방헌법은 종교의 자유에 관하여 세 개의 조항을 두고 있다. Article Ⅵ는 "미합중국의 어떠한 공직office 또는 공적 지위public trust를 가지기 위한 자격요건으로 종교심사religious test는 요구되지 않는다."라고 규정한다. 영국의 역사와 식민시대를 통하여 공직자는 그 공직 취임의 요건으로서 특정 종교에 대한 믿음을 맹세하는 것이 일반적이었으므로 헌법을 기초할 때 이는 매우 이례적인 혁신이었다. 추가조항 제1조의 종교에 대한 보호는 종교의 자유 중 서로 다른 구성요소를 언급하는 두 개의 조항에 담겨 있다. "연방의회는 종교를 창설하거나establish 또는 종교의 자유로운 신봉 free exercise을 금지하는 – – – 법률을 제정할 수 없다." 이 두 개의 종교 관련 조항은 각각 창설조항establishment clause 그리고 자유신봉조항free exercise clause이라고 불린다(언론자유조항과 마찬가지로 종교조항도 표면적으로는 연방의회의 권한을 제한한다고 하지만 이 조항은 연방정부든 주정부든 모든 정부의 활동에 적용된다).

원래부터 창설조항과 자유신봉조항은 서로 다른 내용을 가지지만 상호 보완적인 방법으로 종교의 자유를 보호한다고 해석되어 왔다. 창설조항은 정부가 국교 state religion를 창설하거나 정부의 권력을 특정 종교를 지원하는 데 사용하는 것을 금지하며, 자유신봉조항은 정부가 개인의 종교적 선택에 개입하는 것을 금지한다. 창설조항은 국가의 종교에 대한 지원을 금지함으로써 개인이 종교를 선택할 수 있는 범위를 넓혀 주며, 자유신봉조항은 종교적 믿음과 신봉행위를 개인의 선택의 영역에 맡김으로써 종교가 정부권력의 영역이 될 가능성을 줄여 준다.

연방대법원은 Hosanna-Tabor Evangelical Lutheran Church and School v. Equal Employment Opportunity Commission (2012) 판결에서 창설조항과 자유신봉조항의 상호작용에 관하여 언급하였다. Cheryl Perich는 교회학교의 교사였는데 기면증이 발병하여 장애휴직을 하였다. 그녀가 학교에 복직하려 하자 학교는 다른 교사가 그 자리를 채웠다고 하였다. 그녀가 법적 조치를 경고하자 학교는 그녀의 "소명call"을 취소하고 해고하였다. Equal Employment Opportunity Commission은 학교가 Americans with Disabilities Act를 위반하여 보복조치를 하였다고 주장하면서 그녀를 대신하여 제소하였다. 연방대법원은 그 법에 대하여 "성직의 예외ministerial exception"를 인정하고, 이에 의하여 정부는 교회의 성직자를 채용하고 해고하는 데 관여할 수 없다고 하면서 종교학교에서 "소명을 받은called" 교사도 이에 포함된다고 하였다. 그러한 개입을 하면 기독교적 의사결정에 정부를 개입시키게 되므로 창설조항에 위배되며, 이와 동시에 종교집단이 그 성직자의 임명을 통하여 신앙을 형성할 권리를 제한하게 될 것이므로 자유신봉조항에 위배된다는 것이다.

종교의 자유는 우리가 알고 있는 미국식 생활양식에 너무나도 기본적 요소라서 연방대법원이 20세기 중반까지 종교사건을 거의 다루지 않았음은 놀라운 일일 수도 있다. 그때 쯤에는 물론 정부의 역할이 엄청나게 확대되어 주정부는 물론 연방정부도 종전에는 완전히 사적 부문의 차원에서 이루어지던 많은 활동을 규제하고 개입하고 재정지원을 하게 되었다. 그렇게 하다 보니 창설조항과 자유신봉조항 사이에 잠재하던 갈등이 표면화되기 시작했다. 주정부가 종교학교의 학생들에게 특별한 교육서비스를 제공한다면 종교의 창설을 지원하는 것이 아닌가? 그러나 정부가 그런 지원을 해 주지 않으면 신앙을 위하여 자기 자식들을 특정 종교학교에 보내야 한다고 믿는 부모들이 종교를 자유롭게 신봉하지 못하게 만드는 것은 아닌가?

이러한 충돌을 해결하기 위해 우리는 종교조항들이 정부와 종교 간의 관계에 관한 어떤 지도원리에 따라 만들어진 것이라고 생각해 볼 수 있다. 법의 복잡한 영역에서 흔히 그렇듯이 그 원리들이 반드시 일관되어야 하는 것도 아니고 또는 모든 사건을 판단할 수 있는 명확한 지침을 제공하지도 못하지만 최소한 논의의 출발점이 어디인지는 알려줄 수 있다.

첫째의 원칙은 종교는 자발적인 선택의 영역이라는 것이다. 사람은 자신이 존중하는 어떤 신앙을 선택할 수도 있고 어떤 신앙도 선택하지 않을 수도 있다. 국가는 그 선택을 강요할 수도 방해할 수도 없다. 그리고 종교단체에 대한 어떠한 지지도 자발적이어야만 한다. 언론자유에 있어서의 사상의 시장marketplace of ideas 이론과 같이 종교의 자유에 있어서도 종교가 국가의 방해도 지원도 받음이 없이 그 지지자를 끌어들일 능력의 정도에 따라 번성하거나 쇠락할 신앙과 신봉의 시장marketplace of faith and practice도 있어야 한다.

둘째의 원칙은 종교와 정부는 두 개의 분리된 영역이라는 것이다. 이 원칙은 국교state religion의 창설을 금지하는 원칙보다 적용범위가 넓다. 정부는 완전히 종교의 일에 관련되지도 말려들지도 말아야 한다. 이 원칙이 가장 강력히 적용된 결과는 국가는 종교단체 또는 종교적 행위에 자금을 지원하기 위하여 세금을 써서는 안 된다는 것이다.

셋째의 원칙은 정부는 종교에 중립적이어야 한다는 것이다. 정부는 어떤 종교를 다른 종교에 비하여 우대하거나 박대할 수 없고, 종교적 활동을 비종교적 활동보다 우대할 수 없으며, 그 반대도 마찬가지이다.

이 모든 원칙은 연방대법원이 종교조항religion clause을 해석하려는 시도에 두루 적용되어 왔다. 연방대법원은 창설조항과 자유신봉조항을 분리해서 각각을 들여다보았으며 각 조항에 의하여 정부의 행동을 평가하는 기준도 세월에 따라 변해왔다.

창설조항establishment clause에는 이론의 여지가 없는 핵심적 의미가 있으니 그것은 바로 정부가 어떠한 공식적인 종교도 창설해서는 안 된다는 것이다. 이는 미국인들에게는 너무나 명백하게 옳은 원리라고 받아들여지지만 심지어 자유민주주의를 가진 영국을 포함하여 공식 종교를 가진 나라도 많이 있다. 이 원칙으로부터 당연히 나오는 추론은 정부는 종교단체에 재정지원, 공공서비스 제공 또는 공식적인 지지 등으로 지원해서는 안 된다는 것이다. Black 대법관이 1947년의 Everson v. Board of Education of Ewing Township 판결에서 설명한 대로

"Jefferson의 말처럼 법률로 국교를 창설하지 못한다는 조항은 '교회와 국가 사이에 분리의 벽'을 세울 의도를 가진다." 좀 더 최근에 Stevens 대법관은 "우리의 조상들이 이 대륙으로 이주하자고 결심하게 만들고, Balkan반도, Northern Ireland, Middle East에서 이웃들이 서로 불신하게 만든 것은 종교분쟁의 충격 때문이었다. 우리가 종교와 정부를 분리하기 위하여 만들어 둔 벽에서 벽돌 하나를 빼낼 때마다 우리는 종교분쟁의 위험을 증가시키고 우리의 민주주의의 바탕을 약화시키는 것이다."라고 말하여 이 원칙을 강조하였다(Zelman v. Simmons — Harris, 2002 판결에 제시한 소수의견dissenting opinion).

이 기준에 의하면 어떤 사건은 쉽게 해결된다. 국가는 이미 설립되어 있는 교회를 도울 수 없고 따라서 어느 침례교회가 불에 탔다고 해도 국가자금으로 재건해 줄 수 없다. 그러나 교회 건물이 불타고 있다면 시의 소방서가 불을 끌 수 있을까, 아니면 이것은 종교를 원조하는 데 세금과 공무원을 사용하는 일일까? 그 답은 분명히 소방서는 비종교 단체에게 해 주는 것과 같은 정도의 서비스는 종교단체에게도 해 줄 수 있다는 것이다. 화재경보가 울릴 때 관련되는 법적 카테고리는 "교회"가 아니라 "불타는 건물"이며 따라서 불을 끄는 일은 비록 종교적 활동을 지원하는 데 세금이 쓰였다고 해도 정교분리의 벽wall of separation을 넘는 게 아니다. 불을 끄는 일은 정부를 종교적 사안에 말려들게 하거나 정부의 종교에 대한 중립성에 위배되는 일이 아니다.

연방대법원이 나중의 판결에서 언급한 대로 "분리의 선은 '벽'이기는커녕 특정한 관계의 모든 상황에 따라 달라지는 흐릿하고 불분명하며 가변적인 장애물이다(Lemon v. Kurtzman, 1971)." 더 어려운 경우는 정부가 사회단체와 지역공동체의 생활을 지원하거나 다른 방법으로 영향을 미치는 일을 할 때 여러 가지 형태로 나타난다. 연방대법원은 Lemon v. Kurzman 판결에서 종교에 대하여 영향을 주는 정부의 행위가 어떤 경우에 창설조항establishment clause을 위배하지 않는지를 설명하는 방법으로 종교에 대한 정부의 행위가 허용되는 한계를 정의하였다. "첫째, 그 법률이 속세에 관한secular 입법목적을 가질 것, 둘째, 그 주된 또는 일차적 효과가 종교를 증진시키지도, 저해하지도 않을 것, 끝으로 법률이 정부로 하여금 종교에 과도하게 연루되도록 하지 않을 것 등이다." 이와 같은 목적 — 효과 — 연루 심사기준purpose — effect — entanglement test은 어느 정도의 지침이 되기는 하지만 실제 적용하기는 어렵다(어떤 학자들은 Lemon test라는 이름이 잘 붙여졌다고 말한다).22) 현재의 연방대법원의 대법관들의 대부분은 Lemon 심사기준을 명시적으로 거부하지는 않았어도 이를 비판한 적이 있다. Scalia 대법관은 "우리가 어떤 행위를 창설조항이 금지하는 행위라고 하여 위헌으로 선언 strike down하려고 할 때는 이 기준을 언급할 수밖에 없는 반면에 우리가 이 기준이 금지하는 행위를 지지하고자 할 때에는 오히려 그것을 완전히 무시하게 된다(Lamb's Chapel v. Center Moriches Union Free School District, 1993)."고 말하였다.

1990년대 후반부터 연방대법원의 다수 대법관들은 연루entanglement의 가능성이나 종교에 대한 국가의 후원이라는 개념보다는 중립성 원칙neutrality principle을 강조해 왔다. 정부가 국민에게 각종 혜택과 서비스를 넘치게 부여하는 오늘날의 세상에서 정부가 다른 단체에게 주는 것과 똑같은 근거로 종교단체에게 재정지원이나 기타의 원조를 해 준다면 창설조항establishment clause을 위반하는 것이 아니라는 것이다. 주립대학이 학생활동비로부터 나오는 수익을 학생의 출판활동 자금으로 지원해 준 사건에서 종교적 출판에 대한 차별이라면 창설조항에 의하여 금지되겠으나 그러한 출판에 자금을 지원함에 있어 대학이 어떤 견해를 지지하거나 종교를 후원하는 것이 아니라 종교 집단과 비종교 집단을 동일하게 대우한 것뿐이라면 문제가 되지 않는다고 하였다(Rosenberger v. Rector and Visitors of the University of Virginia, 1995).

이에 관한 사건은 공립학교가 아닌 학교, 주로 종교학교에 공적 원조를 제공하는 경우에 많이 발생한다. 연방대법원은 Lemon 심사기준을 적용하여 주정부가 종교학교에 비종교 과목의 교과서 구입비를 지원해 줄 수는 없지만 종교학교의 학생에게 비종교적 과목의 교과서를 대여할 수는 있고, 그 학교의 비종교 과목의 교사들의 봉급을 지원해 줄 수는 없으나 비공립학교가 시행하는 말하기와 듣기 시험을 치를 때 공립학교 직원들을 파견할 수 있고, 종교학교 학생들에게 중립적인 지역에서 보충수업과 생활지도 서비스를 해 줄 수 있다고 판결하였다.

---

22) 이 판단기준은 판결에서 원고의 이름이 Lemon이기 때문에 Lemon test라고 불리는데 lemon은 미국의 속어로 시원찮은 것, 불량품 등의 뜻도 있으므로 이 기준이 완벽하지 못하다는 비아냥에서 이러한 말이 나온다.

연방대법원은 새롭게 중립성을 강조하면서 공립학교 교사를 교회가 설립한 교구학교parochial school에 보내어 불우아동들에게 보충수업 지도를 하는 것과 비공립학교에 도서관 장서, 컴퓨터, 기타 교육자재를 빌려주는 프로그램을 교구학교에도 적용해 주는 것을 인정하였다.

가장 논쟁이 많은 이슈는 주정부가 학비 바우처 프로그램을 이용하여 비공립학교에 학비를 낼 수 있도록 학생들에게 재정지원을 해 주는 경우에 관련되어 있다. Cleveland, Ohio는 부모가 자신의 자녀를 어느 학교에든 등록하고 재산형편에 따라 정부로부터 학비를 지원받을 수 있는 바우처 프로그램을 입법했다. 실제로 이 프로그램의 혜택을 받는 학교들의 96%가 교회학교였다. 이에 불구하고 연방대법원은 Rehnquist 대법원장이 제시한 다수의견에 따라 그 프로그램이 창설조항에 위배되지 않는다고 하였다(Zelman v. Simmons-Harris, 2002). 그는 이 바우처 프로그램만이 아니라 Cleveland시의 전체 공교육 제도를 살펴보면서 이 제도가 "종교에 대하여 모든 면에서 중립적"이라고 보았다. Souter 대법관은 소수의견에서 여기서의 문제는 전체 교육제도가 아닌 바우처 프로그램이라고 하면서 그 프로그램은 "유대인 학교에서 이스라엘에 대한 성약 및 모세의 율법을, 카톨릭 학교에서 베드로 사도의 우월성과 교황의 지위를, 개신교 학교에서 종교개혁의 진실을, 그리고 무슬림 학교에서 예언자의 계시를 가르치기 위하여" 세금을 사용할 수 있도록 하기 때문에 중립적이지 못하다고 주장하였다.

논란이 끊이지 않는 또 다른 분야로는 크리스마스 전시물과 같은 종교적 상징물을 공적으로 전시하는 경우이다. 창설조항의 핵심은 물론 정부가 종교활동을 후원하거나 장려할 수 없다는 것이지만 연방대법원은 정부가 하나의 종교를 보다 명백하지 않은 방법으로 후원하는 활동을 허가하거나 종교적 활동을 직접 행하는 것을 허용하였다. 미국에서 의회의 회기나 다른 공공의 회의는 오랫동안 기도를 함으로써 개회하는 전통이 있는데 연방대법원은 이러한 역사적 관행이 창설조항에 어긋나지 않으며 심지어 그 기도가 명백히 어느 한 종파의 기도이고 그 도시의 기독교 성직자에 의하여 행해진다고 해도 괜찮다고 하였다(Town of Greece v. Galloway, 2014). 연방대법원이 나중에 "플라스틱 순록 원칙plastic reindeer doctrine"이라고 불리게 되는 원칙에 따라 공공장소에 크리스마스 전시물을 설치한 경우에 대하여 판단한 사건이 많다. 카운티 법원 건물의 계단에 예수

강림 장면을 설치하는 것은 창설조항에 위반하여 정부가 종교를 후원하는 일이지만 크리스마스 트리, 유대식 촛대와 "자유에 대한 경배Salute to Liberty"를 축하하는 간판 등의 크리스마스 축하 전시물 또는 싼타의 썰매를 끄는 플라스틱 순록을 전시하는 것은 크리스마스 시즌을 축하하는 일이므로 헌법에 위배되지 않는다고 하였다(Lynch v. Donnelly, 1984; Allegheny County v. ACLU, 1989).

십계명Ten Commandments의 전시는 거기에 종교적 메시지가 잠재되어 있다는 이유 때문에 공공의 전시에 관하여 가장 논란이 많은 유형이 되었다. 2005년에 연방대법원은 두 개의 사건을 통하여 이 문제를 다루었다. McCreary County v. ACLU of Kentucky 사건에서 연방대법원은 십계명을 카운티 법원 건물에 전시하면 먼저 그 자체로, 다음으로는 다른 역사적 및 종교적 문서와 결합하여 어떤 당사자가 소송에서 기선을 제압하는 효과가 생기는 등 세속적이라기보다는 종교적인 목적을 갖는다고 결론지었다. 예를 들면 그러한 전시물의 하나를 배치할 때 Kentucky의 주의회가 한 번은 "윤리의 왕자, Jesus Christ를 기억하고 경배하며"라는 기독교의 문구를 외우면서 휴회를 한 것을 카운티 공무원들이 기억하고 있었다. 비록 그 카운티들은 미국 법의 근원으로서 십계명의 역사적 중요성을 강조하는 세속적인 목적이 있다고 주장하였으나 연방대법원은 그 전시물의 속성과 의원들의 말과 행동에 비추어 이 주장이 거짓이라고 보았다. Van Orden v. Perry 판결에서는 연방대법원은 이와 반대로 앞의 판결에서와는 서로 다른 대법관들로 형성된 다수의견(Breyer 대법관이 이 두 사건에서 각각 캐스팅 보트를 행사함에 따라 다수의견을 낸 대법관의 구성이 달라졌다)으로 Texas State Capitol 광장에 십계명 비석이 전시된 것은 문제가 없다고 하였다. 그 비석은 그 광장에 설치된 그 주의 정치적 및 법적 역사를 상징하는 17개의 비석과 21개의 역사적 기념물 중의 하나였고, 비종교 단체가 40년 전에 설치하였으므로 십계명을 둘러싼 현재의 논쟁의 범위 밖에 있고, 그래서 주정부가 종교를 후원하는 것이라고 해석할 필요가 없다는 것이다. 연방대법원이 말한 대로 연방대법원의 법정에 법을 창조하는 역할을 한 많은 사람들을 묘사한 장식물 사이에 글판을 들고 있는 Moses의 모습이 그려져 있듯이 모든 종교적 상징물이 창설조항을 위반하는 것은 아니다. 십계명은 법과 도덕의 원천으로서 역사적 중요성이 있고 이를 전시하는 행위를 평가함에 있어서는 그것이 어떠한 맥락에서 전시되었는지가 결정적이라는 것이다.

자유신봉조항free exercise clause의 기본원칙은 창설조항establishment clause의 기본원칙만큼이나 명백하다. Robert Jackson 대법관은 West Virginia State Board of Education v. Barnett (1943) 판결에서 아래와 같이 말했다.

> 우리의 헌법이라는 별자리에 움직일 수 없는 항성이 하나 있다면 그것은 지위의 고하를 막론하고 공무원은 정치, 민족주의, 종교 또는 다른 의견의 영역에서 어느 것이 정통이라고 규정할 수가 없고 또는 시민에게 자신의 신앙이 무엇인지 말 또는 행동으로 고백하라고 강요할 수 없다는 것이다.

Barnette 판결은 모든 어린이들로 하여금 국기에 대한 맹세Pledge of Allegiance to the Flag를 암송하도록 하는 West Virginia의 법에 관한 것이다. Barnette의 자녀들은 여호와의 증인Jehovah's Witness으로서 자신들의 종교적 신념 때문에 조각된 이미지에 경의를 표하기를 거부한다는 이유로 학교에서 쫓겨났다. 1943년 6월 14일 국기의 날Flag Day에 내려진 그 판결에서 연방대법원은 그 법이 자유신봉조항을 위반했다고 판시하였다. 주정부는 자신의 양심이 요구하는 방법에 따라 행동한 Barnette 일가를 처벌할 수 없다는 것이다.

정부가 개인의 양심에 따라 하는 행동에 대하여 어떤 강제를 할 수 없다는 Barnette 원칙은 아주 잘 확립되어서 예컨대 학교에서 의무적으로 기도(소리를 내든 내지 않든)를 하라고 하거나 성경을 읽도록 하는 등의 다른 상황에도 적용되어 왔다. 그러나 자유신봉과 관련된 대부분의 분쟁은 종교적 양심에 따른 행동이 그 행동을 겨냥하지 않는 법률에 위배되거나, 그 행위자가 정부가 부여하는 혜택을 받을 수 있는지를 심사받을 때 어떤 불이익을 받게 되는 경우들에서 발생한다. 예컨대 어떤 사람의 종교가 "눈에는 눈"이라는 성경구절을 그대로 따르라고 명령함으로써 그 사람이 자기가 자동차 사고로 일부 실명이 되었다 해서 상대 운전자의 눈을 파내려 한다는 상황을 가정해 보자. 그는 종교적 명령에 따른 행동을 하였는데 기소될 수 있을까?

대법관들은 이러한 사건의 판결에 어떤 기준이 적용되어야 하는지에 의견이 일치하지 않는다. Sherbert v. Verner (1963) 사건에서 연방대법원은 이익형량

심사기준balancing test을 고안했다. 어떤 사람이 어떤 법이 자기 종교를 자유로이 신봉하기에 실질적 부담이 된다고 주장하면 정부는 그 법을 정당화할 시급한 정부의 이익이 있는지를 제시하여야 한다. 연방대법원은 정부의 이익과 그것이 자유신봉에 주는 부담을 비교해 보고 그러한 이의를 제기하는 사람에게 이를 해소해 줄 경우 정부의 이익이 어디까지 훼손될 것인가를 판단한다. Sherbert 판결에서 연방대법원은 토요일에 일하기를 거부하였다는 이유로 해고된 제7안식일교도Seventh-Day Adventist에게 실업수당 지급을 거부하는 규칙을 위헌선언strike down하였다. 이 규칙은 그의 종교활동에 중대한 부담을 주었고 기망적인 청구를 예방해야 한다는 주정부의 이익은 다른 방법으로도 보호될 수 있다는 것이다.

그러나 연방대법원의 구성이 변화한 뒤에 나온 Employment Division v. Smith (1990) 판결에서는 그 법이 특정한 종교활동에 부담이 되는 부수적 효과가 있다고 해도 "일반적으로 적용될 수 있고, 종교에 중립적인 법이라면 특정한 종교활동에 부담을 준다고 해도 시급한 정부의 이익이 있어야만 정당화된다고 할 필요가 없다."라고 판시하였다. 어느 법률이 종교활동을 문제삼지 않고도 모든 사람에게 평등하게 적용될 수 있다면 자유신봉조항에 위배되지 않는다. Smith 판결에서 종교활동을 위하여 페요티peyote23)를 사용하였다는 이유로 해고된 약물재활 상담사는 종교에 관하여 중립적이고 모든 근로자에게 일반적으로 적용될 수 있는 규칙을 위반하였으므로 정당화될 수 없고 주정부의 실업수당을 받을 자격이 없다고 하였다.

Sherbert v. Verner 판결로 확립된 이익형량 심사기준balancing test은 Smith 심사기준보다 종교적 자유에 보다 많은 여유를 주는 것 같이 보이지만 연방대법원은 어떤 기준에 의해서든 자유신봉조항을 근거로 삼아 입법을 무효화하는 데는 특히 소극적 태도를 보여 왔다. 예컨대 연방대법원은 Sherbert 판결에 따라 Amish24) 종교의 교리가 사회보장제도를 허용하지 않는다고 해도 그 교도인 고

---

23) 미국 남서부와 멕시코에 자생하는 선인장인 로포포라의 꽃봉오리로서 강력한 환각효과와 진통효과가 있는 메스칼린 성분을 함유하고 있다. 아메리카 원주민 일부 부족이 이를 자신들의 종교활동을 할 때 복용하는 전통이 있으므로 약물남용사범으로 이들을 처벌 및 금지하는 것이 종교활동의 자유를 침해하는 것인지의 문제가 제기된 사건이다.

24) 개신교의 한 분파인 재세례파 계통의 종교문화 공동체를 말한다. 1693년 Jakob Ammann이 종

용자는 사회보장제도에 참여하여야 한다고 요구하는 법률을 지지하였고, 정통 유대교도는 유대교 두건yarmulke을 포함하여 유대식 복장을 입어야만 하므로 제복이 아닌 옷을 입지 못하도록 금지하는 공군의 규칙에서 면제받게 해 달라는 청구를 거부하였으며, 인종을 이유로 차별을 하는 학교에 대해서는 설사 그 차별이 종교적 동기에서 비롯되었다고 해도 세금을 면제받을 자격을 부여하기를 거부하는 세법규정을 지지하였다. 실제로 연방대법원은 자유신봉조항을 근거로 자신의 종교적 신념 때문에 일반적으로 적용되는 법률로부터 면제될 수 있는 경우를 아주 예외적 상황에서만 인정하였다. 하나의 사건 유형은 Barnette 사건에서 국기에 대한 경례와 같이 비자발적으로 신앙을 고백해야 하는 경우인데 이 사건들은 종교에 관한 요구이기도 하지만 자유언론에 관한 요구와도 관련되어 있다. 둘째의 유형은 Sherbert 판결 및 Smith 판결과 같이 고용에 관계되는 사건이다. Sherbert 판결의 취지에 따라 연방대법원은 어떤 사람이 종교적 신념으로 인하여 법상 요구되는 조건을 전부 만족시킬 수 없다면 주정부는 실업수당을 받을 조건의 일부만이라도 면제해 주어야 한다고 판시하였고, Hosanna－Tabor Evangelical Lutheran Church and School v. EEOC 판결에서 연방대법원은 자유신봉조항과 창설조항을 이용하여 종교단체는 직원을 채용하고 해고함에 있어 고용차별금지법의 예외가 됨을 인정하였다. 세 번째의 유형은 법이 문면 자체로 종교단체를 차별하는 경우인데 Missouri가 비영리 단체가 놀이터의 바닥재를 깔기 위하여 폐품 타이어 조각을 구입하면 그 비용을 상환해 주는 프로그램을 운영하면서 명시적으로 교회와 종교학교를 그 대상에서 제외한 경우가 그 예이다 (Trinity Lutheran Church of Columbia v. Comer, 2017). 마지막 예외는 Wisconsin v. Yoder (1972) 판결로 인정된 하나의 경우뿐이다. 이 사건에서 연방대법원은 Wisconsin은 Amish 교도인 부모에게 자신들의 종교적 신념에 위배

교박해를 피해 신대륙으로 건너온 이후 현재 Pennsylvania 중부에 집단 거주하고 기타 지역과 캐나다에도 일부 거주하는데 내연기관, 전기, 자동차, 컴퓨터 등 일체의 현대문명을 거부하고 마차와 단추 없는 옷으로 생활하는 등 자연적인 생활규범을 가지고 있다. 성실과 근면을 기본으로 하되 배타성은 비교적 가지고 있지 않으며 약 500여 개의 지파가 있고 이들 중 일부는 현대문명과의 접촉을 허용하기도 한다. 자신들의 종교와 생활문화를 지키기 위하여 현대적 문명을 가르치는 학교교육 대신 홈스쿨링을 선호하며 이에 따라 1972년에는 미국식 공교육에 따른 고등교육을 받기를 거부할 권리가 있음을 인정해 달라는 소송을 제기하여 인정받기도 하였다.

하여 자식들을 8학년 이상의 학교에 보내라고 요구할 수 없다고 판단하였다. 연방대법원은 후에 이 판결이 자유신봉조항뿐만이 아니라 다음 항에서 논하는 사생활권right of privacy에도 함께 근거를 두고 있다고 성격을 규정하였다. 주정부는 청소년이 시민으로 그리고 사회의 일원으로 성장하도록 보장하는 데 절실한 이익이 있으나 8학년까지의 공식적 학교교육을 받고 그 이후에는 가정과 자신들의 공동체가 어린이들을 Amish의 방식으로 훈련시키는 것을 결합하면 주정부의 이익을 만족시키는 것으로 간주될 수 있다는 것이다.

연방헌법이 보호하는 기타의 권리는 어떤 것이 있는가?

연방헌법은 다른 많은 중요한 국민의 권리를 보호한다. 그러한 보호 중 어떤 것은 이미 사문화되었다. 추가조항 제3조는 정부가 주택의 소유자에게 평상시에는 자신의 주택을 군대를 위한 숙소로 제공하라는 명령을 하지 못하게 하고, 전시에는 법률로 정한 경우를 제외하고는 그러한 명령을 하지 못하도록 하지만, 정부는 이미 오랫동안 이러한 시도조차 한 일이 없다. 최근에야 보호의 내용이 정해진 것도 있다. 연방대법원이 추가조항 제2조를 개인이 총기를 소유할 권리를 보호하는 뜻이라고 명확하게 해석한 것은 2008년의 일이다. 추가조항 제2조에 관해서는 이 규정이 연방헌법의 규정으로서는 드물게 하나의 조문 안에 서문적 조항prefatory clause("자유로운 국가의 안전에는 규율이 확립된 민병대militia가 필요한바")과 실행적 조항operative clause("무기를 보유하고keep 소지할bear 국민의 권리는 침해되지 않는다.")이 함께 존재하는 이례적 구조를 가지고 있기 때문에 많은 논쟁의 대상이 되어 왔다. 서문조항이 실행조항의 내용을 수정할 수 있다고 본다면 이 조항은 그러한 이유로 무기를 소지할 권리는 민병대에 소속된 사람들에게만 적용된다고 해석되어야 할 것인가? District of Columbia v. Heller (2008) 판결에서 연방대법원은 그 권리는 국방 서비스와 관련이 없는 개인의 권리라고 하고 따라서 권총의 소유를 금지하는 Washington D.C.의 법률을 위헌이라고 판시하였다.

개별적 권리를 보호하는 헌법규정은 추상적 문구로 기재되어 있지만 헌법이 보호하는 행위는 보호를 해 주는 특정한 헌법조항의 문구와 합리적으로 관련되어 있음이 보통이다. 예컨대 추가조항 제1조가 언론의 자유freedom of speech를 보호한다고 할 때 그것이 어떻게 미국 국기를 태우는 행위와 같이 언어에 의하지 않는 의사소통 행위까지도 포괄할 수 있도록 확대하여 해석되는지를 알아보기는 그리 어렵지 않다.

그러나 이보다는 덜 통상적이고 논쟁의 대상이 되는 자유 중에서 연방대법원이 연방헌법에 의하여 보호된다고 판단한 것들이 있는데 이들이 보호를 받는 근거는 무엇인가? 낙태abortion를 하는 일, 성적 행위를 하는 일, 피임기구를 구입하는 일, 다른 주로 여행할 권리 등등은 연방헌법의 어느 규정에 의하여 보호를 받는가?

이 질문에는 어디에나 있기도 하고 어디에도 없기도 하다라는 것이 답이다. 연방대법원은 추가조항 제1조와 적법절차조항due process clause과 같은 특정한 조항에 의한 보호 이외에도 국민이 누려야 하는 기타의 권리, 즉 여행할 권리, 투표할 권리 그리고 법원을 이용할 권리 등을 포함하는 다양한 기본권들이 어떻게 헌법에 의한 보호를 받는지 정의하였다. 연방대법원은 또한 사생활권right to privacy, 즉 사생활의 자유와 비밀을 보장받을 권리가 연방헌법 안에, 나아가 사람에게는 "천부의 자유ordered liberty"가 있다고 보는 우리의 제도 안에 내재하는 권리라고 인정하고 여기에는 부모가 자식들을 돌볼 권리, 개인이 자신의 성행위와 생식활동을 통제할 권리, 기타 자신에 대한 의학적 결정을 할 권리 등이 포함된다고 하였다. 이러한 권리들은 다른 특정한 헌법조항으로는 보호될 수 없는 개인적인 활동과 은밀한 유대관계에 속하는 것들을 보호한다. 이 중에 가장 논쟁이 심한 것은 물론 낙태를 할지 여부를 선택할 여성의 권리이다.

연방헌법에 사생활, 여행이나 성적 행위라는 말은 언급되어 있지 않다. 연방대법원의 대법관들은 이러한 권리들의 근거는 어떤 헌법조문에서 발견하는가?

일련의 사건을 통하여 연방대법원은 헌법 문구에 명시적으로 나타나지는 않지만 다른 조항의 문구에서 퍼져 나오는 "발산적emanation" 또는 "그림자 같은 권리penumbral right"가 헌법이 어떤 특정의 어떤 자유를 보장하는 원천이라고 결론을 내렸다. 그 원천이 되는 조항은 대법관마다 달리 주장하는데 가장 잘 알려진 의견들은 아래와 같다.

- 추가조항 제1조는 표현expression의 자유를 보호한다. 이를 적절히 행사하려면 국민은 공부하고 배우고 자신이 선택하는 어떤 생각에 접할 수 있어야 한다.

- 추가조항 제1조는 또한 정치적 목적을 달성하기 위하여 단체를 구성할 수 있는 자유도 보장한다. 결사의 자유freedom of association는 개인이 자신의 단체와 활동을 개인의 영역에 남겨 둘 수 있을 때 실효성이 있다.

- 추가조항 제4조는 예컨대 형사절차에서 경찰관이 영장이 있거나 긴급한 상황이 아니면 개인의 소지품을 수색하지 못하도록 하는 등 정부의 권한을 제한한다. 이 원칙이 경찰이 개인의 자유에 대하여 침해적인 행위를 하지 못하도록 하기 위하여 고안된 것은 맞으나 어떤 행위가 침해적 행위라고 인정되어야 하는 이유의 대부분은 국민이 개인의 사생활에 대하여 그림자와 같은 권리 penumbral right를 가지기 때문이다.

- 추가조항 제9조는 "연방헌법에 특정한 권리만이 나열되어 있다고 하여 그것이 국민이 가지고 있는 기타의 권리들을 부인하거나 약화시키는 것으로 해석되어서는 안 된다."라고 한다. 이 조항의 의미에 대하여 역사적으로 상당히 많은 논쟁이 있었으나 어떤 대법관들은 이 조항이 연방헌법의 어느 곳에도 명시되어 있지는 않지만 이에 불구하고 어떤 기본적 권리fundamental right가 존재함을 인정하는 뜻이라고 해석해 왔다.

연방대법원이 이러한 개별적 권리들을 모두 한 곳으로 모아서 보므로 그 크기는 각 부분들의 총합보다 커진다. 이렇게 명문의 근거가 있는 권리들의 의미를 확대시키면서 연방헌법을 전체적으로 이해하면 그 안에 인간성personhood이라는 시각이 입력되어 있음을 알 수 있고 사생활권right of privacy이라는 새로운 권리가 이를 근거로 만들어진다. 헌법학자 Lawrence Tribe가 주목하는 바와 같이 사생활권right of privacy이 "일원적unitary 개념"인지 아니면 "서로 상관없는 물건들이 든 선물보따리goody bag"인지는 분명치 않다. 이론이야 어떻게 구성되든 간에 이 권리는 여태까지 인간의 자유에 대하여 대법관들로 하여금 가장 공감이 가는 말들을 하도록 해 주었다. 이를 인용해보면 헌법에서 사생활권이 얼마나 중요한 의미를 가지는지 알 수 있다.

Louis Brandeis 대법관은 Olmstead v. United States, 1928 판결의 소수의견in dissent에서:

우리 연방헌법을 제정한 사람들은 행복을 추구하기에 유리한 조건을 확보하기 위하여 어떤 결단을 내렸다 … 그들은 권리 중에서 가장 포괄적이면서 문명인이 최고의 가치를 인정하는 권리, 즉 정부로부터 간섭받지 않을 권리the right to be let alone를 부여하기로 하였다.

James McReynolds 대법관은 Meyer v. Nebraska, 1923 판결에서:

의심의 여지가 없이 자유란 단순히 신체에 대한 억압으로부터 자유만이 아니라 개인이 계약을 체결하고, 인생에서 통상적인 직업에 종사하고, 쓸모 있는 지식을 얻고, 결혼하고, 가정을 만들어 아이들을 기르고, 자신의 양심이 명하는 대로 신을 숭배하고, 그리고 일반적으로는 자유인이 질서 있게 행복을 추구하는 데 필수적이라고 보통법이 오랫동안 인정해 온, 그러한 특권들을 누리는 것을 의미한다.

John Paul Stevens 대법관은 Meachum v. Fano, 1976 판결의 소수의견에서:

나는 모든 사람은 창조주에 의하여 기본적이고 양도할 수 없는 권리의 하나로 자유를 부여받았음이 자명하다고 생각해 왔다. 그것은 특정한 법 또는 규정들이 부여하는 특정한 권리particular rights 또는 특권이라기보다는 적법절차조항due process clause이 보호하는 바로 그 기본적 자유일 것이다.

사생활권right of privacy의 창설에 가장 중요한 역할을 한 초기의 두 판결은 Meyer v. Nebraska (1923) 판결과 Pierce v. Society of Sisters (1925) 판결이다. Meyer 사건에서 Nebraska 주정부는 반이민주의자들nativists의 성화에 따라 8학년 이전의 외국어 교육을 금지하였다. Pierce 사건에서 Oregon 주정부는 모든 학생들이 공립학교에 다니도록 하였다. 두 개의 사건에서 연방대법원은 그 법들이 "현대 언어 교사들의 소명, 학생들의 지식을 습득할 기회, 부모가 자녀들의 교육을 통제할 권리"를 침해하는 것으로 보아 위헌이라고 선언하였다. 연방대법원은 이 판결의 근거는 종교의 자유권이 아니라 더 넓게 누구나 개인적 결정을 함에 있어 국가의 통제로부터 자유로울 권리를 가진다는 데 있다고 명시하면서 비종교계 사립학교에 관하여 제기된 유사사건companion case에도 위 판시사항을 적용하였다.

Meyer 판결과 Pierce 판결은 자녀의 교육에 대한 부모의 관심이 중요하다는 것을 보여주었다. 이는 사생활권의 일부인 결혼을 포함한 가족관계에 대하여 가지는 넓은 권리의 일부이다. Loving v. Virginia (1967) 사건에서 연방대법원은 백인과 흑인 사이의 결혼을 금지하는 Virginia 법률을 무효화하였고, Boddie v. Connecticut (1971) 판결에서는 이혼을 신청하는 사람에게서 수수료를 징수하는 Connecticut 법률은 수수료를 낼 능력이 없는 가난한 사람에게 적용될 수 없다고 판시하였다. 두 판결 모두 사생활권이 어떻게 발전해 왔는지 보여준다. 각 사건에서 연방대법원은 (Loving 판결에서는 평등보호equal protection를 근거로 하고 Boddie 판결에서는 적법절차due process를 근거로 하는 등) 판결의 근거가 되는 원칙은 서로 다른 것을 들었지만, 두 사건 모두에서 결혼이 기본적 권리이고 따라서 주정부는 개인이 결혼관계에 진입하고 이탈할 능력을 부당하게 제한해서는 안 된다고 하였다.

더 최근에 나온 두 개의 판결에서 연방대법원이 어떻게 사생활권을 발전시켰고, 어떻게 대법관들의 생각이 비교적 짧은 기간 동안에 바뀔 수 있었는지 볼 수 있다. Michael Hardwick은 자신의 침실에서 다른 남성과 성행위를 함으로써 Georgia의 남색행위sodomy 금지법을 위반한 혐의를 받았다. 1986년의 Bowers v. Hardwick 판결에서 연방대법원은 그 법률이 합헌이라고 판결했다. White 대법관이 주도한 다수의견은 이 사건의 쟁점을 동성애 행위를 할 기본적 헌법적 권리가 있느냐의 여부로 규정한 다음 동성애의 금지에는 "오랜 뿌리"가 있다고 하면서 사생활권을 거기까지 확대하는 것을 거부하였다. 그러나 2003년에는 연방대법원의 구성이 바뀌어 이와 다른 결론을 냈다. Lawrence v. Texas 판결에서 Kennedy 대법관이 주도한 다수의견은 Bowers 판결이 말하는 역사적 근거를 비판하고 (서로 다른 국제법적 근거를 대기는 하였지만) 동성애에 대한 일반의 태도가 바뀌었음과 성적 자치권sexual autonomy을 인정할 필요성이 있음에 주목하여야 한다면서 Bowers 판결은 잘못 판단되었고 파기되어야 한다고 판결하였다. 이러한 사건의 진정한 쟁점은 "인간의 가장 개인적인 행위인 성적 행동, 그리고 가장 사적인 장소인 집안에서의 행동을 건드리는" 법률이 합헌인지 여부에 있음에도 불구하고 White 대법관이 위의 사건들에서 동성애 행위를 할 권리가 있는지 여부를 쟁점으로 본 것은 정확하지 않다는 것이다. Kennedy 대법관에 따르면 "자유liberty"는 "정부가 부당하게 주거 또는 다른 개인적 장소에 침입하는 것으로부터 개인을 보호한다. 미국의 전통에 비추어 국가는 가정에 들어갈 수 없다 … 자유는 생각, 신념, 표현 그리고 어떤 은밀한 행위를 할 수 있는 자유를 포함하는 개인의 자치autonomy of self를 전제한다." 이에 따라서 동성애 행위를 범죄로 규정하는 Texas 법률에 따라 유죄를 선고받았던 John Lawrence와 Tyron Garner는 "그들의 사적인 생활을 존중받을 권리가 있다. 국가는 그들 개인의 성적 행동을 범죄로 만듦으로써 그들의 존재를 천박하게 만들거나 그들의 운명을 통제할 수 없다."

개인의 자유를 정의하고 법원이 이를 적용함에 있어 어떠한 역할을 하여야 하는지에 관한 어려운 문제는 동성혼same-sex marriage에 관한 일련의 사건에서 첨예하게 드러났다. 1996년 일부 주들이 동성혼의 합법화를 검토하자 연방의회는 결혼보호법Defense of Marriages Act(DOMA)을 제정하였는데, 여기에 동성혼은 "결혼marriage"에서 제외한다는 정의 규정이 포함되어 있었다. 이 정의는 세법을 포함한 1천 개 이상의 연방법률의 적용에 영향을 준다. Edith Windsor와 Thea Spyer는 캐나다에서 결혼하였고 그들이 거주지인 New York에서도 이는 결혼으로 인정되어 있었다. Spyer가 사망하면서 전 재산을 Windsor에게 남겨주었는데 Windsor는 DOMA 때문에 연방의 상속세 부과 시 배우자 공제를 받을 수 없었으므로 세금을 납부하고 그 반환을 청구하는 소송을 제기하였다.

United States v. Windsor (2013) 판결에서 Kennedy 대법관이 주도한 다수의견은 먼저 결혼에 관한 문제는 전통적으로 연방정부가 아닌 주정부가 관장할 사안이라고 상기시키고, New York주는 동성혼을 인정함으로써 동성애자에게 "존엄과 엄청난 의미"를 부여하였으며, "인정, 존엄 그리고 그들 자신의 공동체 내의 계층에 대한 보호를 제고하였다."고 하였다. 이와 대조적으로 DOMA는 "New York주가 보호하려는 바로 그 계층을 해치고자 한다." 이 법은 동성혼을 하는 사람에게 "법이 공언하는 목적과 실질적 효과가 … 불이익을 부과하고, 지위를 분리시키며 그리하여 낙인을 찍는 데 있다." 따라서 이 법은 "연방 헌법의 추가조항 제5조가 보호하는 자유의 박탈", 즉 추가조항 제5조의 평등보호의 보장에 의하여 내용이 좀 더 구체화되고 "더 잘 이해되며 보전되는" 자유를 빼앗는 것이므로 위헌이라고 하였다. 이 자유는 "정부로부터 이 법에 의하여 자행되는 사람에 대한 지위격하와 천시의 권한을 거둬들인다."는 것이다.

Scalia 대법관은 연방대법원의 역할의 범위 문제를 날카롭게 지적하는 신랄한 반대의견을 제시하였다.

> 이 사건은 여러 면에서 권력과 관련이 있다. 이 사건은 우리 국민이 스스로를 규율할 권력 그리고 연방대법원이 무엇이 법이라고 선언할 수 있는 권력과 관계가 있다. 오늘의 다수의견은 후자가 커지면 전자가 작아진다는 결과를 예측하면서도 연방대법원의 권력을 키우는 처사이다. 연방대법원이 두 가지 점 모두에 대하여 범하는 오류는 하나의 병든 뿌리, 즉 미국 사회에 연방대법원의 역할에 관한 관념이 지나치게 높게 설정되어 있다는 병폐에서 비롯된다.

그는 다수의견의 헌법적 근거가 공허함을 맹렬히 비난하였다. 다수의견은 DOMA가 결혼을 규율할 주정부의 전통적 권한을 침해하였다고 주장하는데 이 것이 연방주의federalism와 관련이 있는가? 아니면 비록 다수의견이 평등보호의 원칙은 다른 어떤 자유를 부여하는 일을 좀 더 명확하게 해주는 데 불과하다고 하지만 이것이 평등보호와 관련이 있는가? 또는 이것은 다수의견이 거론하기를 꺼리는 권리, 즉 적법절차조항에서 스며 나오는 그림자 권리와 관련이 있는가?

이어서 Obergefell v. Hodges (2015) 판결이 나왔다. James Obergefell과 John Arthur는 서로를 만나 사랑하게 되고 수십 년간 이어진 관계를 맺어 왔다. 2011년 John은 전신을 쇠약하게 하며 계속 진행되는 불치병인 ALS 또는 루게릭병이라고 불리는 질환에 걸렸다. James와 John은 서로에게 헌신할 것과 John이 사망하기 전에 결혼하기를 원하였다. 그들은 원래 살던 Ohio에서 동성혼이 합법화되어 있는 Maryland로 건너가 John의 거동이 너무나 불편하였으므로 의료용 비행기 안에서 포장재 위에 앉아 결혼하였다. 그는 3개월 후에 숨을 거두었다. Ohio는 그들의 결혼을 인정하지 않았으므로 James는 John의 사망증명서

death certificate에 생존 배우자surviving spouse로 기재될 수 없었고, 이에 따라 연방대법원이 말하는 대로 "죽음에서마저 이방인"으로 되었다. James는 John의 사망증명서에 생존 배우자로 기재해 달라는 소송을 제기하였다.

연방대법원은 추가조항 제14조의 적법절차조항과 평등보호조항이 있으므로 주정부는 동성의 부부에게 결혼증명marriage license을 발행해야 하고, 다른 주에서 이루어진 동성혼을 인정해야 한다고 판결하였다. Kennedy 대법관은 연방대법원의 사생활권 관련 판결들로부터 아래와 같은 네 개의 원칙을 추출하였다.

> 관련되는 연방대법원 판례들의 첫째의 전제는 결혼에 관하여 개인이 어떤 선택을 할 수 있는 권리는 개인의 자치individual autonomy라는 개념에 내재되어 있다는 것이다.
>
> 연방대법원의 법해석의 둘째의 원리는 결혼은 당사자에게 중요성의 면에서 다른 어떤 것보다 더 강력하게 두 사람의 결합을 지지해 주는 제도이므로 결혼할 권리는 인간의 기본적 권리라는 것이다.
>
> 결혼할 권리를 보호하는 셋째의 근거는 결혼이 자녀와 가족을 지켜 주고 그리하여 자녀양육, 생식 그리고 교육이라는 관련된 권리에 의미를 부여해 준다는 데 있다.
>
> 넷째이자 마지막으로 연방대법원의 판례와 미국의 전통은 결혼이 우리의 사회질서의 주춧돌이라는 것을 분명히 선언하고 있다.

그는 이 원리들을 적용하여 동성애자에 대한 역사적 차별은 자유에 대한 현대적 이해와 부합할 수 없다고 결론을 내렸다.

> 이성의 부부에게만 결혼을 한정하는 것이 오랫동안 자연스럽고 정당하다고 보여 온 것은 사실이지만 결혼을 할 기본적 권리의 중심적 의미에 모순된다는 것이 지금은 명확해졌다. 이러한 인식에 의하면 결혼할 권리에서 동성혼을 배제하는 법은 그러한 사람들에게 우리의 밑바탕이 되는 기본원리charter가 금지하는 낙인과 피해를 가하는 처사이다.

나머지 4인의 대법관은 주로 다수의견이 사법부의 역할을 넘어서고 있다는 이유로 이에 반대하였다. Roberts 대법원장은 Obergefell의 처지에 동조하는 강력한 주장이 있음을 인정하면서도 아래와 같이 그것은 동성혼의 인정 여부와는 관련이 없다고 하였다.

> 연방대법원은 입법기관이 아니다. 동성결혼이 좋은 생각인지 아닌지는 우리가 걱정할 일이 될 수 없다. 연방헌법에 의하여 판사는 법이 무엇인지를 말할 권한이 있는 것이지 법이 어떻게 되어야 한다고 말할 권한은 없다 ... 다수의견은 의지에 따른 행동이지 법적 판단이 아니다. 다수의견이 말하는 권리는 연방헌법 또는 연방대법원의 판례에 근거가 없다.

Scalia 대법관은 그의 성격대로 아래와 같이 직설적인 비판을 하였다.

> 오늘의 결론은 연방대법원에 앉아 있는 9명의 법률가 중에서 다수의견을 내는 자들이 나를, 그리고 미국 전역의 3억 2천만 미국인을 지배하는 자라고 한다. 국민에 의하여 선출되지 않은 9명으로 구성된 한 위원회가 헌법심사를 한다고 하면 (오늘도 그러하듯이) 언제나 그들이 국민의 자유를 지켜주는 것처럼 과도한 찬미가 뒤따르는데, 사실은 이들이 국민들로부터 그들이 1776년의 독립선언서와 독립전쟁에서 주장하고 쟁취한 가장 중요한 자유, 즉 국민이 스스로를 지배할 자유를 강탈하는 처사이다.

사생활권right to privacy이 가장 넓게 확장된 분야이자 논쟁에 최고의 열기를 불러일으킨 분야는 생식권reproductive right이다. Meyer 판결과 Pierce 판결은 정부에게 국민의 마음을 통제할 권한이 있는지가 쟁점이고, Bowers 판결과 Pierce 판결과 같은 생식권 관련 사건은 정부가 사람의 신체를 통제할 권한이 있는지가 쟁점이다.

1960년대와 1970년대에 나온 두 개의 판결이 사생활권right to privacy의 내용에 변화를 가져오고 연방대법원을 생식권 분야에 몰입하게 하였다. Griswold v.

Connecticut (1965) 판결에서 Planned Parenthood사의 대표이사와 의료담당 이사는 Connecticut의 법률을 위반하여 결혼한 부부에게 피임용구의 사용 또는 피임용구에 대한 조언을 한 혐의로 유죄판결을 받았다. 피고인들은 연방대법원이 특정한 헌법 문구로부터가 아니라 "그 문구들에게 생명력을 부여하는 그러한 보장들에서 파생되어 형성된, [권리장전Bill of Rights에 의한 특정한 보장]의 그림자"에서 찾아낸 권리로서 결혼한 사람들이 피임용구를 사용할 권리가 있다는 주장을 재판에서 방어방법defense으로 사용할 수 있다고 허가받았다. 연방대법원은 결혼생활에서의 사생활권을 "권리장전보다 더 오래되고, 우리의 정당보다 오래되었으며, 우리의 학교 제도보다 오래되었다. 결혼은 좋든 나쁘든 함께 하는 것이며, 되도록 지속되어야 하고, 신성하다고 할 정도로 은밀하며 … [그]것은 우리가 이전에 내린 모든 판결에 관련된 목적만큼이나 고귀한 목적을 위한 결합이다."라고 표현하였다. 연방대법원은 그러한 권리는 자유로운 사회의 기본이 되며 정부의 규제권한은 이를 침범할 수 있을 정도로 넓게 부여되서는 안 된다고 결론지었다.

Griswold 판결에 이어 나온 Eisenstadt v. Baird (1972) 판결은 생식 분야에서의 사생활권은 결혼한 부부에게만 한정되지 않음을 명확히 했다. Eisenstadt 사건의 피고인은 결혼하지 않은 여성에게 피임용구를 제공하여 주법을 위반하였다는 혐의로 유죄판결을 받았다. 이 판결을 파기하면서 연방대법원은 아래와 같이 말하였다:

> 결혼한 부부라 하여 부부라는 그 자체가 하나의 정신과 마음을 가진 독자적 단위인 것은 아니며, 각자 독립적인 지적, 감정적 구성을 가진 두 개인의 결합체이다. 사생활권은 개인이 기혼이든 독신이든 아이를 가지거나 낳을지 여부 등과 같이 개인에게 지극히 근본적 영향을 미치는 일에 정부가 부당하게 개입하는 것으로부터 자유로울 권리라고 하여야만 그것이 어떤 의미를 가질 수 있다.

Griswold 판결과 Eisenstadt 판결, 그리고 다른 피임기구 관련 사건은 사생활권의 원칙을 새로이 확장하는 판결이었지만 그에 대한 논쟁이 아주 많지는 않았다. 폭풍은 1973년에 연방대법원이 Roe v. Wade 사건을 판결하며 사생활권이 "자신의 임신상태를 종결시킬지 여부에 관한 여성의 결정을 포괄할 만큼 넓은 범위를 가진다."라고 결론내린 데서 불어닥쳤다. 이 판결이 있은 후 주정부와 연방정부가 이에 저항하여 그 판결 내용을 변용, 회피하거나 예외를 설정하고자 시도하거나 직접적으로 저항하는 등 거세게 대응하였기 때문에 낙태사건이 연방대법원에 수십 건, 하급법원에는 수백 건이 몰려들었다. 그리고 물론 이 소란은 법정 밖까지 흘러나와 선거정치, 대규모 시위, 낙태 병원에 대한 피케팅, 그리고 환자에게 낙태를 시술한 의사의 살해에까지 이어졌다.

연방대법원에서의 낙태권 사건을 간단히 요약하는 것으로 이 논의를 시작해 보자. 헌법상 권리에 관한 이슈는 대부분 연방대법원에게 이로 인하여 영향을 받을 개인의 이익과 정부가 개인의 행위에 대한 통제를 시도하면서 내세우는 이익 사이에서 비교형량을 하라고 요구한다. Roe 판결에서 연방대법원은 세 개의 이익을 발견하였다. 임신상태를 종결시킬 것인지 여부에 관한 여성의 이익은 Meyer 판결과 Pierce 판결에서 시작되어 Griswold 판결과 Eisenstadt 판결을 거치면서 확대되어 온 개인의 자치권personal autonomy에 관한 이익의 측면을 가진다. 국가는 두 가지의 이익 때문에 그와 같은 여성의 결정에 영향을 미치고자 한다. 낙태는 의료행위이므로 국가는 그 행위가 환자의 안전을 보장할 수 있는 조건에서 시행되는지 들여다보는 데에 이익을 가진다. 정부는 태아fetus를 보호하는 데에도 역시 이익을 가진다.

임신을 지속할 것인지 종료할 것인지의 결정은 한 여성이 자기 인생을 어떻게 꾸릴 것인가에 관한 근본적 문제를 수반하므로 연방대법원은 이를 헌법상의 기본권이 된다고 보았다. 그러므로 주정부는 통제를 가해야만 하는 절실한 이익이 있어야 그 권리를 통제할 수 있고, 그 통제는 그 이익을 달성하기 위한 최소한의 범위에서 면밀하게 고안되어야 한다. 산모의 건강을 보호할 국가의 이익은 임신기간의 첫 1/3 동안에는 그리 절실하지 않으며, 그 시점까지는 낙태의 위험성이 정상적 분만의 위험보다 적다. 첫 1/3이 지나면 국가는 산모의 건강이 보호될 수 있도록 합리적으로 계산된 방법으로 낙태를 규율할 수 있는데, 예컨대 낙태 과정이 허가받은 시설에서 자격 있는 사람에 의하여 시행되도록 하는 것 등이 그것이다. 연방대법원이 태아fetus는 추가조항 제14조가 보호하고자 하는 목적을 위해서든 다른 법 원칙에 의해서든 아직 사람이 아니라고 결론지었기 때문에 임신 초기에는 태아를 보호할 국가의 이익도 그리 절실하지 않다. 그러나 마지막 3분기에 들어 태아가 독자적 생명력을 가지게(즉, 어머니의 자궁 밖에서 생명을 유지할 수 있게) 되면 국가는 태아를 보호할 "논리적이고 생물학적인" 정당성을 가진다. 그러므로 임신기간의 마지막 1/3에는 국가에게 절실한 이익이 있기 때문에 임신을 지속함으로써 산모의 생명과 건강이 위험해지는 경우를 제외하고는 국가가 낙태를 금지하는 것은 합헌적이다.

Roe 판결이 나온 이후에도 많은 주의 입법부들은 여전히 낙태할 권리를 제한하거나 규제하고자 하였다. 연방대법원은 많은 사건에서 이러한 이익분석론 interest analysis을 적용하여 대응하였다. 예컨대 정부는 산모의 건강을 보호해야 한다는 국가의 이익을 증진할 수 있도록 낙태가 일정한 안전기준을 충족할 수 있는 병원 또는 클리닉에서 행해져야만 한다고 요구할 수는 있으나, 낙태가 종합병원full-service hospital에서만 시행되어야 할 것을 요구할 수는 없다고 하는데, 이는 후자가 아니라 전자를 요구하면 산모의 건강이 더 합리적으로 보호될 수 있는 방법이 되기 때문이다. 정부는 비록 여성의 낙태권을 존중할 것을 요구받지만 그 권리의 행사를 조장해야 할 의무는 없으므로 예컨대 연방정부는 의료보호기금Medicaid funds에서 낙태 시술비용을 지급해 달라는 요구를 거부할 수 있다.

그 후 20여 년이 지나면서 특히 연방대법원의 대법관의 구성이 변함에 따라 Roe 판결에서와 같은 이익분석론의 구조는 포기되었다. 결국 Planned Parenthood v. Casey (1992) 판결에서 연방대법원은 대법관의 다수가 낙태를 선택할 권리는 기본적 권리임을 재확인하면서도 Roe 판결에서 임신 기간을 3분기로 나누어 분석하는 방식의 전제가 되는 절실이익론compelling interest test은 폐기될 수도 있고, 그 대신에 국가의 규제의 가능성이 여성의 권리에 "부당한 부담undue burden"을 가하는지 여부에 따라 판단되어야 한다는 심사기준을 채택해야 한다고 주장함으로써 적어도 일시적으로나마 낙태권의 근본적 이슈를 해결한 것처럼 보였다. Roe 판결에 사용된 3분기 분석론trimester analysis과는 달리 부당부담이론undue burden test은 법원에게 낙태에 대한 국가의 제한조치가 여성이 낙태를 선택할 권리를 행사하는 과정에 부당한 부담이 되는지 여부를 심사하라고 요구한다는 점에서 매우 사실중심적fact-intensive이다. 예컨대 Casey 판결에서는 여성이 의사와 낙태를 상담한 이후 실제 시술하기까지 24시간의 대기시간을 가지도록 의무화하는 것과 그러한 대기 절차 자체는 하급법원의 심리과정에서 모든 여성에게 부당한 부담을 가하지 않으며 단지 어떤 여성들에게만 특별히 부담으로 된다는 사실이 밝혀졌으므로 여성의 선택에 부당한 부담을 가하는 것이 아니라고 판단되었다. 그러나 여성이 자신의 남편에게 낙태를 하겠다고 통보하였음을 증명하라고 요구하는 것은 그로 인하여 남편의 가정폭력 또는 심리적 학대가 야기될 가능성이 있어 많은 여성으로 하여금 낙태를 주저하게 만들 우려가 있음이 널리 인정된다는 이유로 위헌으로 판시되었다. 이와 유사하게 Stenberg v. Carhart (2000) 판결에서 연방대법원은 Casey 판결의 원칙을 적용하여 Nebraska 주의회가 극히 희귀한 예외적인 경우를 제외하고는 스스로 "부분출산낙태partial-birth abortion[25])"라고 명명한 어떤 형태의 임신 말기의 낙태행위를 금지한 것은 그 법에 산모의 건강을 고려한 예외를 두지 않았고, 낙태시술에 관한 여성의 선택권에 부당한 부담을 부과하기 때문에 위헌이라고 판결하였다. Whole Women's Health v. Hellerstedt (2016) 판결에서 연방대법원은 낙태를 시술하는 의사는 인근의 병원에서 자격을 인정받아야 하고, 낙태시설은 이동수술센터와 같은 정도의 시설기준을 충족시켜야 할 것을 요구하는 Texas의 법률을 위헌으로 선언하였다. 이 법률에 의하면 많은 낙태시술자가 문을 닫아야 하고, 예컨대 2백만 명 이상의 가임기 여성이 낙태시술자로부터 50마일 이상 떨어진 곳에 살며, 75만 명의 여성은 200마일 이상 떨어진 곳에 살기 때문에 낙태를 어렵게 만든다. 이로 인하여 Texas의 여성들은 여성의 건강과 안전에 관하여 상응하는 이익이 적거나 거의 없는데도 낙태를 선택할 권리에 부당한 부담을 받게 된다는 것이다.

---

25) 부분출산낙태란 태아의 신체의 일부가 모체 밖으로 노출된 상태에서 낙태를 시술하는 것을 말하는데 이러한 형태의 낙태가 가능한지 여부는 언제 태아가 인간으로 되느냐에 관한 학설과 관련이 있다. 이에 관하여는 세계적인 학설을 사람으로 인정받는 시기를 빠르기의 순서대로 나열하면 태아가 정상적으로 모태에서 분리되어 출산의 과정이 시작되면 인간으로 보아야 한다는 출산개시설, 태아의 머리 등 신체의 일부라도 모체 밖으로 나오면 된다는 일부노출설, 신체 전부가 나와야 한다는 전부노출설, 이후 독자적으로 호흡을 할 때 사람이 된다는 독립호흡설 등이 있는데 어느 설에 의하든 사람으로 인정되기 이전에는 태아로서 낙태죄의 객체가 되지만 일단 사람으로 인정받는 시기가 지나서 그 생명을 박탈하면 살해죄를 구성하게 된다. 대한민국에서는 출산 중에 태아의 생명을 박탈하는 행위를 금지하기 위하여 출산개시설이 통설로 인정받고 있어 부분출산낙태는 영아살해죄로 의율되어 낙태죄보다 훨씬 중한 처벌을 받게 될 것으로 보인다.

낙태 문제는 수백 개의 판례와 입법, 정치적 논쟁, 철학적 토론 그리고 분노에 찬 수사들을 낳았다. 이 주제에 관한 법률조차 다 검토하기가 불가능하며 이와 다른 차원의 논의까지 검토하는 일은 더더욱 벅차다. 그러나 낙태가 그렇게 큰 논쟁거리이기 때문에 이 장과 앞 장에서 논한 헌법에 관한 중요 논점 중 두 개를 요약하는 데는 매우 좋은 수단이 된다.

첫째, 낙태할 권리는 어디서 나오는가? 더 일반적으로 말하자면 연방대법원은 어떻게 연방헌법의 의미를 판단하는가? 연방헌법에 대하여 "엄격해석론strict construction" 또는 "사법자제론judicial restraint"을 주장하는 사람이 이 과정을 전체로 보면 연방대법원이 아무런 제약도 받지 않고 스스로 이러한 문제들을 판단할 권력을 가지고 있다고 주장하는 것으로 보일 수 있다. 이들은 연방대법원이 어떤 헌법의 문구 하나의 의미를 확대하여 해석하는 것도 나쁜 일이라 해야 마땅한데, 이러한 방식의 해석까지 허용한다면 대법관들에게 어떠한 헌법조항에도 구애받지 않고 논쟁의 대상인 이슈에 대하여 서로 상관없는 일련의 조항들을 적당히 묶어 자기 개인이 선호하는 결론을 내리고 이것이 헌법의 뜻이라고 선언할 권한을 주는 처사라고 주장한다. 그러한 방식으로 선거로 선출되지 않은 대법관들이 태어나지 않은 태아의 권리보호 등과 같은 이슈들에 관하여 국민들에 의하여 선출된 정부 부처의 의도를 꺾어 놓는다는 것이다.

이러한 주장에는 반론이 있다. 분명히 연방헌법에 사생활권right of privacy이라든가 낙태 규제와 같은 특정의 법률이 어떻게 취급되어야 한다고 명확하게 설명하는 구절은 전혀 없다. 그러나 이에 의하여 우리는 헌법에 관한 논의를 시작하게 된 지점, 즉 헌법해석의 적절한 방법이 무엇이냐는 이슈로 되돌아가게 된다. 연방헌법의 어느 규정도 연방대법원이 어떤 방법으로 사건을 판결해야 한다고 말해 주지 않는다. 연방대법원이 사생활권이라는 권리를 창설할 때 한 일은 그 법원이 다른 분야에서 한 일과 다르지 않다. 연방대법원은 헌법의 구도를 이해하려고 노력하는데 여기에는 헌법 본문에 포함된 어떤 규정의 의미를 해석하고, 문구의 어느 한 부분을 다른 부분과 비교하며, 연방헌법 채택 이후의 사회적, 정치적, 경제적 발전과 함께 법적 해석에 대한 고려 등이 필수적으로 수반된다. 이 분야에서 연방대법원은 그들이 미국식 정치공동체의 형태에 필수불가결하다고 보는 자유들에 공통되는 핵심을 정의해냈다. 대법관들이 그 핵심의 내용에 대하여 언제나 합의를 이루지는 못했지만 그와 같이 핵심을 확립하고자 시도하는 과정만큼은 유익하다는 데에는 대체로 동의해왔다.

Casey 판결에서 Sandra Day O'Conner, Anthony Kennedy, David Souter 대법관이 제시한 중심견해central opinion는 연방헌법에 대한 이해를 구축하는 이러한 과정에 충실하였다. 그들은 사생활권에 관한 과거의 모든 판결에 깔려 있는 일반원칙이 무엇인지 알아내는 시도를 한 끝에 아래와 같이 결론지었다.

> 우리의 판례들은 "국가가 침범할 수 없는 가족생활의 사적 영역을 존중해 왔다." 이러한 문제들은 개인이 일생을 통하여 할 수 있는 가장 은밀하고 개인적인 선택, 개인의 존엄과 자기 결정의 중심이 되는 선택과 관련되어 있으며 추가조항 제14조가 보호하는 자유의 중심이다.

따라서 낙태의 결정은 너무나 "은밀하고 개인적인" 것이므로 국가는 임신한 여성의 선택에 국가의 견해를 간단히 강요할 수 없다는 것이다.

그러나 이것은 민주주의에 반하지 않는가? 어찌 보면 그렇다. 그것이 헌법의 존재 이유이다. 일시적 다수의 의사, 그 순간의 정서, 의회에서의 투표 등이 기본적인 헌법적 보장을 망칠 수는 없다. 그러나 그러한 보장의 내용을 결정함에 있어 연방대법원은 당시의 정서를 마음대로 무시하지 못하며, 어떤 권리가 기본권인지에 관한 연방대법원의 견해는 어떤 권리가 기본적 권리인지에 관한 당시의 정서에 따라 형성될 수 있다.

이는 두 번째 논점으로 연결된다. 헌법은 정말 법인가 아니면 판사들이 자기의 개인적 선호에 따라 법을 만들어 가는 정치의 한 형태에 불과한가? 이 이슈는 Casey 판결에서 Blackmun 대법관이 날카롭게 제기하였다. Roe 판결의 다수의견을 제시한 Blackmun 대법관은 Roe 판결이 번복되어야 하는지에 관하여 다수 대법관과 소수 대법관 사이에 근본적 의견 충돌이 있음을 지적한 다음 이례적으로 아래와 같은 개인적 의견을 덧붙이면서 판결문을 마감하였다.

> 어떤 의미에서 다수의견의 접근방식은 대법원장과 [Casey 판결에서 소수의견을 낸] Scalia 대법관의 접근방식과는 완전히 딴판인 것처럼 보일 수 있다. 그런데 또 다른 의미에서 보자면 이 두 접근법의

거리는 가까워서 단지 대법관 한 명의 표의 차이에 불과하다.

나는 83세이다. 내가 연방대법원에 영원히 재직할 수는 없는데 내가 실제로 퇴직하면 나의 후임자에 대한 의회의 인준절차에서 오늘 우리 앞에 있는 이슈가 후임자의 인준 여부에 관한 논쟁의 초점이 될 가능성이 높다. 인준 청문회가 이 두 개의 세상 사이에서의 선택이 이루어질 바로 그 장소라는 점을 나는 개탄한다.

대법관이 지명되고 인준되는 정치과정이 헌법을 만들어 가는 근본적 요소라고 지적한 Blackmun 대법관의 말은 옳았다. 그러나 그는 또한 Casey 판결에 관하여 놀랄 만한 지적도 하였다.

착각하지 말라, O'Conner, Kennedy, Souter 대법관의 연합의견 joint opinion은 개인적 용기와 헌법적 원칙에 따르는 행동이다. O'Conner 대법관과 Kennedy 대법관이 이전의 사건에서 Roe v. Wade 판결을 재고할지 여부에 관한 결심을 미룬 것과 대조적으로 오늘의 연합의견을 쓰는 대법관들은 "Roe v. Wade 판결의 근본적 판단은 유지되어야 하며 한 번 더 재확인되어야 한다."라는 Stevens 대법관과 나의 결론에 동참하였다.

이것이 어째서 개인적 용기에 의한 행동인가? 위 3명이 모두 보수적인 공화당 출신 대통령에 의하여 임명되었음(O'Conner와 Kennedy 대법관은 Reagan, Souter 대법관은 George H. W. Bush)을 상기하자. O'Conner와 Kennedy가 대법관에 임명되자 보수주의자들은 연방대법원이 진보적 행동주의liberal activism 로부터 멀리 벗어나서 위대한 보수주의greater conservatism로 이동하는 징조로 받아들이고 크게 환영하였다(Souter의 사법적 정치성향은 그의 임명 당시에 모르거나 중도적이라고 파악되었다). 그리고 Kennedy는 독실한 가톨릭 신자이다. 그럼에도 불구하고 이들 세 대법관은 모두 결국에는 개인적 선호의 문제가 아니라 Blackmun 대법관이 말한 "헌법의 원칙에 관한" 문제로서 낙태권을 지지하였다.

우리는 여기서 무엇을 알 수 있는가? 헌법에 관한 의사결정은 완전하게 대법관들의 개인의 선호도와 정치적 선택의 문제가 아닌 것은 분명하다. 그러나 부분적으로 분명히 그것의 문제이기도 한데 이 세 대법관들이 낙태권에 우호적이었지만 다른 사안에 대해서 그들은 Warren 대법원장 시절의 진보적인 전임 대법관들보다는 눈에 띄게 보수적이었다. 이 세 대법관이 헌법의 문구 또는 선행 판례에 무조건 구속되어야 하는 것은 결코 아니며, 그들은 Rehnquist 대법원장과 Scalia 대법관이 그랬듯이 그 구절을 다르게 해석했거나 Roe 판결에 잘못이 있다고 결론내렸을 수도 있었을 것이다. 그러나 그들은 스스로 자신들이 연방헌법을 올바르게 해석하였다고 결론지은 자신의 판단, 그리고 연방대법원의 선례들에 기속되어야 한다고 느꼈다. 그들은 이전의 사생활권 관련 판결들에서 개인적 자유에 관한 넓은 원칙을 발견하였고, 그들은 이 원칙이 있으므로 Roe 판결에 표현된 여성의 선택권이라는 이론이 계속 적용되어야 한다는 결론을 내렸던 것이다.

4

법원에서의 하루Your Day in Court
소송절차the Litigation process

　사람들이 법제도에 관하여 생각을 할 때면 소송litigation을 가장 먼저 떠올린다. 우리는 사람들이 '법정에서 봅시다.', '이 사건을 연방사건federal case으로 만들지 마시오.', '나는 이 사건을 연방대법원까지 끌고 갈 거요.' 등등의 말을 하는 것을 자주 듣는다. 소송은 또 법제도 중에서도 가장 알기 어려운 부분이기도 하다. 소액법정small claims court에서 벌어지는 집주인과 임차인 사이의 분쟁과 같은 어떤 소송은 단순하다. 그러나 엄청나게 복잡한 소송도 많아서 변호사 군단이 엄청난 비용을 들여 지엽적 문제에 치열한 다툼을 벌이는 신기한 일이 벌어지기도 한다. 변호사들은 어떻게 일을 그렇게 복잡하게 만들 수 있는가? 꼭 그래야만 하는가? 그 답은 법대생들이 자신의 경험 속에서 가장 낯설게 느끼는 과목, 즉 민사소송법civil procedure에서 찾을 수 있다.

민사소송civil procedure이란 무엇인가?

　소송litigation은 개인인 당사자들 사이의 분쟁을 해결하는 수단이 되는 법제도이고, 민사소송법은 그 제도의 뼈대를 만드는 법률이다.

　소송은 둘 또는 그 이상의 사람들, 회사들 또는 기관들 사이에서 생긴 분쟁에서 시작한다. 자동차 사고, 계약의 파기, 피용자의 성희롱 소송sexual harassment claim, 정부에 대한 민권소송civil rights claim 등 어떠한 분쟁이든 소송으로 갈 수 있다. 분쟁의 당사자가 문제를 스스로 해결할 수 없다면 그들은 변호사를 선임하여 그 분쟁을 해결하기 위한 협상을 하거나 상대방에게 겁을 주거나 기타의 시도를 한다. 이 일들이 역시 효과가 없으면 법정으로 가게 된다.

옛날에는 영국의 왕이 자리를 잡고 앉아 "법정을 주재hold court", 즉 공공 광장, 정원 또는 기타의 공개된 공간에서 왕의 임무 중의 하나인 정의실현의 임무를 수행하였다. 백성 중의 하나인 John Doe가 왕에게 이웃사람 Richard Roe가 자신의 황소를 다치게 하여 절름발이가 되었다고 주장한다. 왕은 Roe를 소환summon하여 각자가 하는 말을 듣고 Roe가 황소에게 입힌 손해를 배상해야 할지를 판단한다(Doe와 Roe는 전통적으로 가상의 소송당사자litigant를 지칭하거나 그들의 이름이 공개되지 않도록 하기 위하여 사용하는 용어이다.1) 저 유명한 낙태 관련 판결인 Roe v. Wade 판결의 원고plaintiff는 신원을 감추기 위하여 스스로 Jane Roe라고 지칭하여 이 관례를 이용하였다). 세월이 흐르면서 왕은 교서 작성, 귀족들 다스리기, 전쟁 기타 왕이 해야 할 다른 일들을 해야 했기 때문에 너무 바빠져서 백성들의 분쟁을 심판할 수 없게 되었고 이에 따라 자신의 신하들 중 일부에게 이 일을 위임하였다. 오랜 시간을 두고 이 신하들은 이 기능을 제도화하였고 법원에서 소송을 처리하는 판사judge라는 직업이 생겼다.

이 간단한 이야기가 소송에 관하여 알아야 할 것 중 많은 것을 알려준다. 소송은 정부에 의하여 수행되는 유권적 분쟁해결절차authoritative disputes resolution process이다. 어떤 문제가 있는 사람은 정부로부터 그들의 주장을 심리hear하고 해결하는 권한을 부여받은 사람들에게 그들의 주장을 제시한다. 이 이야기를 더 자세히 들여다보고 그것이 암시하는 바를 알아보면 우리는 민사소송과 소송절차를 좀 더 완전하게 알 수 있다.

첫째, Doe는 꼭 법원으로 가야 하는 것도 아니고 Doe와 같은 사람들 대부분은 법원에 가려고 하지 않는다. 황소가 그렇게 심하게 다치지 않았을 수도 있고, Doe 스스로가 시비를 벌이기 좋아하는 사람으로 보이는 것을 원치 않아서

---

1) 대한민국에서는 갑, 을, 병, 정 등이란 용어를 사용하는데 법대생의 case study에서 사용되기도 하고 계약서에서 각 당사자를 간단히 지칭하기 위한 용어로 널리 사용된다. "매도인 XX주식회사(이하에서 '갑')는 매수인 YY주식회사(이하에서 '을')에게 ---"라는 문구는 거의 모든 계약서에서 볼 수 있다. 대한민국에서는 소송 당사자를 익명 또는 별명으로 표시할 수는 없으나 판결서에서 관계자의 신원 노출을 방지하기 위하여 성명을 김○○ 등으로 표시하기는 한다.

모든 것을 잊기로 마음먹을 수도 있다. 아니면 그는 Roe와 대화를 통하여 자신이 필요한 때는 Roe가 그의 황소를 빌려주기로 하는 등 우호적으로 화해를 할 수도 있다. 어쩌면 소송을 하고 싶지만 자신의 농장에서 왕의 법정까지 갈 시간을 내지 못할 수도 있다.

오늘날에도 소송은 희소한 일이다. 사람들이 일상생활에서 여러 가지 손해와 불쾌한 일을 당하지만 소송까지 가는 사람은 상대적으로 적다. 소송은 돈이 들고 시간이 걸리며 정서를 메마르게 하는 절차이므로 사회적 중요성과 금전적 가치를 모두 따져 봐서 정말 중요한 사건만이 소송으로 가게 된다. 이 장 또는 다른 장 어디에선가 논의되는 소송lawsuit들은 소송절차가 사용될 가능성이 있었던 사회문제 중 실제 소송까지 간 것들인데 그 비중은 빙산의 일각에 불과하다.

둘째, 미국 등 영국법의 영향을 받은 국가들에서의 소송은 당사자대립절차 adversary process[2])이다. 무언가를 주장하는 당사자들이 절차를 주도한다. Doe는 사건을 법정에 앉아 있는 왕 앞으로 가져갈 것인지 여부와 거기서 무슨 말을 할지를 결정한다. Roe는 자신이 생각하는 사실facts과 주장arguments을 제시할 기회를 부여받는다. 왕의 임무는 양쪽의 말을 듣고 판단하는 것이다.

오늘날 제도는 더 복잡한 형태로 변하였지만 본질적으로는 여전히 당사자대립의 구조이다. 민사소송은 당사자 간의 힘겨루기이고 당사자의 변호사들이 소송의 얼개를 만드는 데 주된 역할을 한다. 변호사들이 누구를 어디에서 그리고 언제 제소할sue 것인지, 소송에서 어떤 법적 이슈를 제기할지, 어떻게 사실을 조사할지 그리고 어떤 증인과 기타의 증거를 제출할지를 결정한다. 판사들은 변호사들이 게임의 룰에 따르도록 하고 스스로 사건을 최종적으로 판단하거나 배심원단jury이 사건을 판단할 때 이들을 감독한다. 그러나 대립당사자제도adversary system의 순수한 이상적 형태가 실제로 완전히 지켜진 일은 없다. 특히 근래에는 사건이 밀려들고 법원이 사람들로 더 붐비게 됨에 따라 판사들은 사건의 쟁점을

---

2) 현실적으로 진실을 발견하는 가장 좋은 방법은 서로 이해를 달리하는 당사자가 대등한 입장에서 자신에게 유리한 것을 주장하고 불리한 것은 반박하게 한 다음 객관적인 제3자가 이를 지켜보고 누구의 주장이 타당한지를 판단하게 하는 것이라는 논리에서 만들어진 분쟁해결 방법으로 현대에는 영미법계 국가들이 아니라 전 세계적으로 널리 쓰이고 있다. 중세에는 우월한 지위를 가진 규문관이 대상자를 신문하고 조사하여 결론을 내리는 규문주의가 사용되기도 하였다.

좁히고 합의settlement를 권고하며 일을 빨리 진행시킴으로써 자기가 맡은 사건을 관리하려고 하는 경향이 더 강해졌다.

셋째, 소송에는 언제나 사실의 확정facts finding과 법원칙legal policy을 만들거나[3] 적용하는 일이라는 두 가지의 일이 뒤따르게 된다. 왕이 Doe로부터 Roe가 황소를 다치게 했다는 말을 듣는 것만으로 이야기가 끝나지 않는다. Roe는 그 황소를 Doe로부터 빌렸는데 비록 황소가 Roe의 밭에 난 구멍에 빠져 부상이 좀 더 악화되었을지는 몰라도 빌려올 때부터 약간 절뚝거렸다고 답변할 수도 있다. 왕은 황소가 언제부터 절뚝거렸는지, 그리고 만약 Roe가 그렇게 만들었다면 황소를 빌린 모든 사람이 빌려온 동물에게 생긴 우연한 부상에 책임을 져야 하는지 여부를 판단해야 한다. 오늘날도 모든 사건은 이와 마찬가지이다.

넷째, 정부에 의한 분쟁해결제도로 민사소송만이 있는 것이 아니다. Roe가 Doe의 황소를 빌리고 돌려주지 않으면 Doe는 왕에게 Roe로 하여금 황소를 돌려주거나 돌려주지 않는 데 대하여 대가를 치르게 해 달라고 요청할 수 있으며 이를 민사소송civil action이라고 한다. 그러나 왕이 그 이야기를 듣고 나서 스스로 사안을 처리할 마음을 먹고 Roe를 감옥에 보낼 수도 있는데 그렇다면 이는 형사소송criminal action이다. 정부의 역할이 국민에게 분쟁해결disputes resolution을 위한 제도(법원)를 제공하는 데 그친다면 그것은 민사소송이고, 민사소송이 제공하는 전형적 구제방법remedy은 피고에게 금전배상money damage 또는 어떤 행위(황소의 반환 등)를 하라고 명령하는 것이다. 개인이 아니라 정부가 소송절차를 개시하고 소송의 결과로 명령되는 제재수단에 벌금fine, 징역imprisonment 또는 사형capital punishment 등이 포함되어 있다면 이는 형사소송criminal litigation 이다.

끝으로 영국의 왕처럼 혼자서 법정을 주재하고 스스로 백성들의 분쟁을 판결

---

3) 영미법계 국가에서는 판사들이 판결로 선언하는 법원칙이 의회가 제정한 성문법과 같은 효력을 가지므로 소송에서 법원칙을 만드는 기능이 더 중요성을 가지는 것은 사실이지만 이들 국가에서도 의회가 제정한 성문법이 점차로 더 많이 사용되고 있고, 법조문은 제3장에서 논한 헌법 문구와 마찬가지로 추상적인 문구를 사용하므로 그 의미를 해석하는 판사들의 역할은 성문법이 판례법에 비하여 우위를 점하는 대륙법계 국가에서도 매우 중요한 의미를 가진다. 즉, 대륙법계 국가에서도 소송에 의하여 법원칙의 중요한 부분들이 만들어진다고 말할 수 있다.

한다면 누가 소장complaint을 제출해야 하는지 또는 어떤 절차에 따라야 하는지에 관한 규칙은 거의 필요하지 않을 것이다. 왕은 이 영역에서 정의의 원천이고 최고의 권위를 가진 인물이므로 백성들 사이에 문제가 있으면 그들은 그냥 왕에게 그들의 이야기를 풀어놓기만 하면 되었다. 그러나 법원제도가 정착되면서 소송에 관한 일은 더 복잡하게 되었다. 오늘날 만약 사람들이 단순히 법원에 걸어들어와 말로 자신들의 불만을 토로할 수 있게 허용한다면 법원은 사람들로 넘쳐날 것이다. 이러한 상황에 대처하기 위하여 입법부와 법원은 소송절차를 규율할 규칙을 고안하였다. 이러한 법규의 중추는 민사소송절차의 개시부터 종료까지의 모든 단계를 규율하는 민사소송법civil procedure이라는 법이다.

민사소송법law of civil procedure은 법학도에게 가장 생소한 분야이므로 가장 어려운 과목이라고 여겨지곤 한다. 사람이라면 누구든지 약속, 사고 그리고 소유권에 대하여 나름대로 조금씩은 알기 때문에 계약법contract law,4) 불법행위법 torts law,5) 물권법property law6)은 이해하기가 쉽다. 그러나 민사소송법은 법률가들에게만 알려진 법이다. 이 장은 절차법procedural rules 및 소송제도의 목적과 가치를 설명하는 맥락에서 민사소송법이라는 생소한 법 분야를 설명하고자 한다. 이 장에서는 소송제도가 실현해 주기를 바라는 기본 가치에 관한 큰 그림을 그려본다. Doe와 Roe에 관한 간단한 가정으로 시작하는 이 큰 그림을 기억한다면 세세한 부분은 소화하기 쉽다.

---

4) 대한민국 민법은 제3편에 채권, 즉 특정인(채권자)이 특정인(채무자)에게 특정한 행위(급부)를 해 줄 것을 요구할 권리에 관하여 규정하며 그 제1장은 총칙으로 채권의 일반적인 내용을 규정하고 제2장은 '계약'에 관하여 규정한다. 예컨대 매매계약의 매수인은 매도인에게 소유권을 이전하는 행위를 하라고 요구할 권리, 매도인은 매수인에게 대금을 지급하는 행위를 하라고 요구할 권리, 즉 채권을 서로 상대방에 대하여 가지는 것이다. 미국의 계약법은 우리의 채권법에 해당하나 관례상 여기서도 계약법으로 부른다.

5) torts law는 대한민국 민법 제3편 제5장에 규정된 '불법행위'와 사실상 동일하다. 대한민국에서 불법행위에 관한 법이 채권법에 규정되어 있는 이유는 피해자가 가해자에 대하여 손해배상을 요구할 권리, 즉 채권을 발생시키는 원인의 하나이기 때문이다.

6) property law는 보통 재산법이라고 번역되는데 그 실질은 대한민국 민법 제2편에 규정된 물권법에 해당한다. 물권은 특정의 물건을 직접 지배하여 사용, 수익하는 권리라고 정의되는데 채권은 매수인이 부동산의 소유권을 취득하려면 매도인이 등기를 넘겨주어야 하는 것과 같이 권리의 실현에 타인의 협조가 필요하지만 물권은 소유자가 자기 집을 직접 사용하거나 철거할 수도 있는 등 권리 실현에 다른 사람의 행위를 필요로 하지 않는다는 점에 가장 큰 차이가 있다.

민사소송과 민사소송법이 필요한 이유는?

뉴스, 소셜 미디어, 그리고 정치적 캠페인 등에서 소송이 너무 많고 변호사가 너무 많다는 불만이 자주 제기된다. 누구나 별의별 일로 소송을 당하고 있다. 당신이 이기든 지든 비용이 많이 든다.

이러한 불평의 대부분은 실체법substantive law에 향해져 있고 민사소송법이나 소송제도를 문제삼지는 않는다. 예를 들자면 법학자들commentators은 불법행위법이 이미 통제의 범위를 벗어났다고 걱정한다. 그러나 절차법procedural law과 이를 시행하는 변호사와 판사들에 대한 비판도 역시 많다. 법적 절차를 취하자면 너무 귀찮고 돈이 너무 많이 들며 시간이 너무 걸린다고 한다. 꼭 이래야만 하는가라는 불평이 나올 수밖에 없다.

처음으로 되돌아가 보자. 사람들 사이에는 문제가 생기게 마련인데 그중에는 저절로 사라지는 문제도 많고 다른 것들은 타협에 의하거나 한쪽이 행사하는 경제적 압력을 견딜 수 없어 굴복하거나 또는 다른 비공식적 방법으로 해결된다. 그러나 당사자들이 스스로 해결하지 못하는 분쟁도 있다. 소송은 그러한 분쟁을 해결하는 장치가 된다.

소송제도를 이용할 수 없는 사회가 있다면 어떤 일이 일어날지 생각해 보자. 예컨대 마약거래상 사이의 분쟁과 권리 주장은 차를 달리며 총질을 하는 방법으로 해결될 가능성이 높다. 설사 폭력의 위협을 제쳐 놓고 보더라도 해결되지 않은 불만이 쌓여 가면 일반 대중의 사회질서와 좋은 삶에 대한 믿음이 줄어든다. 공정하고 질서 있고 부드럽게 작동하는 사회가 되려면 문제는 해결되어야 하고 옳지 않은 일은 시정되어야 한다.

그러나 이러한 분쟁을 해결하기 위하여 꼭 복잡하고 대립적인 소송제도가 있어야 한다는 것은 아니다. 우리가 원한다면 판사가 동전을 던져서 승자를 결정하는 것같이 훨씬 돈이 덜 들고 간단한 절차를 택할 수도 있다. 아니면 판사가 뇌물을 더 많이 주는 사람을 승소시키도록 할 수도 있다. 법원과 경찰은 그저 그 판결을 집행하면 된다. 이렇게 한다면 더 많은 문제를 더 적은 비용으로 해결할 수는 있을 것이다. 그러나 우연 또는 부패에 의지하는 사법제도는 공정성에 대한 두 가지 근본적 신념, 즉 법원은 공정한 실체법substantive law[7]의 원칙

---

7) 법을 분류하는 범주 중의 하나가 실체법과 절차법의 구분이다. 실체법은 어떤 분야에서 법의 원

에 근거하여 판결해야 하고, 그 과정도 공정한 절차를 따라야 한다는 믿음을 해친다.

그렇다면 민사소송의 첫째 임무는 실질적인 법규 및 법규의 바탕이 되는 가치와 정책을 구현하는 데 있다. 입법부나 법원이 어떤 법원칙을 공표하면 그 원칙은 법으로 되었다는 이유만으로 권위를 획득한다. 국민들은 그 법을 존중하고 대개는 이를 위반했을 때 꼭 어떤 제재를 받을 수 있다는 두려움을 의식하지 않고도 이에 복종한다. 그러나 소송은 사람들이 법이 요구하는 바에 따라 행동하지 않아 생긴 어떤 사건들에 대하여 구제장치를 제공하는 기능과 법의 바탕이 되는 가치와 정책이 제대로 구현되고 강화되며 상황이 바뀌어도 역시 기능할 수 있도록 하는 광장이 되는 두 가지 기능을 모두 제공한다. 이러한 기능을 완벽하게 수행해 내는 절차적 제도는 없겠지만 제도가 공정하면 의사결정 과정에서 초점을 흐리게 하는 장애물이 없어지므로 실수가 생길 가능성을 줄일 수 있다.

민사소송에는 또한 두 번째 임무가 있다. 우리가 우연성이나 부패에 의존하는 분쟁해결제도에 불쾌해지는 이유는 그것이 우리가 공정한 절차에 대하여 품고 있는 생각에 위배되기 때문이기도 하다. 민사소송은 정의에 대한 우리의 관념에 부합하는 소송절차를 만들어 준다는 점만으로도 하나의 독자적인 가치를 가진다. 공정한 소송제도는 법에 의한 정의 실현이라는 우리의 믿음에 공적인 긍정을 하게 만든다. 소송제도는 또한 각 소송당사자 및 그들과 비슷한 다른 사람들의 존엄성을 인정한다. 소송은 선거에 의한 정치와 마찬가지로 개인이 자신의 가치와 자기의 권리의 중요성을 주장할 수 있게 해 주는 광장이 된다. "법원에서 하루 보내기having your day in court"는 미국인이 소중하게 생각하는 전통이다. 민사소송의 역할은 법원에서의 하루가 의미 있도록 보장해 주는 데 있다.

칙을 선언하고 사람에게 어떠한 경우에 어떠한 권리 또는 의무가 발생하는지를 정하는 법이고, 절차법은 실체법에 의하여 발생한 권리와 의무를 실현하는 절차를 정하는 법이다. 민법은 매매계약이나 임대차계약을 체결한 사람들 사이에서 서로 어떠한 권리와 의무가 발생하는지를 규정하므로 실체법이며, 민사소송법은 당사자가 그 의무를 이행하지 않으면 이를 강제하거나 구제받을 절차를 규정하므로 절차법이다.

미국에서 발전된 형태의 대립당사자구조adversary system하에서 절차가 공정하다고 인정되려면 몇 가지 필수적인 구성요소를 갖추어야 한다. 소송당사자는 자신의 사건을 유리하게 이끌기 위하여 사실관계facts와 법law을 충분히 개진하고 관련되는 사실관계와 법적 주장을 판단자에게 제시할 기회를 가져야 한다. 전형적인 사건에서 재판의 당사자들은 배심원jury으로 하여금 사건의 사실관계를 확정하도록 할 권리가 있어야 한다. 배심원과 판사는 양 당사자에게 중립적이어야 하며, 그들의 증거와 주장을 들어야 하고, 제시된 증거와 주장에만 근거하여 사건을 판단하여야 한다. 당사자들은 그 판단에 오류가 없는지 상소법원에 의한 재심사를 받고 중대한 오류는 시정 받을 수 있어야만 한다. 그러한 재심사의 결과로 내려진 최종적 판단에는 기판력finality[8]이 있어서 당사자가 같은 일로 끝없이 재소송relitigation을 당하는 일이 없어야 한다.

끝으로 민사소송에 세 번째 임무가 있다. 공정하기 위하여 민사소송은 효율적이어야 한다. 다른 어떤 분야에서든 좋은 것이라고 해도 지나치면 곤란하듯이 너무 공정한 절차는 비생산적이기 쉽다. 소송당사자가 아무런 제한 없이 사건을 문제삼을 기회를 가진다면 소송은 사람이 견디기 어려울 만큼 귀찮고 지루하며 시간과 비용을 잡아먹는 일이 될 것이다. 더욱이 소송제도는 정부가 시민에게 제공하는 사회적 자원이다. 공정하고 효율적인 소송절차가 개인과 사회에 전체적으로는 이익이 된다는 것은 분명하다 해도 우리는 어느 정도의 정의를 감당할 수 있는가? 따라서 절차에 관한 규칙은 더 좋은 절차가 가지는 이점과 비용 및 지연이라는 부담 사이에 균형이 잡히도록 만들어져야 한다.

---

8) 소송에서 판결이 한 번 내려지면 당사자는 물론 판결을 한 판사마저도 아주 명백한 오기 등을 제외하고는 이를 뒤집을 수 없게 되고 당사자가 상소를 포기하거나 상소절차가 완결되어 판결이 확정되면 재심에 의하여 번복되지 않는 한 설사 그것이 실체관계를 잘못 판단한 오류가 있더라도 그 효력을 당사자는 물론 판결한 판사 나아가 다른 법원도 뒤집을 수 없게 되는 것이 원칙인데 이것을 기판력(旣判力)이라고 한다. 한번 판결이 내려져 확정된 사안이 계속하여 도전을 받게 되는 경우의 불합리성을 피하기 위한 제도이다.

법정에서 다루는 사건은 어디서 생기는가?

사건 하나를 예로 들어 따라가면서 소송의 진행을 알아보자. 소송은 너무나 다양한 모습을 가지므로 전형적인 사건이라고 할 만한 것은 없겠으나 이 사건의 기초 사실은 상당히 일상적인 일이다(그러나 그 결과는 그렇지 않다. 나중에 잘 살펴보겠지만 이 사건은 미국 연방대법원에서 종결되었다).

Harry와 Kay Robinson, 그리고 두 자녀인 Eva와 George는 New York에서 Arizona의 새 집으로 이사하는 중이었다. 그들이 Arizona로 가는 44번 고속도로를 따라 몇 년 동안 사용한 Audi 100LS 모델의 승용차를 타고 Oklahoma를 지날 무렵, 음주운전자가 운전하는 Ford Torino가 시속 90~100마일로 뒤에서 들이받았다. 충돌의 충격으로 Audi 승용차의 뒷부분이 부서졌고 문짝이 열리지 않았으며 연료탱크에 구멍이 났다. 로빈슨의 차는 불길에 휩싸였고 Kay Robinson과 두 아이가 심한 화상을 입었다.

로빈슨 일가가 그들을 들이받은 음주운전자를 제소하지 않은 것은 약간 놀라운 일이다. 대신 그들은 그 차의 제조사인 독일의 Audi AG와 Audi 승용차를 수입하는 미국 회사 Volkswagen of America Inc., 그들이 차를 구입한 New York의 딜러 Seaway Volkswagen, 그 차를 Seaway에게 판매한 지역공급자 World-Wide Volkswagen Corp. 등을 제소하였다. 이러한 사태 전환은 분쟁이 어떻게 법원제도에 의하여 심판되게 되는지 알아보는 데 도움이 된다.

소송이 시작되는 첫째 단계는 어떤 문제가 존재한다는 사실과 그 문제가 법적 해결절차의 대상이 될 수 있다는 사실을 인식하는 것이다. 로빈슨 일가가 음주 운전자를 제소한다고 생각하면 이 단계는 쉽게 인식될 수 있다. 로빈슨 일가는 심한 부상을 당했다. 우리 모두가 알듯이 그들도 운전 부주의로 사람을 다치게 하면 사용될 수 있는 법적 구제수단이 있다는 것은 알고 있었다.

로빈슨 일가가 Audi를 피고로 소송을 제기하는 것은 쉽게 생각하기 어렵다. 그러려면 제조물의 하자로 인해 자신들의 손해가 악화되었음을 이유로 자동차 제조자와 판매자를 상대로 소송을 할 수 있음을 알 수 있을 정도로 법과 사건의 상황에 대하여 좀 더 많은 지식을 가지고 있어야 한다. 아마 이 이슈는 자동차 사고 소송에 경험이 있는 변호사와 상담하고 나서야 비로소 불거졌을 것이다.

여기에 아주 일반적인 요점이 있다. 소송법에 가장 밝은 학자 중의 하나인 Marc Galanter 교수가 말한 대로 이 세상에는 "사건, 만남, 충돌, 경쟁관계, 실망, 불편 그리고 손해로 가득 찬 광대한 바다"가 있으나 피해자가 법에 의한 해결 가능성이 있음을 인식할 때만 그 일이 소송사건으로 발전할 가능성이 생긴다.

피해자가 법적 분쟁이 가능하다고 인식하는 것은 첫 단계일 뿐이다. 그 분쟁이 소송으로 발전하려면 다른 분쟁해결수단을 이용하는 것이 좋거나 아예 잊어버리는 것이 더 낫다고 판단되는 경우가 아니라 소요되는 비용을 지출하고라도 법적 절차를 이용할 가치가 있는 경우라야 한다. 로빈슨 사건에서 평범하게 음주 운전자를 제소하는 일은 그 운전자가 판결에 따른 배상금을 지급할 만한 보험 또는 재산이 없었기 때문에 소송에서 이겨도 배상금을 받을 수 없을 것이라는 점에서 아무 매력이 없었을 것이다. 사람들이 어떤 경우에는 어떤 원칙이 적용되어야 한다는 점을 공적으로 확인받을 목적만을 가지고 소송을 벌이는 경우는 별로 없고, 얻을 수 있는 그 무엇이 없다면 아무도 거기에 시간을 들이려 하지 않을 것이며, 그러한 소송에 투자할 변호사를 찾을 수도 없을 것이다.

손해회복의 가능성이 보이더라도 다른 수단이 더 쓸모 있는 경우도 있다. 특히 자동차 사고가 상대적으로 경미하다면 피해자는 자기 또는 다른 운전자의 보험회사와 협상하지 소송을 하지는 않을 것이다. 그럴 듯한 소송사유가 있고 금전배상을 명하는 판결을 받을 가능성이 많은 경우에도 당사자 사이에 소송으로 나쁜 감정이 생기면 이를 돈으로 대신할 수 없기 때문에 주택 소유자는 이웃에게 소송을 걸려고 하지 않고 기업체는 거래처를 제소하려고 하지 않는다.

소비자 분쟁이 증가함에 따라 당사자들은 정형계약form contract9)의 조건이 정

---

9) 상품, 보험, 공공서비스의 구입과 같이 하나의 공급자가 다수의 소비자와 계약을 빈번하게 체결하는 경우 공급자는 자신이 제시하는 조건을 미리 정하여 일정한 양식의 계약서로 미리 인쇄해 두고 상대방에게 이를 통째로 수락할 것을 요구하는 경우가 많은데 이러한 계약을 형태가 미리 정해져 있다는 뜻에서 정형계약이라고 부른다. 이러한 계약조건은 흔히 약관이라고 부르는데 매우 복잡하고 세세한 분야에까지 정해져 있어 그 분량이 많으므로 대개 깨알 같은 글씨로 되어 있고 공급자가 자신에게 불리할 수 있는 사항은 미리 책임을 배제한다는 규정을 넣어 두는데 소비자는 이를 일일이 검토할 수 없으므로 사후에 그 불공정성이 문제되는 경우가 많다. 그러므로 공정거래법의 차원에서 이러한 약관의 내용을 미리 정하기도 하고 어떤 불공정한 조항들은 약관에 기재되어 있고 소비자가 이를 수락한 것으로 간주되는 경우에도 효력을 부인하거나 일정한 제재를 가하는 등의 통제가 가해지기도 한다.

하는 바에 따라 분쟁을 소송 대신 중재arbitration에 부쳐야 하게 되었다. 웹사이트, 은행 그리고 기타의 사업체들은 이러한 조건을 이용하여 소송을 아예 피하려고 한다. 중재에서는 절차가 좀 더 제한적이고 배심원단이 없으며 판사가 아닌 한 사람의 중재인arbitrator 또는 중재인으로 구성된 패널이 사건을 판단한다. 기업들이 이러한 방법으로 소송을 배제해 버릴 수 있도록 허용되어야 하는지 여부에 대하여 계약법 분야에서 논쟁이 많고 이는 제6장에서 다룬다.

소송을 하겠다고 결정하는 데 중요한 요소의 하나는 피해자가 그 문제를 추궁해 줄 변호사를 구할 능력이 있는지 여부다. 그 돈이 어디서 나오든지 간에 변호사들은 당사자로부터 돈을 받아야 한다. 로빈슨 사건과 같은 중대한 피해가 있는 사건이라면 설사 피해자가 중산층에 지나지 않아 소송비용을 감당할 수 없다고 해도 최고의 변호사를 구할 수 있는데, 그 이유는 변호사들이 이러한 사건들은 성공보수방식contingent fee basis,[10] 즉 소송에 의하여 최종적으로 받아 낸 돈에서 일정 비율을 받아가는 방식으로 수임하기 때문이다. 그러나 금전을 청구하는 사건 중에는 현실적으로 승소하여도 승소금액이 적을 경우라면 변호사에게 돌아갈 보수의 기대치가 너무 적어지고 이러한 경우에는 의뢰인이 변호사에게 직접 수임료를 지급할 수 없다면 소송까지 가지 못하게 되는 수가 많다.

제소의 가능성이 있는 사건이 걸러지는 이 같은 과정을 숫자로 알아보기 위하여 민사소송에 관하여 대규모 연구가 있었다. 그 숫자는 관련된 사건과 사람의 유형에 따라 많은 편차를 보였는데 대체적인 결과를 보면 다음과 같다. 우선 얼어붙은 옆집 앞 보도에서 넘어진 일, 새로 산 토스터가 고장난 일, 세 들어 있는 집에서 더운 물을 나오지 않는 일 등 모든 종류의 불쾌한 경험 10,000건을 모아 보았다. 이러한 사건 중 1,000건에서 손해를 입은 당사자는 스스로를 다른

---

10) 변호사 보수attorney fee를 결정하는 방식의 하나로서 변호사가 소송으로 받아 내는 금액에서 일정 비율을 자신의 보수로 받기로 의뢰인과 합의하는 것을 말하며 예컨대 화해로 끝나면 받을 금액의 몇 퍼센트, 소송까지 가서 승소한 경우 받을 승소금액의 몇 퍼센트를 변호사의 몫으로 미리 정해 두는 것이다. 변호사가 해당 사건의 수행을 위하여 실제 투입한 시간에 일정 금액을 곱하여 보수를 청구하는 hourly charge basis와 대비되는 방식인데 성공보수의 금액은 소송의 유형이나 승소금액에 따라 법원의 규칙이나 법률에 의한 규제를 받는 경우가 많다. 주로 손해를 입었으나 소송비용을 부담할 능력이 없는 원고가 사용하는 방식으로 대개의 경우 변호사가 소송에 소요되는 비용을 스스로 부담하는 것이 보통이다.

어떤 사람(이웃사람, 토스터 제조자, 집주인)이 야기한 잘못된 일의 피해자로 보았다. 이러한 사람 중 700명이 잘못한 사람에게 그 문제에 대한 불만을 말할 생각이 있었고 300명은 그냥 흘려보내려 하였다. 잘못한 사람은 450건에서 피해자의 주장을 받아들이지 않았고 거부당한 피해자는 100건 정도에서만 변호사를 찾아갈 생각이 있었다. 변호사는 50건 정도에서 소송을 제기할 생각이 있었다. 당사자는 그중 25~35건에서 화해할 생각이 있었고 법원은 나머지 중 대부분을 재판trial 없이 처리하고자 하였으며 2~3건만 실제 재판에 부쳐지고 그중의 한 사건만이 배심재판jury trial으로 되었다.

로빈슨 일가는 이 필터들을 다 통과하였다. 그들은 사건을 기꺼이 맡아 줄 변호사를 구하였고 변호사는 사건에 적용될 법이론을 찾아내고 책임이 인정될 가능성이 있는 동시에 책임이 있다면 돈을 지급할 수 있을 피고defendant[11]를 찾아냈다. 변호사는 그들을 들이받은 운전자가 보험이나 재산이 없거나 너무 적어 그 손해를 다 배상할 수 없음을 알았을 것이고, Audi 측을 접촉해 보았으나 아마 충분한 금액으로 화해하기를settle 거부당하였을 것이다. 그래서 이 변호사는 이제 소송을 제기할 때가 되었음을 알게 되었다.

소송은 어디에 제기해야 하는가?

변호사는 두 가지를 고려하여 어디에 소송을 제기할지를 결정한다. 첫째는 어떤 법원이 이를 심리할 권한이 있는가라는 법률문제이다. 둘째는 어느 법원이 소송하기에 가장 유리한가라는 전략적 고려이다. 다음 몇 개의 항에서 그 이슈들을 다루어 본다.

민사소송법은 첫째의 이슈를 관할jurisdiction[12])의 문제로 구성한다. 라틴어에서

---

11) 대한민국에서는 소송을 당하는 사람의 호칭을 구분하여 민사소송에서는 피고(被告)라고 하고 형사소송에서는 피고인(被告人)이라고 부르며 아직 기소되지 않고 수사를 받는 사람은 피의자(被疑者)라고 하여 각 지위를 엄격히 구분하여 지칭한다. 그런데 영어에서는 이 모든 사람을 소송을 당한 사람 또는 수사의 대상이 된 사람이라는 뜻에서 defendant라고 부른다.

12) 법원은 담당하는 사건의 종류와 심급에 따라 여러 종류가 있는데 그 법원들 사이에서 과연 어떤 법원이 어떤 사건에 재판권을 행사할 것인가를 정하는 문제, 다시 말하여 서로 다른 법원들 사이의 사무 분장관계를 말한다. 원고는 관할권이 있는 법원에 제소하여야 하며 이를 위반하면 법

온 jurisdiction이란 단어는 "법을 말한다to speak the law."는 뜻이다. 누구나 법을 말할 수 있으나 관할권이 있는 법원만이 유권적으로authoritatively 말할 수 있다. 어느 법원에 관할권, 즉 그 당사자와 사건에 대한 심판을 할 권한이 없으면 적법하게 사건을 심리할hear 수 없고 그 법원이 판결을 내리더라도 판결로서의 효력을 가지지 못하거나 소송의 당사자에게 구속력binding force이 없다.

어떤 법원이 적법하게 사건을 심판adjudicate하려면 그 법원이 사물관할subject matter jurisdiction[13])과 인적관할personal jurisdiction[14])을 모두 다 가져야 한다. 사물관할은 어느 법원에 문제된 유형의 사건을 심판할 권한이 있다는 뜻이며, 인적관할은 그 법원이 분쟁 당사자에 대하여 심판의 권한을 행사할 수 있다는 뜻이다. 따라서 어떤 법원이 로빈슨 사건을 심판할 수 있으려면 자동차 사고에서 발생한 불법행위로 인한 손해배상청구권tort claim에 대한 관할권(사물관할)과 피고들이 그 법원에서 소송행위를 하도록 강제하고 로빈슨 일가가 승소하면 판결된 금액을 지급하도록 할 관할권(인적관할)을 가져야 한다.

세 개의 주가 사고와 당사자들에게 논리적 관련이 있으므로 모두 소송을 제기할bring suit 수 있는 장소로 된다는 것은 명백하다. 사고는 Oklahoma에서 났다. 로빈슨 일가는 New York에서 피고의 하나인 Seaway Volkswagen으로부터 Audi 자동차를 구입했고, 그들은 사고 당시 법적으로 여전히 New York의 주민이었다. 그리고 그들은 Arizona에 새로운 법적 주소를 만들기 위하여 이동

원은 관할위반의 선고를 하거나 사건을 관할권 있는 법원으로 이송한다. 관할권은 여러 가지로 나눌 수 있으며 따라서 하나의 사건에 관할권을 가지는 법원이 여러 개 있을 수 있다.

13) 소송의 대상인 소송물, 즉 쟁점의 성질과 내용에 따라 결정되는 관할권인데 각국의 법원 내부의 구체적 사정과 사법정책에 따라 매우 다양하며 가사사건만을 전담하는 가정법원, 행정사건만을 심판하는 행정법원 등이 그 예이다. 하나의 사건에서 소송물이 여러 가지 성질을 가지고 있을 수도 있으므로 복수의 법원이 물적 관할권을 가지게 되는 경우가 있고 이때는 당사자가 법원을 선택하여 제소하게 된다.

14) 소송의 인적 요소, 즉 당사자를 기준으로 결정되는 관할권으로 어떤 당사자가 전국에 산재하는 법원들 중에서 어떤 지역의 법원에 제소해야 하는지 결정하는 데 사용된다. 대한민국에서는 토지관할이라는 용어를 사용하며 이 토지관할이 발생하게 하는 원인을 재판적(裁判籍)이라고 부르는데 제1차적 재판적은 자연인은 주소지, 법인 등은 주된 사무소 소재지이다. 우리나라에서는 원칙적으로 피고의 주소지를 관할하는 법원이 토지관할을 가지는 법원이 되는데 설사 관할권 없는 법원에 제소하여도 피고가 그에 이의하지 않고 응소하면 그 법원에 관할권이 생기게 되며 이를 응소관할이라고 한다.

중이었다. 그러므로 그들은 논리적으로 Oklahoma, New York 또는 Arizona의 법원에 제소할 수 있었다(그들이 Audi의 본거지인 독일의 법원에도 제소할 수 있지만 그럴 가능성은 적으므로 미국의 법원만을 분석한다).

모든 주가 불법행위tort, 계약contract, 재산권property에 관한 청구claim를 포함하는 대부분의 종류의 민사소송을 심리할 권한을 가지는 일반관할법원court of general jurisdiction으로 구성되는 법원조직을 가지고 있다. 이 법원들은 주의 사법업무의 대부분을 심판하는 기초법원인 사실심법원trial court15)이다. 일반관할법원의 사물관할에는 대개 제한이 없어서 이들에게 권한을 부여하는 각 주의 헌법 또는 법률의 규정은 Colorado 주헌법과 같이 "이 법이 달리 규정하지 않는 한 모든 민사civil, 상속probate 및 형사criminal 사건"이라는 넓은 표현을 써서 이러한 법원들에 제1심의 관할권을 준다. 각 주의 일반관할법원은 각 주의 전통에 따라 여러 명칭으로 불린다. Arizona에서 일반관할법원의 명칭은 Superior Court이고, Oklahoma에서는 District Court라고 부르며 이상하게도 New York 에서는 일반관할법원이 Supreme Court이다(New York에서 주법원 중 최고법원, 즉 다른 모든 곳에서는 주대법원state's supreme court이라고 부르는 법원은 상소법원Court of Appeals이라고 한다). 모든 주는 또한 사물관할이 이혼과 자녀양육권 사건 등에 제한되는 가정법원family court, 상속사건에 관할권이 한정되는 상속법원probate court, 상대적으로 적은 금액에 관한 소송에 대한 관할권만을 가지는 소액법원small claims court 등과 같이 특정한 영역에 제한된 관할권을 가지는 법원들을 두고 있다.

---

15) 당사자들의 주장과 증거를 심리하여 소송의 기초가 되는 사실관계를 확정하고 법을 적용하여 제 1차적 판단을 내리는 법원을 말하며, 이러한 일보다는 주로 제1심의 심리절차나 법률적용이 제 대로 되었는지 여부만을 심리하는 법률심과 대비된다. 각국의 사법제도는 대체로 최고법원을 법률심으로 하는 것은 공통적이나 사실심의 범위를 어디까지 하는지는 전통과 정책에 따라 다르다. 예컨대 대한민국은 제1심과 제2심까지가 사실심으로 제2심은 원심의 심리절차와 법률적용의 정당성을 심사하는 권한은 물론, 원심이 인정한 사실관계를 자신의 판단에 따라 번복할 수 있고 따라서 당사자들은 제2심에서도 새로운 사실을 주장하고 증거를 제출할 수 있으나 미국의 경우 대개 항소심도 법률심으로 하고 있다. 법률심 법원은 원칙적으로 사실심 법원이 확정한 사실관계는 변경할 수 없고 만약 원심이 증거의 신빙성 판단이나 선택을 잘못하여 사실의 인정에 오류가 있다고 판단되면 이를 파기하여 원심법원에 환송하는 것이 원칙이다.

또 다른 전통적인 법원의 분류 방법으로 법률법원court of law16)과 형평법원 court of equity17)으로 나누는 방법이 있다. 13세기에 영국의 왕립 법원의 판사들이 완고해지고 관료적으로 변함에 따라 이에 실망한 소송당사자들이 왕을 정의의 근원으로 간주하여 그에게 호소하였다. 왕은 자신의 오른팔 격인 왕실서기 chancellor로 하여금 사건에 대하여 법률법원에서와 달리 공평의 이념에 따라 좀더 유연한 사법을 제공하도록 하였다. 시간이 지나면서 왕실서기가 행사하는 재량 그 자체가 제도화되어 왕실서기법원court of chancery 또는 그 목적이 공정성의 확보에 있음을 강조한 이름인 형평법원court of equity으로 정착되었다.

두 개의 서로 경합하는 사법제도가 존재하다 보니 형평법원은 처음에 영국에서는 왕과 의회의 투쟁 속에서 갈등의 초점이 되었고, 다음으로 미국 식민지 주민들에게 황제적 권위의 상징으로 비쳐짐으로써 영국 왕과 미국 식민지 주민 사이의 갈등의 대상이 되었다. 19세기 초에 들면서 그 갈등은 법률법원과 형평법원이 하나의 제도로 통합되면서 사라졌다. 오늘날에는 형평법원은 독특한 일련의 구제수단과 절차를 제공하는 법원으로서 중요한 의미를 가진다. 예컨대 소송당사자가 금전배상money damage보다 금지명령injunction18)(어떤 사람에게 무엇을 하거나 하지 말라고 하는 법원의 명령)을 구한다면 이는 형평법상의 문제이다. 금지명령은 예컨대 다른 기업이 어떤 상표를 도용하고 있으므로 이를 사용하지 못하도록 해 달라고 청구하는 경우와 같이 사후의 금전에 의한 손해배상이라는

---

16) 일반 판사가 보통법common law을 적용하여 재판하는 법원, 즉 현재 가장 많이 알려진 보통의 법원을 말한다.
17) 영국에서 발전된 제도로서 일반의 법률법원court of law은 보통법의 원칙을 일률적으로 적용할 수밖에 없어 특정한 상황에서 이 원칙을 그대로 적용하면 부당하거나 가혹한 결과를 낳는다고 보이는 경우 일반적인 공정의 원칙에 입각한 적절한 구제조치를 하여 이러한 폐단을 시정하는 역할을 수행하도록 임무를 부여받은 법원을 말한다.
18) 어떤 사람에게 어떤 특정한 행위를 하지 못하도록 하거나 어떤 잘못된 행동의 결과를 되돌려 놓도록 명하는 법원의 명령으로 당사자의 신청에 의하여 법원이 형평법을 근거로 내리는 처분이다. 특허침해 등 사건에서는 침해로 인한 재산손실을 배상받는 것과 함께 상품판매를 즉시 금지시킬 필요가 있고, 소유자가 소송 중 다른 사람에게 소유권을 넘기면 승소하여도 새 소유자에게는 판결의 효력이 미칠 수 없기 때문에 애써 수행한 소송이 무용지물로 되는 일을 방지하기 위하여 현재의 소유자에게 일체의 양도행위를 금지해 둠으로써 그 소송의 효력이 관철되도록 하는 등의 목적으로 사용된다. 소송이 계속되는 도중에 임시로 어떤 행위를 금지하는 interlocutory injunction이 가장 흔히 사용되는 injunction의 하나이다.

구제수단만으로 불충분한 경우19) 등 개인 사이의 소송에서 이용할 수 있다. 이 명령은 민권법 사건civil rights case이나 이에 비슷한 공적인 소송에서도 사용될 수 있으며 남부에서 1950년대와 1960년대에 이루어진 학교분리금지desegregation of schools20)는 연방법원들이 자신들의 형평법상 권한을 행사하여 내린 명령이었다. 하나의 결정적이고 중요한 구분의 실익은 형평법 사건은 판사들이 배심원 없이 판결한다는 점에서 보통 사건과 구별된다는 점이다.

로빈슨 일가도 역시 피고로 될 사람들에게 대한 인적관할권personal jurisdiction 을 가지고 있는 법원에 제소해야만 한다. 대부분의 사건에서 인적관할은 알기 쉽다. 먼저 그들이 자신들을 들이받은 Ford 자동차의 운전자를 제소한다고 가정 해 보자. 이러한 사건에서는 어떤 주에서 불법행위가 발생했다는 사실이 관할권 발생의 하나의 근거가 되므로 그들은 그 사고가 일어난 Oklahoma에서 제소할 수 있다. Ford 자동차 운전자가 Texas에 산다면 로빈슨 일가는 사람이 법적 주 소legal residence를 가진 주에서는 언제나 제소할 수 있으므로 그곳 법원에 제소 할 수 있다. 그러나 인적관할 문제는 피고들이 소송이 제기된 특정의 주와 덜 밀접한 관계를 가지고 있을 때 그리고 피고들이 자연인이 아닌 법인corporation이 어서 그들이 어디에 소재하는지, 어디에서 활동하는지를 특정하기가 곤란하다면 어려운 문제로 된다. 과연 어떤 법원이 Audi와 Volkswagen World-Wide 그 리고 Seaway에 인적관할을 가지는가?

이 이슈는 한 세기 이전부터 연방대법원의 사건들에서 다루어졌으나 그 판 결들은 통일적이지 못하였고 최근에야 이 사건이 1980년 연방대법원의 심리에 회부되어 붙여진 사건명인 World-Wide Volkswagen Corp. v. Woodson 판 결로 정리되었다. 사안을 단순화하여 왜 로빈슨이 Ford 운전자를 Oklahoma나 그의 고향인 Texas에서 제소했다면 우리가 무리 없는 처사라고 느꼈을 것인지 생각해 보자. 이 법원들이라면 어느 쪽이든 Ford 운전자는 자신에 대한 관할권

---

19) 어떤 자가 타인의 상표나 특허를 도용하고 원래의 권리자보다 우월한 경영이나 광고 능력으로 막대한 이익을 취하면 원래의 권리자는 침탈자가 취한 이득의 전부가 자신의 손해라고 입증하기 도 어렵고 이로 인하여 자신의 상품이나 서비스가 팔리지 않아 파산할 수도 있는 등 여러 가지 형태의 손해가 생기는데 이것을 사후에 금전으로 모두 배상받기 어려워지는 경우가 많다.

20) 이에 관하여는 제2장 p.31, p.47, 제3장 p.86, p.91 등 참조.

을 행사하는 게 불공정하다고 이의할 수 없다. 어느 경우에나 운전자와 법정소재지 주forum state(소송이 제기된 주) 사이에 충분한 연결고리가 있고 그래서 피고로 하여금 법정 소재지인 주의 법원에 제기된 소송에서 자신을 방어하게 하는 것은 공정하다고 할 수 있다. 어떤 사람에게 그가 관련된 사고가 일어난 주에서 소송을 하도록 해도 불공정하다고 보이지 않으며, 자기가 사는 주에서 소송을 수행하라고 하는 것도 불공정하지 않다. 그리고 각 경우에서 법정 소재지인 주는 그 분쟁을 심판하는 데 정당한 이익을 가진다. Oklahoma는 자기 주의 고속도로에서 발생한 사고에 관한 소송을 재판할 수 있어야 마땅하며, Texas는 자기 주민에 대하여 제기된 소송을 판결할 권한이 있어야만 한다.

연방대법원은 이러한 공정성을 International Shoe Company v. Washington (1945) 판결에서 헌법상의 요구로 승화시켰다. 연방대법원은 연방헌법의 적법절차조항due process clause이 피고로 하여금 어느 곳에서 자신을 방어하도록 하여도 그것이 "페어플레이에 대한 전통적 관념과 실질적 정의"를 침해하는 결과를 낳지 않도록, 피고와 법정소재지 주forum state의 사이에 "최소한의 연관성minimum contacts"이 있을 것을 요구함으로써 각 주의 인적관할권 행사능력을 제한한다고 판시하였다(법원은 정말로 복잡한 법원리를 만들어 내면서도 그 근거는 단순히 "페어플레이"처럼 누구나 알고 있다고 보이는 평범한 개념에 두기 때문에 로스쿨 1학년생들은 괴롭다).

로빈슨 가족은 Volkswagen 측 피고 4인을 Oklahoma에서 제소하고자 하였으나 연방대법원은 Oklahoma 법원은 자동차의 제조자인 Audi에게만 관할권을 주장할 수 있고 공급자 또는 딜러인 World-Wide와 Seaway에게는 그럴 수 없다고 하였다. Audi는 자신이 제조한 자동차를 미국 전역의 시장에서 판매하므로 모든 주와 연결고리를 가지고 있고, 따라서 어떤 주에서든지 차의 성능 불량으로 인한 소송을 당할 수 있다고 예상하는 것이 합리적이다. 모든 곳에서 사업을 하여 이익을 얻는다면 어디서든 소송을 당할 의무도 역시 받아들여야 한다. 그러나 World-Wide와 Seaway는 자동차를 New York에서만 판매한다. 그들이 비록 자신의 고객들이 Oklahoma로 차를 운전하여 갈 수 있음을 예상할 수 있다고 해도 자신들이 그 주와 아무 연결고리contacts가 없음에도 소송을 방어하기 위하여 그곳에 가라고 요구하는 것은 헌법상 불공평하다는 것이다.

어떤 경우에 연방사건federal case으로 만들 수 있는가?

　로빈슨 일가는 실제로 자신들의 사건을 Oklahoma의 법원 조직에 소속된 Creek County의 주지방법원District Court에 제소하였으나 그들은 이와 달리 연방법원federal court에 제소함으로써 "그 사건을 연방사건으로 만들make a federal case out of it" 수도 있었다. 미국 연방도 주의 법원제도와 별도로 연방 자체의 법원조직을 가지고 있다. 대부분의 주법원state court 제도처럼 연방의 사법조직21)도 (연방지방법원U.S. District Court라고 불리는) 사실심법원trial court22)과 (연방항소법원 U.S. Court of Appeals 또는 대법원의 대법관들이 여러 곳에서 재판을 하기 위하여 "주기적으로 순회하던rode circuit" 시절부터 불려 온 이름대로 순회법원Circuit

---

21) 미국 연방정부도 각 주정부와 별개인 하나의 정부로서 연방정부를 운영하기 위하여 연방헌법을 위시하여 연방 자체의 법률을 제정, 운용한다. 따라서 첫째, 연방정부도 연방의 헌법과 법률을 해석, 적용하기 위하여 자신의 법원을 가질 필요가 있고, 둘째로 각 주정부는 자신의 법률을 제정, 운용할 권한을 가지므로 각 주의 법률의 내용이 다르고 이 때문에 여러 주의 주민이 관계되어 있는 소송에서는 어느 주의 법원에서 소송이 열리느냐에 따라 당사자에게 다른 결과가 나오는 것은 불합리하므로 이러한 경우의 모순을 시정하고 전국에 통일된 법원리를 만들 필요도 있다. 이에 따라 연방도 자체의 법원을 두고 있으며, 연방법원에 관할권을 가지게 하기 위하여 연방의 법률은 어떤 행위가 복수의 주에 걸쳐서 이루어지는 경우는 연방법원의 관할로 한다는 규정을 두는 경우가 많다. 예를 들어 연방법은 담배 400개피 이상을 가지고 주의 경계를 넘어가는 행위를 처벌하는데 이는 각 주의 담배에 대한 소비세율이 달라 세율이 낮은 Virginia 또는 North Carolina에서 담배를 구입하여 세율이 높은 New York에서 판매하는 경우 엄청난 이득을 얻을 수 있으므로 범죄조직 등이 이를 악용하는 것을 방지하기 위하여 둔 규정이다. 이러한 원리는 법원만이 아니라 수사기관에도 적용되는데 연방은 연방법 위반행위와 여러 주에 걸친interstate 범죄를 단속하기 위하여 연방정부가 운영하는 경찰조직으로 연방수사국Federal Bureau of Investigation을 두어 이들로 하여금 연방법원에 관할권이 있는 사건들을 수사하도록 하고, 연방의 형사사건을 처리하기 위하여 전국을 적절한 관할구역으로 나누어 연방검찰청US Attorney's Office을 두고 있다. 영화 등에서 주 경찰이 사건을 수사하던 중 FBI 수사관(Special Agent라고 부른다)이 나타나 이제부터 우리가 담당하겠다고 나서는 경우가 자주 나오는데 이러한 일은 사건의 내용이 구체화되면서 연방에 관할권이 있다고 밝혀지는 때 많이 발생한다.

22) 연방지방법원U.S. District Court은 연방법원 조직 중에서 제1심을 담당하는 법원으로 여기서 증거에 의하여 그 사건의 사실관계를 확정하는 전권을 가지므로 사실심법원trial court이라고 한다. 현재 미국 전역에 95개가 있고 관할 인구 수에 따라 주별로 1~4개가 있으므로 US District Court for Northern District of California 등으로 불린다. 연방지방법원의 판사는 대통령이 임명하는데 1명의 판사가 재판을 담당하는 단독판사제도를 취하며 판사마다 민사, 형사 기타의 모든 종류의 사건을 취급한다. 대한민국의 지방법원이 민사부와 형사부, 가사부, 기타 특별부로 나뉘어 그러한 사건만을 전담하는 것과 다르다.

Court이라고 불리는) 중간상소법원intermediate appellate court[23]과 (연방대법원the U.S. Supreme Court이라 불리는) 최고법원supreme court을 가지고 있다. 이 연방법원 조직은 예컨대 Oklahoma의 북부 지역을 위하여 연방지방법원 1개가 설치되고, Oklahoma, Colorado, Kansas, New Mexico, Utah, Wyoming 등의 여러 주의 연방지방법원에서 내려진 판결에 불복하여 제기되는 항소사건을 심리하기 위하여 제10연방순회항소법원U.S. Court of Appeals for the Tenth Circuit이 설치되어 있는 등과 같이 미국 전역에 연방지방법원과 연방항소법원이 분포되어 있다.

연방의 법원조직은 주의 법원조직과 상당히 유사해보이지만 관할권jurisdiction 의 문제에 관하여는 제도가 근본적으로 다르다. 주법원의 사건의 종류에 따른 관할권(사물관할subject matter jurisdiction)은 사실심법원trial court들이 거의 모든 종 류의 사건에 일반적 관할권을 가지기 때문에 보통은 알기 쉬운데, 그러나 피고 에 따른 관할권(인적관할personal jurisdiction)에 관하여는 피고에게 그 주와 충분 한 연결점이 있을 때에만 그 주의 주법원이 관할권을 가지도록 해야 공평하다는 헌법적 제한이 따른다. 연방법원에서는 정반대이다. 연방법원의 인적관할권은 연방헌법상 적법절차due process 요건에 따른 제한을 받지 않으며, 비록 연방지방 법원U.S. District Court은 각 지역에 나뉘어 분포되어 있지만 모두 전국적 조직체계

---

[23] 연방지방법원에서 적법한 절차와 증거에 의하여 사실을 확정하면 연방항소법원U.S. Court of Appeals은 그 연방지방법원의 사실을 확정하는 절차와 확정된 사실에 대한 법률적용이 정당했 는지 여부만을 따질 수 있고 이것이 잘못되었다고 판단하면 제1심 판결을 파기하여 연방지방법 원에 환송하게 되며 스스로 사실관계를 뒤집고 직접 판결을 내릴 수는 없다. 대한민국에서 항소 심은 속심(續審)으로서 제1심에 이어 사실관계를 심리할 수 있고 따라서 제1심에서 주장하지 못 하였거나 제출하지 못한 사실관계와 증거가 있으면 일정한 경우 실기한, 즉 때늦은 공격방어방 법으로 주장, 제출하지 못하게 되는 예외를 제외하고는 이를 주장, 제출할 수 있는 것이 원칙이 지만, 미국 연방법원은 항소심이 철저한 법률심으로서 새로운 주장을 할 수 없는 것이 원칙이 다. 연방대법원US Supreme Court은 최고법원이기는 하지만 일종의 상고허가제를 채택하여 주 로 연방헌법의 해석과 관련한 사건을 연간 100여 건 정도만 선택하여 심리하기 때문에 연방항 소법원이 대개의 경우 사실상 최종심의 역할을 한다. 연방항소법원U.S. Court of Appeals은 전 국의 연방지방법원을 지역적으로 몇 개씩 묶어 각 지방법원에서 올라오는 사건을 심리하는데 이러한 항소법원이 전국에 12개가 있고, Washington D.C.에 미국 전역에서 올라오는 연방정부 에 대한 금전청구사건, 특허사건 등 특수한 사건에 대한 항소심을 심판하는 the U.S. Court of Appeals for the Federal Circuit 1개가 있어 연방항소법원은 총 13개가 있다. 연방항소법원의 판사는 대통령이 상원의 인준을 얻어 임명하며 사건마다 3명의 판사가 하나의 패널을 구성하여 재판한다.

의 일부이므로 법원리상으로는 어떤 지역 출신의 피고에게든 관할권을 주장하여 그에 대한 재판을 할 수 있다(다만, 연방법원은 자체 규칙으로 각 연방지방법원은 주법원의 경우와 마찬가지로 자신이 소재하는 지역에 속하는 피고에게만 관할권을 행사하도록 하고 있다). 그런데 사물관할subject matter jurisdiction의 경우는 연방법원이 제한된 관할권, 즉 연방헌법과 연방의회로부터 부여받은 한도에서만 권한을 가지므로 훨씬 어려워진다. 주법원과 달리 연방법원은 일정한 범위의 사건만을 심판할 수 있다.

각 주에 자체적 사법조직이 있는데 별도의 연방법원 조직이 왜 필요한가? 연방헌법의 기초자들과 연방헌법을 구체적으로 시행하기 위한 법률을 제정하는 연방의회는 두 가지 이유에서 연방정부 내에도 법원조직을 설치했다.24) 첫째는 어떤 사건은 중요한 전국적 이슈와 관련되어 있으므로 어느 특정 주의 판사보다는 미합중국 정부에 속하는 판사가 판단하도록 하는 것이 좋기 때문이다. 둘째, 미국인들은 언제나 약간은 지역중심적인 경향을 가지고 있기 때문에 헌법 기초자들은 중립적인 법정forum, 즉 Oklahoma에서 재판받는 New York 주민의 입장을 고려해 줄 수 있는 법정이 있기를 원했다. 이 때문에 연방법원에는 연방문제관할federal question jurisdiction과 이전관할diversity jurisdiction이라는 특별한 종류의 관할권이 주어진다(나아가 연방법원에 관할권이 부여된 몇 가지 사건이 있는데 예컨대 해사admiralty에 관련된 사건으로 바다에서 일어나는 사건과 미연방이 소송당사자인 사건 등이 그것이다).

연방법원의 사물관할federal subject matter jurisdiction의 첫 번째 유형은 연방문제관할federal question jurisdiction이다. 연방의 헌법과 법률은 연방법원이 연방헌법, 연방법률 그리고 연방의 행정규칙administrative rule에 의하여 발생한 사건에 심판권을 가지게 한다. 연방법원은 환경법environmental laws, 사회보장social security, 식품의약국Food and Drug Administration의 규칙을 포함하는 모든 범위의 연방법규25)

---

24) 연방헌법은 연방대법원만을 창설하고 그에 관하여 규정할 뿐이고 연방대법원 산하의 연방지방법원과 연방항소법원은 연방의회가 연방사건을 처리하도록 하기 위하여 연방법률에 의하여 창설하였다.
25) 연방의회가 제정하는 법률은 주정부와 구별되는 독자적 정부로서의 연방정부의 이익에 관한 법률이고 따라서 전국적으로 통일적 해석과 적용이 필요하므로 연방법률에 관련된 문제는 연방법원이 심판하는 것이 논리적이다. 그런데 주정부도 독자적 정부로서 지역적 사정과 특성에 따라

에 관련되는 사건과 헌법적 권리의 침해에 관한 사건을 심리한다. 어떤 경우에는 민권civil rights에 관한 사건과 같이 주법원도 이러한 사건에 관할권을 가지기 때문에 쇼핑몰이 전단의 배포를 금지함으로써 언론의 자유free speech를 침해당했다고 주장하는 소송은 주법원이나 연방법원에 모두 제기할 수 있다. 어떤 경우에는 연방법원에만 전속관할권exclusive jurisdiction[26]이 인정되는 경우도 있어서 예컨대 파산사건bankruptcy case 또는 특허에 관한 청구patent claim는 연방법원만이 심리할 수 있다. 연방법원은 전문성을 높이고, 법을 보다 통일적이게 만들고, 연방법을 해석interpretation하고 적용함application에 있어 전국적인 이익을 고려하는 데에는 주법원보다 더 유리한 위치에 있다고 믿어진다. 나아가 연방법 중에는 특정 지역에서 인기가 없어서 지역 사람들이 자기들의 분쟁에 적용받기를 원치 않는 법들도 있는데, 연방법원에 이러한 사건에 대한 관할권을 부여하면 지역적 편견과 정치적 방해를 받지 않고 법이 집행될 수 있는 개연성이 높아진다. 1950년대와 1960년대에 연방법원들이 남부 주들의 저항을 뚫고 민권법civil rights laws을 집행하는 주된 책임을 맡은 것이 그 예이다.

이전관할diversity jurisdiction[27]은 다른 주 출신의 당사자가 자기 주가 아닌 주에서 재판을 받을 때 당할지 모르는 불이익을 예방하고자 고안되었다. 연방헌법의 기초자들은 어느 지역의 판사와 배심원이 다른 주에 거주하는 당사자에 대하여 가질 수 있는 편견을 예방하는 것 또는 최소한 사람들이 자기 주가 아닌 어느 주에서 재판을 받을 때 지역적 편견에 의하여 자기가 불이익을 받을 수 있다는 불안감을 경감해 주기를 원했다. 이전관할은 경제적으로 중요성이 있는 사건,

---

독자적인 법률을 가지고 있는데 각 주별로 법률의 내용이 일치하지 않는 경우가 많아 여러 주에 걸쳐서 생겨나는 문제는 재판을 받는 곳에 따라 다른 결론이 나오게 될 가능성이 언제나 있다. 특히 형사 문제의 경우, 예컨대 어느 범인이 A주에서 범죄를 저지르고 B주로 도주하여 체포되었는데 두 주의 형법이 범죄의 성립요건이나 형량을 달리 정하고 있다면 어느 주의 법을 적용할 것인지에 어려운 문제가 생기므로 여러 주에 걸쳐 발생한 문제를 통일적으로 처리하기 위하여 제정된 연방의 법규를 그 사건에 적용하는 것이다.

26) 보통의 사건들은 법원조직이 정해 둔 관할권 배분의 원칙에 따라 관할법원이 정해지는데, 사건의 처리에 전문성, 특수성을 요하거나 특별히 공익적인 이유가 있는 경우에 특정한 법원만이 담당할 수 있도록, 즉 특정한 법원이 배타적으로 관할권을 가지게 하는 경우를 말한다.

27) 소송의 당사자가 서로 다른 주의 출신인 경우 또는 미국인과 외국인 사이의 소송에서 어느 법원이 관할권을 가지느냐의 문제로 diversity of citizenship이라고도 부른다.

예컨대 서로 다른 주에 근거를 둔 회사 사이의 대형 상거래 등에 관한 분쟁을 연방법원이 심판할 수 있도록 한다.

어느 법원에 제소할지는 우선 원고의 선택에 따르지만 역사적으로 이전관할 제도를 탄생하게 할 만큼 사람들이 타 지역에서 재판을 받을 때의 불이익에 대한 염려가 매우 컸기 때문에 피고들은 이송신청removal이라는 제도에 의하여 원고의 선택권과 비슷한 선택권을 부여받게 되었다. 원고가 자기 주의 주법원에 소송을 제기한 경우 다른 주 출신의 피고는, 그 주에 있는 연방법원이 원래 이 소송에 관할권을 가질 수 있었다면, 소송을 연방법원에 이송시킬 수 있다. 예컨대 New York 출신의 피고는 Oklahoma의 주민이 Oklahoma의 주법원state court에 제소한 소송을 Oklahoma의 연방지방법원에 이송시킴으로써 주법원에서 재판받을 때 당할지 모르는 지역적 편견을 예방할 수 있다.

이전관할이 발생할 수 있는 두 가지 전통적 요건은 사건의 계쟁금액amount in controversy[28])이 충분히 많고 당사자의 주소가 달라야diversity of citizenship 한다는 것이다. 계쟁금액의 요건은 단순하여 원고의 청구금액이 연방의회가 정한 최소금액 이상이면 연방법원에 제소할 수 있다. 당사자의 주소가 달라야 한다는 요건은 좀 더 재미있다. 대부분의 사건에서 연방법원이 관할권을 가지려면 당사자의 주소가 완벽히 달라야, 즉 원고와 피고는 서로 다른 주 출신이어야 하고, 원고나 피고가 복수이면 모든 원고가 모든 피고와 다른 주 출신이어야 한다.

그리고 이것이 로빈슨 사건의 핵심이다. 로빈슨 일가는 자신의 Audi 승용차의 연료탱크가 결함이 있었고, 그들의 상해의 원인이 된 화재를 발생시켰으며, 그래서 그 승용차의 제조자와 공급자인 Audi와 Volkswagen of America를 제소하였다고 주장하였다. 연료탱크에 하자가 있다면 Audi와 Volkswagen이 책임

---

28) 원고가 소송으로 청구하는 금액을 다툼이 있는 금액이라는 뜻에서 계쟁금액이라고 부른다. 이 금액은 각국의 소송법상 중요한 의미를 가지는 때가 많은데 우선 계쟁금액이 얼마냐에 따라 재판을 담당할 법원과 재판부가 달라지는 경우가 많다. 대한민국의 경우 일정 금액 이하의 소송은 소액심판을 전담하는 판사 1명이, 그 이상이고 일정 금액 이하인 경우 중액재판부라 하여 역시 판사 1명, 즉 단독판사가 담당하고, 금액이 큰 경우에는 3명의 판사로 구성된 합의부가 담당하게 되어 있다. 둘째로 민사소송은 국가가 무료로 수행해 주는 것이 아니고 소송의 비용을 소장을 제출할 때 수입인지에 의하여 선납을 받는데 계쟁금액은 소장에 첨부할 수입인지의 금액을 정하는 기준이 된다.

이 있고 그들은 어떤 판결이든지 배상할 수 있을 만큼 충분한 재산이 있다. 그렇다면 왜 로빈슨 일가는 지역공급자인 World-Wide Volkswagen과 자신에게 자동차를 판매한 지역 딜러인 Seaway Volkswagen도 함께 제소했을까? 그 대답은 그들의 변호사가 이전관할의 법리를 활용하기 위한 전략적 선택을 했다는 것이다. 로빈슨 일가는 New York에서 Arizona로 가던 이사를 다 마치지 못하였으므로 여전히 종전의 주소지인 New York의 주민이기도 한데 이것이 피고가 이전관할을 이용할 수 있는지 여부에 영향을 미친다. Audi는 독일 회사이고 Volkswagen of America는 New Jersey의 회사였으나 World-Wide와 Seaway는 둘 다 New York의 회사였다. 이들을 소송에 끌어들이면 원고와 일부 피고의 주소지가 같아지므로 이전관할의 요건을 충족할 수 없게, 즉 피고가 사건을 연방법원으로 이송시킬 수 없게 된다. 이 사건에 관할권을 가질 수 있는 법원들은 New York, Oklahoma 그리고 경우에 따라 Arizona의 주법원과 연방법원이 있는데 그 모든 법원들 중에서 로빈슨의 변호사는 Oklahoma의 Creek County의 주법원이 제소하기에 가장 좋고, 미국에서 신체상해로 인한 손해배상을 요구하는 원고에게 가장 동정적인 법원이라고 보았다. World-Wide와 Seaway를 사건에 끌어들이면 피고들은 원고들의 시각에서는 매력이 떨어지는 Tulsa 소재 연방지방법원으로 이 사건을 이송remove시키지 못하게 된다.

비록 로빈슨 일가의 변호사가 사물관할subject matter jurisdiction의 일종인 이전관할diversity jurisdiction의 발생을 저지하기 위하여 정확하게 계산을 했지만 그는 인적관할권personal jurisdiction에 관한 법원리를 위반하였다. Seaway와 World-Wide는 Oklahoma의 주법원state court이 자신들에 대하여 관할권을 가질 수 있는지에 의문을 제기하였고, 연방대법원은 이를 받아들여 New York에 소재하는 공급자와 딜러로 하여금 Oklahoma에서 소송행위를 하라고 하는 것은 불공평하다고 판결하였다. 이에 따라 New York 소속의 두 피고가 소송에서 빠져나가자 이전관할diversity jurisdiction의 요건이 충족되어[29] Audi와 Volkswagen은 사건을

---

29) 원고인 로빈슨 일가가 New York주의 주민이므로 피고 중에 같은 주의 회사들인 World-Wide와 Seaway가 있으면 원고와 피고의 소속 주가 다를 것을 요구하는 이전관할의 발생요건을 충족할 수 없으나 이들이 소송에서 배제됨으로써 원고와 소속 주가 같은 피고가 없어짐으로써 요건이 충족되었다.

연방법원으로 이송시킬 수 있게 되었고, 실제 그렇게 했으며, 그 법원에서 배심원단은 화재의 원인이 연료탱크의 결함이 아니라 로빈슨의 Audi 승용차를 들이받은 가해 차량의 속도가 빨랐기 때문이라고 판단하여 로빈슨 일가가 패소하였다.

로빈슨 사건과 같은 사건은 이전관할이 아직도 필요 또는 유용한지에 대한 비판을 불러일으켰다. 비평가들은 오늘날에 이전관할은 타 주 출신 피고들의 보호보다는 변호사들이 소송기술을 부리는 데 더 많이 이용된다고 주장한다. 이제는 타 주 출신자에 대한 편견이 상당히 감소되었으므로 절차의 공정성이라는 가치를 실현하기 위한 연방법원의 중립성이 이제 필요하지 않다고 한다. 더욱이 연방법원은 주법원과 동일한 실체법substantive law[30]을 적용하고 그 판사와 배심원을 주법원과 마찬가지의 지역에서 선발하기 때문에 두 법정의 차이는 줄어들었다. 그들은 이제 이전관할을 폐지해야 하며, 비록 이로 인하여 주법원의 부담이 당연히 늘어난다고 해도 이제는 연방법원의 업무량을 줄여 줄 때가 되었다고 말한다.

로빈슨 일가의 사건에서 보듯이 원고가 어디에 소송을 제기할 수 있는가와 어디에 제기해야만 하는가는 두 개의 전혀 다른 문제가 되는 경우가 많다. 관할jurisdiction에 관한 원칙에 따르면 원고는 주법원과 연방법원 중, 또한 New York의 법원과 Oklahoma의 법원 중 어느 한 법원을 선택할 수 있다. 그중에서 어느 것을 선택할지는 원고 측 변호사의 전략에 따른다. 변호사는 단순히 근거지의 법원, 즉 원고가 거주하고 변호사의 업무 근거지가 있는 지역에서 소송하기를 원할 수도 있는데 이때는 주법원이냐 연방법원이냐의 선택만 하면 된다. 법원조직에 따라 소송의 진행 속도가 달라서 어떤 도시지역에서는 소장을 접수한 후 재판trial[31]에 들어가기까지 주법원은 6년, 연방법원은 2년을 기다려야 하는 경우

---

30) 법의 분류기준 중에 권리나 의무 등 법률효과를 발생, 소멸시키는 데 관련된 법을 실체법이라고 하고 이러한 법률효과를 발생시키거나 실현하는 데 필요한 절차를 규정하는 법을 절차법이라고 한다. 계약법은 계약 당사자에게 권리와 의무를 발생시키고 형법은 국가에 형벌권을 발생시키므로 실체법이고 민사소송법과 형사소송법은 등기를 이전하라고 하거나 형벌을 과하는 등 실체법에 의하여 발생한 법률효과를 실현시키는 법이므로 절차법이다. 제3장에서 설명한 국민의 기본권을 실체권과 절차권으로 분류하는 것도 이와 비슷한 개념을 가지고 있다(p.76 참조).

31) 여기서 재판이라 함은 원, 피고가 실제로 배심원들 앞에서 공격과 방어를 벌이는 등 사건에 대한 종국적 심판을 내리기 위하여 법정에서 실시되는 절차 그 자체만을 말한다. 이후의 본문에서 상세히 설명되는 바와 같이 소장이 접수되면 당사자는 증거개시discovery 또는 쟁점을 정리하기 위한 신청motion 등 여러 가지의 재판전 절차를 법정 밖에서 시행하며, 본문에서 말하는 기간

도 있고 어떤 지역에서는 그 차이가 더 크기도 하다. 로빈슨 일가의 사건에서와 같이 배심원단의 구성이 법원에 따라 달라질 수도 있다. 각 법원이 채택하고 있는 민사소송규칙은 이런저런 이유로 어떤 것이 다른 것에 비하여 더 매력적으로 보일 수 있는데 연방의 증거개시discovery에 관한 규칙이 주법원의 증거개시 규칙보다 좀 더 넓은 적용범위를 가지거나 좀 더 효과적인 경우도 많다. 판사의 수준도 또한 다를 수 있어 보통은 연방법원의 판사가 주법원의 판사보다 최소한 어떤 몇 가지 점에서라도 좀 더 우수한 자질을 가지는 것으로 인식되어 있고, 또한 같은 지역에서도 어떤 법원의 판사들이 강 건너 또는 길 건너에 있는 다른 법원의 판사들보다 유능하다고 인정받는 경우도 있다.

여러 곳에 제소할 수 있다면 각 법원에서는 어떤 법이 적용될 것인가?

다양한 주법원 제도가 이미 존재하고 여기에 별도로 연방법원 제도가 병행적으로 존재한다는 사실의 당연한 귀결 중의 하나가 하나의 사건에 다른 법들이 적용될 수도 있다는 점이다. 로빈슨 일가는 Oklahoma의 주법원에 소를 제기하였다. 그들이 주법원이 아니라 Oklahoma의 연방법원을 찾아갔다면 연방법원은 Audi 승용차의 연료탱크에 결함이 있는지 여부를 판단하기 위하여 Oklahoma의 불법행위법이 아닌 다른 법을 적용했을까? 그들이 만약 New York에서 이 사건을 제소했다면 New York의 불법행위법이 Oklahoma의 불법행위법을 대신하여 적용되었을까? 각 지역마다 불법행위법이 다른 내용을 가지기 때문에 이러한 문제가 사건의 결론을 좌우하는 경우가 많으므로 민사소송법에 반드시 이러한 문제를 해결할 방법이 마련되어 있어야 한다.

관할법원이 다른 경우의 여러 법의 경합conflict of law[32] 문제 중 두 가지는 쉽

동안 아무 것도 하지 않고 그저 기다리는 것은 아니다.

32) 어느 사건에 적용될 수 있는 법체계가 여러 개가 있을 수 있는데 이를 법이 선택적으로 적용될 수 있다는 의미에서 법의 경합이라고 부르고 이 경우 어느 법을 적용하여 심판할 것인가를 결정할 원칙이 정해져 있어야 한다. 법의 경합 문제는 대한민국과 같은 단일 법제의 국가에서도 발생하는데, 예를 들어 부부의 국적이 다른 경우 혼인이나 이혼, 상속 등의 법률문제를 부부의 국적국가 중 어느 한 나라에서 심판하는 경우 어느 나라의 법을 적용할 것인지가 문제되기 때문이다. 대한민국에는 '국제사법'이라는 법률이 있어서 사안에 따라 어떤 나라의 법을 적용하도록 지

다. 일반적으로 어느 법원이든 사건에 적용될 실체법substantive law에 상관없이 절차에 관한 규칙은 자신의 것을 적용한다. 또한 주법원은 연방법에 관련이 있는 사건이 있으면 연방헌법이 연방의 법률을 "이 나라에서 최고의 법the supreme law of the land"이라고 하므로 자신이 비록 주법원이지만 그 법을 해석한 연방법원의 판례를 포함하여 연방의 법률을 적용한다. 반대로 연방법원은 모든 실체법적 이슈를 주법에 따라 심판한다. 그러므로 연방법원은 이전관할의 법리가 적용되어 자신에게 관할권이 생긴 사건에는 사건이 주법원에서 심판되었다면 적용되었어야 하는 불법행위법, 계약법 등등의 원칙을 동일하게 적용한다.

관할의 경합inter-jurisdictional conflict이 있는 경우 중 사건에 적용될 수 있는 주법이 두 가지가 있는 경우는 좀 더 복잡하다. Oklahoma의 주법이 제조자에게 그들의 제품의 하자에 대하여 엄격책임strict liability[33]을 묻고, New York 주법은 그들이 제품을 만들 때 제조자의 과실이 있었을 때에만 책임을 지운다고 가정해 보자(제조물책임product liability에 대하여 자세한 사항은 제5장 참조). 로빈슨 일가는 Oklahoma에 제소함으로써 New York 주법의 원칙을 피할 수 있는가? 이 문제는 법의 경합conflict of law이라고 불리는 영역에 해당하며, 경합하는 관할법률 중의 어떤 것을 선택할 것인지의 문제로 된다.

법의 경합에 관한 법은 법의 어떤 분야보다도 혼란스러운 부분이다. 이것은 너무나 불확실하여 학생들이 고문을 받는 심정이 되고 그 복잡함 때문에 법원들도 고민하는 경우가 많다. 그러나 이러한 혼란의 원인을 살펴보면 법이 가지고 있는 아주 근본적인 어떤 문제를 알아볼 수 있다.

20세기 중반까지는 법의 경합에 관한 법원칙은 각 주의 주권sovereignty과 사법제도의 지역적 관념에 근거하여 비교적 명확한 원칙을 추구하는 것들로 채워져 있었다. 예를 들면 불법행위 사건은 사고가 일어난 지역의 법제jurisdiction에 따르게 되어 있으므로 Oklahoma에서 일어난 사고는 그 사건의 재판이 New York에서 벌어지더라도 Oklahoma의 불법행위법에 의하여 규율되었을 것이다.

정한다. 상속에 대하여 국제사법 제49조 제1항은 피상속인, 즉 사망자가 사망한 당시 그의 본국법에 의하여 처리하도록 하므로 남편은 미국 시민권자이고 아내가 한국 국적자인 경우에 상속분쟁을 한국 법원에서 심판한다면 법원은 미국의 상속법을 적용하여야 한다.

33) 제조물의 하자의 발생에 제조자의 과실이 없는 경우에도 그에 대한 책임을 지게 하는 제도이다.

이와 비슷하게 계약에 관한 분쟁은 계약이 이루어진 지역의 법에 의하여 규율되었을 것이다. 그러나 불행히도 계약은 다주성multi-state character을 가지는 것들이 많다. 로빈슨은 독일에서 제작된 승용차를 New York에서 구입하였고 이 차가 Oklahoma에서 사고를 당하였는데 그렇다면 이 사건에 어떤 법이 적용되어야 하는가? 문제되는 잘못이 그 차가 제조된 때, 판매된 때 또는 불이 난 때 중 언제 발생했다고 할 것인가? 심지어 50개 주 중에는 Audi가 차를 판매하지 않는 주가 있을지도 모르는 마당에 Audi로 하여금 그 모든 주의 불법행위법에 대응하라고 요구하는 것이 공평한가? 나아가 법원들은 자기 주의 법과 충돌하는 다른 주의 법을 적용하는 것을 편치 않아 한다. 법원들은 이러한 문제들에 골머리를 앓으면서 결국 그동안 혼란을 야기하고 비판을 많이 받아 온 종래의 원칙에 대한 반대원칙counter rule과 예외들을 개발해 내기에 이르렀다.

다만, 판사들과 학자들은 종래의 원칙을 비판하는 데는 성공적이었으나 새로운 원칙을 만드는 데는 별로 그렇지 못했다. 법원들이 종전의 원칙을 버리고 스스로 관련되는 모든 요소들의 여러 가지 면을 비교하고 형량하여 적용할 법을 선택하도록 한다는 새로운 원칙에 따르게 되자 이제는 많은 주에서 재판의 결과를 예측할 수 없게 되었다. 그리고 법원이 명시적 또는 묵시적으로 종전의 원칙을 고수하면서 새로운 원칙을 채용하지 않은 주들도 많았다. 결론적으로 뭔가 달라지긴 했으나 딱히 나아졌다고 할 만한 것도 없다.

이 모든 것으로부터 일견 명백하고 강고하다고 보이는 법원칙들이 실제로는 보이는 것과 다르게 그렇지 않을 수도 있다는 교훈을 얻을 수 있다. 그런 원칙이 여러 가지의 사실상황에 적용되었을 때 정의에 반하는 결과를 낳는 경우도 있고 또는 이 법원칙도 또한 해석의 대상이 되어야 하고 여기에 대한 예외를 또 두어야 하는 수도 생기게 되는데, 해석을 하고 예외를 설정하다 보면 언제나 복잡성과 불확실성이 생기게 마련이다. 또 다른 한편으로는 법원칙이 넓고 유연하면 법원이 더 넓은 재량을 가지게 되고, 재량이 커지면 법원마다 서로 상충하는 판결을 하는 경우가 많아지며 원칙도 불명확해진다는 결과, 즉 또 다른 형태의 복잡성과 정의롭지 못함이 초래된다. 법에는 항상 이러한 근본적 문제가 있기 마련이다.

소송lawsuit은 어떻게 시작되는가?

변호사는 소장complaint이라는 서면을 작성하여 법원에 제출함으로써 소송을 시작하는데 소장은 그 이름이 암시하는 바와 같이 원고plaintiff(소송을 제기하는 자)가 피고defendant(소송을 당하는 자)에 의하여 법적 권리가 침해당했다는 불평을 하면서 법원에 구제조치를 해 달라고 요청[34]하는 서면이다(법은 꼭 변호사만이 소장을 제출해야 한다거나 다른 방법으로 원고를 대변할 것을 요구하지 않는다. 누구나 자신을 변호할 수 있고 이때는 "스스로"라는 뜻의 라틴어인 pro se, 즉 자기소송이라고 부른다. 그러나 현실적인 문제 때문에 소액법원small claims court을 제외한 다른 법원에서 소송을 하려면 변호사가 필요하다). 소장에는 소환장summon, 즉 법원이 그 소송에 대응하라고 피고를 법원으로 부르는 데 필요한 서면을 첨부[35]하여야 한다. 원고는 피고에게 소장과 소환장의 사본을 소송이 제기된 법원의 규칙이 정하는 바에 따라 보안관sheriff, 집행관process server[36]을 통하거나 또는 우편으로 전달하는 송달절차service of process를 이행하여야만 한다.

소장은 소송의 목적이 무엇인지를 명확히 하는 첫걸음이다. 예컨대 로빈슨 사건의 경우라면 소장에 포함될 내용은 아래와 같다.

● 로빈슨 일가와 Audi 측 피고들의 인적 사항

---

34) 이와 같은 소장에 대한 정의는 사실 이행의 소, 즉 법원에게 타인으로 하여금 금전지급, 등기이전 등 어떠한 행위를 할 것을 명령하여 달라고 청구하는 소송에 관해서만 타당하다. 소송에는 현재의 법률관계가 불안정한 상태에 있으므로 이를 명확하게 결정해 줄 것을 청구하는 확인의 소, 예컨대 남성이 일방적으로 혼인신고를 하였다는 등 무효의 사유가 있으니 혼인이 무효임을 명확하게 선언해 달라는 혼인무효확인 소송도 있고, 어떠한 법률관계를 새로이 창설하기 위하여 하는 형성의 소, 예를 들면 혼인 외의 자식으로 생부의 친자로 등록되어 있지 않은 자식이 생부를 상대로 자식으로 인정하라는 인지청구의 소 등도 있다.

35) 대한민국에서는 소환장은 법원이 스스로 작성하여 송달하고 당사자가 소장에 소환장을 첨부할 필요가 없다.

36) 대한민국에서는 소송서류를 당사자에게 송달하는 일과 재산적 청구가 확정되면 물건을 압류하고 환가처분을 하는 등 강제집행을 임무로 하는 집행관 제도가 있는데, 소환장은 등기우편으로 송달하는 것이 보통이고 주소 불명, 기타 특수한 경우 집행관이 직접 그 장소에 찾아가 송달하기도 한다. 미국에서는 원고가 스스로 소장과 소환장을 피고에게 송달하고 그러한 송달을 하였음을 법정에서 선서하는 방법도 사용된다.

- 로빈슨 일가가 Seaway Volkswagen으로부터 Audi 승용차를 구입하였다는 사실

- Audi 승용차의 사고 경위

- Audi 승용차가 어떤 점에 결함이 있었는지

- 그 결함으로 인하여 Kay Robinson과 자녀들이 부상을 입은 사실

- 그러한 이유로 Audi 측 피고들이 로빈슨 일가에게 돈을 배상해야 한다는 사실[37]

　이 정보들은 여러 목적을 가지고 있다. 첫째, 소장이 제출된 법원에 이 소송에 대한 정당한 관할권jurisdiction이 있는지 판단하는 근거가 된다. 소장에 자동차 사고가 Oklahoma에서 일어났다고 진술됨으로써 이 사건이 Oklahoma의 지방법원 Oklahoma District Court에 제기될 수 있음을 분명히 해 준다. 둘째, 소장은 피고들에게 소송이 제기되었다는 사실과 왜 제소를 당했는지를 통지해 준다. 피고에게 충분한 통지가 있어야 그들이 변호사를 선임하고 원고의 청구에 대하여 무엇을 근거로 다툴 것인지 생각할 수 있다. 셋째, 소장은 소송의 사실상 및 법률상의 쟁점이 무엇인지 윤곽을 잡을 수 있게 하고 소송과 관련이 없는 이슈가 무엇인지도 암시해 준다. 소장은 소인cause of action, 즉 어째서 원고가 피고에게 어떠한 잘못이 있었다는 주장을 하면서 그로 인하여 자신이 구제를 받을 자격이 있다고 청구하는지 등의 소송의 원인에 관한 요소들을 나열함으로써 당사자들과 판사에게 이 사건을 종국적으로 판결하려면 어떤 요인들을 검토해야 하는지를 말해 준다. 예컨대 사실관계의 면을 보자면, Audi 승용차의 결함이 아니라 과도한 속도

---

37) 변론주의, 즉 법원은 원고가 원하는 때에만, 원하는 한도에서, 원할 때까지만 원고에게 권리의 구제를 베푼다는 원칙에 의하여 원고가 제소한 것 이외의 원인으로 돈을 더 받을 수 있더라도 이를 명확히 청구하지 않은 경우, 실제로 받을 수 있는 금액보다 적게 청구한 경우 또는 받을 금액이 있더라도 원고가 소송을 취하한 경우 등에는 법원의 직권으로 이를 인정해서 어떤 금액을 지급하라고 명할 수 없고, 법원은 원고가 청구한 금액을 한도로 지급을 명령하여야 하므로 원고는 금전지급의 사유와 금액을 명확히 기재하여야 한다. 물론 소장에 기재된 금액이 절대적인 것은 아니고 심리가 진행되면서 소장에 기재한 금액과 다른 금액을 청구할 수 있다는 사실이 밝혀진 경우 청구금액의 확장 또는 축소도 가능하다.

가 화재를 초래한 원인일 수도 있으므로 사건에 연루되어 있는 로빈슨의 자동차와 상대방 자동차의 속도는 이 사건에 관련이 있으며 따라서 양 당사자는 재판에서 이 사실이 조사되기를 원할 수 있고 자동차의 속도에 관한 증거를 제출하기를 원할 수 있다. 그러나 피고들이 사실은 값싸고 시원찮은 품질임에도 불구하고 승용차에 고성능 사운드 시스템이 장착되어 있다고 광고하여 로빈슨을 속였다는 주장은 이 사고와 아무 관련이 없기 때문에 이 소송과 관련이 없다. 당사자들은 사운드 시스템에 대하여는 조사와 증거제출의 필요성이 없음을 알아야 하며 혹시 그들이 그런 시도를 하면 판사가 이를 제지할 것이다.

전통적으로 당사자와 법원은 소장과 기타 준비서면pleading[38])만을 이용하여 소송사건의 쟁점을 정리하였다. 판사들은 변호사들이 그 청구의 바탕에 깔려 있는 사실관계를 특정되고 정확하게 진술할 것을 요구하였다. 변호사가 그렇게 하지 못하면, 예컨대 만약 로빈슨의 변호사가 Audi의 회사의 명칭을 잘못 기재하였다거나 자동차의 결함이 정확히 어떻게 생겨났는지를 명확히 주장하지 못하면 사건은 법정 밖으로 쫓겨나게 된다. 그러나 이와 같이 고도의 기술이 있어야만 소장을 작성할 수 있다면 실체법substantive law의 가치에 봉사하고 분쟁을 해결하는 공정한 절차를 제공한다는 소송제도의 목적과 충돌하므로 판사들은 준비서면의 요건을 완화하고, 사건에서 쟁점을 정리해 나가는 과정도 소장에서 시작되는 것은 맞지만 거기에서 완결될 필요는 없고 나중에 증거개시절차discovery와 재판전 절차pretrial stage에서도 할 수 있도록 하였다. 따라서 로빈슨의 변호사는 소장complaint에서는 Audi 승용차가 결함이 있었다는 주장만을 하고 나중에 그 결함이 무엇이었는지 정확히 구체화하여 제시하여도 된다.

이러한 유연성의 예로서 변호사가 준비서면 작성 당시 실수로 빠뜨렸거나 새로운 자료가 발견되어 이미 제출한 준비서면의 내용이 부족했거나 부정확했음을

---

38) pleading은 당사자가 자신의 청구 또는 방어수단에 관한 주장allegation을 기재한 서면을 말한다. 원래 common law에서 제도화되어 소송의 쟁점 정리에 중요한 역할을 하였으며 제출 순서에 따라 원고의 declaration → 피고의 plea → 원고의 replication → 피고의 rejoinder → 원고의 surrejoinder → 피고의 rebutter → 원고의 surrebutter 등 제출순서에 따라 고유의 이름이 붙어 있다. 그러나 현재는 연방 및 각 주의 민사소송법에서는 discovery와 pretrial conference가 사실과 법적 쟁점을 정리하는 기능을 수행하고 있으므로 그 역할도 많이 축소되었다. 대한민국에서는 이러한 역할을 하는 서면을 '준비서면'이라고 부른다.

알게 되었다면, 법원은 보통 이러한 오류를 정정하거나 새로운 정보를 설명하기 위하여 준비서면을 수정하는 것을 허용한다. 실제로 로빈슨 일가는 처음에는 Volkswagen of America, Seaway, World-Wide의 셋만을 피고만을 제소하였으나 나중에 이 자동차의 제조자가 독일 회사인 Volkswagen AG라고 생각한 나머지 이 회사를 피고에 추가하는 소장 변경을 하였으며, 이후에도 정식 증거개시절차discovery에서 사실을 확인한 결과 또 다른 독일 회사인 Audi AG가 진짜 제조회사임을 알게 되자 다시 Volkswagen을 Audi로 바꾸는 소장 변경을 하였다. 소장의 변경에 관한 원칙은 매우 유연하기 때문에 당사자는 재판에서 또는 재판 이후에 재판에서 제시된 증거에 맞추어 소장을 정말로 자유롭게 변경할 수 있다. 피고가 사건의 기초가 되는 사실을 공정하게 통지받았다고 인정될 수만 있다면 정의의 실현은 변호사가 준비서면 작성의 원칙에 기술적으로 얼마나 잘 따랐느냐보다는 사건의 실체에 대한 초점을 얼마나 정확하게 맞추었느냐에 달려 있어야 하기 때문이다.

그렇다고 준비서면pleading에 제한이 없지는 않다. 준비서면 등에 기재된 모든 것은 사실에 기초해야 하고, 선의good faith로 진술되어야 하며, 당사자가 그 진실성을 선서하거나 준비서면을 제출하는 변호사가 서명하도록 요구하는 법제도 있다. 예컨대 연방의 민사소송규칙은 변호사가 준비서면 등에 서명하고 자신이 구성한 사실관계가 적절한 조사를 거쳤고, 소장의 내용에 충분한 근거가 있으며, 그러한 준비서면 등의 제출에 부적절한 동기가 없이 선의로 행동하고 있음을 인증하도록 한다. 만약 준비서면 등에 기재된 사항에 거짓이나 경솔한 frivolous 점이 있으면 법원은 당사자 또는 변호사를 처벌할 수 있다. 이 원칙들을 철저히 적용하면 변호사들이 준비서면을 작성하고 그 내용이 정확한지 여부를 신중하게 조사하도록 하는 중요한 촉진제가 된다.

피고가 소송에 대응하는 방법은?

피고들은 법원으로부터 원고plaintiff의 소장complaint과 거기에 첨부된 소환장 summons을 받음으로써 자신이 제소당하였다는 공식적 통지를 처음 받는다. 소환장에는 항상 피고defendant에게 소장의 내용에 답변을 하라는 요구가 기재되어 있기 마련이지만 피고가 소송에 대응하는 방법은 여러 가지가 있다.

첫째, 피고는 모든 것을 그냥 무시해버릴 수 있다. 형사사건에서는 피고인이 소환장에 응답하지 않거나 재판에 출석하지 않으면 경찰관이 체포할 수 있다. 민사소송에서는 그럴 수 없다. World—Wide Volkswagen이 로빈슨의 소장과 소환장을 받고 아무 대응을 하지 않아도 경찰관이 쫓아와서 사장을 법원으로 끌고 가지는 않는다. 그렇다고 소장을 그저 무시할 수 있다는 것은 아니다. 소장에 대응하지 않는 데 대한 제재는 원고가 법원에 피고의 기일해태default[39]를 신청할 수 있다는 것이다. 피고가 소장에 대응하지 않으면 피고는 이후에 사건의 본안merit of the case[40]에 대하여 어떤 방어defense도 할 수 없게 되고, 원고는 의제자백판결default judgement[41]의 선고를 신청할 수 있으며, 이로써 소송은 종결되고 이 판결은 다른 판결과 마찬가지로 집행할 수 있게 된다.

종종 피고들은 원고가 판결이 선고되어도 집행하기를 원치 않거나 할 수 없을 것이라 생각하여 소장을 무시하고 의제자백 판결이 나오도록 방치하는 경우도 있다. Audi 승용차의 결함이 심각한 부상이 아니라 200달러 정도의 수리비가 나올 손해만을 야기했다고 가정해 보자. 로빈슨 일가가 어떤 이상한 이유로 이 돈을 위해 소송을 걸었다면 World—Wide는 적은 금액을 위해 이 소송을 방어하고자 Oklahoma에서 변호사를 선임할 가치가 없다고 보거나 또는 로빈슨이 이를 받으려고 New York까지 찾아가는 수고를 하지 않으리라고 생각하여 소송

---

39) 일반적으로 default는 채무를 이행하지 않는 등 법률상 의무를 하지 않는 것을 널리 가리키는 용어인데 여기서는 제소당한 피고가 자신을 방어하는 행위를 하지 않는 것을 말한다.

40) 원고가 소송으로 실현하고자 하는 목적을 본안이라고 하고 이에 대한 판단을 본안판결 또는 소송의 실체에 대한 판단이므로 실체판결이라고 한다. 소송이 제기되면 법원은 먼저 소송으로서 요건을 갖추었는지를 판단하여 요건에 흠결이 있으면 본안에 대한 심리를 개시하지 않고 소송을 각하하는데 대표적인 것이 실제 권리자가 될 수 없는 사람이 권리자라고 주장하여 제소한 경우와 같이 소의 이익이 없는 경우, 원고의 주장이 사실이라고 하여도 법률상 다른 사유로 목적이 달성될 수 없는 경우 등이다. 피고가 소송요건의 흠결이 있어 소가 각하되어야 한다는 항변을 본안전 항변이라고 하고 이를 이유로 소를 각하하는 판결은 소송판결이라고 부른다.

41) 피고가 재판기일에 출석하지 않거나 답변서 제출 등 적절한 방어행위를 하지 않는 경우 원고가 주장하는 사실이 모두 진실이고 원고의 청구가 인정된다고 보아 원고의 주장대로 피고에게 패소판결을 하는데 이를 의제자백 판결이라고 한다. 대한민국에서는 피고가 답변서를 제출하지도 않고 첫 번째 변론기일에 출석하지 않으면 원고의 주장을 모두 인정하는 것, 즉 자백하는 것으로 의제하여 원고의 청구를 전부 인용하는 판결을 한다.

을 무시했었을 수도 있다. 그러나 보통 원고에게 소송을 할 가치가 있다면 피고에게도 방어할 가치가 있기 마련이며, 피고는 소장을 무시하고 기일해태의 위험을 감수하기보다는 자신을 보호하기 위하여 무언가를 하려고 한다.

피고가 사용할 수 있는 두 번째 방법은 본안merit과 관련 없는 사유를 들어 자신이 제소 당한 데 대하여 이의objection하는 것이다. 이 이의는 각하신청motion to dismiss의 형태로 이루어진다. 신청motion이란 법원에 대하여 어떤 공식적인 요청을 하는 일을 통칭하는 용어인데 여기서는 과거에 실제로 어떤 일이 벌어졌는지 들여다볼 필요 없이 사건을 소멸시켜 달라는 요청을 하는 것을 말한다.

어떤 이의는 사소하다. 피고는 소환장의 형식이나 송달service 방법, 예컨대 소장의 형식에 미비한 점이 있다거나 소환장을 직접송달personal service로 해야 함에도 우편송달을 하였다는 등 기술적 하자가 있다는 주장을 할 수 있다. 원고가 그러한 하자를 치유시킬cure 수 있으면, 즉 이 경우 피고에게 직접송달을 할 수 있으면 그러한 이의는 사건의 진행을 일시 지연시킬 수는 있으나 절차가 전부 정지되지는 않는다. 원고가 그 하자를 치유할 수 없다면, 즉 피고에게 송달이 불능이 되면 피고의 전략이 통하여 사건은 진행될 수 없게 된다.

보다 중요한 각하신청의 사유는 소장이 접수된 법원이 피고나 사건에 대한 관할권jurisdiction을 가지지 않는다는 것이다. 법원은 사건에 대한 관할권 또는 달리 말하자면 사건에 대한 사물관할권subject matter jurisdiction과 당사자에 대한 인적관할권personal jurisdiction이 있어야 피고에 대하여 구속력이 있는 판결을 할 수 있음을 기억해야 한다. 피고가 어느 법원에 관할권이 없음을 입증하면 그 법원은 사건을 각하dismiss함으로써 자신에게 관할권이 없음을 공식적으로 인정하는 것 이외에 다른 일을 할 권한이 없다. World-Wide Volkswagen과 Seaway는 로빈슨 사건에서 이것을 주장하여 성공하였다. 그들은 로빈슨이 그 곳으로 자신들이 판매한 자동차를 운전해 갔다는 우연한 사정 이외에는 자신들이 그 주와 아무 연관이 없기 때문에 Oklahoma의 주법원은 자신들에 대한 인적관할권이 없다고 주장하며 자신들은 본안에 대한 방어를 할 필요가 없이 이 사건에서 벗어나야 한다고 요청하였다.

피고가 할 수 있는 세 번째 조치는 원고의 소장의 법적 충분성legal sufficiency을 다투는 것이다. 이 절차는 고전적으로는 방소항변demurrer[42])이라고 불렀으나 오늘날에는 보통 청구진술실패에 의한 각하신청motion to dismiss for failure to state a claim 또는 소인진술실패에 의한 각하신청motion to dismiss for failure to state cause of action이라고 불린다. 이 각하신청은 피고가 원고가 주장하는 모든 사실관계가 진실이라고 해도 피고가 원고에 책임을 질 만한 법적 근거가 없다고 주장하는 것이다. 그러므로 이 신청이 있으면 분쟁의 바탕이 되는 사실관계를 들여다보지 않고 원고의 법적 주장이 얼마나 충실한지를 조사하게 된다.

예컨대 Oklahoma의 불법행위법이 하자 있는 제조물의 제조자는 그 제조물에 의하여 손해를 입은 소비자에게 엄격책임strict liability을 져야 하지만 그 제조물의 제조자가 아닌 공급자는 소비자에게 아무 책임도 지지 않는다고 규정한다고 가정해 보자. 그렇다면 Seaway Volkswagen은 로빈슨의 소송에 대하여 청구진술실패에 의한 각하를 신청할 수 있었을 것이다. 설사 그 Audi 승용차에 하자가 있었고 그 하자가 그들의 손해에 기여한 것이 진실이라고 하여도 그 법에 의하면 제조자가 아니라 소매 딜러에 불과한 Seaway는 로빈슨 일가에게 책임이 없다. Seaway는 사건의 사실관계가 어떻든 법이 자신에게 어떤 원고에 대하여 구제를 해 줄 의무를 부과하지 않기 때문에 로빈슨이 사건과 전혀 관련이 없는 회사들인 Ford, GM 또는 IBM을 제소하였던 것과 같은 입장에 있다.

피고에게 소의 각하를 신청할 아무런 사유가 없거나 각하신청이 받아들여지지 않으면 피고는 사건의 본안merits[43])에 대처하여야 한다. 피고는 답변서answer라는 서면을 통하여 이러한 대처를 하는데 이는 말 그대로 원고의 소장에 나타난 주장allegation에 대하여 답변하는 것이다. 피고는 원고의 주장에 "부인no(주장이 사실이 아님)", "부지I don't know(그 주장이 사실인지 아닌지를 알지 못함)", "항변yes, but(주장을 인정하나 원고의 청구를 방어할 수 있는 다른 사실이 있

---

42) 소장이나 준비서면에서 주장하는 사실이 모두 진실이라고 하더라도 법적으로 피고에게 책임을 물을 만한 사유가 되지 못한다는 등의 이유로 이에 답변을 할 가치가 없거나 그러한 소송원인으로는 절차를 더 진행시킬 만한 이유가 없다고 주장하여 소송이 더 이상 진행되지 못하도록 할 목적을 가진 이의를 말한다.
43) 당사자가 소송으로 달성하고자 하는 실질적인 목적으로서 소송이 유지될 수 있는 절차적, 형식적 요소들이 모두 갖추어졌음을 전제로 사실에 관한 주장과 조사를 거쳐 당사자에게 어떤 권리가 있는지를 판단하는 것을 본안판결judgement on the merits이라고 한다.

음)" 등 3가지[44]로 대처할 수 있다.

피고의 입장에서 가장 좋은 것은 원고가 소장complaint에서 주장하는 모든 사실을 부인함으로써 자신이 가지고 있는 사건에 관한 모든 정보를 감추어 두고 원고로 하여금 자기의 청구를 뒷받침할 모든 자료를 일일이 다 찾아내는 수고를 하게 만드는 것이다. 과거에는 그리고 오늘날 몇몇 법제jurisdiction에서는 아직도 피고가 소장에 기재된 모든 주장을 전부 다 쟁점으로 삼겠다는 전부 부인general denial을 통하여 이러한 일을 할 수 있도록 허용한다. 그러나 대부분의 법원은 소장을 포함하는 준비서면pleading의 취지와 소송제도의 목적을 파괴한다는 이유로 전부 부인은 더 이상 허용하지 않는다. 준비서면 제도는 다툼 있는 이슈를 찾아내고 그 범위를 좁히는 데 도움이 되도록 할 목적으로 고안되었다. 피고가 전부 부인으로 자신이 진실임을 알고 있는 원고의 주장까지도 다툰다면 소송의 심리 대상에서 제외될 수 있었던 쟁점이 불필요하게 제기된다. 제도적 관점에서 보면 이는 비효율적이고 실망스러운 정직성의 결여라고 아니 할 수 없다.

어떤 경우 피고는 원고의 소장의 핵심적 요소들이 사실이라고 인정하면서도 거기에 기재된 내용이 전부가 아니라 다른 스토리가 더 있다고 주장할 수 있다. 이 경우는 피고가 답변서answer를 통하여 적극적 항변affirmative defense을 하는 것이라고 표현된다. 항변defense은 설사 원고 청구의 모든 요소가 확고하게 인정된다 하더라도 다른 새로운 사실요소를 제시하면서 피고의 책임이 배제되거나 감소되어야 한다고 주장하는 것이다. 예컨대 로빈슨 일가의 사고가 10년 전에 일

---

44) 민사소송은 있었던 사실을 확정하고 여기에 법률을 적용하여 원고의 청구가 정당한지를 판정하는 절차이며 대립당사자구조를 가지므로 각 당사자는 사실을 주장하고 증거에 의하여 입증하여야 하는데 이를 입증책임burden of proof이라고 부른다. 입증책임은 대체로 자신에게 유리한 사실을 주장하고 이를 객관적인 자료에 의하여 증명할 책임으로 원, 피고 사이에 입증의 가능성과 공평성의 원리에 따라 분배되게 된다. 예를 들어 돈을 빌려준 사실은 원고에게 유리한 사실이므로 원고가 그 입증에 성공하면 피고는 이제 자신이 이를 변제하였다거나 변제할 의무를 면제받았다거나 기타 변제를 하지 않아도 되게 하는 사실이 있음을 주장하고 이를 입증하여야 한다. 원고가 돈을 빌려주었다고 주장하는 데 대하여 단순히 돈을 빌리지 않았다는 대답하는 것은 부인denial이며 이때는 원고가 대여의 사실을 입증하여야 하고, 피고가 빌린 것은 사실인데 변제하였다고 주장하는 것은 항변defense이 된다. 변제하였음은 피고에게 유리한 사실이므로 피고가 주장하고 이를 입증하여야 하며 피고가 어떤 이유로든 이를 주장하지 않으면 법원도 그 상태에서 바로 변제하였다는 자료가 있다고 하더라도 변제한 사실을 인정할 수 없고 피고에게 변제하였다는 주장을 할 것인지 여부를 석명하도록 하는 것이 원칙이다.

어났다면 아우디는 소멸시효statute of limitation[45]의 항변을 할 수 있는데 이는 소송이 법에 정해진 기간 안에 제기되었어야 한다는 항변이다.

피고는 원고의 청구의 어떤 부분이 진실인지 아닌지 모르는 경우가 많다. 로빈슨 일가가 자동차 충돌로 심한 부상을 입고 거액의 의료비가 지출되었다고 주장하더라도 Audi는 그들의 의료기록을 보지 못했으므로 이를 시인도 부인도 할 수 없다. 그러한 경우 민사소송의 원칙은 피고로 하여금 실제로 "모른다."라고 말할 수 있도록 허용한다. 그 경우는 그 쟁점에 대하여 다툰다는 뜻이고 원고는 증거에 의하여 이를 입증해야 한다. 물론 소송법은 정직성을 증진시키고 다툼 있는 쟁점을 가급적 준비서면pleading을 통하여 정리하고자 하기 때문에 피고는 원고의 주장이 사실인지 정말로 모르고 있어야만 모른다는 답변을 할 수 있도록 하는데 법원들은 이 요건을 강화하여 피고로 하여금 그 주장이 사실인지 여부를 피고 스스로 상당한 노력을 들여 조사해 보도록 강제하기도 한다. 예컨대 그 주장이 실제로 피고 자신이 스스로 행한 행동에 관한 사실에 관련되어 있다면 피고는 알지 못한다는 주장을 할 수 없는데, 만약 로빈슨 일가가 Audi 스스로의 홍보물에 100LS 모델이 "도로에서 가장 안전한 차"라는 선전 문구가 있었다고 주장한다면 Audi는 이를 간단한 확인으로 알 수 있을 것이므로 자신의 홍보물에 그런 말이 있는지 모른다고 할 수는 없다. 다시 한번 정리하면 이 과정의 목적은 당사자들이 실제로 무엇을 다툴 수 있고 무엇을 동의할 수 있는지를 효과적으로 규정하는 데 있다.

---

45) 어떤 권리가 발생하였더라도 일정한 기간 안에 행사되어야 하며 그 기간이 경과하면 권리를 행사할 수 없게 하는 제도이다. 소멸시효는 권리자가 그 권리를 일정 기간 동안 행사하지 않으면 그 권리가 없어진다는 것이므로 어떤 권리가 존속하는 기간이라고 요약할 수 있다. 제도의 취지는 권리를 아무 시간적 제한 없이 행사할 수 있도록 한다면 당사자들의 지위가 너무 오랫동안 불안한 상태에 있게 되고 그 권리가 더 이상 행사되지 않으리라고 믿은 상대방의 신뢰도 보호해야 하며 또한 권리 위에 잠자는 자를 보호할 필요가 없다는 데 있다. 대한민국에서는 권리의 존속기간과 소송의 제기 기간을 구분하여 전자만을 소멸시효라고 부르고 후자는 제척기간이라고 부른다. 소멸시효 또는 제척기간은 권리의 종류와 빨리 권리관계를 확정시킬 필요성이 어느 정도냐에 따라 각각 다르게 정해져 있다. 형사법에는 공소시효와 형의 시효 제도가 있는데 국가는 범죄에 대하여 일정한 기간 내에 법원에 공소를 제기하여야만 처벌할 수 있고, 확정된 형을 일정한 기간 내에 집행하지 않으면 더 이상 집행할 수 없게 된다.

소송에 둘 이상의 당사자가 있는 경우는 어떻게 되는가?

우리는 보통 소송에는 원고와 피고 등 두 사람이 관계된다고 생각한다. 그러나 로빈슨의 소송에서 보듯이 보통의 소송에도 복수의 당사자가 있을 수 있으며, 이 소송에는 4명의 원고(로빈슨 부부와 두 자녀)와 4명의 피고(Audi, Volkswagen of America, World – Wide Volkswagen, Seaway Volkswagen)가 있다. 소송이 하나의 이슈를 놓고 두 당사자가 다툼을 벌이는 양 당사자 소송이라는 원초적 형태에서 여러 당사자가 관련되고 여러 개의 쟁점이 제시되는 좀 더 복잡한 형태로 변화함에 따라 민사소송 제도에 여러 가지 도전이 되고 있으나, 소송제도가 보다 복잡한 사건들을 어떻게 다루는지 그 방법을 알아봄으로써 우리는 현대의 민사소송에 대하여 더 많은 것을 알 수 있다.

법원은 실체적 정의substantive justice, 공정한 절차 그리고 효율46)을 가장 잘 확보할 수 있는 것이면 무엇이든 할 수 있는 넓은 재량을 가진다는 모호하면서도 효과적인 원칙을 세워두고 이를 이용하여 당사자party가 다수이고 청구claim도 역시 복수인 사건을 심리할 수 있는 능력을 확보한다. 설사 다른 당사자나 다른 청구를 하나의 절차에 끌어들이더라도 여러 개의 분쟁에 서로 관련성이 있으면 이것들을 하나의 사건에서 해결하는 것이 가장 좋은 때가 자주 있다. 그렇게 함으로써 당사자들은 같거나 비슷한 쟁점을 서로 다른 법정에서 반복하여 재판받음으로써 야기될 수 있는 노력과 시간의 낭비 그리고 모순된 결과를 당하게 될 위험을 피할 수 있다. 동시에 법원은 당사자나 청구가 병합됨으로써 사건이 너무 혼란스럽게 될 우려가 있거나 다른 사람에게 해를 끼칠 부당한 위험이 생길 우려가 있다고 판단하면 일부 당사자나 청구를 분리할 수 있다.

원고들은 대개 그들의 청구가 동일한 사실에서 발생하였거나 그들의 청구가 법률상 및 사실상 공통의 쟁점을 가지는 경우 여러 사람을 한꺼번에 제소할 수

---

46) 소송은 공정성 이외에도 '지연된 권리구제는 구제가 없는 것과 같다'는 법언과 같이 신속성과 효율성도 공정성과 똑같은 정도로 중요한 요소이다. 이를 소송경제라고 하는데 소송경제를 위하여는 하나의 소송이 신속하고 효과적으로 진행, 종결되는 것은 물론이고 한정된 자원을 가지고 모든 분쟁을 보다 빠르고 공정하게 해결할 수 있어야 할 것이므로 이를 위하여 소송이 너무 복잡해지는 것을 예방하고, 의도적 소송 지연술책을 금지하는 한편 보다 간이한 절차로 처리될 수 있는 대체적 분쟁해결 수단을 사용하거나 소송의 남발을 억제하는 등 여러 가지 방법이 강구되고 있다.

있다. 로빈슨 부부와 두 자녀는 모두 같은 사고에서 손해를 입었으며 그래서 그들은 하나의 소송을 제기하였고, 한 명의 변호사가 이들을 모두 대리하였다. 그들이 각자 Audi를 상대로 제소하도록 한다면 전체로서 비효율적이었을 것이며 아마 공정하지도 않을 것이다. 원고들이 소송을 함께 제기하지 않았더라도 법원은 피고의 신청에 의하여 또는 자신이 주도하여 소송을 병합consolidate하도록 할 선택권이 있다. 정신병 치료제인 Zyprexa의 문제로 Eli Lilly & Co.에 대하여 제기된 18,000건의 소송은 Brooklyn의 연방법원에서 한 개의 사건으로 병합되었으며 하나의 법정에서 모든 원고들이 사건의 화해settlement에 참여하도록 하였다. 법원들은 설사 이러한 사건들이 각기 다른 법원에 제기되었다고 해도 이를 처리하는 적절한 방법을 시도하고 시행하는 데 상당한 권한을 가진다.

이제 피고 측에서 소송을 생각해 보자. 로빈슨 일가는 제조자인 Audi, 수입자인 Volkswagen of America, 공급자인 World－Wide Volkswagen, 판매자인 Seaway Volkswagen을 함께 제소하였다. 원고에게 적용되는 것과 똑같은 원칙이 적용된다. 이 피고들은 원고가 결함이 있고 그래서 자신들의 사고에서 손해 발생의 원인이 되었다고 주장하는 연료탱크를 가진 Audi 승용차를 제조하거나 판매하였다는 동일한 내용의 일련의 사건에 관련이 있기 때문에 그들 중의 일부 또는 전부가 책임을 지게 될 가능성을 가지고 있다. 이 재판은 모든 피고들에게 상당히 비슷한 양상을 가질 것이므로 모든 것을 한꺼번에 심리하는 것이 가장 효율적이다. 로빈슨 일가가 만약 자신들을 친 운전자도 제소하기를 원했다면 운전자에 대한 청구도 같은 소송에서 제기할 수 있으며 아마 그렇게 했을 것이다. 그러나 그 경우에도 각 피고의 책임에 대하여 다른 증거와 주장이 제기될 수 있을 뿐만 아니라 청구claim 역시 달라질 수 있다. 만약 사실관계가 실제 사건의 사실관계와 달랐다면 로빈슨 일가는 상대방 운전자의 과실negligence이 손해를 야기하였다는 것과 Audi 승용차의 결함 중의 어느 하나가 손해를 야기하였다는 것 중 어느 쪽이든 주장할 수도 있을 것인데, 이처럼 원고는 책임이 있을 가능성이 있는 모든 피고를 법정으로 불러들일 수 있고, 동일한 증거가 함께 적용될 수 있는 곳이라면 어디든지 적용되도록 할 수 있다(실제 소송에서 그들은 상대방 운전자에게 과실이 있었던 데다가 연료탱크에도 결함이 있었기 때문에 결함이 없었던 경우보다 더 심각한 손해가 야기되었던 것이라고 주장하였다).

만약 원고가 책임이 있을 수 있는 모든 당사자를 소송에 끌어들이지 않기로 결정했다면 최초에 피고로 지목된 사람들이 그런 사람들을 끌어들일 수 있다. 로빈슨 일가가 어떤 이유로든 자신에게 차를 판매한 딜러인 Seaway만을 제소하기로 했다고 가정해 보자. 이 경우 Seaway는 제조물의 하자 때문에 판매자가 책임을 지게 되는 경우 계약에 의해서든 법이론에 의해서든 제조자가 그 손해배상금을 지급할 의무가 있다는 이론에 근거하여 Audi를 피고로서 소송에 참가하도록 끌어들일impled 수 있다.47) Seaway는 역시 들이받은 운전자의 과실이 로빈슨 일가의 손해의 전부 또는 일부에 책임이 있음을 주장하며 소송에 강제적으로 그를 참가시킬 수 있다.

한 개의 소송에 다수의 당사자가 있는 경우도 있지만 여러 개의 청구가 있는 경우도 많다. 로빈슨 일가가 Audi 측 피고를 제조물책임products liability의 이론으로, 그리고 다른 운전자를 과실책임negligence의 이론으로 제소하였다면 소송물이 여러 개인 것을 쉽게 알 수 있지만 이보다 더 복잡한 경우도 있다. 소송상 청구의 한 종류로 반소counterclaim48)라는 것이 있는데 피고가 거꾸로 원고에 대하여 소송을 제기하는 것이다. 만약 상대방 운전자도 그 사고에서 상해를 입었다면 로빈슨 일가가 그를 제소할 때 그는 로빈슨에게도 과실이 있었고 그로 인하여 자신이 상해를 입었다고 주장하면서 그들을 상대로 반소를 제기함으로써 대항할 수 있다. 이 청구는 로빈슨 일가의 청구와 연결되어 있음이 명백하므로 법원은 피고에게 원래의 소송과 병합하여 하나의 소송에서 제기하도록 요구하며, 이 요

---

47) 본소main action가 시작된 후 기존의 피고는 자신에 대한 원고의 청구의 전부 또는 일부에 대하여 책임이 있다고 보이는 다른 사람을 공동피고로 소송에 끌어들일 수 있다. 피고가 자신 이외에도 원고의 청구에 대하여 책임을 질 사람이 있다고 생각되면 자신이 모든 책임을 지거나 후에 스스로 제3자에게 소송을 제기해야 하는 번거로움을 피하기 위하여 하나의 소송에서 모든 쟁점을 다 해결하는 데 사용되는 제도이다.

48) 본소가 제기된 후 피고 측에서도 원고에 대하여 청구할 것이 있는 경우 피고가 원고에 대하여 소를 제기하고 두 개의 소를 묶어 하나의 소송절차에서 처리하는 제도를 말한다. 예를 들어 건설회사가 건축주에게 미납 공사대금을 청구하는 소송을 제기하였는데 건축주는 반대로 시공사에게 부실공사로 인한 손해배상을 청구하는 경우이다. 반소는 당사자가 동일하고 각 청구의 기반이 되는 사실관계가 동일하거나 유사하여 한꺼번에 재판하는 것이 소송경제상 유리하다고 인정되는 경우, 즉 청구 간의 견연성이 있을 때 허용되고 당사자가 같더라도 전혀 동떨어진 사실관계에 기반한 사건은 별도의 소송으로 하는 것이 원칙이다.

구에 따르지 않으면 그는 이후에 자신의 손해배상을 청구하기 위하여 별도의 소송을 제기할 수 없게 된다. 이와 조금 다른 경우로서 어떤 청구는 원래 문제된 사건에 그리 밀접하게 연관되어 있지 않아 전자의 경우처럼 꼭 동시에 처리되어야 하는 것은 아니지만 당사자가 같은 법정에 있고 어쨌든 소송을 하고 있기 때문에 피고가 원고에게 반소를 제기할 수 있는 경우도 있다. 사고 직후 그리 심하게 다치지 않은 Harry Robinson이 차에서 뛰쳐나오면서 "이 미친 사람아 이게 뭐야?"라고 소리치고 상대방 운전자의 얼굴을 주먹으로 때렸다고 가정해 보자. 상대방은 로빈슨의 소송을 이용하여 또는 별도의 소송으로 얻어맞은 폭력행위를 이유로 손해배상청구를 할 수 있다. 사고로 인한 청구와 폭력으로 인한 청구는 비록 증거가 겹치는 부분이 상대적으로 적지만 원래의 소송에서 반소로 제기될 수 있다. 그러나 주된 사건과의 연관성이 희박함에도 불구하고 피고가 원고에 대하여 가지는 청구를 모두 반소로 제기할 수 있게 한다면 재판이 적절한 범위를 넘어 복잡해질 우려가 있기 때문에 그 운전자는 그의 폭력행위로 인한 손해배상청구battery claim를 다른 기회로 미룰 수도 있다.

청구claim의 또 다른 한 종류는 피고들끼리 다투기 시작하는 경우에 나타난다. 사고 이후 Audi에 불이 나서 로빈슨 일가는 물론 상대방 운전자도 화재로 인한 상해를 입었다고 가정해 보자. 로빈슨 일가는 상대방 운전자의 과실이 상해를 초래했고 제조물의 결함이 이를 악화시켰다고 주장하며 Audi와 상대방 운전자를 함께 피고로 지목할 수 있다. 이때 상대방 운전자도 역시 자신의 상해도 Audi 승용차의 결함으로 인한 화재 때문에 발생하였다고 주장하면서 또 다른 피고 Audi를 상대로 자신의 손해를 배상해 줄 것을 청구하는 교차청구cross claim[49]를 제기할 수 있다. 교차청구는 그것이 피고들 사이의 것이고 주된 소송과 함께 재판이 이루어질 수 있다는 점을 제외하고는 별개의 새로운 소송과 같다.

---

49) 어느 소송의 공동당사자co-party 사이에서 주된 소송 또는 반소의 소송물에 관하여 분쟁이 있는 경우 주된 소송과 함께 심리하여 한꺼번에 모든 권리관계를 확정시킬 목적을 가지고 있다.

소송 당사자가 많으면 어떤 일이 생기는가?

하나의 소송에 관련되는 당사자가 아주 많으면 법원이 이들을 개인이 아니라 단체처럼 취급하는 경우가 있는데, 대개 원고 측의 수가 많은 것이 보통이고 피고 측이 많은 경우는 드물다. 이러한 소송의 형태는 각각의 당사자가 법조문에 표현되어 있는 대로 "유사한 상황에 처해 있는similarly situated" 어떤 사람의 집단에 속하는 다수의 멤버를 대표하므로 집단소송class action이라고 부른다. 다시 말하면 집단 내의 다른 멤버도 똑같은 고충을 가지고 있다는 것이다.

예를 들어 로빈슨 일가가 Volkswagen의 자매회사인 대부업체로부터 돈을 빌려 그들의 차를 샀는데 로빈슨은 그 업체가 대출금의 이율을 잘못 계산하여 상환금을 더 많이 부과했다고 생각하고 있고, 다른 고객들도 똑같은 방법으로 돈을 더 많이 부과받은 것으로 생각한다고 가정해 보자. 그런 사건이 수백, 수천, 수백만 건이 있다면 과도한 이율 부과의 문제는 모든 원고들을 위하여 한 번에 결정될 수 있으므로 그 사건들을 집단소송class action으로 하는 것이 전체의 소송을 관리하기에 편하다. 집단소송에서 로빈슨 일가는 자신들과 다른 고객들을 위하여 집단소송을 제기할 수 있고 그 집단의 구성원인 다른 고객들은 실제로 소송행위에 참여하지 않은 경우라도, 설사 소송이 제기된 사실을 아예 알지 못했다고 해도 그 소송의 결과는 그들에게 구속력이 있다.

집단소송에는 엄청난 숫자의 사람이 관계되는 경우도 있다. 돼지농장 하나가 유해한 냄새를 퍼뜨렸다는 이유로 인근 토지 소유자 450명으로부터 제소를 당하였다. Volkswagen은 "청정 디젤"임을 내세운 자동차의 배출가스 검사 결과를 속였다는 이유로 자동차 소유자 475,000명에게서 소송을 당하였다. MasterCard와 Visa는 독점금지 위반antitrust violation을 이유로 상인 500만 명으로부터 제소를 당하였다.

원고들에게 집단소송을 허용하는 이유는 법원이 민사소송의 상충하는 목적 사이의 균형을 잡고자 하는 데 있다. 그리고 집단소송의 궁극적 목적은 물론 법의 실체적 원칙substantive rule이 추구하는 정책과 가치를 실현하는 것이다. 특히 원고가 많은데 각자의 청구금액이 비교적 소액인 경우라면 집단소송 이외의 방법으로는 해결될 수 없다. 대부업체가 이율을 잘못 계산하였다면 각각의 채무자는 대개 몇 달러 정도를 더 내게 된 경우가 많다. 청구금액이 이처럼 적으면 소송비용이 더 많이 들 것이기 때문에 어느 한 채무자가 단독으로 소송을 제기할 수는 없다. 그러나 모든 손실의 합계는 아주 크다. 그러므로 모든 채무자를 위하여 하나의 소송을 제기할 수 있게 하면 집단소송은 이율을 잘못 제시한 행위에 소송이 가능하게 하고 손해를 입은 사람들이 배상받을 수 있게 한다.

많은 채권자들을 모두 소송에 참여하도록 하는 것은 비현실적이므로 하나의 집단소송에 모든 청구를 모으면 소송제도의 효율적 운영에도 기여한다. 집단소송은 이율 계산에 착오가 발생한 사건처럼 언제나 모든 청구들에 공통된 적어도 하나 이상의 법률상 또는 사실상의 쟁점을 놓고 벌어진다. 이 쟁점을 한꺼번에 조사하고 판결하면 서로 다른 소송으로 이 과정을 매번 반복하는 것보다 효율적이다. 그러나 모든 청구인에게 적용될 사실이나 법이 너무 다양하다면 집단소송으로 그와 같은 효율성을 기대할 수 없다. 로빈슨의 차와 같이 Audi 승용차의 연료탱크 결함 때문에 불이 났다고 주장하는 사건이 수천 건이 있다고 해도 사고의 구체적 사실관계에 관한 증거와 사고로 인한 손해는 각각 매우 다를 것이므로 그러한 사건들은 집단소송으로 다루기에 적절하지 않다.

집단소송class action에서는 집단 멤버의 대부분이 소송에 참여하지 않으므로 공정성의 확보가 특히 관심사로 된다. 집단에 속한 모든 멤버는 소송의 결과에 기속bound되므로 법원은 출석하지 않는 멤버에게 소송의 진행 상황을 충분히 통지하여야 하고, 그들이 기존의 집단소송에서 탈퇴하고 스스로 제소하려고 한다면 이를 허용하여야 하며, 집단의 대표들과 그 변호사들이 불참 멤버들의 이익을 공정하게 대변하는지 확인해야 한다.

집단소송은 규모가 크기 때문에, 그리고 피고에게 불리한 판결이 내려지면 그 금액이 엄청나게 커질 수 있기 때문에 재판trial보다 화해settlement[50)]로 끝나는

---

50) 화해settlement는 소송을 제기하기 전에 또는 소송 중에 분쟁에 대하여 원만하게 타협하도록 하는 제도로서 당사자들이 자율적으로 또는 법관의 권고에 따라서 하게 된다. 반드시 법원칙에 부합하지 않더라도 당사자가 서로 만족할 만한 타협안을 도출하고 법원이 이를 확인해 주면 확정판결과 같은 효력이 생기게 된다. 소송 중에라도 당사자들이 재판과 관계없이 서로 화해하고 소송을 취하해 버리는 방법은 다시 분쟁이 생길 우려가 있으므로 소송 중에는 대개 당사자가 화해의 조건을 마련하여 법관에게 제출하거나 법관이 별도의 화해기일을 열어 조건을 제시하고 당사자가 동의하면 이를 서면으로 기재하고 확인하는 화해조서를 작성해 주고 이것이 확정판결과 같은 효력을 가지는데 이를 재판상 화해라고 한다. 소송 전에 분쟁이 발생하는 경우에 대비하여

경우가 많다. 실제로 집단소송은 화해를 목적으로 제기되는 경우가 있어 정말 소송으로 갈 것을 기대하지 않고 원고의 변호사와 피고가 소송이 제기되기 전 또는 그 직후에 협상하여 화해하는 경우가 많다. 법원은 이 경우 사건이 집단소송에 적합한지와 제시된 타협안이 공정한지를 좀 더 철저하게 확인할 의무를 진다.

집단소송에 관한 법은 매우 복잡하고 큰 논란의 대상이다. 어떤 법원들은 집단소송을 다수의 청구를 비교적 신속하게 처리할 수 있는 효과적 수단으로 간주한다. 비록 집단소송이 복잡하고 귀찮기는 하지만 수천, 수만 건의 개별 소송을 처리하는 것보다는 낫다고 한다. 다른 법원들은 대립하는 두 당사자 간의 분쟁해결수단으로는 재판이 가장 잘 정비된 제도이며, 이 전통적인 패러다임에서 멀리 벗어날수록 문제를 다룰 수 있는 법원의 능력은 떨어진다고 믿는 나머지 아주 큰 사건에 이 장치를 사용하기를 꺼린다. 또 집단소송은 원고들의 변호사가 피고에게 엄청난 화해 금액과 소송비용을 부담시키겠다고 위협하기 위해 사용하는 몽둥이로 보면서 집단소송에 매우 적대적인 태도를 가진 기업들도 많다.

당사자들은 어떻게 자기 사건의 사실관계를 알아낼 수 있는가?

이 일은 증거개시절차discovery라는 절차를 통하여 충분하게 이루어질 수 있다.

소송 중에 당사자가 알아야 하는 것 중 어떤 것은 쉽게 파악할 수 있다. 예컨대 로빈슨 일가는 사고 전에 자신이 운전한 속도와 자신들의 손해가 어느 정도인지는 쉽게 알 수 있다. Audi는 반면에 그 연료탱크가 어떻게 설계되고 제작되는지 알고 있다. 그러나 각자는 상대방이 가지고 있는 정보, 즉 로빈슨은 연료탱크에 관하여, Audi는 그 사고와 손해에 대하여 알고 싶어 한다.

각 당사자는 상대방이 무엇을 알고 있는지를 사전에 전혀 알지 못하고 소송

당사자가 미리 화해조건을 작성하여 법원에 확인을 요청하는 것은 제소전 화해라고 하는데 이 역시 확정판결과 동일한 효과를 가진다.

에 들어갈 수도 있다. 전통적인 보통법common law에 의한 소송제도가 이러했는데, 여기서는 사실관계는 준비서면pleading이 오고 가면서 조금씩 알려지게 되고 당사자들이 재판51) 개시 전에는 상대방이 무엇을 알고 있는지 알아낼 기회를 전혀 가질 수 없게 되어 있었다. 그러나 현대의 민사소송에서는 좀 더 개방적인 제도가 사용되고 있어서 각 당사자는 그 소송의 재판전 절차pre-trial stage에서 소송에 관계있는 모든 사실을 알아낼 수 있는 광범위한 기회를 가진다. 상대방이 가지고 있는 정보, 또는 다른 곳에서도 얻을 수 있다손 치더라도 상대방으로부터 가장 쉽게 얻을 수 있는 정보를 얻으려면 당사자는 상대방을 만나 그로 하여금 선서하게oath 하고 그 상태에서 면담한interview 후 선서증언deposition을 하게 할 수 있고, 신문서interrogatory라는 질문서를 제시하거나 서류 또는 기타 물증physical evidence을 제공할 것을 요구할 수 있고, 상대방에게 신체검사서physical examination를 제출하도록 하거나 상대방 당사자에게 소송에 관계된 사실관계가 진실하다고 인정할 것을 요구할 수도 있다.

선서증언deposition은 상대방이나 사건에 관하여 무언가를 아는 사람에 대하여 구두로 하는 조사이다. 선서증언은 변호사attorney가 시행하고 거기서 한 말은 그대로 기록되고verbatim record 증인은 선서를 하였다는under oath 점에서 법정에서 이루어지는 증인witness 신문과 유사한데, 핵심적인 차이는 그 조사가 판사 앞에서 이루어지지 않고 반대신문cross-examination이 없다는 점이다. 그 대신 법정서기court reporter가 증인선서를 받고 그 증언testimony을 기록한다. 어떤 사람의 선서증언을 받음으로써 변호사는 유연한 방법으로 그 사람이 무엇을 아는지 알아낼 수 있고, 하나의 질문에 대한 답변으로부터 새로운 질문을 열어 가는 기회로 활용할 수 있다. 만약 그 증인이 실제 재판에서 마음을 바꾸어 선서증언과 배치되는 증언을 하려고 한다면 선서증언을 했다는 사실 때문에 그러한 변

---

51) 보통의 경우, 특히 대한민국에서는 재판trial이라고 하면 소장이 접수된 후 판결이 선고되어 종결되기까지의 전체 과정을 지칭하는 것으로 생각하기 쉽다. 한국에서는 본문이 설명하고 있는 재판전 절차들, 특히 증거개시, 선서증언, 질문서 등의 절차가 제도화되어 있지 않고 증거제출이나 상대방에 대한 증거제출의 요구 등이 변론기일에 이루어지므로 변론에서 행해지는 모든 것들이 재판이라고 불리지만, 미국에서의 trial은 앞서 본 모든 재판전 단계가 종료된 이후 실제 법정에서 원, 피고와 변호사들이 출석하여 배심원을 선정하고 증인신문과 변론이 진행되며 이에 대한 판결이 선고되는 그 단계만을 말한다는 점을 주의하여야 한다.

심을 하지 못하도록 하는 견제장치가 될 수도 있고, 변호사는 이를 반대의 증거로 사용하거나 선서증언상의 증언과 재판에서의 증언이 불일치함을 들어 그 증언의 신빙성을 공격할 재료로 사용할 수 있게 된다. 이에 의하여 또한 양측 변호사는 그 증인의 말의 내용은 물론 그의 설득력이나 신빙성을 평가할 기회, 즉 재판에서 그 증인이 증언을 얼마나 잘 할 수 있을지 판단할 기회를 가질 수 있다.

선서증언의 단점은 비용이다. 전형적인 선서증언에는 양측 변호사가 참석하므로 그들에 대한 보수가 소송비용에 산입되며 법정서기에게도 보수를 지급해야 한다. 이 비용을 줄이는 한 가지 방법은 선서하에 답변해야 하는 서면질문(질문서interrogatories)을 이용하는 것이다. 변호사가 할 일은 질문서를 작성, 제출하는 것이 전부이고 선서증언을 받기 위하여 출석할 필요가 없는데, 따라서 질문서, 특히 사건의 일상적인 면을 알기 위하여 사용되는 정형화된 질문서를 이용하면 훨씬 비용을 줄일 수 있다. Audi는 틀림없이 모든 개인 상해사건에 사용되는 표준 질문서를 로빈슨 일가에게 제시하고 그들의 상해와 치료 내용을 상세히 답변하라고 요구했을 것이다. 질문서도 역시 상대방에게 제시된 질문에 답변하기에 필요한 사실들을 분명히 확인하도록 하는 의무를 부과한다. 그러나 질문서에는 융통성이 없고 상황에 즉응할 수 없다는 약점이 있다. 답변은 종종 답변하는 당사자의 변호사에 의하여 작성되는데 변호사들은 답변은 하되 특별히 협조적으로 해 주지도 않고 되도록 간단하게 함으로써 반드시 주어야만 하는 정보 이외의 정보를 주지 않도록 답변을 정제하는 때가 많다. 또한 질문하는 변호사는 하나의 질문에 대한 답변을 듣고 즉시 그와 관련된 다른 질문을 이끌어 낼 수도 없으므로 질문서에 물을 수 있는 모든 질문을 예상하여 이를 모두 포함시킬 수밖에 없다.

한쪽 당사자는 선서증언deposition이나 질문서interrogatory와 연관시켜서 또는 별도의 요청으로 다른 쪽에게 서류를 작성하거나 다른 증거를 내놓으라고 요구할 수 있다. 로빈슨 일가는 Audi 승용차의 연료탱크에 관한 모든 기술적 보고서와 검사결과를 요구할 수 있고, Audi는 로빈슨 일가의 의료기록을 요구할 수 있다. 어떤 이의 신체적, 정신적 상태가 사건의 쟁점이 되면 일방 당사자는 상대방에게 의학적 검사결과를 제출하라는 명령을 해 줄 것을 법원에 요청할 수 있다.

그리고 당사자들은 재판에서 증언할 수 있는 전문가를 보유하고 있는지 여부와 그 전문가가 무엇을 증언할지를 밝혀야 한다.

끝으로 한쪽 당사자가 어떤 사실들에는 당사자 간에 다툼이 없을 것이라고 믿는 경우 그 당사자는 다른 당사자에게 그 사실이 진실이라고 인정할 것을 요구함으로써 재판의 쟁점을 좁힐 수 있다. 만약 Audi가 로빈슨이 너무 빠르게 달렸다고 믿거나 과속했음을 암시하는 증거가 있으면 그 변호사는 로빈슨 일가가 과속한 사실을 인정하라고 요구할 수 있고, 로빈슨 측은 이것이 사실임을 알고 있다면 부인할 수 없고 반드시 이를 인정해야 한다. 그가 비록 과속을 했더라도 자동차가 충격을 견딜 능력을 갖추지 못하였을 여지가 있기 때문에 이로써 사건이 종결될 수는 없겠으나 재판에서 적어도 한 개의 쟁점은 줄일 수 있다.

재판전 증거개시pre-trial discovery를 이용하면 아무 것도 모르는 상태에서 진행되는 재판제도에 비하여 공정하고 효율적인 절차를 이룩하는 데, 또한 그 근저에 깔려 있는 실체법의 가치를 증진하는 데에 커다란 장점을 가진다. 단순히 실무적 수준에서 보아도 이것은 증인이 일찌감치 자신의 기억을 집중적으로 되살릴 수 있게 해 주고, 혹시 미리 수집해 두지 않으면 재판까지 가는 동안 없어져 버릴지 모르는 자료를 보전할 수 있게 해 준다. 민사소송이 재판에 들어가기까지 여러 해가 걸림이 보통이므로 증인이 세부적 사항을 잊어버릴 수도, 심지어 사망하는 경우도 있으며 서류 기타의 증거들이 없어지거나 파괴될 수도 있다. 증거개시discovery는 재판보다 한참 전, 즉 아직 기억이 생생하게 남아 있고 증거를 얻을 가능성이 높은 시기에 이루어진다.

더 중요한 것은 증거개시를 통하여 당사자들은 각자가 생각하는 사건의 윤곽을 알 수 있고 어떤 쟁점에 실제로 다툼이 있는지 알 수 있다는 점이다. 이는 사건에 관계있는 사실이 무엇인지 범위를 좁혀주고 당사자의 강점과 약점에 대한 감을 잡을 수 있게 해 주므로 당사자의 재판준비 그리고 화해settlement를 위한 협상에 도움을 주기도 한다. Audi 측 피고들은 로빈슨으로부터 그 사고가 높은 속도로, 뒤에서 들이받힘으로써 일어났음을 알게 됨으로써 그 차량이 낮은 속도로 앞쪽을 받혔을 경우에도 충격을 감당할 능력이 있음을 입증하려고 자원을 쓰지 않아도 된다. Audi는 또한 로빈슨 일가의 부상이 얼마나 심각한지, Harry가 운전을 소홀히 하지 않았으며 그가 재판에서 증언을 잘 할 수 있음을 알 수 있고, 그로 미루어 재판으로 가는 경우 큰 배상액으로 지게 될 가능성이 충분함을 알 수 있게 되며 이로 인하여 사건에 합의를 하고 싶게 될 수도 있다. 재판으로 가더라도 양 당사자가 사전에 모든 정보를 평가해 볼 기회를 충분히 가졌다면 재판이 더 공정해질 가능성이 높다.

끝으로 증거개시discovery는 완전한 증거개시가 없다면 이루어질 수 없었을 소송의 제기 또는 방어를 가능하게 함으로써, 그리고 당사자들로 하여금 관련된 법원칙의 적용에 관련이 있을 수 있는 모든 증거를 댈 수 있게 함으로써 법의 실체적인 가치를 심화시킨다. 로빈슨 일가는 Audi 기술진의 설계노트, 실험 및 연구 결과 등에 접근할 수 없다면 연료탱크에 결함이 있는지 여부를 알 수 없거나 또는 입증할 수 없을 것이며, Audi도 로빈슨이 트렁크에 가솔린이 담겨진 통을 가지고 있어서 화재 발생에 기여하였음을 알 수 없었을 수 있다(증거개시에 이러한 기능이 있음을 입증하는 가장 좋은 예는 의료과실 소송에서 볼 수 있다. 환자가 수술 때문에 어떤 해를 입었을 경우 증거개시를 통하여 의료기록을 확보하고 수술실에 있었던 의사들과 간호사들의 진술을 받지 않으면 손해가 의사의 과실에 의한 것임을 알 수 없을 것이다). 당사자가 그 사건에 의미가 있는 모든 증거를 찾아내고 재판에 제출할 수 있어야만 관련되는 법원칙이 정확하게 적용될 수 있다.

이와 같은 증거개시의 기능이 바로 증거개시의 범위, 즉 당사자들이 어떤 정보를 찾을 수 있게 하고 이를 얻기 위해 사용할 수 있는 수단의 범위가 매우 넓어야 함을 암시하며 대부분의 법원조직에서는 그렇게 운용되고 있다. 증거개시의 범위는 그러나 그 효용을 상쇄시키는 요인에 의하여 제한되는데 그중 가장 중요한 것은 시간, 불편 및 비용의 부담이다. Audi는 사고의 모든 면, 즉 Harry의 운전 경력, 의료기록 등등에 관한 상세한 질문을 함으로써 로빈슨 일가를 압박할 수 있고 가족 모두를 선서증언deposition과 검진을 위하여 여러 번 출석하도록 강제할 수 있다. 로빈슨 일가는 이에 응하려면 여러 차례 자기 변호사를 만나야 하고, 자신들의 기록을 찾아보아야 하고, 직장에 나가지 못하며, 증언을 하기 위해 Audi 측 변호사의 사무실에 가야 한다. 한편 로빈슨 일가는 Audi의 기록을 시험 삼아 낚아 볼 수 있다. 그 승용차에 무엇이 잘못되었는지 알아본다는 사소한 꼬투리를 잡아 그들은 모든 설계 연구, 검사 내용, 기술보고서, 불만 및 기타 연관이 있을 수 있는 모든 자료를 요구할 수 있고 Audi는 이에 완벽하게 응하기 위하여 모든 자료를 뒤져야 한다.

증거개시discovery는 양측의 변호사들의 주도하에 이루어지는 대립구조절차 adversary process의 일부이기 때문에 증거개시가 과도하게 이루어질 위험성이 정말 높다. 대부분의 경우 당사자들은 질문서 제출, 선서증언의 수집, 서류 작성의 요구를 법원의 허가 없이도 할 수 있다. 그러나 이렇게 방치하면 통제 불능이 될 수 있으므로 법원은 이에 제한을 두고 절차를 점검한다.

첫째, 어떤 증거개시의 수단은 법원의 규칙으로 사용이 제한될 수 있다. 예컨대 의료검진은 개인의 사생활을 침해할 수 있으므로 이는 어떤 사람의 의학적 상태가 분쟁에서 중요 쟁점이 될 때에만 요구할 수 있다. 만약 Kay Robinson의 부상 정도에 다툼이 있으면 검사결과를 제출하라고 요구할 수는 있으나 사고의 목격자eyewitness에게 그의 시력검사 결과를 제출하라고 강제할 수는 없다. 질문 서interrogatory를 제시하여 답변을 요구할 수 있는 횟수를 제한하거나 법원의 특별허가가 없이는 일정 횟수 이상의 선서진술deposition을 받을 수 없게 하는 규칙도 있다.

둘째로(그리고 역설적으로), 어떤 법원들은 연방의 증거개시제도의 예에 따라 증거개시의 절차를 공개하였다. 연방민사소송규칙Federal Rules of Civil Procedure은 이제 당사자들이 자신이 가지고 있는 소송 관련 정보의 많은 것을 자동적으로 개시하도록 하는데 여기에는 정보 보유자의 이름과 그들이 알고 있는 쟁점, 관계 서류 또는 재산의 사본이나 명세서, 청구하는 배상금액과 청구를 뒷받침하는 증거, 배상의 의무가 있다고 인정되는 경우 배상금을 대신 지급해 줄 보험이 있다면 그 내용 등이 포함된다. 당사자들이 알고 있는 것을 초기 단계에 말하도록 하는 것은 상황을 자신에게 유리하게 만들어 가려는 게임 플레이를 방지하고 증거개시절차에 관련되는 부담을 줄이기 위해 고안되었다.

마지막으로 비록 대부분의 증거개시절차가 변호사에 의해 주도되기는 하지만 사실심 판사trial judge는 이를 감독할 권한을 가진다. 어떤 수단들, 예컨대 일정 횟수 이상의 선서증언은 판사의 허가가 있어야만 받아 낼 수 있다. 그리고 상대방이 증거개시를 요구하는 방법에 이의가 있으면 일방은 선서증언의 질문의 성격에 문제가 있다거나, 증거 작성의 요구가 너무 많다거나, 정보를 자신이 가지고 있지 않다는 등의 사유를 들어 판사에게 증거개시를 제한하는 명령을 해 달라고 요청할 수 있다.

재판 전에 일어나는 다른 일들은?

영화와 TV는 보통 소송절차 중에서 재판trial 부분에 초점을 맞춘다. 그러나 실제로는 재판은 전체 소송과정에서 일어나는 모든 일 중의 작은 일부일 뿐으로 기나긴 절차의 맨 마지막 단계에서 이루어진다. 증거개시discovery가 재판전 절차 pre-trial process에서 큰 비중을 차지하지만 소송에서 사건이 재판에 들어가기 전까지 기간은 법적 및 사실의 확인 작업, 당사자 간의 협상, 법원에 대한 절차적 및 사실적 쟁점에 관한 신청motion 그리고 사건을 진행시키기 위한 기타의 절차 등으로 가득 차있다.

어떤 경우에는 이미 살펴본 바와 같이 사건이 재판까지 가기 전에 각하dismissal, 즉 주장되는 사실이 진실이라고 해도 원고가 법적으로 인정되는 소인cause of action[52])을 가지지 않는다고 법원이 판단함으로써 중도에 끝나 버리는 경우도 있다. 이 결정은 준비서면pleading을 검토하는 것만으로 이루어질 수도 있다. 당사자들이 증거개시절차를 통하여 사건에 관한 증거를 모으기 시작하였다면 그 이후에는 간이판결summary judgement (여기서 "간이"라 함은 판결이 간단하다는 뜻이 아니고 정식재판full trial을 하지 않고 내려진 판결이라는 뜻이다)이 내려질 수도 있다. 법원이 모든 사실에 다툼이 없다고 인정(보통 '중요사실에 진성한 다툼이 없음no genuine issues of material fact'이라고 부른다)하고 당사자 간에 다툼이 없는 사실에 의하여 일방 당사자가 법률상 당연히 이겨야 한다는 사실이 드러나면 일방 당사자는 간이판결summary judgement을 받을 수 있다. 법원은 사건 전부

---

52) 소인cause of action은 여러 가지 뜻으로 사용되지만 대체로 민사소송에서 원고의 청구가 법률상으로 이유가 있어 원고를 승소하게 만드는 사실로서 대한민국 민사소송법상의 청구원인과 유사하다. 청구원인은 소송에서 심판의 대상이 되므로 매우 중요한 의미를 가지는데 원고가 이를 적절하게 제시하지 못하면 그러한 제소는 더 이상 심판할 필요가 없음은 당연하다. 이미 소멸해 버렸음이 명백한 채권을 변제하라는 것을 소인으로 하여 소송을 제기한 경우와 같이 그가 제시하는 사실들이 그에게 어떤 권리를 부여할 수 있게 하는 것이 되지 못한다면 이를 위하여 소송절차를 진행시킬 이유가 없기 때문이다.

를 간이판결로 처리하여 그 사건의 전부를 종결시킬 수도 있고, 재판으로 갈 쟁점을 줄이거나 일부 당사자를 재판에서 제외시키기 위하여 사건의 일부만을 간이판결로 처리할 수도 있다. 이러한 방법으로 법원은 재판에서 제대로 다루어지기 어렵다고 보이는 사건과 쟁점을 솎아 내며, 이로써 비용과 불편과 지연을 피할 수 있고 일부만을 간이재판으로 종결시킴으로써 쟁점을 축소하여 앞으로 이루어질 재판을 좀 더 단순화할 수 있다.

대립구조절차adversary process에서의 모든 과정이 마찬가지이겠지만 재판이 개시되기 전까지는 당사자들이 소송의 방향을 정하는 데 주도적 역할을 한다. 그러나 복잡한 사건이 더 많아지고 증거개시discovery가 확대되며 소송건수 자체가 증가하면서 판사들은 소송의 효율성을 증진하기 위하여 소송의 관리에 보다 적극적 역할을 하게 되었다. 재판전 절차에서 법원에 의한 사건의 관리는 여러 형태로 이루어진다. 법원규칙과 실무관행 중에는 변호사들이 사건의 진행상황을 평가하고, 선결문제preliminary matter[53]를 결정하고, 일반적으로 사건을 진행시키기 위한 일련의 회의에 참석해야 한다고 규정하는 경우가 많다. 소송의 초기 단계에서 판사는 증거개시의 일정과 필요한 증거개시의 정도를 합의하기 위하여 소송관계자 전원을 불러 모아 증거개시회의discovery conference를 열 수 있다. 재판이 가까워지면 법원은 판사와 변호사들 그리고 사건의 주요 인물들을 소집하여 재판전 회의pretrial conference를 하도록 하는 경우도 많다. 각각의 법제 jurisdiction[54]에서의 규칙과 관습 그리고 판사의 성향에 따라 편차가 있기는 하지만 재판전 회의에서는 재판을 위한 최종적인 준비 또는 화해 유도, 나아가 둘 다의 시도가 이루어진다. 변호사들은 다툼이 없는 사실을 확정하고, 남아

---

53) 소송에서 문제되는 쟁점이나 사실관계를 확정하기 위하여 다른 문제에 대한 판단이 먼저 이루어져야 한다는 논리적인 관계에 있는 다른 문제를 말한다. 예를 들어 특허권 침해에 의한 손해배상청구소송에서 피고가 원고를 이미 상대로 특허등록무효확인소송을 따로 제기해 두고 이 특허가 무효라는 항변을 하는 경우 특허권 침해는 유효한 특허권이 존재함을 전제로 하는데 이 법원에서 유무효를 판단하면 무효 여부를 심리하는 법원의 판단과 배치될 수 있으므로 그 법원이 어떤 판결을 하는지가 이 소송의 선결문제가 된다. 대륙법계 국가에서는 어떤 행정청의 처분이 유효한지에 따라 소송당사자 사이의 권리관계가 영향을 받는 경우만을 지칭하는 경향이 있다.

54) jurisdiction이라는 용어는 여러 의미로 사용된다. 이 용어는 어느 법원이 어느 사건을 심판할 권한, 즉 관할권을 가진다는 뜻으로 쓰이기도 하고 어느 정부, 지방자치단체가 독자적 법체계를 가지는 경우 그 법체계를 말하기도 하며, 그러한 법체계가 적용되는 지역을 지칭하기도 한다.

있는 쟁점을 줄이며, 소환할 증인의 명단을 제출하고, 재판의 일정에 합의한다. 합의가 이루어지지 않으면 판사가 쟁점에 대한 판단을 내리며 증거, 증인, 기타의 사항에 대하여 미결상태pending에 있는 신청motion을 해결한다.

재판전 절차pre-trial process의 중요한 기능 중의 하나가 당사자로 하여금 재판이 열리기 전에 화해settlement를 하도록 유도하는 것이다. 특히 사건이 많은 법원에서는 판사는 사건을 최대한 많이 처리하도록 상당한 압력을 받기 때문에 판사들은 사건을 재판에 들어가지 않고 해결하도록 변호사들을 설득하고 회유하며 때로는 압력을 가하기도 한다. 많은 법제들이 대체적 분쟁해결제도alternative disputes resolution[55]를 의무화하였다. 이러한 법제에서는 모든 사건 또는 일정 금액 이하의 사건은 재판으로 가기 이전에 일단 조정mediation,[56] 중재arbitration[57]

---

55) 전통적인 분쟁해결제도는 물론 소송이지만 소송은 시간, 비용, 노력이 많이 들고 당사자 사이에 치열한 공격, 방어를 펼치는 도중 정서적 앙금이 남기도 하며, 법원칙에 따라 일도양단적인 결론을 내리게 되므로 부득이 공평의 견지에서 부적당한 결과가 나올 수도 있고, 특수하고 전문적인 분야에서는 법관의 전문성이 부족하기 마련이며, 소송의 결론에 부수하는 문제들이 계속 발생할 수도 있는 등 분쟁을 완전하고 궁극적으로 해결하기 어려운 경우가 생긴다. 이러한 단점을 보완하기 위하여 당사자의 자율을 존중하고 제3자가 보다 유연한 입장에서 분쟁을 해결하도록 하는 제도들이 생겨나서 많이 활용되고 있다. 아래 각주 참조.

56) 조정mediation은 재판상 화해와 비슷하지만 법원이 좀 더 주도적 역할을 하는 데 차이가 있다. 법원이 적합하다고 판단하는 때는 스스로 또는 제3자로 하여금 조정안을 작성하도록 하고 당사자들이 동의하면 조정조서를 작성하고 사건을 종결시키는데 조정안은 사건에 대한 법원의 판단이 어느 정도 이루어진 다음 제시되기 마련이므로 타협을 촉구하는 데 그치는 화해권고에 비하여 강력하다. 임의조정과 강제조정이 있는데 후자의 경우 당사자 일방만이 거부하면 법원은 그 당사자에게 불리한 판결을 선고하는 경우가 많다.

57) 여기서는 법원에 계속된 사건이 재판으로 가기 전의 재판전 절차의 일환으로 판사가 아닌 별도의 중재인에 의하여 사건에 관한 판단이 내려지는 경우를 말한다. 중재arbitration는 별도의 중재 전담 기관에 의하여 시행되는 독립된 대체적 분쟁해결제도로 제도화되어 있는 것도 있는데 이는 당사자들이 법원이 아니라 스스로 선정한 중재판정부arbitration panel에 분쟁의 해결을 맡기는 것으로 주로 대규모 계약이나 국제투자계약 등 상사문제, 해사, 지적재산권 등 전문적 분야에서 많이 사용된다. 중재는 당사자 간에 분쟁이 생기면 법원에 제소하는 대신 중재에 의하여 해결하기로 하는 합의가 있어야 하므로 미리 계약 등에서 정해 두거나 분쟁 발생 후에 어느 중재기관에 맡긴다는 합의가 있어야 한다. 전형적인 형태는 양측 당사자가 각각 1인씩 중재인arbitrator을 지정하고 1인은 상호 합의하여 선정함으로써 총 3인이 중재판정부를 구성하는 것인데 그 분야의 전문가들이 선정되므로 법관의 전문성 부족 문제를 해결하는 데 적합하다. 이러한 중재는 국가기관은 아니지만 공공적 성격을 가진 기관이 주관하는데 대한민국의 대한상사중재원, World Bank Group 소속으로 국제 투자분쟁을 전담하는 ICSID(Int'l Center for Settlement of Investment Disputes)가 그 예이다. 각각 독자적 중재규칙을 가지고 있으며, 미리 자격이 있는

또는 미니 트라이얼mini-trial58)에 회부된다. 이 절차들은 주로 변호사들로 구성된 패널, 조정인, 치안판사magistrate59) 또는 판사 앞에서 이루어진다. 예를 들면 중재에서는 변호사가 사건을 요약하여 제시하고 중재인들arbitrators은 누구에게 얼마만큼의 책임이 있는지 판단한다. 중재는 당사자에 대한 구속력이 없으므로60) 따라서 당사자들은 여전히 소송으로 갈 것을 선택할 수도 있으나 중재는 사건이 더 번지지 않도록 하는 데 큰 효과를 발휘한다. 중재를 거치는 동안 당사자와 변호사들은 자기 사건의 강점과 약점을 독자적으로 판단할 수 있게 된다. 예컨대 로빈슨 일가는 자기 사건이 수백만 달러는 반드시 받을 수 있는 완벽한 사건이라고 생각하였는데 중재에서 피고에게 유리한 판정이 나오거나 아주 적은 금액만이 인정되었다면 현실을 정확히 판단하고 재판에까지 가기를 꺼리게 만드는 기능을 했을 것이다. 당사자 모두가 중재판정arbitration award에 승복하지

중재인을 선정해 두는 등 당사자에게 편의를 제공하기도 한다.
58) mini-trial은 개인 간에 이루어지는 분쟁해결제도인데 중립적 권고자neutral advisor와 양측에서 분쟁을 화해로 종결시킬 권한이 있는 사람, 예컨대 CEO 등 고위직 등이 출석한 가운데 양측의 변호사가 사건 내용을 브리핑하고 서로 화해를 위한 협상을 하며 협상이 이루어지지 않는 경우 권고자가 중재를 하여 화해를 성립시키거나 자신의 판단을 내리는 것인데 이 권고자의 판단은 당사자에 대한 구속력을 가지지는 않는다.
59) magistrate는 한국에서는 치안판사라고 번역되는데 과거 영국에서 법관제도가 확립되기 전에 판사가 없거나 부족한 지역에서 공인된 법률가의 자격이 없더라도 명망 있는 사람으로 하여금 평화법관justice of peace이라는 이름으로 경미 사건의 재판, 기타의 법률사무를 처리하도록 한 데서 유래하였고 이에 따라 현재도 여러 가지 역할을 수행하고 있다. 대개 하급법원에서 경미한 사건을 처리하거나 특히 체포된 피의자를 처음 접하여 그의 구금이 적법한지 여부를 판단하고 보석금을 정하는 역할은 대개 이들이 수행하고 있다. 그러나 현재는 중요한 임무를 분담하는 경우도 많고 특히 연방판사의 증원은 연방의회의 승인이 있어야 하는 등 어려움이 있으므로 판사 부족현상에 대처하는 방법으로 연방법원이 치안판사를 선발하여 재판을 맡기는 등의 방법을 쓰고 있으며 따라서 그 자격요건이나 대우도 정식 판사에 준하는 지위를 가지고 있다고 한다(강한승, 미국법원을 말하다, 오래, 54면).
60) 법원이 재판전 단계에서 분쟁을 재판에 가지 않고 해결하도록 중재에 부치는 경우는 당사자들이 중재인의 판단을 거부하고 재판을 받겠다는 의사를 표시할 수 있는 것이 원칙이다. 나아가 별도의 제도로 확립된 중재arbitration제도도 국가기관이 아닌 중재기관이 수행하므로 중재판정의 내용을 강제집행하려면 법원이 그 효력을 승인하고 강제로 집행할 수 있음을 확인해 주는 집행판결이 필요한 것이 원칙이다. 그러나 각국은 중재법 기타의 법률에 의하여 구속력을 부여하기도 하고 이를 거부하는 경우 제재를 가하기도 하며 적법한 중재절차를 거친 사건을 법원에 다시 제소하는 것을 금지하므로 사실상 중재판정은 구속력이 있다고 할 수 있다. 중재에도 역시 많은 시간과 비용이 들고, 특히 소송과 달리 당사자는 중재인의 보수도 부담하여야 하며, 제도 자체는 법률로 인정되어 있으므로 판결과 동일한 정도의 구속력이 있다고 할 수 있다.

않는다고 해도 화해 협상에서 참고자료가 될 수 있다. 그리고 손 안의 새 한 마리가 숲속의 새 두 마리의 가치가 있듯이 당사자들은 불확실성의 위험이 있는 재판을 오랫동안 기다리기보다 좀 불만스럽더라도 중재인의 판정을 받아들이는 것이 낫다고 생각할 수도 있다.

법원의 개입이나 대체적 분쟁해결수단이 있는지 여부에 관계없이 이 정도로 진행된 사건의 대부분은 법제와 사건의 속성에 따라 다르지만 대체로 1/2에서 3/4 가량이 재판trial 전에 합의가 이루어진다. 작은 사건에서는 절차를 끝까지 진행시켜 최종적으로 나온 결과에 따라 받을 금액보다 소송비용이 더 많이 들 수도 있다. 로빈슨 일가의 사건이 자동차의 앞쪽 펜더가 파손된 사건에 불과하였다면 사고를 낸 운전자(또는 그의 보험회사)가 변호사 비용을 대느니 그 금액을 물어주고 말았을 것이다. 큰 사건에서는 재판 결과가 어떻게 나올지 불확실하고, 패소하면 큰 손실을 볼 가능성이 있으며, 재판까지 가기에 시간이 걸리고 비용이 많이 들어 재판에서 큰 금액으로 이기기를 기대하는 것보다는 화해를 선호하는 경우가 있다. 그러나 모든 사건이 화해로 끝나지는 않는다. 변호사들의 기대치가 달라 화해 금액에 동의하지 않으려 하는 수가 있다. 아니면 내심으로 다른 목적이 있는 경우도 있는데 어떤 당사자는 그 재판으로 얻어질 금전적 이익에 관계없이 그러한 유형의 사건에 새로운 법원칙을 정립해 보겠다는 마음을 먹고 있을 수도 있고, 자신은 일단 소송이 걸리면 끝장을 보고 만다는 평판을 얻고자 하는 경우도 있으며, 보험회사는 비록 소액의 청구이지만 그 사건이 귀찮다 하여 청구금액을 물어주고 나면 나중에 보험가입자들이 유사한 청구를 남발할 것에 대비하기 위하여 공격적으로 대처하는 경우 등이 있다.

재판trial에서는 어떤 일들이 벌어지는가?

텔레비전, 영화 그리고 뉴스보도가 재판을 소송과정에서 가장 재미있고 중요한 부분으로 묘사하는 일은 당연하다. 전체 민사사건civil case 중의 아주 작은 수만이 재판까지 가지만 어쨌든 재판은 소송의 중심적 행사이고 모든 절차를 마무리하는 일이다. 그리고 비록 그 원형은 영국 왕이 광장에서 시비를 가려 주던 시절까지 여러 세기를 거슬러 올라가지만 현대의 미국식 재판은 미국에 독특한 제도이다.

두 개의 핵심적 요소가 재판trial의 전체 과정을 지배한다. 첫째는 대립당사자구조adversary system가 가장 극명하게 드러나는 것이 재판과정으로서 당사자를 대리하는 변호사들이 재판의 얼개를 만들고 그 과정에서 자기의 입장에 가장 유리한 방법을 사용하려고 노력한다. 둘째는 대부분의 민사사건에서 당사자들은 배심원단jury으로 하여금 자기의 사건을 판단하게 할지 여부에 선택권[61]을 가지는데, 배심원단은 소송의 절차는 물론 심지어 실체법substantive law에까지도 결정적 영향을 미친다는 점에서 중요한 의미를 가진다. 이 특징들은 모두 논란의 대상이 되고 있다. 재판은 진실을 추구하는 과정인데 법교육을 받지 못한 배심원들 앞에서 대립하는 당사자들이 전투를 벌이는 것은 진실을 발견하는 데 최선의 길이 아니라는 주장이 있다. 재판에서 어떤 일이 일어나는가를 생각함에 있어 중요한 이슈는 진실의 발견과 효율성에 대한 욕구를 대립당사자구조 및 배심원의 역사적 기능과 어떻게 균형을 잡을 것인가이다(당사자 대립절차로서의 재판은 이 항에서 논의하고 배심원은 다음 항에서 논한다).

재판의 모습은 다 다르다. 남의 땅에서 미끄러져 넘어진 사건에서 발생하는 불법행위 배상청구나 은행 대출에서 생겨나는 계약법 사건에 대한 재판은 증인이 몇 명에 불과하고 한나절에 끝날 수 있다. 로빈슨 사건과 같은 보다 복잡한 제조물책임products liability 사건이나 증권사기security fraud 사건은 전문가를 포함하여 증인이 많고 여러 주 동안 계속될 수 있다. 반독점사건antitrust의 청구 또는 집단소송class action 같이 아주 복잡한 사건은 몇 달씩 끌기도 한다. 그럼에도 불구하고 모든 재판은 기본구조가 동일하며 재판이 대립적adversary 구조를 가진다는 성격에 의하여 결정되었다.

로빈슨 재판에서 어떤 일들이 있었을지 생각해 보자. 당사자들이 배심원단이 재판하도록 선택했다면 최초의 단계는 배심원단jury을 선정하는 일이다. 배심원들jurors이 선정되고 판사가 앞으로 있을 일에 대하여 설명한 다음 로빈슨의 변

---

61) 배심원단에 의하여 재판을 받을 권리는 미국 연방헌법이 보장하는 미국인의 기본권인데 당사자는 배심재판을 선택할 수도 있고 판사에게 판단을 받을 것을 선택할 수도 있다. 앞의 것은 jury trial, 후자는 bench trial이라고 부른다.

호사가 자기의 시각에 따른 사건 내용, 즉 당사자들은 어떤 사람들이고, 사고가 어떻게 발생하였으며, 로빈슨 일가가 얼마나 부상을 입었는지, Audi 측 피고들이 왜 법적 책임이 있는지 등을 알리는 모두진술opening statement[62]을 한다. 이제 피고 측의 변호사가 자신들이 보는 사건 내용을 설명할 차례가 된다. 여러 당사자가 있는 소송이라면 한쪽의 모든 당사자는 로빈슨 일가처럼 한 사람의 변호사로 하여금 자기들 모두를 대리하도록 할 수도 있고, 각각의 당사자가 따로 변호사를 가질 수도 있다. 만약 Seaway Volkswagen이 자기의 법적 입장이 Audi의 그것과 다르다고 생각하면 독자적으로 변호사를 선임할 수 있으며 그렇게 되면 각각의 당사자의 변호사가 각 당사자의 입장에서 따로 모두진술을 할 수 있다.

양측의 모두진술 이후에 원고는 자신들의 견해를 뒷받침하는 증거를 제출하기 시작한다(습관적으로 원고, 피고가 이러한 일들을 하는 것처럼 말하지만 실제로는 모두 변호사들이 한다[63]). 원고는 입증책임burden of proof[64]을 부담하므로 언제나 먼저 행동한다. 입증책임은 법의 기본원칙이 반영된 것으로 미국의 법제도는 누구든지 책임이 있다고 판단받을 충분한 이유가 없다면 어떤 것에도 책임을 지지 않도록 한다. 당사자들이 자신의 증거를 제출한 후 배심원들이 각

---

62) 당사자가 최초로 자신의 입장을 밝힌다는 뜻의 법률용어인데 한자로 冒頭陳述이라고 쓴다.

63) 소송을 하려면 반드시 당사자를 대리할 변호사가 있어야 하고 재판trial에서 변론을 할 수 있는 사람은 반드시 변호사의 자격을 가져야 한다는 원칙을 변호사강제주의라고 하는데 미국은 법제에 따라 다르므로 미국이 변호사강제주의를 채택하고 있다는 말은 정확하지 않으나 오늘날 미국에서 소송을 하려면 소액법원에서의 간단한 사건을 제외하면 기술적으로 사실상 변호사가 아니면 불가능하므로 이와 같은 표현을 해도 좋을 것이다.

64) 어떤 법률효과를 누리고자 하면 그러한 법률효과를 발생하게 하는 사실이 존재하였음을 객관적 자료에 의하여 입증하여야 하는데 그 사실을 누가 입증하도록 요구할 것인지의 문제이다. 원고는 어떤 사실로 인하여 자신이 손해를 입었고 구제를 받아야 한다고 주장하는 사람이므로 피고에 비하여 더 많은 입증책임을 부담하는 것이 보통이다. 소송에서 어느 사실이 존재하는지 또는 부존재하는지를 확인할 수 없는 경우 언제까지나 이를 확인하기 위하여 시간과 노력을 허비할 수 없고 이제는 확인하기가 절대적으로 불가능해진 경우도 있기 때문에 이때는 그 사실이 없었던 것으로 간주할 수밖에 없게 된다. 이를 입증책임이라고 하고, 이는 대체로 자기에게 유리한 사실을 주장하는 사람 또는 자신 이외에는 이를 입증할 방법이 없다고 보이는 사람이 책임을 지도록 당사자 사이에 분배되어 있다. 예컨대 돈을 빌려준 사람이 소송을 제기한 경우 돈을 빌려준 사실과 갚아야 할 날짜가 지났다는 사실은 원고에게 유리한 사실이므로 원고가 입증하여야 하지만 원고는 변제받지 못하였다는 사실까지 입증할 필요는 없으며 피고가 변제하였다는 항변을 하는 경우 변제사실은 피고에게 유리하므로 피고가 입증해야 한다.

각의 증거가 각자가 지향하는 방향에서 똑같이 설득력이 있다고 생각하는 경우, 즉 원고 측의 증거로는 연료탱크가 결함이 있었던 것으로 보이나 피고 측의 증거에 의하면 결함이 없었던 것 같다는 경우를 가정해 보자. 누가 이겨야 하는가? 이 경우는 피고가 이기게 되는데 그 이유는 원고가 자신이 부담하는 입증책임을 완수하지 못하였기 때문이다. 원고는 증거의 우월preponderance of evidence에 의하여 자기 사건을 입증하여야 하는데 이는 판사나 배심원이 사건에 대한 원고의 시각이 진실이 아닌 것 같다는 생각보다는 진실인 것 같다는 생각이 더 강하게 들 정도로 설득되어야 한다는 뜻이다. 누군가에게 법적 책임liability을 지우려면 그들이 법원칙에 위배되는 일을 했을 가능성이 있다는 것만으로는 부족하고 그들이 그렇게 했다는 ― 최소 51% 이상의 ― 개연성이 있어야probable 한다('증거의 우월'이라는 입증 정도는 형사재판에 적용되는 입증 정도보다는 매우 낮은 기준인데, 국가가 개인에게 형사책임을 부과하는 일은 훨씬 심각한 일이므로 형사사건에서는 검사에게 '합리적 의심을 넘는beyond reasonable doubt' 정도의 입증이라는 더 엄격한 수준의 입증을 요구한다. 제9장 참조).

원고가 그의 증거를 제시하면 이제는 피고의 차례이다. 원고의 변호사와 같이 피고 측 변호사도 자기 쪽의 입장을 강화하기 위하여 증인을 소환call하고 신문examine한다. 피고가 이를 마치면 원고는 반박증인rebuttal witness을 내세우고 피고가 제기한 방어들에 대하여 의견을 진술할 기회를 갖는다. 이러한 일들이 다 이루어진 후 양측 모두 더 할 것이 없으면 양측은 배심원에게 이 사건을 요약하는 최후변론closing statement을 할 수 있다. 그러면 판사는 배심원단에게 법의 원리를 알려주고 배심원단은 비공개로 심의deliberate하고 평결verdict을 한다. 판사재판bench trial(배심원 없이 판사들이 하는 재판)에서는 물론 판사가 법을 알려줄 필요가 없는데 즉시 판결을 하지 않고 시간을 조금 가질 수 있다.

재판의 구조는 이처럼 비교적 간단하다고 할 수 있겠으나 위에서 설명한 바와 같이 상호 충돌하는 가치가 재판을 지배한다. 재판의 대립구조적adversary 속성이 진실의 추구 및 일을 신속히 진행시키자는 효율성에 대한 욕구와 어떻게 충돌할 수 있는지 살펴보자.

대립구조의 재판에서 각 당사자의 변호사들은 단순히 자신들의 의뢰인에게 유리한 증거를 배심원단에게 제시하는 일 이상의 일을 한다. 각 변호사는, 물론 좋은 변호사를 두고 하는 말이지만, 자기 의뢰인의 청구의 정당성을 사실상 및 법률상으로 뒷받침해 줄 이야기를 일관되게 하고자 모두진술opening statements에서부터 증인신문witness examination을 거쳐 최후변론summation에 이르기까지 모든 재판절차를 다 이용하려고 할 것이다. 로빈슨 일가의 변호사는 Audi의 기술자들이 제조과정에서 몇 푼을 아끼려고 연료탱크를 설계하면서 명백한 위험을 무시해 버린 탓으로 새로운 집을 찾아 즐겁게 이사하던 가족의 행복이 망가져 버리는 그림을 그리면서 비록 돈은 그들이 겪은 신체적 및 정서적 피해를 보상하기에 부족하지만 잘못을 저지른 사람으로 하여금 그 피해자들에게 배상하도록 하는 것이 정의의 요구라고 역설한다. Audi 측의 변호사들은 그 사고의 (비록 로빈슨 일가가 제시하는 모습보다는 훨씬 덜 심각한 사고였다고 표현하겠지만) 비극적 결과를 인정하면서도 Audi의 기술자들이 다른 회사들이 자동차를 안전하게 만들기 위하여 할 수 있었던 만큼은 최선을 다하였음을 보여주고, Audi가 이보다 더 잘 할 수 없었음에도 불구하고 배상하라는 것은 로빈슨의 손해를 메워 줄 두툼한 지갑deep pocket을 찾아 헤매는 일에 다름없다고 주장할 것이다.

변호사들은 과거에 일어났던 일과 그로부터 어떤 결론이 나와야 하는지에 관하여 이와 같이 두 개의 상반되는 주장을 하면서 서로 대립하기 때문에 그들이 하는 모든 일은 자기 말의 신빙성은 높이고 상대방의 이야기는 믿지 않도록 유도하는 데 초점이 맞추어져 있다. 변호사의 행동을 규율하는 윤리규정ethical rule은 변호사가 거짓말을 하거나 증인에게 허위증언을 하도록 고의적으로 지시하는 것을 금지하면서도 동시에 변호사는 의뢰인의 입장에 대한 열성적 옹호자zealous advocate가 되어야 한다는 조항도 두고 있다. 변호사는 자신의 증거를 가장 유리하게 보이는 방법으로 제출할 것이고 상대방의 증거에는 의문이 있는 것처럼 보이도록 노력할 것이다. 변호사는 또한 배심원에게 가장 좋은 인상을 주는 옷을 입고, 자신의 의뢰인과 증인들이 연민을 자아내며, 진지하고, 정직하게 보이려고 애쓰는 등 게임과 같은 시각에서 일하며, 아니면 상대방 변호사의 리듬을 깨뜨리려고 그가 질문할 때 때때로 방해하고, 자신에게 이득이 되는 일이라면 법의 테두리 내에서 무슨 일이든 하려 하는 등 그 스토리 중에서 어떤 일이 주어지든 이를 다 하려고 한다.

재판에 제출될 수 있는 증거는 어떤 것인가?

재판에서 증거의 제출은 민사소송법law of civil procedure과 증거법law of evidence
의 양자에 의하여 규율된다. 민사소송법은 증거의 제출 순서와 방법을 정하고
증거법은 어떤 것이 증거로 제출될 자격이 있는지를 정한다.

재판에서 증거는 대부분 증인witness에 의한 증언testimony 형태로 제출되는데
텔레비전 쇼에서 묘사되는 것과 매우 비슷하다. 증인은 진실을 말하겠다고 선서
하고 그 증인을 소환한 변호사가 증언을 이끌어 내기 위하여 일련의 질문을 하
고 나면 상대방의 변호사가 반대신문cross-examination을 하거나 그 증인이 말하
는 이야기의 신빙성을 점검하기 위한 다른 질문을 한다. 일방 당사자의 변호사
는 상대방의 질문에 이의objection가 있으면 판사에게 증인이 그에 대한 답변을
하지 못하도록 조치해줄 것 또는 답변이 이미 행해졌으면 이를 배제하도록 해
줄 것을 요청할 수 있다. 증인은 보통은 사건에 관련된 사실에 대한 자신의 기
억을 더듬어 대답하지만,[65] 감정인expert witness[66]은 그들의 기억 이상을 넘어서
사건의 궁극적 쟁점, 예컨대 Audi 승용차의 연료탱크에 합리적인 대안이 있을
수 있었는지 등에 대한 의견을 제시할 수 있다. 그들의 흔치 않은 역할로 인하
여 감정인은 자격이 있어야 하며 재판하는 판사가 이를 조사하여야 한다(감정인
에 관하여 자세한 것은 제5장 참조).

드라마에서의 증거제출과 실제 법정에서의 증거제출이 가장 다른 점은 법정

---

65) 증인witness은 사건에 관하여 자신이 보고 들은 등의 직접 경험한 사실만을 자신의 기억에 따라
   진술할 의무가 있으며 사실 그 자체만을 진술하여야 하고 사건에 대한 자신의 평가나 의견을
   말해서는 안 된다. 따라서 설사 자신의 기억하는 바가 사후에 착각이나 기억의 왜곡이 생겨 객
   관적 사실과는 다르다고 하더라도 기억에 따라 진술하여야 하며 만약 객관적 사실에는 부합하
   더라도 기억과 달리 진술하면 위증이 된다. 상대방 변호사의 이의objection는 대개 이와 같이
   신문하는 변호사가 사실의 진술이 아니라 증인의 의견을 말하도록 요구하는 경우 또는 자신이
   원하는 답변이 나오도록 질문을 교묘하게 구성하여 답변하게 만드는 유도신문의 경우에 주로
   행해진다.
66) 감정인expert witness은 특별한 전문지식이나 경험을 가진 사람이 자신의 지식, 경험 또는 이를
   이용하여 내린 판단을 소송에 보고하여 법관이나 배심원의 지식을 보충해 주는 사람을 말한다.
   의사, 토지 평가사, 고미술 감정사 등이 사망원인, 토지가격, 미술품의 진품 여부 등을 감정해 주
   는 경우이다. 감정은 지식을 이용하여 사건 내용에 대하여 판단하고 그 판단이 증거가 되므로
   일정한 자격이나 능력을 갖춘 사람이면 누구나 될 수 있는, 즉 대체성이 있는 데 비하여 증인은
   과거에 어떤 사실을 경험한 사람이므로 그 사람만이 증인이 될 수 있어 대체성이 없다.

에서의 증거제출은 드라마에 비하여 그리 드라마틱하지 않다는 것이다. 법정에서는 이미 증거개시절차discovery를 거쳤으므로 증거들이 상대방에게 알려져 있을 것이고, 현실은 원래 무덤덤하게 마련이며, 증거법에 의한 요건도 있으므로 증인이 중요한 사실에 "결정적 증거smoking gun"를 돌연히 내놓는 경우도, 갑자기 눈물을 터뜨리는 일도, 또는 범죄를 자백하는 일도 거의 없다. 대부분 증인신문은 매우 체계적이며, 상세한 사실을 차례차례 구술하는 방법으로 이루어진다. 변호사들은 사건의 세부사실을 확정하기 위하여 끝도 없어 보이는 질문을 계속하기 때문에 실제 재판을 TV 중계나 직접 법정에서 보면 금방 지루해진다.

증인의 증언 이외에도 재판에서 증거를 제출하는 방법에는 서류document의 제출이나 로빈슨의 연료탱크의 잔해 등 물적 증거physical evidence의 제출도 포함된다. 어떤 경우 변호사나 증인, 그중에서도 특히 감정인expert witness들은 그들의 증언을 명확하게 하고, 보다 설득력이 있게 하며, 배심원들이 흥미를 잃지 않도록 할 목적으로 각종 차트, 그림, 모형 또는 컴퓨터 애니메이션이나 동영상 등으로 증언을 생생하게 하고자 한다. 당사자들은 또한 어떤 증거에는 다툼이 없다고 합의하고 이를 명시함으로써 이에 관한 증인의 자세한 증언을 생략하고 배심원들에게 이러한 증거들을 요약하여 전달되도록 하기도 한다.

증거법evidence law은 균형을 잡는 역할을 한다. 법원은 당사자들이 과거에 어떤 일이 있었고 소송의 결과가 어떻게 나와야 마땅한지 판단하는 데 영향을 미칠 수 있는 모든 증거를 제출함으로써 자신의 사건을 전개해 나가도록 허용할 필요가 있다. 그러나 법원은 정말 중요한 일에 집중할 수 있도록 효율적으로 기능하기를 원하며 때로 단순히 진실이 무엇이었는지만을 추구하는 역할이 아니라 정말 중대한 가치에 봉사하기를 원한다.

법원은 주어진 사건을 현재 적용되어야 하는 법원리에 따라 심리하고 판단해야 하며 그에 관련 없는 일들로 시간을 낭비하기 원치 않기 때문에 증거법의 기본적 명제는 사건에 관련이 있는 법적 명제를 설정하는 데 도움이 되는 증거만이 검토되어야 한다는 것이다. 이 때문에 변호사들이 어떤 증거가 당해 사건과 관계가 없다고irrelevant 주장하는 일을 자주 보듯이 증거의 사건에 대한 관련성은 증거제출을 반대objection하는 가장 흔한 근거로 된다. 로빈슨 일가가 연료탱크를 불꽃토치로 가열하면 폭발한다는 증언을 하도록 하기 위하여 전문가를 부르려

한다면 판사가 이를 배제할 것이다. 이 증거가 연료탱크의 상태와 관련이 있기는 하지만 이 사건에서의 쟁점은 연료탱크가 고속도로에서의 충돌을 견디지 못할 만큼 너무나 큰 위험이 있는지를 가리는 데 있는데, 어떤 연료탱크라도 불을 붙이면 폭발할 것이기 때문에 그 연료탱크가 진정 결함이 있는지 여부를 가리는 데 별 도움이 되지 못하기 때문이다. 물론 Audi의 변호사도 판사에게 그 증거를 배제해 달라고 이의신청을 하여야만 하는데 그 이유는 재판이 기본적으로는 대립구조이므로 판사는 스스로 나서서 그 문제점을 검토하지는 않고 변호사들이 제기하는 증거법적 쟁점사안에 관하여만 판단하기 때문이다.

비슷한 이유로 많은 사람이 들어 보았을 법한 전문증거hearsay evidence[67]의 사용금지inadmissability라는 증거법의 또 다른 면이 발전하였다. 전문증거란 어떤 진술의 진실성을 입증하기 위하여 제출되는 간접적인 증언 또는 법정 밖에서의 out of court 진술을 법정에 소개하는 것이다. 로빈슨 일가가 Audi에 근무하던 전직 기술자로서 회사에 연료탱크가 너무 불안하다는 경고를 하였던 사람을 발견하였다면 그의 증언은 증거가 될 수 있고 또한 법정에서 받아들여질 수 있는 증거admissible evidence가 될 수 있다. 그러나 어떤 사람이 버스에서 그 기술자의 뒷자리에 앉았다가 자기가 회사에 그런 경고를 했었다고 누군가에게 말하는 것을 들었다고 한다면 그는 허용되지 않는inadmissible 전문증인이기 때문에 법정에 데려올 수 없다. 그의 증언에 대하여 Audi의 변호사가 반대신문cross examination을 제대로 할 수 없기 때문에 그 기술자 본인이 증언하는 경우만큼의 신뢰를 하기는 어렵다. 만약 그 기술자가 증언대witness stand에 있다면 Audi 변호사는 그가 하였다는 경고가 그 결함에 관하여 어떤 시정조치를 할 만한 지위에 있던 사람

---

67) 전문증거란 말 그대로 전해 들은 사실, 즉 직접 보고 들은 사실이 아니라 제3자로부터 들어서 아는 사실을 가리키며 한자로는 傳聞證據라고 쓴다. A가 어떤 물건을 훔치는 것을 B가 목격한 다음 B가 C에게 A의 도둑질을 목격했다는 말을 하였는데 C가 A의 절도 사실을 법정에서 증언하려고 한다면 전문증인이 된다(물론 계쟁사실이 A의 절도가 아니라 B가 A의 명예를 훼손하기 위하여 그가 도둑질을 했다는 거짓말을 하였다는 사실이라면 이는 명예훼손의 직접증거가 될 것이다). 전문증거는 본문에서 들고 있는 이유와 같이 여러 가지 면에서 증거로서의 가치가 의심될 소지가 있기 때문에 증거로 사용하지 못하는 것이 원칙이며 전문증거에 해당하는지 여부, 그 허용 여부, 예외적인 사용 가능성 등에 대하여 아주 복잡한 법칙이 있다. 특히 형사재판에서는 재판의 오류를 방지하기 위하여 전문증거 배제의 법칙이 아주 엄격하게 적용되고 극히 예외적인 경우에만 증거로 사용할 수 있다.

에게 말한 것인지 여부와 경고를 하였다고 해도 내용이 명확하지 않았음을 증명하기 위하여 그가 회사의 누구에게 그와 같은 말을 했고 정확히 어떤 말로 경고를 했는지 물어볼 수 있겠으나 그 기술자로부터 이런 말을 주워들었다고 주장하는 사람은 이러한 점에 관하여 아무 것도 증언할 수 없기 때문이다.

그러나 증거법은 두 가지 경우에는 사건에 관련이 있고 쓸모가 있어 보이는 증거도 의도적으로 배제시켜 버린다. 첫 번째 경우는 사건을 판결하는 데 도움이 되기보다 해가 될 수 있는 증거이다. 그 예의 하나가 성격증거character evidence인데 대체로 어떤 사람이 어떤 행동을 하는 일반적 성격이 있음을 보여주는 증거라고 정의되어 있다. 100LS 모델의 연료탱크 이외의 Audi 승용차의 일부 부품이 잘못 설계되었다고 가정해 보자. 로빈슨 일가는 분명히 Audi가 형편없는 자동차 제조업체이고 이러한 행동양식으로 인하여 이 승용차의 연료탱크도 역시 잘못 제작되었다는 짐작을 할 수 있도록 유도하기 위하여 이러한 실패사례들을 증거로 제출하려 할 것이다. 그러나 과거에 어떤 행위가 있었고 거기서 어떤 사실이 추론된 일이 있었다고 하여 이 사실을 너무 과대평가하면 Audi가 여기서도 역시 실수를 하였을 것이라는 근거 없는 추정을 할 위험성이 있기 때문에 배심원들에게 이러한 증언을 들려주어서는 안 된다.

증거를 배제하는 두 번째의 경우는 어떤 증거의 사용이 증거법의 영역 밖에 있는 다른 법정책과 충돌하는 때이다. 이것은 다른 어떤 가치를 보호해 주기 위하여 재판에서의 진실 발견이라는 가치를 포기하는 것이다. 예를 들어 특권정보privileged information[68]가 증거의 세계로부터 배제되는 경우가 그것이다. 설사 로빈슨의 아내가 남편과 변호사에게 자신의 부상에 대하여 거짓말을 했음을 Audi가 알게 된다고 해도 그들은 이를 입증하기 위하여 남편이나 변호사를 증언대로 불러 그 증언을 받아 낼 수 없다. 이 증언이 꾀병이 있었다는 사실에 대하여 설득력 있는 증거이기는 하지만 우리는 사람들이 자신의 배우자와 변호사에게는 어떤 비밀이 공개될 것에 대한 두려움을 느끼지 않고도 털어놓을 수 있도록 해

---

68) 대한민국 형사소송법 제148조와 제149조는 증인으로 소환되어도 자기의 친족 또는 친족관계가 있었던 자 또는 법정대리인, 후견감독인 등이 형사소추 또는 공소제기를 당하거나 유죄판결을 받을 사실이 드러날 염려가 있는 경우와 변호사, 의사 등 업무상 타인의 사생활상 비밀을 알게 되는 사람은 직무상 알게 된 비밀에 관하여는 증언을 거부할 수 있도록 하고 있다.

주는 것이 법정에서 모든 것을 까발리게 하는 것보다 더 중요하다고 생각하기 때문이다.

배심원단jury이란 무엇인가?

당사자대립구조 다음으로 재판의 두 번째 핵심 요소는 판단자로서의 배심원단jury의 역할이다. 미국 연방헌법의 추가조항 제7조와 대부분의 주헌법들은 국민에게 민사소송에서 배심원에 의한 재판을 받을 권리를 부여한다. 양 당사자가 합의하면 사건은 배심원 없이(이른바 판사재판bench trial) 진행될 수 있지만 대부분의 사건은 한쪽 당사자라도 원하면 배심재판jury trial을 받을 수 있다.

누구나 배심원단이 소송절차의 중심이라는 건 인정하지만 배심제도는 전체 소송제도 중에서도 가장 논란이 많다. 어떤 사람에게는 이것이 민주적 절차의 승리, 국민의 자유의 방호벽 그리고 재판에서 진실을 판단하는 효과적인 도구라고 받아들여지지만 다른 사람들에게는 소송제도에 독단성, 불확실성, 지연만을 초래하는 낡고 불충분한 제도로 받아들여질 뿐이다.

배심원단의 독특한 속성은 비전문가amateur로 구성된다는 점이다. 고도로 훈련되고 전문성을 가진 판사가 로빈슨 사건을 판단하기보다 우리는 법을 별로 알지 못하고 이 사건에 관해서는 법정 밖에서 들어 본 일이 없는 사람의 집단에 이 임무를 부여한다. 이 집단은 서로 충돌하는 증거로부터 실제 일어난 일이 무엇인지 확정하고 법에 대한 판사의 설명(여기에는 법학도들이 좌절을 느끼고 판사들 사이에서도 의견 대립이 생기게 하는 아주 미묘한 개념들이 포함되어 있는 때가 많다)을 이해하고 사실과 법을 한데 모아 정당하고도 법에 부합하는 결론을 내려야 하는데, 그 결론은 모두 만장일치이거나 그에 가까운 다수의 동의에 의하여야 한다(전통적으로는 12명으로 구성된 배심원단이 만장일치에 의하여 평결하도록 하고 있었으나 여러 지역의 법제는 그보다 적은 6명으로 구성하도록 하는 경우도 많으며, 평결verdict도 만장일치가 아니라 절대다수, 즉 보통 2/3 또는 3/4의 찬성에 의하여 할 수 있도록 완화하였다).

배심원단의 임무는 증거를 심리하고, 사건에서 어떤 일이 일어났는지 판단하고, 법에 대한 판사의 지도를 듣고 그 법을 사실에 적용하는 일이다. 이러한 일을 함에 있어 배심원juror은 자신의 경험과 신념과 가치를 판단에 적용하는 일은 자제하여야 하며, 그 판단과정에서 그가 속한 공동체의 정서가 표현되도록 하여야 하고, 단순히 기계적인 사실인정의 과정이 되지 않도록 하여야 한다.

이러한 기능이 제대로 작동하기 위하여 배심원들은 지역 주민을 대표할 만한 대표성이 있어야 하고 공정해야 한다. 대표성이 있으려면 법원은 그 공동체에서 많은 사람이 선발될 수 있도록 등록유권자 명부rolls of the registered voters, 운전면허 소지자 명부 기타 자료 등으로부터 배심원 후보자의 명단을 만들어 두어야 한다. 배심원 후보자는 이러한 명단으로부터 무작위로 선정되어 법정에 소환summon되고 배심원의 임무를 수행하기 위하여 출석해야 한다. 많은 사람들이 배심원 임무를 시민으로서 당연한 임무를 수행하는 일이기보다는 불편한 것으로 인식하고 법상의 면제사유(주로 경찰관, 의사 또는 이와 유사한 직역의 사람들에게 주어지는 경우가 많다)를 대거나 다른 어려움(예컨대 어린아이 돌보기 또는 아픈 친척 간호 등)을 이유를 들거나69) 아니면 그냥 출석하지 않는 등 재판 참여를 기피한다. 물론 후자의 경우를 방지하기 위하여 법원은 그 배심원 후보자를 재소환하거나 심지어 체포영장arrest warrant을 발부하여 출석시키기도 한다.

예정된 재판에 필요한 배심원의 숫자보다 더 많은 배심원 후보자가 소환되는데 이는 많은 사람들이 배심원으로 선정되기seated 전에 배제되기 때문이다. 이 절차를 선정질문voir dire(사실을 말한다는 뜻의 프랑스 법률 용어)이라고 부르며 배심원단의 공정성을 보장하기 위해 고안되었다. 판사나 변호사들이 배심원에게 집단적으로 또는 개별적으로 여러 가지 질문을 하는데 이는 사건에 대한 판단에 편견을 유발할 지식을 가지고 있거나 사건 또는 당사자와 어떤 연관이 있는 배심원 후보자가 있을 수 있기 때문이다. 로빈슨 사건에서 로빈슨 일가를 알거나 자동차 기술자로 일한 경험이 있는 자는 이 사건을 판단함에 있어 불공정한 태도를 취할지 모른다는 명백한 사유가 있기 때문에 어느 쪽의 변호사가 이의하면 판사는 배제사유cause가 있음을 이유로 그를 배심원에서 배제한다. 양측의 변호사들은 또한 각자 아무 이유를 대지 않고도 배심원 후보를 배제시킬 수 있는 절

---

69) 이러한 면제사유를 주장하여 배심원에서 배제되기를 원하는 사람이라도 불출석의 제재를 피하기 위해서는 일단 출석하여 배제사유를 인정받아야 하며 이를 위하여 미국의 직장은 배심원 출석을 공적 휴가로 하고 있는 것이 대부분이다.

대이의권peremptory challenges을 가지는 경우가 보통이다. 절대이의권을 행사하는 데는 변호사 사회에 여러 비결이 있어서 예를 들면 소규모 기업인은 신체상해 사건에서 큰 배상금을 인정하지 않으려고 한다는 등의 속설들이 있는데 최근에 이 분야는, 적어도 아주 중요한 사건에서만큼은 배심원의 출신 배경, 보디랭귀지, 선정질문voir dire에 대한 반응 등을 연구하여 변호사들에게 특정 사건에서 누가 호의적인 또는 비호의적인 판단을 내릴 것인가를 조언하는 배심원상담원 jury consultant, 심리학자 또는 다른 분야의 전문가들의 영역으로 넘어갔다.

배심원단은 증거를 심리한 다음 판사로부터 법에 관한 지도instruction를 받은 후 사건을 비밀리에 논의하기 위하여(즉, 심의하기deliberate 위하여) 법정을 나간다. 배심원단이 판단을 내리면 다시 법정으로 돌아와 평결verdict을 한다. 판사와 달리 배심원단은 설사 판사가 특별평결special verdict[70]을 요구한 경우라고 하더라도, 또는 사건에 관하여 (연료탱크에 결함이 있었는지, 또는 로빈슨의 자동차가 과속하였는지 등의) 질문을 하면서 답변을 요구하더라도 평결의 이유를 밝히지 않도록 되어 있다.

배심원 제도에 대하여는 얼마나 잘 기능하고 있는지 여부에 논란이 있다. 배심원이 사회공동체의 정서를 건설적으로 절차에 반영할 수 있는 효율적인 사실인정fact-finding 및 법률적용law-applying 기구인가, 아니면 너무나 자주 잘못된 결정을 내리는 독단적이고 불충분한 시대착오적 장치인가? 그러나 민사소송에서 배심재판을 받을 권리가 헌법에 보장되어 있으므로 이 논의는 실제로는 배심재판을 전부 폐지하자는 쪽으로 논의될 수는 없겠고 따라서 주로 판사가 얼마큼 배심원을 통제할 수 있는 권한을 가져야 하는지 등의 형태로 논의되어 왔다.

판사는 배심원을 네 가지 방법으로 통제한다. 첫째, 판사는 재판 중에 앞서 살펴본 증거법을 적용하여 재판에 제출될 수 없는 증거를 배제함으로써 배심원들이 심리할 수 있는 증거의 범위를 제한한다. 둘째, 판사는 배심원이 검토할 수 있는 쟁점의 범위를 제한하는데 보통 법률문제issue of law는 판사가 판단하고, 사

---

70) 배심원단은 보통 민사재판에서는 피고의 책임의 유무, 형사재판에서는 피고인의 유무죄만을 가려 평결을 하는데 경우에 따라 특정한 요소, 예컨대 손해배상금액이나 과실의 비율, 노동능력 상실의 정도, 장례비 등은 글로 적어서 제출하도록 하는 경우가 있다.

실문제issue of fact71)는 배심원의 의무로 나누는 방식이 사용된다. 셋째, 판사는 배심원들에게 사건을 판단함에 있어 어떤 법원칙을 적용해야 하고 그 원칙들이 무슨 뜻을 가지고 있는지를 설명하는데, 비전문가인 배심원들은 법이 어떤지 알지 못하므로 그들은 판사의 지도instruction를 따르게 된다. 넷째, 판사는 배심원단이 사건을 판단하기 전에 배심원단으로부터 사건을 박탈할 수 있으며, 심지어 각 당사자가 몇 가지 신청motion을 하는 경우 이를 허용함으로써 평결verdict이 내려진 이후에도 이를 뒤집을 수 있다(실체법substantive law도 물론 배심원단을 통제한다. 예컨대 그 법제가 통증과 고통에 대한 손해배상액damage의 상한을 정하고 있으면 그 상한을 초과하는 배심원단의 배상액 산정은 감액될 것이다).

법률문제와 사실문제는 간단히 구분할 수 있을 것처럼 생각된다. 판사는 법률 책을 읽었으므로 어떤 원칙이 적용되어야 하며 그것이 무얼 의미하는지, 즉 법률문제를 가장 잘 아는 위치에 있고 배심원들은 사건에서 어떤 일이 있었는지 짐작하는 일, 즉 사실문제를 담당하면 될 것이다. 그러나 현실은 이보다 복잡하다. 어떤 문제가 "법률"문제인지 "사실"문제인지를 규정하는 일은 단순히 보면 판사가 어떤 문제를 배심원단이 판단하도록 허용하고 싶어 하는지의 문제에 불과하다. 사실문제의 범주를 넓히면 배심원이 할 일이 늘어나고 법률문제의 범주를 넓히면 그들의 일이 줄어든다. 판사는 어떤 쟁점이 너무 복잡하거나 아주 중요하다거나 또는 잘못 해석될 위험성이 있다고 생각하면 이를 배심원으로부터 빼앗아서 자신이 보유하려고 하는 경향이 있다. 판사가 너무 무리하여 배심원의 헌법상 기능을 빼앗는 정도에 이르지만 않는다면 어떤 쟁점을 법률문제로 취급하는 일은 배심원을 통제하는 효과적인 수단이 된다.

로빈슨 사건을 예로 든다면 Audi에게 책임이 있는지의 문제는 법률문제와 사실문제 모두에 관련이 있다. 불법행위법은 이 문제를 Audi가 원고에게 어떤

---

71) 재판의 기초가 되는 사실이 어떠하였는지를 확정하는 것이 사실문제이다. 즉, 피고가 원고로부터 어떤 돈을 받지 않았다고 다툴 때 돈을 보내는 것을 보았다는 증인의 증언이 진실한지 여부 또는 그 돈이 단순한 대여금인지 아니면 함께 사업을 하기 위한 투자금인지에 대하여 상반되는 증인이 있을 때 누구의 말이 진실인지를 가리는 일은 법률이 적용될 기초가 되는 사실에 대한 판단이므로 배심원단이 이를 판단한다. 그러나 후자의 경우 대여인지 투자금인지를 가리는 것도 역시 금전 소비대차와 동업을 위한 조합의 결성에 관한 법률 해석이 뒤따르기 때문에 법률문제로 볼 소지도 있다.

의무가 있었는지 여부, 그 의무의 내용이 무엇인지, Audi가 그 의무를 위반했는지 등의 구조로 본다. 앞의 두 문제는 중요한 사회정책과 관련이 있으며 따라서 법원은 이를 법률문제로 본다. Audi가 자신이 제조한 자동차에 탄 사람에 대하여 어떤 의무를 얼마만큼 부담하는가라는 문제를 판단하는 일은 사회에 전체적으로 엄청난 파급효과를 가져올 것이므로 불법행위법의 기본적 쟁점이 된다. Audi가 승객에게 아무런 의무도 부담하지 않는다면 안전한 차를 제조하도록 촉진할 요소가 훨씬 적어진다. 반대로 Audi가 텔레비전 뉴스로 이 사고 소식을 듣고 분노를 느꼈다는 사람에게까지 어떤 의무를 부담해야 한다면 그 책임이 너무 무거워진다. 그 의무의 내용도 똑같이 중요하다. 불법행위법에서 최대의 논쟁 중의 하나가 제조물의 제조자는 그 제조물의 결함으로 인하여 발생한 모든 손해에 책임(이른바 엄격책임strict liability)을 져야만 하는지, 아니면 그 제조물을 생산하면서 부주의가 있었던 경우(즉, 과실negligence이 있었을 때)에만 책임이 있는지에 관한 것이다. 이 논쟁의 결과는 너무나 중요하므로 법원은 이와 같은 제조물책임product liability 소송에서 배심원단이 이를 해결하라고 맡기지 않을 것이다. 그러나 셋째의 문제, 즉 Audi가 차에 결함이 있었다면 엄격책임strict liability을 져야 한다는 가정하에 자동차에 결함이 있었는지 여부를 판단하는 일은 또 다른 문제다. 이것은 연료탱크의 설계가 가지는 위험성이 그 정도의 설계로 만족함으로써 얻어지는 편익보다 더 큰지 여부에 관한 판단을 하는 것이므로 간단한 사실문제는 결코 아니지만 다른 사건의 판결에 미칠 영향은 훨씬 적다. 판사는 그러므로 의무위반의 문제를 사실의 문제로 규정짓고 배심원단이 판단하도록 맡길 것이다.

배심원의 기능이 사실을 인정하고 그 사실에 대하여 법률을 적용하는 데 한정된다면 법이 어떠한지와 그리고 그들이 그 법을 가지고 무엇을 해야 하는지를 알 수 있도록 해 주는 어떤 방법이 있어야 할 것이다. 재판의 막바지에 판사는 배심원단이 어떤 쟁점을 판단해야 하는지와 어떤 법을 적용해야 하는지를 지도 instruction 또는 임무부여charge를 통하여 알려준다. 판사는 예를 들면 법은 자동차 제조업자가 그 제조물이 안전하도록 만들기 위하여 어떤 행위기준에 따를 것을 요구하는지, 설계에 하자가 있는지 여부는 어떻게 판단하는지, Audi는 어떤 종류의 결함에 대하여 책임을 져야 하는지, 각 배심원이 어느 정도의 확신을 가져야만 평결을 할 수 있는지, 평의deliberation는 어떻게 해야 하는지를 설명한다. 대부분의 법제에서 법원들은 여러 가지 종류의 사건에 관하여 표준배심원지도서 standard jury instruction를 공표해 두고 판사들이 매번 이를 작성하지 않아도 되도록 한다. 그러나 보통은 각 변호사도 지도 내용에 의당 포함되어야 할 쟁점과 배제되어야 할 쟁점을 제안하고, 그 내용을 특정한 법적 관점에 따라 조정하는 등 이 표준적 지도서의 내용을 개별 사건에 맞추어 수정한 지시서 초안을 판사에게 제출한다. 이것은 각 변호사가 자신에게 가장 유리한 방향으로 지도서가 작성되도록 유도할 수 있다는 점에서 대립당사자구조adversary system의 일부이며 어떤 것을 실제 사용할지 여부는 판사의 판단에 맡겨져 있다.

배심원에 대한 지도instruction는 배심재판의 한계에 대한 논쟁을 야기하는 또 다른 포인트가 된다. 로빈슨 사건과 같이 비교적 평범한 사건에서도 판사의 지도에 한 시간 또는 그 이상이 소요될 수 있고 복잡한 사건에서는 훨씬 더 길어진다. 그리고 지도는 미묘한 법적 쟁점과 많은 의문들을 다루기 때문에 당연히 난해하게 될 수밖에 없다. 변호사와 판사들마저도 복잡하고 논쟁의 소지가 많다고 생각하는 이러한 법원칙의 설명을 비전문가인 배심원들이 소화해 내기는 어렵다. 그러므로 변호사와 판사가 오랜 시간 동안 정성들여 이 지도 문구를 다듬었다고 해도 배심원들은 이를 읽어 보고도 사건에 대한 어떤 느낌 정도만을 받은 상태에 남아 있거나 그들이 적용해야 하는 법의 원리가 정확하게 반영되어 있다고 보기는 어려운 몇 가지 기본적 개념만을 이해하는 데 그치는 경우가 많다.

배심원을 통제하는 네 가지 방법 중 마지막의 것은 판사와 배심원단 사이의 권한 분배문제의 핵심 사항 중 하나이기도 하다. 재판 이전, 도중 또는 재판이 끝난 이후에 마저도 중요 시점마다 당사자는 판사에게 사건의 일부 또는 전부를 배심원단으로부터 박탈하여 판사 스스로 판결할 것을 요청할 수 있다. 앞서 본 대로 판사들은 원고의 청구가 피고에 대하여 법적으로 근거가 있는 청구가 되지 못한다는 이유를 들어 제기하는 각하신청motion to dismiss72)을 받아들이거나, 사

---

72) 원고의 청구에 대한 실체적 판단이 아니라 청구가 적법한 소송으로 대접받기 위한 요건이 흠결되었음을 이유로 본안의 심리에 들어가지 않고 소송을 종결시키는 것이다. 소송으로 대접받기 위한 소송조건은 여러 가지가 있는데 그중 당사자가 미성년자인데 법정대리인이 대리하지 않은 경우 등 법원이 보정(補正)명령으로 시정할 수 있는 것도 있으나, 이미 사망한 사람을 상대로 하

실관계에 중요한 다툼이 없어 법에 따른 판결만을 하면 된다고 인정되는 경우라면 간이판결신청motion for summary judgement을 받아들임으로써 사건이 재판으로 가는 것을 방지하고자 한다. 재판이 일단 시작되었다면 판사는 재판 도중에는 일방 당사자를 위하여 지시존중평결신청motion for directed verdict[73])을 허가하거나, 배심원들의 판단이 이루어진 후에는 평결무시판결신청motion for judgement notwithstanding the verdict[74])을 받아들임으로써 일방 당사자에게 유리한 판결이 내려지도록 하는 방법으로 배심원단의 권한을 제한할 수 있는데, 이 두 신청은 대개 뭉뚱그려 법률문제판결신청motion for judgement as a matter of law이라고 부르기도 한다. 아니면 재판의 끝에 판사는 배심원의 평결을 무시하고 새로 재판할 것을 명령할 수 있다.

법률문제판결신청은 판사가 사건이 배심원단의 판단에 맡겨질 수 있을 정도로 사실관계가 충분히 밝혀지지 않았다거나 그 사실관계로부터는 합리적인 결론이 하나밖에 있을 수 없다고 생각하는 경우에 허용된다. 두 개의 신청은 시간적 차이가 있다. 일방 당사자는 상대방이 모든 증거를 제출한 이후에 지시존중평결신청을 할 수 있다. 로빈슨 일가가 재판에서 할 일을 다 한 이후 Audi는 예컨대 로빈슨 일가가 (만약 이것이 법적 판단기준의 일부라면) 자신들이 더 안전한 연료탱크를 제작할 수도 있었는데 그렇게 하지 못하였다는 것을 입증하지 못하였다거나, 자신들이 제출한 모든 증거에 의하여 그 연료탱크가 최대한 안전하게 설계되었음이 입증되었다고 주장하면서 자신들에게 유리한 방향으로 지시존중평결directed verdict을 내리도록 해 달라고 신청할 수 있다. 이와 비슷하게 로빈슨 일가는 Audi가 방어활동을 마친 후 Audi가 연료탱크가 부적절하게 설계되었다는 자기들의 증거를 제대로 반박하지 못하였다고 주장하면서 지시존중평결을 신

는 소송에서 상속인이 전혀 없는 경우 등은 각하하는 수밖에 없는 경우도 있다.

73) 판사가 합리적 배심원단이라면 다른 결론을 내릴 여지가 없다고 판단할 때 특정한 결론으로 평결하도록 지시하는 것을 말하며, 사건의 전부 또는 일부에 대하여 할 수 있다. 지시존중평결의 지시가 있으면 배심원단은 평의를 할 필요가 없어진다.

74) 배심원의 평결이 있은 후 당사자의 신청에 따라 판사가 평결을 뒤집고 패소한 당사자를 승소하도록 판결하는 것을 말한다. 각 법제에 따라 그 요건과 절차가 다양한 모습을 보이지만 여러 가지 사유에 의하여 법률의 적용이 잘못되었다고 인정될 때 판사가 해 주는 구제조치라고 보면 된다. 이 판결의 명칭은 라틴어의 non obstante veredicto에서 유래하여 JNOV라고 약칭된다.

청할 수 있다. 이러한 신청이 받아들여지면 법원은 성공적으로 소송을 수행한 당사자를 승소시키는 판결을 한다(비록 이것이 지시존중평결신청motion for directed verdict이라고 불리지만 배심원단이 판사로부터 지시받은 평결을 실제로 하는 절차는 거치지 않고 판사가 그들을 대신하여 해 준다).

평결무시판결judgement notwithstanding the verdict은 더 놀랄 만하다. 증거제출이 끝나면 판사는 배심원단에게 지도instruction를 하고 평의deliberation를 위하여 그들을 법정에서 내보내며 배심원단은 평결verdict을 가지고 되돌아온다. 그러나 이때 판사가 배심원단이 법률적용에 오류를 범하였다든가 또는 사실을 합리적이지 않게 인정하고 그에 대한 해답을 내놓았다고 결론을 내리면 평결이 다른 당사자에게 유리하게 나왔음에도 불구하고 일방 당사자가 승자라고 선언한다. 절차적 관점에서 본다면 이 신청은 지시존중평결신청이 조금 늦게 이루어지는 것과 다름없다고 취급되고 있고, 판사는 사건을 배심원단으로부터 박탈할지 여부에 대한 판단을 조금 늦추어 여유를 가지고 할 수 있다는 기술적 이점이 있으므로 대개 지시존중평결을 명령하기보다는 평결무시판결을 이용하는 경우가 많다. 만약 치열한 쟁점이 있었는 데도 불구하고 판사가 지시존중평결directed verdict을 하도록 하였다면 일방 당사자는 항소할 것이고, 항소법원appellate court은 사실심 판사trial judge의 결론을 번복하고reverse 다시 재판할 것을 명할 수도 있다. 또한 배심원단의 평결은 판사의 평결무시판결신청의 허가보다 더 존중받을 가능성이 높기 때문에 판사는 항소심에서 번복되어 재판을 반복하는 일을 피하기 위하여 배심원단이 "올바른" 해답을 찾는지를 기다려 보고자 하는 경향이 있기 때문이다.

이상의 법률문제판결judgement as a matter of law은 재판절차에서 배심원단의 중심적 위치와 판사의 배심원단에 대한 통제권한이 심각하게 충돌하는 경우이다. 연방대법원은 연방헌법이 기초될 때 이미 이러한 신청들의 선례가 있었다는 이유로 이러한 신청들이 배심재판을 받을 권리를 선언하는 추가조항 제7조에 위배되지 않는다고 판시하였다. 그럼에도 불구하고 이 제도는 배심원단의 기능의 핵심을 위협하기 때문에 법원들은 언제 이러한 신청이 적절한지를 판정하는 데 많은 고통을 겪었고 여전히 법원들 사이에 사실심 판사trial judge가 배심원의 영역을 얼마나 침범할 수 있는지에 관하여 합의가 이루어지고 있지 않다.

일방 당사자에게 유리한 판결을 하는 대신에 판사는 첫 번째 재판에서 발생한 오류를 시정하기 위하여 새로 재판할 것을 명령하는 선택을 할 수도 있다. 재판에 오류가 있었다면 물론 상소법원appeals court도 다시 재판할 것을 명할 수 있지만, 사실심 판사trial judge가 재판에서 어떤 일이 있었는지를 가장 직접적으로 알고 있고 또한 재판을 평가할 기회를 가져 보았으므로 어떤 하나의 오류, 또는 작은 오류들이 여러 개 겹친 탓으로 패배한 당사자의 공정한 재판을 받을 기회에 악영향을 미쳤는지 여부를 판단할 수 있다. 이 명령은 법률문제판결신청 motion for judgement as a matter of law과 마찬가지로 재판을 새로 하게 하여 배심원단의 평결을 무효화하므로 배심원단의 임무 영역을 침범하는 처사이다. 그러나 새로이 재판을 하게 되면 다른 배심원단이 구성되어 재판을 하게 되기 때문에 배심원단의 기능에 대한 침범의 효과는 적다. 새로운 재판을 하라는 명령은 물론 판사가 단순히 배심원단의 평결에 동의하지 않는다는 이유만으로는 허용되지 않는다. 판사가 재판을 진행하면서 예컨대 중요한 증거를 부적절하게 허용 또는 배제했다든가 배심원단에게 부적절한 지도를 했다는 등 실질적인 법률상의 오류를 범한 경우 그는 새 재판을 명함으로써 실수를 바로잡을 수 있다. 새 재판이 허용되는 다른 사유로는 변호사나 배심원의 부정행위misconduct가 있었거나, 뒤늦게 새로이 발견된 증거가 있는 경우 또는 평결 내용이 지나친 경우 등이다. 맨 뒤의 경우 판사는 승소한 당사자에게 수정된 판결금액을 받아들이거나 재판을 다시 하는 것 중에서 선택하도록 할 수 있다.

재판 이후에는 어떤 일이 있는가?

재판으로 모든 일이 다 끝나지 않는다. 패소한 당사자 또는 원하는 것의 일부밖에 얻지 못한 당사자는 상급법원higher court에 상소appeal[75]할 수 있다. 패한

---

75) 대한민국에서 법원이 사건에 관하여 하는 판단은 판결과 결정, 명령 등이 있는데 판결에 대하여 제2심 법원에 불복을 제기하는 것을 항소, 제2심 판결에 대하여 대법원에 불복을 제기하는 것을 상고라고 하며, 결정과 명령에 대한 불복은 항고, 재항고라고 부른다. 항소의 사유는 원칙상 큰 제한이 없으나 상고는 소송법에 정한 상고이유가 있어야 하며, 상고사건은 원칙적으로 대법관 4인으로 이루어진 소부에서 재판하되 매우 중요하거나 소부에서 합의가 이루어지지 않는 사건은 모든 대법관이 참여하는 전원합의체에서 심리한다.

당사자가 언제나 상소하지는 않는다. 변호사가 상소하기에 충분한 이유가 없다고 생각할 수도 있고, 당사자가 소송에 더는 돈을 들일 수 없거나 그러기를 원치 않을 수도 있다. 그러나 모든 법제jurisdiction에서 소송에 진 당사자는 적어도 그 사건을 상급법원에서 다시 심사받을 권리를 가진다.

연방법원이나 규모가 큰 주법원처럼 법원조직이 방대한 경우 상소법원은 두 계층으로 구성되어 있다. 하나는 중간상소법원intermediate appellate court인데 연방법원은 항소법원Court of Appeals이라고 부르고 주법원은 주의 전통에 따라 여러 가지 이름으로 불린다(소규모의 법제에서는 이러한 법원이 없다). 두 번째 계층이 그 법제에서 가장 최고의 지위에 있는 법원인데 미국 연방대법원U.S. Supreme Court이나 Oklahoma 대법원Oklahoma Supreme Court 등이 그것이다. 재판에 불복하는 소송당사자가 중간상소법원에서의 결과에 만족하지 못하면 다시 최고법원에 그 사건을 심리해 달라고 요구할 수 있다. 그러나 보통은 중간법원에 상소가 있으면 중간상소법원은 이를 의무적으로 심사해야 하지만 그 다음 단계에 대한 상소에는 최고법원에 재량이 있어서 최고법원은 이를 심리할지 말지를 선택할 수 있다. 미국 연방대법원에 대하여 자기 사건을 심사해 달라고 요청하는 절차는 이심영장writ of certiorari[76]("통지를 받는다"는 뜻의 라틴어) 청구절차라고 부르며 이 영장을 발부함으로써 상급법원은 자신이 그 사건에 대하여 판결하기 위하여 사건을 알아보기를 원한다는 사실을 하급법원에게 알린다. 최후의 보루가 되는 법원은 사건에 중요한 법적 쟁점이 많이 제기되어 있거나 하급법원들 사이에서 관련된 법적 쟁점을 적절히 해결하는 데 혼선이 빚어지고 있는 경우 등 스스로 중요하다고 생각하는 사건에 대해서만 상고를 받아들인다.

상소절차appeals process가 어느 사건으로부터 정확한 결과를 얻거나 그 사건에게 완벽한 절차를 보장하기 위해서 고안된 것은 아니다. 그보다는 소송절차의

---

76) 미국 연방대법원이 채택하고 있는 일종의 상고허가제도인데 대한민국에서는 당사자가 대법원에 상고하면 사건을 일차 검토하여 특별한 오류가 없으면 더 이상 심리하지 않고 상고를 기각하는 심리불속행 제도가 상고허가제와 비슷한 역할을 수행하고 있다. 한국에서는 대법원에 상고된 사건은 모두 대법원의 사건번호가 부여되고 대법원이 심리할 사건이 되지만 심리불속행 결정이 나오면 대법원의 정식 재판절차에 의하여 심리되지 않고 상고심이 종결된다는 것뿐인데 미국에서는 이심영장을 받지 못하면 연방대법원의 사건으로 되지 못한다는 점에 차이가 있다.

근본적 가치에 균형을 잡기 위해서이다. 상소법원은 그 아래의 법원들에서 발생한 것으로서 절차의 공정성을 중대하게 해치거나 관련 실체법의 가치를 구현하는 데 해가 되는 오류가 있었다면 이를 시정한 임무를 가지고 있지만, 그들은 이 임무를 상대적 효율성을 가지고 수행하고자 하며 따라서 지나친 개입을 피하고 부당한 지연을 방지하며 절차의 확정성finality을 해치지 않는 방법을 사용한다.

로빈슨 사건의 상소 부분을 예로 들어 보자(이 사건은 Oklahoma 법원에서 연방대법원으로 이송되었으며, 또한 이 사건에는 이후에 연방법원의 하급심을 여러 차례 오르내리도록 만들었던 복잡한 절차적 쟁점이 있었음을 기억하기 바란다). Oklahoma 북부연방지방법원U.S. District Court for the Northern District of Oklahoma에서 배심원단은 원고의 주장을 받아들이지 않고 피고에게 유리한 평결을 하였다. 로빈슨 일가는 연방항소법원U.S. Court of Appeals에 항소하면서 사실심 판사trial judge가 Audi의 모회사인 Volkswagen이 연료탱크의 위험성을 알고 있었다는 증거를 부당하게 배제시켰다고 주장하였다. 사실심 판사는 모회사가 이를 알고 있었다고 하여도 이 차의 제조회사이자 Volkswagen의 자회사인 Audi에게 책임을 돌릴 사유가 되지 못한다는 입론하에 이를 배제시켰다. 항소법원은 이를 알고 있었던 것이 Audi에게 책임을 지우는 사유가 될 수 없다는 데에는 동의하고 그 부분에 대한 사실심 판결은 승인하였으나, 그 증거가 Volkswagen에 대해서도 역시 사용될 수 없다는 사실심 판사의 판단에는 이견을 보이면서 Volkswagen을 상대로 하는 청구는 다시 재판하도록 사건을 원심법원에 돌려보냈다.

먼저 어떤 경우에 사실심 법원의 판결에 대하여 항소할 수 있는지 살펴보자. 여기서 법원은 여러 각도에서 효율성과 확정성finality을 추구하는 방법이 무엇인지를 생각한다. 거의 모든 법원이 종국판결의 원칙final judgement rule, 즉 이 용어 자체가 암시하듯 하급법원이 취한 모든 조치 중 하급법원이 자신에게 주어진 사안을 최종적이고 완전히 종결한 조치에 대하여만 심사를 허용한다는 원칙을 준수하고 있다. 이 접근법에 따라 로빈슨 일가는 사실심 판사가 Volkswagen이 연료탱크의 결함을 알고 있었다는 증거를 배제시키더라도 그 당시에는 이에 대하여 즉시 상소할 수 없고 사건이 끝날 때까지 기다렸다가 그 배제조치의 영향으로 재판에 지고 난 후에야 상소를 할 수 있다. 이렇게 하면 로빈슨 일가가 증거를 배제한 조치가 적절한지에 대하여 상소한 경우 상소심이 사실심 판사의 증거 배제조치가 적절하였는지 여부를 판단하는 동안 사실심의 전체 재판절차가 지연 되는 것을 방지할 수 있고, 상소법원이 사실심에서 발생한 특정한 오류는 물론 이고 혹시 그 이외의 사항에도 오류가 있었는지 여부를 한꺼번에 살펴볼 수 있 으며, 만약 로빈슨 일가가 이러한 배제조치에 불구하고 결국 이겼다면 상소법원 이 그러한 쟁점들을 검토할 필요가 없을 것이므로 소송이 진행되는 과정에서 그 때그때 사실심 판사trial judge의 판단이 나오자마자 이를 즉시 재심사하는 일은 불필요하다는 점에서 효율적이라고 보인다. 다만, 어떤 법원들은 증거에 대한 사실심 판사의 판단이 실체적 권리substantial right와 관계가 있다면 언제든지 상 소를 허용하기도 한다. 로빈슨 일가의 사건은 나중에 상소심 법원이 위와 같은 사실심 판사의 증거배제조치가 잘못되었다는 이유로 재판을 다시 하도록 명하였 는데, 만약 이러한 증거배제조치에 즉시 상소를 허용하는 법제에서 재판이 이루 어졌다면 로빈슨 일가는 즉시 상소하였을 것이므로 첫 번째 재판에서 패소판결 이 나오기까지 기다릴 필요가 없었을 것이다.

다음으로 이 사건에 관하여 상소법원이 하지 않았던 일들을 살펴보자. 상소 절차도 대립당사자구조adversary system의 이념에 따르기 때문에 상소법원은 자기 에게 물어 온 것에만 대답한다. 상소법원은 사실심 재판이 끝난 후 설사 자신이 로빈슨 사건에 대하여 들여다보고 싶은 경우라 해도 자기 마음대로 재판을 해 보겠다고 나설 수는 없으며 어느 한 당사자라도 상소하기를 기다려야 한다. 그 리고 사건이 상소되면 상소법원은 하급법원에서 다루어진 것으로서 당사자들이 자신에게 관심을 가져 달라고 요청한 쟁점에 대하여만 언급할 수 있을 뿐이다. 로빈슨 일가의 사건에 대하여 상소법원은 예컨대, 배심원단에 대한 판사의 지도 instruction가 적절했는지 여부에 대해서는 어떤 당사자도 상소하지 않았기 때문에 이를 검토하지 않았다. 상소법원은 패소한 당사자가 사실심 재판에서 제기하지 못한 문제들 역시 다루지 않는다. 사실심 판사가 다툼 있는 증거를 받아들인 경 우 Audi가 그 허용 여부에 대하여 사실심에서 아무 말도 하지 않았다면 상소심 에 와서 새삼스레 다툴 수는 없다. 공정성과 효율성을 위하여 상소법원은 사실 심 판사가 관심을 가졌던 문제와 상소법원에 보내진 일부의 사건기록record 안에 전개되어 있는 문제만을 검토한다. 상소법원은 하급법원에서 다루어지지 않은 문제도 검토하지 않는다. 그리고 상소에 의하여 사건의 결과가 달라질 수 있는 사안만을 검토한다. 예를 들어 Audi는 하급심에서 판사가 내린 어떤 처분에 대하여 이의가 있더라도 그것이 사건의 결과가 달라지게 만드는 것이 아니라면 단지 그 문제에 관한 법이 어떻게 되어 있는지에 관하여 상급심의 법률적 판단을 받고 싶다는 이유만으로 상소를 할 수는 없다. Audi가 이겼으므로 법원은 살아 있는 쟁점을 해결하는 데 중요한 문제가 아닌 문제를 가지고 시간을 낭비하고 싶어 하지 않는다(그러나 일단 로빈슨 일가가 항소하면 Audi는 원심에서의 승소판결이 유지될 수 있도록 하기 위하여 다른 쟁점을 제기할 수는 있다).

끝으로 상소법원이 하급법원에서 있었던 일을 어떻게 재심사하는지 생각해 보자. 자신에게 주어진 이슈가 법률문제question of law이면 상소법원appellate court 은 그것이 정확한 결론인지를 스스로 판단하는 것이 보통이다. Volkswagen이 결함을 알고 있었다는 사실에 관한 증거를 배제할지 여부는 모회사와 자회사의 관계에 대한 법원칙에 따라 결정된다. 상소심 판사appeal judge는 사실심 판사만큼이나 법을 잘 알며 따라서 그들은 신선한 시각에서, 또한 사실심 판사의 판단에 구애됨이 없이 사건을 검토한다(상소법원 판사들은 자신의 위치가 높기 때문에 자신들이 법을 더 잘 안다고 생각하는 경향이 있다. 연방대법원의 대법관에 대하여는 그들에게 오류가 없기 때문에 최종심을 맡을 수 있는 것이 아니라 최종심이기 때문에 오류가 없다는 속담이 있다). 그러나 사실문제에 관련된 쟁점이라면 상소법원은 좀 더 신중해진다. 그들은 하급심에서의 절차에 관한 변론조서 transcript[77]와 당사자의 변호인의 주장의 일부만을 볼 수 있기 때문이다. 상소법원 판사들은 증인들의 증언testimony을 듣지 못했으며 모든 증거를 다 검토하지도 못했으므로 그들은 이 사안, 즉 연료탱크에 결함이 있는지를 평가하기에는 취약한 입장에 있다. 따라서 상소법원은 하급심이 사실에 관하여 내린 판단은 보다 존중하려고 하며 특히 배심원이 내린 판단이고 사실심 판사가 이를 뒤집지 않은 경우에는 더욱 그러하다.

모든 상소가 끝나면 사건은 끝난다. 패소한 당사자가 새로운 증거를 찾아내

---

77) 재판에서 이루어진 절차는 절차의 진행이 적법하였음을 입증하고 후일의 분쟁을 방지하기 위하여 일일이 기록되는데 그 기록지를 조서(調書)라고 부른다.

거나 새로운 이론을 들이대더라도 법원에 되돌아가 다시 재판을 받을 수 없다. 확정력finality은 법률제도에서 중요한 요소이며 "이 일은 판단이 내려졌다."를 뜻하는 라틴어 용어인 기판력res judicata[78])이라는 개념에 구현되어 있다.

---

78) 영어로는 claim preclusion이라고 하며 판결이 한번 확정되면 누구든지, 심지어 판결을 내린 판사 자신마저도 명백한 오기 등 극히 일부의 예외를 제외하고는 설사 오류가 있었다고 하여도 그 결론을 뒤집을 수 없다는 원칙이다. 기판력은 판결주문, 즉 원고가 얻고자 하는 결과를 요약한 청구취지에 대한 법원의 직접적 대답(예컨대 피고는 원고에게 돈 ---원을 지급하라 등)에 포함된 사항에 관해서만 미치며 주문이 나오게 된 과정을 설명하는 판결이유에 포함된 사항에는 미치지 않는다. 그러나 판결에 중대한 문제가 있었다거나 종전의 재판 도중에는 도저히 발견할 수 없었던 결정적 증거가 새로 발견되었다는 경우 등 부득이 기판력을 유지시킬 수 없는 경우도 있으므로 재심에 의하여 번복될 수는 있는데 그런 만큼 재심의 사유는 매우 제한적이다.

뜨거운 커피, 자동차 사고Hot Coffee and Crashing Cars
불법행위법Torts Law

79세의 Stella Liebeck은 조카가 운전하는 차에 탄 채 Albuquerque, New Mexico의 한 McDonald's 점포의 차량주문창구drive-through window에서 커피를 샀다. 그녀는 컵을 다리 사이에 끼우고 크림과 설탕을 넣으려고 뚜껑을 열다가 커피를 엎질러 화상을 입었다. Liebeck은 커피가 너무 뜨거웠다고 주장하며 McDonald's를 제소하였고 배심원단은 그녀의 부상에 대한 손해배상으로 16만 달러, McDonald's에 대한 징벌의 의미로 징벌배상금 270만 달러를 지급하라고 평결하였다.

이 사건은 불법행위법 개혁tort reform, 즉 불법행위법torts law이라고 불리는 우리의 민사책임civil liability 제도가 개선되어야 한다고 주장하는 사람들이 지적하는 "소송남용lawsuit abuse" 사례 중에서도 가장 유명한 사건이다. 누구나 커피는 뜨겁고 당신이 이를 흘리면 델 수 있음을 안다. 그러나 불법행위법 개혁론자의 말에 따르면 일상에서 자신에게 벌어지는 사고의 결과를 감수하려는 사람이 하나도 없다. 반면 판사들과 배심원들은 원고들의 불행을 지갑이 두둑한 사람deep pocket에게 전가할 수 있게 해 주는 일에 광분한다는 것이다.

반면에 불법행위법의 옹호론자들은 Liebeck 사건을 불법행위법이 얼마나 잘 작동하고 있는지를 보여주는 사례라고 말한다. McDonald's는 자신이 파는 커피의 온도와 관련하여 700건이 넘는 소송을 당하였는데 원고들과 대부분 합의하였다. 그 회사는 경쟁 회사들보다 화씨 20도가 더 높은 온도에 제공하였으며 그 매니저들도 즉시 마시기에는 너무 뜨겁고 화상을 입힐 수 있을 온도임을 시인하였다. Liebeck은 피부이식을 필요로 하는 3도 화상을 입고 1주일 동안 병원에 입원했다. 그녀는 처음에는 치료비만을 받고 합의할 의사가 있었으나 McDonald's가 이를 거부하였다. 배심원단은 McDonald's가 이틀 동안 커피 판매로 벌어들인 전체 금액이 270만 달러라고 계산하고 그 금액을 징벌배상금punitive damage award[1])으로 산정하였다. 배심원단은 Liebeck도 조심하지 않았으므로 손해에 일부 책임이 있다고 인정하고 이에 따라 그녀에게 부여되는 금액을 그만큼 감액하였으며, 사실심 판사trial judge는 다시 징벌배상금을 48만 달러로 감액하였다. 이 판결이 나오고 그것이 널리 알려진 이후에야 McDonald's는 커피의 온도를 낮추었다. 옹호론자들은 잘못한 사람으로 하여금 손해를 본 피해자에게 배상을 하도록 하고 자신의 위험한 행동을 고치도록 하는 불법행위 제도의 기능이 이 사건에서 제대로 발휘되었다고 말한다. 이 사건은 위험성이 있는 다른 행위에도 영향을 미쳐서 Wendy's 체인점은 주로 어린이들에게 제공되는 핫초콜릿의 온도를 낮추었다.

수백 년 동안 법원과 입법기관은 누가 언제 자기의 행위로 인하여 다른 사람이 입은 손해에 대하여 책임을 져야 하는지를 정하는 불법행위법의 원칙에 대하여 연구해 왔다. 불법행위 제도를 지지하는 사람은 Stella Liebeck의 사건과 같은 사건들이 그 제도가 얼마나 잘 기능하고 있는지 보여주며, 여기에 어떤 변화가 필요하다면 이 제도가 수 세기에 걸쳐 단계적으로 발전해 온 과정의 연장선상에서 이루어져야만 한다고 주장한다. 불법행위 개혁론자들은 이 제도가 책임을 개인으로부터 다른 곳으로 이전시키고 잘못한 것도 없는 피고defendant[2])에게 비용을 전가시키는 등 너무 멀리 나간 것이 많으며 따라서 대대적인 입법적 변화가 필요하다고 주장한다. 그러나 우리가 이 제도의 유지에 찬성할지, 아니면 개혁을 지지할지 여부를 결심하기에 앞서서 불법행위법에 대하여 잘 알아볼 필요가 있다.

---

1) 피해자가 실제로 입은 손해 금액만을 배상하게 하는 제도는 전보배상이라고 하고, 가해자에게 어떤 비난을 받을 만한 잘못이 있다고 인정될 때 이를 제재하는 의미에서 피해자에게 배상을 하도록 하는 제도를 징벌적 배상이라고 한다. 대한민국은 전보배상주의를 채택하고 있으며 징벌적 배상의 도입에 관하여도 논의가 있다.
2) 영미법에서는 민사절차나 형사절차에서 수동적 당사자, 즉 원고에 의하여 제소를 당한 사람과 국가에 의하여 기소를 당한 사람을 모두 defendant라고 불리는데 대한민국에서는 민사절차와 형사절차를 구분하여 민사소송을 제기 당한 사람은 '피고'라고 부르고 형사절차에서는 기소된 사람을 '피고인'이라고 한다.

불법행위법이란 무엇인가?

불법행위법tort law을 일반적 수준에서 정의하기는 쉬우나 보다 세밀하게 정의하기는 어렵다. 불법행위tort라는 용어는 "꼬인twisted" 또는 "엇나간turned aside"을 뜻하는 라틴어에서 유래하였으며 따라서 적절한 행위의 기준에서 엇나간 행위, 즉 잘못된 행동wrongful act이다. 당신이 이웃 사람의 코를 쥐어박았다면, 운전 부주의로 보행자를 치었다면, 고객에게 뜨거운 커피를 제공하여 부상을 입혔다면 당신은 불법행위tort를 한 것이다(여기서 논하지는 않지만 불법행위의 유형에는 타인을 허위로 사기꾼이라고 비난하는 행위 또는 다른 사람을 기망하여 돈거래를 하도록 하는 등 신체적 상해가 아닌 인격적, 경제적 손해만을 유발하는 것도 있다). 이런 것들 모두가 피해자가 금전배상money damages을 받을 수 있게 만드는 잘못된 행동wrongful act이다.

우리는 이런 전형적 사건을 통하여 불법행위법이 어떤 것인지 잘 알 수 있다. 그러나 이런 정도만으로는 불법행위법에 대한 근본적 의문, 즉 불법행위법이 잘못된 행동을 제재한다면 어떤 일이 잘못되었는지를 어떻게 가려낼 것인가라는 점에 대답하지 못하므로 공허한 정의에 불과하다. 이웃사람이 당신의 코를 쥐어박았다면 불법행위를 한 것인가? 제한속도 이하로 운전했지만 날씨를 감안하면 너무 빨리 달렸다고도 할 수 있는 경우라면 어떠한가? McDonald's가 고객이 화상을 입을 정도로 뜨거운 커피를 제공한 것이 불법행위인가?

이러한 의문들은 불법행위법의 두 가지 중요한 모습을 암시한다. 첫째, 어떤 사건은 판단하기 쉽지만 어떤 것은 어렵다. 판사, 변호사 그리고 불법행위법 학자들은 쉬운 사건을 이용하여 어려운 사건을 분석하는 데 도움이 되는 정책과 원칙을 개발한다(반대의 경우도 효과가 있는데 어려운 사건을 검토해 보면 쉬운 사건에 대한 해답을 다시 생각해 보게 만드는 통찰력이 생기기도 한다). 둘째, 불법행위법은 어떤 원칙의 집합체이기도 하지만 하나의 과정이기도 하다. 불법행위법의 기본적 요소의 하나는 "누구나 타인에게 손해를 입히지 않도록 합리적 주의reasonable care를 다해야 한다."라는 등의 아주 일반적인 원칙을 비 오는 밤에 일어난 자동차 사고 등 특정한 사건에 적용하는 것이다. 또한 그 원칙들이 적용되는 체계적 제도, 즉 판사와 배심원이 함께 수행해 가는 소송제도는 불법행위법의 내용 자체만큼이나 불법행위법에서 중요한 요소이다.

오랫동안 불법행위에 관한 소송제도는 거의 모두 한 사람의 원고plaintiff가 한 사람의 피고defendant를 상대로 어떤 하나의 일을 문제 삼아 제소한 사건들에 관한 것이었다. 기껏해야 한 차에 타고 있던 운전자와 승객 세 명이 함께 사고를 일으킨 운전자를 제소하거나 수술 중 사고를 당한 환자가 집도의사, 마취의사 및 병원을 상대로 제소하는 등의 소규모 그룹이 한 쪽 당사자인 경우가 있었을 뿐이다. 그러한 유형의 사건이 아직도 불법행위 소송의 대부분을 차지하지만 수십 년 전부터 동일한 행위로부터 손해를 당한 사람이 많은 사건, 이른바 집단불법행위mass tort가 더 중요해졌다. 어떤 집단불법행위는 예컨대 폭발사고와 같이 하나의 사고 또는 하나의 공장에서 발생한 오염사고와 같이 하나의 원인으로부터 생겨난 복수의 손해에 관계되어 있다. 다른 유형으로는 석면의 사용 또는 위험한 약물의 판매 등과 같이 시간을 두고 계속되어 온 동일한 행위에서 생긴 복수의 손해가 있다. 어떤 경우이든 그 결과는 9.11 사태에서 6천 명, 혈액을 묽게 하는 약품인 Xarelto 사건에 관련된 13,000명, 석면사건에서 80만 명 이상 등 드라마틱하다.

집단불법행위는 불법행위 제도에 여러 가지 과제를 안겨주고 있다. 하나의 과제는 우선 불법행위 제도를 거쳐 가는 사건의 수가 돼지가 뱀의 몸을 뚫고 나가듯a pig through a python 기존의 법제도가 감당하기 어려울 만큼 폭발적으로 증가하는 것인데, 불법행위 제도를 이용한 소송사건이 엄청나게 급증하면 법원이 소송으로 넘쳐나고 이로 인하여 다른 소송에 대한 심판adjudication이 지연될 위험이 생긴다. 또 다른 문제는 서로 다른 손해를 본 피해자들이 서로 다른 시기에 제소하는 경우 정의를 분배하는 문제이다.3) 집단불법행위 소송의 피고들은 커다란 책임을 져야 할 것이 예상되면 그 부담에서 벗어나고자 파산절차bankruptcy를 이용하는 경우가 많은데 그러면 일찍 제소한 원고가 자기의 손해를 전부 배상받은 다음에는 나중에야 손해가 드러난 사람들은 피고가 파산해 버려서 받을 게

---

3) 누군가의 채무 등 소극재산이 자산 등의 적극재산을 넘어서는, 즉 채무초과 상태에 이르러 도저히 채무를 완전히 청산할 능력이 없어진 경우 채권자들이 일정한 시점까지 자신의 채권을 신고하고 남아 있는 재산으로부터 채권의 비율대로 변제를 받아간 후 나머지 채무를 소멸시키는 등 정리하는 절차가 파산제도이다. 어느 회사가 불법행위로 배상할 금액이 너무 많아지면 파산을 신청하여 당시까지 알려진 피해자에게 배상을 하고 회사를 소멸시켜 버리면 나중에 손해를 알게 된 피해자들은 피고가 존재하지 않으므로 더 이상 손해배상을 청구할 길이 없어지는 것을 말한다.

한 푼도 남아 있지 않을 수 있기 때문에 법원은 누가 무엇을 가져가야 하는지 결정해야 하는 어려운 문제에 부딪힌다. 유독물에 의한 불법행위toxic torts, 즉 위험한 화학물질, 약물 또는 기타 물질에 노출되었음을 이유로 하는 집단불법행위 사건에서는 손해가 다른 원인과 복합되어 생겼을 수도 있고, 노출 후 오랜 시간이 지나야 드러날 수도 있어 그 위험이 손해와 연결되어 있다고 인정받기 어려울 수도 있기 때문에 특수한 인과관계causation의 문제를 낳기도 한다. 이러한 문제 중 일부는 이 장의 뒷부분에서 다룬다. 그러나 집단불법행위가 존재하기 때문에 불법행위법이 무엇인가라는 질문에 제대로 답변하려면 하나의 분쟁을 재판 adjudicate하는 절차에 대한 설명은 물론이고 엄청나게 숫자가 많은 손해를 다루는 시스템에 대한 답변도 포함되어야만 한다.

불법행위법은 왜 필요한가?

손해는 항상 생겨난다. 운전자가 졸다가 나무를 들이받는다. 어떤 사람은 계단에서 굴러떨어지기도 한다. 수술이 실패할 수도 있다.

그런데 사람들은 다른 사람이 책임져야 할 사유로 다치는 경우가 아주 많다. 집주인이 집 앞 보도에 균열이 생겼는데 이를 고쳐 놓지 않아서 지나가던 사람이 걸려 넘어진다. 의사가 오진을 하고 환자를 잘못 치료한다. 겉으로 보기엔 경미한 자동차 사고이지만 연료 탱크가 부서지고 폭발하여 승객이 죽을 수 있다. 여기서 불법행위법을 강의하는 교수들이 자주 인용하는 좀 희귀한 유형의 사건을 한 번 살펴보자. 열차의 승무원이 승객을 움직이는 기차에 밀어 넣는 바람에 승객이 짐을 떨어뜨렸고 짐 속에 있던 불꽃놀이 화약이 터져서 대형 저울이 쓰러졌는데 이것이 반대편 플랫폼 끝에서 기다리던 다른 승객을 덮쳤다.

이러한 손해를 해결할 법적 장치가 없다면 어떤 일이 벌어질까? 첫째, 사람들이 다른 사람들에게 손해를 입히지 않기 위하여 노력하게 하는 유인이 적어질 것이다. 손해는 의도적으로 가해지는 경우도 있지만 그보다는 우연히 일어나는 것이 보통이고 그 이유는 대개 조심하도록 만드는 유인이 적기 때문이다. 자동차 제조업자는 자동차의 결함으로 인하여 발생하는 손해에 책임을 지지 않을 것임을 알게 되면 안전장치의 장착을 소홀히 하려는 유혹을 받을 것이다. 주택 소유자들은 자신의 집 앞의 보도를 수리하려 하지 않을 것이다. 반대로 주의 깊게 행동하려면 돈이 더 드는데 일단 손해가 발생하면 설사 그만큼 주의를 했다고 하여 돈을 더 들인 만큼의 책임을 감소시켜 주지는 않기 때문에 조심해서 행동한 기업과 사람들은 자신의 선행으로 인하여 결과적으로 불이익을 받게 된다.

둘째, 사고의 피해자는 치료비, 치료 기간 중에 벌지 못한 임금, 재산적 손실, 기타 그들이 겪은 손해의 결과를 자신의 재산으로 처리하도록 방치된다. 대부분의 피해자에게 그 비용은 크게 느껴지며 재수 없는 사람은 엄청난 결과를 감수해야 한다. 예컨대 Liebeck은 뜨거운 커피를 가지고 잘못 모험을 한 탓에 입원비와 진료비로 자기 돈에서 수천 달러를 써야 한다.

셋째, 의도적이든 부주의로든 사람들이 다른 사람들에게 마음대로 손해를 끼쳐도 좋다고 한다면 이는 공정해 보이지 않는다. 부주의한 운전자가 자신의 행동에 대가를 치르지 않는다면 잘못을 저지르고도 빠져나갈 수 있으며 죄 없는 피해자가 그 결과를 모조리 떠안아야 한다.

이 세 가지 문제는 불법행위법 이외의 다른 몇 가지 방법으로 해결될 수도 있다. 잘못한 사람은 형사적으로 처벌받을 수 있다. 교통 관련 법률을 보다 강화하여 시행하면 사람들이 더 조심해서 운전하게 될 수 있다. 정부 관료조직이 자동차나 기타의 제품이 어떻게 제조되어야 할 것인지, 사람은 어떻게 자신의 재산을 관리해야 하는지, 패스트푸드점에서 손님에게 제공할 커피의 온도는 어떠해야 하는지 등등을 일일이 규제할 수도 있다. 소비자들은 안전하다고 인정받는 제품만을 살 것이고 사람들은 부주의한 사람으로 낙인찍히기 싫어하기 때문에 시장과 일반인의 평판도 도움이 될 수 있다. 사고의 피해자가 자신의 보험을 가지고 있을 수 있다. 이런 것들이 다 불가능하다면 공공 복지제도 또는 민간 자선단체에 의하여 구제받을 수도 있다.

실제로 우리는 불법행위법 말고도 손해로부터 생기는 문제를 처리하는 다른 제도들을 이용하고 있다. 형사처벌의 두려움 때문에 사람들은 남을 때리기를 자제하고 연방정부는 자동차에 에어백과 좌석벨트 기타 안전장치를 둘 것을 요구한다. 교통사고에서 다친 사람이 치료비를 지급해 줄 의료보험이나 임금의 손실을 보상해 줄 장애보험을 가지고 있을 수도 있고, 그렇지 않다면 의료보장Medicaid, 사회보장social security 그리고 기타의 복지급여welfare payments를 받아 손해를 메울 수도 있다. 어떤 영역은 상당 부분 또는 전부가 불법행위 제도로부터 제외된 것도 있다. 근로자보상workers compensation이 가장 중요한 것인데 모든 주에서 고용관계에서의 일로 발생한 부상에 대하여는 (약간의 예외는 있으나) 사용자를 제소할 수 없게 되었고 대신 주정부가 운영하는 보험제도로 보상을 받는다. 어린이 백신에 대한 이상 반응으로 피해를 당한 어린이는 백신 제조자를 상대로 소송을 제기하는 대신 연방 신탁기금으로부터 보상받을 수 있다. 9.11 사태 이후 연방의회는 피해자와 그 가족에게 테러에 제대로 대응하지 못하였다는 사유를 들어 항공사와 공항을 제소하는 방법의 대안으로 이들에게 보상compensate하는 행정적인 절차를 만들어주었고 97%의 권리자들이 보상을 받았다.

그럼에도 불구하고 수백 년이 넘도록 우리는 이러한 제도들을 만들어 냄과 동시에 손해와 잘못된 행동을 처리할 불법행위법이라는 제도도 함께 발전시켜 왔다. 불법행위법은 선행을 촉진하고 악행을 억제하는 역할을 하며, 잘못한 사람에게 피해자에 대하여 배상할 것을 요구하고, 우리의 정의관념이 실현되도록 해 준다. 보통 불법행위법의 기본목적이라고 일컬어지는 것들이 세 가지가 있으니 억제 또는 촉진, 보상 그리고 공정성이 그것들이다. 이러한 목적에 봉사하고 손해의 문제를 처리하는 제도로서 불법행위법에는 다른 구제수단들에 비하여 세 가지의 장점이 있다.

첫째, 불법행위법은 이러한 목적들을 실현하는 데 있어 개인이 주도적으로 나설 수 있게 해 준다. 모든 불법행위 소송은 사인인 개인 또는 기업에 의하여 제기되며 정부가 잘못된 일에 대한 소추자prosecutor로서 제기하는 것이 아니다 (정부도 불법행위 사건에 관련되어 원고 또는 피고가 되기도 하지만 그 경우는 개인에 비하여 우월한 지위를 가지지 않고 개인인 원고나 피고와 동등한 자격을 가진다). 연방정부나 주정부가 분쟁을 심판하도록 하기 위하여 법원제도를 설치했지만 불법행위제도는 개인인 당사자가 하는 청구complaint와 방어defence에 의하여 운용된다. 더욱이 이 제도는 각자가 비용을 대야 한다. 원고의 변호사는 성공보수방식contingent fee basis으로 사건을 맡아 소송에 드는 비용은 자신이 선납하고 의뢰인은 변호사에게 돈을 미리 내지 않으며 소송에서 이기면 변호사는 배상금의 일부를 가져가지만, 패소하면 아무 것도 받지 못한다. 그러므로 불법행위 제도는 그 원리를 형성하고 잘못된 행동을 조사하며 소장을 제출하는 역할을 할 대형 검찰청이나 행정조직을 필요로 하지 않는다. 오히려 불법행위법이 공공의 목적을 가지고 있다 해도 그 목적의 실현은 개인에게 맡겨진다. 예컨대 미국 식품의약국Food and Drug Administration이나 소비자제품안전위원회Consumer Products Safety Commission가 아니라 Stella Liebeck과 McDonald's가 얼마나 뜨거워야 지나치게 뜨거운 커피인지에 관한 논쟁을 주도한다.

둘째, 불법행위법은 대부분이 자동차 제조자는 자동차를 불합리하게 위험한 물건이 되도록 할 만한 결함이 없도록 제작해야 한다는 원칙과 같이 비교적 일반적인 원칙들로 구성되어 있다. 그 원칙들이 어떤 뜻인지는 각각의 사건의 맥락 안에서 밝혀지게 되며, 치열하게 다투어질 수는 있으나 그 원칙들은 자동차는 어떻게 제작되어야 하며 어떤 안전장치를 가져야 하는지 구체적인 세부사항까지 법률이 명시적으로 규정해 두어야 한다고 요구하지는 않는다. 미국고속도로교통안전위원회National Highway Traffic Safety Administration 같은 규제당국들이 지금도 이러한 일의 일부를 하고 있으나 불법행위법이 없다면 이들이 해야 할 일이 훨씬 더 늘어날 것이다. 실제로 사고는 무한하게 다양한 형태로 일어나기 때문에 인식할 수 있는 모든 상황에서 어떤 사람이 어떻게 행동해야 한다고 미리 정해 두기란 불가능한데, 불법행위법은 일반성을 가지므로 그러한 설정을 미리 해 두지 않았더라도 우리가 어떤 행위의 잘잘못을 평가할 수 있도록 해 준다.

셋째, 불법행위법은 잘못을 저지른 사람이 피해자에게 배상하도록 함으로써 억제와 보상의 정책을 공정성이라는 목적과 연결시킨다. 손해가 발생하고 나면 잘못한 사람은 돈을 내야 하고 피해자는 배상을 받는 것이 옳다고 생각된다. 이 두 개의 목적을 동시에 충족시키는 제도들이 정교한 대칭을 이루도록 마련되어 있다. 잘못한 사람이 형사적 처벌을 받는 데 그친다면 피해자는 여전히 자신이 입은 손실을 떠안아야 하며, 피해자가 자신의 보험으로 이를 메워야 한다면 피해는 회복되겠지만 잘못한 사람이 책임을 지지 않고 빠져나가게 된다.

불법행위법이 그 소기의 목적대로 작동하고 있느냐는 현재 법학에서 가장 논쟁이 많은 이슈이다. 불법행위법이 정도를 벗어났다고 주장하는 기업체, 의사 그리고 보험회사는 불법행위법 개혁운동tort reform의 기치 아래 단결하여 어떤 불법행위법의 기본 원칙은 폐지하고 다른 많은 원칙들은 축소시키려고 노력한다. 소비자단체와 소송 변호사들은 이 제도를 옹호하고 그 확대를 주장한다. 그

동안 정치적 성향에서 좌익 및 우익에 서 있는 불법행위 학자들은 이 제도를 분석하고 그 효율성에 대하여 논쟁을 벌여 왔다.

불법행위법 개혁론자들은 법원이 불법행위법의 배상정책을 집행함에 있어 너무 멀리 나갔고 그들이 공정성과 자신의 판결이 현실세계에 미치는 영향에 대한 시각을 상실하였다고 주장한다. 나아가 그들은 법원이 불법행위법의 원칙을 만드는 데 있어서, 또한 배심원이 각 사건을 평결함에 있어 손해를 본 피해자는 어떻게든 배상을 받게 해 주려는 충동을 점점 더 크게 받고 있다고 주장한다. 이 충동에 따르다 보니 그들은 피고에게 잘못이 있었음이 입증되어야만 책임을 부과받을 수 있다는 원칙을 잊는다는 것이다. 판사들은 과오가 인정되지 않아도 피해자의 손실을 피고에게 전가할 수 있다는 원칙을 개발해 냈다. 이와 비슷하게 배심원단은 심각한 손해를 입은 개인과 대기업 또는 부유하고 좋은 보험을 가진 의사를 보면 돈 많은 사람에게 피해자의 손실을 물어주게 할 마음을 가지고 피고의 행동이 합리적이었다는 설명은 듣지 않으려는 경향을 가진다.

이러한 소송의 결과는 불법행위 책임을 너무 많이 지우고 그 이상의 것마저도 염려되는 제도를 만들었다. 이는 제조와 용역제공에 "불법행위세tort tax"를 부과하는 결과를 가져와 많은 상품과 용역의 가격이 인상될 수밖에 없도록 하고 어떤 것들은 시장에서 통째로 사라지도록 만든다. 제조자들은 자동차, 전동공구, 사다리에 불필요한 안전장치나 경고를 추가로 장착해야 하기 때문에 가격이 오를 수밖에 없다. 의사들은 필요하다고 보이는 것보다 더 많이 검사를 지시하는 등 방어적 의료행위를 할 수밖에 없어 건강관리 비용이 더 들게 되고 아니면 의사들 모두가 산부인과 같이 위험성이 높은 전공과목에서 떠나 버리게 만든다.

불법행위 개혁론자들은 또한 불법행위 책임을 확대하면 개인의 책임성을 감소시킨다고 주장한다. 불법행위 책임을 제한하거나 포기하는 합의가 있다 해도 법원이 이를 그대로 집행해 주지 않으므로 소비자들은 설사 자신의 판단에 따라 좀 덜 안전하더라도 값싼 제품을 원하는 경우에도 그러한 선택을 할 수 없다. 더 널리 보자면 책임을 더 많이 묻게 되자 사람들이 자기 스스로의 행동에 책임을 지려 하지 않고, 모두들 자신의 행위에 핑계를 찾고, 누군가에게 자기의 손실을 떠맡기려는 사회풍조를 만드는 것을 조장한다. "소송을 걸어라sue'em."는 말이 횡행하는 사회에서는 누구도 자신의 행동의 결과에 책임질 필요가 없어진다. 이러한 문제에 대처하기 위하여 불법행위 개혁론자들tort reformers은 몇 가지 개혁입법에 성공하였고 더 많은 것을 제안하였다. 그들은 자신들의 목표가 손해를 본 피해자들이 법원으로 가기 더 어렵게, 법원에 갔더라도 좀 더 이기기 어렵게, 이겼다면 거액의 배상금을 받기를 더 어렵게 만듦으로써 이 제도에 균형을 회복하는 데 있다고 말한다.

불법행위제도의 옹호론자들은 개혁론자들의 진단과 처방에 동의하지 않는다. 그들은 이 제도가 미국인의 안전을 증대하는 데 큰 성공을 거두었다고 지적한다. 불법행위법은 의료과실medical malpractice에서부터 결함 있는 제조물을 생산하는 데 이르기까지 안전을 촉진하기 위한 인센티브를 주는 데 중요한 효과를 가진다는 것이다. 예컨대 불법행위 책임이 예상되면 제조업자들은 자기의 제조물에 어떤 위험이 잠재되어 있는지 연구하여 더 안전한 제품을 개발한다. 많은 위험한 제조물들이 시장에서 퇴출되거나 사용이 제한되거나 개선되었는데 석면, 난연성이 없는 아동 의류, 충격을 감당하지 못하는 자동차 등이 그러한 예이다. 많은 신체 상해의 피해자들에게는 불법행위법이 배상을 받을 수 있게 해 주는 단 하나의 원천이다. 불법행위 개혁론자들이 과장된 공포를 이야기할 때 (이들 중 그 실상이 정확하게 알려지는 것은 일부에 불과하고) 불법행위법의 성과에 관한 더 많은 스토리는 잘 알려지지 않고 있다고 한다.

그들은 이러한 성공은 배심원들의 과잉행동으로 이루어진 것이 아니라고 한다. 절대적 다수의 사건에서 법에 문외한인 배심원들이 전문적인 판사와 사건의 결과에 합의를 이루었고, 원고의 손실을 회복시켜 주기 위하여 돈 많은 사람을 그저 사냥감으로 삼지는 않았다. 나아가 이들은 개인책임의 이슈는 복잡한 문제이며 원고가 자신의 행위에 책임지게 만드는 일은 피고에게 책임을 부담시키지 않음으로써만 가능해지는 때가 많다고 주장한다.

이는 해결하기 어려운 이슈들이고 이 장에서 불법행위법의 실체적 원칙들을 탐구하면서 계속 논의하고자 한다. 먼저 두 개의 이야기를 살펴보자.

Peter Bell 교수는 기업체가 불법행위법의 존재에 의하여 어떤 영향을 받는지에 관한 견해를 하나의 일화와 연결시켜 이야기한다. 그는 Niagara Falls를 관광하는 관광객들이 바로 폭포로 걸어 내려갈 수 있도록 만든 나무 계단, 플랫폼, 다리에 대하여 말한다. 그의 딸이 "아빠, 내려가도 안전할까요?"라고 물었을 때 그는 한편으로는 그 구조물이 너무 약해 보이기는 하였으나 한편으로는 안전할 수밖에 없을 것이라는 두 가지 상충하는 생각이 들었다고 한다. 그것이 안전할 것이라는 믿음은 어떤 정부기관이 그 계단을 점검했을 것이라는 데 근거한 것도, 경영자가 점검하는 것이 옳다고 믿었거나 자신의 사업적 이익에 도움이 된다고 생각해서 세심하게 점검했으리라는 신뢰에 기초한 것도 아니었다. 그 대신에 Bell 교수는 "그 구조물이 안전하다고 생각하도록 한 것은 관광사업의 운영자가 그것이 절대적으로 안전하지 않으면 그들은 소송으로 쫄딱 망할 것이라는 점을 알고 있으리라는 것을 내가 알기 때문이었다."라고 말한다.

둘째, 의약품의 안전에 대하여 생각해 보자. 제약회사들은 안전한 의약품을 만들 책임이 있는 회사이고 제약산업은 돈을 잘 벌 수 있는 사업이기 때문에 보통은 안전한 약품을 만들고자 노력한다. 그러나 그들은 이윤을 남겨야 하는 사업자들이고 그러한 목적 때문에 설사 안전에 의문이 있더라도 약품을 시장에 내놓고 살아남아야 한다는 압박을 받는다. 소비자들의 그 다음 방어선은 미국식품의약국Food and Drug Administration으로 이 기관은 신약을 승인하고 잠재적 위험을 경고하도록 하며 큰 위험성이 알려지면 제품을 시장에서 회수하도록 명령한다. 그러나 FDA의 처리절차에는 중대한 간극이 있다. 최선을 다한다 해도 FDA는 제약회사가 제공하는 정보에 의존할 수밖에 없고 모든 제품의 위험성을 충분히, 모두 다 평가할 수는 없다. 최악의 경우에는 법학교수이자 불법행위법 전문가인 Carl Bogus의 말과 같이 FDA와 같은 규제기관은 정치적 영향력과 자신들이 규제해야 할 제약회사들의 통제에 "사로잡히거나, 지치거나, 포위당하거나, 무심해지거나, 타락하거나, 한통속이 되거나, 굶주리게 될 수 있다." 심지어 FDA의 약품안전실의 부실장인 David Graham 박사가 FDA에 "미국을 보호할 능력이 없다."고 주장한 것처럼 FDA의 관리들도 이러한 문제를 시인한다. 제약회사들 자신의 안전을 위한 인센티브 또는 FDA의 규제가 실패하면 불법행위법이 그 간극을 메우기 위하여 등장한다. 그러나 불법행위법은 쉬운 해결책을 내놓지는 못한다. 제조자가 위험한 약물을 만든 데 대하여 책임을 져야 하는지를 판단하려면 그 약품에 의하여 해를 입은 사람과 그에 의하여 이익을 얻은 사람 사이의 균형을 고려해야 하고, 제조자가 위험에 대하여 무엇을 알고 있었는지와 알았다면 어떻게 했어야 하는지 사이에서도 균형이 있어야 한다.

다른 사람을 때리면 불법행위인가?

불법행위법은 고의적 불법행위intentional torts, 과실책임negligence 및 엄격책임 strict liability 등 세 가지 범주로 구분된다. 고의적 불법행위intentional tort는 해악을 일으킨 사람이 그렇게 하고자 하는 의도를 가지고 있었을 경우에 성립한다. 과 실negligence은 부주의와 관계된다. 엄격책임strict liability은 행위자가 피해자를 해 칠 의도가 없었고 그러한 해악을 피하고자 주의를 기울였음에도 행위자에게 책 임을 지운다. 이 중에서 가장 이해하기 쉬운 범주는 고의적 불법행위이고 여기 의 가장 전형적인 형태가 폭력battery이다.

Biff가 George의 코를 주먹으로 때려서 계단 밑으로 굴러떨어지게 하거나, 웃음을 지으면서 자동차로 그를 들이받은 경우 이 행동은 폭력에 의한 고의적 불법행위를 구성한다. 폭행죄는 의도적인 공격으로부터 사람의 신체의 완전성을 보호하는 기능을 가지고 있다. 폭력에 대한 구제를 제공하는 것은 불법행위법의 정책적 목적을 달성하는 데 봉사한다. 우리는 Biff가 그러한 행동을 하지 않도록 억제하기를 바라고, George가 그 부상 때문에 병원에 갔다면 Biff가 그의 손실 을 배상하여야 공평하다고 생각한다.

여기까지는 매우 간단하게 보인다. 그러나 물론 법이 그렇게 단순한 경우는 거의 없다. 고의적 불법행위는 불법행위자가 피해자에게 해악을 끼치려고 마음 먹었기 때문에 잘못이다(불법행위자tortfeasor라는 말은 불법행위를 저지른 사람 을 우아하게 지칭하는 법률용어이다. 원한다면 "잘못한 사람wrongdoer"으로 바꾸 어 써도 좋다). 그러나 해악을 의도했다는 말은 무슨 뜻인가? 그리고 어떤 종류 의 해악이어야 하는가?

Washington 주대법원에서 나온 Garratt v. Dailey (1955) 판결을 생각해 보 자. 다섯 살 소년 Brian Dailey는 나이 많은 여인인 Ruth Garratt의 뒷마당에 갔 다. Brian은 Ruth가 앉으려던 의자를 잡아 빼내었다. 그녀는 앉으려다가 의자가 더 이상 거기 없음을 알지 못하고 땅에 넘어지면서 엉덩이뼈가 부러졌다. 정확한 사건 경위에 대하여는 다툼이 있었다. Ruth는 Brian이 의도적으로 자기가 앉으려는 순간 자신의 몸 아래에 있던 의자를 잡아당겨 몇 피트를 옮겼다고 주장하였다. 사실심 법원은 Brian이 그 의자를 잡아 몇 피트를 옮겼고 스스로 그 위에 앉았다고 인정하였다. 그는 Ruth가 의자가 있던 곳에서 앉으려고 하는 것을 보고 부리나케 일어나 의자를 있던 곳으로 되돌려 놓으려고 하였으나 시간이 늦어 Ruth가 넘어지는 것을 막지 못했다는 것이다.

먼저 Ruth의 입장에서 사건을 생각해 보자. 만약 Brian이 자신은 Ruth를 해치려는 생각은 없었으나 그녀가 땅에 넘어지는 것을 보면 재미있으리라고 생각되어 그렇게 하였다고 증언한다면 그에게 그 폭행에 자신이 책임져야 할 만큼의 의사intent가 있었던 것일까? 일상생활에 사용되는 언어로 표현하자면 Brian은 종국적으로 발생한 손해, 즉 엉덩이뼈 골절이라는 손해를 초래할 것을 "의도intend" 하지 않았다. 그에게 그 상해를 야기할 뜻은 없었으나 법의 관점에서 보면 그는 여전히 (Ruth를 넘어지게 할) 위법적인 접촉unlawful contact을 발생시킬 의도가 있었고 이는 폭력을 구성하기에 충분하다. 그의 동기, 즉 그가 이루려고 의도한 어떤 종류의 해악은 그가 그러한 접촉contact을 발생시키기를 원하기만 했다면 그것이 어떤 것이든 상관이 없다.

이제 법원의 입장을 보자. 여기서 Brian이 Ruth를 넘어지게 할 의도는 전혀 가지지 않았다고 해도 그는 여전히 책임이 있을 수 있다. 법에 의하면 폭력은 해악을 초래할 의도를 가진 경우 또는 그러한 해악이 일어날 것이라는 상당한 확신substantial certainty[4]을 가지고 행동한 경우에도 성립한다. 만약 Brian이 예컨대 Ruth가 막 음식을 가지고 와서 의자 앞에 있는 피크닉 테이블에 놓았다는 등

---

4) 불법행위가 성립하기 위한 요건인 고의는 사실을 인식, 즉 내가 이러한 행위를 하면 이러한 결과가 나올 수 있다는 것을 인식하는 것으로 족하고 꼭 그러한 결과가 발생하기를 희망할 필요까지는 없다. 즉, 총에 맞으면 누군가가 죽을 수 있음을 인식하고도 총을 쏘는 행위로 나갔다면 살인의 고의가 있는 것이고 총을 쏠 때 맞은 사람이 죽기를 바랐어야만 하는 것은 아니다. 자신의 행위와 결과의 발생 가능성을 명확히 인식한 경우를 '확정적 고의'라고 하는데 이와 대비되는 고의의 한 형태로서 '미필적 고의'는 결과 발생에 대한 인식이 미약했던 경우, 즉 자주 쓰이는 예로 옥상에서 돌을 던지면 누군가가 맞아 다칠 수 있음을 인식하고도 그런 일이 생기든 말든 나는 돌을 던지겠다는 경우이고, 그런 일이 발생할 객관적 가능성은 있겠지만 그런 일이 일어나지 않을 것이라고 생각하고 던졌다면 이를 '인식 있는 과실'이라고 부른다.

의 사정으로 그녀가 곧 의자가 있던 곳에 앉으려 할 것을 확실히 알고(즉, 상당한 확신을 가지고) 있었음에도 의자를 가져갔다면 고의의 요건은 충족된다. 우리는 해악을 일으키고자 하는 고의에 의한 행위만큼이나 상당한 확신이 있는 상태에서 저질러지는 행위도 말리고 싶어 하며, 그 행위로 손해를 입은 피해자에게도 고의에 의한 행위에서와 같은 정도의 배상을 받게 하고 싶어 한다. 이러한 경우라면 Brian과 상해를 입은 Ruth Garratt 중에서는 그녀보다는 그 소년(또는 그의 부모)이 그녀의 상해로 인한 비용을 부담하도록 하는 것이 더 공평하다.

손해의 개념은 의도의 개념과 마찬가지로 광범위하다. 폭력은 어떤 사람이 의도적으로 해로운 접촉harmful contact 또는 공격적 접촉offensive contact을 초래함으로써 행해진다. 넘어져서 엉덩이뼈가 부러지거나 주먹으로 맞아 코피가 흐르는 것은 해로운 접촉의 쉬운 예이지만 언제나 그렇게 심각한 손상이 요구되는 것은 아니다. 가벼운 타박상 또는 찰과상으로도 충분하다.

폭력의 책임이 진짜로 확장되는 경우는 공격적 접촉의 개념으로부터 나온다. Ruth가 땅에 넘어져 전혀 다치지 않았다 해도 Brian은 그 접촉이 그녀의 존엄성을 침해했기 때문에 여전히 폭력을 저지른 것이다. 법이 공격적 접촉이라는 개념을 그러한 접촉을 행할 의도만 있으면 폭력의 요건인 의도가 있다고 인정해야 한다는 생각과 결합시키면 확장적 폭력expansive battery이라는 개념이 생긴다. 코를 때리는 등 폭력성이 명백한 경우에서 시작하여 법은 모든 종류의 접촉의 적절성에 관하여 판단해야 한다. Joe가 Maria에게 애정을 표시한다며 원치 않는 키스를 했다면 폭력이 될 수 있다. 실제로 신체의 완전성bodily integrity이라는 개념은 매우 강력하여 Maria가 잠을 잘 때, 그래서 이를 의식하지 못할 때 Joe가 키스를 해도 폭력을 저지른 것이 된다.

그러나 해로운 또는 공격적인 고의적 접촉의 모두가 폭력으로 되지는 않는다. Maria가 키스에 동의consent하였다는 등 피해자가 그러한 접촉에 동의하였으면 폭력이 아니다. 불법행위법의 목적에 비추어 이러한 판단은 이해가 간다. 어떤 사람이 그러한 접촉에 동의하였다면 그는 사실상 배상을 받을 권리를 포기한 forfeit 것이므로 우리는 이때 해로운 또는 공격적 접촉을 제지함으로써 얻고자 하는 어떤 이익을 가지지 않는다. 다른 사람이 동의해 준 일을 하였을 뿐인 사람에게 어떤 책임을 지운다면 공정하지도 않을 것이다.

하지만 사람이 어떤 신체적 침해에 동의하였다고 해도 그 사실만으로 그가 당연히 모든 종류의 신체침해에 동의하였다고 볼 수는 없다. 프로 미식축구 선수가 게임 도중에 벌어지는 신체접촉에 동의했다고 해도 그들이 당연히 모든 종류의 폭력violence에 동의한 것은 아니다. Denver Broncos팀 소속 선수 Booby Clark이 Cincinnati Bengals의 Dale Hackbart가 시합이 끝난 후 운동장에 무릎을 꿇고 있을 때 뒤통수를 팔꿈치로 친 것은 스포츠의 범위를 멀리 벗어나 불법행위를 한 것이다(Hackbart v. Cincinnati Bengals, Inc., 1979).

동의의 의사가 표시되었음은 어떻게 판단하는가? 명시적인 말로 동의하여야만 불법행위가 되지 않는 것은 아니다. 행동은 언어보다 더 많은 것을 말해 준다. 경기장에 서는 순간 미식축구 선수는 묵시적으로 신체적 타격에 동의한다. 그러나 묵시적 동의implicit consent의 유무는 판단에 어려움이 따르는데 형사사건의 강간rape에서 자주 볼 수 있듯이 성적 접촉에 동의가 있었다고 주장하는 경우 등이 그 예이다. 동의는 말은 물론이고 행위에 의하여 표시될 수도 있다. 동의가 있었는지 여부와 그 범위에 관한 인식에 충돌이 있는 경우 어려운 문제가 있다. 여성이 남자의 성적 접촉 시도를 묵인한다면 그녀는 정말 동의하는 것일까? 이러한 경우 법원은 그 사건에 대한 서로 다른 해석interpretation 중에서 하나를 선택함으로써 성에 관련되는 상황에서 어떤 것이 합리적인 행위를 구성하는지 판단해야 한다.

스포츠와 성적인 상황을 바탕으로 세워진 이러한 가설은 폭력행위battery와 같은 의도적 불법행위에 관하여 다른 무언가를 암시해 준다. 이 이슈들은 불법행위법의 본질을 우리가 더 날카롭게 이해하는 데 도움이 되지만 폭력에 의한 불법행위라는 말은 실무적 용어로는 잘 쓰이지 않는다. 부상당한 운동선수나 원치 않는 성적 행위의 피해자들이 그 피해를 이유로 민사소송을 제기하는 일은 많지 않다. 이 경우에는 대개 계쟁금액money at stake이 소송을 할 만큼 많지 않다. 설사 손해를 충분히 회복할 가능성이 있다고 보이더라도 피해자들이 소송이 오래 걸린다거나 감정상 손해가 많다는 등 다른 이유로 소송에 말려들고 싶지 않을 수 있다.

소송에서는 다른 고의적 불법행위가 문제로 되는 경우가 많다. 가장 소송이 많은 것 중의 하나가 불법감금false imprisonment이다. 이 불법행위는 폭력이 사람을 신체의 침해로부터 보호하는 것과 마찬가지의 방법으로 사람의 이동의 자유를 보호한다. 사람을 그의 의사에 반하여 방에 가두고 열쇠를 잠가 두는 것이 불법감금의 전형적인 경우이며, 문을 잠그지 않았더라도 방을 나오면 해치겠다고 위협하는 것도 마찬가지이다. 이러한 행위는 제지되어야 마땅하고 위협이 현실화될 가능성이 높은데도 어떤 사람에게 스스로 빠져나오기 위하여 이에 저항하다가 신체 상해를 감수하라고 요구하는 것도 불합리하다.

불법감금 사건 중에서 재미있는 일은 고객이 좀도둑으로 몰려 가게에 붙잡혀 있는 때에 많이 생긴다. Coblyn v. Kennedy's, Inc. (1971) 사건을 보자. 70세의 Marius Coblyn은 Boston 소재 Kennedy's에 쇼핑하러 갔다. 그는 스포츠 의류를 입어보던 중 자신이 하고 있던 스카프 모양의 넥타이를 벗어 자신의 주머니에 넣었다. 옷을 구입하고 수선을 맡긴 후 가게를 나서기 직전 그는 멈추어서서 주머니에서 넥타이를 꺼내어 목에 두르고 매듭을 지었다. 그가 문을 나서는 순간 점원인 피고 Goss가 그를 막아서며 "잠깐! 그 스카프를 어디서 났소?"라고 물었다. Goss는 그의 팔을 붙잡고 "다시 들어가서 매니저를 만나야겠소."라고 말했다. 그때 8~10명이 그의 주변에 서서 Coblyn을 바라보고 있었으며 그는 다시 들어가는 데 동의했다. 그는 Goss와 함께 가게 2층으로 통하는 계단을 올라가는 동안 가슴과 등에 통증을 느끼고 두 번을 멈추었다. 2층에 올라간 후 그에게 스포츠 의류를 판매한 점원이 그를 알아보고 그가 옷을 샀으며 그 넥타이는 그의 것이라고 확인해 주었다. 그 사건으로 인하여 감정이 격해진 결과로 Coblyn은 입원하였고 심장 문제로 치료를 받았다.

Coblyn은 불법감금false imprisonment을 이유로 소송을 걸어 성공하였다. Coblyn이 자발적으로 가게로 되돌아갔지만 피해자에게 가게에 남아 있도록 물리적 강제력을 행사하였어야만 불법행위가 되는 것은 아니기 때문에 Goss의 행동은 불법행위를 구성하기에 충분하였다. 다른 많은 주와 마찬가지로 Massachusetts에도 가게주인의 특권shopkeeper's privilege에 관한 법이 있는데 이에 의하면 가게 주인은 고객이 무언가 훔쳤다고 믿을 만한 충분한 근거가 있는 경우 적절한 방법으로 적절한 시간 동안 고객을 붙잡아 둘 수 있다. Coblyn 사건에서 잡혀 있던 시간은 합리적 범위 내의 짧은 동안이었지만 Goss가 가게 직원으로서 스스로의 신원을 밝히지 않았고 나이 많은 사람이 아무 저항의 의사와 능력도 없는데 그의 팔을 불필요하게 붙잡았다는 점에서 그가 사용한 방법이 적절치 못했다. 나아가 단순히 가게를 나서면서 잠시 서서 넥타이를 매는 것이 합리적인 사람이 그가 이를 훔쳤다고 단정할 만한 증거로 충분치 않다는 점에서 Goss는 Coblyn을 붙잡아 둘 합리적인 근거도 없었다.

당신이 주의하지 않아 다른 사람을 다치게 했다면 불법행위인가?

비록 폭력이나 불법감금과 같은 고의적 불법행위가 오랜 전통을 가지고 있고, 이들이 잘못된 일이라고 보기에 가장 쉬운 유형의 행위이지만 가장 흔한 불법행위 사건은 의도적 가해행위intentional harm가 아니라 부주의carelessness에 의하여 손해를 끼친 경우이다. 불법행위법 중 이 영역은 과실책임negligence이라고 부른다. 우리가 누구에게 과실이 있었다고 말할 때는 그가 어떤 행동을 할 때 합리적 주의reasonable care를 다하지 않아 다른 사람에게 손해를 입혔다는 뜻이다. 예컨대, 운전자가 휴대전화 통화를 하다가 도로상황에 대한 주의를 다하지 않아 사고를 일으키는 경우이다. 의사가 환자의 증상으로 보아 필요하다고 생각되는 검사를 지시하지 않았기 때문에 병명을 오진한 경우 과실이 있다.

과실에 의한 불법행위는 폭력 등의 고의적 불법행위와 마찬가지로 이해하기 쉬울 것처럼 보인다. 피고는 손해를 끼칠 의사는 없었으나 다른 사람의 이익을 충분히 걱정하지 않고 행동하였다는 점에 잘못이 있다. 우리는 그러한 행위를 억제하고 사람들이 주의 깊게 행동하기를 권장하고자 한다. 손해를 입은 피해자는 손해를 보았으므로 손해를 야기한 부주의한 불법행위자tortfeasor가 그의 손실을 부담해야 공정할 것이다.

그러나 과실로 인한 책임의 범위는 고의에 의한 불법행위의 경우보다 좁다. 동의를 받았거나 정당방위self-defence로 되지 않는 한 다른 사람에게 주먹질하는 일이 법적으로 정당화될 이유가 없듯이 고의적 불법행위를 저지른 사람은 정당화의 사유가 없이 행동한 데 대하여 책임을 져야 한다. 그러나 과실행위를 한 피고는 운전행위 등과 같은 기본적으로는 받아들여질 수 있고 심지어 유용하기까지 한 어떤 행위를 하고 있었다. 우리는 단지 그 사람이 그 행위를 합리적으로reasonably, 즉 완벽하게까지는 아니더라도 합리적으로 해 주기를 바랄 뿐이며 따라서 책임은 비유적으로 또는 어떤 경우에는 문자 그대로 말하여 도로에서 규칙을 위반하였을 때만 과해진다. 물론 어떤 법률이론에 "합리적인reasonable" 등과 같은 용어가 사용되면 끊임없는 논쟁이 불가피하며 과실에 관한 법이론 중 많은 부분이 이 용어가 어떤 내용을 가지는지를 규정하기 위하여 기준을 설정하고 그 절차를 고안하는 데 할애된다.

자동차를 운전하고 의술을 시술하는 등 대부분의 일상적 상황에서 사람들은 합리적 주의를 할 의무가 있다. 합리적 주의를 베풀 의무의 핵심적 아이디어에는 논쟁의 소지가 남아 있는 예외는 있을 수 있어도 오랜 전통이 많이 있다. 각 전통은 사람이 부주의하게 행동했다면 다른 사람에게 책임을 지도록 하는 것이 좋은 정책인지에 대한 판단을 필요로 한다.

첫째, 잘못을 하였어도 어떤 집단은 어떤 유형의 과실에 대하여는 그냥 책임을 지지 않는다(그리고 과실책임만이 아니라 다른 불법행위의 경우에도 그런 일이 자주 있다). 역사적으로 면책사유immunity의 리스트는 매우 광범위해서 배우자 간에는 서로 소송을 할 수 없고, 자녀는 부모를 제소할 수 없으며, 자선가는 선행으로 인하여 설사 손해가 야기되었다고 하더라도 수혜자로부터 제소당하지 않으며, 왕은 잘못이 없다king can do no wrong는 법언에 따라 정부도 소송으로부터 면책을 받았다. 20세기에 들어 이러한 면책사유는 급격히 줄어들어 현재는 크게 두 개의 범주에서만 인정되고 있다. 연방정부와 주정부에게 적용되는 정부의 면책governmental immunity은 일부만 폐지되었다. 법률들은 정부가 언제 그리고 어떤 사유로 제소당할 수 있는지를 규정한다. 예를 들어 가장 흔한 면책사유는 재량적 기능discretionary function을 행사하는 경우인데, 정부가 거리에 경찰관을 얼마나 배치할 것인지 등과 같이 정부만이 하는 행위를 함에 있어 그 결정에 과실이 있었다고 하여도 소송을 당하지 않는다. 이와 달리 특정 그룹의 피고를 위한 면책사유와 유사 면책사유near immunity는 불법행위 개혁의 중요한 과제로 되었다. Chicago와 다른 도시들이 총기 제조업자들이 총을 너무 많이 생산해서 범죄자의 손에 들어가게 했다는 이유로 이들을 제소한 이후 연방의회는 적법무기거래보호법Protection of Lawful Commerce of Arms Act을 제정하여 범죄자에게 총기를 사용할 수 있도록 하였다는 이유로 당하는 제소로부터 총기제조업자와 거래상들을 면책시켰다. 이와 비슷한 것으로 McDonald's에 대한 야심찬 소송이 제기된 이후 로비스트들은 각 입법부에 식당들과 기타 식품회사들이 비만환자를 양산하고 있음을 이유로 제기된 소송으로부터 면책되게 해 줄 것을 권유하기도 하였다.

둘째, 경제적 손해를 예방해야 할 의무는 신체적 손해를 예방할 의무보다 훨씬 더 제한적이다. 운전자가 부주의로 인하여 New York 시내로 연결되는 Lincoln Tunnel을 막아 버리는 사고를 야기했다면 많은 사람들이 직장에 지각하여 봉급이 깎이거나, 세일즈맨이 약속에 늦어 중요한 계약을 놓치거나, 통근자들에게 커피와 도넛을 파는 Manhattan의 커피 가게가 장사를 못하게 되었다고 하자. 이 운전자는 사고로 인하여 몸이 다친 사람이 있으면 그를 돌볼 의무가 있음은 분명하지만 그가 똑같이 부주의한 행동으로 사고를 일으킴으로 인하여 경제적 손해를 입은 모든 사람에게도 책임이 있는가? 비록 일어나는 손해가 쉽게 예견이 가능foreseeable하다고 해도 잠재적 책임범위가 너무 넓기 때문에 일반적으로는 그렇지 않다.

그러나 어떤 경우에는 경제적 손해를 예방할 의무가 있다. 중요한 사례 중의 하나는 거대한 환경적 재난에 관한 것이다. Transocean사가 소유하고 BP에 임대한 해저원유탐사선 Deepwater Horizon호에 폭발사고가 나서 Gulf Coast에 수백만 갤런의 원유가 유출되고 해변에 재산을 가진 사람들이 원유가 몰려듦으로써 재산이 물리적으로 손상되는 손해를 입었다. 그런데 더 많은 사람들이 물리적 피해가 아닌 경제적 손해를 입었다. 어부들은 어업을 할 수 없고, 보트 대여업자들은 관광객들에게 보트를 대여하지 못하게 되었으며, 운전자들은 휘발유 값이 오르는 등등 각종의 피해를 보았다. 법원은 BP와 Transocean이 어떤 사람들에게 주의의무를 부담하는지 선을 긋는 데 어려움을 겪었다.

세 번째 제한은 정서적 손해emotional harm를 예방할 의무는 신체적 손해를 예방할 의무보다 넓지 않다는 것이다. 자식이 차에 치여 숨졌다는 말을 듣는 순간 어머니는 잠을 자지 못하고 위궤양을 유발하며 심각한 두통의 원인이 되는 격한 정서적 반응을 겪게 된다. 운전자는 어머니의 고통에 책임이 있는가? (다시 말하면 그 운전자가 어머니에게 어떤 의무를 부담하는가?) 일련의 사건들에서 법원은 정서적 손해를 유발한 데 대하여 책임을 부과하였으나 그 한도가 어디까지인지를 정하는 데에는 어려움을 겪었다.[5] 그 어머니가 사고 당시 바로 옆에 있었

---

5) 대한민국 민법 제752조(생명침해로 인한 위자료)는 "타인의 생명을 해한 자는 피해자의 직계존

는지, 길 건너에 있었는지, 아니면 나중에 그 소식만을 들었는지가 여기에 어떤 의미가 있을 것인가? 어떤 법원들은 어머니가 그녀도 상해를 입을 수 있었던 위험지역zone of danger에 함께 있었던 경우에만 배상을 받을 수 있다고 하고, 어떤 법원은 사고가 일어난 때 이를 목격한 경우에만 배상을 인정하고 나중에 소식을 들은 경우에는 인정하지 않는 태도를 보인다. 어머니가 자식의 죽음을 슬퍼하지만 신체적 증상은 보이지 않는 경우라면 어떠한가? 아이의 할머니, 6촌 형제나 친한 친구가 소송을 제기하면 어떻게 될 것인가?

끝으로 합리적 주의reasonable care를 기울여야 하는 일반적 의무의 예외라고 하면 일반인들은 의아하게 생각할 수도 있겠지만, 누구든지 다른 사람에게 벌어질 수도 있는 손해를 예방하기 위하여 적극적으로 행동할 의무는 없다. 예를 들어 어떤 사람이 공원에 앉아 점심을 먹다가 어린 아기가 펜스가 없는 절벽으로 혼자 기어가는 것을 보았다고 하자. 이 사람은 선량한 사마리아인Good Samaritan이 되어 의자에서 일어나 몇 피트를 걸어가 그 아기가 기어가는 방향을 돌려놓을 의무가 있는가? 보통법common law의 전통적 답변은 이 경우에 어떤 행동을 할 의무가 없다는 것이며 따라서 도덕적인 사람이라면 누구라도 비극을 막기 위하여 했을 것이라고 보이는 합리적인 노력이라고 해도 이를 하지 않았다고 하여 책임을 지지는 않는다.

이 이상한 원칙의 근거는 이중적이다. 첫째는 합리적 주의를 할 의무는 일련의 행위과정에 들어 있는 사람에게만 부과되고 아예 행동하기를 꺼리는 사람에게는 부과되지 않는다. 법은 사람에게 적극적 부담을 지우면 개인의 자유가 침해되기 때문에 아주 가벼운 것이라도 지우지 않으려 한다. 이때는 피해를 예방하고 피해자에게 보상함으로써 얻어지는 이득보다 아무 관련이 없는 사람에게 행동을 하라고 강제하는 불공평이 더 크다. 둘째, 한 번 적극적으로 행동에 나설 의무를 부과하기 시작하면 어디에서 멈춰야 할지 알기 어렵다(이것을 법률가들은 수문floodgate 또는 미끄러운 경사slippery slope의 주장이라고 부른다. 하나의

_____

속, 직계비속 및 배우자에 대하여는 재산상의 손해 없는 경우에도 손해배상의 책임이 있다."라고 규정하여 이 문제를 입법적으로 해결하고 있다. 이와 같이 정신적 손해에 대한 배상을 재산적 손해에 대한 배상과 구별하여 위자료라고 부르며 대체로 사망자와의 관계, 친족의 범위, 사고 내용 등을 감안하여 원고가 청구하고 법원이 적절하다고 인정되는 금액을 선고한다.

사건을 한 방향으로 판결하면 다른 많은 사건도 그와 같이 판결할 수밖에 없게 되므로 수문을 열거나 또는 미끄러운 경사를 내려가기 시작하는 것처럼 돌이킬 수 없게 된다). 만약 그 사람이 주변에 어린 아기는 없었을지언정 절벽을 막아 놓은 펜스가 부서져 있음을 보았다면 그는 당국에 수리하라고 신고할 의무가 있는가? 수영을 잘 하는 사람은 물에 빠진 어린이를 구하러 가라는 요구에 응해야 하는가? 보통 정도의 수영실력을 가진 사람은 어떠한가?

다행히도 실제 법의 태도는 처음 보기보다는 덜 가혹하다. 세상에 착한 사마리아인들이 많기 때문에 적극적으로 행동하지 않은 일들에 관련된 사건은 극히 드물다. 그리고 법원들이 이 원칙에 예외를 다듬어 두었다. 예를 들면 어떤 사람이 한 번 어떤 행위과정course of conduct에 들어갔다면 그는 거기서 빠져나올 수 없고 다른 사람을 위험 속에 방치할 수 없다.6) 친구 두 사람이 이 술집, 저 술집을 전전하면서 술을 마시며 함께 저녁시간을 보냈다면 그 친구가 위험할 정도로 술에 취하여 정신을 잃고 도움을 요청할 능력도 없이 길에 쓰러진 이후에 그를 내버려 둘 수는 없다. 또한 사고 현장에 막 도착한 사람은 거기에 멈춰 서서 교통정리를 해야 할 의무는 없으나 일단 시작한 다음에는 교통정리를 함에 있어 주의를 다하여야 한다.

이와 관련되어 주의의무가 제한되는 경우는 불법행위자tortfeaser는 최초에 그 행위를 과실이 있는 행위로 만드는 위험의 범위에 있었던 피해자와 손해에 대하여만 책임을 진다는 것이다. 말발굽에서 못이 빠져나가 편자가 없어졌고 편자가 없어서 말을 잃게 되고 그리하여 결국에 적에게 나라를 빼앗겼다는 경우를 생각해 보자. 말의 편자를 수리한 대장장이에게 과실이 있었다고 하여 나라를 잃은

---

6) 대한민국의 민법에는 이러한 규정이 명시적으로 규정되어 있지는 않으나 형법은 제18조(부작위범)에서 "위험의 발생을 방지할 의무가 있거나 자기의 행위로 인하여 위험발생의 원인을 야기한 자가 그 위험발생을 방지하지 아니한 때에는 그 발생된 결과에 의하여 처벌한다."라고 규정한다. 그러한 예로는 수영강사는 자기가 가르치는 학생이 익사할 위험에 빠진 경우 양자 사이의 계약에 의하여 수강생을 안전하게 지도할 의무가 있고 따라서 수강생이 위험에 빠진 경우 구조할 의무가 있다고 해석하여 고의로 구조하지 않은 경우 부작위에 의한 살인의 죄책을 묻는 것이 있다. 비록 민법에는 이러한 규정을 두고 있지 않지만 어떤 행위를 하여 발생시킨 위험을 방지할 의무에 관한 법의 정신은 유사하기 때문에 민사상 손해배상에도 이러한 법리가 유추 적용되어 이러한 경우에 민사적인 책임도 있다고 해석될 소지가 많다.

손해에까지 책임을 져야 하는가? 법원들은 너무 멀리 있는 결과7)에 대하여는 과실이 있는 피고라도 책임이 없다고 판시함으로써 그 어딘가에 선을 그어야 한다.

이 점은 법학교수들이 즐겨 인용하는 Palsgraf v. Long Island Railroad Co. (1928) 판결에서 제시되었는데 이 판결은 미국에서 역사상 가장 위대한 판사의 한 사람으로 추앙받는 Benjamin Cardozo가 주도하였다. Helen Palsgraf는 바닷가로 가는 승차권을 구입하고 플랫폼에서 열차를 기다리고 있었다. 역에 다른 기차가 도착했을 때 두 남자가 이를 타려고 뛰어왔다. 그중 한 사람이 짐을 들고 있었으며 불안하게 기차에 뛰어 올랐다. 기차 위에 있던 승무원conductor 한 사람이 그를 끌어올리려고 다가왔고 플랫폼에 있던 다른 역무원 한 사람이 그를 뒤에서 밀어 올렸다. 이들이 끌고 미는 사이 승객의 짐이 철로 위에 떨어졌다. 그 짐 안에 들어 있던 불꽃놀이 화약이 충격으로 폭발하였다. 폭발의 충격으로 플랫폼의 다른 쪽 끝에 세워진 대형 저울이 넘어지면서 운수 사나운 Palsgraf를 덮쳐 그녀가 부상을 당했다.

법원이 판단한 대로 승무원들이 짐을 가지고 있는 승객을 끌고 밀고 한 것이 과실이었다고 가정해 보자. 그 승객이 그 과정에서 기차에서 떨어져 부상을 당했다면 철도회사는 의문의 여지 없이 책임이 있다(철도회사는 그 피용자들인 승무원들의 행동에 대하여 책임이 있다. 이를 피고가 책임져야 할 다른 사람의 행위에 의한 책임, 즉 사용자책임vicarious liability8)이라고 부른다). 승무원의 과실이 또한 Palsgraf에게 손해를 가한 것은 의문의 여지가 없는데 그래서 철도회사가 그녀의 상해에 책임을 져야 하는가? 두 경우에서 유일한 차이는 그녀의 손해는

---

7) 대한민국의 민법은 이를 인과관계의 문제로 보고 과실과 직접적 인과관계가 있는 손해에 대하여만 책임을 지우고 있다. 즉, 어떤 과실이 있으면 그로 인하여 당연히 발생할 것이라고 누구나 예상할 수 있는 손해는 직접손해로 보아 이를 배상하게 하지만 특수한 상황이나 피해자가 하고자 했던 일을 하지 못함으로써 생긴 손해는 간접손해라고 하여 불법행위자가 이를 알고 있었거나 정상적인 주의를 기울였으면 알 수 있었을 경우에만 책임을 인정한다. 과실로 자동차 사고를 낸 운전자는 그로 인한 인적, 물적 피해에 대하여 배상하여야 하지만 피해 운전자가 중요한 납품계약을 하러 가다가 사고를 당하여 계약을 하지 못함으로써 돈을 벌 기회를 잃은 경우라면 이를 보통의 운전자가 알 수 없었을 것이므로 돈을 벌지 못한 손해에까지는 배상의 의무가 없다.

8) 타인으로 하여금 자신의 업무를 담당하게 함으로써 이득을 얻는 자는 그 타인의 잘못으로 인하여 제3자에게 발생한 손해를 배상하도록 하는 것이 공평하다는 취지에서 인정되는 불법행위 책임이다.

과실의 연장선상에 있는 희한한 상황에서 일어났다는 점이다. 법원들은 어디까지 책임이 있다고 해야 하는지의 선을 긋는 작업을 해야 한다.[9]

법이 합리적인 주의라 함은 무엇을 말하는가?

이상하게도 고의적 불법행위intentional tort에서의 고의intention의 정의와는 달리 과실에 관한 법에서 합리적 주의reasonable care에 대한 정의는 사전적 정의와 "합리적"이라는 단어에 대한 일반적인 이해, 즉 상식에 맞고 신중하며 충분하지만 과도하지는 않은 정도의 주의와 거의 같다고 본다. 당연히 법원이 이 정의를 적용하면서 사안이 복잡해지는 경향이 있다.

합리적 주의라는 용어를 정의함에 있어 가장 잘 알려진 시도는 United States v. Carroll Towing Co. (1947) 판결에서 이루어졌다. 피고들이 바지선박 Anna C호를 묶어 두는데 과실이 있었기 때문에 배가 계류장에서 풀려 표류하다가 유조선에 충돌하고 침수되어 침몰하였다. 이 사건 도중에 선박을 책임지는 항해사인 "바지선장bargee"은 Anna C호에 있지 않았다. 재산피해에 관한 소송에서 피고는 배에서 떠나 있었던 바지선장의 과실도 있으므로 손해배상이 감액되어야 한다고 주장하였다.

Learned Hand 판사는 바지선장이 대체근무자가 지정되어 있지 않으면 언제까지 선박 안에 있어야 하는지 정확히 규정하는 원칙이 없다는 점을 지적하였다. 바지선을 감독하지 않고 비우는 것이 합리적인 때도 있고 그렇지 않은 때도

---

9) 이 부분에 대하여 저자는 이 책의 제3판에서 다음과 같은 설명을 한 바 있다. "이것은 의무의 문제이다. 승무원들은 승객들에게 정상의 주의를 베풀어야 할 의무가 있음이 명백하지만 그러나 짐을 가진 승객을 밀어 올림에 있어 부주의하게 행동하여 Palsgraf를 위험에 빠뜨리지 말아야 할 의무가 있는 것일까? 만약 그들이 그녀에 대하여 그와 같은 의무를 부담한다면 여기서 여러 마일 떨어진 곳을 지나던 어떤 운전자가 그 폭발 소리에 놀라 어떤 집을 들이받고 거실에 있던 집 주인을 다치게 했다면 그 사람에게도 책임을 져야 하는가? 그 책임은 어디에서 그치는가? 법원은 의무에 관한 여러 이론을 동원하여 어느 정도 충분해야 정말 충분한지 선을 긋기 위하여 애써 왔다. Palsgraf 판결에서 Cardozo 판사는 '공중으로 퍼져 오르는 과실negligence in the air'과 같은 것은 없다고 했다. 과실은 언제나 손해의 발생을 예견할foreseeable 수 있는 사람이 예견할 수 있는 손해를 예방할 의무를 말하는데 이 사건에서 Palsgraf는 배상을 받기에는 예견할 수 없을 정도로 너무 멀리 있는 피해자라고 보았다."(본서 제3판, p.156)

있다는 것이다.

　　모든 선박이 그 계류지로부터 풀려 나갈 경우가 있으므로, 그리고 그러한 경우 그 선박은 주변에 있는 선박들에게 위험이 되므로 [바지 선장의] 손해를 야기하지 않도록 할 의무는 다른 유사한 상황에서와 마찬가지로 아래 세 가지 변수, 즉 (1) 선박이 계류지에서 풀려 나갈 확률, (2) 선박이 손해를 야기하였다면 발생한 손해의 정도, (3) 충분한 경계의 의무 등 세 가지의 변수로 이루어진 함수가 된다. 아마도 이 개념을 수학적 용어로 표현한다면 좀 알기 쉬워질 수 있겠는데 그 가능성을 P, 손해를 L, 그리고 의무를 B라고 하면 책임 유무는 B가 L과 P의 곱보다 적은지, 즉 $B < P*L$인지에 달려 있다.

그러므로 과실이 있었는지 여부는 특정한 사건의 사실관계에 달려 있다. 폭풍이 밀려오고 항구가 혼잡하였다면 날씨가 평온하고 항구가 비어 있을 때보다 P와 L은 비례적으로 커진다. 후자는 그렇지 않겠지만 전자의 경우라면 P와 L의 곱은 B보다 커질 것이고 선장이 자기의 통상 근무시간보다 더 오래 바지선을 지키거나 다른 선장에게 임무를 맡겨야 할 의무가 상대적으로 적어진다.

이론적으로 Hand 공식은 어떤 사건에서든 행동의 합리성 유무를 판단하는 데 적용될 수 있다. 그런데 예를 들어 유소년 전용 야구장을 건설하는 데는 얼마만큼의 주의를 베풀었어야 합리적이었다고 할 것인가? 그 운동장을 건축하는 사람이 외야에서 펜스가 4피트 높이면 충분하다고 생각했었다고 가정해 보자. 펜스는 홈플레이트에서 200피트쯤 떨어져 있어 유소년 야구선수 중에서는 이보다 멀리 공을 쳐내는 선수가 아주 드물다. 만약 야구공이 펜스를 넘어간다면 간혹 주변에 있는 자동차 유리창을 깨는 등 사소한 손해는 생각해 볼 수 있지만 대개는 별다른 해를 끼치지 않고 땅에 떨어질 것이다. 그러나 이상한 일이 벌어질 수는 있다. 메이저 리그의 강타자가 이 운동장에서 타격 연습을 하면서 야구공 십여 개를 줄지어 운동장 밖으로 날려 보낸다면 보행자의 머리에 맞아 심한 부상이나 사망을 야기할 수도 있기는 하다. 그러나 전체적으로 보면 손해발생의 개연성(P)은 낮고, 발생할 수 있는 손해(L)도 낮으므로 펜스를 12피트 또는 20피트 높이로 설치함으로써 그러한 손해까지 예방해야 할 책임의 수치(B)가 더 크다.

이제 유소년 야구장을 아이스하키 링크에 비교해 보자. 아이스하키 링크를 건설하는 사람은 언제나 날아가는 퍽puck으로부터 관중들을 보호하기 위하여 링크 주위에 방탄유리를 설치한다. 비록 그렇게 하는 비용, 즉 의무 (B)가 크지만 누군가 퍽에 맞을 확률 (P)와 이에 뒤따를 수 있는 심각한 손해인 (L)도 역시 크므로 유소년 야구장 건설에서의 P*L보다 훨씬 크다. 따라서 아이스링크를 건설하는 사람에게 주어지는 (B)보다 P*L이 더 크므로 그가 지켜야 할 합리적 주의의 기준이 더 높다.

불법행위법의 기본적 정책이 Hand 공식을 뒷받침하는 논리를 제공한다. 우리는 늘 사람들에게 주의하라고 권장하고 싶어 하지만 과연 얼마나 주의하라고 해야 할 것인가? 모든 소년 야구장이 20피트가 넘는 펜스를 설치해야 한다면 스포츠의 비용이 크게 증가할 것이고 경우에 따라 스포츠를 계속하기에 너무 비싸질 수 있다. 이것이 옳다고 보이지는 않는다. 누군가 펜스를 넘어 날아오는 공에 맞아 중상을 입을 수는 있지만 이는 마치 벼락에 맞는 것과 비견될 정도의 매우 희귀한 사고일 것이고 이것을 운동장을 건설한 사람의 과실의 결과라고 말하기 어렵다. 반면에 날아오는 퍽에 맞는 것처럼 위험이 예견 가능하고 중요하면 링크 소유자에게 그 위험을 방지할 조치를 하거나 그 결과에 책임질 것을 요구한다.

Hand 공식은 누군가에게 과실이 있었는지를 판단함에 있어 고려되어야 할 요소들을 보여주지만 이를 사용한다고 해도 합리적 주의를 하였는지 여부를 간단한 수학 계산처럼 쉽게 판단해 낼 수는 없다. 첫째, 사람들은 거의 언제나 수학적 용어로 사고하지 않는다. 자동차 운전자를 예로 들면 이들은 자신의 행동에 어떤 위험이 잠재하고 있는지 심각하게 계산해 보지 않는다. 둘째, 사람들이 설사 Hand 공식을 이용하여 철저하게 분석해 보았다고 해도 각 변수에 정확히 어떤 수치를 부여해야 하는지를 정하기가 어렵거나 불가능하다. 사고란 어떤 형태로든지 벌어질 수 있기 때문에 많은 경우 사고가 발생할 가능성과 그로 인하여 야기될 손해의 정도는 항상 불확실하다. 보행자는 머리를 얻어맞을 수도 있으며, 야구공이 유리를 깨뜨릴 때 그 파편에 눈을 다칠 수도 있다. 마지막으로 이러한 모든 사건에서 상해의 무게를 어떻게 측정할 것인가의 문제가 있다. 사람의 상해를 정확히 계산하려면 병원 치료비와 사고로 인하여 받지 못한 임금을 합하면 되는가, 아니면 한쪽 눈을 잃은 사람이 장차 테니스를 치는 데 어려움이 커진다는 비경제적 요소까지 고려해야 하는가?

Hand 공식은 가장 좋게 말하여도 두루뭉술한 가이드라인에 불과하다고 하겠고, 나쁘게 표현하면 너무 간단하여 본질을 오도할 가능성이 높은 공식이라고 하겠다. 법은 보통 사람들과 평균적 배심원들이 Hand 공식보다 좀 더 친숙하게 접근할 수 있다고 보이는 주의의무의 측정기준으로 합리적 인간reasonable person 이라는 개념을 새로 개발해 냈다. 이에 의하면 어떤 상황에서 합리적 인간이라면 그렇게 했을 것이라고 생각되는 방법으로 행동하기만 했으면 합리적 주의를 다한 것이라고 한다. 쉬워 보인다. 그러나 합리적 주의reasonable care를 정의하기 위하여 합리적 인간이라는 판단기준을 사용하는 것은 모자에서 토끼를 꺼내는 마술을 하기 위하여 미리 모자 속에 토끼를 넣는 일과 같다. 합리적 인간이란 법적으로 구성된 개념이고 경험적 사실이 아니다. 합리적 인간이라면 행동하였을 것이라는 방법을 정의함에 있어 법원은 Hand 공식을 적용할 때 또는 어떤 의무가 존재하는지 여부를 판단할 때 중요하게 생각했던 바로 그 불법행위법의 정책을 가장 우선적으로 고려한다. 그럼에도 불구하고 합리적 인간이라는 개념은 과실행위법의 어디에나 존재하며 따라서 그 사람이 어떤 사람인지 그 특성을 정의해 둘 필요가 생긴다.

합리적 인간reasonable person은 어떤 특정한 개인도 아니고 평균적인 사람도 아니다. 그보다는 합리적 인간이란 Hand 공식을 인간화한 것으로서 언제든지 그리고 또 모든 사람이 행동했어야 마땅한 방법으로 행동하는 가상의 우월한 개인이다. 합리적 인간은 뛰어 오르기 전에 주위를 살펴보고, 낯선 개는 절대 쓰다듬지 않으며, 비행기가 게이트에 완전히 정지하기 전에는 좌석벨트를 풀지 않고, 기타 모든 일에 있어서 우리를 화나게 할 만큼 조심스럽게 행동하는 사람이다. 어떤 법원이 말했듯이 "이 훌륭하지만 밉상스런 사람은 동료 시민들에게 자기처럼 생활하라는 공허한 명령을 하면서 우리의 정의의 법정에 기념비처럼 서 있다."

합리적 인간이라는 판단기준은 실제의 생활인들에게 어떤 사람이 어떤 상황 하에서 제대로 행동하지 못하였다는 이유로 재판을 받고 있다면 그 상황에서 자신은 어떻게 행동했어야 하는지를 생각해 볼 척도를 제공한다. 예컨대 실제 행위를 한 사람에게 신체장애가 있었다면 합리적 인간도 장애를 가지는 것으로 전제된다. 눈이 보이지 않는 사람은 합리적인 정상인의 기준이 아니라 합리적인 맹인의 기준에 의하여 판단된다. 맹인이 앞을 보지 못하고 앞의 장애물을 피하지 못했다면 비합리적이지 않지만 자동차를 운전하려 한다면 비합리적이다.

그러나 합리적 인간은 1837년 영국의 판례인 Vaughan v. Menlove 판결에서 확립된 바와 같이 피고와 같은 정도의 정신적 제약을 받고 있는 사람은 아니다. Menlove는 운 나쁜 지주였는데 건초를 위험한 방법으로 쌓아 두었다가 화재가 났다. 불이 번져 옆집 사람의 재산에 손해를 입혔다. Menlove는 자신이 건초를 쌓는 방법에 대하여 최선의 판단을 했다고 주장했으나 그에 대한 판결은 그리 좋지 않았다. Menlove는 그의 변호사가 조심스레 표현한 대로 "최고 수준의 지성을 가지지 못한 불운"으로 고통을 받아야 했다.

이 사건에서 법원은 Menlove가 너무 안쓰럽지만 어쩔 수 없다고 말했다. 합리적 인간의 기준은 통상의 지식과 지성을 가진 합리적 사람을 말한다. Menlove는 도덕적으로는 비난받아서는 안 되겠지만 법적으로는 여전히 책임을 져야 한다. 법은 과실행위에 책임을 지움으로써 스스로에 책임이 생길지 모르는 Menlove나 다른 사람들로 하여금 다른 사람을 위험에 빠지게 할 수 있는 행동을 하지 않는 것 등을 포함하여 앞으로는 더 주의를 기울이라고 독려한다. 만약 우리가 Menlove의 얼간이 같은 행동을 모두 참작해 주어야 한다고 하면 나쁜 운전, 느린 반응, 무지 등의 모든 종류의 모자란 행동까지도 용인해야 한다. 그렇게 본다면 하나로 정리된 합리적 인간이라는 기준은 세울 수 없고 피고의 숫자만큼 여러 개의 개별적인 기준이 있어야만 하게 될 것이다. 이러한 유형의 사건을 들여다보면 과실행위법 전반에 걸쳐서 어떤 결론이 나와야 하는지가 명백해진다. 과실이 있었는지의 판단에 관한 법적 기준은 바로 우리가 불법행위법의 기본 방침을 어떻게 현실에 적용하기를 원하는지에 따라 정해지는 것이다.

원고는 어떻게 피고의 과실을 입증하는가?

대부분의 사건에서 원고는 과실책임을 묻는 소송(소송이 아니더라도 그 사안의 잘잘못을 평가하려고 하는 경우에도 마찬가지이다)에서 다른 소송에서 사용되는 것과 같은 방법으로 피고에게 과실이 있었음을 입증하려고 한다. 현장 목격자eyewitness로부터 얻어지는 직접증거direct evidence가 가장 유력하다. 운전자가 위스키를 벌컥거리고 휴대전화로 통화를 하면서 보행자를 치기 직전에 스톱사인을 과속으로 지나치는 것을 옆에서 본 사람의 증언은 운전자의 과실을 입증할 압도적 증거가 된다. 그러나 정황증거circumstantial evidence, 즉 배심원단이 과실이 있었다고 추론할 수 있도록 하는 간접증거 역시 설득력 있는 증거가 될 수 있다. 아무도 사고를 목격하지 못했으나 경찰관이 사고 후에 앞좌석에서 반쯤 빈 위스키 병과 아직 전화가 연결되어 있는 휴대전화를 발견하였고, 운전자의 혈중알콜농도blood alcohol reading가 허용치의 두 배를 넘고, 교통사고 전문가가 타이어 흔적을 분석한 다음 운전자가 교차로 전에서 브레이크를 밟은 일이 없다고 증언한다면 어떤 배심원단이라도 운전자의 과실을 인정할 것이다.

어떤 과실책임 사건은 독특한 입증상의 원칙을 요구한다. 하나의 원칙은 감정인expert witness의 사용에 관한 것이다. 보통의 경우 피고가 과실이 있는 행동을 했는가라는 궁극적인 쟁점을 판단하는 것은 보통 배심원단의 임무이다. 증인witness은 그 판단에 필요한 증거자료를 제공하지만 배심원단에게 결론을 제시할 수는 없다. 위의 경찰관은 자신이 위스키 병과 휴대전화를 발견했다고 증언할 수 있지만 그에 덧붙여 피고가 부주의하게 운전한 것이 틀림없다고 말할 수는 없다. 그러나 어떤 쟁점은 더 복잡하기 때문에 배심원단이 결론을 내릴 수 있도록 도움을 주기 위하여 피고의 과실이 있었는지 여부에 대한 의견까지 포함하는 감정인의 증언이 필요해진다.

전문가 증언expert testimony은 의료과실medical malpractice 사건에서 가장 많이 사용된다. 외과의사가 수술 후에 클램프 두 개와 스펀지 세 개를 환자의 몸속에 남겨 두었다면 배심원단이 의사의 과실을 인정하기 쉬울 것이다. 비록 배심원단이 수술실에서 수술 부위를 봉합하기 전에 클램프와 스펀지의 개수를 점검하는 절차가 어떠한지를 자세히 알 수 없다고 해도 상식적으로 이러한 실수를 예방할 비교적 간단한 방법이 있으리란 점은 예상할 수 있다. 그러나 피해자가 질병의 진단이나 어떤 의료적 처치를 수행함에 있어 의사에게 과실이 있었다고 주장하는 경우 배심원이 그 주장을 평가하려면 의학 전문가의 도움이 필요하다. 영화 Verdict를 예로 들면 Paul Newman의 의뢰인은 식사한 후 얼마 되지 않았는데 의사가 너무 빨리 일반마취를 했기 때문에 마취 마스크 안에 구토를 하게 되었고 이로 인하여 호흡이 멈추었으나 신속히 인공호흡을 받지 못해 뇌손상을 입었다고 주장한다. 그런 사건에서 의학에 문외한인 배심원들은 마취를 하는 적절한 절차를 충분히 알지 못하기 때문에 의사에게 과실이 있었는지 여부에 대하여 판단하자면 그들을 지도해 줄 전문가가 필요해진다.

과실은 합리적 주의의무를 다하지 못한 것이고, 사람들은 보통은 합리적으로 행동하므로 원고나 피고는 과실 유무의 쟁점에 관련이 있는 관행custom에 관한 증거를 제시하려 할 수 있다. New York에서 벌어진 어떤 사건에서 주택의 임차인이 쉽게 깨지고 날카로운 단면을 남기는 보통의 얇은 유리로 된 샤워도어 위에 넘어져 심하게 다쳤다. 그 사고보다 적어도 10년 이전부터 임대인들은 이러한 부상을 예방하기 위하여 으레 샤워도어에 산산이 부서지지 않는 안전유리나 플라스틱을 썼다. 안전유리를 사용하는 관행은 배심원에게 임대인이 합리적인 임대인의 행동방식에 따라 행동하지 못하였다는 설득력 있는 증거였다.

그 반대도 역시 통할 것인가? 임대인이 대부분의 아파트에서 샤워도어에 안전유리를 쓰지 않는다는 것을 입증하였다면 관행에 따랐으므로 임대인이 면책될 수 있는가? 언제나 그렇지는 않다. 관행custom은 합리적인 행동의 증거이지만 그 자체가 무엇이 합리적 행위인지 규정해 주지는 않는다. 배심원들이 몇몇 임대인들이 안전유리를 사용하고 있음을 알았다면, 또는 설사 어떤 임대인도 이를 전혀 사용하지 않는다고 해도 안전유리를 사고의 가능성과 그 심각성에 비추어 너무 높지 않은 가격에 쉽게 사용할 수 있었다면 이를 사용하지 않는 관행을 따른 것이 비합리적이라고 판단되어 임대인에게 과실이 인정될 수가 있다. 배심원들은 Learned Hand의 공식 또는 그 자신이 가지는 합리적 인간reasonable person의 기준을 적용하여 위와 같은 결론을 내렸던 것이며, 위와 같은 관행에 전적으로 의존한 것은 아니다.

성문법statute은 관행custom보다 훨씬 더 강한 과실의 입증자료가 될 수 있다. 제한속도가 시속 35마일인 곳에서 운전자가 60마일로 달리다가 보행자를 치었다고 가정하자. 운전자가 너무 빨리 달린 사실로부터 과실을 추정할 수 있게 하지만 운전자가 법적 제한속도를 위반하였다는 사실은 과실에 대한 더 강력한 입증자료가 된다. 법원들은 행동의 기준을 규정하는 법률 규정을 합리적 주의의무care의 내용을 서술하여 이를 준수하도록 하는 사회적 정책의 표현으로 간주하는 경우가 많다. 합리적인 사람은 법을 위반하지 않는다. 그러므로 법을 위반한 사람은 그 법률규정 자체에 의하여 불합리하게 행동한 사람이 된다. 그런데 흔히 보는 바와 같이 이처럼 명확한 원칙에는 예외를 둘 필요가 있다. 그 운전자가 심각하게 아픈 어린이를 병원으로 데리고 가기 위하여 속도를 내어 달리고 있었다면 속도제한을 초과하는 것이 합리적일 수도 있다.

일단 피고가 부주의하였음을 원고가 입증하고 나면 피고의 부주의한 행동과 원고의 손해 사이에 인과관계causal link가 있다고 인정되는 것이 보통이다. 운전자가 빨간 신호에 정지하지 못하여 횡단보도에 들어서는 보행자를 사망하게 한 사건에서는 운전자가 정지하였더라면 보행자는 죽지 않았을 것이다. 이것이 인과관계 causation에 관한 이론 중 조건설but for rule[10])의 입장인데 불법행위자tortfeasor의 과실이 없었다면 피해자에게 손해가 일어나지 않았을 것이라는 상황이었다면 그에 대하여 책임이 있다고 보는 입장이다.

그러나 더 복잡한 경우도 있다. 보행자가 네거리 교차로에서 동쪽으로 걸어가고 있었다고 가정하자. 운전자 한 사람은 북쪽으로, 다른 한 사람은 남쪽으로 달리고 있었는데 각자 신호등을 보지 못하여 각자의 정지신호를 무시하고 달리다가 동시에 보행자를 덮쳐 그 사이에 낀 보행자가 사망했다(불법행위 사건을 많이 읽다 보면 이보다 더 희한한 일도 많음을 알게 될 것이다). 조건설but for rule에 의하면 첫 번째 운전자의 과실이 없었다면 그 보행자는 두 번째 운전자에 의하여 사망했었을 것이고 그 반대도 마찬가지이므로 각 운전자는 모두 책임이 없다고 보게 된다. 그러나 이는 틀린 답이라고 보인다. 불법행위법은 두 운전자

---

10) 어떤 행위와 손해 사이에 원인과 결과의 관계가 있는지 여부를 논하는 인과관계의 이론 중 인과관계를 가장 널리 인정하는 학설이라고 할 수 있다. 인과관계는 불법행위의 성립은 물론이고 채무불이행으로 발생한 손해의 범위를 따질 때와 형사법에서 범죄의 성립 여부를 판단하는 데 있어서도 중요한 요소가 되는데 어떤 사실을 인식한 고의의 경우보다 그 사실을 미처 인식하지 못한 과실행위의 경우 더 자주 문제가 되고 더 중요한 의미를 가진다. 조건설은 어떤 일이 없었으면 그 결과도 없었을 것이라는 관계만 인정되면 인과관계를 인정하는데 이에 의하면 본문에서와 같은 불합리가 생길 수도 있고, 한편으로는 인과관계가 무한정 퍼져 나간다는 난점도 있다. 형법에서 자주 들어지는 예로 어머니가 태어날 자식이 살인을 하리라는 예감을 하고도 그 자식을 출산하였다면 그 어머니도 살인죄의 책임을 져야 한다는 결론이 된다는 것이 조건설의 난점이라고 한다. 통설은 일반인의 견지에서 어떠한 일이 있으면 그러한 결과가 발생할 것임을 예상할 수 있다고 인정되는 경우 인과관계를 인정하는 상당인과관계설이다.

모두가 정지신호를 무시하지 않기를 원하며 원고는 이미 사망했다. 두 운전자에게는 아무 문제가 없고 보행자의 상속인은 한 운전자의 과실이 다른 운전자의 과실과 함께 사고를 야기하였다는 우연한 이유로 배상을 받지 못한다면 불공평하다. 이 때문에 법은 이를 대신할 원칙을 채택하였다. 불법행위자의 과실 이외의 다른 어떤 것이 결국은 손해를 초래했을 것이라는 이유만으로 조건설에 의한 인과관계의 요건을 충족하지 못하는 경우라면 이때는 인과관계가 있는 것으로 인정되며 그는 책임을 져야 한다.

어떤 경우에 법원은 책임이 발생하는 근거로 통계적 증거statistical evidence를 허용하기도 한다. 과학증거scientific proof는 결코 정확할 수는 없으나 우리가 이용할 수 있는 최선의 증거인 때가 많다. 화학공장이 마을의 상수도를 오염시킬 수 있는 유독성 폐기물을 버리고 그 결과로 주민들 사이에 희귀한 종류의 암이 급속도로 늘어났다고 가정하자. 피해자는 자신의 암이 그 유독성 화학물질에 의하여 일어났음을 어떻게 입증할 수 있을까? 피해자가 보통 그 종류의 암은 1천 명 중 한 명의 비율로 발생하는데 이 마을에서는 50명이 발생했음을 입증한다면 법원은 입증이 충분하다고 결론지을 수 있다. 이와 비슷하게 의사가 환자를 오진하여 환자가 죽었다면 환자의 상속인은 최선의 치료라고 해도 언제나 100% 효과가 있는 것은 아니기 때문에 환자가 정확한 진단과 치료를 받았더라도 사망할 수 있었을 것이므로 의사의 과실이 사망을 초래했다고 완벽하게 입증할 수는 없다. 그러나 상속인이 의사의 과실이 환자의 생존 확률을 80%에서 20%로 떨어뜨렸다는 사실을 입증하면 그들은 자신의 입증책임burden of proof을 다한 것으로 인정받을 수 있을 것이다.

피해자가 사고에 일부 기여한 잘못이 있으면?

보행자가 보행자 정지신호를 무시하고 교차로에 들어섰다가 제한속도를 20마일 초과한 채 달리던 차에 치었다고 하자. 그 운전자는 과속을 한 과실이 있고 안전한 속도로 달렸으면 사고를 피할 수도 있었을 것이다. 그러나 보행자 역시 신호를 지키지 않은 과실이 있고 그 과실이 손해 발생에 기여contribution하였다. 보행자가 소송을 제기했을 때 운전자는 보행자의 과실로 자신의 과실을 상계cancel out하여 책임을 면할 수 있을까?

불법행위법의 전통적인 답은 '그렇다.'였다. 피고에게 과실이 있었다고 해도 원고에게 기여과실contributory negligence이 있었으면 전혀 배상을 받지 못할 수도 있다. 이 답의 근거가 아주 명확하지는 않다. 물론 우리가 원고에게 안전하게 행동하라고 권장하고 싶어 하고 또한 피고가 부분적으로는 자신의 책임으로 발생한 손해까지도 원고에게 배상하라고 하는 것은 무언가 불공정하다고 보이지만 원고가 전혀 피해회복을 받지 못한다고 하면 너무 가혹할 수 있다. 그 결과로 법원들은 종종 그 원칙을 이런 저런 방법으로 제한해왔다.

절대 다수의 주법들은 기여과실contributory negligence의 개념에서 상대적 과실 comparative negligence의 개념으로 옮겨 감으로써 이 딜레마를 해결해 왔다. 상대적 과실의 개념에 의하면 원고의 잘못은 원고의 손해에 대한 피고의 책임을 감소시키지만 완전히 면제하지는 못한다. 배심원단은 원고의 잘못의 정도를 결정하는 임무를 부여받고 손해배상액damages은 그들이 결정한 비율에 따라 정해진다. 과속한 운전자가 사고에 80%의 책임이 있다면 그는 배상액의 80%를 지급하고 보행자가 나머지 20%를 감수해야 한다. 주의를 하지 않은 보행자가 과속하여 똑같이 책임이 있는 두 대의 차량에 치었다면 각 운전자가 40%씩을 지급하고 보행자가 20%를 부담한다. McDonald's 커피 사건[11]에서 배심원단은 원고 Stella Liebeck은 스스로 커피 컵의 뚜껑을 열 때 충분히 주의를 하지 않았으므로 20%의 책임이 있다고 보았고 그래서 그녀에 대한 배상액을 20만 달러에서 16만 달러로 감액하였다.

상대적 과실은 균형이 잘 잡힌 제도인 것처럼 보이지만 상세한 부분에서는 정말 어렵다. 배심원단은 수치화할 수 없는 것을 계량해야 하며 혼란스럽게 얽혀 있는 일련의 사실에 정확한 비율을 매겨야 한다. 그러면 법원은 그 비율을 가지고 무엇을 해야 할지 정해야 한다. 배심원단이 보행자가 51%의 책임이 있고 운전자에 49% 책임이 있다고 판단하면 보행자의 잘못이 더 많으므로 운전자들로부터 전혀 배상을 받을 수 없게 되는가? 50대 50인 경우라면? 운전자가 둘이고 각자는 30%씩 책임이 있는데 보행자가 40%의 책임이 있다고 한다면 어떤

---

11) 이 사건의 내용에 관하여는 p.221 참조.

가? 그렇다면 보행자가 각각의 운전자보다는 더 많은 책임이 있으나 그들의 잘못을 합친 것보다는 덜 잘못한 것이다.

주법들은 이러한 가능성에 대처하기 위하여 상대적 과실comparative negligence에 관하여 다른 원칙들을 채택해 왔다. 이를 크게 나누자면 피고에게 설사 1%의 책임[12]만이 있더라도 원고가 일정 금액만큼은 언제나 받아 낼 수 있는 진정 상대적 과실제도pure comparative negligence system와 원고에게 피고와 같은 정도의 (50%) 또는 그 이상(51%)에 해당하는 책임이 있지 않아야만 배상을 받을 수 있게 하는 변형 상대적 과실제도modified comparative negligence system가 있다.

원고가 손해발생에 기여하는 경우에 관한 또 다른 상황은 원고의 손해가 위험감수assumption of the risk 상황에서 발생한 경우이다. 계곡 래프팅, 스키, 스카이다이빙 또는 운동기구가 있는 헬스클럽에 다니는 경우마저도 고객은 이러한 스포츠에 고유한 위험이 있음을 인정하고 고객이 다치더라도 소유자나 강사에게 책임을 묻지 않겠다는 면책release을 양해하라고acknowledge 요구받는 경우가 많다. 이러한 면책양해 또는 포기disclaimer라고 불리는 것들이 효력이 있는가? 위험의 감수에 동의하는 것은 위험한 스포츠를 하는 데 동의하는 것, 즉 도중에 생기는 상해에 동의하는 것과 같다. 면책release은 또한 어떤 활동을 제공하는 비용을 낮추는데, 사업자에게 스키 슬로프에서 발생하는 모든 부상에 배상하게 한다면 그가 더 이상 사업을 할 수 없게 될 수도 있는 것처럼 이와 같은 면책을 인정해 주지 않으면 안전조치를 위한 비용이 증가하여 그러한 활동들이 더 이상 제공될 수 없게 될 수도 있다. 그러나 면책은 안전한 행위와 피해자에 대한 보상을 촉진하고자 하는 불법행위법의 목적을 무력하게 만들 위험이 있고, 사람들이 그 결과를 모르거나 충분히 생각하지 않고 그러한 면책에 동의하거나 또는 다른 선택의 여지가 없기 때문에 그렇게 할 수밖에 없도록 만든다는 의심을 버리기 힘들다. 법원은 이러한 염려들 사이의 균형을 잡으려고 한다. 생활에 필수

---

12) 여기서의 원고의 과실이 99%를 차지한다면 원고가 가해자로 되어 오히려 피고에게 손해배상을 해 주어야 하는 것이 아닌가라는 의문이 생길 수 있다. 그러나 과실책임은 이른바 결과책임으로서 손해의 발생이라는 결과가 나타난 경우에만 책임이 생기므로 원고와 피고가 모두 부주의하여 사고가 야기되었으나 피고에게는 아무런 손해가 발생하지 않은 경우에는 비록 피고의 과실이 매우 적었다고 하여도 실제 손해를 입은 원고만이 피해자가 되므로 이러한 결과가 나타날 수 있다.

적인 서비스에 대한 책임의 포기는 일반적으로 효력이 없게 하며, 이에 따라 의사가 과실로 환자에게 상해를 입힌 경우에도 의사를 제소하지 않기로 한 합의는 효력이 없다. 그러나 사람들이 스스로 그 위험을 감수하기 싫으면 참여할 필요가 없는 래프팅 같은 레크리에이션 활동에서의 책임면제는 효력이 있을 가능성이 높다. 다만, 그러한 경우에도 법원은 고객에게 감수해야 할 위험을 충분히 설명했는지 여부를 철저히 확인할 것이며, 스카이다이빙 학교에서 참가자에게 "모든 인적 손해에 대하여 … 청구권의 일부 또는 전부를 포기한다."라고만 작성된 면책은 어떠한 과실이 면책될 것인지 명시적으로 언급하지 않았기 때문에 과실을 이유로 한 소송을 금지할 수 없다고 판시하였다.

위험감수는 명시적인 경우 이외에 묵시적인 경우에도 효력이 있다. New York에서 발생한 유명한 사건에서 Murphy는 놀이공원인 Coney Island에서 "The Flopper"라는 놀이기구를 타다가 떨어져 부상을 당했다. Flopper는 위로 경사진 무빙벨트로서 사용자들이 그 위에 서서 버티려고 하는 놀이이다. Murphy와 같은 많은 사용자들이 그 위에 서 있지 못하고 완충장치가 된 바닥이나 벽에 떨어져 내린다. 물론 이 기구가 재미있지만 그 이름으로부터, 또한 잠깐만 이 기구를 보고 있어도 사람이 떨어지게 되어 있음을 알 수 있고 실제 다른 사람이 그 기구에서 떨어지는 것을 볼 수 있다. Murphy가 면책동의서에 서명하지 않았어도 그는 묵시적으로 부상의 위험을 감수하는 선택을 한 것이다.

다른 사람에게 손해를 가할 의도가 없었고 합리적 주의를 다했음에도 불법행위 책임을 지는 경우가 있는가?

물론 있다. 고의적 불법행위intentional tort와 과실책임negligence과 함께 불법행위책임의 세 번째 중요한 영역이 바로 엄격책임strict liability, 즉 손해를 가할 고의 또는 과실이 없었음에도 부과되는 책임이다. 어떤 활동들은 사회적으로 이익이 되지만 합리적 주의를 다하여 행해져도 손해를 야기할 가능성이 있는 경우가 있다. 산악지역에 고속도로를 건설하려면 건설회사는 폭발물을 사용해야 하고 그 폭발로 인한 파편이 인근의 재산에 손해를 일으킬 수 있다. 회사가 폭약을 주의하여 장착하였다고 하여도 그 재산에 일으킨 손해는 재수 없는 인근 재산

소유자가 혼자서 감수하라고 하기보다는 회사에 부담시킴으로써 그 고속도로로부터 이익을 얻는 모든 사람이 분담하는 것이 공평하다고 보인다.

초기의 엄격책임 사건 중의 하나가 1868년에 영국의 상원House of Lords[13])에 의하여 내려진 Rylands v. Fletcher 판결이다. 피고들은 방앗간 소유자로서 자신의 토지 안에 저수지를 만들었다. 그들은 몰랐지만 저수지 아래의 땅은 버려진 탄광이었다. 저수지의 물이 폐탄광을 뚫고 내려가 옆 토지에 연결된 탄광이 침수되었다. 피고들은 폐광이 있었는지 알지 못했고 알 수도 없었기 때문에 저수지를 그곳에 만든 데에는 과실이 없었다. 그러나 법원은 많은 물을 가둘 저수지를 만드는 등 어떤 활동은 적절한 주의하에 수행되어도 매우 위험하다고 말했다. 그 활동은 불법이라고 할 만큼 크게 위험하지는 않지만 행위자에게 잘못이 없더라도 충분히 위험스러우므로 그로부터 비롯된 모든 손해에 책임을 지게 해도 좋다. 이렇게 하여 사람들에게 주의의 정도를 높이도록 권장하고 행위자에게 그 활동과 관련된 모든 비용을 부담할 의무를 지우게 되었다. 따라서 Rylands v. Fletcher 사건의 피고들은 합리적 주의reasonable care에 따라 행동하였더라도 책임이 있다는 것이다.

엄격책임strict liability은 위험스러울 뿐만 아니라 그 장소와 상황에 비추어 이례적이라고 보이는 일에 특히 많이 부과된다. Rylands v. Fletcher 사건과 같이 물을 저장하는 일을 생각해 보자. 도시 근교에 있는 집의 주인이 정원에 조그만 장식용 연못을 팠는데 물이 넘쳐서 옆집 지하실을 침수시켰다고 하여도 (물이 넘치지 않도록 적절한 주의를 하지 않은 과실이 있다면 그 책임을 지는 것은 몰라도) 엄격책임을 지지는 않는다. 정원을 장식하기 위해 적은 양의 물을 가두는 것은 도시 근교에서 이례적이지도 않고 특별히 위험하지도 않다. 그러나 조그만 도시 근교의 집에서 정원을 가꾸기 위하여 대규모 관개시설을 설치한다면 그러한 관개시설은 시골지역에 적합하고, 그곳에서나 보통의 일일 것이므로 이는 도시 근교라는 장소에 어울리지 않고 너무 위험하며 따라서 집주인은 엄격책임을 진다.

---

13) 양원제로 이루어진 영국의회의 상원으로서 영국에 대법원이 신설되기 전까지는 최고법원의 기능을 수행하였다.

물론 문제는 어디까지 선을 긋느냐이다. 근교의 개발지역에서 작은 장식용 연못을 만드는 것은 비정상적으로 위험하지 않으나 관개시설에 대량의 물을 저장하는 일은 비정상적으로 위험하다. 애완견으로 코커 스패니얼을 기르는 것은 위험하지 않으나 사자를 기르면 위험하다. 그렇다면 맹견인 핏불은 어떤가? 비단뱀은?

제조자가 제조물로 인한 손해에 책임을 지는 경우는?

엄격책임strict liability은 또한 때때로 결함이 있는 제조물이 손해를 유발한 경우 이를 제조한 사람에게 법률가들이 제조물책임products liability이라고 부르는 책임을 부과할 때 적용된다. 제조물책임의 확대는 20세기에 불법행위법이 거둔 위대한 성공사례 중의 하나이다. 제조물책임이 대기업, 보험회사 그리고 그들의 변호사들로부터 불법행위 제도에 대한 가장 강력한 공격 중의 하나라고 평가되는 공세를 집중적으로 받은 분야가 된 것도 아마 이러한 성공 때문일 것이다. 오늘날 제조물책임이 어느 한도에서 엄격책임인지 또는 엄격책임이어야 하는지 아니면 과실책임의 일종인지에 대하여 대단한 논쟁이 벌어지고 있다.

엄격제조물책임strict products liability이 채택되는 단초가 된 유명한 판결의 사실관계에서 시작해 보자. 식당 여종업원 Gladys Escola가 운반상자에서 코카콜라를 꺼내어 냉장고에 넣던 중 손 안에서 콜라병이 폭발하였다. Escola는 그 병이 "전구가 바닥에 떨어지는 것과 비슷한 소리를 내며 퍽하고 터졌다."고 말하였다. 병은 날카로운 단면을 가진 두 조각으로 깨지면서 Escola의 엄지손가락과 손바닥에 5인치 가량의 깊은 상처를 내서 혈관, 신경, 근육이 손상되었다.

이 사건이 과실책임에 관한 일반이론에 의하여 다루어진다면 콜라를 병에 주입하는 회사가 그녀에게 부상을 입게 한 콜라병이 폭발하지 않도록 합리적 주의를 다하지 않았음을 Escola가 입증해야만 한다. 병입자, 즉 병에 콜라를 주입하는 회사에게 합리적 주의가 결여되었음을 입증하려면 Escola는 첫째, 그 병 자체에 결함이 있든지 아니면 병 속의 압력이 너무 높았든지 등등 콜라병 자체에 무언가 잘못된 점이 있었다는 점, 둘째는 예를 들어 병입자가 좋지 않은 병을 사다 썼다든가, 병을 적절히 검수하지 않았다든가, 병입 기계를 적절하게 가동시키지 않았다든가 등으로 제조자가 병입 과정 자체에서 또는 이 공정에 문제가 없는지를 찾아내는 과정에서 부주의하게 행동했다는 점 등 두 가지를 증명해야 한다. 이 두 가지는 모두 입증하기 어려울 수 있다.

병에 무언가 잘못이 있었음을 입증하려면 Escola는 먼저 그 병 또는 폭발하고 남은 조각을 확보해야 한다. 많은 사건에서 이것이 문제가 되며 실제로 이 사건에서도 누군가 조각을 쓸어서 내다 버렸다. 설사 그녀가 그 조각들을 확보했더라도 남아 있는 잔해로부터 그 사고의 원인을 밝히기가 불가능했을 수도 있다.

Escola가 이러한 난관을 극복하고 그 병에 폭발을 유발한 어떤 결함이 있었음을 알아낼 수 있었다고 치자. 그녀는 여전히 병입회사에 제조상의 문제 또는 그 결함을 발견하지 못한 데 어떤 과실이 있었음을 입증해야 한다. 병입회사는 그 병을 평판 있는 업자에게서 구입하였고, 다른 병입자와 마찬가지의 주의 깊은 방법으로 생산라인을 구성하였으며, 고품질의 장비를 사용하고, 종업원을 훈련하며, 적절한 요소들을 선정하여 병의 품질을 검사하고 있다는, 즉 합리적으로 행동하고 있다고 주장할 것이다. 병입자는 심지어 병에 결함이 있었다고 양보할 수도 있다. 10만 개의 병 중에 하나는 폭발할 수 있다는 통계가 있을 수도 있다. 그렇다면 그것은 병입자의 실수는 아니다. 과실책임의 법리에 따르면 병입회사가 이와 같이 주의 깊게 행동하였다면 어떤 책임을 지지 않게 될 수 있다.

이쯤 되면 우리는 불법행위 제도가 할 바를 다 했으며 Escola는 조용히 자신의 손해를 감수하는 수밖에 없겠다고 생각할 수도 있다. 어떤 잘못fault이 확인되어야만 책임의 근거가 있다고 좁게 생각하는 사람은 여기서 그만두고자 할 것이다. 그러나 제조물책임 관련법을 발전시킨 법원들은 여전히 뭔가 할 일이 남아 있을 것이라고 생각했고, 그리하여 엄격제조물책임strict products liability의 원칙을 창조해 냈다. 하자 있는 제품을 판매한 제조자는 그 과정에서 과실이 있었음을 원고가 입증할 필요가 없이 책임이 있다. 제조물책임의 핵심은 그 제조물이 "비합리적으로 위험한 하자가 있는 상태defective condition unreasonably dangerous"에 있었다는 것인데 이 문구는 비록 좀 어색하게 만들어졌으나 엄격제조물책임의 원칙을 설명하는 데 널리 사용되는 공식이다. 병이 폭발한다면 하자가 있는 상태에 있는 것(폭발하는 병에는 무언가 잘못이 있다고 인정할 수밖에 없다)이고 비합리적으로 위험(폭발로 누군가 다칠 수 있다)하다. 비합리적으로 위험하고 결함이 있는 상태가 콜라를 병에 주입할 때의 과실이나 병을 제조하는 과정에서 검사를 제대로 하지 못한 과실로 인하여 야기되었는지 여부 또는 이를 예방하기 불가능했는지 여부는 문제가 되지 않는다. 그 병입자는 엄격책임, 즉 그 과실이 입증될 수 없는 경우라고 해도 책임을 져야 한다.

법원들은 네 가지의 근본적 이유 때문에 엄격제조물 책임을 발전시켰다. 첫째, 많은 사건들에서 제조물의 결함은 제조자의 과실로 발생하지만 그 과실은 입증이 어렵거나 불가능하다. 물적 증거physical evidence는 훼손되거나 결정적인 증거가 되지 못할 수도 있고 과실을 입증하는 데 필요한 제조과정에 대한 정보는 제조자만이 가지고 있는 경우가 많다. 둘째, 과실책임만으로는 제조자들이 안전한 제품을 만들도록 촉진하기에 부족하다. 제품의 설계, 제조 및 품질관리를 신중하게 하도록 하기 위해서 얼마를 투자해야 할지 검토할 때 제조자는 그 제품에 의하여 생길 손해의 전체 금액을 계산하고 그러한 손해배상금을 제품 생산비에 산입한다. 엄격책임을 부과하면 제조자들은 안전한 제품을 생산하기 위하여 더 많은 노력을 하게 되고, 많은 경우에 제조자들이 조금만 노력하면 사용자들이 할 수 있는 정도에 비하여 훨씬 쉽게 손해를 최소화할 수 있다. 셋째, 제조자는 으레 자기 제품이 안전하다고 광고하는데 그 광고로 형성된 소비자의 신뢰는 보호받아야 한다. 넷째, 제조자가 합리적으로 행동했다 하더라도 제조물에 의한 사고로 피해자는 여전히 상해를 입고 있다. 손해의 비용이 제조자에게 이전된다면 이후 제조자는 그 손실을 순차적으로 모든 고객에게 분산시킬 것이다. 이로 인하여 각 제조물의 제조비용은 조금 상승하겠지만 모든 구매자가 운이 없이 불량제품의 사용자가 되어 엄청난 손실을 혼자 부담하게 될지 모르는 위험에 보험을 드는 것이 된다. 엄격책임을 이용한 이러한 형태의 손실분배는 단순히 "두툼한 지갑deep pocket"이나 원고의 손실을 메워 줄 돈 많은 사람을 찾는 것이 아니라 제품가격에 그로 인한 손해에 대한 배상비용이 포함되는 진정한 가격을 찾게 해 주고 그 비용을 모든 사용자에게 분배하는 것이다.

엄격제조물책임strict products liability은 그러므로 코카콜라 병이 부적절하게 제조되었다는 경우 등과 같이 제조물에 하자가 있었던 경우 널리 부과된다. 제품의 결함은 또한 제품의 설계에 결함이 있거나, 제조자가 그 제품이 야기하는 위험을 제대로 경고하지 못하였다는 등 두 가지의 서로 다른 원인에 의하여 발생할 수도 있다. 이러한 유형의 결함에 엄격책임을 확장시키는 데는 더 많은 논쟁이 있었다. 1960년대부터 1980년대에 이르기까지 대부분의 법원들은 설계상 결함에 대한 엄격책임을 채택하였고 때로 경고 실패에 대한 책임도 인정하였다. 이후 책임의 범위를 좁히는 과실책임 원칙을 지지하며 엄격책임의 축소를 주장하는 보수적인 반발이 생겨나 유력한 불법행위법 교과서가 "엄격제조물책임의 발전, 논거 그리고 퇴조"라는 제목으로 이를 논하기도 하였다.

제조상 결함manufacturing defect은 제품이 원래 의도된 대로 만들어지지 않았을 때의 결함을 가리킨다. 반면에 설계상 결함design defect은 제조자가 의도한 그대로 만들어졌으나 제조물의 설계 자체에 문제가 있는 때의 결함이다. 이것이 제조물 책임에서 가장 논란이 큰 영역이며, 책임의 범위에 대한 논의가 설계상 결함의 유무를 판정하는 기준을 정하는 데 중요한 역할을 한다. 제품이 사용자가 보통 예상하는 정도보다 더 위험스럽다면 설계상 결함이 있다고 할(소비자예상이론consumer expectations test이라고 부름) 것인가? 설계에 의하여 발생하는 위험이 그 설계가 주는 효용보다 크면 설계상 결함이 있다고 할(위험-효용이론 risk utility test이라고 부름) 것인가? 후자를 택한다면 위험과 효용을 어떻게 측정해야 하는가?

소비자예상이론consumer expectations test에 의하면 제조물이 보통의 소비자들이 예상하는 정도보다 더 위험하다면 설계상 결함이 있는 것이고 제조자에게 엄격책임이 부과되어야 한다. 많은 입법들의 지침으로 이용된 불법행위법 주석서 (2차)Restatement(Second) of Torts는 제조물이 "그 특성에 관하여 사회공동체에 보편화된 통상적 지식을 가지고 이를 구입하는 보통의 소비자가 예상할 수 있는 정도를 넘어 위험한 때" 책임을 부과하는 소비자예상이론을 지지한다. 그러나 법원들은 많은 사건, 예컨대 특히 복잡한 제조물에 관한 사건에서 소비자들이 가지는 안전에 대한 기대수준이 일정하지 않다고 보아 소비자예상이론이 그 자체로는 설계상 결함을 평가하는 데 충분하지 않다고 판시하였다. 그래서 위험-효용이론이 소비자예상이론을 보완하거나 대체하는 이론으로 개발되었다.

위험-효용이론risk-utility test은 제조물의 비용과 제품에서 얻어지는 혜택 사이의 균형을 추구한다. 위험-효용이론에 따라 제조물이 설계상의 결함이 있는지 여부를 판단하기 위하여 법원은 제조물이 사용자에게 가하는 위험과 제조물이 사용자 및 사회 일반에게 제공하는 혜택을 비교한다. 그 위험이 혜택을 능가하면 제조물은 결함이 있는 것이고 제조자는 그 제조물이 초래하는 해악에 대하여 책임을 져야 한다.

위험-효용이론이 발전해 가면서 이 이론은 엄격책임strict liability으로부터 멀어져 과실책임론에 더 가까워지게 되었다. 과실책임론에 호의적이던 법원들은 이 기준을 과실의 판단기준인 Learned Hand 공식과 아주 유사한 것으로 취급하여 피해자가 제조물의 위험이 그 효용보다 크다는 것을 입증할 것을 요구하게 되었고, 어떤 경우에는 피해자가 사고를 예방할 수 있을 만한 다른 방식으로 제품을 디자인할 합리적인 방법이 있었다는 것을 함께 입증할 것을 요구하기도 한다.

제조물의 설계상의 위험과 혜택이 각각 어느 정도인지를 비교함에 있어 제조자는 제조물의 모든 통상적 사용방법을 고려하여야 한다. 이 원칙은 자동차의 충격감당능력crashworthiness에 관한 재미있는 판결을 양산하였다. 운전자들은 자기가 사고에 개입되지 않기를 바라지만 누구나 조만간 여기저기서 자동차들이 충돌할 것을 알고 있다. 자동차 설계에 있어 제조자는 이 사실을 인정해야 하며 자동차가 어느 정도 충격을 감당할 수 있도록 만들어야 한다. 오늘날은 정부가 좌석벨트, 에어백 그리고 보강된 프레임 등 충돌 대비장치를 설치하라고 규제하지만 이러한 장치들의 필요성은 처음에는 제조물책임 소송과 소비자 운동을 통하여 부각되게 되었다.

가장 일반적으로 말하자면 같거나 거의 비슷한 정도의 혜택을 제공하면서도 다른 방법의 설계가 가능하다든가, 위험을 감소시킬 수 있는 방법으로 제작된 다른 제조물이 있다면 어떤 제조물의 위험성은 그 효용보다 크다고 말할 수 있다. 제조물책임의 선도적 판결 중의 하나인 Greenman v. Yuba Power Products (1963) 판결은 다른 방법의 설계가 가능할 때 결함이 인정되는 경우를 설명해 준다. 목수인 Greenman은 아내에게서 Shopsmith를 크리스마스 선물로 받았다. Shopsmith는 톱, 드릴 그리고 목공용 선반 등의 기능을 모두 수행할 수 있는 다양한 기능의 전동공구였다. 그가 Shopsmith 위에 작은 목재를 놓고 작업하는 동안 목재가 갑자기 튀어 올라 그의 이마를 때리면서 큰 부상을 당하였다. Greenman 측의 전문가는 Shopsmith에 각 부품을 결합시키는 나사가 충분치 않다는 결함이 있으며, 따라서 보통의 진동으로도 나사가 헐거워지고 목재를 고정시키는 기계의 부품이 제자리에서 빠져나와 목재가 튀어 오를 수 있게 된다고 증언하였다. 전문가의 의견에 따르면 제조자는 이러한 종류의 사고를 예방하기 위하여 좀 더 강한 나사 또는 기계를 더 잘 고정시킬 수 있는 기타의 방법을 사용할 수 있었다는 것이다. 즉시 채용할 수 있는 다른 설계방법이 있었으므로 이러한 방법으로 기계를 제작한 위험성(부상의 가능성)이 그런 나사를 사용하여 제작하는 혜택(제작비용을 조금 절감하는 것)보다 크다.

동일한 기능을 하면서도 위험성이 적은 다른 설계방법이 있었다는 이유로 제조물책임 소송의 대상이 된 제조물에 대하여 결함이 인정된 경우가 많다. 예를 들면 난연소재를 사용하지 않은 나이트가운과 잠옷은 그보다 조금 비싸지만 난연 처리된 제품에 비교하면 결함이 있다. 작은 사고에도 연료가 누출되기 쉬운 부분에 연료탱크를 설치한 자동차는 이를 다른 곳에 배치하거나 철판을 덧대는 방법으로 예방하는 비용이 상대적으로 적기 때문에 너무 위험한 제조물로 인정된다.

경우에 따라 위험성이 적으면서 비슷한 혜택을 주는 대체 제품이 있기 때문에 결함이 인정되는 제조물도 있다. 이러한 유형으로서 유명한 사례는 Dalkon Shield 피임기구이다. Dalkon Shield는 피임기구로는 매우 효율적인 자궁내 삽입기구(IUD)인데 이를 사용하는 여성들에게 골반 관련 질병의 가능성을 엄청나게 높이는 비극적 부작용이 있었다. 설사 Dalkon Shield가 기본적 기능을 상실하지 않으면서 이 문제를 피할 수 있도록 해 주는 다른 설계방법이 없다고 하더라도 이와 유사한 정도의 효과를 가지는 다른 방식의 피임기구도 많으므로 이와 같은 다른 대안이 있음을 감안한다면 IUD를 사용함으로써 생기는 위험은 그것이 주는 혜택을 많이 넘어선다.

제조물을 다른 방법으로 디자인할 수 있었는지 또는 같은 성능을 가지면서도 덜 위험한 다른 제품이 있는지를 판정하는 일이 언제나 쉬운 것은 아니다. 크고 무거운 SUV는 우선 덩치가 크기 때문에 소형자동차보다 충돌 시에 더 안전하겠지만 그렇다고 모든 자동차가 그렇게 커야 한다는 뜻은 아니며, 가격을 크게 낮출 수 있다면 안전성을 약간 희생시키는 것과 바꾸는 것은 합리적인 선택이라고 보인다. 그러나 단단한 총알을 빠르게 발사할 수 있는 장난감 총은 어떠한가? 부드러운 폼foam 탄알을 발사하는 Nerf gun은 이것에 대한 합리적인 대체물이 될 수 있는가, 아니면 비현실적인 대안에 불과한가?

제조물의 결함의 세 번째 유형은 제조물의 위험성이나 이를 안전하게 사용하려면 어떻게 해야 하는지를 적절하게 경고하지 않은 것이 제조물의 비합리적인 위험을 구성한다고 인정되는 경우이다. 이 때문에 소송이 걸릴 것이 두려운 나머지 과도한 경고가 생겨나고 이것이 불법행위법 개혁에 관한 조크의 대상이 되기도 하였다. 예를 들면 어린이용 스쿠터에 "이 제품은 사용 시 움직입니다." 믹서blender에 "이 제품이 동작 중일 때는 칼날에서 음식이나 다른 것들을 제거하지 마시오." 등이 그것이다. 실제로 제조자들이 스쿠터를 사용하면 그것이 움직인다는 등의 명백한 위험을 경고할 필요는 없다. 그러나 제조자들은 적절한 경고가 주어진다면 예견될 수 있는 위험을 줄이거나 회피할 수 있었다면 경고를 할 것이 요구되며, 이 경우 경고를 하지 않으면 제품은 합리적으로 안전하지 않은 것으로 된다. 경고를 읽어 보고 소비자들이 이를 사용할지 여부를 선택할 수 있게 되며 좀 더 안전하게 사용할 수 있게 되기 때문이다.

경고를 한다고 해서 제조물의 설계상 결함design defect이 언제나 치유되는 것은 아니다. 안전장치를 쉽게 설계해 넣을 수 있었다면 공업기계를 조작하는 사람에게 그 기계에 손을 넣지 말라는 경고판을 설치하는 것만으로는 충분하지 않다. 그러나 제조물에 위험성이 있다는 이유만으로 그 기계에 언제나 설계상 결함이 있다고 할 수는 없으며, 오히려 그러한 위험성이 있기 때문에 제조물이 합리적 정도의 안전성을 갖추도록 하기 위하여 경고를 할 필요가 있는 것이다. 어떤 제조물은 마치 가정용 청소 세제의 제조자가 사용자에게 그것이 부식성이 있고 피부손상을 야기할 수 있다는 경고를 하지 않았다는 경우와 같이, 사용자에게 제조물의 위험을 충분히 경고하지 않았기 때문에 결함이 있는 것으로 되는 경우도 있다. 다른 경우에는 제조자가 그 사용법에 대하여 적절한 안내를 하지 않았기 때문에 결함이 있는 것으로 되는 수도 있는데, 다른 가정용 세제와 함께 사용하면 유독성 가스가 나올 수 있다는 경고를 하지 않은 때가 그러하다.

제조물의 사용자에 전해지는 경고는 그 내용, 형식, 장소에 관하여 합리적이어야 한다. 아주 비극적인 경우로 Coy Carruth는 Pittway사가 제조한 연기감지기를 구입하였는데 화재가 났는데도 알람소리를 울리지 않아 가족 일곱 명이 사망하였고 그 이유는 적절한 곳에 설치되지 않았기 때문이라는 주장이 있었다. 그 감지기의 포장 상자에는 벽과 천장이 만나는 곳에 설치되어 있는 사진이 들어 있었는데, 반면에 포장상자 안에 동봉된 팸플릿에는 그와 같이 "공기가 갇혀 있는" 곳에는 감지기를 설치하지 말라는 안내가 있었고, 그나마 7페이지로 된 안내서에 깨알 같은 글씨로 쓰여 묻혀 있었으며, 그러한 장소에 설치할 때 생길 수 있는 위험에 대한 경고도 눈에 띄지 않았다. 이처럼 경고가 모호하였으므로 배심원단은 주어진 경고가 주어진 위험에 비하여 불충분하다고 보았다(Carruth v. Pittway, 1994).

전통적으로 약물의 처방은 경고의무의 예외로 인정되어 왔다. 지식 있는 중간자learned intermediary의 법칙에 의하여 경고는 관련 정보를 평가하고 제조물의 위험성과 혜택을 평가하는 데 가장 좋은 위치에 있는 자인 환자의 의사, 즉 지식 있는 중간자learned intermediary에게 해야 하는 것으로 되어 있다. 그러나 여러 법제에서 독감 예방주사 등의 단체 예방접종약과 경구피임약에는 예외를 인정한다. 이 경우는 의사가 부비동염에 대하여 항생제를 처방하는 경우보다는 환자들 자신이 약품을 선택하는 데 더 많은 선택권을 행사한다. 이와 관련하여 소비자에게 직접 광고하는 인기 약품이 많아지면서 지식 있는 중간자의 법칙이 여기까지 확대되어야 하는지의 문제가 등장한다. 텔레비전 광고가 관절염, 알레르기 또는 발기부전 등에 관한 최신 약품의 효능을 끊임없이 홍보하면서 의사에게 그 약품을 처방해 달라고 요구하라고 소비자들을 부추기는 현실에서 소비자들 스스로 약품을 스스로 선택하고 의사에게 처방을 요구하는 일이 많아진다면 소비자에게 직접 적절한 경고를 해야 한다고 할 것인가?

원고가 불법행위사건에서 배상받을 수 있는 손해는 어떤 것인가?

불법행위법이 부러진 팔을 치료하거나 그 부상으로 인한 고통을 없애 줌으로써 사고가 없었던 것으로 해 줄 수는 없다. 그 대신으로 피해를 당한 원고의 손실을 피고로 하여금 금전적으로 배상하도록 해 줄 수는 있다. 불법행위법의 목적은 원고에게 손해를 벌충할 수 있는 금액을 지급하게 함으로써 가능하다면 피고가 사고가 없었더라면 있었을 상태로 되돌려 놓고자 하는 데 있다.

이러한 손해배상damages은 피해자가 겪은 손해를 메꾸어 주려는 배상이므로 이를 전보배상compensatory damages이라고 한다.

Highland Park, Illinois에서 신호대기 중 뒤에서 달려온 세미 트레일러에 자동차가 받힘으로써 끔찍한 사고를 당한 Keva Richardson의 경우를 생각해 보자. Richardson은 American Airline의 승무원으로 취직하여 고향인 Texas에서 Chicago로 이사한 지 얼마 되지 않았는데 그녀는 항공사에서 몇 년 동안만 일하고 학교에 돌아가 교육학 석사학위를 취득하여 교사가 되고 싶어 했다. 그녀의 계획은 이 사고로 경추와 척수가 심하게 손상되면서 끝장나고 말았다. 그녀는 척추를 고정시키기 위하여 수술을 받았고, 재활병원에서 5개월을 보내야 했으며, 이후에도 병원에 다녀야 했고, 때로 입원도 해야 했다. 부상의 결과로 Richardson은 다리를 사용할 수 없게 되었고, 팔은 아주 제한된 동작만을 할 수 있었으며, 손가락과 손바닥의 미세한 근육을 움직일 수 없게 되고, 방광과 대장의 기능을 조절할 수 없었으며, 폐렴, 감염, 욕창에 취약하게 되어 남은 인생 동안 정기적으로 입원을 해야 하게 되었다.

의학이 그녀의 부상을 치료하지 못한 것처럼 법제도도 Keva Richardson의 부상을 충분히 보상할 수 없었다. 법제도가 할 수 있는 것이라고는 그녀의 부상 정도를 측정하고 부상을 입게 한 과실 있는 운전자와 그의 고용자 그리고 보험회사로 하여금 이러한 부상의 괴로움을 완화시킬 돈을 지급하게 하는 것뿐이었다.

Richardson은 여러 가지의 손해를 입었다. 재판trial 때까지 그녀는 이미 치료비로 258,814달러를 지출했고 일을 하지 못함으로써 임금의 손해를 보았다. 그러나 그녀의 손실은 재판의 종결과 함께 끝나지 않는다. 그녀의 의사와 경제 전문가의 증언을 토대로 배심원단은 그녀의 총 상실수입이 90만 달러이고 장래에 필요한 치료비가 1,100만 달러라고 계산하였다. 이 모든 것이 피고가 그녀에게 끼친 재산적 손실의 요소이고, 그 정도의 금액이 경제적 손실economic loss에 대한 손해배상damages으로 적절한 금액이라고 보인다.

그러나 이 부상으로 인한 재정상의 악영향이 그녀가 입은 손해의 전부는 아니다. Richardson은 다리와 어깨에 고통을 느낀다. 그녀는 사고로 인하여 얼굴에 생긴 부상 때문에 외모에 손상이 생겼고 평생 휠체어에 앉아 있어야 한다는 것을 알고 있다. 그녀가 가장 안타까워하는 것은 그녀의 증언대로 "그저 아침에 일어나서 나의 하루를 시작할 수 있는 것"과 다른 사람의 도움이 없이도 하루를 보내는 일인데 이제 그녀는 샤워하고 옷을 입는 데에도 다른 사람의 도움이 필요하며, 부드럽고 평탄할 곳에서만 스스로 휠체어를 밀 수 있으며, 6시간마다 도관을 삽입하여 방광을 비우고 매일 배변을 하는 데 있어 다른 사람의 도움을 받아야 한다. 물론 그녀는 또한 그 사고의 고통과 수술로 인한 고통을 견뎌야 했으며, 이제는 전에 할 수 있었던 많은 활동을 할 수 없게 되었고, 항공기 승무원으로서 자신의 직업을 다시 수행할 수 없고, 교사가 되는 꿈도 이룰 수 없게 되었음을 알고 있다.

이러한 손실을 보상하기 위하여 불법행위법은 비경제적 손해배상noneconomic damages을 준다. 배심원단은 Richardson에게 장애의 발생에 대하여 350만 달러, 외모 손상에 대하여 210만 달러, 고통과 통증에 대하여 460만 달러를 지급하도록 하였다. 비록 비경제적 손해배상은 보통 위자료damages for pain and suffering이라고 불리지만 Richardson 사건은 어째서 위자료보다 더 광범위한 배상이 주어져야 하는지 보여준다. 부상으로 인한 신체적 고통에 더하여 그녀는 사고 이전에 누렸던 것과 같은 방식으로 삶을 즐기고 꿈을 이루기 위한 통상적이고 일상적인 활동들을 할 수 없게 됨으로써 삶의 질을 상실하는 고통을 당하였다.

여기에 적용되는 원칙, 즉 금전배상money damages은 부상으로 야기된 경제적 손해를 제거하고 비경제적인 손해를 금전으로 보상하기 위하여 주어진다는 원칙을 말하기는 쉽다. 원고에게 보상하는 데 필요한 금액은 피고가 저지른 해악의 척도이다. 피고는 그러한 손해에 대하여 공정성과 사회정책의 문제로서 책임을 져야 한다(물론 이 원칙은 실제 적용하려면 매우 복잡해지지만 우리가 여기서 그 세부사항에 관하여 걱정할 필요는 없다고 본다). 겉보기엔 간단하지만 놀랍게 느껴지는 점 몇 가지를 알아보자.

첫째, 불법행위 제도는 단일판결원칙single-judgement rule에 따라 운영된다. 불법행위로 인한 손해배상은 재판 시에 한 번만 주어진다. 재판 당시에 볼 때 이미 발생한 손해는 상대적으로 분명하다. Richardson에게 치료비가 발생하였고 청구서가 이를 증명하며, 한동안 일하지 못하였으므로 그 기간 동안 얼마만큼 벌 수 있었는지는 증명될 수 있다. 위자료는 (특히 단번에 계산해 내려면) 훨씬 모호하지만 적어도 원고나 증인들이 그녀가 어떤 감정을 느꼈고 그녀의 활동이 얼마나 제한되었는지 등으로 그 금액을 계산해 줄 수 있다.

단일판결원칙은 또한 미래에 대한 예측을 요구하는데 미래는 당연히 불확실하다. 법원은 원고의 장래의 손해를 양측이 제시하는 증거에 의하여 예측해야만 한다. 원고의 부상은 약간의 치료만이 필요하게 될 수도, 대수술이 필요해질 수도 있는 등 좋아질 수도 나빠질 수도 있다. 그녀의 고통과 정상적으로 활동할 능력도 장차 감소할 수도 증가할 수도 있다. Keva Richarson은 항공기 승무원으로 일하고 있었으며, 초등학교 교사가 될 수 있는 학사학위를 가지고 있었고, 대학원으로 돌아가고 교편을 잡을 것을 기대하였다. 그녀가 수십 년간 이 길을 걸어 어떤 경력을 갖출 수 있을 것인지를 예측하고 그리하여 그녀가 돈을 벌 능력을 얼마나 상실했는지를 측정하려면 추측이 필요하다.

단일판결원칙은 행정적 효율을 위하여 불법행위법의 정책을 정밀하게 집행한다는 목적을 포기하는 경계점이다. 법원은 장래를 향하여 사건을 완결하지 않고 사건을 진행시키면서 피고로 하여금 원고에게 비용이 발생할 때마다 이를 지급하게 하고 비경제적 손해에 대하여는 정기적으로 보상하도록 할 수도 있을 것이다. 불법행위제도는 이렇게 하지 않는데 그 이유는 너무 복잡하고 부담이 많기 때문이며, 우리는 일을 간단하게 하기 위하여 장래의 손해에 대한 예측은 시간이 흐르고 사실이 밝혀지면서 원고가 너무 적게 받았고 피고가 너무 적게 지급한 경우 또는 그 반대의 경우가 생길 수 있는 등 예측이 부정확하였을 가능성이 언제나 있음을 인정한다. 원고가 손해배상을 일시불lump sum로 받지 않는 사건도 늘어나고 있다. 일시불 대신에 이른바 구조적 화해structure settlement를 통하여 마치 연금처럼 시간을 두고 지급이 이루어지는 경우가 있다. 구조적 화해는 경우에 따라 당사자들이 장래 그 돈이 필요한 때 확보될 수 있도록 하기 위하여 이용되기도 한다. 또한 다른 어떤 사건들에 대하여 불법행위법 개혁법안들은 구조적 화해를 이용하도록 요구하거나 원고가 사망하면 급여가 중단되도록 하기도 하는데 이는 피고에게 유리하게 작용하는 때가 많다.

둘째로 손해배상의 금액은 특정한 사고와 특정한 원고의 환경에 따라 개별화된다. Keva Richardson은 그녀가 겪은 사고로부터 판정되는 손해배상금액을 받은 것이지 평균적인 후방충돌 사고 또는 그녀와 비슷한 의학적 상태에 있는 평균적 사람을 기준으로 받은 것이 아니다. 또는 운전자가 정지신호를 무시하고 교차로에 들어섰다가 보행자를 들이받은 사고를 낸 경우를 가정해 보자. 각 운전자에게 동일한 유형의 과실이 있는데도 각자가 지급해야 할 손해배상액은 사건의 상황에 따라 아주 달라질 수 있다. 어느 운전자는 보행자를 약간 스쳐서 가벼운 타박상 정도만을 입혔다. 그 운전자의 손해배상액은 약소할 것이다. 두 번째 운전자도 역시 약간 스쳤는데 보행자가 퇴행성 골질환을 앓고 있어서 자동차에 살짝 부딪힌 정도로도 두 다리가 모두 부러졌다. 이 피고는 "피해자를 처음 발견했을 때의 상태에 대하여 책임을 진다takes the victim as he finds him."는 원칙에 의하여 그 피고는 원고에게 발생한 거액의 치료비와 실질적인 수입 상실에 책임을 진다. 세 번째 운전자는 보행자를 깔고 지나가 중대한 부상을 입게 하였으나 그 보행자가 병을 앓고 있고, 기대여명life expectancy이 얼마 남지 않은 노인이며, 직업도 없었다면 장래의 경제적 및 비경제적 손해는 많지 않다. 네 번째 운전자는 역시 보행자를 깔고 지나갔는데 그가 유명한 농구선수인 LeBron James였다면 그 운전자는 수천만 달러에 이르는 James의 수입능력 상실에 대하여 책임을 져야 한다.

이 가정적 전제들처럼 원고가 실제로 입은 손해를 보상시키고자 하는 욕구는 사람들을 어떤 상황하에서 적절하게 행동하도록 유도하고자 하는 불법행위법의 정책과 갈등관계에 있다. 실제로 과실 있는 행동의 대가가 얼마만큼일지는 미리 예측하기 어렵고 우연에 달려 있기 때문에 피고들이 합리적인 주의를 하려면 어느 정도의 투자를 해야 할지 가늠해 보기 어렵다. 이 가정들은 또한 불법행위에 의한 손해배상은 다른 많은 것들과 마찬가지로 사회에서 현재의 부와 소득의 분배에 따라 결정되어야 한다는 것을 암시한다. 불법행위법은 부자이고 소득이 높은 원고가 경제적 전망이 어두운 원고보다 더 많은 배상을 받도록 한다.

셋째, 배심원단jury이 손해배상액을 결정했다고 해서 그것이 끝은 아니다. 사실심 판사trial judge 그리고 좀 드물지만 항소법원appellate court은 그 금액을 재검토하여 배심원단의 평결을 무효화할 수도 있다. 이렇게 하려면 보통은 배심원단의 금액산정이 "증거의 가치에 반하는지against the weight of evidence" 여부를 기준으로 하는데, 이 기준은 배상액의 결정이 사실문제matter of fact로서 배심원단의 판단권한 범위에 속한다는 점, 금액이 증거에 대한 이성적 판단의 소산이 아니라 분노 또는 편견이 반영되어 결정되었다고 인정될 때에만 번복될 수 있다는 점 등에서 원래의 판단을 존중하는 것을 원칙으로 하는 기준이라고 할 수 있다 (이것은 항소법원이 배상금액에 관한 평결을 재심사할 때 특히 신중해야 하는 이유를 설명해 주는데, 그 이유는 사실심 판사만이 실제로 모든 증거를 심리하였기 때문이다). 어떤 주의 불법행위법 개혁입법은 배심원단의 평결을 재심사할 판사의 권한을 강화하기도 하였는데 예컨대 New York에서는 "합리적인 보상이라고 보이는 범위로부터 실질적으로 벗어났다면" 평결이 번복될 수 있다고 한다.

절대 다수의 사건에서 판사는 배심원단이 정한 손해배상 금액이 너무 적은지가 아니라 너무 많은지 여부를 판단하기 위하여 이를 심사한다. 과도한 평결에 대한 가장 전통적 구제수단은 피고에게 새로운 재판을 받을 수 있도록 하는 것이다. 그러나 어떤 때는 평결감액명령remittitur이라고 부르는 새로운 방법에 의하여 법원은 원고에게 새로 재판을 할 것인지 아니면 새 재판 없이 감액된 배상금을 받을 것인지 중에서 선택하도록 할 수 있다. 예를 들어 Keva Richardson 사건에서 항소법원은 장래의 의료비를 위한 배상금은 정당한 증거에 비하여 너무 높게 책정되었다고 판단하고 배심원들이 산정한 손해배상금액에서 100만 달러를 감액하는 평결감액remittitur을 명하였다. 평결감액은 다시 재판을 하는 비용을 절약할 수 있으나 원고에게는 배심원단이 자신이 받을 권리가 있다고 판단한 금액보다 적게 받을지 아니면 다시 재판을 하느라 시간과 비용을 들이고 새로운 배심원단에게 주사위를 맡길지 등 두 가지 중에서 어려운 선택을 하게 만든다. 원고가 현재 진행 중인 간호비 또는 생활비를 충당하기 위하여 이 돈을 필요로 할 때 선택은 특히 어려워진다(이에 대응하는 제도인 평결증액결정additur에 의하면 법원이 피고에게 배상금을 증액해 줄지 아니면 다시 재판을 할지를 선택하게 하는데 이것이 사용되는 빈도는 훨씬 적다).

넷째, 불법행위 배상금의 많은 부분이 피해자의 비경제적 손실noneconomic loss을 위한 것이다. 비경제적 손실은 부상으로부터 오는 육체적 통증과 고통, 분노 또는 우울, 장애 또는 장애와 외모의 손상에 수반되는 정서적 폐해, 생활의 즐거움의 상실, 공원을 산책하거나 성행위를 하는 등 통상적인 활동의 장애 그리고 기타 신체손상으로 인한 모든 형태의 정서적인 충격을 포함한다. 이것들이 실제의 손실임에는 의심이 없으나 돈으로 이들을 메울 수 없음 또한 의심의 여지가 없다. 전통적으로 법원은 비경제적 손실에 대한 배상은 여러 가지 목적을 가지고 있다고 결론지었다. 아무리 불충분하다고 해도 피해자의 손해가 중요하다는 것을 인정받아야 하고, 피고는 자신의 잘못에 대하여 모든 대가를 치러야 하므로 (이로써 잠재적인 피고들이 행동에 얼마큼의 주의를 기울여야 할지를 계산함에 있어 그러한 대가를 고려하도록 권장하는 효과도 있다.) 피해자의 손실에 대한 어떤 대처방법이 되기는 한다. 손해배상은 예컨대 테니스를 칠 수 없게 된 사람이 수영장을 만들어 수영을 함으로써 테니스의 즐거움을 일부나마 대체할 수 있도록 하는 등 피해자에게 고통을 줄여주고 그가 누릴 인생의 즐거움을 대신할 수 있는 어떤 활동과 기쁨을 위한 자금이 된다. 끝으로 원고가 경제적 손실에 대한 배상금에서 변호사비용을 지급해야 한다면 완전한 손실 전보를 받는 것이 아니므로 비경제적 손실noneconomic loss에 대한 배상은 손실에 대한 전보로 받는 돈에는 손대지 않고도 변호사 비용을 지급할 수 있게 하는 수단이 된다.

이 이유들은 강력한 근거를 가지고 있다. 그러나 불법행위법 개혁론자들은 너무 지나치다고 생각하며 전체 주들의 절반 이상이 비경제적 손실에 대한 배상액을 제한하는 입법을 했다. 가장 널리 채택된 방법은 배상금액의 상한을 정하는 것인데, 1975년에 California가 처음으로 의료과오medical malpractice 소송에서 비경제적 손실에 대한 배상액을 25만 달러를 절대적 상한선absolute cap으로 설정한 이래 이 방식이 불법행위법 개혁론자에게 인기를 끌게 되었다. 절대적 상한선은 그 효과가 피해자마다 다르게 나타난다. 예를 들어 California에서는 신생아와 여성들이 상한선의 제한을 가장 자주 받는 집단이다. 출생 시 상해를 입어 평생 동안 고통을 받을 신생아는 그 손해의 범위가 크므로 엄청난 배상을 받을 수 있을 것 같지만 그들의 배상금은 위 상한선의 제한을 받는다. 이와 반대로 평균적 여성은 소득 창출능력이 낮기 때문에 남성과 비교하면 경제적 손실이 비경제적 손실에 비하여 적은 경우가 많고 따라서 그들의 비경제적 손실에 대한 배상액은 상한선에 의한 제한을 받게 될 가능성이 높다. 예를 들면 전업주부는 유방절제술을 불필요하게 받았다고 해도 수입을 상실할 일이 없을 것이므로 그녀의 경우 비경제적 손실이 돈을 잘 버는 남편이 다른 사고를 당하여 입었을 비경제적 손실에 비하여 배상금에서 더 중요한 비중을 차지하게 될 수 있다.

실제로 상한선을 두면 피해자에게 전혀 구제를 해 주지 않는 결과가 되는 경우도 많다. 손해배상액에 상한선을 두면 받을 수 있는 금액이 적어지고 따라서 피해자의 변호사가 받을 성공보수contingent fee[14])도 줄어들게 된다. 그러므로 변호사들은 책임 유무가 불명확하거나 경제적 손실금액이 크지 않은 경우 사건 수임을 꺼릴 수 있고 불필요한 수술을 받은 어머니는 사건을 맡아 줄 변호사를 구할 수 없어 배상청구 소송을 제기하지 못하게 될 수도 있다.

피고를 징벌하기 위한 손해배상은 언제 주어지는가?

원래 불법행위로 인한 손해배상은 순수하게 피해를 전보해 주는 목적을 가지고 있다. 피해금액이 피고에게는 경우에 따라 파산할 정도의 큰 부담이 될 수도 있겠지만 전보배상에서 배상액을 정하는 기준은 원고의 손실 정도이다. 그러나 극단적 일부 사건에서는 오로지 잘못을 저지른 피고에게 징벌punishment을 가할 목적만으로 다른 종류의 손해배상이 부과되기도 한다. 이를 징벌적 배상punitive damage 또는 징계적 배상exemplary damage이라고 한다.

법적 및 실무적 문제로서 징벌적 배상이 주어지는 사건의 수는 아주 적다. 징벌적 배상에 관한 법은 주별로 다 다르지만 어디에서나 징벌적 배상이 주어지려면 과실negligence책임이나 전형적인 고의에 의한 불법행위intentional tort 이상의 어떤 것이 요구된다. 그 기준은 피고의 행위가 "양심에 충격shocks the conscience"을 주었는지, 또는 그 효과가 "난폭한지outrageous"의 여부 또는 거기서 원고의 안전에 대하여 "무모한 무관심reckless indifference" 또는 "의도적이고 악의적인 무시willful and wanton disregard"가 드러났다고 할 것인지 여부 등의 용어로 표현된다. 이처럼 기준이 협소하기 때문에 징벌적 배상이 부과되는 사건은 판결에까지 가는 불법행위 사건의 1~2%에 불과하다.

징벌적 배상punitive damages, 특히 고액의 징벌적 배상은 상행위에서 일어난 사건commercial cases에서 가장 자주 볼 수 있다. 예를 들어 연방대법원의 징벌적 배상에 대한 선도적 판결로는 인기 있는 다기능 공구를 생산하는 Leatherman사가 허위 광고를 하였다는 이유로 경쟁사에게 배상하도록 한 사건을 들 수 있다. 그러나 경우에 따라 개인의 상해에 관한 사건도 고액의 징벌적 배상을 지급하도

---

14) 성공보수에 대해서는 제4장 주10) 참조.

록 하는 경우도 있다. 석면 제조업자들이 수십 년 동안 건강에 대한 석면의 위험성을 감추어 왔다는 이유로 여러 사건에서 징벌적 배상을 명령받은 일이 있는데 어떤 사건에서는 근로자가 전보배상으로 180만 달러를 받았으나 징벌적 배상으로 3,100만 달러를 받은 일도 있다. 장기 흡연자로서 폐암에 걸린 사람이 흡연의 위험성을 제대로 알리지 않았다는 이유로 Philip Morris를 제소한 사건에서 배심원단은 징벌적 배상으로 30억 달러를 평결하였으나 항소심에서 5,000만 달러로 감액되었다. A. H. Robinson Co.는 Kansas에서의 소송에서 그 회사의 피임기구인 Dalkon Shield 제품의 위험성에 대한 정보를 "악의적으로 묵비malicious silence"하였다는 이유로 제소당하여 1,000만 달러를 선고받았다.

징벌적 배상punitive damages은 두 가지 목적을 가지고 있다. 첫째는 그 용어에서 드러나듯 피고를 그의 잘못을 이유로 처벌하는 것이다. 법이 잘못을 저지른 자를 처벌하는 수단은 여러 가지인데 형사절차가 가장 잘 알려진 수단이다. 행정적 처벌도 처벌의 기능을 가지고 있어 운전면허 당국은 운전면허를 정지시키기도 하고, 증권감독위원회Securities and Exchange Commission는 주식 중개인의 면허를 정지시키기도 한다. 그러나 사적인 민사소송civil litigation 역시 공공의 가치에 봉사하는 기능을 가지고 있으며 징벌적 배상을 청구하는 원고는 개인으로서 공공의 이익을 지키는 사설 검사private prosecutor가 된다. 의도적으로 위험한 제조물을 제조하는 등의 위험하거나 잘못된 행위라도 형벌법규로 정해지는 범죄행위에는 해당하지 않을 수도 있고, 검사public prosecutor들이 관심을 가지지 않을 수도 있다. 징벌적 배상은 마치 형사처벌이 하는 것과 꼭 같은 처벌을 하며, 배상금은 피해를 당한 원고에 대한 보상인 동시에 피고로 하여금 이러한 방법으로 공공의 선을 위하여 행동하도록 유도하는 기능을 가지고 있다.

두 번째 목적은 불법행위법이 가지는 억제적 효과deterrent effect를 증진시키는데 있다. 어떤 사건에서 피고의 행위는 너무나 난폭하기 때문에 사건의 실제의 손해만을 보충해 주도록 하는 전보배상compensatory damages만으로는 이를 억제하기 어렵다고 보이는 수가 있다. 그런 경우가 아니더라도 전보배상은 손해를 본 모든 피해자가 제소하지 않거나 손해회복을 요구하지 않는 경우가 있기 때문에 가해자에 대한 처벌로는 충분하지 않은 경우도 있다. 두 가지 상황 모두에서 징벌적 배상은 피고가 잘못된 행동에 다시는 연루되지 않을 동기가 되어 주고, 불법행위를 할 가능성이 있는 사람에게는 자신의 행동의 결과를 한 번 더 생각해 보도록 하는 커다란 힘으로 기능한다.

징벌적 배상punitive damages은 드물게 주어지기 때문에 사건의 숫자만으로 보아서는 불법행위 제도에서 그리 중요한 부분은 아니다. 간혹 뉴스에서 깜짝 놀랄 만한 사건들이 보도되기는 하지만, 징벌적 배상이 주어지는 사건은 최근에는 실제로 증가하고 있지 않으며 대부분의 징벌적 배상은 잘못된 상업적 거래와 관련하여 이루어지고 개인의 손해에 대하여 주어지는 경우는 드물다. 그럼에도 불구하고 징벌적 배상은 불법행위법 개혁론자의 관심의 대상이 되고 여러 법제에서 공격받고 있다. 핵심적 공격대상은 언제 그리고 얼마나 많은 징벌적 배상금을 명령할지에 관하여 배심원단에게 부여된 재량의 정도에 집중된다. 위자료pain and suffering damages의 금액을 정하는 때와 마찬가지로 판사는 배심원단에게 판단의 지침을 주지만 배심원단은 여전히 피고를 처벌하기에 적절한 금액이 얼마인지를 결정할 넓은 재량을 가지고 있다.

이러한 공격의 결과로서 많은 주의 법률이 징벌적 배상의 부여에 대하여 제한을 가하고 있다. 어떤 법률은 징벌적 배상의 상한선을 정하는데, 단순히 최고금액을 정하거나 전보배상 금액의 일정 배액 이하로 하는 방법 중 하나가 쓰인다. 어떤 법률들은 징벌적 배상에는 더 높은 수준의 증명을 요구하거나, 징벌적 배상이 주어질 수 있는 행위의 종류를 좁게 제한하기도 한다. 연방대법원도 징벌적 배상에 대하여 헌법적 제한을 두기에 이르렀다. 1996년부터 일련의 사건에서 연방대법원은 헌법적 견지에서 징벌적 배상이 과도하다고 보아야 할 기준을 설정하였다. 배심원단의 징벌적 배상금액 결정의 타당성을 심사하는 법원들은 피고의 잘못된 행위의 비난가능성의 정도와 전보배상액과 징벌배상액의 비율(전보배상액을 두 자리 수 이상의 배율로 넘어가는 징벌배상액이 헌법적으로 허용된다고 한 예는 거의 없다), 그리고 유사한 사건에서 부여된 징벌적 배상액과 민사적 제재 간의 차이를 숙고하여야만 한다. Philip Morris USA v. Williams (2007) 사건을 예로 들면 배심원단은 Philip Morris사가 의도적이고 거짓된 방법으로 흡연이 안전한 것처럼 흡연자를 기망하였다는 이유로 사망자의 미망인에게 전보배상액compensatory damages으로 821,000달러를 정하고 징벌배상액punitive damages으로 7,950만 달러를 지급하라고 평결하였다. 연방대법원은 그러한 기망

행위는 많은 사람을 해치고, 그러므로 헌법적으로 징벌배상액이 적정한지를 평가하는 기준의 하나가 되는 비난가능성reprehensibility은 특히 높음을 인정하였으나 징벌배상액은 소송의 직접 당사자가 아닌 다른 모든 사람에 대한 해악이 크다고 하여 이를 기초로 정해질 수는 없다고 판시하였다.15) 이러한 연방대법원의 원칙에 따라 최악의 행위에 대하여 최고 금액의 징벌배상액이 명령되더라도 이 기준에 의하여 감액될 가능성이 높다.

---

15) 흡연에 의한 피해는 많은 사람에게 발생할 수 있지만 소송은 당사자 사이의 문제이므로 문제된 행위가 다수인에게 피해를 줄 수 있는 행위라고 하여 이를 당사자에 대한 배상액의 결정에 감안할 수는 없다는 취지이다.

계약은 계약이다.A Deal's a Deal

*계약법*contract Law

소설과 영화로 제작된 '하버드 대학의 공부벌레들The Paper Chase'에서 냉정하고 엄격한 Kingsfield 교수는 학생들의 지적 호기심을 자극하기도 하고 이들을 겁에 질리게도 하는 법학교수의 상징처럼 묘사된다. 그가 계약법contract law 교수로 설정된 것은 우연이 아니다. 합의는 합의이므로 계약법은 단순해야 할 것 같지만 대다수의 로스쿨 1학년 학생을 고문하는 것 같은 계약법은 가장 어려운 과목으로 간주되는 경우가 많다. 충분히 그럴 만한 이유가 있다.

계약법이란 무엇인가?

계약법contract law은 약속promise과 합의agreement를 맺고, 유지하고, 파기하는 모든 면에 관한 법이다. 사람은 항상 약속과 합의를 한다. Dana가 Brian에게 토요일 저녁에 자기 아파트에서 저녁식사를 하자고 요청하고 Brian은 와인을 가지고 가겠다고 말한다. 소비자가 정크 메일로 온 비자카드 발급신청서 뒷면에 깨알 같은 글씨로 약관terms이 적혀 있는데 여기에 서명하거나 온라인으로 신청 양식을 기재하고 '수락상자I accept box'에 클릭하여 회원으로 가입한다. 근로자가 새 일자리를 구했을 때 근로계약서를 작성할 수도 있고 하지 않을 수도 있다. 건설회사가 부동산 개발업자와 큰 사무실용 건물을 짓기로 계약한다.

이러한 약속과 합의들 그리고 사람들이 매일 맺는 수백만 개의 약속과 합의는 그 의미가 각각 엄청나게 다르다. 토요일 저녁에 식사를 하기로 하는 것은 사무실 건물을 건축해 주기로 하는 합의와 다르다. 보통의 토요일 저녁식사 약속은 일생에 한

번 있는 졸업파티prom에 가기로 하는 합의와도 다르다. 동네 McDonald's에서 햄버거를 뒤집는 파트타임 일자리를 얻는 것은 McDonald's 본사의 사장이 되는 고용계약과는 다르다. 그 차이에도 불구하고 계약법은 이러한 일 모두에 적용된다. Brian이 Dana를 바람맞혔다면 그녀는 음식과 새 드레스에 쓴 돈을 받아 내기 위하여 소송을 할 수 있는가? 비자카드의 고객은 읽어 보지 않았고 아무리 애써도 이해할 수 없는 작은 글씨로 된 모든 약관에 구속되는가? 사무실 빌딩의 건축이 몇 달씩 늦어지고 예산을 많이 초과했다면 부동산 개발업자와 건설회사 중 누가 책임을 져야 하는가? 계약법은 이에 대한 해답을 주거나 당사자가 최소한 어떠한 해답이 나와야 한다고 각자의 주장을 할 수 있는 수단을 제공한다.

계약법은 체결한 사람이 누구인지 또는 계약의 목적이 무엇인지 여부를 불문하고 여러 형태의 합의를 규율하지만 어떤 종류의 합의는 규율의 범위에서 배제된다. 예를 들면, Ford 자동차 사장이 회사와 계약할 때는 계약법이 적용되지만 Ford사와 근로자를 대표하는 노동조합인 미국자동차노동조합United Auto Workers 사이의 단체교섭 계약은 특별한 법 분야인 노동법labor law이 규율한다. 로펌의 파트너 간의 합의agreement는 계약contract이지만 그 법적 형태는 조합partnership[1] 이므로 일반 계약법이 아니라 조합법partnership law이 이 합의를 규율한다. 계약법의 원리와 원칙이 노동법과 조합법의 기저를 이루고 있지만 그들은 특별한 목적에서 나오는 필요성에 맞추어 변형되어 있다. 이와 같이 계약법은 보다 전문화된 다른 법 영역에 의하여 다루어지는 특정한 계약유형을 제외하고는 모든 형태의 합의를 규율한다는 점에서 이들 특별법에 대한 일반법이다.

---

1) 조합은 공동의 목적을 가진 사람들이 그 목적을 달성하기 위하여 서로 어떻게 역할을 분담할 것인지, 즉 누구는 자금을 대고 누구는 영업을 한다는 식으로 분담하는 계약관계(주로 동업이라고 표현)이다. 대비되는 것은 사단법인인데 공동의 목적에 따라 단체를 구성하는 것은 같지만 사단법인은 그 단체가 구성원과는 별개로 독자적 법인격을 가지고 그 단체의 이름으로 법률행위를 할 수 있다. 조합은 그 이름이 아니라 조합원 개인의 이름으로 계약하는 것이 원칙이며, 목적사업에서 이익과 손실이 생기면 조합계약에 정한 방법에 따라 분배되고 거래 상대방에게 책임을 지지만 사단법인은 법인 자체의 수익이나 채무가 된다. 대한민국에서 민법에 의한 사단법인은 비영리법인, 즉 법인이 얻은 수익을 구성원에게 배분할 수 없게 되어 있지만 상법에 의한 사단법인인 회사는 영리법인으로 그 구성원(주주 등)에게 이익을 배당할 수 있다(회사 채무에 구성원 개인이 책임을 지는지는 회사의 종류에 따라 다르다). 다만 농업협동조합처럼 이름은 조합이지만 실제는 법인인 경우도 많음에 주의하여야 한다.

계약법은 약속과 합의를 다루는 점에서 물권법property law과 불법행위법torts 등 다른 중요한 사법private law들과 다르다. 약속과 합의는 돌아오는 토요일의 저녁식사 또는 몇 년 후 건물이 완성되는 것과 같이 장래를 향해져 있다. 계약법은 그러므로 장래의 일what will be에 관계된다. 누군가 약속을 하고 지키지 못하면 계약법은 장래의 일의 상태가 자기가 서약한 대로 이루어지도록 하지 못한 데 대하여 대가를 치르게 한다. 물권법은 반면에 현재의 상태what is를 다룬다. 누군가 다른 사람의 사유지에 허락 없이 침입trespass하면 침입자는 현재의 상태, 즉 소유자가 그 토지를 사용하고 다른 사람은 사용하지 못하도록 배제할 권리를 침해하였기 때문에 책임을 진다. 불법행위법은 손해가 발생하기 전의 과거의 상태, 즉 과거의 일what was에 관심을 둔다. 과실로 보행자를 친 운전자는 보행자의 건강 또는 근로능력 등 그가 사고가 나기 전에 가지고 있던 어떤 것을 박탈당하게 함으로써 전보다 안 좋은 상황에 빠지게 한 데 대하여 책임을 진다.

계약법은 왜 필요한가?

법률가의 관점에서 계약은 사회가 돌아가게 하는 메커니즘이고 계약법은 그 메커니즘이 원활히 작동하게 하는 윤활유의 역할을 한다. 시장경제하에서 근로가 행해지고, 상품이 유통되며, 노동과 생산이 전문화되는 일은 계약을 통하여 조정된다. 사람들은 교통수단을 원하며 Ford 자동차는 값싼 소형차와 대형 SUV를 판매함으로써 사람들이 이를 가질 수 있게 한다. 자동차가 매력적이고 가격에 경쟁력이 있으면 사람들은 이를 사려고 구매계약을 할 것이다. Ford는 근로자를 고용하고, 원자재인 강철과 타이어 완제품을 구매하며, 텔레비전에 광고하고, 차를 판매하기 위하여 각 지역의 딜러들과 프랜차이즈 계약을 하며, 이외에도 수천 가지의 계약을 통하여 소비자의 욕구를 충족시킨다. 이처럼 복잡한 생산 및 유통이 이루어지는 시스템은 과거의 소련에서와 같이 자동차생산중앙위원회 Central Commissar of Automobile Production의 지시와 규율에 따르는 방식이 아니라 많은 계약들이 상호작용을 하면서 조화를 이룸으로써 유지된다.

이 계약들은 상호작용의 참여자들에게 이익이 되어 Ford에게는 이윤을, 근로자들에게는 임금을, Goodyear는 이윤을 목적으로 Ford에 타이어를 팔 기회를,

구매자들은 적당한 가격에 쓸 만한 자동차를 살 가능성 등 각자에게 그들이 원하는 혜택을 준다. 경제이론에 의하면 계약을 기초로 하는 시장제도는 사람들이 원하는 것을 얻을 수 있게 하고 자원이 가장 효율적으로 사용될 수 있게 하여 모두에게 이익을 준다고 한다. 운전자가 주차하기 편리하고 연비가 좋은 자동차를 원하면 Ford는 하이브리드 자동차나 소형차를 더 많이 생산하여 판매하려 할 것이고 힘 좋은 차를 원하면 SUV를 공급할 것이다. Ford가 소비자의 기호를 잘못 예측한다면 Toyota의 실적이 좋아질 것이다. 이 모든 경제적 효과는 계약을 통한 개별적인 선택이 조화를 이룸으로써 얻어진다.

계약 과정은 제품 이상의 어떤 것들을 제공한다. 사람들은 자신이 체결하는 합의를 통하여 욕구를 만족시킬 수 있고 인생에서 원하는 것을 얻을 수 있다. 대학에 가고, 이런 저런 직업 중 어떤 것을 선택하고, 집을 짓고, 미술품을 수집하고, 헬스클럽에 가입하는 일 등은 모두 계약을 통해 이루어진다. 널리 보면 계약을 하는 과정은 각 개인의 자유freedom와 자치autonomy에 관련이 있다. 우리와 같이 개방되고 민주화된 사회에서는 이러한 시각에 따라 개인은 스스로 선택을 할 수 있는 만큼의 자유를 누린다고 말할 수 있다.

그러므로 계약은 우리가 말하는 시장과 개인의 선택에 기초한 사회가 어떤 모습을 가져야 하는지를 규정해 준다. 계약법은 이러한 사회가 가능하도록 해 주는 두 가지 특별한 기능을 가지고 있다. 계약은 거래상 분쟁을 해결하는 메커니즘이 되고 그 사회가 자유와 사적 자치autonomy[2]를 얼마나 존중하고자 하는지를 보여준다.

어떤 합의의 양 당사자가 계약의 체결과 동시에 그 내용을 즉석에서 이행performance할 수 있다면 계약법은 불필요할지도 모른다. 그러나 양 당사자가 즉시 그리고 동시에 계약 내용을 이행한다는 것은 매우 드문 경우이다. 주택을 매매하는 계약은 매수인은 주택담보대출mortgage을 얻어야 하고, 매도인은 이사를

---

2) 개인이 자신의 사적인 영역에서의 일은 자신의 자유의지에 따라 원하는 대로 형성해 갈 수 있다는 원칙을 말한다. 사적인 영역에서는 사회와 타인에 대한 영향이 없는 한 또는 사회 구성원 모두가 각자 자유로운 삶을 영위하기 위하여 서로 용인하여야 할 필요가 있는 영역에서는 자신에 관한 법률관계를 자신이 원하는 대로 만들어 나갈 수 있고 정부 또는 타인의 간섭을 받지 않을 권리가 있다는 원칙이다.

준비해야 하는 등 계약이 완결closing되기까지 몇 주 또는 몇 달을 필요로 한다. 그러므로 계약법은 미래를 향하여 거래가 안전하게 이루어지도록 보장해 주고자 한다. 합의agreement의 시점과 최종적 이행performance의 시점 사이에 많은 일이 일어날 수 있고 이에 따라 그 관계가 망쳐질 수도 있다. 매수인이 더 좋은 집을 찾을 수 있고, 마음이 바뀔 수도 있으며, 대출을 받지 못하게 될 수도 있다. 계약법은 장래에 이행될 합의에 이행을 강제할 수 있는 장치를 둠으로써 계약 당사자들이 타인이 자신에게 한 약속을 믿고 계획이나 투자를 할 수 있도록 보장해 준다. 주택 매도인은 계약법이 매수인의 마음이 변하지 않도록 억제하며 매수인이 계약에서 벗어나려고 하면 매도인에게 구제수단을 준다는 것을 알기 때문에 자신이 해야 할 이사준비를 할 수 있다.

계약법은 또한 이행 도중 또는 그 이후에 발생하는 문제들을 해결하는 장치도 제공한다. 주택의 매도인과 매수인은 계약서에 계약이 완결되기 전에 집이 불에 타 없어진다면 어떻게 해야 하는지에 관한 규정을 두지 않았을 수도 있는데 이때는 법이 이 문제를 해결해 준다.

계약법이 이러한 기능을 수행하는 데 쓸모가 있기는 하지만 법률가들은 그 중요성을 과대평가하는 경향이 있다. 계약 당사자들은 계약을 계획하고 계약서 초안을 작성하며 분쟁을 해결하는 데 변호사의 자문을 받으므로 계약법이 중요하겠지만 사회에서 계약이 이루어지는 전체 모습을 보면 계약법은 그 그림 중에서 작은 일부분에 불과하다.

대부분의 합의는 별 어려움 없이 협상이 되고 이행된다. 법학도들은 모든 합의에서 분쟁의 가능성을 예견하도록 훈련받는데, 따라서 변호사들은 이런 일들이 보통은 얼마나 잘 진행되는지를 잊고 있는 경우가 많다. 예를 들면 Ford 자동차와 그에 대한 협력업체, 자동차 딜러들은 매년 수백만 건의 계약을 체결하는데 그중에서 문제가 생기는 것은 얼마 되지 않는다. Goodyear는 거의 언제나 제때에 타이어를 공급하고 정해진 품질을 갖추고 있으며, 자동차 구매자들은 별 문제 없이 딜러들에게서 차를 넘겨받는다. 개인 간의 계약을 기초로 하는 경제 체제에서는 대부분의 경우 모든 것이 원활하게 진행되어야 하며 그렇지 못하면 그 체제는 무너진다. 다행히 모든 일이 대개는 원활하게 돌아가고 그래서 계약법이 개입해야만 하는 경우는 상대적으로 적다.

계약으로부터 문제가 생기는 경우에도 계약법은 어디까지나 최후의 구제수단이다. Ford 자동차와 부품 공급업체 사이에 분쟁이 생기는 경우 그들 중 아무도 즉시 변호사를 찾지는 않는다. 대신에 Ford의 구매담당자와 부품업체의 영업 담당자가 전화로 문제를 해결하려고 한다. 공급업체는 자신의 평판과 Ford에 대한 장래의 매출을 보호하고자 하며 Ford는 조립라인이 계속 가동되기를 원하므로 어느 일방 또는 쌍방이 문제를 해결하기 위하여 서로 타협하려고 한다. 사람들이 계약을 하는 이유는 일이 이루어지도록 하기 위해서이지 계약위반이 발생하는 경우 자신의 법적 권리를 확보하기 위해서가 아니다. 문제가 발생하면 상대방을 설득하거나 합리적 행위의 기준에 호소하고 경제적 제재를 가하겠다고 경고하는 것 등이 변호사를 찾고 돈이 드는 소송을 하는 것보다 더 선호된다. 분쟁의 규모로 보아 소송이 적당하지 않은 경우도 많다. 주택 소유자가 배관공의 수도꼭지 교체작업이 마음에 들지 않으면 그 배관공이나 거래개선국Better Business Bureau에 불만을 제기할 수는 있지만 그 일을 다시 하는 데 필요한 100여 달러를 받아 내고자 소송을 하지는 않을 것이다.

계약법의 두 번째이자 더 일반적인 기능은 개인의 자유와 사적 자치autonomy를 존중하는 것이다. 계약법은 사람들이 체결하는 계약이 이행되도록 하고 사람들이 스스로 원할 때, 동의하는 한도에서 의무를 부과함으로써 이 가치들을 존중한다는 것을 보여주려고 한다. 이것이 계약자유freedom of contract의 원칙이다. 계약자유는 계약을 할 자유freedom to contract와 계약으로부터의 자유freedom from contract를 모두 포괄한다. 계약을 할 자유는 자신이 원하는 어떤 종류의 계약이라도 체결할enter into 수 있는 능력을 말한다. 이론적으로 계약을 체결할 능력은 계약법에 의하여 제약을 받지 않는다. 계약으로부터의 자유는 자신이 원하지 않으면 계약을 체결하지 않을 자유를 말한다. 당신이 Ford 차량을 사고 싶지 않다면 Ford는 당신이 그 차를 사도록 해 달라고 법원에 요구할 수는 없다.

한 세기가 넘도록 계약자유freedom of contract의 원칙은 계약법의 중심적 구성원리이자 사회의 조직에 있어 개인주의적 철학을 요구하는 외침이기도 하였다. 그러나 계약자유는 법과 정치학에서의 위대한 슬로건 중의 하나로서 그 사상을 실천하기 위하여 필요한 어떤 미묘한 부분들을 무시하여야만 그 사상을 비로소 포착해 낼 수 있다. 실제로 계약자유의 원칙은 계약법의 근저에 깔려 있는 선택 또는 동의라는 사상의 중요한 면을 반영하고 있지만 이 원칙은 조심스럽게 적용되지 않으면 잘못된 결과를 낳을 수도 있다.

계약자유 원칙의 미묘한 부분과 취약성을 살펴보기 위하여 1901년 Indiana 대법원에서 나온 고전적 판례인 Hurley v. Eddingfield 판결을 살펴보자. Indiana 의 작은 도시 Mace에서 의사로 일하던 George Eddingfield는 Charlotte Burk 와 그녀의 가족의 가정의family doctor였는데 Burk의 임신 기간 동안 그녀를 돌보았다. 출산일에 Burk는 진통을 시작하였고 매우 심각하게 아팠다. 그녀의 가족들은 Eddingfield에게 왕진을 요청했으나 그는 거부하였다. 가족들은 여러 번 사람을 보내 Charlotte과 태아가 위험하며 다른 의사를 부를 수 없다고 말하였으며 왕진료를 주겠다고 약속했다. 그러나 Eddingfield는 법원이 언급한 대로 "도대체 아무런 이유도 없이" 도우러 오지 않았다. Charlotte과 아기는 사망하였고 그녀의 상속인들heirs은 Eddingfield를 제소하였다.

Indiana Supreme Court는 Eddingfield는 자격 있는 의사로서 Burk를 돕기 위하여 갈 의무가 없다고 판결하였다. 그리고 그 법원은 Eddingfield가 Burk의 가정의로서 계약법의 문제로 자신의 환자를 도우러 갈 의무가 있다는 생각은 전혀 고려도 하지 않았다. 이 이슈에는 계약을 하지 않을 자유의 원칙이 직접적인 관련이 있다. 계약법은 동의consent에 기초하기 때문에 설사 자신이 치료했던 환자가 죽어 가고 환자를 구할 수 있는 의사가 한 사람뿐이더라도 자신의 의사에 반하여 왕진하는 계약을 체결하도록 강요받아서는 안 된다는 것이다.

Hurley v. Eddingfield 판결은 계약의 자유와 계약법의 기초가 되는 선택 또는 동의라는 사상에 어떤 난점이 있는지를 보여준다. 첫째, 계약으로부터의 자유freedom from contract, 즉 계약을 하지 않을 자유는 절대적 원칙이 아니다. 1901년 이후 우리의 정서가 변하여 오늘날 연방법률은 병원이 특정한 상황하에서는 진통 중인 여성을 포함하여 환자의 치료를 거부할 수 없게 한다. 다른 많은 법률도 사람들에게 자신이 원하든 원치 않든 계약을 체결하도록 하고 이로써 계약을 하지 않을 자유를 제한한다. 편견을 가진 고용주는 흑인, 이슬람교도 또는 여성을 고용하기를 원치 않을 수 있으나 민권법civil rights law은 그에게 고용을 요구한다. 운전자는 자동차를 운전하기 위한 조건으로 주정부가 요구하는 자동차보험계약을 보험회사와 체결해야 한다.

둘째, 계약자유가 적용되는 경우라고 해도 계약을 할 자유는 그 상황에서의 실제적인 환경에 강하게 영향을 받는다. 예를 들면 Hurley 판결에서 환자가 의사를 선택할 수 있는 범위는 의료서비스를 제공하는 제도에 의하여 결정된다. 20세기 초까지 의사들은 의사를 면허가 필요한 직업으로 확립시키고, 신규 진입을 극도로 제한하였으며, 건강을 돌보는 다른 형태의 직업을 없애기 위한 캠페인을 벌였다. 이 때문에 Indiana의 작은 마을에 사는 Burk는 한 사람의 의사 이외에는 다른 의료진을 구할 수 없었을 것이다. 만약 다른 의사가 있었다거나 의료서비스가 정부의 프로그램을 통하여 누구나 이용할 수 있는 공적 자산으로 취급되었더라면 그녀의 가족의 선택은 매우 달랐을 것이다.

우리는 현재의 상황에서도 비슷한 영향을 받는 경우를 많이 본다. 광고는 소비자의 선호를 창출한다. 대중교통 수단이 충분하지 않은 지역도 많으며 그래서 사람들은 자동차를 살 필요가 있다. 불황기에는 근로자들은 근로조건 여하를 불문하고 어떤 일자리든 주어지는 대로 받아들여야 한다. 따라서 계약자유의 이상은 사회적 요인과 경제적 제약이라는 배경하에서 실현되게 된다. 계약자유의 윤곽을 설정함에 있어 법은 먼저 우리가 그와 같은 배경을 어느 정도까지 참작하려고 하는지를 결정하여야 한다.

셋째, 계약법이 선택을 완전히 존중하는 것은 아니다. Eddingfield가 Burk와 그 가족을 반복적으로 진료해 왔기 때문에 오랫동안 그들이 서로를 "나의 의사" 및 "나의 환자"라고 생각해 왔다고 가정해 보자. 그렇다면 우리는 여기서 이들 사이에 가정의와 환자의 관계가 있다고 가정할 수 있다. 그러면 우리는 이러한 관계로부터 Eddingfield가 응급상황에서 왕진 요청을 받으면 이에 응하기로 합의했다고 추론할 수 있는가? 이를 긍정한다면 우리는 동의가 계약의 근본이라는 원칙에서 멀어지는 것이다. 계약의 당사자는 비록 그들이 실제로 합의하지 않은 경우 또는 이에 대하여 딱 꼬집어 생각해 보지 않은 경우라고 해도 응급상황에서 의료서비스를 제공하는 것과 같은 특정한 조건term에 구속될 수 있다. 응급상황의 환자는 의사−환자관계의 통상적 조건에 따라 응급상황에서 의사에게 치료받을 것을 기대할 권리가 있다고 말할 수도 있을 것이다. 만약에 그게 그렇다면 계약상 의무의 근거는 가정의와 환자라는 관계에 의하여 환자가 가지게 되는 기대를 보호하는 데 있고 그 배후에 있는 어떤 의도intent에 있는 것이 아니다.

그러나 그 역시 완전히 옳은 말은 아니다. Eddingfield에게 응급의료 서비스를 제공할 생각이 없을 수 있었던 것처럼 Burk 역시도 그런 서비스를 받을 생각을 사전에 하지 못했을 수도 있다. 그 경우 그녀는 보호받아야 할 진실된 기대를 가지고 있지 않았던 것이다. 그러나 그렇더라도 실제 응급상황이 발생했을 때 우리는 여전히 이에 응하지 않은 의사에게 책임이 있다고 생각할 수 있다. 그 경우의 책임의 근거는 관계에 대한 우리의 감각 자체에서 흘러나온다. 그리고 동의consent에서 한 걸음 더 멀리 떨어져 생각하자면 그러한 의무가 어떤 것인지에 대한 우리의 감각은 의사와 환자가 무엇을 생각하고 그들이 보통은 어떻게 행동하는지에 관하여 단순히 경험적으로 조사한 결과로부터 흘러나오지 않는다. 우리는 모두 우리가 생각하는 올바른 답이 무엇이어야 하는지를 전형적인 의사−환자관계, 스스로 의사를 대하면서 얻은 경험 그리고 사람들이 서로에게 어떤 의무를 부담하는지에 관한 우리의 감각 등에 관한 증거에 기초하여 판단한다.

Hurley v. Eddingfield와 같은 사건에서 계약을 해야 할 법적 의무가 어디까지인가에 대한 판단은 다른 많은 계약 관련 사건에서와 마찬가지로 가장 좋은 사회정책이 무엇이냐에 관한 판단과 같다. 계약을 체결할 자유와 체결하지 않을 자유의 범위는 당사자의 동의 여부에 의하여 결정되는 것이 아니며 당연히 법제도 자체가 이를 결정한다. 법원이 의사가 응급상황에서 환자를 치료해야만 했다 또는 그럴 필요가 없었다라고 말한다면 이는 입법부가 자동차 운전자는 보험에 들어야만 한다거나 또는 고용주는 인종을 이유로 하는 차별을 해서는 안 된다고 말하는 등등의 입법을 하면서 내리는 판단과 같은 종류의 판단을 하는 것이다. 이러한 원칙은 모두 무엇이 전체로서 사회의 이익에 가장 좋을 것인지에 관한 판단에 근거한다. 그러므로 계약적 환경 속에서 선택이란 언제나 법적 정책결정이라는 배경과의 대비하에 이루어진다.

당신은 어떻게 계약을 체결하는가?

당신은 원하는 거의 어떠한 방법으로든 계약을 체결할 수 있다.

계약법의 기본원칙이 계약을 체결할 때 무엇이 필요한지는 알려준다. 우리는 어떤 사람이 약속promise, 즉 그가 장래에 어떤 행동의 경로를 따르겠다는 결단을 했는지 추정함에 있어 합리적인 사람이 정당하게 판단했는지 여부를 알아보려고 한다. 결단과 장래라는 약속의 두 요소는 계약을 체결하는 일과 계약법의 핵심이다. 당신이 무언가를 하겠다는 약속은 이를 진짜로 하겠다고 말하는 것이고 만약 이행해야 할 때가 되어 기분이 내키면 이행하겠다거나 혹시 마음이 바뀌지 않는다면 이행하겠다는 등의 것이면 약속이라고 할 수 없다.

누군가가 약속을 했는지 여부를 판단하려면 그 결단을 표현하는 언어를 살펴보는 것이 가장 좋다. 누가 "당신의 차에 5,000달러를 내겠다고 약속합니다."라고 말하면 그가 차를 사겠다는 결단을 내렸다고 추정하는 것이 합리적이다. 그러나 이것만이 계약을 체결하겠다는 결단이 있는지 알아내는 방법이 되는 것은 절대 아니다. 계약은 묵시적으로by implication 또는 전혀 말을 하지 않고도 체결될 수 있다. 경매에서 경매인이 "여기 아름다운 피카소의 작품이 있습니다."라고 말한다. 코미디에 수도 없이 등장하듯 이때 당신이 손을 들거나 고개를 끄덕이거나 코를 긁으면 그림 하나를 2,000만 달러에 사야 할 의무가 생길 수도 있다.

이 분야는 계약은 어떻게 하여야 체결되는가에 관한 법, 즉 계약성립법law of contract formation이라고 불린다. 계약성립법에 관하여는 우리가 무엇을 찾고 있는지 및 우리가 이를 발견하기 위하여 어디를 보는가라는 두 개의 질문이 있다. 계약법이 명시된 동의manifested consent에 관한 법이라는 발상에서 출발하면 우리는 당사자가 계약을 체결하고자 하는 동의를 표시했는지 알아보아야 한다. 그러한 표시가 있었는지를 판단하기 위하여 우리는 당사자들의 말과 행동을 들여다본다.

잘 성립된 계약이 어떤 것인지 알려주는 일련의 사실들을 보자. 어느 근로자가 12월 15일에 만료되는 고용계약에 따라 일을 하고 있다. 12월 초에 회사 사장이 다음 해까지 계약을 연장하자고 제안한다. 사장과 근로자는 피용자의 의무, 봉급, 건강보험 혜택, 휴가, 병가 등을 자세히 협의하고 긴 문서로 이에 대하여 자신들이 이해한 바를 구체화한다. 축하를 하면서 그들은 계약서에 서명하고 악수를 하며 자신들의 관계가 지속되는 데 대하여 샴페인으로 건배를 한다.

이러한 가정적 상황은 계약의 성립에 관한 위의 두 가지 질문에 대하여 쉽게 답변을 해 준다. 계약서라는 이름을 가진 서면에서 흔히 볼 수 있는 조항들이 기재되어 있는 "고용계약서"를 작성함으로써 사장과 근로자는 각자 고용관계라는 법적 관계에 들어설 의사가 있음을 표시하였고, 굳이 그럴 필요가 없음에도 악수를 하고 샴페인으로 축하를 함으로써 역시 자신들의 의사를 보여준다. 그 서류는 계약의 내용에 관하여 자세하고 명시적인 조항을 가지고 있으며 이와 같이 긴 계약서를 작성하는 것은 보통 그 계약에 구속되기를 원한다는 뜻이므로 그들에게 그런 의사가 있었음을 장래에 증명해 주는 증거가 되고 법원에게는 분쟁이 생겼을 경우 계약의 조건을 알아볼 수 있는 자료가 된다.

이러한 가정은 계약을 체결할 의사에 관한 증거가 확실하며, 그 결과로서의 합의가 명확하고 완벽하다는 점에서 잘 성립된 계약이 어떤 것인지를 보여준다. 여기서 계약은 양 당사자가 서류에 서명한 순간 성립되지만 합의의 과정은 다른 형태를 가질 수도 있다. 계약은 보통 일방이 합의의 절차를 시작하고 타방이 이를 완결하는 등의 청약offer과 승낙acceptance을 통하여 성립된다. "내 중고차를 1,500달러에 팔겠다."라는 편지는 청약이며 여기에 대하여 "내가 사겠다."라고 답변하는 편지는 승낙이다.

계약법의 입장에서는 불행한 일이지만, 그러나 완벽하게 성립하는 계약은 별로 없다. 이 정도로 정확하고 명확하게 성립하는 계약은 많지 않다. 위에서 본 가정의 근거가 된 실제 사건인 Embry v. Hargadine, McKittrick Dry Goods Co. (1907) 사건을 보자.

Embry는 직물회사의 샘플 관리부서의 책임자였다. Embry의 계약은 12월 15일에 만료될 예정이었는데 회사의 사장인 McKittrick은 그가 계약 연장 문제에 관하여 이야기하려고 할 때마다 그를 회피하였다. 결국 12월 23일에 Embry는 McKittrick에게 다음 해까지 계약을 연장해 주지 않으면 즉시 사직하겠다고 말했다. McKittrick은 그의 부서 사정이 어떤지 물었고 Embry는 영업사원을 거리로 내보내 고객들을 만나게 하는 일이 한창이라 매우 바쁘다고 답하였다. 그러자 McKittrick은 "일을 계속 하시오. 당신은 괜찮소. 사원들을 영업현장에 내보내고 이 때문에 걱정하지 마시오."라고 말했다. Embry는 새로운 계약을 했다고 생각하고 이듬해 2월 15일까지 일을 했는데 그날 해고를 통보받았다.

이 사건에서 계약이 체결되었는가? Embry는 그렇다고 생각했는데 McKittrick은 그때 자신이 바빴고 집중이 되지 않았었기 때문에 Embry를 따돌리려고 그렇게 말했을 뿐이며 회사가 그와 새 계약을 하도록 할 생각이 없었다고 말했다. 여기서 우리는 동의가 계약상 의무를 발생시키는 유일한 근거인가라는 문제에 다시 부딪힌다. 만약 이를 긍정한다면 Embry는 재수가 없었다. 실제로 법은 이에 대하여 Embry가 그 당시에 McKittrick이 약속을 하고 있다고 간주한 데에 정당한 이유가 있었을 때에만 우리는 그 합리적인 기대를 보호한다고 말한다. 계약의 성립 여부를 판단하는 기준은 어떤 이에게 실제로 약속을 할 의도가 있었는지 여부가 아니라 그의 말과 행동을 받아들이는 사람이 합리적인 판단으로 그 말과 행동이 어떤 약속을 암시하기에 충분하다고 이해했는지 여부에 달려 있다(약속을 하는 사람을 청약자promisor라고 부르고 그러한 청약을 받는 사람을 피청약자 promisee라고 부른다). 이 경우를 가리키는 법률용어는 동의의 명시manifestation of assent라고 하는데 이 용어로 미루어 보면 우리는 법이 계약의 성립에 있어서 청약자의 실제 마음상태를 중시하는 주관설subjective theory이 아니라 말이나 행동과 같은 객관적이고 관찰이 가능한 요소들을 중시하는 객관설objective theory을 취하고 있음을 알 수 있다.

의도intent보다 말words을 중시하는 태도의 목적은 약속이 주어지는 사람의 합리적인 기대를 보호하기 위해서이다. 오래된 법언legal saying이 말하듯이 "사람의 마음은 귀신도 모른다." 약속을 들은 사람도, 사건을 판단하는 법원도 다른 사람의 주관적 마음 상태는 그 사람이 하는 말 또는 행동을 통하지 않으면 판단할 도리가 없다. Embry는 그 상황하에서 마치 약속을 하는 것처럼 들리는 McKittrick의 말을 들었을 때 약속이 있었다고 믿을 자격이 있었다. Embry는 McKittrick의 동의의 명시manifestation of assent를 근거로 자신이 정당하게 계약을 체결했다고 믿고 일을 계속하였다. Embry의 이와 같은 믿음을 수포로 돌아가게 하면 불공평할 것이며 따라서 McKittrick은 실제로는 그 계약에 동의할 의사가 전혀 없었다고 해도 그 계약에 구속되게 된다.

법률가들은 계약상 의무는 계약을 하기로 선택해야만 부과되나 불법행위 책임은 동의가 없이도 법률에 의하여 바로 부과된다는 점에서 계약법contract law과 불법행위법tort law에 차이가 있다고 말하곤 한다. 그러나 객관설에 의하면 계약법은 불법행위법과 비슷해진다. 말을 하는 것은 자동차 운전과 상당히 비슷해서 조심하지 않으면 누군가가 다친다. McKittrick의 말(그리고 내가 보라는 손짓과 미소, 어깨 들썩임 등 이 말과 함께 행해진 행동들)은 Embry의 기대를 키워 주고 그로 하여금 다른 직장을 찾는 대신 그 회사에서 일을 계속하도록 만들었다. McKittrick이 자신의 말에 구속되기를 원했든 원치 않았든 그는 자신의 말과 행동들이 Embry에게 주는 영향을 좀 더 심사숙고했어야 한다. 그가 주의하여 행동하지 않았다면 그는 함부로 운전하다가 Embry를 다치게 한 경우와 마찬가지로 "과실이 있는 약속negligent promising"에 대하여 책임을 져야 한다.

불확정계약indefinite contract에서도 계약의 성립formation of contract에 관하여 비슷한 문제가 따른다. 주택을 매매하는 계약서에 그 거래가 언제 완결될 것인지 (즉, 매수인이 언제 소유권증서deed를 받고 대금을 지급해야 하는지) 아무 언급이 없다고 가정해 보자. 또는 계약서에 다른 모든 조건은 명시되어 있으나 당사자들이 가격을 합의하지 못해 그것만 빠져 있다고 가정해 보자. 매도인이 그 거래에서 벗어나기를 원한다면 두 경우 모두 계약이 이행되기에는 너무 불명확하다고 주장할 수 있을 것이다.

계약의 확정성definiteness은 두 가지 이유에서 계약의 성립에 중요한 의미를 가진다. 첫째, 확정성은 합의의 증거가 되는데 우리는 보통 넓은 공란이 남아 있는 계약서보다는 모든 문구의 작성이 완결된dot all the i's and cross the t's[3] 계약이 계약체결의 의사를 입증하기에 더 좋은 증거라고 간주한다. 둘째, 확정계약definite contract은 법원이 그 위반 여부를 판단하는 데 더 강력한 근거가 된다. 계약에 언제 이행해야 하는지 아무 언급이 없다면 법원은 언제 계약위반이 생겼는지 알수가 없고 가격이 얼마인지 언급이 없다면 위반에 대하여 어떤 구제수단을 주어야 할지 생각하기 어렵게 된다.

객관설의 시각으로 되돌아가 보면 우리는 이 두 경우가 서로 다르다는 것을 알 수 있다. 당사자들의 합리적 기대를 출발점으로 삼아 나아가 본다면 각 계약의 간극이 메워질 수 있을까? 계약이 완결close되어야 할 날짜를 지정하지 않은

---

3) i에 점을 찍고 t의 가로선을 긋는다고 함은 필기체로 영어 단어를 쓸 때 i의 점과 t의 가로선은 한 단어를 다 쓴 후 마지막에 찍고 긋게 되므로 문서의 작성을 마무리한다는 의미의 관용구로 사용된다. 오늘날 중요한 계약은 양측의 변호사들이 장기간 계약 조건을 협상하고 문구를 상호 합의하는 과정을 거치기 때문에 이 말은 계약조건의 협상이 완결되어 당사자들의 서명만이 남은 상태로 들어갔다는, 즉 계약 성립이 임박했다는 뜻으로 많이 사용된다.

경우 우리는 당사자들이 계약을 이행하는 데 적당한 시기가 있을 것이므로 그 때를 완결의 날짜로 보면 된다고 말할 수 있을 것이다. 비슷한 부동산 거래를 살펴보고 언제쯤 당사자들이 완결의 준비를 해야 하는지, 즉 이 경우에서라면 매수인이 주택담보대출mortgage, 기타의 방법으로 대금을 준비하는 데 시간이 필요할 것이므로 대체로 언제까지 그러한 일들을 해야 할 것인지 결정할 수 있다. 이러한 모든 자료에 기초하면 60일 또는 90일이 적절한 시기라고 결론지을 수도 있겠다. 그러나 당사자들이 정하지 않았는데 적절한 가격은 어떻게 정하는가? 비록 비슷한 재산의 매매가격을 참조하는 등 방법이 전혀 없지는 않겠지만 우리는 모든 재산이 다 다르고 매도인이나 매수인은 물건 가격을 보통 개별적으로 협상한다는 것을 알고 있다. 따라서 당사자들에게 매매가격을 정해 주는 것은 이행시기를 정해 주는 것보다 어려운 일이며 계약에 가격에 관한 조항이 없다면 그 계약이 없는 것이다.

계약은 서면으로 작성되어야만 구속력을 가지는가?

보통 계약은 서면으로 이루어질in writing 필요가 없다. 당사자들이 계약을 체결할 의사를 충분히 표시하였다면 구두약속oral promise도 구속력이 있다.

그러나 반드시 서면으로 작성되어야만 집행력을 가질 수 있는 계약도 있다. 사기방지법Statute of Fraud이 규율하는 계약들이 그것이다. 사기방지법은 원래 1677년 영국에서 입법되었고 영국혁명 당시 만연하던 사기fraud와 위증perjury을 줄이고자 하는 목적을 가지고 있었다. 그 법은 사기의 문제가 특히 심각하다고 생각되는 계약의 종류를 많이 열거하고 있었고, 그 계약이 집행될 수 있으려면 합의가 있었다는 서면의 증거가 있어야 한다고 하였다.

사기방지법은 모든 보통법 국가common law jurisdiction가 그대로 따랐다(이상하게도 영국의회Parliament는 1954년에 이에 관한 영국의 성문법들을 대부분 폐지하였다). 각 법제마다 서면으로 이루어질 것을 요구하는 계약의 리스트는 차이가 있으나 각 리스트에 공통된 계약들이 몇 개 있다.

- 다른 사람의 채무debt를 대신 변제한다는 계약
- 토지에 관한 권리를 매각하는 계약
- 체결일부터 1년 이내에 이행되지performed 아니할 계약
- 500달러 이상의 물건의 매매에 관한 계약

이러한 계약들을 집행하려면 원고는 타방 당사자의 서명이 되어 있고 계약의 증거가 포함되어 있는 서면을 만들었어야 한다. 이메일과 인터넷 거래가 흔해짐에 따라 연방법과 대다수의 주법들은 당사자들이 전자적 방법으로 거래하기로 약속하였다면 전자기록이 실제의 필기를 대신할 수 있다고 한다.

사기방지법Statute of Fraud은 계약법이 계약의 집행에 있어 요식성formality을 선호함을 보여준다. 계약 당사자가 계약을 체결하기 위하여 서면에 서명을 하는 등 법에 정해진 요식성을 갖추게 되면 이것은 어린이들이 어떤 약속을 할 때 "나는 목숨을 걸고 맹세해cross my heart and hope to die."라고 말하는 것처럼 자신들의 행동의 심각성을 일깨워 주는 효과가 있다. 요구되는 형식을 갖추었다는 사실은 법원에게는 당사자들에게 계약체결의 의사가 있었다는 사실과 그들이 합의한 조건이 무엇이었는지에 대하여 강력한 증거가 된다.

요식성formality은 같은 이유로 다른 법의 영역에서도 관심사가 된다. 우리는 당사자가 어떤 형식을 꼭 지켜야만 법이 그것들이 효력이 있다고 인정하겠다고 미리 규정되어 있다면 그 행동들이 충분히 중요한 행동일 것이라고 간주한다. 유언will은 반드시 서면으로 작성되고, 서명되어야 하며, 증인이 있어야 한다. 재산을 이전하는 소유권증서deed는 반드시 서명sign되고, 날인seal되어야 하며, 상대방에게 인도deliver되어야 한다. 그러나 형식성의 요구에 뒤따르는 문제는 어떤 경우 사람들이 이를 따르고 싶지 않아 한다는 것이다. 늙고 병든 사람은 자신의 사후에 재산을 어떻게 분배할지를 메모지에 흘려 써 두는 것으로 만족하고자 할 수 있다. 토지 소유자는 소유권증서를 교부하지 않고 자기 아이들에게 비공식적으로 땅을 나누어 주기를 원할 수 있다. 부부는 공식적 허가를 받거나 예식을 올리지 않고 그냥 남편과 아내로 살고 싶어 할 수도 있다. 어떤 경우든 적절한 요식성을 갖추지 않았다고 거래를 무효로 해야 한다면 이미 정립된 관계가 흔들리거나 각 당사자들의 명백한 의사에 반하는 결과가 된다. 반면에 형식을 갖추

지 않은 거래를 인정하면 요식성을 요구하는 취지가 감쇄된다. 이러한 경우들을 다룸에 있어 우리는 정의롭지 못한 일을 예방하기 위하여 어떤 정책(여기서는 요식성)을 만들었으나 그 정책을 너무 엄격히 적용해도 정의롭지 못할 수 있다는 아주 어색한 입장에 자주 마주친다.

사기방지법에 대한 법원의 해석에는 요식성의 요구를 존중하고자 하는 욕구와 개별 사건에서 정의로운 결과를 도출하려면 요식성을 완화할 필요도 있다는 갈등이 반영되어 있다. 어떤 계약에 이 법이 적용되는지 여부를 결정함에 있어 법원은 스스로 요식성이 정말 중요하다고 생각하는 영역에서는 좀 더 적극적인 입장을 취하고 그렇지 않은 영역에는 완화하는 태도를 보인다. 예를 들어 토지의 매매는 대개 경제적으로 중요한 거래이며 소유권을 확실히 하기 위하여 서면에 의한 기록이 중요한 의미를 가지는 거래이다. 그러므로 법원은 토지의 양도 transfer, 임대leasing 또는 저당mortgaging 등에 관한 대부분의 옵션이나 매매계약, 기타 계약에 관해서는 이 법률이 적용되는 범위를 넓게 해석한다. 이에 비하여 1년 이내에 이행되지 않을 계약이 왜 그 법의 적용을 받는지는 그리 명확하지 않으므로 법원들은 1년 요건의 범위를 조금 완화하는데 여기에 자주 쓰이는 방법은 "1년 이내에 이행되지 아니할not to be performed 계약"을 "1년 이내에 이행되지 않을 수 있는cannot be performed 계약"이라고 해석하는 것이다. 이에 따라 고층건물을 짓는 계약은 이것이 (비록 현실적으로는 불가능하더라도) 이론적으로 1년 내에 건축될 수도 있기 때문에 어떤 사람이 어리석게도 계약서에 서명하지도 않고 고층건물을 짓는 계약을 체결했다고 해도 이 계약은 집행될 수 있다.

법원들은 또한 계약의 존재가 서면으로 입증되어야 한다는 요건을 완화하여 해석함으로써 사기방지법을 유연하게 적용할 필요성도 인정한다. 거의 모두가 이 법이 계약의 존재를 입증하기 위하여 당사자 모두가 하나의 서류에 서명했어야 할 것을 요구하지 않는다고 해석한다. 계약은 당사자가 작성한 편지, 이메일, 양식, 수표 또는 영수증에 의해서도 이루어질 수 있다. 중요한 조건에 관하여 충분한 증거가 있으면 모든 조건이 다 표시되어 있어야 하는 것도 아니다. 그리고 그 서면에 완벽한 서명full signature이 되어야 할 필요도 없으며 이니셜, 고무 스탬프 또는 인쇄된 레터헤드에 의해서도 서면의 진정성authenticity이 충분히 입증될 수 있다.

누구나 계약을 체결할 수 있는가?

거의 대부분의 사람이 계약을 체결할 수 있지만 계약법은 두 그룹의 사람들은 특별히 보호하는데 하나는 법적으로 성년majority(보통은 18세)[4]에 이르지 못한 어린이들이고 또 하나는 정신적인 장애mental disability[5]가 있는 사람들이다. 어린이 또는 정신적 판단력이 결여된 사람들이 계약을 했다면 그들의 측에서는 이를 무효화할 수 있다. 이런 사람들을 계약능력capacity to contract[6]이 결여된 사람이라고 부른다.

한눈에 보아도 이러한 결과는 계약법을 운용하는 기본 원칙에서 비롯되었음을 알 수 있다. 계약은 자유로운 선택을 바탕으로 이루어져야 하는데 어떤 사람들은 그러한 자유로운 선택을 할 능력이 없다. 어린이는 진정한 선택을 할 수 있을 만큼 성숙하지 못하였다. 어떤 어른들은 장애로 인하여 의미 있는 선택을 할 인지능력이 없거나, 약물 또는 알코올의 영향으로 이와 유사한 장애의 효과를 겪는 와중에 계약을 체결할 수도 있다.

그러나 계약의 집행력은 약속을 받은 사람이 약속에 대하여 합리적인 기대를 했다면 이를 보호해야 한다는 반대원칙counter-principle을 기억하여야 한다. 실제 17세이지만 외모가 19세처럼 보이는 사람과 계약을 체결하였다면, 또는 비록 정상적으로 행동했지만 사실은 정신병 환자이거나 술에 취해 있었던 사람과 계약

---

4) 대한한국의 민법은 2011년부터 민법상 성년을 종전의 20세에서 19세로 인하하였다. 주의할 것은 민법에서는 어떤 일이 일어난 첫날은 기간에서 제외하므로 법상 20일 또는 1년 등의 기간이 정해져 있더라도 이를 기산할 때는 첫날은 제외되는 것이 원칙이지만, 연령은 첫날을 산입하므로 19세가 되는 생일의 00:00부터 성년이 된다는 점이다. 미성년자는 몇 가지 경우 이외에는 독자적으로 법률행위를 할 수 없으며 부모 등의 법정대리인이 대리하여야 하는데 아래 주5)의 사람과 함께 제한능력자라고 한다.

5) 한국 민법 제9조(성년후견개시의 심판) 제1항은 "가정법원은 질병, 장애, 노령, 그 밖의 사유로 인한 정신적 제약으로 사무를 처리할 능력이 지속적으로 결여된 사람에 대하여 본인, 배우자, 4촌 이내의 친족, 미성년후견인, 미성년후견감독인, 한정후견인, 한정후견감독인, 특정후견인, 특정후견감독인, 검사 또는 지방자치단체의 장의 청구에 의하여 성년후견개시의 심판을 한다."라고 하여 이러한 사유가 있는 사람을 성년후견대상자로 하고 성년자라고 하여도 독자적으로 법률행위를 할 수 없도록 한다. 종전에는 정상적 판단능력의 정도에 따라 한정치산자, 금치산자로 구분하였으나 이제는 성년피후견자로 통일되었다.

6) 대한민국에서는 이를 행위능력이라고 부르며 계약만이 아니라 어떤 법률행위를 독자적인 판단에 의하여 할 수 있는 능력이라고 일반적으로 정의한다. 다만 이러한 행위능력은 재산에 관한 법률행위에 적용되며 친족법에는 여러 가지 예외가 있다.

했다면 어떤 일이 벌어질 것인가? 다시 한번 우리는 원칙들 사이의 충돌을 목격한다. 우리는 계약을 할 능력이 없는 사람을 보호해야 하지만 또한 정상적으로 행동하는 사람과 계약을 체결한 사람도 보호받게 해 주기를 원한다.

법은 이 충돌을 때로는 중간지대를 찾거나 어떤 경우에는 그때그때 원칙들 사이에서 적절한 지점을 찾아 나가는 방법으로 해결하고자 한다. 예컨대 지적능력이 문제되는 경우 법원은 대개 상대방이 이를 알고 있었을 경우 또는 장애가 있음을 알았을 만한 사유가 있었을 경우에만 장애를 이유로 계약에서 벗어날 수 있도록 해 준다. 어떤 사람이 계약능력이 있는 것처럼 보이거나 그렇게 행동했다면 그 외양을 믿는 것이 합리적이라고 해야 할 것이며, 반대로 계약 당사자가 상대방이 정신적 질병의 전력이 있거나 현재의 거래에서 비이성적인 선택을 하고 있음을 알고 있었다면 상대방을 계약에서 벗어날 수 있게 해 주더라도 별로 할 말이 없을 것이다. 미성년자minor의 경우 법원은 보통 누군가가 성년majority의 나이에 이르지 못하였다면 설사 그 사람이 성년자처럼 보였다거나 행동하였더라도 여전히 미성년자였음을 이유로 계약에서 벗어날 수 있다는 원칙에 따른다. 그러나 법원은 일련의 예외들을 만들었다. 미성년자는 성년에 도달한 이후에 계약을 구두로 인정하거나 상대방이 계약상 의무를 이행할 때 이를 수령함으로써 자신이 미성년자이던 시절에 체결한 계약을 추인ratify[7]할 수 있고 그러면 이는 구속력 있는 계약이 된다. 미성년자는 또한 자신이 "생활필수품necessaries"을 구입하기 위한 계약을 하였다면 계약에 대하여 지급을 해야 한다. 오래전의 보통법common law에 의하면 이러한 필수품을 한때 식품, 음료 그리고 기타 약간의 물건에 국한했으나 오늘날은 어린이도 의료서비스, 교육, 또는 자동차에 대해서는 돈을 지불할 의무가 있다. 어떤 주에서는 계약을 할 만큼 충분히 성숙하지 못한 미성년자였는지 여부는 진실을 말할 수 있는 성숙성의 정도에 따라 판단되어야 한다는 취지에서 미성년자가 자신의 나이를 거짓으로 말하였고 자신이 체결한 계약에 의하여 무언가를 수령하였다면 대가를 지불할 의무를 지운다.

---

7) 어떤 하자가 있는 법률행위라도 그러한 하자의 원인이 치유된 후, 예컨대 대한민국 민법에 의하여 미성년자가 법정대리인의 대리에 의하지 않고 스스로 계약체결 등 법률행위를 하였는데 성년자가 된 이후에 자신의 행위를 인정하거나 그 계약으로부터 생기는 상대방의 이행을 이의 없이 수령하였다면 그 하자가 치유되어 유효한 계약으로 되는 것 등을 말한다.

두 사람이 계약을 체결하면 언제나 이행되어야 하는가?

언제나 그렇지는 않다(이 부분의 주제를 예측할 수 있기 바란다. 법대생들은 어떤 질문에 대한 답이 "예스" 또는 "노"로 딱 떨어지지 않고 "경우에 따라 다르다"는 경우가 많기 때문에 공부하기가 힘들다).

오랫동안 "법은 어떤 계약에 구속력을 부여하는가?"가 계약법에서 중대한 문제로 되어 왔다. 이 문제를 계약법은 약속의 유효요건validation of promise이라는 주제로 다루며 주된 원칙은 약인consideration[8])이다. 약인에 관한 이야기는 생소하면서도 흥미롭다. 19세기 후반에서 시작하여 100여 년간 약인은 그야말로 계약법의 중심적 원칙이었다. 그러나 이것을 적용하자면 너무 비상식적인 일이 생기기도 하기 때문에 법원들은 으레 그 적용을 회피해 왔고 이제는 그 많은 부분을 내버리기에 이르렀다. 오늘날 약인consideration의 원칙이 문제되는 경우는 드물지만 이 원칙에 대하여 논하다보면 법률가들이 어떻게 사고하고 계약법이 어떻게 발전했는지에 대하여 흥미로운 통찰력을 가질 수 있게 해 준다.

계약법 교수들이 즐겨 인용하는 사건을 바탕으로 두 개의 간단한 가정을 검토해 보자. (1) 삼촌은 자동차를 5,000달러에 팔고 조카는 이를 사기로 합의하였다. (2) 삼촌이 조카의 다음번 생일날 자동차를 주기로 약속하였다. 각각의 경우 삼촌의 마음이 바뀐다면 그의 약속은 이행되어야 한다고 강제할 수 있는가?

첫 번째의 가정은 쉬운 문제이다. 삼촌과 조카는 각자 동의의 명시manifestation of assent를 통하여 자신의 자유계약권freedom of contract을 명확하게 행사하였으며 이에 따라 우리는 이 계약이 이행되어야 한다고 생각하려는 경향이 있다. 약인 consideration의 핵심은 교환exchange의 개념이다. 모든 교환은 이행이 강제되어야

---

8) 당사자들로 하여금 계약을 하게 만드는 동기 또는 계약을 하는 이유를 말한다. 계약으로 얻고자 하는 권리, 이익이나 계약으로 발생하는 의무, 손실, 부담 등을 말하며, 보통법common law에서는 당사자에게 법적 구속력이 있는 계약이 존재한다고 인정받기 위하여 필요한 근본적 요소가 된다. 시민법계civil law에는 이러한 약인의 개념이 존재하지 않고 대체로 내가 계약상의 의무를 부담하는 이유는 상대방이 나의 의무에 상응하는 의무를 부담하기 때문이라는 계약상 의무의 견연성(牽連性) 또는 상호 대가관계의 개념이 약인과 유사한 개념이라고 할 수 있을 것이다. 시민법계 민법은 계약의 각 당사자가 상대방에 대하여 서로 의무를 부담하는 계약은 쌍무(雙務)계약이라고 하고, 일방만이 의무를 부담하는 계약은 편무(片務)계약이라고 하는데 증여는 한쪽만이 재산을 내놓을 의무를 부담하고 상대방은 이를 수령하는 데 그치므로 대표적인 편무계약이다.

할 계약으로 되는데 그 이유는 진정한 가치를 판단할 사람은 양 당사자밖에 없기 때문이다. 자동차, 1년간의 근로, Picasso의 그림은 다른 사람이 그에 대한 대가를 지불할 용의를 가질 만한 가치가 있다. 거래를 하겠다는 의사가 명백하다면 계약이 존재한다. 시장경제 체제하에서 공정한지를 판단할 유일한 수단은 사고 싶어 하는 자와 팔고 싶어 하는 자가 합의한 가격밖에 없으며 따라서 법원이 당사자들의 판단을 한 번 더 검토해야 할 이유가 없다.

이제 삼촌이 조카에게 자동차를 주기로 하였다는 두 번째 가정을 검토해 보자. 여기서도 역시 우리는 동의의 명시manifestation of assent를 볼 수 있다. 그런데 그게 전부인가? 비록 약속이 있었지만 이는 증여gift[9]의 약속이고 어떤 것을 주고받는다는 거래관계bargain를 체결한다는 약속이 아니다. 증여의 약속, 특히 가족 사이의 증여의 약속은 심사숙고의 결과가 아니고 상업적 교환을 하고자 하는 약속보다 느슨하게 이루어지는 경우가 많다. 이러한 증여의 약속은 약속한 사람이 신중하게 생각하고 이루어졌는지 또는 받는 사람이 심각하게 이해하였어야 하는지 판단하기 어려운 경우가 많기 때문에, 또한 우리는 증여의 약속을 함부로 하는 것을 조장하고 싶어 하지 않기 때문에 문제가 된다. 증여가 경제적으로 부가가치를 생산하는 의미가 있는 거래인 것도 아니다. 계약의 목적이 거래를 촉진하여 자원이 가장 생산적으로 사용되도록 하는 데 있다고 본다면 증여의 약속은 이것과도 관련이 없다. 계약법이 사용할 수 있는 자원이 제한되어 있다면 그 자원은 상업적 약속이 이행되도록 하는 데 먼저 사용되어야 한다는 것이다.

이것이 약인원칙doctrine of consideration이 취하는 접근방법이다. 약인이 뒷받침되는 약속이면 모두 집행이 가능하다는 원칙이 있다면 그 대칭점에는 약인이 뒷받침되어 있지 않은 약속은 집행할 수 없다는 원칙이 있다. 증여를 하겠다는 약속이 자유롭고 신중하게 이루어졌다고 해도 삼촌은 그 약속의 대가로 자신이

---

9) 증여는 일방 당사자가 타방 당사자에게 무상으로 재산의 소유권을 넘겨주고 타방 당사자는 이를 수령하기로 하는 의사의 합치로 성립한다. 증여는 증여자의 급부행위에 경제적으로 상응하는 피증여자의 급부가 없기 때문에 일방적인 단독행위로 보이기 쉬우나 아무도 자신의 의사에 의하지 않고 남이 일방적으로 자신에게 부여하는 재산을 수령할 의무(그것이 사실상 자기에게 이익이 되므로 대개의 경우 이를 수령하겠지만)를 가지지 않고 이는 실제로 바람직하지 않은 경우도 생길 수 있으므로 최소한 이를 수령할 의사가 있어야 한다는 의미에서 각국의 법제는 계약으로 취급하는 경우가 많다.

받는 것이 없기 때문에 법적인 구속력이 없다.[10] 그러한 증여를 함으로써 심리적 만족감을 얻어질 것이므로 삼촌도 받는 것이 있다고 주장할 수 있을 수는 있다. 그러나 법은 교환exchange에 주안점을 두기 때문에 설사 삼촌이 조카를 도와주는 것으로부터 만족감을 느끼게 된다 하여도 조카가 증여의 약속에 대한 대가로 그러한 만족감을 준 것이 아니라는 이유를 들어 이와 같은 발상은 인정하지 않는다(그러나 삼촌이 일단 자동차를 준 다음에는 돌려 달라고 할 수 없게 되는데 설사 증여하겠다는 약속은 계약법으로 강제할 수는 없다고 하여도 증여가 실행되고 나면 계약법이 아닌 물권법property law에 의하여 구속력 있는 거래로 되기 때문이다).

다른 한편으로 법학 교수들이 즐겨 예로 드는 Hamer v. Sidway (1891) 판결을 보자. 이 사건에서는 삼촌이 조카에게 21세가 되는 생일까지 음주 또는 흡연을 자제한다면 5,000달러를 주겠다고 약속하였다. 삼촌의 입장에서는 조카가 그 거래에서 해야 할 일을 이행한다고 해도 삼촌이 경제적 가치를 얻는 것은 아니지만 이 점은 문제되지 않으며 이 약속은 여전히 약인consideration에 의하여 뒷받침되기 때문에 집행이 가능하다. 삼촌의 입장에서 조카가 건강 또는 도덕적 강건함을 유지하는 데 관심을 가지고 있어서 그러한 합의를 할 가치가 있다면 법원으로서는 이를 이행하도록 강제할 충분한 이유가 있다는 것이다. 조카의 입장에서도 자기 의무를 이행함으로써 신체적으로 도움이 되거나 손해를 본 것이 없다는 점도 문제되지 않는다. 그는 무언가 포기한 것이 있으므로 이에 따라 그 교환은 집행이 가능하다.

전통적으로 약인원칙이 적용되어온 경우들을 좀 더 살펴보자. 계약의 당사자가 기존의 계약을 이행하는 도중에 계약조건을 재협상하였다. 전통적인 약인원칙에 의하면 그러한 조건 변경은 집행할 수 없게 될 수도 있다. 고용주가 현재의 근로자에게 봉급을 인상해 주기로 했다든가 돈을 빌려준 자가 빚의 일부를

---

10) 대한민국 법에 의하면 증여도 계약이기 때문에 일방이 재산을 증여하고 상대방이 이를 수령하겠다는 의사의 합치, 즉 증여계약이 성립하면 이를 소송에 의하여 강제할 수 있게 된다. 다만, 증여에는 이와 같이 상호 대가관계가 없다는 점을 반영하여 다른 계약에 비하여 특별취급을 하는데 서면에 의하지 않은 증여계약은 이행 전에는 언제든지 증여자가 이를 취소할 수 있는 것이 그 예이다.

면제해 주기로 합의하였다면 이러한 약속은 교환의 일부가 아니므로 집행할 수 없다. 근로자는 이미 근로를 제공할 법적 의무가 있었고 채무자는 대부받은 돈을 갚을 의무가 있었으므로 그 고용주나 채권자는 새 약속에 의하여 아무 것도 받는 것이 없다. 이 원칙은 기존의무의 원칙preexisting duty rule이라고 부르는데 이미 존재하는 의무의 이행은 새로운 약속의 약인이 될 수 없다는 것이다.

아니면 어떤 회사의 이사회가 오래 근무한 직원에게 장기간 충실하게 근무한 데 대한 표창의 의미로 그가 언제 퇴직하든 회사가 종신연금lifetime pension을 지급하겠다고 통지하는 경우를 가정해 보자. 이 직원은 경제적 안정이 약속되자 직후에 퇴직했다. 회사는 약속을 이행하지 않았다. 이 약속이("당신이 퇴직하면 우리가 연금을 지급하겠다."라는 등의) 다른 형태로 구성되었다면 교환exchange이라 할 것이 있을 수도 있겠지만, 위의 문구대로라면 회사의 약속은 본질적으로는 증여의 약속에 해당한다. 근로자가 그 대가로 아무 것도 약속하거나 준 것이 없기 때문에 이 약속은 약인의 부재로 인하여 이행을 강제할 수 없는 계약이 된다.

약인의 원칙은 인간의 본성과 계약의 관행을 왜곡된 시각으로 바라본다. 이 원칙은 누구나 자신을 돌보고자 하므로 어떤 대가를 얻을 수 없다면 아무 것도 포기하려 하지 않을 것이며, 경제적으로 생산성이 있는 거래만이 가치가 있다고 전제한다. 이러한 시각의 한계로 인하여 사람들은 이러한 사건들의 결과에 불편을 느낀다. 기존의무preexisting duty에 관한 판례와 근로자의 기대에 관한 판례는 이러한 약속이 보통 이루어지고 있으며, 이해될 수 있는 상업적 거래라고 할 수 있음에도 효력을 인정하지 않기 때문이다.

법원들은 약인consideration 관련 사건에 대하여 이러한 정서가 있음을 감안하여 이 원칙이 너무 가혹해지지 않도록 하는 보충적 원칙을 발전시킴으로써 이에 응답하였다. 보충적 원칙들이 발전하기 시작한 초기에는 적정한 결론을 도출해내기 위하여 약인의 원칙을 조정하거나 일부는 적용을 배제하는 형태로 이루어졌다. 예를 들자면 채무자가 총액 2,000달러의 채무를 해소하기 위하여 1,000달러와 함께 손수건을 주었다는 경우와 같이 채무자가 채무의 일부를 갚는 것 이외의 어떤 이행을 더 하였다면 그 채무자는 자신이 이미 부담하고 있는 의무 이상의 것을 주었으므로 기존의무의 원칙에 어긋나지 않는다고 한다.

좀 더 최근에는 법원들은 약인의 존재가 계약을 집행하기 위하여 반드시 필요한 요건이라는 원칙을 정면으로 부정하였다. 이러한 움직임은 공정성과 공공정책에 근거를 두고 있다. 자선단체에 증여하겠다는 약속은 기부자donor가 그 대가로 아무 것도 받는 것이 없다고 해도 집행이 가능하다고 한다. 약인의 필요성이 부정되는 다른 경우는 대부분 상거래의 현실이 반영된 결과이다. 기존의무의 원칙은 계약의 변경이 선의로in good faith 이루어지거나, 계약 체결 당시 예상할 수 없었던 상황을 반영하기 위하여 이루어졌다면 그 변경사항도 집행이 가능하다는 원칙으로 대체되었다. 그리고 오늘날에는 약인원칙에 대한 반대의 원칙 중 가장 중요한 것은 신뢰의 원칙reliance principle이다. 약인에 의하여 뒷받침되지 않은 약속이라고 해도 약속을 받은 자가 이에 대하여 합리적인 신뢰를 가지고 있었으면 집행이 가능하게 되었다. 따라서 오래 근무한 근로자가 연금을 주겠다는 이사회의 약속을 신뢰하여 퇴직했다면 그의 퇴직은 약인을 대체하는 효과가 있으며 그 약속은 유효하게 된다.

계약이 공정하지 않으면 법원은 그 집행을 거부할 수 있는가?

이 점은 계약법에서 참 어려운 질문이다. 계약이 교환이라는 점을 강조하면 법원은 거래bargain가 아무리 불공정하다고 보이더라도 당사자들이 원하여 한 합의이고 이제 그들은 이에 속박되기 때문에 이를 무효화하는 일을 금지할 것이다. 그러나 매우 고약하기만 한 계약도 있다. 그 정도가 심하면 법원은 몇 가지 수단을 가지고 불공정한 계약의 집행을 막는다.

여기서 의미하는 "불공정unfair"이 무얼 의미하는지는 정확히 말하기 어렵고 법원에게 언제 계약이 불공정하다고 판단할지에 관하여 세밀한 기준을 주기도 어렵다. 법원은 유사한 사건에 적용된 일반적 기준에 따라 개개의 사건에서 불공정성 여부를 판단해야 하므로 직감만으로 한쪽 당사자가 아주 나쁜 거래를 했다고 단정할 수 없다. 법원들은 불공정성을 철저하게 심사해야 할 계약이 어떤 것인지 판정하기 위하여 두 개의 기준을 개발하였다. 첫째는 당사자들이 계약에 이르게 된 합의의 과정에 뭔가 의심스런 점이 있는 경우이다. 자유계약의 이상은 독립적이고 계약에 관련된 정보를 잘 아는 두 당사자들이 자기에게 가장 이익이 되도록 협상하였음을 전제하지만 계약 과정 중에는 중요한 점에 관하여 이러한 이상적 형태에 미치지 못하는 경우가 있다. 둘째는 체결된 계약이 너무 일방적인 경우이다. 일방 당사자, 보통은 협상력이 강한 당사자가 그 상황에서 정당화될 수 있다고 보이는 것보다 훨씬 많이 얻은 때를 말한다.

이 두 개의 기준은 모두 문제가 매우 많다. 이 기준들이 너무 관대하게 적용되면 계약법의 근본이 훼손된다. 계약은 그 상황하에서 얻을 수 있는 최선의 결과를 얻고자 애쓰는 과정인데 실제 계약에서는 어느 한쪽이 지식, 기술 또는 경제적 지위에서 우위에 있기 때문에 협상력이 우세하고 결국 유리한 합의를 하는 경우가 많기 때문이다. 공정한 우위와 불공정한 우위 사이의 선을 긋기는 매우 어려운 문제이다. 여기서 강박duress과 부당행위unconscionability라는 두 개의 원칙을 간단히 살펴봄으로써 이 어려움에 대하여 알아보자.

강박행위duress의 원칙은 일방 당사자가 타방 당사자로부터 협박을 받아 어쩔 수 없이 계약을 체결한 경우라면 그 계약에서 벗어날 수 있도록 해 준다. 강도에게 억류된 피해자가 지갑을 포기하는 데 동의하였다든가, 납치된 자녀가 안전하게 돌아오게 해 주는 대가로 부모가 몸값ransom을 주기로 합의하였다면 그에 따른 계약의 결과는 강박행위에 해당하기 때문에 이행될 수 없다. 상업적 거래에 있어서도 일방이 타방으로부터 착취extortion하듯이 어떤 계약조건을 이끌어 내었다면 같은 논리가 적용된다. 유명한 사건으로 한때는 채권자creditor였으나 이제는 그 채권claim이 효력을 잃었음에도 법원의 허가를 받아 채무자debtor의 얼음 운반차량에 얼음이 실린 후에 이를 압류seize한 사건이 있다. 채무자는 자기의 사업이 녹아 없어질 것을 걱정하여 무효인 채무를 변제하였는데 이는 명백하게 강박duress에 의한 지급이다(Chandler v. Sanger, 1874).

착취행위extortion와 허용되어야 하는 경제적 압박 사이에 선을 긋는 것은 물론 매우 어렵다. Walmart가 납품업자로부터 유리한 가격을 끌어내기 위하여 자신의 경제력을 사용한다면 납품업자에게는 사업상의 어려움이고 Walmart는 사업을 잘 한 것에 불과하며 착취행위에 해당할 정도의 불합리한 거래가 아니다. 강박의 원칙은 계약 당사자가 그러한 제안을 받아들이는 것 이외에 다른 합리적 대안이 없었을 경우 그리고 거래가 억류된 상태 또는 얼음 운반차량을 압류당한 피해자와 같이 정말로 일방적인 경우를 위하여 마련된 원칙이다.

이와 비슷하게 부당행위unconscionability의 원칙도 일방이 선택권에 제한을 받거나 협상에서 지위가 열악하였고 그 거래가 전반적으로 불공정하다고 인정되면 법원이 집행을 거부할 수 있도록 해 준다. 유명한 Ora Lee Williams 사건에서 Washington D.C.에 사는 사회복지 수급자인 그녀는 5년이 넘도록 시내의 가구점에서 할부계약installment plan으로 가구와 가재도구를 구입해 왔다. 그녀는 물건을 살 때마다 아래의 문구가 기재된 정해진 양식의 계약서에 서명하였다.

> 이 계약에 따라 구매자가 매번 정기적으로 회사에 납입할 할부금은 포괄적으로 납입되며, 구매자가 기존의 임대료, 청구금액 또는 계정에 납입할 개별 할부금에 더해지지 않는다. 그리고 구매자가 현재 및 이후에 납입하는 모든 금액은 납입 시마다 구매자가 회사에 대하여 부담하는 기존의 모든 임대료, 청구금액 및 계정의 금액 비율에 의하여 납입된다.

이 모호한 조건으로 인하여 Williams가 구매한 물품의 전부에 대하여 대금의 전액이 완전히 납입될 때까지는 대금을 일부 납입하더라도 그 금액이 이제까지 구입한 모든 물품의 구입대금에 안분되어 납입되므로 모든 구매항목에 잔액이 남아 있게 된다. Williams가 제일 마지막으로 구입한 물건인 515달러짜리 스테레오 전축에 대하여 납입을 지체하자 가게는 스테레오와 함께 그녀가 5년간 구입한 모든 물건에 아직 대금 잔액이 남아 있다는 이유로 이 계약 조건을 모든 물건을 회수하겠다는 뜻으로 이용하였다. 이 물건 값의 전체 합계는 1,800달러였고 그중에 Williams 부인이 납입한 돈은 1,400달러였다.

Williams v. Walker-Thomas Furniture Co. (1965) 판결에서 연방항소법원 U.S. Court of Appeals은 이 신용계약 조건은 부당행위였다면서 Williams에 대하여 집행될 수 없다고 판시하였다. 그 법원은 이 조항이 부당하다고 할 만한 두 개의 요소를 발견해 냈다. 하나의 요소는 계약의 과정에 관계된 것으로 "당사자 중 일방이 의미 있는 선택meaningful choice을 할 수 없었다는 것"이다. 다른 요소는 거래의 실체에 관한 것으로 "거래의 조건이 상대방에게만 불합리하게 유리하다."는 것이다. 부당행위는 각 사건의 사실관계에 따라 개별적으로 결정되어야 하므로 항소법원은 사실심 법원trial court에 사건을 다시 심리하여 Williams가 계약을 체결함에 있어 그녀의 경제사정과 난해한 법률용어 등 때문에 "의미 있는 선택"을 하지 못하였다고 볼 사실이 있었는지 그리고 그 결과로 체결된 계약이 가구점에 "불합리하게 유리했는지" 살펴볼 것을 명령하였다.

이 판결은 착취적인 상인들이 가난한 고객에게 감당할 수 없는 물건을 구입하게 하고 구매자가 한번이라도 납입을 지체하면 이해할 수 없는 법률용어로 가득 찬 계약조항을 이용하여 물건을 회수해 버리는 수법의 행위를 방지하기 위하여 부당행위에 동정적 태도를 보인 판결이다. 그러나 부당행위를 너무 많은 사건에 적용한다면 문제가 생긴다. 시장경제하에서 계약을 체결하려면 선택이 제한되거나 자주 구미에 맞지 않는 선택을 해야 하는 경우가 불가피하게 발생하기도 한다. Williams가 현금결제를 할 형편이 되지 않는다면 점포의 이익을 보호하기 위하여 가혹한 조건이라도 제시하고 이를 받아들이는 것을 조건으로 그들에게 신용거래의 기회를 주는 것이 불공정한가? 이런 식으로 계약을 무효화시키는 일을 너무 많이 하면 법원들은 계약이 불공정하다는 취지의 제소를 더 많이 받게 될 것이고 결국에는 계약은 계약이다a deal is a deal라는 기본 관념을 포기해야 할지도 모른다. 그 이유 때문에 법원들은 부당행위에 해당한다는 이유로 계약조항을 무효화하는 일은 조심스러워 한다. 오늘날 이 원칙은 정형계약standard-form contract에서 어떤 조항, 특히 소비자에게 법원에 제소하는 대신 중재제도를 이용해야 한다는 조항을 요구하여 법원에 제소하기 어렵게 만드는 중재조항arbitration clause을 강제하는 경우에 이 조항이 강압적인지를 판단하는데 가장 중요하게 사용되고 있는데 이에 대하여는 다음 항에서 살펴본다.

법은 정형계약과 온라인계약을 어떻게 다루는가?

오늘날 계약의 성립formation, 집행력enforceability 및 공정성fairness에 관하여 가장 중요한 이슈는 가장 흔한 형태의 계약, 즉 정형계약form contract에서 발생하는데 정형계약(일방은 협상을 하지 못하고 그 전부를 통째로 받아들일지 여부만을 결정할 수 있으므로)은 부종계약adhesion contract이라고 불리기도 한다. 정형계약은 어떤 거래에서 우월적 지위에 있는 당사자가 그 거래 또는 그러한 종류의 거래를 위하여 미리 만들어 둔 표준계약으로, 표준화된 조건을 가지고 있으며 대개는 타방 당사자에게 일괄수용방식take-it-or-leave-it, 즉 전체의 조건을 있는 그대로 받아들이지 않으면 거래가 성립되지 않는다는 방식으로 제시된다. 보험 증권, 신용카드 계약, 고용계약, 웹사이트의 서비스와 개인정보 보호정책 그리고 대부분의 구매계약은 사람들이 매일 마주치는 정형계약의 일부이다. 만약 친구가 당신에게 LAW 101이 좋은 책이라고 하면 당신은 Google에서 책에 대하여 알아보기를 원할 수 있는데, 이때 당신은 1,900개의 단어로 된 Google의 서비스 조건과 2,900개의 단어로 된 개인정보 보호정책에 동의하는 것이고 여기에는 수십 개의 다른 문서에 링크가 걸려 있다. 이때 당신은 Google에게 당신의 검색 내용을 들여다볼 수 있고, 당신의 컴퓨터에 디지털 쿠키가 설치되고, 당신이 온라인에서 하는 습성에 관한 정보를 다른 회사에 매각하여 어느 날 당신을 겨냥한 광고가 팝업되게 하는 것에 동의하는 것이다. 그 후 당신은 책을 사기 위해 Amazon.com에 접속하여 그곳의 (3,400개 단어로 된) 이용조건terms and conditions에 동의한다. 이 조건에 동의함으로써 당신은 Amazon에게 사이트를 이용함으로써 생기는, 또는 당신이 구매한 상품으로부터 생기는 재산상 손실에 대하여 책임을 지지 않는다는 데 동의하게 된다. 당신은 이때 Capital One 신용카드를 사용했을 수 있는데 이 신용카드 계약은 작은 글씨로 된 8페이지의 약관에 따르게 되어 있다. 당신이 Google, Amazon, Capital One과의 계약 내용을 모두 다 읽고 이해했다면 John Roberts 연방대법관마저도 깨알 같은 글씨의 온라인 계약 약관을 읽지 않고 수락했다고 시인하는 데 비추어 당신은 극소수의 집단에 속한다.

정형계약form contract은 대규모 조직이 효과적으로 운영될 수 있게 하고 모두를 위하여 거래비용을 절감시켜 주기 때문에 현대 경제에 필수적이다. 그러나 이 계약은 체결 당시 상대방이 계약조건을 자세히 읽고 이해하지 못할 가능성이 높은 방식으로 제시되고, 협상의 기회가 없기 때문에 우월한 당사자가 상대방에게 자기 의사를 강요할 수 있다는 점에서 문제가 있다. 정형계약은 완전한 지식을 가지고 있는 두 당사자가 거래 내용을 만들어 나간다는 계약법의 이상과 동떨어져 있으므로 법이 이를 어떻게 다루어야 하는지에 관하여 격렬한 논쟁이 생겼다. Charles Knapp 교수의 화려한 수식어를 빌리자면 정형계약은 "신성한 소"로 대접받아야 하는가, 아니면 "잘 가두고 조련하지 않으면 해를 끼칠지 모를 위험한 짐승"으로 취급되어야 하는가?

법원들은 계약의 성립에 관한 객관설objective theory을 적용하되, 극단적 사건에는 정형계약form contract 자체와 그 안에 들어 있는 계약조건terms이 유효한지 여부를 부당행위unconscionability의 이론에 의하여 판정한다. 법원들은 객관설에 의하여 정형계약을 제시받은 당사자가 계약조건에 관하여 충분한 고지를 받았는지 그리고 그에 동의하겠다는 어떤 일을 했는지를 따진다. 판매자가 제시한 양식에 매수자가 서명하였다면 판매자는 매수자가 그 양식에 제시된 조건을 읽고 동의하였거나 또는 읽지 않고서도 그냥 이를 묵인하였다고 추정할 수 있다. 그러한 추정이 비현실적이라고 보이는 어떤 상황에서는 법원이 예외를 만들어 내었다. 주차장으로부터 청구서를 받은 운전자가 그 청구서의 뒷면에 주차장의 책임을 제한하는 조항이 기재되어 있음을 예상할 수 있었다고 볼 수는 없으므로 이러한 책임제한의 계약의 효력은 인정되지 않는다.

그러나 법원이 숨겨진 조건마저도 효력이 있다고 인정하는 경우가 늘고 있다. Eulala Shute는 남편과 함께 Carnival 여행사의 7일짜리 크루즈 여행을 하고 있었는데 가이드를 따라 선박의 갤러리를 관람하던 중 갑판의 매트에서 넘어졌고 이를 이유로 자신의 주소지인 Washington주의 연방법원에 Carnival사를 제소하였다. Carnival은 크루즈 여행 계약에 모든 소송은 자신의 근거지인 Florida에 제소되어야 한다는 조항이 있음을 들어 이 사건은 Washington주의 법원에서 배제되어야 한다는 신청을 하였고 이것이 성공하였다. 상소심에서 연방대법원의 다수의견은 Shute 일가가 실제로 그 조항에 동의하였는지 여부를 살펴볼 필요가 없다고 하였는데 그 이유는 Shute 일가가 "법정지 조항forum clause을 통지받았고, 또한 그러므로 그 계약을 아무 거리낌 없이 거부할 선택권을 가졌을 것이다."는 것이었다. 그 조항의 "통지notice"는 티켓에 작은 글씨로 기재된 25개의 조항 중 8번 항에 포함되어 있었으므로 그들은 그 크루즈 티켓을 구입하고 난 후에야 이 통지를 받았다. 더욱이 다른 조건에는 크루즈 비용은 반환이 불가능하다고 기재되어 있어서 설사 Shute 부부가 이 티켓을 실제로 읽어 보고 그 내용을 이해했다고 해도 이러한 관할법원 선택조항을 회피할 수 있는 유일한 방법은 마지막 순간에 지불한 티켓 값을 몰수당하며 휴가계획을 포기하거나 또는 자신의 집이 있는 Washington주가 아니라 Florida에 가서 그곳 법원에 티켓값 반환청구소송을 내는 것뿐이었다(Carnival Cruise Lines Inc. v. Shute, 1991).

Shute 사건은 계약서의 표준문구boilerplate에 의한 계약조건이 거래가 완결되기 전까지는 제시되지 않는 이른바 선지급, 후조건통지pay now, terms later 계약의 예이다. 이러한 계약에 대한 접근방식은 법원마다 다르다. 어떤 법원은 Shute 판결에서와 같은 접근방식을 취한다. 예를 들어 Hill v. Gateway 2000 (1997) 판결에서 Rich와 Enza Hill은 Gateway에 전화로 컴퓨터시스템을 주문하면서 신용카드 번호를 주어 결제하였다. 배달이 있은 후 상자에는 새 컴퓨터, 전선, 매뉴얼과 함께 표준 문안이 기재된 종이 한 장이 들어 있었는데 그중에는 30일 이내에 컴퓨터를 반송하지 않으면 이 계약조건을 수락하는 것으로 간주된다는 조항이 포함되어 있었다. 몇 달 후에 컴퓨터가 고장났음에도 불구하고 Gateway가 이를 수리해 주지 않자 그들은 소송을 제기하였다. Gateway는 표준문구로 된 다른 계약조건 중에 그들이 Gateway에 대하여 소송을 제기할 권리를 포기하고 대신 어떤 분쟁이든 중재arbitration11) 제도를 이용해야 한다는 조항이 있다고 항변하였다. 이 사건에 대한 관할법원은 그 중재조항이 Hill 부부가 주문을 하고 Gateway가 주문을 받을 때 Hill 부부에게 제시되지 않았다고 해도 그들이 Gateway가 제시한 계약조항이 요구하는 대로 컴퓨터를 다시 싸서 (자신의 비용으로) 반송하지 않았기 때문에 이 조항들이 계약의 일부로 효력이 있게 되었다고 판시하였다. 그러나 다른 법원들은 소비자는 계약이 체결된 후에 제시된 조건에는 구속받지 않는다며 이와 다른 결론을 내리기도 하였다.

온라인 계약은 이미 계약을 체결하는 가장 흔한 방법이 되었다고 할 수 있겠는데, 이는 클릭완결clickwrap 그리고 브라우즈완결browsewrap 계약이라고 불리기도 한다. 클릭완결 계약은 웹사이트에서 "동의함I agree"박스를 클릭할 때 체결된다. 브라우즈완결 계약에서는 그 사이트의 어딘가에 그 웹사이트의 이용조건이 게시되어 있겠지만 사용자는 계약을 진행시키기 위하여 "동의함" 박스를 클릭할 필요가 없다. 그리고 그런 조건이 어디에 게시되어 있는지와 사용자가 동의를 표시하기 위하여 무엇을 하여야 하는지가 다양하기 짝이 없다. 스크롤완결

---

11) 중재arbitration에 대하여는 제4장 주57), 60) 참조.

scrollwrap 계약에서는 계약조건의 일부가 화면에 즉시 나타나기는 하지만 이를 전부 읽으려면 화면을 아래로 스크롤해야 한다. 사인인완결sign-in wrap 계약에서는 웹사이트에 접속sign-in할 때 또는 등록할 때 계약조건이 보이지만 사용자는 이에 대한 동의를 표시하기 위해 특별히 클릭을 할 필요도 없다.

당신이 Amazon.com에서 물건을 살 때라면 거래가 완결되었다는 박스를 클릭해야 하기 때문에 계약을 체결하였다는 것이 명백하게 드러난다. 대부분의 법원들은 클릭완결clickwrap 계약이 효력이 있다고 한다. 당신이 수락하기 전에 계약조건을 제시받았던 또는 웹사이트의 다른 페이지에서 조건을 읽어 볼 기회가 있다는 안내를 받았던 당신은 계약조건에 대한 통지를 받았고 (거의 대부분 그렇게 하지는 않지만) 이를 읽어 볼 기회가 있었으며, 당신이 그 물건을 원치 않았으면 클릭하지 않으면 되었으므로 그 계약조건에 동의한 것이 된다. 브라우즈완결browsewrap 계약은 거의 모든 상업용 웹사이트들이 이러한 형태의 계약을 가지고 있기 때문에 더 널리 퍼져 있는데 여기에는 논쟁의 소지가 더 많다. 당신이 TMZ.com이나 Yahoo! News를 보기만 하여도 그 사이트의 어딘가에 있는 계약조건이 당신이 사이트를 사용하는 방법을 규제하려 한다. 법원들은 브라우즈완결 계약의 유효성을 두 가지로 나누어 보는데 사용자가 조건에 동의한다는 문구가 웹사이트의 디자인이나 언어로 보아 얼마나 눈에 잘 띄는가와 그 조건에 얼마나 빨리 접근할 수 있는지가 법원이 유효성을 판단하는 핵심 요소로 된다.

표준정형계약standard form contract에 가장 흔한 조항은 중재의무조항mandatory arbitration clause일 것이다. 이 조항은 문제가 발생하면 소비자들이 법원에 제소할 권리를 포기하고 그 대신에 모든 분쟁은 특별히 만들어진 사적 분쟁해결제도인 중재private arbitration에 회부되어야 한다는 것이다. 중재에서는 법관이 아니고 심지어 법률가도 아니어도 되는 중재인 한 명 또는 몇 명으로 구성된 패널이 사건을 판단한다. 중재인이 판사와 배심원단이 이용하는 법원칙과 똑같은 원칙에 따라 판정한다 해도 그들의 판정은 보통 법원에서 재심사될 수 없고, 설사 중재판정에 사실인정이나 법률적용의 잘못이 있어도 법원의 심사가 불가능한 것은 마찬가지다. 중재조항에 자주 따라오는 것이 집단소송class action을 포기하는 조항인데 이것은 소비자들이 집단소송에 참여할 권리를 포기하는 것으로, 소비자들이 집단을 이루어 소액의 청구를 하는 것을 막을 수 있는 좋은 수단이 된다. 사업자들은 집단소송에 소요되는 막대한 소송비용을 절감할 수 있고, 사건을 자신의 의사와 상관없이 결정되는 법정과 배심원이 아니라 자신이 선택할 수 있어서 보다 자신들에게 우호적일 것이라고 기대할 수 있는 분쟁해결제도로 끌고 갈 수 있기 때문에 보통 중재를 선호한다.

연방대법원은 연방중재법Federal Arbitration Act을 넓게 해석하여 중재의 대상범위를 제한하려는 주법들의 시도를 봉쇄하였으며, 그리하여 여러 중재 관련 조항이 효력이 있다고 해석하도록 하였다. 집단소송class action을 금지하는 사법적 판단과 주법들, 법원에 제소하는 권리를 포기한다는 의사표시는 명시적인 것이어야 한다는 원칙, 요양계약nursing home contract에서 신체의 상해에 대한 청구에 대하여 중재를 금지하는 것 등은 연방대법원의 이러한 접근방식을 취함에 따라 무효라는 판결이 내려졌다. 그러나 중재를 의무화하는 조항은 부당행위의 원칙에 의하여 무효라는 판단을 받기도 한다. Zenia Chavarria는 Ralph's Grocery에 직원으로 채용되었다. 그 후 그녀는 California 법률에 의하여 보장된 초과근무수당과 식사시간을 부여받지 못하였다는 이유로 자신과 동료 직원들을 위하여 Ralph's에 대하여 소송을 제기하였다. 이 회사는 자신의 내부 규정인 "조정 및 강제중재정책Mediation & Binding Arbitration Policy"에 포함된 중재의무조항mandatory arbitration clause과 집단소송 포기조항class action waiver clause을 내세웠는데 이 문서는 그 고용신청서에 언급은 되어 있으나 신청서의 내용으로 포함되어 있지는 않았고, Chavarria가 신입사원 오리엔테이션을 받을 때 회사로부터 받은 22개의 서로 다른 양식과 매뉴얼 중의 하나였다. 법원은 이 정책이 Chavarria가 동의할 수밖에 없는 전부수용조건부 계약take-it-or-leave-it contract으로서 그녀가 고용될 때 검토해 볼 수 없었으므로 절차상 부당한 계약이라고 판단하였다. 이 정책은 내용적으로도 부당하였는데 그 이유는 이 정책은 Ralph's가 공정하지 못할 우려가 있는 중재인arbitrator을 선정하는 것을 허용하고 있고, 중재인이 누가 승리하느냐에 관계없이 중재비용을 당사자들에게 자기 마음대로 나누어 부담시킬 수 있도록 허용하고 있기 때문이다. 이에 의하자면 통상 중재비용이 1일당 7,000~14,000달러가 될 것인데 이 금액이라면 Chavarria가 청구하는 전체 금액보다 많아지고, 따라서 다수의 피용자들이 Ralph's를 법률위반으로 제소할 수 없도록 만들 것이기 때문이다(Chavarria v. Ralph's Grocery Company, 2015).

정형계약form contract이 이처럼 흔한데도 그것을 계약법의 차원에서 다루는 법원의 판단은 비교적 적다. 소비자분쟁 사건에서는 계쟁금액이 적기 마련인데 소송비용은 너무 많이 드는 것이 보통이고 의무적 중재조항과 집단소송 포기조항 때문에 소송을 할 수 없기 때문이다. 그러나 연방법과 주법들은 전통적인 계약법의 영역 밖에서 정형계약의 많은 요소들을 규제하고 있다. 그 규제에는 두 가지 형태가 있다. 첫 번째는 정형계약의 계약조건을 공개하는 방식의 문제인데 법원들은 정형계약을 제시하는 측에서 그 기본적인 조건을 명확히 제시하도록 노력해야 한다고 요구한다. 이것은 법이 평범한 언어로 제시되어야 한다는 원칙으로 판매자와 대여자가 계약을 평범한 문구로, 어려운 법률용어에 의하지 않고, 짧은 문장과 문단으로 그리고 읽을 수 있을 만한 활자 크기로 작성할 것을 요구한다. 신용카드를 규제하는 법은 이율과 수수료를 정형화하여 공표할 것을 요구한다. 이러한 공표의 규칙은 소비자에게 자신들이 하고 있는 거래에 관하여 보다 나은 정보를 제공하게 함으로써 계약체결의 과정을 개선하는 데 목적이 있지만 더 많은 공개가 과도한 공개가 될 수 있고, 소비자를 질리게 하며, 조건을 아무리 명확하게 기재해도 소비자들이 관심을 두지 않는 때가 많아 목적 달성이 어려운 경우가 많다. 그러므로 두 번째의 방법은 정형계약의 조건을 직접 규제한다. 연방법은 신용카드 회사들이 이자율을 올릴 수 있는 시기와 사유를 제한하고, 주법들은 제품의 하자로 인하여 구매자가 다쳤을 때 판매자가 책임이 없다는 조건을 판매계약에 삽입하지 못하게 한다. 직접 규제는 공개 방법의 규제보다 더 효과적이기는 하지만 정형계약의 형태가 너무 많고 직접 규제는 특정한 문제만을 다룰 수 있기 때문에 활용할 수 있는 범위에 한계가 있다.

한 번 체결한 계약에서 벗어날 수 있는가?

계약으로부터 벗어나는 가장 쉬운 방법은 계약의 상대방 당사자가 당신을 계약에서 벗어나도록 허용해 주는 것이다. 상대방이 당신으로 하여금 계약을 이행하도록 강제할 수 있는 법적 권리가 있다고 하여도 그 사람은 당신이 꼭 이행해야 한다고 고집하지 않을 수도 있다. 거래를 하는 사람들은 대부분 합리적이고 이해심이 있다. 그들은 옳은 일을 하고자 하며 자기의 법적 권리를 최대한으로 행사하지 않는 것이 좋은 일일 수도 있음을 알고 있다. 여러 경우에 사람들은 다른 사람으로 하여금 원치 않는 일을 하도록 만드는 것은 좋지 않다고 말한다. 나아가 대부분의 계약은 오랫동안 관계가 지속된 사람들 사이에서 맺어지므로 한 차례의 계약에서 얻어질 이익에 집착하여 그 오랜 우호적 관계를 망쳐 버리는 것보다는 그 관계를 유지시키는 것이 더 중요할 수 있다. 사소한 계약에서 생겨난 문제를 연방사건federal case[12])으로 비화시키는 일은 가치 없는 때가 많다.

계약을 체결하였다고 해도 당사자들은 그로부터 벗어나기 위하여 여러 가지 법적 수단을 동원할 수 있다. 이미 살펴본 바와 같이 합의 과정의 하자defect 또는 강박duress이나 부당행위unconscionability 등과 같은 원칙으로 인하여 집행될 수 없는 계약도 많이 있다. 나아가 계약의 일방 당사자는 계약의 성립과정에서 실수가 있었거나, 자신의 이행이 불가능하게 되거나 또는 그가 이행해야 할 의무의 조건이 성취되지 않아서 이행을 면제받는 경우도 생긴다.

계약은 대부분 미래에 대한 예측을 수반하지만 예측이 잘못되었음이 드러나기도 한다. 투자자가 어느 회사의 사업이 확장되고 주가가 오를 것을 기대하여 주식을 매입하는 계약을 한다. 그 투자자가 판단을 잘못하였음이 드러나고 주가가 떨어지면 그는 자신의 착오를 이유로 그 거래에서 빠져나오기는 (또는 계약이 완결된 이후에 이를 없었던 것으로 하기는) 어렵다. 주가가 떨어질 가능성은 투자자가 스스로 계약을 체결할 때 감수한 리스크이고 이때라면 법은 그의 착오를 이유로 그 리스크에서 벗어나도록 허용하지는 않는다.

그러나 어떤 경우에는 그 착오mistake가 당사자들이 흥정한 리스크와 관련이 없는 경우가 있다. 건축업자가 건축공사에 입찰하기 위하여 준비하는 과정에서 필요한 자재의 가격이 1,000달러가 아니라 11,000달러인데 실수로 계산착오를 했다고 치자. 건설업자는 25,000달러가 아닌 15,000달러에 입찰을 했고 건축주가 이를 받아들였다. 만약 건축업자가 그 착오를 즉시 발견했다면 법원은 이를 이유로 그 계약을 파기하도록 해 줄 가능성이 높다. 그 착오가 즉시 발견되었다

---

12) 미국에서는 보통 주법원보다 연방법원에서의 소송이 좀 더 중대한 사안이고 복잡하며 비용도 많이 드는 것으로 인식되어 있다.

면 건축업자가 그 적은 금액에 공사를 해야만 하는 어려움은 매우 큰 데 비하여 건축주는 건축업자를 계약에서 벗어나도록 해도 큰 손해를 보지 않을 가능성이 높고, 건축주는 다른 입찰자가 대개 25,000달러 근처에서 입찰을 하였다면 그 착오를 알아차렸어야 했을 것이기 때문이다. 반면에 건축업자가 공사기간이 2주면 충분할 것으로 예측했으나 실제로는 1개월이 걸렸다는 경우 등과 유사한 사항에 대한 판단에 있어서 착오가 있었다면 법원이 그를 면책시키지는 않을 것이다. 건축업자는 그렇게 예상하고 정해진 금액에 입찰하였다면 그는 공사가 2주보다 더 오래 걸릴 수 있다는 리스크를 감수한 것이다.

어떤 경우 당사자들의 착오는 장래의 이행에 관한 예측에 관한 것이 아니라 계약 당시의 사실상황에 관하여 발생하기도 한다. 이러한 경우는 계약법에 관한 위대한 판례 중 하나라고 할 Sherwood v. Walker (1887) 판결, 즉 "불임 소 barren cow" 사건에서 발견된다. 이 사건에서 매수인은 Angus종의 소를 구입하고자 자기 농장에서 소를 기르는 매도인과 계약을 했다. 매도인은 매수인에게 소들이 생산능력이 없어 새끼를 낳지 못할 수도 있다는 모든 경고를 했다. 매수인은 Aberlone의 Rose 2세라는 이름을 가진 소를 선택했으며, 그 소가 새끼를 낳지 못한다고 가정하고 고기 값으로만 쳐서 가격을 파운드당 5.5센트로 합의하였다. 매수인은 소의 중량을 측정한 다음 80달러를 지불하였는데 매수인은 뒤늦게 Rose가 이미 자신의 송아지를 낳았음을 알게 되자 그 소의 인도를 거부하면서 새끼 낳는 소의 가격인 750~1,000달러를 내라고 요구하였다. 법원은 당사자들이 자신들이 팔고 사는 대상의 실체에 대하여 착오가 있었으므로 매도인이 그 계약을 이행할 필요가 없다고 판결하였다.

Sherwood v. Walker 판결은 계약의 위험risk of contract이라는 개념에 기초하고 있다. 매수인과 매도인은 Rose 2세라는 특정한 소에 관하여 협상하고 있음을 인식하고 있었으나 그들은 그 소가 새끼를 낳는 목적이 아니라 도살할 목적만을 가지고 있다는 전제하에 협상을 했다. 그들이 소의 상태에 대하여 일으킨 착오는 계약의 기본적 전제에 관한 것이었고, 그 계약의 가치에 중대한 영향을 미칠 것이며, 그리고 (법원이 추정하기로는) 그들은 소가 새끼를 낳지 못한다고 알고 있었으므로 이 사실은 그들 모두가 감수하고자 한 위험이 아니었다. 계약의 위험 범위 밖에 있는 전제가 부정확하였다고 판명되면 매도인은 계약에서 벗어날 수 있다. 만약 매수인은 새끼를 낳을 수 있을 것이라고 생각했고 매도인은 못 낳을 것이라고 생각했다는 등으로 소가 새끼를 낳을 수 있는지 여부가 계약의 위험 중의 하나였다면 결론은 달라졌을 것이다. 그랬다면 무엇이 사실이었는지에 불구하고 양쪽 모두가 계약에서 벗어나지 못했을 것이다.

계약의 위험risks of contract이라는 개념은 이행불능impossibility 또는 목적상실 frustration이라고 부르는 다른 면책excuse 사유에까지 확장된다. 어떤 경우에는 일방 당사자가 장래에 어떤 일을 해 주기로 한 약속이 이행의 시기가 되어 이행하기가 불가능해지는 경우도 있다. 고전적 판결인 Taylor v. Caldwell (1863) 판결을 예로 들자면 이 사건에서 공연장의 소유자가 지역의 공연업자에게 4일간 음악회를 열 수 있도록 공연장을 빌려주기로 계약했다. 그 약정을 맺은 후 공연이 예정된 날 이전에 음악당이 불에 타버렸다. 공연업자는 공연장 소유자가 약속된 날 이를 사용할 수 있도록 해 주지 못했다면서 손해배상damages을 청구했다. 소유자는 공연장이 더 이상 존재하지 않으므로 이를 사용하게 해 줄 수 없게 되어 계약의 이행이 불능으로 되었기 때문에 자신은 계약상 의무로부터 면제되어야 한다고 주장하였다.

사람이 어떤 일을 할 수 없다면 이를 하지 못한 데 대한 책임을 지울 수 없다는 점에서 설득력이 있는 주장이다. 그러나 그러한 결론에 이르기까지는 점검해 볼 사항이 몇 가지 있음을 기억해야 한다. 소유자가 공연장을 제공할 수 없으나 그가 해 주겠다고 약속한 것을 이행하지 못하였음을 이유로 하는 손해배상의 책임이 있다고 판결할 수 없는 것은 아니다. 진정한 문제는 그가 불가능한 것을 이행하라고 강제당해야 하는지 여부가 아니라 그가 책임을 면제받을 수 있는지 여부에 있다.

법원은 이 쟁점을 다른 계약법상의 쟁점을 해결할 때와 똑같은 방식으로 해결한다. 당사자들이 만약 공연장이 불에 타는 일이 발생한다면 어떻게 해야 한다고 명시하였다면 몰라도 법원은 그들이 무엇을 의도했는지, 즉 그들이 합리적인 생각을 가졌다면 진정으로 의도했을 것이 무엇인지, 또한 법원이 당사자들이 이 맥락에서 보통이라면 무엇을 하거나 예상했었을 것인지에 관한 견해를 정립한 다음 이를 적용하여 무엇이 진정으로 공정한 결과임을 의미하는지를 판단하여야 한다. 이러한 분석방법에 따라 법원은 대개 이행불능impossibility of performance은 사람이 계약으로부터 벗어날 수 있게 해 주는 면책사유excuse가 된다고 보며, 따라서 예컨대 공연장의 소유자는 흥행업자가 홀을 사용할 수 있도록 해 주지 못한 데 대하여 손해배상을 할 필요가 없다.

계약을 다른 방향에서 보아 이와 유사한 기능을 하는 원칙이 있는데 이른바 목적상실frustration of purpose이다. 1902년 런던에서 영국의 왕 Edward 7세의 대관식을 기념하기 위하여 대규모 행진이 계획되었다. 행진이 벌어지는 연도의 아파트 주인들은 보통의 대여요금보다 훨씬 비싼 금액으로 구경꾼들에게 자신들의 방을 빌려주기로 하였다. 불행히도 Edward가 병이 나서 대관식이 연기되었다. 행렬을 구경하기 위하여 방을 빌렸던 사람들은 그 계약에서 면책되기를 원했다. 그들의 이행은 불능으로 되지도 않았고 실현이 불가능하지도 않았다. 그들은 돈을 내고 정해진 날에 그 아파트에 가서 앉아 있는 데 아무런 문제가 없다. 그러나 현실적으로 그들이 계약을 체결한 목적이 상실되었고 그들이 그 방을 빌릴 수 있다고 하여도 지금은 없어져 버린 행렬을 보기 위하여 이를 사용할 수는 없게 되었다. 이러한 사정에 대하여 법원은 이행불능의 경우의 면책excuse과 같은 이유로 면책을 인정했다. 법원은 이 계약을 합리적으로 해석하면 대관식이 연기되는 것은 임차인renter이 감수해야 할 계약의 위험risk of contract이 아니라고 판단했다.

이행의무가 다른 일의 발생을 조건으로 하는데 그 조건이 발생하지 않으면?

계약을 이행하지 않아도 되는 가장 흔한 면책사유는 당신이 어떤 일이 발생한 때에만 이행할 의무를 부담하는데 그 일이 일어나지 않게 된 경우이다. 법률가들은 그 일을 의무이행의 조건condition of duty이라고 부른다. Hamer v. Sidway 판결로 돌아가 조카가 21세 되는 생일까지 담배와 술을 자제하면 5,000달러를 준다고 삼촌이 약속했다고 하자. 조카는 21세 생일 파티에서 삼촌에게 그동안 술을 마셔 왔고 매일 담배를 한 갑씩 피워 왔다고 말하고 그럼에도 불구하고 돈을 가지고 싶다고 말하였다. 삼촌은 돈을 줄 의무가 있는가? 물론 아니다. 5,000달러를 주겠다는 삼촌의 약속은 담배와 술을 자제한다면 돈을 준다는 것이므로 그 약속에는 문면 자체로 조건이 붙어 있다. 돈을 줄 의무의 조건이 이루어진 바 없으므로 그는 약속을 지킬 이유가 없다. 이러한 결과는 조카가 자제하겠다고 약속하지 않았어도 마찬가지이다. 조건condition[13]은 약속promise과 다른 것이고 이 사례에서 조카가 술과 담배를 자제하기로 약속한 바 없으므로 삼촌을 그를 상대로 약속위반의 책임을 추궁하는 소송을 제기할 수는 없지만, 조카가 자제하였다는 조건이 실현되지 않았다면 조카는 돈을 받을 수 없다.

이 사건에서는 이처럼 약속에 부가된 전제terms를 명시적으로 의무이행의 조건 condition[14]이라고 표시하고 있으므로 판단하기 쉽다. 반면에 조카가 삼촌의 차를 5,000달러에 사고 삼촌은 이를 팔기로 약속한 경우를 가정해 보자. 조카가 약속된 시간과 장소에 나타나 삼촌에게 자신이 매매대금을 지급할 생각은 없으나 아직도 차를 원하므로 자동차 키와 소유권증서를 달라고 요구하면서 차를 넘겨주지 않으면 소송을 걸겠다고 말한다. 조카는 이 소송을 할 수 있을까?

이 사건은 앞의 사건만큼이나 이해하기 쉽다. 계약에 비록 삼촌은 조카가 돈을 낼 때만 차를 주어야 한다고 명시적으로 기재되어 있지는 않으나 우리는 그렇게 하는 것이 옳다고 확신한다. 이를 어떻게 아는가? 우리는 약속의 의미를 해석할 때 약속이라고 할 만한 것이 있었는지를 판단하기 위하여 사용한 과정과 같은 과정을 사용하며, 약속이 있었는지 여부를 판단하는 기준은 계약의 성립 formation에 관한 부분에서 알아본 바 있다. 여기서 만약 차를 넘겨주겠다는 약속이 있었다는 이유로 조카는 무조건 차를 가져갈 권리가 있고 삼촌은 차 값을 달라고 소송을 하는 수밖에 없다고 한다면 불합리할 것이며, 따라서 조카는 삼촌

---

13) 대한민국의 채권법은 이를 조건condition으로 보지 않고 쌍무(雙務)계약의 견연성(牽連性)으로 해결한다. 매매계약과 같이 당사자가 서로 상대에 대하여 소유권이전 의무 또는 대금지급 의무를 부담하는 쌍무계약에서 각 의무는 서로 상대가 자신에 대하여도 상응하는 의무를 부담하기 때문이라는 관계로 서로 연결되어 있다는 뜻에서 견연성이라고 부른다. 그러므로 한국법에서는 쌍무계약의 속성 그 자체에서 이러한 결론이 도출된다. 더 상세한 것은 아래의 주15) 참조.

14) 대한민국 법에도 조건이라는 개념이 있는데 이는 어떤 권리나 의무 등 법률효과의 발생이 장래의 객관적 사실의 발생에 의존하게 하는 것이다. 예컨대 변호사가 사건을 수임할 때 승소하면 승소금액의 몇 퍼센트를 받기로 하는 이른바 성공보수contingent fee를 약정하는 경우가 있는데 이때 의뢰인이 성공보수를 지급할 의무는 소송에 승소한다는 객관적 사실에 의존하여 발생 여부가 결정되고, 아직 승소하기 전이거나 또는 패소한 경우에는 현실화되지 않는다. 조건이 성취되면 그때 의무가 현실화되는 경우, 즉 앞 예의 경우를 정지조건이라고 하고, 조카가 취직할 때까지 생활비를 준다는 조건과 같이 의무는 약정 즉시 발생하고 취직이라는 객관적 사실이 발생하면, 즉 조건이 성취되면 의무가 소멸하는 경우는 해제조건이라고 한다.

이 한 약속에 숨겨진 조건, 즉 매매대금을 지급할 의무를 이행하여야 차를 가져갈 수 있다고 해야 할 것이다. 이 경우에 조카가 돈을 내지 않는다면 삼촌은 (차를 넘겨주어야 할 의무의 조건이 성취되지 않았으므로) 차를 넘겨주기를 거부할 수 있고 조카를 (차 값을 지불하겠다는 약속을 어겼으므로) 의무위반을 이유로 제소할 수 있다.

그러나 여기서 딜레마15)가 생긴다. 대개 조건은 서로를 향하는 방향으로 걸려 있게 된다. 조카의 목적은 차를 사는 것이지 소송을 하는 것이 아니므로 삼촌이 차를 주지 않으면 돈을 줄 필요가 없다. 삼촌이 자동차 키를 들고 있고 조카는 돈을 들고 있으면서 상대방이 먼저 이행할 것을 요구하며 대치하는 어색한 상황을 생각해 보자. 이들이 모두 계약을 위반하고 있는가, 아니면 자신이 이행할 조건이 아직 달성되지 않았으므로 아무도 계약위반이 되지 않는가? 여기서 우리는 다시 경험과 판단력을 이용하여 건전한 해법을 찾아야 한다. 삼촌은 조카가 돈을 지급할 의무를 이행해야 한다는 조건이 달성되지 않았으므로 실제로 조카에게 키를 줄 필요는 없다. 그가 먼저 키를 준다면 조카가 돈을 내지 않고 차를 가지고 달아나 버릴 수도 있다.16) 대신에 삼촌은 자신이 이행할 준비가 되어 있고, 그럴 의사가 있으며, 이행을 할 수 있다는 것을 보여주는 이행의 제공 tender performance을 하면 되며 조카도 그렇게 해야 한다.

계약 중에는 상대방의 이행performance에 의존하지 않는 조건을 가진 것들도 많다. 보험계약이 비근한 예이다. 보험회사는 보험에 든 주택이 손상을 입으면

---

15) 한국법상 쌍무계약에서는 서로 상대에게 부담하는 두 의무의 견연성 때문에 자신의 의무를 이행하지 않으면서 상대에게 이행을 요구할 수 없는 것이 당연하게 되고 일방적으로 요구하면 상대방도 자신의 의무이행을 거절할 수 있는데 이를 동시이행의 항변권이라고 한다. 한국에서 부동산을 매매할 때 가장 전형적인 계약의 형태는 매수인이 매매대금의 10% 가량을 계약금으로 지급하고 40% 가량을 중도금으로 지급한 다음 잔금 지급기일에 매수인은 잔금을 지급하고 매도인은 소유권이전등기에 필요한 일체의 서류를 넘겨주는 형태인데 이때 매도인이 등기서류를 넘겨주지 않으면 매수인은 잔금지급을 거절할 수 있고 반대도 마찬가지가 된다.

16) escrow는 이러한 상황을 예방하기 위한 제도이다. 당사자가 자신이 이행할 것을 직접 상대방에게 넘겨주려면 당사자들이 만나야 하고, 서로 상대방의 이행이 완전한지를 확인하여야 하며 그 과정에서 분쟁이나 착오가 생길 우려가 있기 때문에 서로 자신이 이행할 급부를 은행, 신탁회사, 또는 중개인 등 중립적인 제3자에게 각자 편리한 시간에 맡기고 그 제3자가 양측의 이행이 완전한 이행인지 여부를 확인한 다음 상대방 측에 넘겨주도록 한다면 동시이행이 보다 안전하고 편리해지므로 최근에는 대한민국에서도 점차 사용빈도가 높아지고 있다.

그 주택에 생긴 손해에 대하여 주택 소유자가 든 보험금을 지급하기로 약속한다. 주택에 손상이 없으면 회사의 의무의 조건이 완성되지 않은 것이고 보험회사는 보험금을 지급할 일이 없다.

법원이 계약상 의무에 조건이 붙어 있다고 판단하면 그 조건이 완전히 완성되어야만 그 의무의 이행에 구속력이 생기는가? 만약 조카가 자동차 대금 5,000달러 중에서 2,000달러밖에 없으면 그는 키를 달라고 요구할 수 없으므로 어떤 경우에는 그렇다. 그러나 어떤 경우에는 완벽한 이행 이외의 어떤 것으로 인해 조건이 완성될 수 있다. Jacob & Youngs, Inc. v. Kent (1921) 사건에서 위대한 판사인 Benjamin Cardozo의 의견을 검토해 보자.

Kent는 자신의 전원주택을 주문형으로 건축하기 위하여 건설회사인 Jacob & Youngs를 고용하였다. 그 건축계약은 그 집이 어떻게 지어져야 하는지 자세하게 명시하고 있었고, 여기에는 집의 배관은 "Reading 제품(신뢰할 수 있는 업체인 Reading Pipe Company의 제품)"인 주물 철 파이프를 써야 한다는 조항이 있었다. 공사가 끝날 무렵 Kent는 Jacob & Youngs가 일부 파이프를 Reading Pipe 제품이 아닌 Cohoes Company의 제품을 사용한 것을 알았다. Kent 측의 건축 감리인은 두 제품의 품질이 거의 같았음에도 불구하고 Jacob & Youngs에게 벽을 뜯어내고 Reading Pipe 제품으로 교체할 것을 명하였다.

합리성을 추구하는 대부분의 주택 소유자들은 Jacob & Youngs가 조건을 이행하지 못하였더라도 엄격한 이행을 요구하지 않음으로써 이를 용인하려 할 것이다. 그러나 Kent는 "1달러를 찾으러 온 동네를 헤맬 사람"으로 알려져 있었고, 그래서 그는 계약에 주목하여 재시공하는 비용에도 불구하고 엄격한 이행을 요구하였으며 그렇게 하지 않으면 남은 대금을 지급하지 않겠다고 하였다.

흥미 있는 사건이다. Jacob & Youngs는 계약대로 이행을 하지 않았는데 이러한 이행의 실패가 위의 예에서 조카가 자동차 대금을 이행의 제공을 하지 못한 것과 같은 정도의 조건의 실패로 작용하는가? 건축업자에게 Reading 제품과 완전히 같은 기능을 가진 Cohoes 제품이라면 이것을 교체하라고 요구함으로써 쓸데없는 일을 많이 하도록 하는 것이 공정한가라는 의문도 든다(그리고 Kent는 건축업자가 재시공을 해 주지 않을 것이라고 보고 파이프에 대해서는 아무 조치도 하지 않은 채 자신이 계약에 따라 지급해야 할 공사대금의 지급을 미루려고 하는 것이 아닌지 의심되기도 한다). 다른 한편으로 생각해 보면 당사자들은 Reading 제품을 명시하여 계약을 했으며 계약은 계약이기 때문에 이를 이행하도록 해야 할 것 같기도 하다.

그런데 그 계약은 무엇이었던가? 이 사건의 관할법원은 Jacob & Youngs가 돈을 받으려면 그 건물을 계약에 정해진 그대로 지어야 하는 것은 아니고 다만 계약이 실질적으로 의도하는 바에 맞게 건축하면 된다고 하였다. 기능적 면에서 다를 바 없는 다른 파이프 제품을 썼다는 등의 사소한 이탈minor deviation은 문제되지 않으며 건축업자는 여전히 돈을 받을 수 있다. Jacob & Youngs가 집을 절반만 짓다가 말았다면 계약에 의해서는 아무 것도 얻을 수 없겠지만 작업의 거의 모두를 진행했다면 Kent는 그 대가를 지급을 해야만 한다.[17] Cardozo 판사는 이 사건 판결문에 아래와 같이 썼다.

> 법원칙을 발전시키는 데 있어서 사안을 현실에 맞도록 변용시켜 정당한 결과를 얻어 내려는 태도보다 균형성과 논리가 더 중요하다고 보는 사람들은 사안들의 유형을 나눌 경계선이 일정하지 않거나 희미한 경우 어려움을 겪게 될 것이다. 일관성과 명확성이 엄격한 기준을 만드는 데 장점이 있다는 점에는 의심의 여지가 없을 것이다. 법원들은 이러한 생각과 형평성 및 공정성에 대한 고려 사이에서 중심을 잡으려고 해 왔으며, 후자가 좀 더 중요하다는 것을 알게 되었다.

이와 관련된 것으로 만족조건conditions of satisfaction의 문제가 있다. Kent가 그의 전원주택을 장식할 계획을 세우기 위하여 인테리어 디자이너를 고용했다고 하자. Kent는 까다로운 사람이라서 그 디자인이 마음에 들면 그가 받는 보통의 보수보다 두 배를 주고 마음에 들지 않으면 돈을 주지 않겠다고 약속한다. 디자이너는 열심히 일해서 비평가와 다른 디자이너들의 호평을 받고 대회에서 상을 받을 만한 작품을 가지고 왔다. 불행히도 Kent는 이것이 싫다고 하고 보수지급

---

17) 물론 이때에는 설계 또는 계약된 대로 건축하지 않았다는 하자로 인하여 건축주는 공사대금의 감액을 요구할 수 있을 것이며, 공사를 일부라도 하였고 건축주가 이를 이용하여 건물을 완성할 수 있다면 그 기성고에 따라 대금을 청구할 수 있을 것이다.

을 거절한다. 우리는 그 디자인이 위에서 본 파이프 사건과 아주 비슷하다고, 즉 다른 모든 사람이 이를 좋아하므로 주택 소유자도 역시 그 디자인에 만족해야만 한다고 말할 수 있는가? 여기서는 그렇지 않다. 파이프에 대한 만족 여부는 순전히 그 파이프의 기능적인 특성에 의하여 결정되어야 옳겠으나 예술적 디자인에 대한 만족 여부는 개인의 취향에 달려 있다. Kent는 자신이 내세우는 조건에 따라 거래를 할 자유가 있기 때문에 법원은 Kent가 그 디자인을 정말로 좋아하지 않는다고 한다면 돈을 지급할 그의 의무를 발생시킬 조건이 실패로 끝났는지를 검토해야 한다(다만 Kent가 진실로 그 디자인을 좋아하지 않았어야 한다. 다른 이유 때문에 계약에서 벗어나고 싶은데 디자인에 불만족이 있는 것처럼 가장하고 이를 이용할 수는 없다).

법원은 계약을 이행하라고 명령할 수 있는가?

누군가가 계약체결 시 자신이 하겠다고 약속한 일을 하지 않는다면 그는 계약을 위반breach한 것이다. 일방의 계약위반이 있으면 상대방은 자신의 계약상 의무의 이행performance을 할 필요가 없게 되는 것이 계약위반의 일반적인 결과이다. 조카가 대금지급을 거부하면 삼촌이 자동차 키를 주지 않아도 되는 것과 같이 일방의 계약위반은 상대방에게는 자신의 의무를 이행할 조건condition이 이루어지지 않았음을 의미한다. 계약위반이 있으면 피해 당사자는 자신의 의무를 이행하라는 요구를 받지 않게 되고, 경우에 따라 상대방이 이행의 일부로 제공한 것(계약금down payment 등과 같은 것)을 반환하지 않고 그대로 가질 수 있게 되는데 이것이 계약 당사자에게 상대방의 이행을 촉구할 가장 유리한 무기가 되는 경우가 많다.

계약위반breach의 또 하나의 효과는 손해를 본 당사자는 계약위반에 대한 법적 구제legal remedy를 받을 권리가 생긴다는 점이다. 이때 우리는 피해 당사자로 하여금 상대방에게 약속된 물건을 인도deliver하라거나 또는 어떤 일을 하라는 등의 이행performance을 요구할 수 있도록 해야 하지 않은가라고 생각할 수도 있다. 만약 계약을 위반한 당사자에게 계약 내용대로 이행하라고 명령한다면 사람이 약속을 지키는 것 그리고 상대방 당사자가 그 위반으로 손해를 보지 않도록 해 주는 것이 중요하다고 확인하는 좋은 일일 것이다.

　그러나 계약법에서는 상대방에게 원래의 계약 내용대로 이행하라는 명령(특정이행specific performance이라고 부름)은 드문 경우에만 가능한 예외적 구제수단이다. 보통의 경우 피해 당사자는 약속되었던 이행의 대안substitute로서 금전배상money damages을 받을 권리를 가지게 될 뿐이고 원래 계약 내용대로의 이행 그 자체를 요구할 수 있는 것은 아니다.

　법원들이 특정이행specific performance을 예외적 구제수단으로 취급하는 데에는 세 가지 이유가 있다. 첫째는 연혁적 이유이다. 금전배상은 일반법원law court이 해 주는 가장 통상적인 구제수단이다. 구제수단으로 어떤 사람에게 어떤 일을 하라고 하는 명령은 일반적으로 형평법원equity court에서만 얻을 수 있는 수단이었다. 일반법원과 형평법원 사이의 정치적 갈등의 결과로서 특정이행과 같은 형평법상의 구제수단은 예외적인 것이라고 간주되게 되었다(제4장 참조).

　두 번째는 실무적 이유이다. 법원이 어떤 사람에게 어떤 일을 하라고 명령하고 그가 이에 따랐는지 판단하기는 어려운 일이다. 계약에 의하여 건축업자가 집을 짓는 경우 그 규모가 설계도와 같이 지어졌는지 여부 등 어떤 부분은 이행되었는지를 판단하기가 쉽겠지만, 목공 부분이 "숙련된 기술자의 기술수준"으로 시행되었는지 여부 등 기타의 다른 조건은 감독하기 어렵다. 법원은 스스로 복잡한 이행의 내용을 감시해야 한다거나 당사자가 수시로 법원에 드나들며 제대로 이행되지 않는다는 불만을 제기하는 것을 듣고 싶어 하지 않는다.

　세 번째 이유는 개념적이다. 계약위반에 대한 구제에 있어서 근본원칙은 계약은 보통 금전적 가치를 가지고 있다고 보는 것이다. 계약법은 약속을 믿는 사람을 보호하는 역할을 하지만 실제의 이행 대신에 그들에게 약속되었던 이행에 상응하는 금액의 돈을 받도록 해 준다면 충분한 보호가 될 수 있다. 금전배상money damages은 피해 당사자가 그 돈으로 시장에서 이를 대신할 물건을 조달할 수 있게 해 주므로 이행 그 자체와 동일한 효과를 가진다고 간주된다. 집을 지어주는 계약에서 건축업자가 이행을 거부하면 소유자는 다른 건축업자를 고용하고 이로 인하여 건축비가 더 들어가게 된 것이 있다면 원래 건축업자에게 그것까지 물어내라고 제소할 수 있고, 소유자가 위반하면 건축업자는 그 일을 했더라면 얻을 수 있었던 이익 금액을 받아 낼 수 있다.

금전배상money damages이 계약의 이행contractual performance을 충분히 대체할 수 있다는 기본원리[18]는 매우 강력해서 이에 대한 예외는 별로 없다. 피해 당사자는 금전배상으로 원래의 이행을 대체할 수 없는 경우에만 계약의 특정이행 specific performance을 요구할 수 있다. 이는 매도한 물건이 독특하여 시장에서 같은 물건을 구할 수 없는 경우에 자주 발생한다. 매수인이 GM 딜러로부터 새 Cadillac을 사기로 계약했는데 딜러가 계약을 위반하였다면 매수인은 다른 곳에서 같은 차를 살 수 있기 때문에 특정이행을 요구할 수 없다. 만약 매수인이 1992년식 중고 Cadillac을 사기로 계약했는데 매도인이 계약을 위반했다면 다른 곳에서 상태가 같은 바로 그 모델을 구하기 어려울 수도 있겠지만 그러한 경우에도 법원은 매수인이 비슷한 자동차를 어디선가 구할 수 있을 것이기 때문에 금전배상으로 충분하다고 생각한다. 그러나 매수인이 Elvis Presley가 운전하던 1966년식 금색 Cadillac을 사기로 계약했다면 이때는 바로 그 자동차를 넘겨 달라는 특정이행을 요구할 수 있다. Elvis의 Cadillac은 독특한 것이고 어떠한 배상으로도 이 차를 받지 못한 손실을 대신할 수는 없다.

약속을 지키지 않으면 얼마를 배상해야 하는가?

계약이 집행되어야enforceable 하는 이유는 사람은 누군가 약속을 했다면 이를 지키려고 할 것을 기대하기 때문이다. 약속이 지켜지지 않으면 피해 당사자가 기대할 수 있는 보통의 수단은 계약위반에 의한 손해배상contract damages이다.

---

18) 이러한 세 가지 이유 이외에도 더 실제적인 사유가 있다. 첫째는 사람이 다른 사람에게 어떤 행동을 해 줄지 여부는 그의 자유에 속하는 것으로서 스스로 원할 때에만 가능한 것이고 자신이 이를 원하지 않게 되었음에도 불구하고 이를 약속하였다는 이유로 강제하는 것은 자유권을 침해하는 처사가 될 수 있다. 나아가 강제적으로 하는 행동의 그 품질을 보장하기 어렵다는 이유도 있다. 예를 들어 피아니스트가 공연계약을 하였으나 어떤 사유로든 마음이 바뀌었는데 계약대로 연주를 하라고 강제한다면 그의 인격을 침해하는 일이기도 하거니와 그 공연에 최선을 다하지 않을 가능성이 높다. 다만 사람이 어떤 행동을 해 줄 의무가 있음에도 이를 거부하고, 금전이나 다른 것으로 대체하기 어려운 경우에는 실제로 이행하도록 강제할 수는 없어도 이행할 때까지 하루에 얼마씩의 금액을 지급하도록 하는 간접강제는 가능하다. 법원이 타인의 명예를 훼손한 자에게 신문에 사과광고를 하라는 판결을 하면서 지체하는 경우 매일 얼마씩을 배상하여야 한다는 단서를 달아두는 경우가 그 예이다.

간단한 예를 들어 보자. 농부가 도로변에서 호박을 판매할 계획을 가진 가판대 소유자에게 호박 한 트럭분을 100달러에 팔기로 했다고 하자. 농부가 호박을 제때에 인도하지 못하여 가판대 소유자가 다른 농부에게서 120달러에 한 트럭분을 샀다. 그 소유자는 호박 한 트럭분을 받는 대신 100달러를 지불할 것을 예상했으므로 위반한 농부에게 20달러를 요구하면 그의 기대는 충족된다. 이 소유자가 다른 호박을 100달러나 그 이하로 샀다면 그는 손해배상을 받지 않더라도 농부의 약속이 이행된 것과 똑같이 만족스런 상태에 있기 때문에 농부는 아무것도 배상할 필요가 없다.

이와 비슷하게 가판대 소유자가 호박의 인수를 거부하여 농부가 다른 곳에 90달러에 팔 수밖에 없었다면 그 약속이 원래대로 이행되었다면 농부는 트럭이 비어 있고 주머니에 100달러가 있어야 하므로 가판대 소유자는 농부에게 그와 같은 상태를 만들어 주기 위해 10달러를 주어야 한다. 호박의 시장가격이 떨어지지 않아 농부가 이를 100달러 또는 그 이상에 다른 곳에 팔았다면 가판대 소유자는 농부에게 주어야 할 빚이 없다.

우리는 위의 경우 모두에서 피해 당사자가 다른 호박을 사거나 계약 대상이었던 호박을 다른 곳에 파는 데 아무런 비용이 들지 않았다고 가정했다. 그러한 비용이 발생했다면 손해배상 금액에 그만큼을 더해야 한다. 예를 들어 농부가 가판대 소유자의 계약위반이 있은 후 이를 그 가판대보다 자신의 농장에서 좀 더 멀리 떨어진 곳에 팔기 위하여 트럭을 사용했다면 농부는 그 운송비를 회수할 수 있어야 하며 만약 이를 회수할 수 없다면 이 계약에 대한 그의 기대는 완전히 만족되지 못할 것이다.

농부가 계약을 위반했고 가판대 소유자는 다른 호박을 사지 않았다고 가정해보자. 법은 이 경우에도 그가 손해배상을 받을 권리가 있다고 하며 그 금액은 다른 호박을 사기 위하여 지불했을 돈이 얼마냐에 따라 결정된다. 호박을 넘겨주어야 할 시점에 한 트럭분 호박의 가격이 120달러로 올랐다면 가판대 소유자는 실제로 손해가 없다고 해도 20달러를 받을 권리가 있다. 계약위반에 대한 구제금액은 이행되었다면 얻을 수 있는 기대치가 얼마였느냐에 의하여 결정되고, 그러한 이행이 이루어질 것이라는 기대에 의존하며 실제로 그 행위가 행하여졌는지의 여부를 기준으로 하지 않는다. 이렇게 보는 이유는 분명치 않지만 어떤 사람이 실제로 특정한 계약이 이행될 것을 믿고 그에 의존하며 있었다는 점을 입증하기란 여러 상황에서 매우 곤란하다는 점과 관련이 있다. 매수인이 작은 가판대의 소유자가 아니라 파이의 속을 채우기 위하여 한 번에 트럭 수천 대분의 호박을 구입하는 Libby's였다면 어느 특정한 계약위반이 있었다고 하여 그 때문에 이를 대체할 물건을 어떻게 구입하였는지를 일일이 연결시키기는 어렵겠지만 우리는 어쨌든 그 과정에서 손해가 있었을 것이라고 추측한다.

계약법은 기대치를 기준으로 하여 손해배상 금액을 정하는 것에 제한을 가하기도 한다. 그중의 하나는 그 손해가 예견할foreseeable 수 있었던 것이어야 한다는 것이다. 매매계약상 호박을 인도할 날이 10월 15일로 정해져 있고 가판대 소유자는 이를 Halloween 호박랜턴Jack O'Lantern을 만드는 데 사용하게 할 목적으로 여러 학교에 큰 웃돈을 붙여 되판다는 특별한 계획을 가지고 있었다고 하자. 농부가 호박을 인도하지 못하면 가판대 소유자는 호박을 다른 곳에서 조달하기에는 너무 늦어지고 따라서 그는 호박을 보통의 경우처럼 판매하는 때보다 그 웃돈에 해당하는 금액만큼 더 많은 손실을 본다. 여기서 가판대 소유자의 기대는 보통의 경우보다 높으며 이 손실을 어느 당사자가 부담해야 하는지의 문제가 발생한다. 소유자는 더 높은 수익을 기대할 수 있었음을 강조하겠지만 농부는 그런 특별계획에 대하여는 알지 못했다고 항변할 것이다. 법은 이때 농부가 소유자의 특별계획을 알았거나 알 수 있었을 것이라고 인정되는 경우에만 그 특별한 손실에 책임지게 한다. 이 점은 손해를 예견할 수 있었든 없었든 이를 일으킨 당사자가 모든 결과에 책임을 지게 하는 불법행위법torts law의 손해배상 원칙과 재미있는 대조를 이루는데 그 이유는 잘못fault은 계약법에서보다 불법행위법에서 더 중요한 의미를 가지기 때문이다.

둘째의 제한은 위반을 하지 않은 당사자가 정상적인 노력을 하였으면 회피할 수 있었던 손해는 배상받을 수 없다는 점이다. 이 원칙은 고용계약에 가장 흔히 적용된다. 회사의 임원이 고용계약 기간 6개월을 남겨두고 해고되었다면 그는 집에서 음료를 마시며 드라마를 보면서도 그의 봉급을 받을 수 있는가? 당연히 그렇지는 않다. 그가 다른 일자리를 구하지 않거나 그에 유사한 일자리를 제안받았음에도 이를 받아들이지 않았다면 종전의 고용주는 다른 일자리에서 돈을 벌 수 있었음을 입증하여 그만큼 배상액을 감액시킬 수 있다. 감액을 할지 여부를 판단하는 기준은 합리성이다. 이 말은 해고된 노동자가 일자리를 얻기 위해 전국을 헤매고 다녔어야 한다거나 McDonald's에서 최소임금만을 받고 일을 했어야 한다는 것은 아니란 것이다.

셋째의 제한은 손해액이 합리적으로 명확하게 입증되어야 한다는 것이다. 이 제한은 새로운 사업을 하려고 하였던 경우에 특히 어려운 문제를 낳는다. 어떤 사람이 3월 1일에 새 식당을 개업하려고 하였으나 주방시설 공급자가 레인지와 냉장고를 제때 납품하지 못해서 두 달간 연기해야 한다고 가정해 보자. 식당 주인은 새 식당을 얼마나 많은 고객이 애용해 줄지 예측하기 어려우며, 이것을 다른 식당의 예로 미루어 추정하는 것도 곤란하므로 두 달간 식당에서 얼마의 수익이 생길지를 합리적으로 명확하게 입증하기 어려울 수 있다.

이 가정으로부터 기대이익배상expectation damages의 원칙을 보완할 다른 구제수단이 필요하다는 것을 알 수 있다. 기대이익의 배상이 어려우면 신뢰이익의 배상reliance damages이 주어지는데 이는 피해 당사자가 계약을 신뢰하였기 때문에 발생한 비용을 보상하는 것이다. 식당 소유자는 식당을 경영하여 얻을 수 있었던 이익을 회복할 수는 없을지 몰라도 3월 1일에 개업한다는 신문광고를 하고 초대장을 인쇄하는 데 수백 달러를 썼다면 그 비용이 낭비되었으므로 설비공급자는 식당주인이 가졌던 신뢰이익의 배상으로서 이를 배상할 책임이 있다. 복원배상restitution damages은 상대방에게 돌아간 이익을 회수하는 것이다. 식당 소유자가 원래의 공급자와의 계약을 취소하고 다른 곳에서 시설을 구입한 경우에 소유자는 원래 공급자에게 지급한 선금이 있다면 이를 회수할 권리가 있다.

계약위반에 대한 손해배상의 원칙이 정말 잘 기능한다면 사람들은 약속을 어기지 않으려 할 것이다. 계약을 파기하고 다른 곳에서 훨씬 유리한 거래로 이익을 보고 도피해 버릴 수 있다면 몰라도 위반 당사자가 타방 당사자에게 손해를 배상하면 별로 이익이 남지 않는 것이 보통이다. 그러나 계약위반에 의한 손해배상contract damages의 원칙은 그리 잘 기능하지 않는다. 기대이익의 배상에 관하여 위에서 본 예견가능성foreseeability, 회피가능성avoidability 그리고 명확성에 의한 배상액 제한certainty limitation의 문제를 제쳐 두고라도 배상을 받으려면 돈이 들어간다. 피해 당사자는 변호사를 선임해야 하고 손해배상을 받기 위한 소송비용이 필요하다. 이러한 비용 역시 약속 위반으로 인한 손해이지만 이는 계약위반에 의한 배상보다 회수하기가 더 힘들다. 그러므로 피해 당사자가 1,000달러를 손해보고 이를 회수하기 위해 변호사 비용을 포함하여 2,000달러를 써야 한다면 그만큼 덜 보상받는다는 이야기가 된다. 소송을 하려면 시간과 신경이 쓰이며 그에 따른 재정적, 정신적 부담은 회복되지 않는다. 그러므로 계약위반이 있더라도 손해배상을 받고자 하지 않는 경우가 많다.

그러나 다른 방향에서 보면 계약법의 책임주의 원칙liability rule 등과 같은 계약위반에 대한 구제는 보충적임을 기억해야 한다. 법적 구제수단이 있다 해도 이것이 다른 요소들만큼 사람들로 하여금 스스로 한 약속을 위반하지 말라고 억제하는 효과는 크지 않다. 사람들이 약속을 위반하려 하지 않는 이유는 그렇게 하는 것이 잘못된 일이라고 생각하기 때문이다. 사람들은 약속을 지키지 않는 자를 나쁘게 보는데 평판은 사업상 중요한 자산이므로 함부로 훼손하려 하지 않는다. 그들의 상대방은 약속을 어기는 사람과 앞으로 거래하려 하지 않을 것이다. 그러므로 계약위반에 대한 구제는 계약법의 다른 부분처럼 스토리의 일부일 뿐이다.

재산이 당신을 말해 준다.You Are What You Own

물권법Property Law

　물권법property law[1]은 아마도 법의 기본 과목 중에서도 법대생이 가장 어려워하는 과목일 것이다. 물권법의 기초 원리는 당신이 어떤 물건을 소유하면 그 물건은 당신의 것이고 당신은 그것을 가지고 스스로 하고 싶은 일을 마음대로 할 수 있음을 의미한다는 것이니 일견 아주 쉬워 보인다. 그러나 다른 모든 법 과목보다도 물권법은 그 안에 관련된 법리가 수천 년에 걸쳐 발전해 온 역사가 녹아 있고 기술적으로 서로 구분지어 생각해야 할 개념들로 넘쳐난다. 만약 당신이 집을 소유하고 있는데 그 법적 형태가 조건부완전세습권fee simple subject to a condition subsequent[2]의 방식이 아니라면 완전세습권fee simple absolute[3]의 방식으

---

1) property law의 번역으로는 '재산법'이 가장 친숙하게 느껴지고 많이 사용된다고 보인다. 그러나 재산관계를 규율하는 법은 물건을 지배하는 권리를 규율하는 물권법과 다른 이에게 어떤 일을 하라고 요구할 권리를 규율하는 채권법이 있는데 채권도 재산권이고 대한민국 민법은 이 장에서 논하는 분야의 법을 물권법이라고 하므로 이 책에서는 불권법이라는 용어를 사용하기로 한다.

2) 소유자가 재산을 양도하지만 나중에 어떤 일이 생기면 회수할 수 있다는 조건을 붙여 둔 경우인데 그러한 조건이 발생한 경우에도 다시 양도인이 재산의 회수 여부를 선택할 수 있다는 점에서 조건이 발생하면 자동으로 원 소유자에게 돌아가는 fee simple determinable과 구별된다(재산권의 이전방식은 본장 주55) 참조. 대한민국 물권법은 소유권의 절대성을 기초로 하고 물권의 내용은 법에 정해진 것 이외에는 임의로 창설할 수 없다는 물권법정주의를 취하므로 이러한 소유권은 인정되지 않으며, 아들에게 부동산을 넘겨주되 불효가 발생하면 회수하겠다고 선언했다고 해도 이는 물권법과 관계없는 단순 약정에 불과하고 만약 불효로 재산을 돌려받고자 한다면 다시 소유권이전의 절차를 거쳐야 하며 자동으로 돌아가지는 않는다.

3) 가장 완전한 소유권으로 최초의 양도인이 재산을 나중에 회수할 수 있다는 조건을 붙이지 않고 양수인에게 넘겨준 재산에 대한 소유권이며 이러한 재산의 소유자는 아무런 제한을 받지 않고 이를 사용, 수익, 양도할 수 있으며 자기의 후손에게 상속된다.

로 소유하는 것이라는 사실을 알고 있는가? 그리고 당신이 손자에게 돈을 남겨주고 싶으면 영구구속금지의 원칙Rule Against Perpetuities[4]에 주의해야 함을 알고 있는가? 이 두 가지는 봉건시대에 등장한 유물임에도 오늘날에도 여전히 효력을 발휘하고 있으며 이것들 말고도 이런 예들이 아주 많다.

동시에 물권법은 중요한 사회정책과 첨단기술에 관련된 문제들을 다루기도 한다. 정부는 해안침식을 막기 위하여 그 앞에서 방파제 역할을 하는 섬의 개발을 제한할 권한이 있는가? 임상병리학자가 환자의 암세포에서 상업적 가치가 있는 제품을 개발했다면 그 제품에 대한 권리자는 연구자인가, 환자인가? 음악팬이 매시업 비디오를 제작하여 YouTube에 게시할 수 있는가? 그렇다면 그 비디오에 대한 권리는 누가 가지는가?

이 장에서는 먼저 몇 가지 기본원리를 알아보고 중세에서 현재에 이르기까지 물권법에서 중요 이슈로 다루어지는 몇 가지를 알아본다. 범위가 너무 방대해서 다 다룰 수는 없고 몇 가지 중요한 것만을 살펴본다.

물권법property law이란 무엇인가?

지금의 문화 속에 사는 사람들은 재산property이 무엇인지에 관하여 직관적 관념을 가지고 있다. 그러나 재산에 대한 법의 기본적 생각은 이 직관에 의한 관념과는 상당한 차이가 있으므로 이 장에서 그 차이에 대해서도 탐구해 본다. 재산에 대한 직관적 관념은 어린 시절에 부모로부터 전수받는 것이 보통이므로 여기서부터 출발해 보기로 한다.

어린 Suzie가 장난감, 인형, 좋아하는 담요를 끌어안고 "내꺼야."라고 외치듯

---

4) 영미법 국가의 물권법은 소유자가 장래에 재산의 소유권이 누구에게 귀속되게 할 것인지를 정해 둘 수가 있다는 특징이 있다. 즉, 소유자는 토지를 A에게 넘겨주면서 어떤 일이 생기면 A가 소유권을 잃고 B가 소유자로 된다고 정할 수 있으며 이때 B는 장차 소유자가 될 가능성이 있으므로 이를 미래권리future interest라고 부른다. 봉건시대의 유물인데 미국에서는 원래 소유자가 어떤 조건이든 임의로 붙일 수 있다면 자유양도를 제약하고 세월이 지나며 설정해 둔 조건이 달성되지 못하면 소유자가 없게 될 수도 있으므로 이러한 양도 방식의 효력을 제한하여 미래권리자로 지정된 자가 사망한 후 21년이 되도록 소유자가 결정되지 못할 가능성이 있는 미래권리는 무효로 하는 것이 보통이다.

어린 아이들도 재산에 대하여 아주 명확한 개념을 가지고 있다. "내 것"이라는 말에는 소유권ownership의 개념이 내포되어 있고 이는 또 다른 재산인 자기 집, 자동차 또는 투자용 구좌에 대하여 부모가 가지는 소유권의 개념과 다를 것이 없다. 이 개념의 핵심은 18세기 영국 법에 절대적 권위를 자랑하는 최고의 논문 저자 Sir William Blackstone이 말한 대로 "이 우주상에 있는 다른 모든 사람들의 권리를 완벽하게 배제할 수 있는 … 물건에 … 대한 … 유일하고도 독자적인 지배권dominion"이라는 데 있다. 소유권 또는 지배권이란 재산의 사용을 통제할 수 있는 능력이다. 부모가 자기 집을 오렌지색으로 칠하든, 거실에 침대를 들여 놓든, 벽에 Adolf Hitler의 포스터를 붙여 놓든 어떤 일이든 마음대로 할 수 있듯이 Suzie도 자기 인형을 티파티의 손님으로도, 수퍼 히어로로도, 직장으로 출근하는 엄마로도 삼아 가지고 놀 수 있다. 부모가 집에 이웃을 초대할 수 있고 오지 못하게 할 수도 있듯이 Suzie도 친구에게 자기 인형을 가지고 놀도록 허락할 수도 있고 못하게 할 수도 있다. Suzie는 그녀의 부모가 얼마를 받든 집을 팔 수도 있고 계속 보유할 수도 있듯이 이 인형을 친구에게 주어 버릴 수도 있고 계속 가지고 있을 수도 있으며, 다른 장난감과 바꾸거나 누가 이러한 제안을 해 오면 이를 거부할 수도 있다.

미국 문화에서 물건things의 소유권이라는 개념은 재산에 관한 사상의 중심이 되어왔다. 물권법property law은 사람이 소유할 수 있는 여러 물건들과 그들이 물건을 소유하는 방법에 관심을 가진다. 그러나 이 개념의 양대 요소인 물권법의 객체로서의 물건thing과 절대적 소유권이라는 요소는 허점이 많고, 물권법은 매우 산만하다.

먼저 물건things 또는 다른 말로는 재산권의 객체subject에 대하여 생각해 보자. Suzie의 인형과 부모의 집은 누군가의 재산이 될 수 있는 물건들이다. 거의 모든 유형물tangible things, 즉 형체가 있는 물건은 소유권의 객체가 될 수 있다. 여기서 "거의"라는 말을 쓸 수밖에 없는 이유는 어떤 유형의 유형물은 소유물이 될 수 있는지에 논란의 여지가 있기 때문이다. Suzie는 그의 부모에게 "속하지만belong", 부모의 재산property은 아니다(여기서 우리는 재산의 정의는 변화할 수 있음을 알 수 있다. Suzie가 남북전쟁 이전의 아프리카계 미국인이었다면 누군가의 재산이 될 수도 있었다). Suzie 아빠의 신장은 어떠한가? 신장은 누구도 함부로 빼앗아 갈 수 없다는 뜻에서는 재산이지만 신장 이식을 원하는 사람에게 하나를 떼어 내 팔 수 있다는 뜻에서도 재산으로 취급될 수 있는가? (Iran에서는 그 답이 '예스'이지만 다른 나라에서는 적어도 현재까지는 '노'이다.)

재산은 유형물tangible things에 한정되지 않는다. Suzie의 아버지가 작가라면 그는 자신이 쓴 소설에 대한 저작권copyright을 가진다. 이것이 지적재산권intellectual property이라는 무형적 권리인데 그는 책을 소유하는 것이 아니고 그 책을 찍어 낼 권리를 소유한다. Suzie의 부모는 또한 주식, 채권, 또는 무츄얼 펀드의 지분을 가질 수 있다. 이러한 유가증권financial instrument은 비록 형체가 있는 물건이 아니지만 우리 사회에서 가장 유력한 재산의 형태이다.

법이 무형재산권intangible property interest을 재산으로 인정하기로 방향을 잡자 "물건things"과 관련되어 인정되어 온 재산의 핵심 개념이 흔들리기 시작했다. 피용자는 자기의 직업에 재산적 권리를 가지는가? TV 방송국 허가와 같은 정부로부터 받는 혜택이나 특권은 재산인가? 모든 종류의 특권privilege이나 어떤 혜택을 받을 권리, 즉 수혜권entitlement은 재산권의 객체가 될 수 있는가?

재산이 유형물로부터 무형재산으로 이동하면서 물권법에 문제가 생겼다. 재산이 물건things에만 한정될 수 없다면 물권법의 범위는 어떻게 되는가? 재산이 잠재적으로 가치가 있는 모든 자원에까지 확대된다면 모든 것이 물권법의 대상이 될 것이다. 그러나 모든 것이 재산으로 된다면 물권법에는 정말로 특별한 것이 없어진다.

이러한 문제를 제기하다보면 소유권의 절대성absolute ownership이라는 재산의 두 번째 개념도 불완전함이 드러난다. Suzie의 부모는 집을 소유하는데 이 소유권은 Blackstone의 절대적 지배권absolute dominion이라는 개념보다는 부족한 것이 많다. 사람들이 원한다고 해서 어떤 방법으로든 재산을 사용할 수 있는 것은 아니다. 주택의 소유자들이 자기 집에 가게를 열고자 해도 도시계획zoning의 규제 때문에 할 수 없을 수도 있다. 집에서 파티를 열어 시끄럽게 하거나 마당에 쓰레기를 쌓아 놓는다면 이웃이나 공무원이 중지시키려고 법적 조치를 취할 것이다. 또한 다른 사람들이 이 집을 사용하는 것을 완전히 막을 수도 없다. 그들은 자기 집 앞의 보도를 소유하고 있지만 보행자의 이용을 막을 수 없다. 그리고 또한 다른 사람들이 당신의 집에 제한물권property interest[5])을 가지고 있을 수도 있다. 집을 사려고 돈을 빌렸다면 은행에게 계약상 권리contract right(돈을 갚겠다는 약속)와 함께 제한물권property interest(대출금 변제를 담보하기 위한 저당권mortgage)을 부여하게 된다.

무형물intangibles을 재산으로 취급하는 것과 소유권의 절대성이라는 생각이 붕괴되는 현상을 결합하여 생각해보면 실제로 물건에 대한 소유권ownership이 재산권의 전부가 아님을 알게 된다. 오히려 재산권은 가치 있는 자원과 관련되어 전개되는 사람들 간의 관계에 관한 것이라고 할 수 있다. 그러한 관계는 Blackstone 이나 또는 Suzie가 생각했던 것과 같이 소유권의 절대성이라는 개념으로 정의되지 않고 그보다는 수시의 맥락에 따라 다른 모습으로 나타난다. 물권법은 권리의 꾸러미bundles of rights에 관한 법이라고 표현되는 때가 많으며 소유권이라는 개념 하나만이 재산에 관한 법의 전부가 아니다. 오히려 가치 있는 권리와 관련하여 사람이 가질 수 있는 법적 관계는 매우 다양하다.

잠재적 권리의 꾸러미bundle of potential rights라는 개념은 하나의 재산에 대하여 소유자가 어떤 권능들interests[6]을 가질 수 있는지 규정한다. 이 권리의 꾸러미를 막대기 다발이라고 생각해 보자. 한 사람이 유형물이든 무형물이든 어떤 재산권의 객체와 관련하여 모든 막대기들을 다 가지고 있다면 우리는 그때 그 사람이 그 재산의 소유자라고 생각한다. 설사 그 사람이 막대기를 모두 가지고 있지 않다고 해도 그 대부분을 가지고 있다거나 특히 중요한 일부의 막대기를 가지고 있다면 우리는 여전히 그 사람이 그 재산을 소유하고 있다고 생각할 수 있

---

5) 소유권은 본문과 같은 권능들을 가지고 있는데 소유자는 그중 일부를 다른 목적을 위하여 타인에게 부여할 수 있고 그러한 권능을 부여하면 그 권리가 완전한 소유권을 제한하는 권리라고 하여 제한물권이라고 부른다. 제한물권에는 소유자의 사용권을 제한하는 용익물권과 교환권에 제한을 가하는 담보물권이 있다. 전자는 지상권, 지역권, 전세권(한국에서 주택임차에 흔히 사용되는 이른바 전세에 관하여는 본장 주51) 참조)이 있고, 담보물권에는 유치권, 질권, 저당권 등이 있다. 이는 민법에 규정되어 있는 제한물권이며 이외에도 가등기를 이용한 가등기 담보, 소유권을 이전하지만 이후에 채무를 변제하고 되찾아 올 수 있는 양도담보, 신탁을 이용한 담보신탁 등 여러 가지 방법들이 더 자주 사용되고 있다.

6) 어떤 권리의 속성으로서 그 권리자가 활용할 수 있는 권리의 개별적인 내용을 권리와 구별하여 권능이라고 한다. 소유자는 물건을 사용할 수도 있고 양도할 수도 있는데 이를 사용의 권능, 양도의 권능이라고 하고 저당권을 설정해 주고 돈을 빌리는 등 담보로 제공할 수 있는 것도 이러한 권능의 하나이다. 본문에서 막대기 다발이라고 표현할 때 그 개개의 막대기가 바로 권능이다.

다. 사람이 가질 수 있는 가장 중요한 막대기, 또는 권능은 아래와 같다. 재산권이 절대적인 것이 아니므로 이 모든 것은 그에 대한 제한을 받을 수 있다.

- 사용할 자유liberty to use. Suzie의 부모는 자기 집을 가지고 하고 싶은 일 중 상당히 많은 것들을 다른 사람의 허락을 받지 않고 할 수 있다.

- 독점할 권리right to exclude. Suzie의 부모가 허락하지 않는 한 누구도 그 집을 사용할 권리가 없다.

- 양도할 권리power to transfer. Suzie의 부모는 그 집을 다른 사람에게 팔거나 넘길 수 있다. 그들은 유언wills으로 자신들이 사망한 후 그 집을 Suzie 또는 동물학대방지협회(S.P.C.A.)에 넘겨주거나 달리 어떻게 처분할지 결정할 수 있다.

- 손실으로부터의 보호immunity from damage. 다른 사람이 그 집을 사용할 수 없다는 것과 마찬가지로 누구도 그 재산을 파괴할 법적 권리가 없다. 만약 이웃 사람이 나무를 베다가 나무가 쓰러져 Suzie의 집 지붕을 부서지게 하면 부모는 그 이웃에게서 수리비용을 손해배상금money damages으로 받을 수 있다.

물권법은 절대적이기보다는 상대적인데 어느 정도의 상대성을 가지는지는 몇 가지 예에서 이러한 기본적 권능 중의 하나의 내용이 어떻게 정의되고 어떻게 제한되는지를 알아보면 분명해진다. 이 권리의 꾸러미 중에서 가장 중요한 것은 다른 사람이 자기의 재산을 사용하지 못하게 하는 권리라고 보는 것이 보통이다. 이러한 배제권right to exclude[7] 중에는 노숙자가 당신의 허락 없이 당신의 거실에서 잠을 잘 수 없다는 것처럼 너무나 당연하다고 보이는 측면도 있다. 허락을 받지 않거나 정당한 법적 권한 없이 남의 토지에 들어가면 무단침입trespass이 된다. 누군가 당신의 땅을 가로질러 가거나, 쓰레기를 버리거나, 당신의 잔디밭에서 개를 데리고 산책하면 이는 무단침입이다. 전통적으로 토지 소유자는 땅의 표면만이 아니라 표면의 아래로는 지구의 중심까지, 위로는 "하늘나라에 이르기

---

7) 한국에서는 이와 같이 방해의 배제를 청구할 수 있는 권능을 강학상 물권적 청구권이라고 부른다.

까지" 모든 범위를 소유하는 것으로 보았다. 전자는 여전히 그대로 인정되고 있어서 이웃사람이 당신의 땅 아래로 터널을 뚫을 수가 없고 당신의 땅 밑에서 광물을 채취하기 위하여 비스듬하게 파 들어갈 수도 없다.[8] 그러나 소유권이 하늘나라에까지 미친다는 개념은 많이 희석되어 비행기가 30,000피트 이상의 하늘을 날거나 인공위성이 지구 궤도를 돌고 있다면 당신의 집 상공을 지나갈 수 있다.

그러나 다른 사람의 땅에 들어갈 수 있는 권한이 있는 경우도 있는데 이때는 물론 무단침입trespass이 되지 않는다. 예를 들면 집을 판 사람은 매매 이전에 자신의 물건을 모두 치우기로 합의하지 않았다면 매도 이후에 그 집에 남겨 둔 물건을 치우기 위하여 합리적 기간 동안에는 그 집에 들어갈 수 있다. 경찰관, 소방관, 위생감독관 등 일부 공무원은 공공의 안전을 보호한다는 목적을 위하여 어떤 경우에는 남의 재산에 들어갈 수 있다. Suzie의 부모가 자기의 토지 위에서 어떤 영업을 하고 있다면 차별금지법antidiscrimination laws에 의하여 인종을 이유로 특정한 고객이 그 가게에 들어오지 못하게 하는 행위는 금지된다.

재산에 물리적으로 침입하는 경우 이외의 다른 방법으로 진입하는 수가 있음을 가정해 보자. 재산의 소유자는 소음, 냄새, 연기 또는 진동을 배제할 권리가 있는가? 당신이 비료공장 주변에 사는데 공장이 나쁜 냄새를 피우거나 때때로 먼지가 당신의 땅에 내려앉는다면 당신의 재산권이 침해되었다고 할 수 있는가? 법은 당신이 재산권을 향유함에 있어 재산권에 대한 불합리한 침해라고 간주할 수 있다면 예스라고 대답한다. 이러한 방식으로 재산에 가해지는 침해는 공해nuisance라고 부른다. 이러한 침해행위는 동시에 이러한 유형의 문제를 전문적으로 다루는 공공의 조례ordinance나 주법 위반이 될 수도 있다.

물론 먼지, 냄새 또는 소음과 같은 것들이 언제 불합리하다고 판단할지는 어려운 문제이다. 소음이 언제 공해로 인정될지 생각해 보자. 옆집 아이가 방과 후 한 시간 동안 피아노 연습을 하면(특히 연주가 서툰 경우) 공해인가? 그 아이의 오빠가 속한 록밴드가 방과 후 한 시간 동안 최대의 음량으로 연습을 한

---

8) 지하에 대한 소유권도 현대에는 개발의 필요상 제한되는 추세에 있어 토지의 사용과 안전에 전혀 상관이 없을 정도의 깊이에서는 이러한 행위를 허용하여야 한다는 움직임이 있고 지하자원을 채취하기 위하여 광업권을 설정하는 경우 광업권자는 토지의 소유자가 아니어도 그 토지에서 광물을 개발하기 위한 행위를 할 수 있다.

다면? 세 시간 동안이라면? 한밤중이라면? 이미 알아차렸겠지만 어떤 판단의 기준이 있어야 한다. 법원은 어떤 행위가 공해인지를 판정하려면 침해의 종류와 그것이 언제, 어디서, 얼마나 자주 발생하며 당신이 재산권을 향유하는 데 그리고 그 경제적 가치에 얼마나 영향을 미치는지 살펴본다. 이러한 판단은 재산에 관한 법을 구성하는 사람들의 관계들을 정의해야 하는 법원의 임무 중의 일부이다.

그러므로 물권법은 물건things에 관한 법이 아니며 아무리 단순하게 보더라도 물건의 소유권에 관한 법이 아니다. 오히려 물권법은, 다른 모든 법과 마찬가지로, 사회에서의 가치 배분에 관한 법이다. 물권법은 필연적으로 경제학, 정치학 그리고 어떤 사회가 좋은 사회인지에 대한 우리의 시각에 관한 질문과 연관된다. 그렇다면 우리는 무엇이 재산으로 인정될 자격이 있는지, 어떤 것이 재산이라고 말할 때 그 의미가 무엇인지, 이러한 질문에 대한 답이 사회적 관계, 권력 그리고 정의와 어떻게 연결되는지 탐구할 필요가 있다.

물권법은 왜 필요한가?

물권법을 알아봄에 있어 첫 번째 질문은 다른 법 분야에서도 마찬가지이겠지만 우리가 도대체 왜 물권법을 필요로 하는가라는 질문이다. 특히 우리에게 왜 사유재산제도system of private property가 필요하며 이것이 우리에게 무엇을 해 주는가라는 질문이다. 사유재산제도 대신에 모든 사람이 모든 것을 "공동으로 소유own in common"한다면 또는 어떤 물건을 소유할 수 있도록 해 주는 법적 집행력 있는 권리가 없다면 어떤 문제가 생길 것인가?

변호사, 판사 그리고 법학자들은 Blackstone과 John Locke의 시대부터 현재에 이르기까지 이 질문에 고심을 해 왔다. 완전히 만족스러운 답은 없으며 이렇게 명확성이 결여되어 있는 것이 혼란의 원천이 된다. 여기서 우리는 재산에 관한 논쟁을 좌지우지해 온 세 가지 형태의 주장, 즉 첫째 재산권이 생산적 활동을 권장한다는 주장, 둘째, 재산권이 정치적 자유를 보호한다는 주장, 셋째 재산권이 인류의 번영에 기여한다는 주장에 초점을 맞추어 보기로 한다.

재산권은 사람들에게 자신의 재산이 보호될 것임을 알게 하여 안정감을 줌으로써, 그리고 그 재산이 이를 가장 효과적으로 이용할 수 있는 사람에게 이전될 수 있도록 보장함으로써 사람을 생산적 활동에 종사하도록 권장하는 기능을 가지고 있다고 주장되어 왔다. 다음의 비유가 Blackstone 시절부터 사용되어 왔고, 근대법과 경제학자들도 이 점을 설명하는 데 이 개념을 이용해 왔다. 당신이 어떤 땅에서 곡식을 재배하기로 했다고 하자. 당신은 땅을 일구고 씨를 뿌리고 물과 비료를 주었다. 그런데 수확할 날이 다가오자 전날 밤에 이웃 사람이 곡식을 모두 가져가 버렸다고 하자. 당신이 그 곡식에 대하여 법적 집행력이 있는 legally enforceable 재산권이 없다면 당신에게 주어진 유일한 수단은 그 이웃에게 힘을 행사하는 것밖에 없는데 그가 당신보다 더 크고 힘도 세서 당신이 힘을 쓰기가 마땅치 않다고 하자. 이제 당신은 자신의 노동의 과실을 향유할 수 없다면 더 이상 곡식을 재배하려고 수고를 할 동기가 없어질 것이다.

또한 당신이 이웃사람보다 농부로서 신통치 않다고 해 보자. 당신은 그 밭에서 1년에 옥수수 100부셸밖에 수확하지 못하는데 200부셸을 생산할 수 있는 사람이 있다. 당신이 그 사람에게 밭을 팔거나 밭에서 옥수수를 재배할 권리를 양도한다면 당신과 이웃사람이 모두 부유해질 수 있다. 그러나 당신이 그 땅을 배타적으로 사용하거나 사용할 권리를 이전할 수 있도록 해 주는 재산권을 가지고 있지 않다면 그런 일들은 할 수 없다.

간단히 말하면 재산법은 경제적 기능을 발휘한다. 사람들이 재산을 이용할 수 있도록 법적 보호를 받고, 남이 자기 재산을 사용하지 못하도록 할 법적 능력을 가지며, 재산을 다른 사람에게 양도할 능력을 가진다면 사람들은 자원 개발에 더 많은 노동과 자본을 들이려 할 것이고, 자원은 그것을 가장 잘 활용할 사람에게 흘러갈 것이다. 이 결과는 자원을 이용하는 개인에게는 물론 사회 전체에도 이익이 될 것인데 경제학자들은 이를 자원이 "최고 및 최선의 이용"이 가능한 곳으로 흘러갈 수 있도록 보장해 주기 때문이라고 설명한다.

사유재산이 이러한 방식으로 생산적 활동을 진정으로 장려하는지 여부는 이러한 경제학적 주장의 바탕이 되는 숨은 가정이 유효한지 여부에 달려 있다. 이러한 경제학적 주장을 검증하는 책들이 많이 있는데 여기서 이들을 상세히 검토할 수는 없다. 그러나 그 경제학적 주장은 이론적 분석을, 즉 사람은 법이 금지하지 않는 것이면 어떤 일이든 할 것이고, 사람은 법이 보호하는 일만을 할 것이라고 보는 경험적 전제로 둔갑시키고 있음을 염두에 두어야 한다. 사실 강한 자라고 하여 으레 약한 자를 수탈하지는 않으며 농부들은 자신들의 노력을 법이 보호해 주어야만 경작에 나설 것이라는 예상이 항상 옳지는 않다. 두 가지 경우 모두에 있어 사회적 제약이 있고 사람마다 자기 이익 또는 공동체의 이익에 대한 인식이 서로 다르기 때문에 사람들은 이 경제학적 주장이 예측하는 것과는 다른 방식으로 행동을 할 수도 있다. 인류학자들의 연구는 사유재산제도가 아니라 자원을 집단으로 소유하는 사회 또는 그러한 소유상황하에서 경제적으로 더 생산적인 경우도 많이 있다고 한다.

나아가 오늘날 사유재산의 경제적 기능에 대한 논쟁은 영화, 음악, 온라인 콘텐츠 등 전자적 형태의 지적재산intellectual property을 고려할 때 또 다른 형태로 전개된다. 강하게 보호해 줄수록 콘텐츠의 생산자들에게 창작을 더 많이 하도록 권장하는 효과가 있어 록그룹은 노래를 더 많이 녹음할 것이고 레코딩 회사들은 CD와 음원을 더 많이 보급하려 하겠지만, 이와 동시에 힙합 아티스트들은 그 노래를 리믹스하기 힘들어지고 팬들은 그 노래를 삽입하여 기념 웹사이트를 만들기 힘들어지는 등 다른 사람들로 하여금 그 콘텐츠 위에 무언가를 쌓아 올리는 노력을 하지 못하게 하거나 꺼리게 만들 것이다.

사유재산에는 정치적 차원의 의미도 있다. 재산을 소유하고 그리하여 다른 사람으로부터 독립성을 확보할 수단을 가질 능력이 있으면 재산의 소유자는 그 다른 사람이 봉건시대의 영주이든 현대의 정부이든 그들에 대하여 정치적 독립성을 주장할 수 있게 된다. 때때로 재산권은 민주정치의 전제 조건이라고 일컬어지는데 그 이유는 재산이 있어야 시민들이 정치에 끼어들었다가 자신의 경제적 지위가 위태로워질 수도 있다는 걱정을 하지 않고 자유롭게 발언하고 공공의 일에 참여할 수 있게 되기 때문이다. Thomas Jefferson에게 이 원리는 모든 사람(적어도 모든 백인 성년 남자들)이 토지를 소유할 기회를 가져야 하며, 토지의 소유권이 몇몇 부유한 가문에 집중되어서는 안 됨을 의미하였다. 그는 일찍이 독립적인 소유권은 민주주의에 기여하는 반면에 "종속은 아첨과 무신조를 낳는다Dependence beget subservience and venality."라고 말한 바 있다.

1960년대에는 재산권을 옹호하는 정치적 주장은 주로 정부의 보조금에 생계를 의존하는 사람들을 위하여 활용되었다. 잘 알려진 법학 전문지에 게재된 "새로운 재산권the New Property"이라는 제목의 논문에서 Yale 로스쿨 교수 Charles Reich는 사회보장 수급자, 정부 공무원, 공적 프랜차이즈권 보유자와 면허 소지자들이 정부로부터 정치적 독립을 확보하려면 그들이 받는 혜택이 재산권으로 인정되어야 한다고 주장하였다.

최근에 우리는 사유재산제도를 옹호하는 정치적 주장의 한계를 인식하기에 이르렀다. Jefferson의 주장과 같이 민주주의의 발전에 기여하는 것은 단순한 재산이 아니라 재산의 분산이다. 재산이 대기업과 거부들에게 집중되고 돈 많은 기관이 정치과정을 지배하게 되면 개인이 공공의 사안에 참여하고 영향을 미칠 능력은 축소되기 마련이다.

끝으로 재산권에는 인격적인 측면도 강하다. 물건은 자아감, 장소감, 존재감과 소속감을 형성하는 데 기여한다는 점에서 사람에게 매우 중요한 의미가 있다. 좋아하는 인형이나 담요가 어린 Suzie에게 가지는 의미는 집이나 가보 또는 고급 자동차와 같이 소중한 물건이 부모에게 주는 의미와 비슷하다고 말해도 과언은 아니다. 재산권의 이러한 요소들이 Suzie나 그의 부모가 어떤 사람인지를 부분적으로나마 규정하며, 그들에게 재산을 소유할 능력이 없었다면 그들은 지금의 모습을 가질 수가 없었을 것이다. 이 점은 재산을 가지기 힘든 환경에 있는 사람들을 관찰해 보아도 알 수 있다. 교도소나 정신병원에서는 재소자들이 몇 가지 물건을 수집하거나, 감추어 두거나, 늘 지니고 다니는데 이를 통하여 자신의 사적 공간을 만들고 자아감을 형성하고자 하기 때문이다. 그리고 어떤 종교의식에서 자신에게 사심이 없음을 증명해 보이는 중요한 방법이 재산을 포기하는 일, 즉 단순히 가난하게 살겠다고 맹세하는 것을 넘어서 몇 가지 생활필수품 이외의 재산 소유를 포기하는 것이 이용되는 것도 이 때문이다.

재산에는 어떤 것들이 있는가?

이제는 너무 당연한 말장난처럼 들리겠지만 재산property에는 여러 가지가 있다. 이미 보았듯이 Suzie의 인형, 부모의 집 그리고 아빠가 가지고 있는 저작권 copyright 등은 재산권의 객체가 되는 재산의 일종들이다. 재산의 종류가 다르면 법은 이를 달리 취급하므로 사람이 소유할 수 있는 재산을 종류별로 나누어 보는 것이 도움이 된다.

부동산real property과 인적재산personal property의 구분이 가장 기본적인 분류이겠다. 부동산은 토지land와 토지에 영구적으로 부착된permanently attached 물건(real property라는 말에서 부동산real estate이나 부동산중개업자realtor 등의 용어가 나왔다)이다. 인적재산은 부동산 이외의 모든 것이다.9) 가구, 보석, 자동차는 인적재산이며, 저작권copyright, 특허권patent, 주식stock, 채권bond 등과 같이 형체를 가지지 않는 무형물intangibles도 인적재산이다. 어떤 종류의 재산, 예컨대 자라나고 있는 곡물10)은 어떤 경우에는 부동산으로, 어떤 경우에는 인적재산으로 취급되는데 이와 같이 정의하기 어려운 경우도 없는 것은 아니지만 대부분의 경우 부동산과 인적재산의 구분은 쉽게 이해될 수 있다.

그러나 이러한 구분을 하는 이유와 거기에 어떤 의미가 있는지는 좀 복잡한 설명이 필요하다. 중세에는 토지가 부의 목적이었을 뿐 아니라 사회를 조직하는 제도적 바탕이기도 하였다. 봉건주의가 쇠퇴한 이후에도 토지는 가장 널리 퍼져 있고 가장 중요한 부의 형태이므로 그만큼 특별한 절차적 형식이 적용되는 등 여전히 특별취급을 받았다. 예를 들면 Thomas Jefferson이 전제정치를 방지하는 수단으로 재산이 여러 사람에게 분산될 필요가 있다고 주장했을 때 그 의미는 거대한 왕실이 토지를 대규모로 소유해서는 안 되고 소규모 농부들이 토지를 골고루 나누어 가지는 제도가 필요하다는 것이었다.

오늘날 이와 같은 부동산과 인적재산 간의 전통적 구별은 움직이지 못하는 재산과 움직일 수 있는 재산 사이에 기능적 차이가 있다는 생각과 결합되어 재산의 종류가 다르면 다르게 취급되어야 한다는 뜻으로 받아들여진다. 재산의 유형이 다르면 다른 법체계에 의하여 규율되고 각 재산의 유형 내에서도 소집단마

---

9) 대륙법계 물권법은 물건을 부동산immovables과 동산movables로 나누는데 부동산은 토지와 그 정착물, 즉 건물과 같이 토지에 부착되어 쉽게 움직일 수 없는 물건이고 동산은 기타의 물건을 말한다. 저작권 등 무형적 재산권은 물건으로 보지는 않고 재산적 권리로 보는데 영미의 인적재산은 부동산 이외의 재산으로 무체재산권까지 포함하는 개념으로 사용된다.

10) 한국에서 곡물은 일단 토지의 정착물로서 부동산의 일종으로 분류되는데 법적으로 특별한 취급을 받는다. 토지에 새로 정착되게 된 물건의 소유권은 이른바 부합의 법원리에 의하여 토지의 소유권자에게 속하는데 곡물은 설사 남의 땅에 아무런 권원이 없이 씨를 뿌렸어도 파종을 한 사람에게 있다는 것이 판례에 의하여 인정되고 있다.

다 다른 법률이 적용된다. 토지 매매를 규율하는 법체계가 있고 자동차 매매는 다른 법에 의하여 규율된다. 토지 소유자가 자신의 토지a piece of land[11]를 이용하는 방법에 관하여도 여러 개의 법체계가 중첩적으로 적용되며 자동차나 저작권의 소유자가 그에 대하여 가지는 권리를 규율하는 법률도 각각 따로 있다.

누누이 언급되었지만 어떤 재산은 형체가 있고tangible 어떤 재산은 형체가 없다intangible. 사실 한때는 토지가 가장 중요한 재산의 형태로 대접받았지만 현재는 무체재산권이 가치와 중요성의 면에서 부동산을 압도한다. 보통의 가정에 자동차와 집이 있겠지만 그 가정이 이러한 유체재산의 가치를 훨씬 넘는 연금펀드, 무추얼펀드, 은행 계좌 등을 가지고 있을 수도 있다.

무형재산의 독특한 종류로서 지적재산intellectual property, 달리 말하면 물리적 작업이 아니라 지적 작업을 통하여 창출된 재산이 있다. 특허권patent과 저작권 copyright 등은 지적재산권이다. 특허권은 발명품을 독점적으로 사용하거나, 사용을 허락하거나, 판매할 수 있는 권리이다. 어떤 발명가가 개량된 형태의 쥐덫(오늘날 보다 현실감이 있는 예로는 대형 제약회사가 새로운 약을 개발한 경우)을 고안했다면 그 독창성originality과 유용성usefulness을 증명하는 자료를 정부에 제출하여 특허를 출원하고 일정 기간[12] 동안 그 발명이 발명가의 재산으로 인정되

---

11) 토지는 연속되어 있으므로 인위적으로 경계선을 그어 경계선 내의 부분을 소유하며 그 한 조각을 a piece of land라고 부르고 대한민국에서는 1필(筆)이라고 부른다. 대한민국에서 토지의 경계는 토지대장과 지적도에 의하여 공시되는데 각 토지는 대지, 임야, 전 등으로 용도가 정해져 있고 이를 지목(地目)이라고 부른다. 토지는 정해진 용도에 따라 사용해야 하고 이를 변경하고자 하는 경우 지목변경의 절차를 밟아야 한다. 한편 토지 소유권은 누구나 알 수 있도록 부동산 등기부에 의하여 공시되는데 대한민국에서는 부동산에 관한 권리의 변동은 등기명의를 변경하여야 효력이 생기고(상속 등의 일부 예외가 있음) 제3자에게도 대항할 수 있다. 토지대장은 행정 목적의 장부로서 여기에도 소유자의 이름이 기재되지만 그 사람이 소유자임을 입증해 주는 것은 아님을 주의하여야 한다. 토지는 소유자의 의사에 따라 분필하거나 인접한 토지를 합필할 수도 있는데 1필의 토지의 일부를 양도할 때에는 분필하여 독립 지번을 부여받아 이전할 수도 있고 공유지분을 이전할 수도 있으며 어느 경우에나 등기하여야 하는 것은 마찬가지이다.

12) 특허권의 존속기간은 보통 20년이며 그동안에는 특허권자가 배타적으로 사용할 수 있고 다른 사람이 특허권자의 사용허가를 받지 않고 임의로 사용하면 특허침해의 불법행위로 민사, 형사상의 제재를 받게 된다. 특허권은 출원할 때 발명의 상세 내용을 공개하게 하는데 이는 새로운 발명을 장려하기 위하여 존속기간 동안에는 배타적 사용권을 주어 이익을 얻게 하고, 존속기간이 만료되면 누구나 사용할 수 있게 하기 위해서이다. Pfizer사의 발기부전치료제를 특허기간 만료 후 제약회사들이 복제하여 판매하고 있는 것이 그 예이다.

는 특허권을 부여받는다. 특허법은 처음에는 쥐덫 개량과 같은 기계적 혁신만을 보호했는데 이제는 다른 형태의 발명에까지 확대되었으며, 현재는 사업모델(Amazon.com의 원클릭 주문시스템 등)이나 생물유기체(유출된 기름을 제거하는 데 사용되는 미생물 등), 심지어 과학적 발견(인간 유전자 지도 해독 등)까지도 특허의 대상이 되어야 하는지 여부를 놓고 논쟁이 진행 중에 있다.

비슷한 것으로 소설가가 책을 쓰면 그는 저작권[13]이라는 재산권을 취득한다. 저작권은 픽션 또는 이 책과 같은 논픽션, 사진, 노래, 영화, 웹사이트 등과 같은 여러 종류의 창작물creative works을 대상으로 한다. 저작권은 어떤 사상 그 자체라기보다 사상의 표현expression을 보호하므로 당신이 재미있는 생쥐를 주인공으로 삼은 만화를 그리려 한다면 Disney사가 이를 막을 수는 없지만 당신이 특정한 생쥐, 즉 미키 마우스를 묘사하려고 한다면 이를 금지시킬 수 있다.

상표권trademarks은 지적재산권에 관련이 있는 재산권의 일종이다. 특허권과 저작권은 독창적인 창작물이기 때문에 보호되는 데 반하여 상표권은 상업적 가치를 가지고 있기 때문에 보호받는다. "McDonald's"라는 이름과 금색 아치 모양의 상징은 사람들이 이들에서 McDonald's의 패스트푸드와 거기서 얻을 수 있는 모든 편리성, 품질 그리고 그 회사가 그 이미지를 이용하여 촉발시키고자 하는 즐거움을 연상하기 때문에 가치가 있다. 이에 따라 McDonald's는 비록 그 이익의 범위가 다른 형태의 재산권과 다르기는 하지만 그 이름과 상징에 대하여 재산적 이익을 가진다.

지적재산intellectual property은 재산 일반에 관하여 매우 중요한 점들을 설명해 준다. 첫째, 우리는 재산이란 왠지 자연적으로 생겨난 것을 지칭한다고 보고 이를 어떻게 나누는지의 방법만이 유일한 관심사라고 생각하기 쉽다. 토지, 나무는 물론 생산된 제품마저도 재산으로 구분되기 이전에 이미 존재하고 있다. 그러나 저작권과 특허권의 본질을 알게 되면 우리는 모든 재산권이 법에 의하여 인정되는 산물임을 명확히 알게 된다. 이러한 법이 없더라도 발명과 소설은 존재하겠지만 법이 어떤 권리를 인정해 주지 않으면 그에 대한 재산권이란 있을

---

13) 저작권의 존속기간은 국제적으로 저작자가 생존하는 동안과 사망 후 70년간(최후의 저작권자 사망 시기 기준)으로 하고 있는 것이 보통이며, 점차 늘어나는 추세에 있다.

수 없다. 과거 수세기 동안 보통법 원리에 의하여 다루어진 일반적 재산들을 생각한다면 이러한 원리를 알아보기 힘들겠으나 지적재산권이 법에 의하여 창설되고 규율되는 점을 보면 그 원리를 쉽게 알 수 있다.

둘째, 지적재산은 재산에 관하여 소유권이라는 단일한 개념만이 있는 것이 아님을 분명히 해 준다. 특허권, 저작권 그리고 상표권은 모두 지적재산권의 한 형태이지만 이것들을 규율하는 법은 각각에 대하여 각각 다른 권리, 즉 서로 다른 권능의 다발bundle을 부여한다. 예를 들어 재산적 권리의 존속기간은 특허권은 20년, 저작권은 저자의 사망 이후 70년(또는 저작권 보유자가 회사인 경우 최장 120년)이고 상표권은 그 상표가 상업적으로 가치를 가지고 있는 한 인정되는 등 각각 달리 정해져 있다.14) 이 기간은 때때로 연방의회에 의하여 변경되기도 하는데 Disney사의 미키 마우스에 대한 저작권을 보호해 주기 위하여 1998년 소멸하기 직전에 존속기간을 20년간 연장해 준 사례가 잘 알려져 있다. 그 기간이 지나면 이 재산권은 공적 소유public domain로 전환되어 누구나 복제하거나 이용할 수 있다. 어떤 경우이든 재산을 소유한다는 것이 어떤 뜻인지 그 의미를 정해 주는 것은 법이고 재산의 종류가 다르다면 그에 대한 정의도 달라져야 한다.

셋째, 다른 모든 재산도 그렇겠지만 지적재산intellectual property은 법이 소유자와 비소유자, 그리고 사회 일반의 이익 사이에서 균형을 잡고자 하는 의지의 산물이다. 연방헌법은 연방정부에게 "과학과 유용한 기술의 발전을 촉진하기 위하여" 특허권과 저작권을 부여할 권한을 위임하고, 지적재산권법은 이러한 목적을 달성하기 위하여 권리자에게 권리를 창설해 줌과 동시에 제한하기도 한다. 발명가는 정부로부터 독점적 특허권exclusive patent right을 부여받는 대신에 다른 발명가들이 그 지식을 기초로 자기의 발명을 해 나갈 수 있도록 그 발명이 어떠한 것이고 어떻게 작동하는지를 공개하여야 한다. 저작권에는 공정한 사용fair use이라는 개념이 수반되므로 저작권자는 그 권리를 배타적으로 이용할 수 없으며 따

---

14) 지적재산은 오늘날 점점 더 국제적인 의미를 가지기 때문에 법제도 국제적으로 통일되어 가는 경향을 보이고 있다. 재산권자가 현실적 이유로 다른 나라에서의 무단 복제를 완전히 막을 수 없고 그 경우 보호가 형해화되기 때문이다. 이 때문에 한 나라의 지적재산권 보호 수준은 국제조약이나 통상협상에서 중요한 이슈로 되어 있고 주로 선진국이 개발도상국에 대하여 보호의 강화를 요구하고 개도국은 이를 유예하려는 태도를 보이는 것이 통례이다.

라서 비평가는 비평을 함에 있어 저작물의 일부를 인용할 수 있고, 대학 교수가 영어 수업에서 어떤 논점을 설명하기 위하여 저작물의 일부를 이용하여도 저작권을 침해하는 것이 아니다. 최근 들어 지적재산권에 관한 가장 뜨거운 논쟁이 벌어지는 분야 중의 하나가 이러한 이익균형에 관한 것으로, 저작권의 존속기간이 더 연장되어야 할 것인가, 온라인 콘텐츠를 제작하는 사람은 다른 사람이 창작한 노래와 이미지를 어느 한도에서 이용하도록 허용할 것인가 등이다.

인터넷의 소유자는 누구인가?

인터넷은 재산에 대하여 생각해 보는 데 특히 좋은 소재가 되는데 이 분야에서 새로운 기술과 용도가 폭발적으로 증가함으로써 법이 해결하기 어려운 난제들을 많이 제시하는 분야이기 때문이다. 서두에서 물권법은 일반인이 직관적으로 생각하는 물건에 대한 절대적 소유권absolute ownership과는 다른 면을 가진다고 설명하였다. 인터넷은 여러 종류의 물건, 물건과 유사한 정보, 그리고 전혀 물건처럼 보이지 않는 어떤 것들이 혼합되어 있고, 인터넷에서 누가 어떤 권리를 가지는지의 판단은 직관이 아니라 창조적인 분석을 통하여 가능하다.

인터넷을 물권법의 용어로 이해하기에 가장 쉬운 부분은 물리적 기반시설이다. 인터넷은 컴퓨터 네트워크들의 네트워크이다. 당신의 컴퓨터는 그 네트워크의 가장 끝에 있는 단말기이다. 당신이 이용하는 인터넷 서비스의 제공자는 당신 집으로 들어가 컴퓨터에 접속되는 전선을 소유한다. Starbucks는 매장 내 고객에게 와이파이 신호를 전달하는 라우터를 가지고 있다. 셀 수도 없는 다른 라우터, 접속 포인트, 위성, 컴퓨터 그리고 긴 케이블은 누군가의 소유에 속한다.

그러나 인터넷을 이야기할 때 우리는 이러한 물적 설비를 통하여 흘러 다니는 정보, 즉 이메일, YouTube의 비디오, 블로그, Wikipedia, 영화, 유명인 관련 가십을 다루는 웹사이트 등등에 가장 많은 시간을 할애한다. 물권법은 물론 계약법과 불법행위법을 포함한 기존의 법은 이처럼 풍부한 정보를 생산하고 배포하는 인터넷에 적응하는 데 어려움을 겪어 왔다.

가장 기본적인 원칙은 인터넷 상의 모든 것은 누군가의 소유에 속한다는 원칙이다. Fox TV는 그 웹사이트에 게시되어 있는 The Simpsons 스토리에 저작권copyright을 갖는다. Google은 검색 홈페이지에 게시된 알록달록한 색깔의 "Google"이라는 마크에 상표권trademark을 갖는다. 자신의 웹사이트에 기사를 올리는 뉴스매체나 YouTube에 괴상한 영상을 올리는 대학생이나 자기의 개에 대한 회상을 올리는 블로거나 모두 그 정보에 대하여 저작권을 갖는다.

온라인의 모든 것은 소유자가 있으므로 소유자는 재산의 소유자로서 일반적 권리를 주장할 수 있다. 그 콘텐츠는 지적재산intellectual property이므로 다른 사람이 침해하면 안 된다. 어떤 노래에 저작권을 가진 음반사는 인터넷으로 이를 배포하더라도 CD로 배포할 때와 같은 저작권을 가진다. 그러므로 Providence, Rhode Island에 사는 대학원생 Joel Tenenbaum이 Nirvana와 다른 그룹들의 노래를 올리고 다운로드받기 위하여 Napster와 같은 파일 공유사이트를 이용한 사건에서 배심원단은 그에게 저작권의 침해infringement를 이유로 그 그룹들의 음반회사에게 675,000달러를 지급하도록 하였다. 비슷한 경우로 만약 당신이 자신의 웹사이트에 The Simpsons의 에피소드 전부를 게시하였다면 Fox의 변호사들에게서 전화를 받을 각오를 해야 한다.

그러나 다른 모든 재산과 마찬가지로 저작권도 소유자에게 그 사용을 규제할 절대적 권리를 주지는 않는다. 다른 사람은 저작권자의 작품을 공정하게 이용fair use할 수 있으며, 그대로 복제하는 것이 아니라 새로운 작업으로 원래의 작품에 다른 표현이나 의미를 부여하는 변형적 이용transformative use을 하는 것도 공정한 이용에 포함된다. 다른 사람의 작품에 대한 변형적 이용이 허용되지 않는다면 인터넷은 제대로 작동할 수 없을 것이다. Google은 계속해서 웹을 탐색하여 수많은 웹사이트로부터 텍스트, 이미지, 비디오에 관한 정보를 수집한다. 당신이 구글에서 "Kardashian"을 검색하고 그 검색창에서 Images 란을 클릭하면 당신은 유명인 가족의 썸네일 이미지를 수도 없이 볼 수 있다. 이 모든 이미지들은 People 잡지, 사진작가, E! 텔레비전 네트워크 또는 유명인 자신 등등 각 저작권자의 재산이다. Google이 당신에게 이 썸네일들을 보여주면 저작권을 침해한 것이 되는가? 아니다. Google이 사진을 사용하는 것은 변형적 이용이기 때문이다. 어떤 사진을 보여주는 것과 검색의 결과로서 여러 개의 썸네일 사진을 보여주는 것은 완전히 다른 일이며, 이 이외의 다른 방법이 없는 이상 인터넷의 어마어마한 자료에 모든 사람이 접근할 수 있게 함으로써 얻어지는 공공의 이익이 막대하기 때문이다. 저작권법의 존재 이유는 창작을 촉진하는 것이고 검색엔진은 온라인에서 정보의 검색을 쉽게 해 줌으로써 이 목적에 봉사한다.

인터넷에서 상표에도 이와 유사한 보호가 주어지지만 제한이 있다. 연방의회는 상표의 소유권자가 자신의 상표를 보호받을 수 있도록 Anticybersquatting Consumer Protection Act를 제정하였다. John Zuccarini는 비디오게임 소매업자 Electronics Boutique의 웹사이트인 electronicsboutique.com과 ebworld.com에 들어가려는 웹 사용자들이 오타를 낼 것이라고 기대하여 electronicboutique.com, ebwold.com 및 ebworl.com이라는 도메인 네임을 등록하였다. Electronics Boutique가 그를 제소하자 법원은 위 법률을 적용하여 Zuccarini에게 그 도메인 네임의 포기와 손해배상을 명하였다(Electronics Boutique Holdings Corp. v. Zuccarini, 2000). 그러나 Andrew Faber가 Bally Total Fitness라는 헬스클럽에 대한 불만을 게시하기 위하여 Bally Sucks라는 웹사이트를 개설한 것은 누구도 이 불만 표시용 웹사이트와 진짜 Bally의 웹사이트를 혼동하지 않을 것이기 때문에 상표권을 침해하거나 상표의 가치를 희석한 것이라고 볼 수 없다(Bally Total Fitness Holdings Corp. v. Faber, 1998).

YouTube나 Comcast 같은 인터넷 중개자들은 저작권 침해의 의심이 있는 웹사이트들에게 호스트의 역할을 하므로 저작권자의 권리를 2차적으로 침해한다는 책임이 있을 수도 있다는 등의 이유로 위와 같은 논쟁들의 한복판에 끼어 있다. Digital Millenium Copyright Act는 이들 중개자가 이 법의 요건을 준수할 것과 지적재산권 소유자와 새롭고 창의적 방법으로 사용하는 자들 사이의 이익을 조화시키고자 노력할 것을 조건으로 이들의 책임을 면제하고 있다. 노래의 소유자가 자신의 허락 없이 그 노래가 포함된 동영상이 YouTube에 게시된 것을 발견하면 소유자는 YouTube에 그것이 침해가 될 수 있음을 들어 삭제요구 통지takedown notice를 보내고 YouTube는 침해물을 삭제하는 것으로 응답하여야 한다. 그러나 원래의 게시자는 YouTube에게 이를 되돌려 놓으라는 요구를 할 수 있고, 이에 의하여 저작권 소유자에게 그 사용이 정당한 사용이 아님을 입증할 부담이 되돌아가게 된다. Stephanie Lenz가 13개월 된 아들이 가수 Prince의 "Let's Go Crazy"에 맞추어 뛰는 모습을 YouTube에 올리자 Universal Music이 이 동영상이 저작권을 침해한다고 주장하며 동영상을 삭제할 것을 요구하였다.

YouTube는 Lenz에게 그 동영상을 삭제하겠다고 통지하였다. Lenz는 위 법률에 규정된 게시자의 권리를 행사하여 자신이 그 노래를 사용한 것은 저작권법이 허용하는 정당한 사용이라며 이에 항의하였고, YouTube는 이 노래를 다시 게시하였는데 Lenz는 한 걸음 더 나아가 Universal이 위 법률을 남용하였다며 제소하였다. 법원은 문제되는 이익이 충돌함을 인정하면서 Universal은 그녀가 이 노래를 동영상에 포함시킨 것이 공정한 이용fair use인지 여부를 좀 더 숙고하였어야 한다고 판결하였다(Lenz v. Universal Music Corp., 2015).

인터넷상의 정보를 전통적 재산과 유사한 형태로 보려는 경향이 있으나 거기서 유사성을 찾아보기가 매우 힘든 경우도 자주 발생한다. 현실 세계에서 어떤 청소년이 재미삼아 타 보려고 이웃 사람의 자동차를 가져갔다는 등으로 인적재산personal property에 대한 동산무단침해trespass to chattels15)의 불법행위가 있으면 인적재산(동산chattel)의 소유자는 구제받을 수 있다. 그런데 사람이 컴퓨터 시스템에 무단침입trespass하는 일이 가능한가? Bidder's Edge사의 소프트웨어 로봇이 다른 웹사이트에서 정보를 수집하고 이것을 자사의 사이트에 축적해 두기 위하여 eBay의 경매 웹에 하루 100,000번 이상 접속하였는데, 다른 경매정보 수집자들도 이를 본떠 똑같은 행위를 함으로써 eBay의 서버의 용량이 넘치게 할 가능성이 제기되었다는 사건에서 법원은 Bidder's Edge사에 이를 중단하도록 명하였다(eBay, Inc. v. Bidder's Edge, Inc., 2003). 그러나 Intel Corporation의 전직 직원 Kourish Hamidi가 해고에 앙심을 품고 2년에 걸쳐 Intel사의 종업원 중 35,000명에게 이메일을 6회씩 발송한 사건에서 법원은 Hamidi의 이메일이 Intel의 컴퓨터 시스템에 미친 영향이 미미하다는 이유로 무단침입이 되지 않는다고 하였다(Intel Corp. v. Hamidi, 2003). 더 광범위한 문제로 모든 사람의 이메일 계정에 스팸메일을 발송하는 일에 대처하기 위해 연방의회는 공격적비권유포르노그래피및마케팅규제법Controlling the Assault of Non-solicited Pornography and Marketing Act of 2003, 약칭으로 CAN-SPAM Act라는 교묘한 이름의 법률을 제정하였다. 이 법률은 사기성 이메일의 발송을 금지하고 수신자가 수신을 거부할

---

15) chattel은 인적재산 중에서도 움직일 수 있는 재산을 의미하므로 한국 법상 부동산과 대비되는 물건으로서 동산이라는 개념과 가장 유사하다고 할 수 있을 것이다.

방법을 마련해 둘 것을 요구하지만, 늘 당신이 이메일 수신함에서 보듯이 이 법률의 적용범위는 제한적이어서 이를 완전히 근절하지는 못한다.

인터넷은 물권법property law뿐만 아니라 계약법contract law에 의해서도 규율된다. 웹사이트는 서비스계약의 조건을 통하여 자신이 가지고 있는 정보를 사람들이 사용하는 방법을 규제하며 이는 사용자가 "동의함"이라는 박스의 물음에 동의하였든 안 했든 마찬가지인데, 그 조건에 강제력이 있는지 여부는 제6장에서 논하였다. 그러나 웹에 올린 지적재산의 권리자 중에는 다른 방법으로 사람들이 자신의 재산권을 사용하는 방법을 제한하기보다 확대하는 경우가 있다. Blizzard Entertainment사는 매우 인기 있는 롤플레잉 게임인 World of Warcraft에 사용된 스크린 샷을 개인의 웹사이트에 마음대로 사용할 수 있도록 무제한 라이선스blanket license를 주었다. 비영리 그룹인 Creative Commons는 웹 사용자가 다른 사람에게 자기 작품의 사용을 쉽게 허락할 수 있도록 지적재산 라이선스의 표준 양식을 제공한다. Creative Commons의 라이선스 양식에는 예컨대 다른 사람이 원래의 소유자가 따로 있음을 인정하기만 하면 어떤 방식으로든 그 작품을 이용할 수 있도록 허락하겠다는 양식, 이용자도 이를 이용하여 만들어진 자신의 작품을 다른 사람이 이용할 수 있게 허용한다는 "똑같이 공유share alike"의 양식, 그 재산을 비영리적 목적에만 이용하기로 한다는 조건에 동의하기만 하면 다른 사람의 지적재산을 사용할 수 있도록 허용하는 양식 등이 포함되어 있다.

EverQuest를 스토킹하는 Necromancers, Paladins, Shadowknights, 기타의 아바타 그리고 수백만의 주민과 자체의 경제를 가지고 있는 Second Life 등의 가상세계virtual world는 인터넷이 법에 제기하는 가장 첨예한 도전이 되고 있다. 가상세계의 자산이 현실세계에서 가치를 가지는 경우도 있는데 Second Life에서 통화로 사용되는 Linden Dollar는 현실세계의 미국 달러로 거래된다. 가상세계의 아바타는 현실세계의 인간과 같은 방법으로 노동, 거래 및 발명 등을 통하여 자산을 취득할 수 있으며, 그 자산은 현실의 인간에게 전통적 재산이 중요하듯 아바타에게도 중요한 의미를 가진다. 그렇다면 현실세계의 법은 가상적 재산권virtual property을 인정해야 하는가? 아니면 가상세계를 창조하고 운영하는 회사가 서비스 조건으로 그 안에서 일어나는 일들을 통제하면 그만인가? Marc Bragg는 Second Life를 운영하는 Linden Research사가 자신의 계정을 동결하고 현실세계에서 4,000~6,000달러의 가치가 있는 가상 재산을 박탈하자 소송을 내었고 그들은 결국 화해로 분쟁을 종결하였다. 여기서 발생하는 문제들을 해결하는 데에는 어떤 법이 적용되어야 하는가? 가상세계가 그 자체의 규범과 원칙을 가지는 하나의 공동체라면 역시 그 자체의 법제도를 가져야 하는가, 아니면 현재의 법제도가 최소한 그 곳의 규범과 원칙이 현실세계의 법정에서도 구속력을 가진다고 인정해 주어야 하는가? 가상세계가 단순한 게임에서 하나의 세계로 발전해 감에 따라 재산과 법에 관한 우리의 관념에 도전과제가 되고 있다.

재산은 어떻게 취득하는가?

재산에 관한 법에서 중요한 이슈는 법상 어떤 일이 있어야 어느 사람이 어떤 재산을 소유하게 되었다고 인정할 것인가이다. 그러한 판단을 함에 있어 법은 물권법의 근저를 이루는 정책이 대개 그렇겠지만 일률적인 방법을 정할 수는 없고 그때그때 방법이 달라질 수밖에 없다. 우리는 사람들이 생산적 활동에 종사할 것을 권장하고 싶어 한다. 우리는 재산이 사람에게 가지는 인간적 가치를 인정하고 싶어 한다. 우리는 누가 무엇을 소유하는지를 확실하게 보여줄 수 있는 징표를 제공해 주는 제도 등등 여러 가지를 원한다.

사람은 여러 가지 방법으로 재산을 소유하게 될 수 있다. 재산을 취득하는 가장 일반적인 방법은 물론 매입하는 것이다. 역사적으로 매우 중요하였지만 이제는 드물어진 두 가지 방법으로는 선점discovery과 정복conquest이 있다. 선점은 이제까지 알려지지 않은 토지를 찾아내어 그를 보유하기 위하여 깃발을 꽂고 정착지를 만드는 등의 어떤 행동을 하는 것이다. 오늘날은 세상의 모든 땅이 다 알려져 있으므로 선점은 더 이상 이루어지지 않는다. 점유되지 않는 유일한 땅은 우주에 있지만 국제조약을 통하여 미국이 비록 달에 착륙한 첫 번째 나라이지만 달을 소유하지는 못한다. 역사적으로 보면 정복은 선점과 밀접하게 연관되어 있다. 네덜란드, 영국, 프랑스, 스페인 같은 유럽의 강대국들은 최초로 비원주민이 정착하고 그곳에 살던 원주민을 정복하면서 새로운 지도를 그려 감으로써 미 대륙의 소유권을 취득하였다.

선점 및 정복과 관련이 있는 재산의 취득방법의 하나는 재산을 점유하거나 사용하는 첫 번째 사람이 되는 것이고 이로부터 "시간에서 빠르면 권리에서 앞선다first in time, first in right."는 격언이 생겨났다. 이 원칙은 Barry Bonds가 73개의 한 시즌 홈런 신기록을 세운 야구공을 차지하기 위한 물리적 및 법적 투쟁을 예로 들어 잘 설명된다. San Francisco Giants 소속의 이 강타자가 2001 시즌의 마지막 날 Pac Bell Park의 우익수 쪽 관중석으로 홈런을 쳤다. Alex Popov라는 관중이 글러브로 이 공을 잡았는데 몸싸움의 와중에서 공을 떨어뜨려 결국 Patrick Hayashi의 손에 들어갔다. Popov는 자신이 처음으로 이를 점유한 사람이므로 그 공은 자기 것이라고 주장하며 Hayashi를 상대로 제소하였다. 그 공의 원래 소유자인 Giants는 협약에 따라 누구든 공을 처음 손에 넣은 관중에게 공의 소유권을 양보하기로 했다. 그 사건의 비디오테이프를 검증하고 12명이 넘는 증인을 신문하고 법률 전문가의 의견을 듣는 등 3주간에 걸친 법정 공방 끝에 Superior Court의 Kevin McCarthy 판사는 Popov가 잠깐 동안 공을 잡았으나 그에 대한 지배를 확립할 만큼 오랜 기간 가지고 있지 못했다고 판시하였다. Hayashi 역시 비자발적으로 땅에 넘어져서 흘러나온 공을 줍게 되었다. 각자가 어떤 형태로든 공에 대한 점유possession를 가졌고, 두 사람 모두 불법행위를 하지 않았으므로 두 사람 모두 그 공에 대하여 권리를 가지는데 McCarthy 판사는 솔로몬의 판결Solomonic ruling로 이 공을 팔아서 그 이익금의 절반씩을 가지라고 하였다(이 공은 한때 150만 달러를 호가할 것으로 예상되었으나 경매에 붙여져 결국은 45만 달러에 팔리자 Popov와 Hayashi는 크게 실망하였다).

어떤 사람이 이미 소유권을 확립한 재산이 나중에 발견되는discovered 경우라면 어떠할 것인가? 당신이 길에서 반지를 주워서 그 가치를 알아보러 보석상에 가지고 갔다고 하자. 보석상은 비싼 다이아몬드 반지라고 말하더니 당신이 진정한 소유자가 아니라며 소유자가 아닌 사람에게 돌려줄 필요가 없다고 주장한다. 누가 그 반지에 대한 권리를 가지는가? 재산권은 사람과 물건의 관계가 아니라 사람들 사이의 관계임을 기억하자. 당신이 반지의 진정한 소유자가 아니기는 하지만 당신이 반지를 발견하고 점유하였으므로 보석상에 비하여 우월한 권리를 가지며 따라서 당신은 이를 반환받을 권리가 있다.[16)

---

16) 대한민국의 민법은 점유, 즉 물건을 사실상 지배하고 있는 상태 그 자체를 하나의 권리로 인정

그러나 이제 보석상이 그 반지가 자신의 고객의 것임을 알아보고 그 고객에게 전화하여 고객이 이를 되찾으러 가게에 왔다고 해 보자. 당신과 그 고객 중에서 누가 반지를 가져야 하는가? 그 고객, 즉 원래의 소유자가 가져야 한다. 당신은 이를 주운 사람이므로 보석상이나 다른 모든 사람에 비하여는 우월한 권리를 가지지만 진정한 소유자에게는 예외이다. 그러므로 "발견한 자는 가질 수 있고, 잃은 자는 운다finders keepers, losers weepers."는 격언은 좋은 법이 아니다. 이는 분실물에 대한 일반적인 원칙을 설명하는 것이고 현실적으로는 분실물을 발견하면 경찰에 제출해야 하며 원래의 소유자가 정해진 기간 동안에 나타나 권리를 주장하지 않으면 그 물건은 발견자가 소유자 이외의 모든 사람에게 우선하는 권리를 가지므로 발견자에게 귀속된다.17)

소유권을 취득하는 또 하나의 방법은 시효취득adverse possession18)이다. 시효취득은 다른 사람이 정당한 소유자로부터 소유권을 빼앗아 취득할 수 있게 한다

하여 점유권(占有權)이라고 부르고 점유권에 독자적 효력을 인정하기 때문에 이와 같은 권리의 우열문제를 고려할 필요가 없다. 어떤 물건을 현실적으로 지배하고 있다면 마치 그 사람이 그 물건에 대한 정당한 권리를 가진 것과 같은 외관이 생기기 마련이고, 실제 그가 정당한 권리를 가지고 있는지를 매번 일일이 따질 수도 없으며, 누구나 남이 점유하고 있는 물건이 자기가 잃어버린 물건과 비슷하다는 이유 등을 들어 소유권을 주장할 수 있게 한다면 혼란이 생기기 때문이다. 예컨대 방금 우산을 잃어버린 사람이 주변에서 같은 모양의 우산을 가진 사람을 발견하고 자기의 소유임을 명백하게 증명할 수도 없는데 자기 것이라고 내놓으라고 요구할 수 있게 한다면 점유자로서도 즉석에서 우산의 소유권을 증명하기가 어려워 혼란이 생길 수 있다.

17) 이러한 제도는 대한민국에서도 마찬가지이며, 주운 물건을 경찰에 신고하는 등 주인에게 돌려주려는 노력을 하지 아니하고 자신이 그냥 영득해 버리면 점유이탈물횡령의 죄가 성립한다.

18) 시효취득의 제도가 인정되는 이유는 본문에서 설명하는 이유 이외에도 어떤 사람이 어떠한 이유로든 재산을 장기간 점유하면서 소유자인 것처럼 행세해 왔다면 이를 기초로 새로운 법률관계가 형성되는 경우가 많은데 이를 새삼스레 뒤집으면 선의의 피해자가 생길 수 있으며, 또 오래전의 일이라면 증거가 없어져서 오히려 정당한 소유자가 소유권을 빼앗기는 불합리도 생길 수 있기 때문이다. 대한민국에서 시효취득이 흔히 문제되는 경우는 토지의 경계에 담장이 잘못 세워진 경우를 들 수 있는데 경계를 침범한 쪽의 소유자가 이 경계가 진실한 것으로 믿고 그 위에 집을 증축하였는데 뒤늦게 이를 헐어 내야 한다면 타당하지 않다. 나아가 현재의 경계가 원래 분명하지는 않았지만 지금 점유하는 사람은 자신의 소유권을 믿고 증거를 모두 버렸는데 다른 사람은 일부의 증거를 가지고 있다는 이유로 소송을 제기하면 정당한 소유자가 오히려 소유권을 빼앗기는 경우도 있을 수 있다. 50년 전에 증조부가 땅을 소유하였는데 소유권이 잘못 넘어갔다는 경우라도 소유권의 절대성과 영원불멸이라는 원칙만을 강조하여 그 후 몇 명의 소유자를 거쳐 현재 소유자에게 넘어왔는데도 이를 그 증손자에게 돌려주어야 한다는 것도 매우 불합리하므로 이를 점유해 온 사람에게 소유권을 인정한다는 제도가 바로 시효취득이다.

는 점에서 독특한 개념이다.

당신이 집 뒤의 숲속에 오두막을 가지고 있는데 돈을 벌기 위하여 대도시에 살아야 하므로 이 오두막을 떠났다고 가정하자. 당신은 이사를 잘 하였고 도시의 생활을 누리고 있다. 그 사이 당신이 알지 못하는 Zeke라는 사람이 은둔생활을 좋아하여 이 오두막에 들어와 마치 자신의 소유물인 것처럼 사용한다. 당신이 몇 년 후에 오두막에 돌아와 Zeke가 눌러앉아 있는 것을 알게 되면 당신은 나가라고 말하고 내쫓을 수 있으며 그가 나가기를 거부하면 퇴거시키기 위한 소송을 제기할 수 있다. 그러나 너무 오래 지체하면[19] 당신은 이 재산에 대한 정당한 청구권을 잃고 Zeke가 시효취득에 의하여 법적 소유권자가 된다.

시효취득adverse possession은 물권법학자 Joseph Singer의 말대로 "부당한 상태를 정당한 상태로 전환시키는 마법의 원칙"이다. 법은 어째서 무단침입자이자 불법행위자인 Zeke를 오두막의 법적 소유자인 당신보다 우대하는가? 이 원칙은 소멸시효statute of limitation의 원칙, 즉 권리의 구제요구는 침해를 받은 후 일정 기간 내에 행사하여야 할 것을 요구하고 그렇지 않으면 영원히 소멸한다는 원칙이 적용되는 부분이다. 나아가 법이 보통의 경우 남의 땅을 무단 점유하는 등의 잘못된 행동을 하는 자에게 보상을 주지는 않지만, 이때는 법이 Zeke의 근면성에 대하여 보상을 주고 당신이 자신의 재산을 지키지 못하고 자신의 권리를 그토록 오래 주장하지 아니하는 게으름을 피운 것을 이유로 불이익을 주는 것이다. 비록 어느 법언maxim처럼 점유possession가 언제나 법의 9부 능선은 아니지만, 여기서 점유는 보상을 받게 되고 소유권을 명확히 하는 근거로 사용된다.

증여gift에 의해서도 재산을 취득할 수 있다. 증여는 재산권을 선물처럼 이전하는 것이다. 증여가 법적으로 유효하려면 증여자donor가 증여를 하고자 하는 의

---

19) 시효취득의 정확한 요건은 미국에서도 법제에 따라 다양하지만 일반적으로 시효취득자는 각 주법에 따라 10년부터 20년으로 정해진 기간 동안 소유자의 승낙 없이 자신이 소유할 의사로 토지를 공연하고openly, 지속적으로continuously 사용해 왔다면 진정한 소유자를 배제하고 자신의 소유권을 주장할 수 있다. 대한민국에서는 부동산은 단순히 점유만 한 경우라면 20년, 등기가 되어 있는 상태라면 10년의 기간이 경과하면, 동산은 점유가 선의이고 과실 없이 개시된 때, 즉 자신의 것이 아님을 모른 데 대하여 잘못이 없다면 5년, 그렇지 않은 경우 10년이 경과함으로써 소유권을 취득한다. 단, 부동산은 이전등기를 하여야 하며 이때는 시효취득자가 원 소유자를 상대로 소유권이전등기청구소송을 하게 된다.

사가 있어야 하고, 그 재산 또는 소유권을 증명하는 자료가 수증자recipient, 즉 증여를 받을 자에게 제공되어야 하며 수증자가 증여받을 것을 승낙accept해야 한다. 법은 사람들이 이타주의적이기보다는 이기주의적이라고 가정하고 증여의 시도에 대하여 엄격한 태도를 취하여 증여의 의사와 재산의 인도delivery[20])에 관하여 명확한 증거를 요구한다(그 증여가 수증자에게 이익이 되는 경우 수령acceptance의 의사는 있는 것으로 추정한다). 인도되었을 것을 요구하는 이유는 증여자가 그 재산을 포기한다는 사실을 현실적으로 인식하게 하고, 사후에 분쟁이 있을 경우에 인도된 사실이 증여의 증거가 되기 때문이며 따라서 인도가 증여에서 특히 중요한 의미를 가진다. 그러므로 누군가에게 반지를 주면서 "이것을 받아주면 좋겠다."고 말하면 증여는 유효하다. 만약 "네가 이 반지를 받아주기를 원하는데 내가 저녁 식사에서 이 반지를 낀 다음에 주겠다."라고 말하고 인도하지 않았다면 증여는 유효하지 않다. 현실의 이전이 없기 때문이며 증여를 하겠다는 약속은 보통 강제로 집행할 수 없다(제6장 참조).

약혼반지는 어떠한가? 남자가 자기 약혼녀에게 약혼반지를 주었다면 증여의 의사와 인도 그리고 수령이 있었다. 약혼이 깨지면 그는 반지를 돌려받을 수 있는가? 이 경우는 법원이 조건부 증여conditional gift라고 인정하는 독특한 상황이다. 그 반지는 결혼을 기대하여 주어진 것이고 따라서 친분관계가 있는 동안 남자가 여자에게 선물하는 옷이나 책 또는 심지어 다른 의도로 준 보석과도 다르다. 결혼이 성사되지 않으면 그 반지를 돌려 달라고 요구할 권리가 있다.[21])

---

20) 인도delivery는 재산에 대한 현실적인 지배를 넘겨주는 것을 말한다. 부동산의 경우 대개 건물이나 토지에서 자기의 물건을 치우고 열쇠나 비밀번호 등 잠금장치를 넘겨주는 것이 보통이고, 동산은 물건에 대한 현실적인 지배를 넘겨주고 이를 사용할 수단, 즉 자동차의 열쇠 등을, 무체재산권인 경우 증권 등을 넘겨주는 방법을 쓴다. 인도는 그러나 반드시 직접 손에서 손으로 넘겨주는 방법, 즉 현실의 인도이어야 할 필요는 없고 대행자로 하여금 인도를 하고 받도록 해도 되며, 누군가 대상물을 임차하여 지배하고 있을 경우 매매의 당사자가 인도한 것으로 합의해도 되고, 소유자가 대상물을 매도하였지만 계속 임차하여 사용하겠다고 하는 경우에는 가상적으로 인도한 것으로 합의해도 되는데 이를 점유개정(占有改定)이라고 한다. 대한민국에서 인도는 동산의 소유권 이전의 성립요건, 즉 인도되기 전까지는 아직 매수인의 소유가 아닌 것으로 되기 때문에 동산의 소유권 이전에 특히 중요한 의미가 있다.

21) 대한민국에서도 이러한 결론은 마찬가지이다. 나아가 결혼 예물은 혼인이 원만히 성립될 것을 전제로 주고받는 물건이므로 혼인에 원초적인 문제가 있었다든지 비정상적으로 일찍 파탄되는 경우 서로 반환하는 것이 통례이다.

재산은 어떻게 구입하고 매각하는가?

재산을 취득하는 가장 흔한 방법은 매입purchase하는 것이다. 사람들은 물론 매일같이 모닝 커피부터 자동차까지 여러 가지 재산을 사고판다. 이러한 거래에서 발생하는 법적 이슈는 대부분 물권법property law이 아닌 계약법contract law에 의하여 규율된다. 여기서 우리는 많은 사람들에게 경제적으로 가장 큰 의미가 있는 거래, 즉 주택 매매에 대하여 알아보고자 한다. 그 목적은 주택을 구입하는 사람에게 점검할 리스트를 제공하자는 것이 아니고 물권법에서 가장 중요한 이슈가 주로 부동산의 거래에서 발생하기 때문에 이를 설명하자는 데 있다.

먼저 주택구입이 어째서 따로 떼어 설명할 만큼 중요한지 살펴보자. 가장 명백한 이유는 금액이다. 한 가정의 주택은 생명보험과 퇴직연금 등과 함께 그들의 가장 큰 자산인 경우가 보통이다. 걸려 있는 돈이 크면 법은 복잡해지는 경향이 있다. 그런데 부동산real property의 매매는 재산권이 여러 가지 권리의 묶음이라는 점에서 더 복잡해진다. 인적재산personal property이라면 어떤 시점에 어떤 물건에 이해관계를 가지는 사람은 한 사람밖에 없는 경우가 대부분이고 그 사람은 보통 그 재산을 소유하는 사람이다. 부동산은 다르다. 다른 여러 사람이 그 재산에 대하여 이해관계를 가지며 부동산을 점유possess하고 있는 사실이 그 부동산의 소유권의 징표라고 하기는 부족하다. 같은 부동산이 소유권이 부실하게 공시된 채로 또는 두 이웃 간의 토지의 경계가 제대로 확정되지 아니한 채로 오랜 기간에 걸쳐 여러 번 이전되었을 수도 있고, 그 땅에 은행이나 주택담보부대출자home equity lender 또는 주택 구입 시 선금down payment 지급에 도움을 준 조부모 등도 모두 이 땅에 이해관계가 있을 수 있다. 그러므로 부동산 거래에 관해서 어떤 특별한 원칙이 발전하게 되었다.

먼저 전형적인 주택 매매의 요소들을 살펴보고 물권법의 탐구에 특히 관계가 깊은 두 요소를 집중적으로 알아본다. 이 거래는 물권법과 계약법의 두 가지 개념이 모두 관계되어 있다. 그중 계약법적 문제는 주택거래에서 매우 자주 일어나기 때문에 다른 맥락에서 일어나는 계약법의 문제와는 조금 다르게 취급된다. 그리고 이 거래가 완결되기까지 사람들은 보통 법보다는 관습, 지역적 관행, 선의good faith와 협력의 정신 등에 더 자주 의존하며 다른 방법으로 해결되지 않는 문제가 있을 때에만 법제도에 호소하는 경우가 많다.

주택의 소유자와 매수인은 매매를 스스로 준비할 수도 있겠지만 부동산중개인real estate broker이 거래를 중개하는 경우가 훨씬 많다. 중개인은 매도인에게는 매도를 준비하고 가격을 정하고 매물을 내놓는 등의 도움을, 매수인에게는 적당한 주택을 소개하는 등 매도인과 매수인 쌍방과 함께 일하는 경우가 보통이지만 계약에 의하여 중개인은 보통 매도인의 대리인agent의 역할을 하고 매수인의 대리인으로 기능하지는 않는다(최근에 독립적인 매수인의 대리인 또는 양측을 다 대리하는 쌍방대리인dual agent의 개념이 생겨나고 있지만 그다지 흔치는 않다). 중개계약brokerage contract에 의하여 중개인은 매도인이 가능한 한 최고 가격을 받을 수 있게 하고 다른 방법으로도 매도인의 이익에 봉사할 의무를 가진다. 그러나 법은 주택의 상태를 공정하게 보여줄 의무 등 중개인이 매수인에 대하여 부담하는 의무도 규정한다.

일단 매수인이 어떤 주택에 관심을 가지게 되면 그는 매수의 청약offer to buy을 할 것이다. 지역적 관행에 따라 그 청약은 구두로 할 수 있거나 서면으로 해야 하는 경우도 있으며, 청약에 대한 보증금을 예치해야 하는 경우도 있고, 이후 협상이 어떻게 진행되어야 하는지의 방법이 다르다. 매수인과 매도인 사이에 가격이 합의되면 그들은 서면으로 매매계약서written purchase and sale agreement를 작성한다. 그 계약에는 가격price, 계약완결일closing date, 거래 완결의 조건, 매수인이 목적물을 검사할inspect 권리, 매도인이 재산의 정당한 권리증서good title를 제공할 의무 등을 포함하여 거래의 모든 조건이 포함된다. 완결일은 매수인이 특히 주택담보대출mortgage을 설정하여 매수자금을 마련하는 등 그 계약을 완결시킬 준비를 할 수 있도록 하기 위하여 몇 주 또는 몇 달 이후로 정해진다. 유예기간이 경과하면 당사자들은 매수인이 매도인에게 대금을 지급하고 그 반대방향으로는 양도증서deed를 건네는 등 많은 서류를 교환함으로써 계약을 완결시킨다.

이 거래의 두 가지 요소를 살펴보자. 첫째, 거래의 핵심은 매도인이 부동산에 대한 자신의 권리interest를 매수인에게 넘기는 것이다. 이때 매도인이 이전해 주는 것이 정확히 무엇이고 누가 무엇을 소유하는지에 관하여 의문이 생기면 어떻게 되는가? 둘째, 대부분의 경우 매수인은 매도인이 제시하는 금액을 마련하기 위하여 전형적으로 은행이나 대부회사에서 돈을 빌린다. 저당권mortgage은 어떠한 종류의 재산권이며 그것은 매수인과 은행에 어떠한 의미를 가지는가?

토지가 매도되면 매도인은 매수인에게 재산권의 이전conveyance을 표상하는 정형적 서류인 양도증서deed[22]를 건네준다(양도증서는 모든 토지거래에서 사용되며 토지의 매매만이 아니라 거저 넘겨주는 경우에도 마찬가지이다). 중세에는 권리이전을 서류에 의하지 않고 점유권교부livery of seisin라는 방법으로 하였다. 매수인과 매도인이 토지 위에서 만나서 증인이 입회하며 매도인이 소유권을 이전한다고 선언하고 이를 상징하기 위하여 나뭇가지나 흙덩어리를 매수인에게 건네준다. 오늘날은 양도증서deed가 이와 같은 형식적인 목적을 위하여 사용되는데, 이로써 증인이 아니라 서면으로 모든 사람에게 거래가 이루어졌음을 알릴 수 있고 소유권 이전이 기록으로 남겨지게 된다. 양도증서에는 당사자의 이름, 양도의 목적물인 토지를 기재하고 매도인이 그 재산을 이전할 의사가 있다는 뜻이 기재된다. 양도증서는 매도인이 서명해야 하며 매수인(또는 매수인의 대리인)에게 인도되어야, 즉 건네져야 하는데,[23][24] 지금은 대부분의 법제가 날인의 요건을 폐지하였지만 여기에서 "서명, 날인 및 인도되었음signed, sealed and delivered."이라는 문구가 유래되었다.

양도증서를 받은 주택 소유자는 그 집의 소유권증서title를 취득한다. 소유권

---

22) 부동산양도증서deed는 세 가지가 있는데 일반보증부양도증서general warranty deed는 당해 부동산에 관하여 매도인 자신이나 그 이전의 소유자들이 설정해 둔 일체의 제약이 없으며 만약 그러한 제약이 있다면 매도인이 배수인을 보호하겠다는 서약이 담긴 양도증서이고, 둘째로 법적특수보증부양도증서statutory specialty warranty deed는 매도인 자신이 부동산에 관하여 가한 제약은 없음을 보증하지만 자신 이외에 이전의 소유자들이 가한 제약에 관해서는 책임지지 않는다는 것이고, 소유권포기증서quit claim deed는 매도인이 자기의 소유권을 매수인을 향하여 포기할 뿐 그 부동산에 가해진 일체의 제약에 대해서는 책임을 지지 않는다는 것이다. 영미법계에서는 대륙법계와 달리 부동산을 양도할 때에도 이후의 소유자에게 여러 가지 조건이나 제약을 가하여 이전할 수 있고 간혹 이러한 제약으로 인하여 매수인이 권리를 잃거나 제약받는 경우가 생기므로 이처럼 양도증서의 종류도 달라질 수 있다. 매수인의 입장에서 가장 안전한 양도증서는 첫 번째의 일반보증부양도증서라고 할 것이다.

23) 양도증서는 매수인에게 교부delivery되어야 효력이 있음이 원칙인데 반드시 손에서 손으로 넘어가야 하는 것은 아니고 매도인이 확정적으로 인도하겠다는 의사를 표시하면 그때 교부가 있었던 것으로 간주된다.

24) 부동산 거래는 매매대금과 상환하여 양도증서가 교부되어야 완결된다고 할 것이며, 한국에서는 대금과 등기서류를 상호 동시에 지급하는 형태로 나타난다. 이러한 동시이행을 이를 편리하고 안전하게 하기 위한 escrow제도가 한국에서도 활용도가 높아지고 있다.

증서는 물권법에서 소유권을 형태화한 개념이다. 보통 매도인은 매수인에게 유통성 있는 소유권증서marketable title를 인도할 의무가 있다. 이 정의의 법적 의미를 완전하게 이해하기란 어려운 일이지만 매수인이 얻고자 기대하는 것이 무엇인지 생각하면 쉬운데, 재산에 대한 완전한 소유권full ownership이란 그 재산에 대하여 다른 사람이 소유권을 주장하거나 임대되어 있거나 또는 저당권 등(부담 encumbrance이라 부른다)이 설정되어 있는 문제가 없고 기록상 그 소유권을 실제로 증명하는데 있어서의 문제(소유권이력chain of title[25])의 하자defects라고 부른다)가 전혀 없는 완전한 소유권증서이다. 부동산의 매매에 여러 가지 법이 적용되어야 하는 이유 중의 하나가 어떤 재산에 그러한 부담이나 소유권이력의 하자가 없음을 보장하는 것이 쉽지 않기 때문이다. 어쨌거나 그 토지는 수백 년 이상 그곳에 있으면서 그 동안 많은 사람들이 이를 소유하고, 사용하고, 이를 담보로 돈을 빌리고, 양도하고, 이웃에게 사용하도록 하는 등등의 행위를 했었다. 이러한 행위 중의 어떤 것이라도 그 토지의 현재의 소유권에 영향을 미치고 있는 것이 있을 수 있다. 매도인과 매수인의 쌍방은 어떻게 매도인이 매수인에게 그가 얻고자 하여 돈을 지불한 그러한 내용의 소유권을 넘겨준다고 보장할 것인가?

　　모든 주법은 이 문제를 등기[26]에 관한 법률record acts을 제정하여 해결하고 있고 이 법률에 의하여 토지등기land record를 보관하는 정부의 보관소가 설립되어 있다. 이 법률들은 대개 토지의 양도증서deeds, 장기임대long‒term leases, 저당권mortgage, 기타의 토지의 양도에 관련되는 서류들이 보관되는 장소로서 등기사무소Recorder of Deeds 또는 법원서기 사무소Clerk of the Court를 카운티에 설치하도

---

25) 소유권이 누구에게 있는지를 공시하기 위하여 양도증서deed의 연속, 즉 최초의 소유자로부터 이후의 소유자에 이르기까지 전 소유자가 이후의 소유자에게 적법하게 소유권을 이전하였다는 관계가 연속적으로 이어지는 것을 말한다.

26) 법률제도로서 등기는, 특히 대한민국 법률상 등기는 부동산의 소유권 등 권리관계를 공적으로 공시하는데 그치지 않고 부동산에 관한 권리를 취득하고 상실하는 등 거래에 의한 권리이전의 효력은 등기되어야 비로소 생기게 되며, 권리의 우열도 등기된 순서에 따라 정해지는 등 중대한 법적 기능을 수행한다. 따라서 그 시행도 매우 복잡하고 정치한 법리에 의하여 이루어지고 엄격한 법리와 양식이 정해져 있는 제도이다. 미국의 land record는 일반에 소유관계를 공시하는 것에 주안점이 맞추어진 제도로서 이와 사뭇 다르지만 별도의 용어를 찾기가 어려워 여기서는 그냥 등기라는 용어를 사용하므로 이해에 혼동이 없어야 한다.

록 한다. 여러 주에서 등기에 관한 법률이 수백 년 동안 시행되어 왔으므로 토지등기land record는 토지에 관하여 등록된 권리의 종합적 연혁을 제공한다. 그곳에는 매도인이 그 토지를 매수할 때 받은 양도증서에 관한 기록과 그 매도인에게 토지를 매도한 사람이 그 토지를 매수했을 때 받은 양도증서의 기록이 있는 등 과거로 거슬러 올라가는 기록이 있다.

등기법recording act은 또한 어떤 토지를 순차적으로 매수한 여러 사람 사이에서 누가 우선할 것인지를 정한다. 양심적이지 않은 매도인이 하나의 토지를 두 명의 다른 사람에게 매도했다고 가정하자. 누가 실제로 토지를 소유해야 하는가? 몇 주에서는 가장 먼저 양도증서deed를 등기한 사람은 설사 그 토지가 이미 다른 사람에게 매도되었음을 알고 사들인 경우에도 승리한다. 그러나 이러한 체제는 법원으로 달리기 경주를 유발하므로 그리 많이 사용되지는 않는다. 대개는 법이 두 번째 매수인은 이미 선행 거래가 있었음을 알지 못하였을 때에만 우월한 권리를 가진다고 규정하는 경우도 있는데, 이보다는 두 번째의 매수인이 기왕에 거래가 있었음을 알지 못하였고 먼저의 매수인보다 먼저 등기하였을 때에만 우선권을 가진다고 규정하는 것이 더 일반적이다.

등기제도가 모든 소유권 관련 문제를 예방할 수는 없다. 첫째, 등기소recorder of deeds' office에 있는 등기서류가 아닌 기록으로서 재산에 관한 모든 권리관계를 확정하기 위해 찾아보아야 할 것이 있다. 예컨대 부동산 관련 세금이 납부되지 않은 경우 정부는 재산에 관하여 조세선취tax lien를 할 수 있는데 그 선취특권은 세금에 관련된 기록에만 나타난다(선취특권lien[27]은 그 재산이 매도될 때에만 효력이 있는 재산에 관한 청구권claim인데 선취특권자는 매도인이 받을 매매대금에

[27) 한 사람의 채무자에 대하여 여러 개의 채권이 있는 경우, 모든 채권은 채권자평등의 원칙에 따르므로 발생한 시기에 상관없이 동등한 효력을 가지며, 채무자가 파산한 경우, 즉 채무 등의 소극재산이 적극재산을 초과하게 된 경우 그에게 남아 있는 적극재산을 모두 경매의 방법으로 금전으로 바꾼 다음 그에 대한 채권자의 채권 금액의 비례대로 배당을 받아가는 것이 원칙이며 오래된 채권이든 최근에 발생한 채권이든 모두 이 원칙에 따른다. 그러나 정부의 조세채권, 근로자의 임금채권, 대한민국에서 주택 또는 상가의 임차인이 임차보증금을 반환받을 채권 등 공익적인 견지에서 변제를 보장할 필요성이 있는 일부 채권은 법률에 의하여 우선적으로 변제받을 효력을 부여하는 것이 있는데 이를 선취특권이라고 하며 이러한 특권을 가진 채권이 파산재단에서 먼저 변제받고 그 후 남은 금액에서 일반채권에 비율에 따른 배당을 하게 된다.

서 자신이 받을 돈을 우선적으로 받아갈 수 있다). 어느 기록에도 전혀 나타나지 않는 문제들도 있는데 이웃집 사람이 그 토지에 지역권easement[28]을 가지고 있는 경우 등에는 그 토지 자체를 직접 실사해 보아야만 알 수 있다.[29]

소유권증서title가 가진 문제점에 대처하기 위하여 다른 관행이 생겨났다. 중요한 것 두 개를 들어 보면 소유권요약서title abstract와 소유권보험title insurance이다. 두 가지 모두 등기의 검색으로부터 시작된다. 변호사나 소유권요약 전문가들이 구할 수 있는 공적 기록으로부터 소유권이력chain of title을 조사한다. 이들은 조세선취특권tax lien과 기타 있을 수 있는 문제들도 확인하며, 예컨대 이전의 소유자 중 누군가 소유권을 이중으로 양도했다든가 그 부동산에 설정된 저당채무mortgage를 변제하지 않았다는 등의 문제가 없는지 함께 확인한다. 소유권요약서가 완성되면 매수인의 변호사는 그 소유권증서가 양도가 가능한지 또는 그렇지 못하다면 그 문제를 해소하기 위하여 무엇이 필요한지(예컨대 선취특권이 붙은 채무를 변제하여 소멸시키는 일 등)를 알 수 있게 된다. 소유권보험이 있으면 소유권보험자title insurer는 매수인의 소유권을 위태롭게 하거나 이를 잃게 만들수도 있는 하자들에 대하여 보장을 해 준다.

주택 구입자들 중에 큰 돈을 현금으로 지급할 수 있는 사람이 많지 않으므로 대부분의 매수인은 구입자금의 대부분을 빌려서 치르고자 한다. 가장 흔한 경우가 은행이나 저당회사mortgage company나 저축대부조합savings and loan 등의 대부기관이 되겠지만 친척 또는 경우에 따라 주택의 매도인에게서 빌릴 수도 있다. 이 거래는 계약법의 속성과 물권법적 속성의 두 가지 요소를 가진다. 주택 구입자금을 증여gift하는 것이 아니라면 대여자는 이를 돌려받을 것을 기대한다. 이러한 기대가 실현되도록 하기 위해서 대여자는 차용자에게 돈을 갚을 것을 약속하게 한다. 보통 차용자는 대부의 조건과 변제할 의무를 기재한 대부증서note에 서명해야 한다. 차용자가 대부의 조건에 따라 변제(정해진 금액을 매월 납부하는 등)를 하지 않으면 대여자는 변제 약속의 위반을 이유로 제소할

---

28) 지역권에 대하여는 후술 본문 참조.
29) 대한민국에서는 지역권도 물권이며 모든 물권은 등기하여야 효력이 생기므로 특수한 지역권, 즉 관습법상의 지역권 이외에는 등기부를 열람해 보면 확인할 수 있다.

수 있다.

그러나 대여자가 차용자의 대부금의 변제의무를 이행하지 않을 때 계약위반 소송을 제기할 수 있다는 것으로는 대여자에게 큰 안심이 되지 못한다. 매수인이 집을 팔아 치우고 받은 돈을 써 버리면 대여자는 소송을 해 봤자 자기의 대부금을 회수하지 못할 것이므로 아무 소용이 없다. 그러므로 대여자는 으레 그들의 재산에 대한 권리도 함께 확보해 둠으로써 자신의 계약상 권리를 보장받으려고 한다. 그러한 재산적 권리가 저당권mortgage이다(어떤 주에서는 신용증서 deed of trust라고 부른다). 저당권증서는 위의 대부증서와 마찬가지로 변제의 약속과 같은 여러 조건이 기재되어 있지만 핵심은 대부금의 변제를 보장하기 위한 담보물collateral로 주택을 잡아 두는 데 있다. 매수인이 대부받은 돈을 변제하지 않으면 대여자는 그 집을 매각하여 그 대금으로부터 채권을 변제받는 권리를 실행할 수 있다(재산에 대한 담보권security interest은 인적재산personal property을 포함하여 다른 경우에도 많이 사용된다. 예컨대 은행이 기업에 신용을 제공할 때 기업의 재산목록에 저당권에 유사한 담보권을 설정하는 것 등이다).

저당권mortgage은 재산에 대하여 소유권과 다른 재산권이 병렬적으로 존속하는 예의 하나이다. 주택 소유자(저당채무자mortgagor라고 부른다)가 대부금을 계속 갚아 나가는 한 대여자(저당권자mortgagee라고 부른다)는 재산에 대한 권리를 주장할 수 없다. 그러나 차용자의 채무불이행default이 발생하면 대여자의 재산적 권리가 활성화되어 그 재산을 나누어 가질 것을 주장할 수 있다.

재산에 대한 다른 병렬적 권리와 마찬가지로 저당권은 대여자와 차용자 사이에 이해상충의 원인이 된다. 차용자가 그 채무의 절반을 변제하다가 더 이상 변제를 하지 못하게 되었다고 하자. 대여자가 채무불이행을 이유로 재산을 차지할 수 있는가? 만약 그렇다면 대여자는 이미 일부 변제받은 것이 있으므로 그 재산을 전부 차지할 수 있다면 초과이득을 얻는다. 대부분의 주에서는 채무불이행이 있을 때 대여자가 자신의 권리를 실행하고자 하면 법원에 소송을 제기해야 한다. 차용자는 이제라도 그 채무를 변제함으로써 그 재산을 보유할 수 있다. 그러나 그렇게 하지 못하면 법원은 법원 공무원의 감독 하에 그 재산을 매각하도록 한다. 그 매각 대금이 차용자가 지고 있는 채무의 금액보다 적으면 법원은 대여자에게 그 차액을 보충받을 수 있다는 판결을 해 준다. 그 매각대금이 현존하는 채무액보다 많으면 차용자가 그 차액을 받아 간다.

그 반대의 경우라면 어떻게 될 것인가? 차용자가 채무의 변제를 중단하고 대여자에게 집을 가져가도록 하고 싶을 수도 있는데 차용자는 이를 할 수 있는가 아니면 이때에도 여전히 그 차용금을 변제할 채무를 부담하는가? 이것이 2008년 시작된 주택위기housing crisis에 큰 문제로 되었다. 많은 주택 소유자들은 부동산 시장의 붕괴로 현실의 주택가치가 자신의 저당채무액을 밑돌게 되어under water 저당채무를 변제할 수 없게 되었다. 전통적 원칙에 의하여 어떤 주에서는 저당채무를 변제할 수 없게 된 주택 소유자는 단순히 집을 비워 주고 나감으로써 채무에서 벗어날 수 있었으나 어떤 주에서는 그 대여금의 차액이 여전히 빚으로 남았다. 위기에 자주 있는 일이지만 연방정부가 법으로 경제현실의 구제에 나서서 적어도 일부의 주택 소유자들은 채무를 감액받거나 집을 비우고 나갈 수 있게 되었다.

사람이 사망하면 재산은 어떻게 이전되는가?

사람이 사망하면 그의 재산을 어떻게 처분할 것인지를 다루는 물권법의 한 분야[30]가 있다. 유언will, 법정상속intestate succession 및 신탁trust에 관한 법이다. 많은 재산이 소유자의 사망으로 배우자 또는 다음 세대로 이전되며 소유자의 사망을 예견하고 미리 계획된 방법으로 또는 사망에 의한 자선의 목적으로 또는 신탁을 통하여 이전되기도 한다.

먼저, 그 절차에 관하여 알아보자. 모든 주들이 법원의 체제 내에 유언과 신탁을 담당하는 독립된 부서를 두고 있는데 대개 상속법원probate court[31]이라고 부른다. 누군가 사망하면 그 사람의 유언장will이 상속법원에 제출되고 집행관executor이 임명되어 그 사람의 재산을 관리하고, 그 사람이 받을 것을 받아 내고, 갚을 것을 갚으며 유언장에 지시된 대로 재산을 처분해 준다. 그 사람이 유언을

---

30) 대한민국은 상속에 관한 규정을 민법 제5편에 두어 물권법과는 별도의 법체계로 다루고 있다.
31) probate는 보통 유언이라고 번역되지만 여기서는 사망으로 인한 재산의 이전에 관한 일을 다룬다는 뜻에서 좀 더 포괄적으로 상속법원이라는 용어를 사용하기로 한다.

남기지 않았다면 상속법원은 그 사람의 재산을 처리하기 위한 관리인administrator을 임명한다. 유언의 집행은 성가신 절차일 수 있고 법원이 담당하기 때문에 공공의 절차[32]이며 따라서 이를 회피하려는 시도도 있어 왔다. 어떤 사람들은 이러한 목적을 위하여 생전신탁living trust을 창안했는데 이 자체에도 문제가 있으며, 어떤 사람들은 생명보험처럼 유언이 아닌 방법을 사용하기도 하며 대부분의 주는 적은 재산에 관하여는 시간과 비용이 절약되는 약식절차를 둔다.

사람이 유언will을 남기지 않고 사망하였을 때 재산이 처분되는 방법을 법정상속intestate[33]이라고 부르며 이때는 법이 그의 재산이 어떻게 분배되어야 할지를 정한다. 법정상속intestate succession은 모든 법제에서 법률에 의하여 규율된다. 이러한 법률들은 대다수의 사람들이 바라는 바에 따라 재산을 분배하는 것을 최우선적인 목적으로 한다. 그 원하는 바를 추정하기 위하여 법은 사람들이 생각하는 재산분배에 관한 당위와 그들이 실제에 있어 보통 무엇을 원하고 있는지를 함께 고려한다. 그러므로 이 법은 대다수의 사람들은 경제적인 도움을 위하여 그들에게 가장 많이 의지하는 가족 구성원에게 분배되기를 원할 것이라고 추측한다. 만약 피상속인decedent(사망한 사람)이 배우자가 있으나 후손descendant(자녀 또는 손자녀)이 없다면 배우자가 상속재산의 전부를 받는다. 피상속인이 후손은 있으나 배우자가 없다면 후손이 받는다. 만약 배우자와 한 명 또는 복수의 후손이 있다면 상속재산은 그들 사이에서 분배되고 대개는 배우자가 1/3~1/2(재산이 적으면 더 많이 받을 수도 있다)을 받고 후손들이 그 나머지를 받게 된다.

법정상속intestate succession은 일률적용one size fits all을 원칙으로 한다. 망인과 50년 동안 결혼 상태에 있었고 독립적인 부양수단이 없는 사람이나 단 하루만 결혼 상태에 있었고 자신의 직업이 있는 사람이나 똑같이 적용된다. 자녀가 성년이든 미성년이든 망인과 애정이 있었든 없었든 모두 동등하게 취급된다. 그래서 법정상속을 피하고 재산이 자신의 뜻과 다르게 처분되지 않도록 하기 위하여

---

32) 미국법은 법원이 상속의 집행에 관여하므로 공공의 절차라고 하겠지만 대한민국에서는 상속과 유언 기타 사망에 의한 재산의 이전에 관하여 민법에 상속의 순위, 상속분, 유언 등이 모두 정해져 있고 법원은 상속의 포기나 한정승인 등 공적인 관여가 필요한 경우에만 관여한다.

33) 유언이 없으면 법에 의하여 상속의 순위와 비율 등이 결정된다는 뜻에서 법정상속이라는 용어를 쓴다.

많은 사람들이 유언을 한다.

유언을 하는 이유는 최소한 두 가지가 더 있다. 첫째, 미성년의 자녀를 두고 부모가 사망하면 자녀와 재산이 관리되어야 할 필요가 있다. 양친이 다 사망하면 법원은 자녀들을 위한 후견인guardian을 임명하는데 후견인은 부모가 자신들이 모두 죽을 것을 알았더라면 선정했을 만한 사람일 수도 아닐 수도 있다. 부또는 모는 유언장에 미성년 자녀의 후견인이 될 사람을 지정할 수 있고 법원은 보통은 이 선택을 지지해 준다. 양친 중 한 사람이 사망한 경우에도 법정상속intestate에 의하여 재산을 상속하자면 미성년의 자녀를 위한 후견인guardian이 선임되어야만 하므로 법원이 어느 정도 개입하여야 하고, 역시 부모가 원치 않았던 사람이 후견인으로 선임될 수도 있게 된다. 둘째, 연방상속세법federal estate tax law과 어떤 주의 상속세법은 상속재산의 일부를 떼어 갈 수 있다. 유언을 이용하면 상속세의 부담을 줄이거나 최소화할 수 있는 여러 가지 방법들을 사용할 수 있게 된다.

그러므로 많은 사람들이 유언을 이용하여 자신의 재산을 처분한다. 유언에 의하여 자신의 재산을 처분할 권리는 재산에 대한 소유권에 내재된 여러 가지 기본적 권능들 중의 하나이다. 사람이 살아 있는 동안 자신의 재산을 팔거나 주어버리거나 파괴하거나 기타의 방법으로 처분할 수 있는 것과 같이 자신의 사망 이후 누가 재산을 받을 것인지 역시 지정할 수 있다.

유언에 의하여 재산을 처분할 수 있는 자유에는 중대한 예외가 하나 있다. 일반적으로 혼인 중에 있는 사람은 유언으로 자신의 모든 재산을 배우자에게는 전혀 남겨주지 않고 남에게 주어 버릴 수 없다. 혼인은 하나의 경제적 공동체로 간주된다. 배우자가 생존해 있는 동안 서로를 부양할 의무가 있으며, 이혼을 함에 있어 재산과 수입을 나누어 가질 권리가 있고, 어떤 경우에는 상대방이 소유하는 재산을 분배받을 권리가 있다. 경제공동체로서의 의무는 배우자의 사망으로 소멸되지 않는다. 법은 사망한 배우자의 재산에 대한 유류분elective share[34])이

---

34) 유류분(遺留分)은 경제공동체로서의 가족의 개념이 상속에도 반영된 것이라고 설명되며 상속인 사이의 공평의 개념에 기초를 두고 있다. 대한민국에서는 유류분권은 배우자에 한정되지 않고 모든 법정상속인에게 인정되나 그 비율은 상속순위별로 다른데 피상속인, 즉 사망자의 직계비속 (자녀)과 배우자는 법정상속분의 1/2이고 직계존속과 형제자매는 법정상속분의 1/3이다.

라는 개념을 가지고 있다. 예를 들어 만약 남편이 유언으로 재산의 전부를 종전 결혼에서 생긴 자식이나 그의 애인, 그리고 S.P.C.A.[35]에게 넘겨주었다면 그의 미망인은 유언에 불구하고 그 재산 중 일부를 청구할 권리를 가진다. 비록 법제에 따라 어느 정도의 차이가 있으나 전형적인 법률들은 유언에서 이와 다른 비율로 분배하고 있다고 하더라도 미망인은 남편이 남긴 재산의 1/3을 받을 수 있도록 하고 있다. 최근의 법률들은 통일유언법Uniform Probate Code에 따라 혼인의 기간에 따라 그 비율을 차등화하고, 유류분의 비율을 결정함에 있어 생존자의 자산 상태를 고려하도록 하고 있다.

유류분에 관한 법률elective share statute에는 두 가지의 주목할 만한 점이 있다. 첫째, 유류분은 생존 배우자가 이를 청구할 수도 있고 포기할 수도 있다는 점에서 선택적이다. 다시 말하여 미망인이 스스로 충분한 재력이 있어서 남편의 재산이 S.P.C.A.로 넘어가는 것을 즐겁게 바라볼 수 있거나, 유언장에 정교한 상속재산 관리계획에 따른 신탁이 포함되어 있어 미망인이 이를 망치고 싶지 않다면 자신의 유류분의 청구를 포기하고 유언장이 그대로 집행되도록 할 수도 있다. 둘째, 유류분 법률이 생존 배우자에게만 유류분을 인정하고 경제적 의존의 가능성이 더 높은 망인의 자녀에게는 이를 인정하지 않는다면 이상하다고 생각할 수도 있겠지만, 이 법률들은 생존 배우자가 그 부부의 자녀를 부양할 것이고 그 돈을 배우자에게 주면 그 자녀의 재산을 관리할 후견인guardian을 선임할 필요가 없어진다는 점을 전제로 이렇게 하고 있다.

중년 이상의 미국인의 대부분 그리고 상당한 재산을 가진 사람들은 유언장을 가지고 있으며, 따라서 유언장의 조건에 따른 유증devise[36]이 사망에 의한 재산이전의 가장 흔한 수단이다. 유증의 기본적 형식은 서면으로 재산의 처분에 관한 의사를 표시하고 유언자testator가 서명하고 증인witness이 인증하는attest 것이다.

유언이 형식을 갖출 것을 요구하는 목적은 정식의 유언이 있는 경우와 그렇지 않은 경우를 비교해 보면 알 수 있다. 어떤 여성이 사망한 이후 조카가 법정

---

35) Society for the Prevention of Cruelty to Animals, 즉 동물학대방지협회를 말한다.
36) 유언에 의하여 자신의 재산을 타인에게 넘겨주는 행위를 총칭하는 말이다.

에 찾아와 다정한 숙모가 자신이 죽고 나면 10만 달러를 주겠다는 말을 했다고 주장하는 경우를 가정해 보자. 어떻게 그 여성이 그런 말을 실제로 했다고 인정할 수 있는가? 이제 그녀는 없고 조카는 유일한 증인이며 그러한 유혹이 늘 있음을 감안하면 그 말은 의심스럽기 마련이다. 둘째, 어떻게 그녀가 진심으로 그런 말을 했다고 인정할 것인가? 그녀는 진실로 재산의 일부를 떼어준다는 행위의 의미를 알고 그런 일을 했는가, 아니면 단순한 대화 중에 별 생각 없이 그런 말을 하였던 것인가? 셋째, 그녀가 정확히 어떤 뜻을 가지고 있었는지 어떻게 확인할 것인가? 그러한 증여gift에 다른 조건은 없었는가? 넷째, 그녀가 조카에게 알렸든 안 알렸든 나중에 돈을 주겠다는 마음을 바꾸었을 수도 있지 않은가? 형식을 갖춘 유언은 증여를 하고자 하는 의사가 있었다는 증거가 되며 유언자testator와 법원에 증여가 신중하게 결정되었음을 명확히 해 주는 방법이 된다.

문제는 유언이 어느 정도의 요식성formality을 갖추어야 하는지 여부이다. 오랜 세월 동안 서면으로 작성해서 서명하고 증인이 있어야 한다는 점은 비교적 일관되게 유지되어 왔다.

서면에 의한 유언written will이라는 요건은 법원에게 유언이 신중하게 이루어졌음을 감안하게 하고 유언을 한다는 사실을 일깨워 줄 수 있는 영원한 기록을 제공해 주는 역할을 한다. 서명을 해야 한다는 요건signature requirement은 신중성을 표현해 주고 확정성을 보여주기 위해서이다(서명이 실제로 유언자에 의하여 유언이 행해졌다는 증거가 된다는 또 하나의 기능은 과거보다는 덜 중요해졌을 것이다). 법은 어떤 사람이 단순히 재산의 처분에 관하여 메모를 해 본 것이라면, 또는 유언장의 초안을 작성하는 중이었다면 거기에는 서명이 되지 않을 것이고 보통은 최종적이고 완결된 서류에만 서명이 될 것이라고 추정하며, 따라서 서명은 유언자testator가 자신의 의사를 완전히 그리고 최종적으로 표시한 것이라고 본다. 증인을 요구하는 것도 이와 비슷한 작용을 한다.

법이 어떤 요식성formality을 요구할 때는 항상 형식이 완전히 갖추어지지 않았으나 그 요식성을 요구하는 배후에 있는 목적이 잘 드러나고 있을 때 어떻게 해야 하는지의 문제가 생긴다. 예컨대 유언장을 작성하는 행사 도중에 증인 중 한 명이 유언장에 서명하는 동안 유언자가 화장실에 갔다고 가정해 보자. 그 유언장은 증인이 유언자가 보는 앞에서 서명해야 한다는 법의 요건을 갖추지 못했는데 그렇다면 상속법원probate court은 이를 이유로 유언장의 집행을 거부해야 하는가? 만약 집행하지 않는다면 유언자의 의사의 효력을 기술적 이유로 부인해야 한다는 뜻이다. 법원이 유언장을 집행한다면 요식성을 요구하는 취지를 조금씩 몰각하는 것이며 이렇게 하다보면 결국 모든 요건을 완전히 무시하게 될 수 있다는 가능성으로 이어진다. 주별로 차이가 있지만 근래에는 이와 같이 사소한 과오에는 요식성의 요건을 완화하는 추세에 있다.

좀 더 극단적인 예를 들어 보자. 1948년 6월 8일 Cecil George Harris는 사고로 트랙터 밑에 깔렸다. 그의 다리는 트랙터에 깔려 있었으나 손은 자유로웠으므로 트랙터의 펜더를 긁어 "내가 이 사고로 죽으면 모든 것을 아내에게 남긴다. Cecil Geo Harris"라는 메시지를 남겼다.

유언의 의사를 남긴 서면은 있는데 증인이 없다. 이 글은 요식성이 충족되지 않았는데 유언으로 인정되어야 하는가? 다시 한번 법은 어려운 선택의 기로에 섰다. 자필유언holographic will(자필이란 말처럼 직접 손으로 쓴 글을 의미)의 유효성을 인정하면 법상 요구되는 유언의 요식성과 요식성을 요구함으로써 달성하고자 하는 목적이 잠식된다. 그러나 그 유효성이 인정되지 않는다면 이 사건에서 그의 아내에게 재산을 주고자 하는 Harris의 명백한 의사의 실현이 저해된다. 또한 유언장을 작성하기 위하여 변호사를 선임할 여유가 없는 사람에게는 법이 차별대우를 하는 게 된다. 절반 정도의 주법은 자필유언을 인정하는데 그중 어떤 주는 전투에 종사하는 군인들은 변호사를 만나기 어렵다고 보아 해외에서 복무하는 군인들에게만 인정하는 경우도 있고, 어떤 주는 자필유언을 인정하는 주 안에서 자필유언이 작성된 경우에만 효력을 인정하기도 한다.

상속법원probate court의 절차 중 유언장을 가지고 있는 사람이 이를 법원에 제출하여 유효한 유언으로 승인받기 위한 공증probate을 받는 절차가 있다. 제출된 유언장의 효력이 인정되지 말아야 한다고 생각하는 사람은 이때에 이의를 제기할 수 있는데, 이의하는 사람은 대개는 그 유언장의 효력이 부인된다면 자신이 법정상속intestate succession 또는 다른 유언장에 의하여 재산을 분배받을 지위에 있기 때문인 경우가 많다. 형식의 하자 이외에도 (아직까지 그리 많지는 않지만) 유언장에 이의하는 근거 중에서 가장 흔한 것은 유언자가 유언을 하기에 적합한 의사능력mental capacity을 가지고 있지 않았다거나 부당한 영향력하에서

유언을 했다는 것이다.[37]

   법은 여러 가지의 목적에 맞추어 의사능력을 정의한다. 여기서의 의문은 유언자testator가 유언을 함에 있어 자신이 무엇을 하고 있는지를 이해하고 한 것인지 여부이다. 여기에는 소유한 재산의 성질이 무엇인지, 이를 받을 사람이 누구이고 배제될 사람은 누구인지 그리고 사람들과 주어질 재산과의 관계 등에 대한 이해가 포함된다. 그러므로 유언자가 통상적인 사업적 업무를 수행할 능력이 없다거나 스스로 악령에 홀려 있다는 망상에 시달리고 있다고 해도 그러한 능력 부족이나 망상으로 인하여 자신의 재산을 합리적으로 처분하는 데 필요한 이해력이 저해되어 있지 않다면 유언능력testamentary capacity은 있는 것이다. 유언자의 자녀나 손자들이 유언자를 병원, 요양원 또는 정신병원 등에 보냈다는 이유로 유언자가 그들에게 증오심을 가진 경우라면 어려운 문제가 되는데 유언자에게 그러한 보호가 정말로 필요한 경우였다면 합리적인 근거를 가진다고 해야 하는가 아니면 이를 망상이라고 해야 할 것인가?

   부당한 영향undue influence은 유언 전체 또는 특정한 유증bequest에 관해서 자주 주장되는 사유이다. 부당한 영향은 특히 유언으로 이익을 얻을 자가 변호사와 고객, 의사와 환자 또는 고령의 친척의 일을 돌보아 주던 사람 등의 관계처럼 유언자에 대하여 사실상 우월한 지위에 있었다면 부당한 영향이 추정될presumed 가능성이 높아진다. 이 문제는 실제 사실관계가 어떠했느냐에 커다란 영향을 받을 수밖에 없는데 그 유언장이 실제로 유언자의 의지의 산물인지 또는 그러한 영향력을 행사하는 사람의 의지의 산물인지의 여부가 관건이 된다.

신탁이란 무엇인가?

   신탁trust[38]은 재산에 부착되어 있는 여러 권능의 다발을 이례적인 방법으로

---

37) 사망자가 정신질환을 앓고 있었다거나 중증의 치매에 의하여 정상적인 판단능력이 없었던 경우가 그 예이다. 고령화 추세에 따라 치매 또는 고령으로 인하여 인지능력이 저하된 노인들이 점차 증가하는데 부양하고 있는 자녀, 재혼 배우자 또는 양자로 입적된 자가 이들을 부당하게 유도하여 사실상 자기 마음대로 유언장을 작성하였다거나 또는 생전에 자기들 명의로 소유권을 이전하게 하였다는 주장을 하면서 재산분쟁을 벌이는 경우가 점차 늘고 있다.
38) 일반적 의미에서 신탁이란 어떤 사람이 다른 사람을 신뢰하여 재산의 관리, 처분 등을 포괄적으

나누는 일이다. 첫째, 재산의 관리management와 그 재산에서 나오는 수익benefit
이 분리된다. 재산은 수탁자trustee에 의하여 관리되는데 수탁자란 보통은 그 재
산을 투자하고 수익금을 거둬 들이고 임대하고 매각하는 등의 권한을 가지지만,
그 재산에서 나오는 수익을 자신이 직접 받아 가지지 못하고, 다만 그러한 서비
스를 제공하는데 대한 보수만을 받는 사람이다. 신탁의 수익자beneficiary는 재산
을 운용하여 얻은 수익금 등과 같이 재산에서 나오는 이익을 받을 권리를 가진
다. 둘째, 수익자의 권리는 재산의 공여자grantor, 즉 신탁의 기본재산(principal
corpus 또는 meaning body라고도 한다)이 되는 재산을 내놓는 사람이 신탁을
설정할 때 정해진다. 신탁자는 예를 들면 수익자가 신탁의 목적물로부터 얻어진
수익에서 혜택을 받을 수는 있으나 기본재산으로부터는 돈을 받아갈 수 없다거
나, 어떤 수익자는 그가 생존하는 동안에만 혜택을 받고 그의 사후에는 기본재
산이 다른 사람에게 이전되어야 한다거나 또는 자선신탁charitable trust의 경우 수
익이 암치료 연구 또는 길고양이의 보호와 급식에 사용되어야 한다는 것 등을
지정할 수 있다.

맨 끝의 예로부터 알 수 있듯이 어떤 신탁은 자선을 목적으로 설정되기도 하
지만 유언이나 가족재산과 관련하여 본다면 사적 신탁private trust이 더 중요하다.
신탁은 여러 가지 목적을 위하여 사용된다. 생전신탁living trust은 남겨진 재산에
관하여 상속법원probate court의 관여를 받지 않아도 되고, 비록 유언법 제도가 최
근에 개혁됨으로써 생전신탁의 장점이 많이 줄어들었다고는 하지만 여전히 공적

로 맡기는 것을 의미하는데 법적인 의미로는 대한민국 신탁법 제2조와 같이 "위탁자와 수탁자
간의 신임관계에 바탕하여 위탁자가 수탁자에게 특정의 재산(영업이나 저작재산권의 일부 포함)
을 이전하거나 담보권의 설정 또는 그 밖의 처분을 하고 수탁자로 하여금 수익자의 이익 또는
특정의 목적을 위하여 그 재산의 관리, 처분, 운용, 개발, 그 밖에 신탁 목적의 달성을 위하여 필
요한 행위를 하게 하는 법률관계"이다. 재산을 가진 사람이 어떠한 사정에 의하여 또는 보다 효
율적인 관리를 위하여 신탁을 전문으로 하는 회사 등 수탁자에게 소유권을 이전하고 수탁자는
신탁계약에 정한 바에 따라 이를 운용하여 생기는 수익을 신탁자가 지정한 수익자에게 지급하고
수탁자는 일정한 수수료를 받는 것으로 신탁자가 자신 또는 제3자를 수익자로 지정할 수 있으며
수익자 간에 순위를 지정할 수도 있다. 신탁은 그 용도가 다양하므로 돈을 빌리면서 채무를 담
보하기 위하여 소유권을 넘겨주고 운용한 수익에서 채무를 변제하도록 하는 방편 또는 재산을
공익적 활동에 제공하기 위하여 재단법인을 설립하는 대신 그 목적에 신탁하고 수탁자로 하여금
그 수익으로 자선활동을 하게 하는 등 여러 가지 목적으로 활용될 수 있으므로 신탁의 사용이
지속적으로 증가하는 추세에 있다.

인 노출을 최소화하고 법률비용을 절감할 수 있다는 장점 때문에 많이 사용된다. 신탁자가 살아 있는 동안 창설되는 신탁(생전신탁inter vivos trust)이거나 유언에 의한 신탁(유언신탁testamentary trust)이거나 모두 법적 무능력자legal disability (예컨대 미성년의 어린이) 또는 실제적인 무능력자(예컨대 재산 문제에 무지한 사람) 등 재산을 관리할 능력이 없는 사람의 재산을 보호할 수 있다. 그러나 실제로 신탁이 이용되는 가장 흔한 이유는 특히 유산estate의 관리계획 속에서 세금에 관한 목적일 것이다. 현재 연방 상속세법은 설정된 최소기준을 넘어서는 금액의 유산에 세금을 부과한다. 예컨대 남편이 사망한 후 그의 재산을 생존한 미망인이 아니라 신탁에 맡기면 그녀가 나중에 사망할 때 그녀의 유산금액이 세금이 부과되는 최소기준을 넘어서지 않도록 할 수 있다.39)

여러 사람이 재산을 공동으로 소유하는 방법은?

지금까지 우리는 재산을 한 사람이나 한 회사가 소유하는 경우를 알아보았다. 그러나 재산권property interest, 즉 재산에 대한 권능의 집합체bundle of rights에 속하는 여러 요소들을 복수의 사람들이 나누어 보유하는 경우가 많다. 예를 들면 재산권은 여러 사람이 공동으로 소유하거나40) 시간을 두고 분할될 수 있다.

물권법은 공동재산concurrent estate, 달리 말하여 여러 사람이 동시에 하나의 재산을 함께 소유하는 공동소유co-ownership의 형태로서 세 가지를 인정하는데

---

39) 남편 사망 시 아내에게 상속되면 이때 한 번 상속세가 부과되고 다시 아내가 사망하여 자녀에게 상속될 때 또다시 상속세가 부과되므로 신탁을 설정하고 수익자가 아내의 사후에 자녀로 변경되게 하면 하나의 신탁재산에 대한 상속세가 두 번 부과되는 것을 피할 수 있으므로 신탁은 절세의 방법 등 여러 가지 방법으로 사용되기도 한다.

40) 대한민국의 물권법상 공동소유는 하나의 재산의 소유권이 단지 여러 사람의 지분에 의해 나누어져 있지만 각자의 지분은 독립한 소유권이어서 지분의 한도 내에서 사용, 수익하고 지분을 단독으로 처분할 수 있는 공유(共有), 조합과 같이 공동의 목적에 바쳐진 재산으로서 지분권자는 그 단체의 규약에 따라 사용, 수익할 수 있으나 처분은 전원이 공동으로만 할 수 있는 합유(合有), 법인이 아닌 단체의 명의로 된 재산으로 그 단체의 구성원이 구성원의 자격에서 사용, 수익할 수 있으나 처분은 단체의 총의를 모아 단체의 이름으로 하여야 하는 총유(總有) 등 세 가지로 구분된다. 미국법상 공동소유는 이와 근본적인 개념을 달리하고 적당한 번역 용어를 찾기 어려운데 번역된 용어가 오히려 혼동을 일으킬 수 있으므로 여기서는 원어로 사용하기로 한다.

joint tenancy,[41] tenancy in common,[42] tenancy by the entirety[43]가 그것들이다. 세 가지 공동소유(또는 co-tenancy) 형태에서 모두 각 공동소유자tenant는 재산의 전체를 소유하고 사용하는 권리를 가진다. tenancy by the entirety는 결혼한 부부 사이에만 허용된다는 점에서 독특하며 따라서 두 사람의 공동소유자만이 있을 수 있는데, joint tenancy와 tenancy in common에는 공유자 수에 제한이 없다. joint tenancy와 tenancy by the entirety는 서로 비슷한 면이 있으며 두 가지 형태 모두 공유자들 사이에 생존자취득권right of survivorship이 인정된다는 점에서 그것이 없는 tenancy in common과 다르다. 생존자취득권은 공동소유자가 사망하면 그가 소유하던 지분이 자동으로 생존하는 다른 공동소유자들에게 이전되는 것이다. 이 두 가지의 공동소유 형태에서는 공동소유자tenant in common 중 한 사람이 사망하면 그의 재산에 대한 권리는 아직 살아 있는 공동소유자에게 가지 않고 그의 상속인에게 귀속된다. 끝으로 joint tenancy와 tenancy by the entirety는 언제나 그 지분이 동등하지만 tenancy in common의 지분은 (한 사람이 2/3를 가지고 다른 사람은 1/3을 가진다는 등으로) 다르게 보유될 수 있다.

오늘날 공동소유concurrent ownership는 여러 가지 상황에서 이용되고 있다. 아내와 남편은 수표, 뮤츄얼 펀드 구좌를 공동으로 가질 수 있고 집을 공동으로 소유할 수 있다(tenancy by the entirety는 절반 정도의 주에서만 하나의 독립한 공동소유의 형태로 분류하여 인정하며 이를 인정하지 않는 법제에서는 joint

---

41) joint tenancy는 2인 이상의 사람이 하나의 재산 전체에 대하여 각자 완전한 권리를 가지며 생존자취득권right of survivorship, 즉 공동소유자의 1인이 사망하면 생존해 있는 나머지 공동소유자가 이를 자동적으로 이어받을 권리가 있는 공동소유의 형태이다. 중세에 영지가 상속되어 여러 자녀에게 분산되면 결과적으로 영지가 분할됨으로써 가문의 세력이 약화되는 것을 막기 위한 방편으로 인정된 공동소유의 형태라고 하는데 공동소유자의 1인이 사망하더라도 그의 자녀들, 즉 그의 상속인에게 상속되거나 유언으로 넘겨줄 수는 없고 기존의 공동소유자, 즉 그의 형제에게 귀속되므로 상속에 의하여 재산이 세분되는 것을 막을 수 있다. '공동소유권'이라고 번역되기도 하는데 번역에 특별한 의미가 없고 혼란이 생길 수 있으므로 원문을 그대로 사용하기로 한다.
42) tenancy in common은 joint tenancy와 거의 같으나 생존자취득권right of survivorship만이 인정되지 않는 공동소유의 형태라고 보면 거의 틀림이 없다. '공유소유권'이라고 번역되기도 한다.
43) 남편과 아내 사이에서만 창설될 수 있는 공동소유 형태로서 일부 주에서만 인정되며 일방이 사망하면 모든 재산이 생존 배우자에게 귀속되고 부부의 한 사람에게만 채권이 있는 경우 채권자가 이를 건드릴 수 없다. '불가분적 공동소유권'이라고 번역된다.

tenancy로 취급된다). 두 사람의 형제는 가족 농장을 함께 소유할 수 있다. 어떤 노래에 대한 저작권은 작사자와 작곡자가 함께 보유할 수 있다.

공동소유의 여러 형태가 어떻게 작용하는지 예를 들어 보자. tenancy by the entirety는 대부분 joint tenancy와 같이 취급되기 때문에 여기서는 joint tenancy와 tenancy in common만을 알아본다. 두 형제가 부모가 살던 집을 공동으로 상속받았다고 가정하자. 이러한 경우의 공동소유를 다루는 데 있어 첫 번째 의문은 이것이 어떤 형태의 공동소유인지이다. 어머니가 사망하면서 유언장에 "나는 나의 자식들인 Juan과 Maria에게 집을 물려준다."라고만 기재하였다. Juan과 Maria는 joint tenants인가, tenants in common인가? 보다 일반적으로 말하여 재산의 원래 소유자가 여러 사람에게 재산을 넘겨주면서 어떠한 공동소유의 형태로 소유하라고 지정하지 않은 경우 법은 이를 어떤 형태의 공동소유로 보고자 하는가? 그 답은 재산법의 구조와 그 기저에 깔린 사회적 조건에 달려 있다.

법은 중세에는 공동소유의 형태 중에서 joint tenancy를 중시하다가 현대에는 tenancy in common을 중시하는 쪽으로 바뀌었다. 과거에 joint tenancy를 중시하던 태도는 재산제도의 논리에서 파생된 것도 있지만 주로 되도록 유산이 쪼개지지 않도록 해야 한다는 현실적인 염려에서 비롯되었다.[44] 중세의 유산제도estate system에 의하면 부모가 사망한 경우 자식들이 그 재산을 각자 나누어 가지지 않고 공동상속인이 되어 하나의 유산을 함께 소유하는 것으로 간주되었고, 이후에 그 공동상속인 중의 하나가 사망해도 그 재산은 아무런 변화 없이 남아 있으며, 단순히 한 사람의 소유자가 줄어든 것으로 처리되었다. 아마도 좀 더 중요한 것은 과거의 재산제도는 대규모 토지의 소유권을 소수의 사람들에게 집중시키는 것을 선호하였는데 joint tenancy가 이러한 목적에 가장 적합하였다는 점이다. 또한 joint tenancy는 사망으로 인하여 재산 소유권이 이전될 때 부과될

---

44) 중세의 봉건제도는 한 가문이 되도록 많은 영지를 확보하는 것이 귀족가문의 세력을 유지하는 데 중요한 의미를 가졌다. 여기서 어느 형제들이 부모로부터 땅을 공동으로 상속하여 영지를 공동으로 사용하다가 형제 중 한 사람이 사망한 경우 그 사망자가 보유하던 지분이 그의 상속인, 즉 그의 자녀들에게 넘어간다면 공동소유자의 수가 늘어나고 영지가 분할될 가능성이 높아지므로 가문의 세력이 축소될 수 있는 등 여러 가지 문제가 생기므로 공동소유자 중 1인이 사망하여도 그의 지분이 사망자의 자손에게 상속되지 않고 기존의 나머지 공동소유자, 즉 사망자의 형제자매에게 자동적으로 귀속되도록 하여 영지가 잘게 쪼개지지 않도록 하는 수단이 되었다.

수도 있는 봉건적 세금을 피할 수 있게 해 줌으로써 유산관리계획의 수단으로도 효과적이었다. 그러나 18세기가 되면서 그 전제가 바뀌었다. 봉건제도 대신에 시장경제가 부상하자 토지가 점점 더 상품으로 간주되고 다른 재화와 같이 부를 축적하는 수단이 됨으로써 입법부와 법원은 재산을 보다 자유롭게 양도할 수 있게 만들어 주는 tenancy in common을 더 선호하게 되었다. tenancy in common에 의하면 공동소유자는 사망시 자신의 지분share을 타인에게 양도할 수 있고, 채무자가 사망하여도 채권자가 자신의 권리를 잃지 않기 때문에 각 지분을 채무의 담보collateral로도 활용할 수 있다.45) 그러므로 오늘날 Juan과 Maria 는 tenants in common으로 간주된다.

물론 많은 경우의 법적 상황에서와 같이 이 문제에 대한 최선의 해결방법은 보다 진보한 계획으로 예방하는 것이다. 법은 사람들로 하여금 어떤 법률관계를 형성할지를 선택할 수 있게 하며 우수한 법률가는 으레 그렇게 한다. 예를 들어 당신이 가족과 함께 은행 구좌를 개설하면 그 소유권의 형태를 나타낼 수 있도록 체크할 수 있는 네모 칸이 있는 것을 볼 수 있고 이때 당신이 "생존자취득권 right of survivorship이 있는 joint tenant"라고 표시하면 그 구좌의 공동소유형태가 tenancy in common이 되지 않도록 하겠다는 의사를 명백히 표시한 것이 된다. 벨트와 멜빵 차림의 전형적인 변호사 복장의 신중한 변호사라면 의문의 여지를 없애기 위하여 여기에 "그리고 tenant in common이 아닌"이라는 문구를 부가할 수도 있다. Juan과 Maria의 어머니의 유언장을 작성하는 변호사가 어머니가 그러한 의사를 가진 것을 알았다면 마찬가지로 유언장에 물려주는 재산의 공동소유 형태가 joint tenancy라고 명시적으로 기재해두었을 것이다.

공동소유자가 소유하는 것은 무엇인가? joint tenants와 tenants in common 은 재산에 대하여 실질적으로 동일한 권리의 묶음을 보유한다. 어느 경우이든

---

45) tenancy in common의 경우 생존자취득권이 인정되지 않으므로 공동소유자는 재산을 공동으로 소유하지만 그의 지분은 하나의 독립한 소유권으로 인정되어 그가 사망하여도 그 지분이 기존의 다른 공동소유자에게 귀속되지 않고 사망자의 상속인에게 상속되거나 그가 사망 전에 유언으로 타인에게 양도할 수 있다. 채권자는 이처럼 사망자의 지분이 다른 공동소유자에게 자동으로 귀속되어 버리지 않고 그대로 남아 있으므로 tenancy in common인 재산의 지분을 담보로 잡아도 안전하며 따라서 토지의 재산적 가치와 유통성이 증대된다.

각 공동소유자들은 재산 전체에 대하여 불가분적인 권리를 보유한다. "불가분 undivided"이라 함은 Juan과 Maria는 각자가 그 집 전체를 사용할 권리를 가지며, Juan은 부엌을 사용하고 Maria는 거실을 사용한다는 등과 같이 집을 물리적으로 구분할 필요가 없다. 그들이 그 집에 살지 않고 세를 주는 경우 그들은 그 집세를 (만약 joint tenancy라면) 동등하게 또는 (tenancy in common이라면) 재산에 대한 지분에 따라 나누어 가지게 된다.

Juan과 Maria가 tenants in common이라면 Juan의 사망에 따라 그의 상속인이 재산에 대한 그의 지분을 상속한다. 그러나 그들이 joint tenants라면 Juan의 사망에 따라 Maria가 재산 전체를 가지게 된다. Juan이 이를 방지하고 싶다면, 즉 재산에 대한 자신의 지분을 그의 자녀들이 상속하게 하고 싶다면 그는 여러 가지 방법으로 joint tenancy를 해소하고 이를 tenancy in common로 전환시킬 수 있고, 이에 의하여 Maria의 생존자취득권right of survivorship을 없애 버릴 수 있다. 그러나 tenancy by the entirety의 경우는 다르다. 이 공동소유 형태의 본래의 목적이 생존하는 배우자를 보호하는 데 있으므로 tenancy by the entirety에서는 생존자취득권을 소멸시킬 수 없다.

tenancy by the entirety는 결혼한 부부 사이의 재산 소유권의 한 형태이다. 이외에 역사적으로 결혼자의 재산에는 일련의 특별한 원칙이 적용되어 왔으며 그 원칙들도 역시 사회제도가 변화하면서 함께 변화해 왔다.

과거의 보통법common law에서 남편과 아내는 재산법의 시각에서는 한 사람으로 취급되고 그 한 사람은 남편이었다. 남편이 부부 각자가 소유하는 재산을 관리하였고 아내의 동의 없이도 아내의 재산을 팔거나 사용을 통제할 수 있었다. 아내에 대한 유일한 보호장치는 남편이 사망한 때 남편의 재산에 대한 권리이다. 미망인상속dower의 원칙에 따라 미망인인 여성은 생존하는 한 이 원칙이 없다면 자녀들에게 상속되었을 남편의 모든 부동산real property의 1/3에 대하여 권리를 가진다. 아내가 죽은 남편, 즉 환부는 이와 비슷하지만 더 큰 권리를 가지는데 이를 환부산curtesy이라고 하며 남편은 아내가 소유하던 모든 토지를 죽을 때까지 보유할 권리를 가진다.

19세기 중반에 들어 모든 주는 '기혼여성재산법Married Women's Property Act'을 제정하여 결혼한 여성에게도 독신 여성이나 결혼한 남성이 보유하는 재산과 같이 그들의 재산을 관리할 권리를 부여하였다. 오늘날 결혼한 사람들의 재산은 부부별산제separate property(대부분의 주에서 시행 중)와 공동재산제community property(California, Texas, Louisiana 등 주로 식민시대에 시민법civil law46)이 시행되던 몇 주에서 시행 중)라는 두 가지 법제에 의하여 규율된다.

부부별산제separate property가 시행되는 법제에서는 남편과 아내의 재산은 당연히 분리된다. 아내가 토지 또는 주식을 소유하면 그녀는 남편의 동의 없이 자신이 원하는 대로 이를 처분하거나 사용할 수 있다. 결혼이 지속되는 동안 그녀의 권리를 제한하는 것은 배우자는 서로를 부양해야 한다는 의무밖에 없으며, 따라서 아내는(남편도 마찬가지이다.) 남편을 곤궁한 상태에 방치한 채 자신의 재산을 마음대로 쓸 수 없다. 배우자끼리는 물론 재산을 공동으로 소유하기로 선택할 수도 있다. 이혼하면 각자의 재산은 형평분배equitable distribution되어야 한다. 이혼을 허가하는 법원은 형평 또는 공정의 원칙에 따라 누가 재산형성에 더 많이 기여했는지 및 이혼 후 누가 더 재산을 필요로 하는지 등을 고려하여 재산을 분할해주는 데 넓은 재량을 가진다.

공동재산제community property의 법제에서는 결혼 전에 각 배우자가 소유하던 재산이나 결혼 중 한 사람이 상속이나 증여로 취득한 재산은 각 배우자의 독립재산이며 부부별산제separate property를 가진 주에서와 마찬가지로 취급된다. 그러나 결혼 중 그 이외의 방법으로 취득된 재산은 각자의 소득에서 파생된 재산을 포함하여 공동재산community property이 된다. 공동재산은 joint tenancy와 비슷하게 취급된다. 각 배우자는 공동재산을 다른 배우자의 동의 없이 사용할 독자적인 권리를 가진다. 토지와 특정한 사업용 자산은 예외적으로 양쪽 배우자의 동의가 필요하지만 각 배우자는 공동재산을 양도할 수도 있다. 이혼하면 공동재산제도를 가진 어떤 주에서는 균등하게 분할하며 어떤 주는 형평분배equitable distribution의 원칙에 따라 분할한다.

배우자의 권리에 대한 중대한 제한은 사망시 자신의 재산을 처분하는 능력에 제한이 있다는 점이다. 대부분의 주에서 배우자가 사망하면서 자신의 재산을 처

---

46) 이들 주는 식민시대 초기, 즉 미합중국의 주로 가입하기 전에는 스페인, 프랑스 등 시민법체계를 가진 대륙법계 국가의 식민지였다.

분할 권리는 유류분elective share[47])에 의한 제약을 받는다. 유류분은 어찌 보면 보통법상 미망인상속dower이나 환부산curtesy 제도와 비슷한 기능을 한다. 유언에 뭐라고 되어 있든 생존 배우자는 사망한 배우자의 재산의 일부를 차지할 권리가 있는데 보통은 1/3에서 1/2까지이다. 유류분은 배우자가 결혼에 의한 경제적 이익을 박탈당하지 않도록 보호하는 수단이다.

재산권을 나누어 가지는 다른 방법은 무엇인가?

joint tenancy나 tenancy in common에서 각 공유자는 비록 소유권을 다른 사람과 나누어 가지고 있다고 해도 엄연히 그 재산 전체에 대한 소유자의 지위를 가진다. 재산권을 나누어 보유하는 다른 방법이 더 있는데 용익물권servitude[48])이라는 법적 수단이다. 이 개념은 몇 가지 사례를 들어 보면 가장 쉽게 이해될 수 있다. 전화 사업을 하려면 전화 회사는 지하에 시설하든 지상에 전신주를 세우든 여러 사람의 토지 위에 전선을 깔아야 한다. 이웃집은 경계선에 걸쳐 있는 담을 공유하며 서로 그 담을 유지하는 비용을 분담한다. 비록 토지분할을 금지하는 주택단지가 아니더라도 주택 소유자들은 하나의 부지 위에 한 건물만을 지을 수 있도록 하는 양도증서deed에 의하여 토지를 매입하기도 한다. 영화관객은 영화가 상영되는 동안 극장 주인의 재산의 일부를 점유하기도 한다.

---

47) 유류분에 대하여는 본장 주34) 참조.
48) 용익물권이란 타인의 토지, 건물 등 부동산을 일정한 목적을 위하여 사용, 수익할 수 있는 권리로서 배타적 효력을 가진다는 점에서 물권이며, 타인의 소유권의 권능을 제한한다는 점에서 제한물권의 일종이다. 미국법상 용익물권에는 첫째 지역권easement이 있는데 특정의 부동산을 자신이 완전히 점유하지 않으면서도 그 부동산을 일정한 목적을 위하여 사용할 수 있는 권리로서 타인의 토지를 통하지 않으면 공공의 도로에 접근할 수 없는 경우 통행의 목적을 위하여 이웃의 토지를 이용하는 것이 전형적인 예이다. 이는 그 권리 자체의 속성으로 사용권이 설정되는 물권이라는 점에서 소유자가 상대방과 계약으로 통행을 용인해 주기로 하는 협약covenant과는 다르다. 둘째는 방문권license으로 타인의 부동산에 특정한 목적을 위하여 방문할 수 있는 권리이며, 셋째는 다른 토지에서 나무를 베거나 모래, 기타의 광물을 채취할 수 있는 권리인 수익권profit이 있다. 역시 영미법에도 부동산의 소유자가 특정인이 자기 토지를 사용, 수익하는 것을 허락하고 이를 방해하지 않겠다는 합의를 할 수 있는데 이는 협약covenant이라고 부르고 이것은 사용, 수익할 수 있는 근거가 토지 소유자가 이를 허락함과 동시에 방해하지 않겠다는 합의에 있고, 권리 그 자체의 속성으로 이러한 효과가 생기는 것은 아니므로 물건을 타인의 행위 없이도 직접 지배할 수 있는 권리인 물권이라고 하기는 어렵다.

각 예는 남의 재산에 어떤 권리를 가지고 있다는 공통점이 있다. 그 권리는 (담을 공유하는 이웃처럼) 각자의 소유권의 당연한 결과로 뒤따를 수도 있고, (영화 관객처럼) 그렇지 않을 수도 있다. 그 권리는 사람이 어떤 일(극장에 앉아 있는 것)을 할 수 있게 하거나, 다른 사람에게 어떤 일(담장의 수리)을 하라고 요구할 수 있게 하거나, 다른 사람이 어떤 일(토지의 분할)을 하지 못하도록 할 수 있게 한다. 각 경우에 의무를 부담하는 토지 소유자는 완전한 재산 소유권에서 나오는 권리 중 일부를 떼어 내서 다른 사람에게 이전해 준 것이다.

원칙적으로 이러한 종류의 권리들 사이에는 중대한 차이가 있다. 우리는 극장 관객이 정해진 시간과 목적으로 그 재산 안에 들어갈 허락을 받았으므로 극장 소유자의 재산을 사용할 허가license를 받았다고 말한다. 영화 티켓의 뒷면에 극장의 관리자는 언제든지 그 허가를 취소할revoke 수 있다는 취지의 문구가 기재되어 있듯이 이 허가는 취소될 수도 있다. 전화 회사는 다른 사람의 재산을 지속적으로 사용할 수 있는 권리인 지역권easement[49]을 가진다. 하나의 토지를 여러 토지로 나누어 분양받은 각 토지의 소유자는 소유자들 간의 구속력 있는 협약real covenant 또는 형평용익권equitable servitude[50]에 의하여 서로 자신의 토지를 배타적으로 사용할 권리에 제한을 받게 되는데 이것들은 다른 사람의 재산을 지배할 권리를 부여하는 장치들이다.

여기서 용익권servitude[51]에 관한 법에 대하여 자세히 들여다보지는 않겠다.

---

49) 토지 중에는 제대로 이용하기 위하여 또는 그 활용도를 증진하기 위하여 다른 토지를 필요로 하는 경우가 있다. 공공도로에 통하는 길이 없어 타인 소유의 토지를 이용하여야만 한다면 그 토지의 일부를 자기 토지의 통로로 사용할 권리를 확보해야 하는데 여기에는 그 부분을 직접 이용할 권리를 확보하는 방법과 타인이 자기의 이용을 허락할 의무를 설정하는 방법, 즉 물권을 설정하고 그 효력으로 직접 타인의 토지를 이용하는 경우와 통행에 필요한 부분을 임차하는 경우 또는 적절한 대가를 지급하고 통행을 허락받는 방법 등이 있을 수 있다. 지역권은 물권을 설정하는 경우로서 자기의 토지에 부착된 하나의 독립한 물권이며 설정된 이후에는 굳이 소유자의 협조를 얻지 않아도 지역권의 권능으로 타인의 토지를 이용할 수 있다. 지역권을 가지는 토지를 요역지dominant tenement, 지역권이 설정된 토지를 승역지servient tenement라고 한다.
50) 주로 일정한 단지 내의 소유자들이 상호 합의하여 인접 토지의 사용 방법에 관하여 정하는 것을 말하는데 서면으로 된 것과 구두로 된 것에 효력의 차이가 있다.
51) 용익권은 어느 토지의 소유자가 자기 토지를 사용하기 위하여 인접한 타인의 토지를 사용할 권리이다. 한국 물권법상 용익물권은 지상권, 지역권, 전세권 등이 있다. 지상권은 타인의 토지에서 건물, 공작물, 수목 등을 소유하기 위하여 그의 토지를 사용할 수 있는 물권으로 소유자와의 계약

이 분야는 고풍스런 용어와 제도 사이에 경계가 미세하고 헷갈리는 원칙들이 가득 차 있어 "말할 수 없이 깊은 수렁"이라고 불리며 제일 열심히 공부하는 법학도마저도 힘들어 하는 부분이다. 그러나 우리는 재산법에 관한 몇 가지 기본 논점을 설명하기 위하여 이 주제를 이용할 수 있다.

첫째, 용익권servitude은 재산과 토지의 사용에 관한 사적인 규율의 한 형태이다. 사람들은 재산의 소유권을 구성하는 여러 권능의 묶음 전체를 가지고 시작하지만 그 권능들 중의 일부를 지역권easement, 협약covenant 등등의 형태로 양도한다(경우에 따라 용익물권은 명시적 합의가 아니라 묵시적 합의에 의해서도 설정52)되지만 그리 흔하지는 않다). 이러한 일을 할 수 있는 능력은 재산 소유권과 계약을 체결할 능력이라는 두 개의 요소로 구성된다. 사람은 이 요소들을 이용하여 이러한 의무를 창설하고 그 내용을 결정할 자치권을 행사한다. 용익물권은 개인이 토지개발을 규율하고 특정한 형태의 거주환경을 창설하고자 하는 경우, 특히 근교의 토지 분양과 도시계획 등에 유용한 수단이 되어 왔다.

둘째, 용익권servitude에 관한 법은 계약법이 아니다. 재산, 특히 부동산의 개념은 이와 같이 분명한 영역의 법을 별도로 발전시킬 정도의 강력한 힘을 가지

과 등기에 의해 설정되나 법이 일정한 경우에 강제로 설정하도록 하는 법정지상권과 관습법적으로 생겨나는 지상권도 있다. 그 목적상 장기간의 이용을 필요로 할 때 설정하는 것인데 소유자의 입장에서는 소유권이 장기간 제한되고 이러한 목적은 채권인 임대차, 즉 임대인이 임차인으로 하여금 일정 기간 동안 그 사용을 허락할 의무를 부담하는 임대차로도 달성될 수 있기 때문에 송전선을 건설하기 위하여 타인의 임야를 사용하는 등 그 성격상 장기간의 사용이 불가피하다는 경우 이외에는 잘 사용되지 않는다. 둘째, 지역권은 easement와 거의 유사하다고 보면 되며, 셋째의 전세권은 타인의 부동산을 일정기간 배타적으로 이용할 수 있도록 설정하는 권리인데, 지금 대한민국에서 남의 집을 일정기간 임차하는 경우도 전세라고 부르지만 이는 목돈을 일시에 임대인에게 지급하고 임대인은 그 이자 상당액으로 임대료를 대신할 뿐 여전히 임대인이 임차인에게 일정기간 집의 사용을 허락하는 방식의 임대차라는 점에서 임차료 지급방식이 특이한 임대차이다. 물권인 전세권은 일단 설정하면 전세권자가 자신의 전세권의 권능으로 설정된 기간 동안 사용할, 즉 전세권설정자의 허락이라는 행위가 개재되지 않고 전세권의 자체의 효력으로 사용할 권한이 생기는 점에서 전세권자가 직접 전세물을 지배하는 물권이다. 그러나 이 물권인 전세권은 임대차로 같은 목적을 달성할 수 있고 소유자에게 강력한 제한이 되므로 자주 사용되지는 않는다. 한국법상 이들 용익물권은 일부의 지상권을 제외하고는 모두 등기하여야 효력이 생긴다.

52) 지역권은 서로 합의가 없었다고 하더라도 오랜 기간 동안 사실상 통행이 허락되어 왔다면 그 사실 상태를 중시하여 시효에 의하여 취득되고 승역지 소유자가 통행을 거부할 수 없게 되는 경우도 있는데 이를 대한민국에서는 통행지역권의 시효취득이라고 부른다.

고 있다. 타인이 자신의 토지를 이용하도록 할 의무는 당사자의 의무가 아니며, 이 권리가 그들의 토지에 부착되고 그 토지들을 이후에 취득하는 나중의 주인에게 혜택이 되기도, 부담이 되기도 하기 때문에 그들은 토지의 연혁과 재산법의 구속이라는 부담을 받는다.

셋째, 계약이나 재산이 대개 그러하듯 사람이 자신의 재산으로 할 수 있는 일이 무제한적이지는 않다. 용익권은 공공정책의 직, 간접적 규제에 따라 행사되어야 한다. 잘 알려진 직접적 제한은 차별적 협약covenant의 금지이다. 20세기 중반까지는 소유권증서deed에 장래의 모든 소유자가 그 재산을 백인이 아닌 사람에게 팔지 못하도록 하는 규정을 포함시키는 것이 일반화되어 있었다. 법원들은 마침내 권리자가 개인이더라도 그 재산권은 인종차별이 금지되어야 한다는 최고의 사회적 관심에 의하여 제약된다면서 그러한 형태의 제한을 법원의 강제력으로 집행하는 것은 위헌이라고 선언하였다. 용익권의 이용을 제한하는 일에 대하여 아직도 소송이 많이 걸리는데 주택 소유자 협회가 너무 엄중한 건축제한을 시행하고 있다든가 또는 협약으로 하나의 주택에는 하나의 가정만이 거주할 수 있도록 함으로써 이웃에 정신지체자들의 집단가정이 설치될 수 없도록 방해하는 수단으로 악용된다는 주장 등이 그것이다.

재산의 소유권이 다른 사람과 공유될 수 있는 또 다른 경우는 서로 다른 사람들이 동시에 하나의 재산에 서로 다른 권리를 가지지만 그들의 권리가 시간을 두고 분할되는 경우이다. 이 이슈는 중세에는 중요하였으나 지금은 그 대부분을 우리가 무시할 수 있을 정도로 그 중요성은 소멸하였다. 그러나 이 이슈는 모든 재산법 분야의 근저에 깔려 있는 갈등을 잘 설명해 주는 사례가 될 수 있으므로 이에 관하여 알아보자.

Gerald O'Hara가 Tara를 영구히 자기 가문의 장원plantation으로 보유되도록 하고 싶어 한다고 가정하자. 이를 위하여 그는 유언장에 그 땅은 딸 Scarlett이 평생 보유하되 그녀가 죽으면 그녀의 자녀들에게 넘어가는 등 그녀에게 상속인이 있는 한 계속 그녀의 자손들에게 넘어가야 한다는 제약을 붙였다. 또 다른 가정으로 O'Hara가 이 장원을 Georgia가 자기 주 안에 자생하는 모든 나무를 두 그루 이상 심어 수목원을 만드는 조건으로 주정부에 유증bequeath[53])하기를 원한다고 하자. 그는 Georgia가 이 조건을 99년 이상 충족시키면 그 땅은 주정부에 귀속되지만 그렇지 못하면 Scarlett이나 그 후손에게 되돌아가는 것으로 지정하였다.

이 예들은 모두에서 우리는 서로 다른 사람들이 그 재산과 서로 다른 일시적인 관계를 맺고 있음을 본다. 첫 번째 예는 O'Hara가 사망할 때부터 Scarlett이 평생 그 재산에 대한 소유권을 가지지만 그 소유권은 그녀가 사망하면 그녀의 자녀들에게 돌아가야 한다는 조건에 의하여 제한되는 권리이다. 두 번째의 가정에서 그는 그 농장의 소유권을 주정부에게 넘겨주었지만 만약 주정부가 수목원을 유지하지 못하면 그 재산이 자신에게 돌아오게 될 가능성이 있다는 점에서 그는 여전히 이 농장에 대한 이해관계를 가지고 있다.

이 사례들은 우리가 소유자로 하여금 시간의 흐름에 불구하고 언제까지 자신의 의사에 의하여 그 재산을 지배할 수 있게 해 줄 것인가라는 근본적인 문제와 연관된다.[54] Gerald는 Tara를 fee simple[55]의 형태로, 즉 보통 다른 사람들이 재산에 대하여 아주 많은 권능을 가지는 것과 같은 형태로 완전한 소유권을 가지고 있었다고 하자. 분명히 그는 자신이 살아 있는 동안 또는 사망에 즈음하여 자기 땅을 남에게 넘겨줄 권한이 있으므로 우리는 그가 (수목원으로 사용되어야 한다는 등의) 조건을 붙인 상태에서 이를 주어버리는 등의 보다 조그만 행동을 할 수도 있고, 또는 부분적 권한(Scarlett이 평생 소유한 후 그녀의 자녀들에게 넘어가는)만을 주는 방법으로 넘겨줄 수도 있다고 생각할 수 있다.

---

53) 소유자가 재산을 타인에게 증여하되 그 효력이 소유자의 사망 시에 생기는 것이 유증이다.

54) 이러한 예는 재산권 그 자체에 부착되어 이후 권리자의 재산권을 제약하는 방식으로 물권법정주의, 즉 물권의 내용과 효력은 법에 정해진 바에 따라야 하고 권리자가 임의로 그 내용을 창설하거나 변경할 수 없다는 원칙을 취하는 대한민국의 물권법에서는 인정되지 않는다. 그러므로 설사 권리자가 타인에게 재산을 양도 또는 상속할 때 이와 같은 제한을 두었다고 하여도 이는 양수인 또는 상속인이 그에 따를 의무를 부과하는 데 지나지 아니하고 그들이 이를 위배하면 재산을 회수하거나 손해배상 등을 청구할 수 있을 뿐이고 그 재산권의 내용 자체에 변형을 가할 수는 없으며 이러한 제약이 있었음을 알지 못하는 선의의 제3자에게 대항할 수 없다.

55) 완전소유fee simple absolute라고도 하며 권리에 아무런 조건 또는 제약이 없는 완전한 재산권을 이전받아 이를 무한정 보유할 수 있고 자유로이 양도, 처분, 상속할 수 있다. 이외에 재산을 넘겨주되 어떤 일이 발생하면 자신이 소유권을 회수하겠다는 fee simple determinable, 이 형태의 일종으로 그러한 일이 발생하는 경우 회수할지 여부를 원 소유자가 그 사유의 발생 시에 선택할 수 있는 fee simple subject to condition subsequent, 양수인이 생존하는 동안에만 권리를 가질 수 있다는 life estate 등 여러 가지 형태의 이전방식이 있다.

그러나 우리는 또한 현재의 소유자가 재산을 생산적으로 사용할 수 있게 하기를 원하기도 한다. 과거에 죽은 자가 과연 어디까지 현재의 재산 사용을 통제할 수 있도록 해야 할 것인가? 소유자가 재산의 사용이나 처분에 관하여 영원히 효력이 있는 제한을 가할 수 있도록 허용하면 어떤 일이 벌어질지 상상해 보자. 어떤 재산 소유자는 가문왕조를 꿈꾸면서 Gerald의 유언과 같은 제한, 즉 Scarlet이나 그녀의 자손들이 타인에게 양도하지는 못하도록 하는 제약을 붙임으로써 그 재산이 영원히 자기 집안에 남아 있도록 하려고 할 수도 있다. 이렇게 한다면 시간이 흐르면서 세상의 모든 재산은 그 가문 이외의 사람이 매입할 수 없으므로 점점 작은 수의 사람들에게 집중되어 더 많은 사람이 토지를 소유할 수 없게 될 것이다. 아니면 몇 대를 내려가면서 O'Hara의 자손들의 수가 불어나면 수십 명이 Tara를 잘게 나누어 소유하는 등 정반대의 현상이 벌어질 수도 있다.

가족의 범위를 벗어나는 제한이라도 같은 문제가 발생한다. 조건은 세월에 따라 바뀌기 때문에 종전 소유자가 설정한 제약을 존중하는 일이 언제나 합리적이지는 않다. 10년 혹은 20년이나 50년 후 Georgia는 Tara를 수목원 대신 남북전쟁 퇴역군인의 거주지, 도서관, 병원 등으로 사용하면 더 좋겠다고 판단할 수도 있겠으나 O'Hara의 제한을 따르자면 이렇게 사용할 수는 없다.

따라서 법원들은 사람들이 자기 재산으로 원하는 일을 하고 싶은 욕망을 허용하는 것과 그러한 모든 제약을 모두 고수함으로써 발생하는 불행한 결과 사이에서 균형을 잡아야만 했다. 그런 방법은 여러 가지가 있다. 재산을 준 자는 후에 그 재산을 둘러싸고 어떤 형태의 이해관계가 형성될 것인지 또는 어떤 종류의 제한이 부과될 것인지 잘 모르는 수가 종종 있다. 이러한 경우 법원은 가정을 세우고 예를 들면 공여자가 명확히 의사를 표시하지 않은 한 그들이 그 재산을 자기가 부가해 둔 각종 제한 때문에 더 필요한 곳에 사용되지 못하는 무용지물로 만들 의사는 없었다고 추정한다.

이처럼 시대에 뒤쳐졌다고 보이는 제한에 대처하는 두 번째의 기술적 방법은 cy pres("가장 가까움"을 뜻한다)라는 원칙을 이용하는 것이다. 이 원칙에 의하면 자선을 목적으로 기부한 재산이 기부자가 원하는 방법 그대로 목적을 달성할 수 없으면 법원은 그 기부자의 의사를 실현할 수 있다고 보이는 가장 가까운 방법으로 이를 수행할 수 있게 하는 방법을 찾아낼 수 있게 된다.

세 번째 수단은 그저 죽은 사람이 어떤 제한을 하지 못하도록 금지하는 실질적 원칙을 사용하는 방법이다. 그 한 예가 부의 세습을 규제하기 위하여 고안된 법상 가장 중요한 조치라고 할 수 있는 영구구속금지의 원칙Rule against Perpetuities[56]이다. 이 원칙은 재산에 대한 장래의 권리는 그러한 권리가 창설된 당시 살아 있던 사람이 사망한지 21년 내에 반드시 누군가에게 귀속vest, 즉 소유권이 확정되어야 한다고 한다. 영구제한 금지의 원칙은 대대로 법학도들에게는 고문이라고 할 만큼 어려우며, California 대법원은 이 원칙이 너무 복잡하므로 변호사가 이를 잘 이해하지 못하였다고 해도 업무과오malpractice가 되지 않는다고 할 정도였고, 어떤 주에서는 법률에 의하여 변형되기도 하였다. 그러나 기본 개념은 간단하다. 토지 소유자는 차후 세대에게 발생하지 않을 수도 있는 권리관계를 만들어 둠으로써 토지를 여기에 영원히 묶어 둘 수 없다. 이 원칙에 의하여 O'Hara가 그의 상속인들이 각각 그들이 살아 있는 동안에 Tara에 대한 권리를 가지게 하고 이후에는 그의 자손이 대대로 소유권을 가지게 함으로써, 즉 이 땅을 후손 이외의 사람에게 양도하지 못하게 함으로써 Tara를 영원히 그 후손들만이 보유하게 하고자 시도한다 해도 효력이 없다.

토지 주인과 임차인은 어떤 권리를 가지는가?

임대차lease는 아파트의 단기임차부터 상업용 사무공간의 장기임차까지 재산적 권리를 가질 수 있게 하는 아주 흔한 방법이다. 임대차는 지주landlord 또는 임대인lessor라고 불리는 재산의 소유자가 세입자tenant 또는 임차인lessee이라고

---

56) 재산에 대한 권리자가 아무도 없어지게 되는 일을 방지하기 위하여 미국 법에 인정되는 원칙이다. 누군가 자신의 재산에 대하여 미래권리future interest를 설정했다고 하더라도 미래권리를 가지는 자가 사망한 후부터 21년이 지나도록 아무에게도 귀속되지 못하게 될 가능성이 있는 방법으로 설정하였다면 그 모든 미래권리는 무효로 된다. 예컨대 누군가가 자신의 재산에 대하여 "내 아들이 살아 있는 동안에는 아들에게, 그 후에는 아들의 자식이 30세가 되면 그에게 소유권이 이전되어야 한다."는 방식으로 미래권리를 설정하였다면 아들이 죽은 후 21년 이내에 아들의 자식이 30세가 되지 못할 가능성이 있기 때문에 아들이 사망하고 난 이후에 이 재산에 대하여는 소유자가 없어지게 될 수 있고 따라서 이러한 양도는 무효이다. 이 원칙은 재산의 자유로운 이전을 촉진하기 위하여 만들어졌으나 사소한 가능성만으로 미래권리 자체를 무효화하는 것은 너무 가혹하다는 비판이 있어 완화하는 경향이 있다고 한다(정하늘, 미국법해설, 박영사, 248면).

불리는 사람에게 재산을 한동안 사용할 수 있도록 허락함으로써 재산권을 함께 누리는[57] 특별한 형태이다. 임대차의 관행은 누구에게나 친숙하지만 이 개념은 특히 흥미로운 물권법의 이슈를 제공한다. 임대인과 임차인의 관계는 어떠한가? 그러한 관계 중 어느 정도가 법에 규정되어 있는가? 그리고 당사자는 어느 정도까지 합의에 의하여 그러한 관계를 설정할 수 있는가?

그러한 의문들에 대하여 임대인과 임차인에 관한 법이 주는 답은 역사적으로 변천해 왔는데 가장 중요한 변화 중 일부는 최근에 들어 일어났다. 여기서 두 가지의 변화와 그들이 현행법에 미친 영향을 검토해 보는데 임대차가 물권법에 기초한 개념에서 계약법의 요소가 구현된 개념으로 변천한 것과 임대인과 임차인의 관계에 점점 더 많은 법적 규제가 가해지는 현상이 그것들이다.

영국법에서 초기의 시각으로는 임대차는 재산권의 양도라고 이해되었다. 소유자는 실제에 있어서 몇 년 동안 임차인이 임차료rent를 내고 기타 제한적인 의무를 이행할 것을 조건으로 당시의 관념으로 어쩌면 그 기간 동안만큼은 새로운 "소유자"라고 할 수 있는 임차인에게 자신의 소유권을 포기해 준다.[58] 비록 임대관계는 지주와 임차인의 계약으로 시작되었지만 본질적으로는 재산권 관계이며 계약관계가 아니었다. 그러므로 임대인의 기본 의무는 임대계약에 정해진 기간 동안 그 재산을 양도transfer하는 데 있었고, 임차인의 기본 의무는 임차료를 지급하고 임대기간이 종료하면 그 재산을 반환하는 데 있었다. 이외에도 법은 양측에 몇 가지 의무를 부과하고 있었다.

이 형태는 전통적인 농토의 임대에는 매우 적합하였지만 점차 시대와 맞지 않게 되었다. 19세기에 들면서 거주 목적 또는 상업 목적의 재산 임대가 농토의 임대보다 훨씬 더 일상화되었다. 거주 목적의 임대, 특히 인구가 밀집한 도시에 있는 아파트는 임차인은 그 시설의 현상을 유지하는 일, 그 시설에 입주한 다른

---

57) 임대인은 그 재산의 소유권을 가지고 임차인은 재산에 대한 임차권, 즉 사용권을 가지므로 하나의 재산에 대하여 두 개의 권리가 생기는 경우이다.

58) 여러 번 설명된 바와 같이 대륙법계에서는 재산권을 물권, 즉 물건을 직접 지배하는 권리와 타인에게 일정한 행위를 요구할 수 있는 권리인 채권으로 엄격히 구분하므로 타인의 부동산을 사용하는 방법도 물권에 의하는 방법과 채권에 의하는 방법이 있다. 전자는 대한민국 민법의 물권 편에 규정된 '전세권'이라는 방법이고 후자는 임대차인데 어느 경우이든 사용을 허락한 기간 동안이라고 하여도 소유자가 자신의 소유권을 포기하는 일은 없다.

임차인의 행위를 통제하는 일, 난방과 온수의 공급 등에서 임대인에게 의존하게 된다. 대부분 도시의 거주 지역에서 임차인의 선택권과 협상력은 한계가 있었다. 그 사이에 상업 목적의 임대에서 당사자들은 임대조건을 좀 더 상세하게 협상하기 시작했고, 당사자의 의무들을 법에 정해진 것보다 훨씬 자세하게 정하였다. 이러한 변화는 법원과 입법기관들로 하여금 지주-임차인 관계를 달리 생각하도록 유도했다. 이러한 변화는 1960년대 들어서 다른 사회적 요인, 특히 가난한 사람들에게도 법률서비스가 제공되고 민권운동civil right movement에 따른 행동주의activism와 주택난에 대한 인식 강화 등에 따라 더욱 심화되었다. 그 결과로 임대차에 대한 법적 시각은 단순히 재산권을 양도하는 것에서 여러 가지 계약적 요소를 가진 법적 관계로 보는 것으로 변화하였고, 적어도 거주 목적의 임대에서는 계약 내용이 법에 의하여 보다 세밀하게 규율되게 되었다.

아마도 변화된 생각이 잘 반영된 가장 중요한 영역은 그 시설의 상태에 관한 임대인의 의무일 것이다. 전통적으로는 임대차lease가 재산권의 이전이라고 생각되었으므로 이전에는 지주가 시설을 임차인에게 넘겨주면 양도가 끝난 것으로 보았다. 임대인은 그 시설을 임차인에게 넘겨줄 의무는 있으나 그것이 생활할 수 있을 만한 상태에서 넘겨주거나 그 상태를 유지해 줄 의무는 없었다. 예컨대 임대인이 난방이나 온수를 공급하지 않으면 임차인은 자신이 재수가 없는 것으로 생각해야 했다.

이와 같은 지주와 임차인의 권리에 대한 시각의 변화가 반영된 최초의 판결은 Washington D.C. 연방항소법원U.S. Court of Appeals for the District of Columbia에서 1970년에 나온 Javins v. First National Realty Corp. 판결이다. 이 사건은 임차인의 권리증진을 위하여 임차인 측의 변호사들이 벌인 소송운동의 일환으로 제소되었다. First National은 임대인으로서 임대료 미지급을 이유로 임차인들을 내쫓으려 하였다. 임차인들은 임차료를 지급하지 않았음을 시인하면서 그 아파트에 주택시설규정housing code 위반이 있어서 정해진 임대료에 상당하는 손해배상을 받을 권리가 있다고 답변하였다. 법원은 처음으로 재산법이 당면한 상황의 변화에 주목하였다. 임대차를 재산의 양도로 취급하는 것은 토지균분agrarian 시대에서나 통하던 이야기이며, 아래와 같이 아파트 거주자들은 농장을 이전받는 것 이상의 어떤 것을 추구하고 있다고 하였다.

미국의 도시 거주자들은 오늘날 부유하거나 가난하거나를 막론하고 "거처shelter"를 구해야 하며 그들은 잘 알려진 상품과 서비스의 결합체, 즉 단순한 벽과 지붕이 아니라 충분한 난방, 조명 그리고 환기장치, 잘 작동하는 급수장치와 안전한 창문과 출입문, 적절한 위생시설과 유지보수가 제공되는 결합적 서비스를 원한다.

이에 따라 임대차는 계약으로서 무언가 더 나은 취급을 받아야 했다. 이 시기에 계약법 분야에서는 예를 들어 제조자는 제품의 안전성과 효율성을 보장하여야 한다는 등으로 소비자보호consumer protection가 강화되었다. 이에 따라 같은 원리가 주거용 건물의 임대차를 규율하게 되었다. 법원은 임대계약에 집주인에게 주택시설기준housing code에 적합하도록 시설을 유지할 것을 요구하는 거주적합성habitability의 보장warranty이 내포되어 있다고 하였다.

Javins 판결에 이어 거주용 주택에서의 거주적합성 보장의 요구는 법원의 판결 또는 입법으로 거의 모든 법제에서 잘 확립되게 되었다. 어떤 주에서는 그러한 보장의 수단으로 주택시설기준이 집주인의 의무의 기준으로 채택되기도 하였고, 다른 사건에서는 "인간적인 거주에 적합하고 적절한" 거주이어야 할 것이 요구된다고 하는 등 보다 일반적인 내용으로 되기도 하였다. 어떤 경우에는 모든 주택에 적용되기도 했고 다른 곳에서는 여러 가구로 이루어진 아파트 건물에만 적용되기도 하였다.

이와 같이 임대차 계약에 묵시적 보장implied warranty이 포함되어 있다는 시각으로 이동하는 것은 임대차에 재산권의 양도라는 속성보다 계약적 속성이 더 많다는 것을 부분적으로라도 인정했다는 것이기 때문에 논리적으로 당사자들이 자신들의 임대차계약의 조건을 얼마나 자유롭게 결정할 수 있는가라는 의문이 생긴다. 임차인은 임대인과의 합의로 묵시적 거주적합성 보장implied warranty of habitability을 포기할 수 있는가? 현대의 계약법과 재산법의 원칙에 의하여 그 대답은 보통 '아니다.'이다. 이를 허용하면 집주인은 정형화된 임대계약서 양식에 광범위한 권리포기 조항disclaimer을 삽입하여 묵시적 보장의 의무를 부인할 수 있게 될 것인데, 임차인 중에서 그 효과를 충분히 알 수 있거나 그러한 포기조항을 삭제할 것을 요구할 수 있을 만큼 충분한 협상력을 가진 사람은 많지 않기 때문이다.

묵시적 보장은 부분적으로는 계약에 기초하기 때문에 임차인에게 주어지는 구제수단remedies은 계속 확장되어 왔다. 여러 가지 구제수단이 있다. 다른 모든 계약에서와 같이 임차인은 보장의 위반에 대하여 금전배상money damages을 청구할 수 있다. 또는 임차인은 집주인의 보장 위반을 시정하기 위하여 아파트를 스스로 수리하고 임차료rent에서 그 비용을 공제할 수 있다. 임차인은 임차료의 지급을 거절함으로써 방어적으로 손해배상을 청구할 수 있는데 집주인이 소송을 거는 경우 보장의 위반을 항변하고 법원이 아파트가 거주적합성이 없다는 점을 인정하면 임차인은 그러한 위반이 시정될 때까지 임차료를 내지 않고 살 수 있다.

정부는 언제 당신의 재산을 박탈할 수 있는가?

재산권의 개념에 고유한 것이 재산은 개인적인 것이라는 점으로 당신의 재산은 당신의 것이고, 당신은 그것으로 원하는 모든 일을 할 수 있으며, 정부가 마음대로 이를 빼앗아 갈 수 없다는 것이다. 그러나 이 말은 완전히 옳지는 않다. 국가가 불행히도 당신의 뒷마당을 지나가는 도로를 건설하려고 한다고 하자. 당신은 이를 거부하고 주정부가 많은 비용과 불편을 감수하면서 도로가 뒷마당을 비껴가도록 다시 설계라고 요구할 수 있는가? 그렇지 않다. 주정부가 고집하면 당신의 반대에도 불구하고 당신으로부터 재산을 빼앗아 도로를 건설할 수 있다. 그러나 그것이 당신의 재산이므로 국가는 그 대가를 지급해야 한다.

국가는 실제로 재산을 가져가는 것은 물론이고 당신이 재산을 사용하는 데 대하여 규제를 할 권한도 있다. 그러나 어디까지인가? 도시계획법municipal zoning law 중에는 주거지역에서 공장의 운영을 금지하는 경우가 많다. 근교의 자치단체들 중에는 주택 소유자들에게 잔디를 언제나 단정하게 깎도록 요구하기도 한다. 습지, 소나무 숲 지대 및 해변지역의 보전을 위한 규칙은 환경적으로 민감한 지역에 건축행위를 아예 규제하기도 한다. 그런데 정부가 할 수 있는 합법적인 규제는 이러한 정도가 전부인가?

사유재산에 대한 가장 극단적인 제한행위, 즉 정부가 사유재산을 소유자로부터 빼앗아 갈 수 있는 능력에서부터 검토를 시작해 보자. 정부가 가지는 이 능력은 토지수용권eminent domain power이라고 부른다. 정부가 공공의 목적을 위하여 사유재산이 필요하다고 생각하면 재산을 수용condemn, 즉 소유자가 매각을 원하든 원치 않든 사들일 수 있다. 수용권은 정부가 정부이기 때문에 가지는 고유한 권한으로 연방정부와 주정부는 재산권을 수용할 권한을 가진다. 사실 미국이 공화국으로 성립한 초기에는 사유재산은 대가를 지급하지 않고도 정부가 가져갈 수 있다고 해석된 때도 있었다. 그러나 연방헌법과 각 주헌법은 그러한 권한에 제한을 가한다. 연방헌법 추가조항 제5조Fifth Amendment는 "사유재산은 정당한 보상just compensation 없이 공공의 목적을 위하여 박탈되지 않는다."라고 한다. 정부는 토지를 수용할 수 있지만 반드시 공정한 가격을 지급해야 한다.

토지수용eminent domain이 오래 전부터 정부의 고유권한이라고 강도 높게 인정되어 있는 것을 보면 재산권이 완전히 사유였던 적은 없음이 명백하다. 재산의 소유권이 확립되는 것도 공공의 이익에 속하겠지만 공공의 이익이 그 재산을 필요로 하여 가져가야 한다면 여기에 걸림돌이 있어서는 안 된다.

새 도로를 만드는 데 어떤 사람의 뒷마당이 필요하여 가져간다는 가장 전형적인 수용condemnation은 법적으로 단순한 구조를 가진다. 정부는 토지를 가져가고 정당한 보상just compensation을 하는 수용절차condemnation proceeding를 개시한다. 구체적 사안에서 어떻게 해야 정당한 보상이 되는지를 결정하는 일은 실제로 복잡할 수도 있겠지만 근본적으로는 그 재산의 시장가격이 얼마인지를 확인하는 일에 지나지 않는다. 그러나 어려운 이슈들도 있다. 재산이 공공의 목적에 사용되어야 할 때만 토지수용권을 행사할 수 있다. 모든 사람이 사용할 도로를 건설하는 일은 공공의 목적이 있음이 명백하지만 정부가 이렇게 전형적인 정부의 행위라고 하기 어려운 어떤 행위를 하려 하는 경우는 어떤가? 연방대법원은 일련의 사건에서 무엇이 토지수용을 정당화해 줄 수 있는 공공의 사용 또는 공공의 목적인지에 관하여 입법부의 판단을 대단히 존중해 왔다. Berman v. Parker (1954) 판결에서 연방대법원은 District of Columbia가 비록 백화점 자체는 생존력이 있고 폐허화되지 않았으나 주변이 폐허화되었으므로 지역 전체를 재개발하려면 이 백화점 건물이 꼭 필요하다는 이유로 수용하는 것을 용인하였다. Hawaii Housing Authority v. Madkiff (1984) 판결에서 연방대법원은 토지의 균형 분배와 공개적 거래를 촉진할 목적으로 임차인들이 주택당국에게 자신들이 임차한 토지를 지주들로부터 수용take away하여 자신들에게 매각해 달라는 청원petition을 할 수 있게 하는 Hawaii의 법률을 합헌이라고 지지하였다. 두 판결 모두에서 연방대법원은 "입법기관이 헌법상의 구체적 제한을 준수하면서 말하였다면 공공의 이익은 거의 완결적으로 선언된 것이다."라고 하였다.

주정부들이 공용수용권eminent domain power을 널리 사용하면서 공공의 목적이 어디까지 확대될 수 있는지에 대한 논쟁이 가열되었고, 연방대법원은 2005년에 논쟁의 대상이 된 Kelo v. City of New London 사건에서 이 문제를 다시 다루었다. New London, Connecticut의 시당국은 비영리 사설기관인 New London Development Corporation(NLDC)과 함께 시내의 Fort Trumbull 지역의 경제회생 계획에 착수하였다. 광범위한 기획단계를 거쳐 NLDC는 그 지역에 호텔, 상점과 레스토랑이 들어서는 "도시마을urban village"과 Coast Guard Museum, 새로운 주거시설, 식당과 소매점 공간 그리고 해양놀이공원 등을 건설한다는 계획을 확정하였다. 이 계획에 따르면 NLDC는 그 지역 115명의 토지 소유자의 재산을 취득해야 했는데 대부분의 소유자는 협상으로 가격을 정하여 땅의 소유권을 넘겼다. 그러나 소유자 중에서 9명은 NLDC가 제시한 가격에 매각하기를 거부했고 Wilhelmina Dery와 같은 장기 거주자들은 매각을 아예 거부했는데 그녀는 1918년에 Fort Trumbull에서 태어나 평생을 그곳에서 살았다. 그 소유자들은 그 지역이 폐허화되지도 않았고 그 계획은 자신들의 재산을 개인 소유자로부터 다른 개인 소유자로 넘기는 것에 불과하여 헌법상 요구되는 공공의 사용에 해당하지도 않는다고 주장하면서 토지수용권의 행사에 이의를 제기하였다. 연방대법원은 그들의 이의를 배척하고 지역사회의 경제개발이 유효한 공공의 목적이 된다고 판시하였다. 헌법의 요건인 "공공의 사용public use"이란 그 재산이 물리적으로 공공에 열려 있을 것을 요하지 않는다고 하였다. 실제로 그 요건은 오랫동안 입법기관이 그 땅을 다른 방법으로 사용하면 공공이 이익을 얻을 수 있을 것이라고 판단하였으면 충족된다는 뜻이라고 해석되어 왔고, 법원들도 상류의 토지 소유자들의 땅이 수몰되더라도 발전용 댐을 건설할 수 있다고 판단하거나, 광산에서 광물 운반용 통을 다른 사람의 토지 위를 거쳐 운반하기 위하여 그 토지를 사용하는 등의 행위를 허용하기도 하였으며 나아가 Berman 판결과 Hawaii Housing Authority 판결과 같이 토지가 재개발되거나 단순히 다른 사람에게 넘어가는 경우라도 괜찮다고 판단하였다. 연방대법원의 다수의견은 "한 세기 이상에 걸쳐 우리의 '공공의 사용public use'에 관한 법해석 태도는 입법기관에게 어떤 공공의 욕구가 수용권taking power의 행사를 정당화할 수 있는지 결정함에 있어 넓은 지평을 제공하도록 엄격한 기준을 적용하는 일이나 공격적으로 심사하는 일을 삼가 왔다."라고 말하면서 무엇이 공공의 목적인지에 관한 선을 긋는 것은 입법기관의 임무이며 법원의 임무가 아니라고 하였다. 대법관 4명은 다수의견이 수용조항taking clause에서 공공의 사용이라는 요건을 완전히 배제하는 처사라고 주장하며 이에 반대하였다. O'Conner 대법관의 말처럼 "이제 모든 사유재산은 그 과정에서 무언가 업그레이드될 수 있다면, 즉 입법기관이 공공에 보다 이익이 된다고 간주하는 방법으로 다른 소유자가 사용하려고 하면 매우 쉽게 수용되어 다른 개인 소유자에게 넘어가게 된다."는 것이다. 대부분의 주들이 연방대법원의 Kelo 판결에 대응하는 법률을 제정하였다. 대부분의 법률은 표면상으로는 경제개발을 위한 수용 또는 개인인 개발사업자에게 재산이 넘어가게 하는 토지수용권을 사용하지 못한다고 규정하지만, 그중 많은 것들이 예컨대 "황폐화된" 재산이라든가 "건전한 성장"을 위한 수용은 허용된다는 예외조항을 둠으로써 주정부에게 재량의 여지를 주고 있으므로 그러한 금지의 효과는 제한적이다.

New London시가 반대하는 토지 소유자들의 재산권을 수용taking하는 대신에 그들의 토지가 새로 들어설 소매점의 주차장으로 사용되어야 한다는 등의 내용으로 조례ordinance를 제정했다고 가정해 보자. 그러면 지주들은 정부가 그들의 토지를 형식적으로는 아니더라도 사실상은 수용하였다고 주장할 수 있고, 주정부는 그렇게 함에 있어 정당한 보상just compensation을 제공하여야 할 것이다. 그러한 경우에 지주들은 규제적 수용regulatory taking[59]임을 주장하여 수용무효소

---

59) 정부의 어떤 규제조치의 간접적 효과로 재산의 소유자가 그 재산 가치를 잃어버리게 되거나 그 재산에 투자한 자가 투자의 목적을 달성할 수 없게 되는 등 재산적 손해를 입게 되는 경우를 총칭하며 미국에서 판례에 의하여 발전된 개념이다. 그러한 예로는 환경의 보존을 위하여 어떤 산 속에 쓰레기 반입을 금지함으로써 그 안에서 이미 쓰레기 소각장을 운영하던 사람이 사업을 하지 못하게 되는 것 등을 들 수 있다. 규제조치가 그 소각장을 직접 빼앗아 가는 것은 아니더라도 쓰레기의 반입이 금지되면 사실상 소각사업을 하지 못하게 된다는 의미에서 규제적수용regulatory taking이라고 하는데, 한편으로는 간접적으로 재산권을 권리자로부터 박탈한 것과 같은 효과가 나타난다는 점에서 간접수용indirect taking이라고 부르기도 한다. 본문의 사례에서 토지 소유자

송inverse condemnation action을 제기하고 정부에게 대가지급을 요구할 수 있을 것이다. 대부분의 사건이 이처럼 터무니없는 것은 아니겠지만 그 한계는 어디까지인가?

연방대법원은 20세기 초부터 일련의 사건을 통하여 그 한계를 정하려고 노력해 왔다. 연방대법원의 기본원칙은 토지의 사용을 규제하는 것은 경찰권police power을 유효하게 행사하는 일에 해당한다고 보는 것이었다. 설사 그 규제가 재산의 가치를 없애 버리는 정도에 이른다 해도 입법부가 공공의 피해를 예방하기 위하여 필요하다고 판단한다면 그 판단은 존중받아야 하고, 그에 상응하는 공공의 이익이 없이 토지의 모든 가치를 빼앗아 버리는 것은 수용taking이라는 것이다. 예를 들면 1978년의 Penn Central 사건에서 연방대법원은 New York시가 Grand Central Station의 건축의 역사성을 보존하기 위하여 그 꼭대기에 사무실 건물을 짓지 못하도록 금지할 수 있다고 했다(Penn Central Transportation Co, v. City of New York).

그러나 1970년대 후반에 들어서 보수적 행동주의자들이 오랫동안 유지되어 온 원칙에 도전하는 소송을 내기 시작하고 연방대법관의 구성이 바뀌면서 가끔 이에 호응하는 판결을 내기도 했다. 그 행동주의는 보수주의자들이 환경보전을 위한 입법에 이의를 제기하고 주택 건축업자 등의 사업자들이 도시계획zoning과 기타 토지사용 규제정책에 도전하면서 촉발되었다.

Lucas v. South Carolina Coastal Council (1992) 판결에서 연방대법원의 다수의견은 스스로 범주적 원칙categorical rule이라고 부른 원칙을 채택하였는데, 그 내용은 재산의 소유자가 자기의 재산을 경제적으로 유익하게 사용하지 못하게 되었다면 입법기관이 공공의 피해를 예방하기 위하여 정밀하게 규제방안을 마련하였다고 하여도 그와 같은 공공의 피해가 전통적인 보통법common law에 의하여 공해nuisance의 범주에 해당한다고 판단될 정도에 이르지 않는다면 그 규제는 재산권의 수용taking에 해당한다는 것이다. 그러므로 주정부가 침식 기타 피해를 예방하기 위하여 해변에서 아주 가까운 지역의 개발을 금지하는 법률을 제정하였다면 이는 모래톱 섬 위에 있는 두 개의 부지의 소유자로부터 재산권을 수

들은 자신의 소유물을 마음대로 사용하지 못하고 주차장으로만 사용하여야 하게 되므로 이러한 규제 또는 간접적 효과에 의하여 재산권이 수용된 것과 같은 효과를 당하게 되는 것이다.

용60)한 것이 된다. 이 판결이 문제에 대한 대답이면서도 한편으로 여러 가지 의문을 불러일으킨 것도 사실이지만, 이는 연방대법원이 수용의 원칙taking doctrine을 전통적으로 경찰권에 의한 규제로서 유효하다고 간주되던 영역에까지 확대하려는 의사의 표시이기도 하다.

연방대법원은 새로운 개발행위에 어떠한 부담burden이 부과될 수 있는지를 정하는 전통적 원칙에도 수정을 가하였다. 토지소유자가 새로운 개발행위를 허가받고자 하는 경우 정부는 허가의 대가로 토지의 일부를 공공의 목적에 바치도록 하거나 공원부지 또는 도로로 사용하게 함으로써 개발계획을 지원하도록 토지의 일부를 징발하는 경우가 많다. 전통적으로 그러한 징발exaction과 개발 사이에 합리적 연관이 있다고 인정되는 한 정부의 행위는 경찰권police power의 정당한 행사에 해당하고 수용taking이 아니라고 보았다. 그러나 연방대법원은 Nolan v. California Coastal Commission (1987) 판결과 Dolan v. City of Tigard (1994) 판결에서 그러한 개발계획의 허가에 부수하여 부과되는 부담과 그러한 징발에 밀접한 연관 및 대략의 비례성proportionality이 없다면 그 규제는 수용이 된다고 판시하였다. 예를 들어 Dolan 사건에서는 점포 소유자가 점포 확장을 위하여 건축허가를 신청하였다. 시는 점포 소유자가 인도와 자전거 도로를 개설할 목적으로 땅의 일부를 기부하는 것을 조건으로 허가하였다. 연방대법원은 시가 그러한 자전거 도로가 새로운 건축으로 인하여 발생하는 교통량을 해소하는 데 필요하다는 점을 입증하지 못하였으므로 그 조건이 무효라고 판시하였다.

그러나 Lucas 판결 이래로 연방대법원은 전통적 원칙을 어디까지 변용시킬 것인지에 대해서는 모호한 태도를 취해 왔다. 예를 들면 행동주의자들activists은 재산에 대한 권리의 모든 부분에 Lucas 판결이 적용되어야 한다고 주장하면서, 따라서 정부가 재산의 사용을 일정기간 금지하는 경우 이는 그 기간 동안은 경제적으로 유익한 사용을 전부 박탈하는 것이므로 재산권의 수용taking이 되는 것이라고 주장하였다. 연방대법원은 이에 대하여 개발계획을 수립하기 위하여 토지개발을 2년 반 동안 중지하도록 보류시키는 일은 재산에 관한 모든 권리에 대

---

60) 해안의 침식이 전통적인 의미에서의 공적인 방해행위nuisance라고 보기는 어렵다는 취지로 해석된다.

한 일시적 규제에 불과하므로 수용을 구성하지 않는다고 판시함으로써 이에 동의하지 않았다. 반면에 Horne v. Department of Agriculture (2015) 사건에서 연방대법원은 개인의 재산이 수용되면 언제나 보상이 주어져야 하며, 설사 소유자가 수용되는 재산의 대가로 돈을 받을 수 있을 것이라고 기대하였다고 하더라도 사정은 달라지지 않는다고 판시하였다. New Deal 입법은 농무부장관에게 어떤 농산물 품목의 시장을 안정시킬 목적으로 농부들이 수확한 작물의 일부를 대가 없이 정부에게 넘기라고 명령할 권한을 주었다. Horne 일가는 자신들이 수확한 건포도를 정부에 넘기기를 거부하여 벌금fine을 선고받았다. 연방대법원은 벌금을 부과하면 건포도가 물리적으로 징발appropriation당한 것과 같은 효과가 생긴다고 간주하고, 그들이 징발당한 건포도를 정부가 판매하여 얻은 수익금으로부터 자신들이 그 대가를 지급받을 의사를 가지고 있었다는 사실은 이와 무관한 일이므로 이 명령은 수용taking에 해당한다고 하였다.

범죄로 이득을 볼 수는 없다.

Law
101

범죄로 이득을 볼 수는 없다.Crime Doesn't Pay

형법Criminal Law

　　형법criminal law은 다른 어떤 법률 분야와도 다른 독특한 방식으로 우리의 관심을 끈다. 끔찍한 범죄, 흥미진진한 치정극 그리고 이런저런 노상강도mugging 사건이 신문의 1면에 나고 대중의 관심을 받는다. 형법은 직접적으로는 개인적 차원의 일인데도 뜨거운 정치적 화두가 되기도 한다. 그러나 법의 모든 분야가 그렇듯이 형법의 이슈들은 보이는 것보다 훨씬 복잡하다. 이 장은 당신이 형사 책임을 좀 다르게, 더 넓은 방법으로 생각할 수 있게 하기 위해 마련되었다.

형법이란 무엇인가?

　　형법은 물론 나쁜 자들을 처벌하는 법이다. 형법을 정의하려면 사람에게 벌을 주는 다른 법적 제도들과 구분해야 하고, 실체형법substantive criminal law과 이 실체형법을 적용하는 절차process의 차이를 알아야 한다.

　　십대 청년 세 명(Tom, Dick, Harry라고 부르자)이 쇼핑몰에서 상점의 물건을 훔치고, 벽에 낙서하고, 다른 사람들에게 일부러 몸을 부딪치는 행각을 벌였다. 그들이 어떠한 범죄를 저질렀는가? 그들의 행위가 어째서 범죄가 될 수 있으며 이러한 행위의 성격을 규정지을 다른 방법이 있는지 생각해 보자.

　　상점절도shoplifting는 분명히 범죄이다. 각 주의 법률들은 절도theft란 자신에게 속하지 않는 어떤 것을 가져가는 일이라고 규정한다. Tom, Dick, Harry는 이 범죄로 소추prosecution를 받을 수 있다. 소추라고 함은 정부 관리(보통은 지방검사District Attorney[1])가 죄지은 자들을 상대로 범죄행위를 이유로 재판을 시작하여 유죄판결을 받게 하고, 그 범죄행위에 대하여 보통 벌금fine 또는 징역형 등의 처벌을 받도록 하기 위하여 법원에 절차를 개시하도록 요구하는 일을 말한다.

그러나 형사소추criminal prosecution가 사람을 처벌하기 위하여 개시될 수 있는 유일한 절차는 아니다. 먼저 상점 주인은 이와 같은 행위가 불법영득conversion, 즉 다른 사람의 재산을 자기의 것처럼 만들고자 가져가는 불법행위tort가 되기 때문에 이를 이유로 민사소송civil action을 제기할 수 있다. 민사소송에서는 상점 주인은 잃어버린 자기 재산에 대한 보상으로서 금전배상money damages을 받게 되는데 이로 인하여 행위자가 돈을 내게 된다고 하여도 이것은 형사처벌의 하나인 벌금fine이 아니다. 둘째, Tom이 14세밖에 되지 않았다면 검사는 그를 소년juvenile[2])으로 처리할 것을 결정할 수 있다. 소년보호절차juvenile proceeding는 형사 절차가 아니다. 이 절차는 Tom에 대한 처벌이 아니라 그의 행동을 교정correction하는 것을 목적으로 하고 그가 소년구금시설juvenile detention facility에 보내진다고 해도 법은 이를 형사처벌criminal punishment이라고 보지 않는다. 셋째는 두 번째와 유사한데 Dick이 정신질환을 앓고 있어서 스스로 통제할 수 없는 상태에서 쇼핑몰의 고객들을 공격했다면 그의 가족이나 검사가 그가 치료를 받을 수 있도록 정신치료시설psychiatric institution에 보낼 수 있게 해 달라는 소송을 제기할 수 있다. 이 소송에서는 Dick이 범죄를 저질렀는지 여부가 아니라 그가 자신에게 또는 다른 사람에게 위험스러운지 여부가 문제로 된다. 그가 자기의 의사에 의하지 않고 정신병원에 보내짐으로써 자유를 박탈당하는 효과가 발생한다 해도 그는 범죄로 유죄를 선고받은 것은 아니다. 이상은 모두 비형사적 제재수단noncriminal sanction이다. 왜냐하면 형법만이 유일하게 그리고 언제나 국가가 개

---

1) 주정부에 소속된 검사prosecutor로서 주의 형법을 집행한다는 점에서 연방정부의 공무원으로서 연방형법의 집행을 임무로 하는 연방검사US Attorney와 구별된다. 선출의 방법은 주에 따라 다르나 대개는 카운티별로 주민이 직접 선거에 의하여 지방검사District Attorney 한 사람을 선출하고 그의 책임하에 지방검사보Assistant District Attorney를 임명하여 이들로 하여금 검찰업무를 수행하게 하는 것이 가장 전형적이다.

2) 대한민국에서도 만 14세가 되지 아니한 자를 형사미성년자로 정하고 이들이 형법 기타 법률에 의하여 범죄로 규정된 행위를 하였다고 하여도 형사범으로 처벌하지 아니한다. 그러나 소년법은 19세 미만의 자를 소년이라고 규정하고 10세 이상, 14세 미만의 소년으로서 형벌법규에 저촉되는 행위를 한 소년이나 일정한 성향이 있어 형벌법규에 저촉되는 우려가 있거나 기타의 사유가 있는 소년은 이른바 촉법소년으로 소년보호처분을 받게 될 수 있다.

시하는 절차를 통하여 법에 규정된 처벌이 가해질 수 있는지, 즉 죄가 있는지 여부 또는 형사적 책임이 있는지 여부를 판단하는 법이기 때문이다.

이제 Harry가 쇼핑몰에 가던 중 속도위반 딱지speeding ticket를 받았다고 가정하자. 이것이 범죄인가? 과속은 범법행위offence로서 이로 인하여 Harry가 소추될 수 있으며 그는 그러한 범법행위를 저질렀기 때문에 공적인 처벌(벌금fine)을 받을 수 있다. 그러나 우리는 속도위반과 같은 비교적 가벼운 법률위반 행위를 음주운전 등 더 중대한 범법행위와 구별하여 후자만을 범죄라고 규정한다.3)

다음으로 Harry가 쇼핑몰 고객 Jill에게 일부러 몸을 부딪쳐 땅에 넘어뜨림으로써 폭력행위battery로 소추되었다고 하자. 재판에서 Jill은 Harry는 전혀 모르는 사람이지만 자신은 밀려 넘어져도 아무 상관이 없었으며, 크게 다치지도 않았고 십대들은 장난을 할 수 있다고 생각한다며 이를 전혀 문제삼지 않겠다는 증언을 했다고 하자. 이에 따라 Harry는 면책될 수 있는가? 그렇지 않다. 그는 여전히 유죄판결을 받게 될 수 있다. Harry의 행위는 다른 모든 범죄와 마찬가지로 단순히 다른 사람에게 잘못한 일이기 때문이 아니라 공공의 선public good을 해치기 때문에 범죄이다. 국가는 형법법규를 가지고 어떤 행위가 나쁜 행위인지를 정해 두었고 국가는 피해자가 범죄자를 처벌하는 데 관심을 가지지 않는다고 해도 그러한 행위를 처벌할 수 있다.

이제 지방검사district attorney가 14세인 Tom을 성인으로 취급해서 상점절도로 소추하기로 결정(대부분의 주에서 검사는 그러한 선택권을 가지고 있다4))하였다고 하자. 재판에서 사실을 조사해 보니 상점의 보안카메라에 찍힌 비디오테이프에서 그가 DVD를 실제로는 가져갈 생각이 없었던 것으로 드러났다. 사실은 그가 상점 카운터에 부딪혔을 때 그도 모르는 사이에 DVD가 그의 가방 안으로 떨어졌던 사실이 밝혀졌다. Tom은 무죄, 즉 범죄를 저지른 것은 아니라는 판결을 받는다. 왜 그럴까? 거의 모든 경우에 형법은 책임성culpability, 즉 사람에게

---

3) 속도위반 등의 행위는 보통 질서유지를 위한 행정적 규칙을 위반하였다는 의미에서 범칙행위라고 부르며, 이러한 범칙행위에 대하여 금전을 납부하도록 하는 제재가 가해진다고 해도 이는 형사처벌의 일종인 벌금이 아니라 질서벌의 일종인 범칙금 또는 과태료이며 벌금과 달리 전과로 취급되지 않는 것이 보통이다.

4) 소년법의 적용대상인 소년이라 하더라도 검사는 14세 이상인 소년이면 죄질이나 성향에 따라 소년보호처분을 받게 하지 않고 형사범으로 형사처벌을 할 수 있다. 이는 대한민국에서도 마찬가지이다.

범죄를 의도intend하였거나 적어도 (음주운전 중 사람을 차로 치는 일 등과 같이) 매우 부주의careless했을 것을 요구한다. 형법의 가장 뚜렷한 특징은 그 법이 비난가능성blameworthiness이라는 개념을 실현한다는 점이다. 형사적 제재가 가해지려면 무언가 잘못된 일, 즉 도덕적 비난moral condemnation을 받을 만한 어떤 일을 했어야 한다. 비난받아 마땅하다고 하려면 나쁜 일을 한 것만으로는 부족하고 나쁜 마음상태state of mind에서 그런 일을 했어야 한다.

이러한 전제들을 모두 합쳐 놓고 보면 형법의 범위를 체계적 방법으로 규정하기란 처음 보기보다 실제로는 더 어렵다는 점을 알게 될 것이다. 형법을 위반하면 대개 정부가 이를 소추prosecute하겠지만 정부는 다른 종류의 조치도 취할 수 있다. 법률위반에는 부정적 제재가 뒤따르지만 민사소송civil action이나 경범죄minor infractions 처벌절차 또는 행정절차administrative proceeding를 통해서도 그와 같은 결과를 가져올 수 있으며 또한 형사사건에서 가해지는 부정적 제재라고 해도 받는 자에게 언제나 해롭기만 한 것도 아니다.

그렇다면 형법의 핵심은 비난가능성blameworthiness에 바탕을 둔 도덕적 비난moral condemnation과 처벌punishment이다. 범죄는 범죄자가 일반인이 가지는 도덕성의 기준을 위반하였다는 이유로 처벌을 받아야 하는 잘못된 행위wrong이다. 이 정의는 완벽하다고 하기는 어렵지만 형법을 다른 법 분야와 구분할 수 있게 하는 핵심적 면을 잘 나타내 준다.

위의 가상적 사건들은 또한 모든 형사사건에서 무엇이 이슈가 될 것인지를 알 수 있게 해 준다. 첫째 이슈는 행위자가 형법이 금지하고 있는 어떤 행동을 저질렀는지의 여부이다. 절도라는 범죄는 자신에게 속하지 않는 재물을 가져갔을 때 성립한다. Tom이 상점절도shoplifting로 유죄판결을 받도록 하려면 검사는 그가 그런 일을 했음을 증명하여야 한다. 그가 물건을 가지고 상점을 나오지 않았거나 물건 값을 치렀다면 그는 금지된 행동을 하지 않았다. 둘째, 행위자가 비난받아 마땅한culpable 정신상태state of mind에서 그러한 행동을 했는지 여부이다. 절도죄가 성립하려면 행위자가 다른 사람의 재물을 가져갔을 것뿐만 아니라 그가 그 재물이 다른 사람에게 속함을 알고 있었을 것도 필요하다. Tom이 음반가게 입구의 통에 들어 있는 DVD를 공짜로 가져갈 수 있다고 믿었다면 그가 돈을 내지 않고 그것을 가져왔다고 해도 절도죄를 저지른 것이 아니다. 셋째, 행위자가 책임을 져야 하는 정신상태에서 범죄적 행위를 저질렀다 하더라도 그에게 면책사유defense가 있는지 여부이다. Dick에게 정신질환이 있다면 면책사유가 될 수 있다. 넷째, 행위자가 범죄의 성립에 필요한 비난가능성이 있는 상태에서 범죄를 저지르지 않았는데도 형사책임을 져야 하는 경우가 있는지 여부이다. Tom, Dick, Harry가 모두 상점절도 행각을 벌이기로 공모했으나 Harry는 실제로는 아무 것도 훔치지 않았다고 하자. 그는 범죄집단gang의 일부가 되기로 공모했으므로 어쨌든 나머지 사람들이 저지른 행위에 책임져야 하는가?

이 장이 다루는 주제인 형사실체법substantive criminal law과 다음 장에서 알아보게 될 형사절차법criminal procedure 사이에는 근본적인 차이가 하나 더 있다. 형법은 형사책임의 일반적 원칙을 기술하고 어떠한 행위가 범죄인지를 규정한다. 형법은 살인죄murder와 치사죄manslaughter의 차이5)가 무엇인지 및 법적으로 인정되는 정신이상이 어떤 것인지라는 등의 질문에 답을 하는 데 도움이 된다. 형사절차법은 범죄행위를 수사하고 재판을 받게 하는 절차에 관심을 둔다. 경찰관은 언제 용의자suspect에게 Miranda 권리를 읽어주어야 하는가, 공정한 재판을 받게 한다 함은 무슨 뜻인가 등이 형사절차법의 관심사이다.

형사실체법은 형사책임에 관한 일반원칙, 즉 형법총칙general principles6)과 개별적 범죄의 내용을 규정하는 형법각칙definition of specific crimes7)의 두 부분으로 나뉜다. 형법총칙은 개별 범죄를 정하는 규정들의 전부에 적용되며 대체로 아래의 문제들을 다룬다. 첫째, 형법이 여러 종류의 잘못된 행동을 금지한다면 거기서 "행위act"란 무엇을 의미하는가? 개별 범죄에 관한 규정은 특정한 행위(예컨

---

5) 영어에 사람의 생명을 빼앗는 행위를 지칭하는 단어는 homicide, murder, manslaughter 등이 있는데, 한국어로는 모두 살인이라고 번역되겠지만 영어에서의 의미는 각각 차이가 있다. homicide는 불법적인지 여부를 묻지 않고, 즉 전쟁에서 사람을 살해하는 행위를 포함하여 사람의 목숨을 빼앗는 일체의 행위를 가리키고, murder는 의도적으로 사람을 죽이는 불법행위를 말하며, manslaughter는 의도에서 비롯되었다고 보기 어려운 생명박탈행위를 말한다. manslaughter는 murder보다 비난가능성이 조금 가벼운 것으로 취급되는데 대한민국 법에서 사람을 죽일 의도는 없지만 다른 범죄행위를 하다가 피해자의 생명이 박탈된 경우를 말하는 치사죄(폭행치사, 상해치사, 강도치사, 강간치사 등)와 약간 비슷한 면이 있다.

6) 대한민국 형법은 이에 관한 규정들을 '총칙'이라고 하며 형법 제1조부터 제86조까지가 총칙이다.

7) 어떠한 행위가 범죄로 되는지 개별적인 범죄의 모습과 그 범죄를 처벌하기 위하여 고소가 필요한지 등 처벌에 필요한 조건 등을 정하는 규정을 형법각칙이라고 하며 대한민국 형법은 제87조부터 제372조까지를 두고 있다.

대 다른 사람의 재물을 가져가는 일)를 금지하지만 범죄로 되는 행위유형이 되기 위한 기본적 요건은 무엇인가의 문제 등을 규정한다. 둘째, 범죄로 되는 행위라도 비난가능성이 있는 정신상태state of mind가 있었어야만 처벌할 수 있기 때문에 형사책임을 지게 만드는 정신상태를 어떻게 정의하느냐가 문제된다. 법은 이에 관한 정신상태의 범위를 정의하고 있으며 법원들은 그러한 정의를 적용하여 형벌법규를 해석한다. 셋째, 보통의 경우라면 범죄에 해당하게 되는 어떤 행위를 하였다고 해도 정당화되거나 책임을 면할 수 있는 경우는 어떤 경우인가라는 문제이다. 범죄행위는 더 큰 해악을 피하기 위하여 부득이 그러한 행위를 할 수밖에 없었다고 인정되는 경우라면 정당화될 수 있다. 정당방위self-defense는 그러한 정당화의 한 예이다. 이와 비슷한 것으로 행위자가 행위를 실행했어도 어떤 사유가 있으면 그에 대한 책임을 지지 않게 되는 경우가 있다. 정신에 질환이나 결함을 가진 사람이 남을 살해하려고 했어도 범죄라고 선언받기에 필요한 비난가능성 blameworthiness이 없다는 경우가 그 예이다. 넷째, 어떤 사람이 범죄를 준비하는 단계의 행위 또는 범죄를 심화시키기 위한 행위를 하였지만 그 범죄에 해당하는 데 필요한 어떤 요소들을 모두 충족시키지는 못하였다면 어떻게 되는가? 범죄의 실행을 시도하였으나 실패한 사람은 대개 미수죄attempt의 책임을 지게 되는데 범죄를 실행하려 했다고 말하려면 어느 정도나 그 범죄에 가까이 접근했어야 하는가? 이와 유사한 구조로서 여러 명의 범죄자들이 은행을 털자는 공모conspiracy에 참여하였는데 강도행위robbery를 실행하던 도중 한 사람이 경비원을 총으로 살해한 경우 그 전원이 살인murder의 책임을 져야 할 것인가라는 문제도 있다.

형법각칙definition of specific criminal offences은 유죄로 인정되기 위하여 어떤 행위가 필요하고 또한 어떤 정신상태state of mind에서 그 행위를 저질렀어야 하는지를 규정한다. 예를 들면 살인죄murder와 의도적 치사죄voluntary manslaughter,[8] 비의도적 치사죄involuntary manslaughter[9]를 어떻게 구분할 것인가의 문제이다.

---

8) 극도의 흥분, 격정에 의하거나 또는 상대방의 도발에 대항하는 과정에서 일어난 생명박탈행위라고 보면 되고 대개 다른 범죄의 과정에서 일어나는 때가 많아 사람을 살해하려는 살인의 고의가 크게 문제되지 않는 경우가 많다.

9) 대체로 부주의나 태만으로 사람을 죽게 한 경우를 말하나 대한민국 형법상의 과실치사와 완전히 일치한다고 하기는 어렵고 주로 사람의 생명에 위협이 될 수 있는 행동을 하는 과정에서 생명박탈행위가 벌어진 경우라고 할 수 있다. 일부 주에서는 음주운전 중 사람의 사망을 초래한 경우를

형법 총칙의 내용을 정하고 형법 각칙을 규정하는 일이 한때 법원의 임무였던 적이 있었다. 그러나 20세기에 입법부들이 종합적 형법전criminal code을 입법하기 시작했다. 1950년대와 1960년대에 변호사, 판사, 검사로 구성된 민간단체인 미국법학원the American Law Institute이 각 주의회가 형법을 제정하는 데 지침을 제공할 목적으로 모범형법전Model Penal Code을 기초하였다. 이 시도는 매우 성공적이어서 전체의 3/4 가량의 주가 이 지침에 기초하여 법률을 제정하였다. 각주는 이 모범법전에서 일부씩 벗어나기는 했고 이슈들이 계속 발생함에 따라 입법기관들이 이후에 법을 손보기도 했지만 모범형법전은 일반적으로 각 주에서 형법을 논의하는 데 아주 유용한 출발점이 되고 있다.

이하의 각 항목에서는 형법총칙과 각칙 중 가장 중요하고 흥미 있는 개별 범죄들에 대하여 논한다. 그러나 세부 사항으로 들어가기에 앞서 전체에 관하여 가장 근본적이라 할 이슈, 즉 형법이 왜 필요한가에 대하여 알아보자.

형법은 왜 필요한가?

이에 대한 답은 자명하다. 우리는 범죄자를 처벌하고 범죄를 예방하기 위하여 형법을 필요로 한다. 그러나 이 책에서 다른 법적 개념을 분석하면서 늘 보았듯이 이에 대한 대답도 그리 간단하지는 않다.

형법의 첫째 목적은 사회가 어떤 행위를 잘못된 행위라고 간주하는지를 정하는 데 있다. 이웃을 살해하고 그 집에 불을 지르고 이웃의 잔디깎이를 훔치는 일을 잘못이다. 대개 살인이나 방화가 매우 위험하듯이 범죄라고 규정된 행위들은 (언제나는 아니라 하더라도) 다른 사람에게 가장 중대한 영향을 끼치는 일이지만, 이웃의 잔디깎이를 훔치는 일은 충분한 안전기준도 없이 잔디깎이를 제조하는 일보다는 덜 위험한 사회악인 것 같아 보임에도 불구하고 후자는 범죄가 아니라 민사적 잘못civil wrong에 불과할 뿐이다. 범죄를 다른 종류의 잘못된 행위wrongful act와 구별되게 하는 요소는 그들이 특히 강력한 사회적 비난social condemnation을 받아야 할 일들의 집합체라는 점이다. 어떤 행위가 범죄로 규정

여기에 포함시키기도 한다.

되어 있지 않다고 하여 그 사실만으로 그것이 잘못된 일wrongful이 아니라는 것은 아니며, 우리는 다른 나쁜 행위들은 민사적 불법행위 책임tort liability을 지우거나, 사회가 이를 곱게 받아들여 주지 않는 등의 다른 방식으로 비난한다.

잘못된 행위를 비난하는 것이 형사법의 전부는 아니다. 범죄행위는 너무나 잘못된 일이어서 누군가가 다른 형태의 잘못된 일과 구별하여 범죄행위라고 규정된 행위를 저질렀다면 그에게는 손해를 배상하거나 골프장 이용을 일시 정지당하는 정도의 제재만으로는 부족하고 형사적인 처벌punishment을 받아야 한다. 그러므로 형법의 존재 이유를 생각함에 있어 진짜의 의문은 우리가 왜 형사처벌제도를 가지고 있느냐가 될 것이다. 우리가 처벌을 하는 이유를 알아내면 그것은 동시에 우리가 누구를 어떻게 그리고 어느 정도로 처벌해야 하느냐라는 의문에 대한 대답이 되기도 하므로 이 질문에 정확한 대답을 찾아내는 일은 형법에서 가장 중요한 일이다.

형법 이론은 범죄자를 처벌하는 이유를 공리론utilitarian과 응보론retributivist의 두 가지 입장에서 제시한다. 공리주의자는 범죄자를 처벌하면 사회에 이익이 되므로 형법이 쓸모 있는 법이라고 본다. 응보주의자는 형법의 제1차적 기능은 응보retribution, 다시 말하면 범죄자는 죄의 대가로 처벌을 받아 마땅하므로 처벌을 받는 것이라고 한다.

공리주의utilitarianism는 사회는 최대 다수의 최대 행복을 증진할 수 있도록 조직되어야 한다는 이론이다. 공리주의적 시각으로 보면 형법은 무엇보다 범죄의 예방을 통하여 사회적 선에 봉사한다. 범죄자를 처벌하면 여러 가지로 범죄예방에 효과가 있다. 범죄자를 수감하면 구금되어 있는 동안은 다른 범죄를 저지르지 못할 것이고 아예 처형해 버리면 다시는 다른 죄를 짓지 못한다(보통 억제효과restraint 또는 격리효과incapacitation라 부른다). 개별예방individual deterrence 또는 특별예방specific deterrence 이론은 누구나 범죄 때문에 처벌을 받고 나면 또 다시 죄를 저지를 가능성이 적어지게 된다고 가정한다. 사람들은 보통 처벌을 두려워하므로 처벌은 다른 사람들이 범죄를 저지르지 않도록 유도하는데 이를 일반예방general deterrence 효과라고 부른다. 범죄자를 치료, 상담 및 교육을 받을 수 있는 장소에 있게 하면 범죄적 생활방식에서 멀리 떨어져 있을 수 있게 되고 갱생rehabilitate할 수 있게 된다. 그리고 대중이 형사처벌을 받게 될 것임을 알고 있으면 그 경고효과denunciation에 의하여 사람들은 형법이 제시하는 행동 준칙의 중요성을 인식하고 이를 강화할 수 있다.

갱생rehabilitation 효과부터 알아보자. 형사처벌은 범죄자를 변화시켜서 범죄를 예방할 수 있다. 사람이 한번 범죄로 유죄판결을 받으면 그들은 교도소 안에서든 집행유예probation[10) 중에든 상담, 심리치료, 교육 또는 도덕적 교화를 받게 될 수 있고 범죄적 인생으로부터 벗어나 법을 준수하는 생활인으로 변화할 수 있다. 사람을 갱생시킨다는 이상은 20세기의 대부분을 통하여 형법에서 극히 중시되고 아마도 가장 지배적인 생각이었을 것이다. 이 시기의 형법과 형벌은 갱생을 목적으로 삼으므로 범죄가 아니라 범죄자에게 초점을 맞추었다. 판사들은 개별 범죄자의 갱생에 필요한 정도에 따라 그에게 선고되는 형벌을 개별화하여 정하려고 노력했고, 교도소들은 교육과 개선을 목적으로 광범위한 기회를 부여하였으며, 가석방release on parole은 범죄자가 얼마나 갱생하였는지 입증되는 데에 따라 결정되었다. 물론 역사상 한 번도 교도소가 진정한 치료기관이었던 적은 없었고 갱생이라는 이상을 달성하기에 충분한 자원이 주어진 일도 없지만 적어도 그러한 개념이 형벌 체제의 중요 부분을 이루고 있었다.

형법의 목적이 갱생rehabilitation에 있다는 이론은 최근에 이에 대한 비판자들이 우리가 무엇이 더 효과적인지 잘 알지 못하고 있다는 비판을 함에 따라 쇠퇴하기 시작했다. 1970년대 들어 널리 알려진 일련의 연구 결과물들은 범죄자를 갱생시키기 위한 모든 노력들이 그들의 상습성recidivism의 비율 또는 범죄자들이 자기의 범죄를 반복하는 경향을 낮추는 데 별다른 영향을 미치지 못했다고 주장하였다. 어떤 갱생 프로그램은 어떤 환경하에서는 효과가 있었으나 그러한 환경이 정확히 어떤 것인지 확실히 알아내지 못했고, 갱생의 노력에 기초하여 형사처벌의 체계를 구축하는 일은 잘 되어 봤자 자의적인 것에 머물 수밖에 없었으며, 최악의 경우 비이성적이라는 것이다. 그러한 증거가 제시되고 대중의 여론

---

10) 피고인이 유죄이고 그에 따라 형을 선고하지만 범행의 동기, 범행 후의 정상 기타 여러 가지 양형의 조건을 감안하여 그 형을 즉시 실제로 집행하지 않고 일정한 기간 동안 유보하였다가 그 유예된 기간을 무사히 경과하면 집행하지 않기로 확정하는 것을 말한다. 대개 징역형에 많이 부가되지만 벌금형에도 가능하며 유예기간 동안에 재범하여 형을 선고받게 되면 실효되어 원래 선고된 형과 새로 선고되는 형을 합산하여 집행하게 된다.

이 범죄에 대하여는 강경하게 대처해야 한다는 쪽으로 옮겨가자 갱생은 형사법의 목적으로서는 쇠퇴하고 말았다.

격리incapacitation는 범죄에 대처하는 확실한 효과를 가져야만 할 것처럼 보인다. 범죄자를 범죄를 저지를 수 없는 교도소에 가두어 두면 범죄는 감소할 것이기 때문이다. 이러한 이론의 근저에는 적어도 어떤 유형의 범죄자들은 항상 범죄를 더 많이 저지를 성향을 가지고 있다는 전제가 깔려 있다. 우리가 그러한 반복적 범죄자를 갱생시킬 수는 없을지 몰라도 그들을 사회에서 격리시키면 적어도 한동안은 그들이 범죄를 저지르지 못하게 할 수는 있을 것이다.

격리이론의 약점은 갱생이론이 가지는 문제점과 유사한 경험적 문제점이다. 범죄자 중의 일부가 더 많은 죄를 저지를 것이라는 이유만으로 모든 범죄자를 오랜 기간 동안 가두어 두는 일은 불공정하므로 격리이론은 누가 반복적인 범죄자인지를 예측할 능력을 요구한다. 한동안 법은 개인의 특성에 따라 이러한 판단을 하려고 시도했다. 예를 들면 판사들은 범죄자가 다른 범죄를 더 저지를 가능성이 얼마나 되는지를 알아보기 위하여 그의 성장배경, 교육정도, 사회환경은 물론 심지어 심리상태까지 고려하고자 했고 이러한 방법으로 선고형량을 정교하게 결정하려고 애썼다. 좀 더 최근에는 범죄의 속성과 범죄자의 환경이라는 객관적 요소에 좀 더 주목하면서 대규모로 또는 체계적으로 장래의 범죄성향을 예측하려는 시도도 행해졌다. 그러나 갱생이론에서와 같이 그 시스템의 목표는 도달될 수 없음이 드러났다. 증거에 의하면 우리에게 사람의 장래 행동을 예측할 능력이 없음이 드러났고, 사실 그러한 경향은 범죄성을 너무 높게 측정하는 결과를 낳았으며, 그래서 장래에 범죄를 저지를 것 같지 않은 사람들이 불필요하게 오랫동안 교도소에 수감되게 되었다.

비난denunciation 이론은 범죄행위의 위법성에 대한 사람들의 시각을 강화하면 범죄를 감소시킬 수 있다고 하는 이론이다. 어떤 행위가 범죄라고 선언하고 범법자를 처벌하면 도덕적 설교를 하는 것보다 더 큰 효과가 있고 법을 준수하고자 하는 대중의 성향을 강화시킨다. 대부분의 사람들은 옳은 일을 하고자 하며 대중이 형사처벌이 있음을 알고 있으면 어떤 것이 옳은 일인지에 대한 인식이 강화된다. 사람들은 또한 대부분이 공평하게 대우받기를 원하며 그들은 많은 다른 사람들이 법을 어기고도 빠져나갈 수 있음을 알게 되면 그들 스스로도 법을 어기려고 할 가능성이 높아진다. 이처럼 간접적인 방법으로 형사절차는 범죄의 발생을 감소시킨다.

갱생, 격리, 비난의 각 이론은 각각의 신봉자를 가지고 있으나 공리주의자들이 형법의 중요한 근거로 드는 것은 범죄에 대한 억제효과deterrence이다. 억제효과의 이론은 사람들이 자신의 행동의 잠재적 비용과 이득을 비교하여 이성적으로 행동하려 한다고 가정한다. 사회가 사람들이 어떤 방식으로 행동하는 것을 금지하려면 사회는 그러한 행동의 비용을 증가시키면 된다. 강도죄robbery를 벌금형fine이 아닌 징역형imprisonment이 부과될 범죄라고 정하면 사람들은 상대적으로 무거운 처벌인 징역형을 피하기 위하여 강도를 하지 않게 된다. 그 예방효과를 증대시키기 위하여 주거침입절도죄burglary가 징역 5년에 처해질 수 있다고 한다면 이보다 더 중한 강도죄robbery는 10년으로 형량을 올리고 살인죄murder는 사형capital punishment에 처해질 수 있게 하는 방법으로 더 나쁜 행위를 더 강력하게 예방하고자 하면 형벌을 더 높이기만 하면 된다.

형벌에 의한 경고효과threat[11])가 일반예방general deterrence[12])의 근거이다. 다만, 어떤 사람들은 처벌의 의미를 알지 못하므로 억제효과가 누구에게나 작용하지는 못한다는 문제가 있다. 그러나 비록 처벌받을 수 있다는 경고만으로는 어떤 사람의 은행강도를 저지를 의사를 사전에 억제deter할 수 없었다고 해도 실제로 교도소에서 시간을 보내고 나면 다시 범죄를 저지르지 않겠다는 생각을 가질 수도 있으므로 억제효과가 생길 수 있다. 그리고 그것도 효과가 없었다면 두 번째의 범죄에 대한 처벌을 강화하면 세 번째 범죄는 억제될 수 있을 것이다. 이것이 중대범죄로 유죄판결을 세 번 받은 사람에게는 의무적으로 무기징역이 선고되도록 하는 "삼진아웃법three strikes and you're out"의 근거가 되는 논리이다. 이처럼 범죄를 반복하는 사람에게 주안점을 두는 것이 특별예방specific deterrence의 논리이다.

---

11) 형벌이 가지는 해악적인 요소를 미리 알려서 그에 대한 두려움, 그러한 나쁜 일이 자신에게 일어나지 않도록 해야 하겠다는 결의 등을 가지게 하는 경고적 효과를 말한다.
12) deterrence는 단순한 예방이 아니라 범죄를 저지르려는 의사를 억누르게 한다는 의미가 강하므로 이를 일반예방이라고 부르는 것은 타당하지 않다고 보이나 기존의 학문상 용어가 그렇게 되어 있으므로 이를 그냥 사용하기로 한다.

형법의 근거로서 억제이론은 직관적인 면에서 일리가 있다. 어머니가 아이들이 싸움을 그치지 않으면 각자 방에 가두겠다고 하면 그 처벌은 아이들의 행동을 저지하기에 충분한 경고효과를 가질 것이다. 비록 세상이 그처럼 단순한 것 같지는 않지만 그 같은 원리가 작동하고 있는 것으로 보이며 형벌에 의한 경고효과threat는 분명히 범죄를 예방하는 효과를 가진다. 그러나 그 효과는 아주 여러 가지 요인에 영향을 받는다. 첫째, 형법이 일반적으로 범죄를 억제한다고 하지만 입법자들이 가지는 선택권은 형법이 있어야 하는지 없어야 하는지까지 선택할 수는 없다. 대신에 그들이 할 수 있는 선택이란 어떤 특정한 행위를 범죄로 규정할 것인지, 그것을 얼마나 엄하게 처벌할 것인지 그리고 그 법을 집행하는 데 얼마나 많은 자원을 투입할 것인지 정하는 일이다. 그렇다면 그러한 선택, 즉 어떤 행위를 범죄로 정할지 여부와 얼마나 중한 형벌을 정할지는 잠재적 범죄자들과 충분한 교감을 거쳐 정해져야 한다. 둘째, 어떤 범죄자 또는 범죄, 즉 반사회성향자psychopath, 정신이상자, 순간의 격정을 이기지 못하고 그에 따라 행동하는 사람, 발각되지 않을 것으로 믿는 범죄자, 다른 선택의 여지가 별로 없이 조직의 명령에 따라야 하는 범죄조직원, 자신은 일생의 어느 부분에는 체포당하고 형벌을 받는 것이 당연하다고 믿는 범죄자 등은 간단한 방법으로 억제하기 어렵다. 셋째, 처벌받을 가능성과 처벌의 엄격성의 정도도 예방효과에 영향을 미친다. 성매매prostitution는 범죄이지만 경찰이 이를 경미한 범죄로 보고 성매매 여성들을 단속하지 않거나 경찰은 단속해도 판사들이 경미한 벌금형만을 부과한다면 법의 실효성은 거의 없어진다.

　　억제이론에 관한 이러한 논쟁은 결국 어떤 것이 예방의 효과가 있고 어떤 것은 없는가라는 경험론적 의문 때문에 발생한다. 범죄억제를 형법의 존재이유라고 보는 이론에 관해서는 또한 공리주의적 접근방법의 심장부로 향하는 윤리적 의문이 있다. 공리주의의 입장에서 형법의 목적은 범죄를 감소시키는 데 있으며 형법은 사람이 범죄행위로 나가는 것을 억제하는 역할을 함으로써 그 목적에 봉사한다. 그러나 억제이론은 우리가 정의에 대하여 공리주의적이 아닌 관념을 가진다면 여기에도 역시 조화되어야 한다. 우리가 운전자들이 보행자에게 충분한 주의를 다하지 않는 사회풍조를 걱정하고 있다고 가정해 보자. 입법기관은 (대부분의 주들이 그런 법을 가지고 있듯이) 운전자들이 횡단보도로 표시된 곳에서는 보행자에게 양보해야 한다는 입법을 함으로써 이에 대응하려 할 수 있다. 그러나 우리가 진정으로 운전자들의 부주의를 예방하기를 원한다면 양보하지 않은 운전자를 20년 이상 무기징역에까지 처하는 형벌을 정할 수도 있다. 이건 당연히 지나친 처사다. 아무리 범죄가 억제되기를 원한다 해도 그 욕구는 비례의 감각에 의하여 조절되어야 한다.

이 가정이 암시하듯, 억제이론이 공리주의자들이 형법의 존재이유로 내세우는 가장 중요한 근거라고 해도 이것이 전부가 될 수는 없다. 다른 중요한 요소가 최근 몇 십년간 더 큰 지지를 얻고 있는데 그것이 바로 응보론자retributivist의 이론이다. 응보론자들은 형법에 의하여 이루어지는 응보retribution는 범죄에 대한 복수가 아니라 정의의 실현이라고 주장한다. 누군가 잘못을 했다면 그 잘못에는 처벌이 이루어져야 한다. 철학자 Immanuel Kant가 유명한 가설을 제시했다. 어떤 섬나라 사회가 주민 모두 다른 곳으로 이주함으로써 해산하기로 했다고 하자. 해산 전날 밤에 누군가가 살인을 했다면 그 사람은 여전히 처벌받아야 한다. 공리주의에 의하면 그 섬나라 주민들은 모두 서로를 더 이상 만나지 않을 것이므로 그를 처벌한다고 해도 장래의 범죄를 예방할 효과는 기대할 수 없다는 점에서 처벌의 근거를 찾을 수 없다. 그러나 정의를 실현한다는 입장에서는 그 사회가 잘못된 행동을 시정해야 하므로 그 살인자를 처벌해야 한다고 본다.

응보주의 이론은 우리가 어떤 행동이 잘못되었는지를 알고 있어야 할 것을 전제한다. 우리는 대부분의 사람이 정당한 사유나 면책사유가 없이 사람을 의도적으로 살해하는 일이 잘못임을 알고 있다고 자신 있게 단정하는 경우가 많다. 응보이론retribution은 나아가 우리가 잘못의 등급을 매길 줄 알고 범죄도 그 중대성에 따라 달리 처벌되어야 함을 요구하는데 이 때문에 좀 더 복잡한 문제가 생긴다. 방화죄arson와 무장강도armed robbery 중, 또한 매춘prostitution과 음주운전 driving under influence 중 무엇이 더 나쁜지를 어떻게 판정할 것인가?

공리주의utilitarianism에 경도된 억제이론deterrence과 응보주의적retributivist 접근 방식은 이 지점에서 상호작용을 한다. 억제이론은 범죄를 예방하기 위하여 어떤 행동을 범죄로 규정하는 근거가 될 수 있지만 응보주의의 원칙은 그것이 정당한 억제일 것을 요구한다. 보행자에게 양보하지 않았다고 장기간의 징역형을 부과하면 위험한 운전을 예방할 수 있겠으나 형벌과 그것이 방지하고자 하는 해악과 균형을 잃었다는 점에서 응보론적 견지에서는 정당하지 않다. 비슷한 이유로 범죄자 본인뿐만 아니라 그 가족들에게도 형벌을 부과하면 범죄예방의 효과는 확실히 높아지겠지만 이는 응보주의의 기본원칙에 반한다. 어떤 사람이 법을 위반했을 때 형사책임이 부과되어야 하는 이유와 똑같은 이유로 어떤 사람이 법을 위반하지 않았다면 책임이 부과되면 안 된다. 응보론자 역시 사람들은 정당하다고 인정하는 법을 정당치 않다고 보는 법보다 더 잘 준수할 가능성이 높다면서 억제이론이 법에 대한 존경심을 드높이고 법을 준수하는 행동을 촉진할 수 있다는 주장을 인정한다.

범죄행위란 무엇인가?

모든 범법행위는 범죄행위criminal act(현재도 actus reus라는 라틴어로 표현되기도 한다)와 이에 수반되는 정신상태state of mind(mens rea라고 부른다)의 두 요소로 구성된다. 어떤 행위가 범죄로 되려면 이 두 요소가 필요하다는 점은 이해하기도 쉽고 이 점이 문제되는 사건도 많지 않지만 여기에 형법의 목적이 흥미롭게 반영되어 있다. 행위act라는 요소는 피의자defendant[13]의 자발적 행동 voluntary action을 말하고 범죄성criminality의 요소는 그 행위에서 발생하는 해악을 말한다.

　행위는 그저 몸의 일부의 움직임이기만 하면 된다. 범죄자의 손가락이 총의 방아쇠를 당기거나 손이 피해자의 주머니에서 지갑을 꺼낸다. 이 순간까지는 우

---

13) 대한민국에서는 범죄의 의심을 받아 입건booking(立件)이 되어 있으나 아직 기소되지 않은 자가 피의자(被疑者)이고 기소된 이후에는 피고인(被告人)으로 불린다. 영어는 피의자와 피고인을 구분하지 않고 defendant라는 용어를 쓴다는 점에서 대한민국과 다르다. 피의자defendant는 용의자suspect(容疑者)와도 명확하지는 않지만 구분되는데 용의자는 범죄의 혐의가 아직 드러나지 않았으나 의심을 받고 있는 자로서 정식으로 입건되지 않은 사람을 지칭하는 경우가 많다. 즉, 범죄가 일어나면 의심할 만한 자들을 용의선상에 올려 놓고 이들을 수사하여 혐의가 드러나는 사람을 피의자로 특정하여 입건하는 것이 수사실무상의 관행이다. 민사소송에서는 제소를 당한 사람을 피고(被告)라고 부르고 형사소송에서는 기소된 자, 즉 법원에 공소장이 제출된 자를 피고인(被告人)이라고 부른다. 추가사항은 제9장 주10) 참조.

리는 피의자의 신체적 행동 그 자체에만 관심을 가질 뿐, 피해자의 사망 또는 지갑의 상실이라는 그 행위의 결과에 관심을 두지 않는다. 행위가 있으면 충분하며 피의자가 자발적으로 그것을 실행하기만 했으면 된다.

자발성voluntariness은 필수적 요소이다. John Doe[14)]가 조용히 사과를 깎고 있던 중 갑자기 간질 발작이 왔다고 가정하자. 그 발작 중에 칼을 들고 있던 그의 손에 비자발적인 근육수축이 와서 그의 옆에 앉아 있던 Jane Roe의 목을 칼로 베었다. 또는 어느 날 Doe가 침대에서 일어났는데 무의식적으로, 몽유병 상태에서 칼을 손에 쥐고 그의 아내를 찔러 죽였다고 하자. 각 경우에 Doe가 범죄행위를 저질렀는가? 법적으로 '아니다.'가 대답인데 그 이유는 Doe의 제정신이 자발적인 행동을 하도록 지시한 것이 아니기 때문이다.

행위의 자발성을 요구하는 것이 형법의 목적 달성과 어떤 관련이 있는가? 간혹 비자발적인 행동이라면 법으로 이를 억제할 수 없으므로, 즉 간질 환자에게 형벌의 제재가 있을 것이라고 경고하여도 그의 발작을 막을 수 없으므로 그들을 처벌하는 실익이 없다는 주장도 있다. 그러나 이는 완전히 옳은 말은 아니다. 우리가 몽유병자가 자는 동안의 행동을 막을 수는 없지만 그가 잠을 자면서 위험한 상황에 빠지는 것을 예방할 동기를 가지도록 촉구할 방법은 있다. 몽유병 환자들이 형사처벌에 두려움을 느낀다면 잠들기 전 침실 문을 잠가 두거나, 날카로운 물건을 가까이 두지 않거나, 또는 병을 고치려고 노력할 수도 있기 때문이다. 응보론자retributivist에게는 자발적인 행동이어야 한다는 요건이 더 큰 의미를 가진다. 형사처벌은 범죄자가 도덕적 의미에서 무언가 옳지 않은 일을 했기 때문에 부과된다. 따라서 범죄자가 해악을 끼치겠다는 선택을 했을 때에만, 즉 자발적으로 행동했을 때에만 그를 처벌하는 것이 옳다.

자발성voluntariness의 유무가 몽유병의 경우보다 더 자주 문제되는 사건들이 있다. 트럭 운전자가 아주 오래 운전을 하여 심각하게 피곤해진 상태에서 운전하다가 졸음운전을 한 탓에 보행자를 치었다고 하자. 이 운전자가 형사적 의미의 살인죄homicide를 저지른 것인가? 보행자를 친 것은 자발적 행위가 아니었지

---

14) Doe와 Roe는 실명을 밝히기 어렵거나 또는 가정적인 인물을 지칭할 때 쓰는 용어이다. 대한민국에서 사용하는 갑, 을, 병과 같은 용도로 사용된다.

만 피곤한 상태에서 운전을 계속한 것은 자발적 행위였으므로 행위의 요건은 충족된다. 그렇다면 이 경우에서는 살해행위의 등급[15]만이 문제로 된다. 운전자는 과실에 의한 살해죄(즉, 치사죄manslaughter)에 대하여만 책임이 있다고 주장할 수 있다. 자신은 설사 운전을 한 것이 잘못이라고는 해도 보행자를 칠 의도는 없었기 때문이다.

연방대법원은 1960년대에 Robinson v. California (1962)와 Powell v. Texas (1968) 등의 두 개의 판결에서 이러한 자발성의 원칙을 헌법적 원칙으로 격상시켰다. California는 마약에 중독되는 일을 형사범죄로 규정하는 법률을 제정했으나 Robinson 사건에서 연방대법원은 이 법률이 연방헌법 추가조항 제8조의 잔인하고 이례적인 형벌cruel and unusual punishment의 금지조항을 위배하였다고 판시하였다. 중독이 질병인 이상 이를 앓는 사람이 자발적인 행위를 했다고 할 수 없으므로 따라서 정부가 어떤 사람이 중독 상태에 있다고 해서 처벌하면 헌법에 어긋난다는 것이다. 그러나 Powell 판결은 그러한 원칙의 한계를 제시한다. Leroy Powell은 공공장소에서 술에 취한 혐의로 유죄판결을 받았는데 자신이 알코올중독이라는 질병에 걸려 있다고 항변defense하였다. 연방대법원은 이 경우는 다르다고 하였다. Powell은 어떤 행위, 즉 술에 취한 상태에서 공공장소에 있는 행위를 하였으며 따라서 그는 단순히 질병에 걸려 있다는 상태 때문에 처벌을 받은 것이 아니다. 그가 알콜중독자라고 하여도 그는 스스로 자신의 질병에서 흘러나오는 행위를 통제할 조치를 취했어야만 했다는 것이다.

형법이 행위act가 있을 것을 요구한다면 행위를 하지 않기만 하면 되는가? 1964년 New York City에서 있었던 끔찍한 사건에서 29세의 젊은 여성인 Kitty Genovese는 직장에서 집으로 돌아가는 도중 30분 이상 무자비하게 공격당한 끝에 살해되었는데, 인근 아파트 주민들이 이 장면을 지켜보고 그 소리를 들었음에도 대부분 아무런 도움도 주려고 하지 않았다. 이들 중 누구라도 구조하지 않은 것을 이유로 형사책임을 져야 하는가? 법의 대답은 '아니다.'이다. 이 입장의 근거로는 예로부터 두 가지가 제시되어 왔다. 하나는 현실적인 것이다. 방관자 각자가 Genovese의 죽음에 얼마나 기여했는지 입증하기 힘들다는 현실적

---

15) 살해죄의 등급에 대하여는 p.449 이하 참조.

제약이 있다. 이후에 밝혀진 바로는 각 방관자가 무엇을 보고 듣고 행동하였는지에 관한 증거가 일치하지도 않았다. 다른 하나는 원칙에 관한 것인데 정부의 요구로부터 개인이 자유로울 권리를 바탕으로 한다. 정부가 당신을 남에게 해악을 끼친 혐의로 처벌할 수는 있다손 쳐도 좋은 일을 적극적으로 하지 않았다는 이유로 형사적 제재라는 극단적 수단을 사용할 수는 없다.

행위를 하지 않았다는 이유로 형사책임을 부과할 수는 없다는 원칙에는 예외가 있다. 가장 분명한 것은 법률이 행위를 할 의무를 부과하는 경우이다. 세금을 납부하지 않거나 자신이 관계된 교통사고 현장에 정지하지 않는 것은 작위action가 아니라 부작위inaction이지만 엄연히 범죄이다. 또한 어떤 지위적 관계status relationship에 있는 사람들은 그 관계에서 생기는 의무를 이행하여야 한다. 부모는 자녀들이 굶어 죽도록 방치해서는 안 되므로 자신이 한 것은 부작위일 뿐이라는 변명으로 유기죄neglect를 면하려는 시도는 허용되지 않는다.

"범죄행위actus reus"라는 말 중 "범죄reus"의 부분은 그 행위가 범죄적 성질을 가져야 한다는 뜻이다. 이에 의하여 행위와 자발성 이외에 해악이라는 또 하나의 범죄성립요건이 생긴다. 법은 모든 행위를 처벌하지 않으며 잘못되고 사회에 해악을 끼치는 범죄적 행위만을 처벌한다. 살인죄의 예와 같이 그 해악은 사람의 사망 등 직접적이고 명백한 모습을 가지는 경우가 많다. 그러나 해악이 직접적이지 않고 잠재적인 경우도 있다. 음주운전자가 운전을 하는 중에 사람을 치지 않을 수 있지만 그 잠재적인 해악은 충분히 중대하며 따라서 해악이 발생하기 전에 처벌하는 것은 필요하고도 공정한 일이다.

의도적인 범죄여야만 유죄가 되는가?

옛 격언에 "마음이 유죄가 아니면 행동은 유죄가 아니다An act does not make a person guilty unless the person's mind is guilty."라는 말이 있다. 어느 범죄가 유죄로 인정되려면 금지된 행위가 있었어야 하고, 행위 당시 법에 규정된 특정한 마음상태state of mind에 있었어야만 한다.

예를 들어 사냥꾼 무리가 사슴 사냥 시즌이 시작된 첫날 숲에서 사냥을 한다고 하자. 제1번 사냥꾼(Cain이라고 호칭함)이 사슴에게 총을 발사하려던 참에 그의 최대의 적인 제1번 피해자 역시 사냥을 하고 있었다. Cain은 자신의 목표를 사슴으로부터 제1번 피해자에게 돌리더니 총을 쏘아 살해하였다. 그 사이 제2번 사냥꾼(Abel이라고 호칭함)이 사슴에게 총알을 발사했는데 빗나가서 총탄이 Abel이 볼 수 없는 곳에서 산책하던 제2번 피해자에게 맞아 그가 죽었다. 살인죄의 고전적 정의는 "계획된 악의malice aforethought를 가지고 사람을 불법적으로 살해하는 일"이다. Cain과 Abel은 살인죄의 죄책을 지는가?

Cain은 사람을 불법적으로 살해하는 금지된 행위를 저질렀다(그가 경찰관이나 군인으로 임무를 수행하는 도중에 사람을 살해한 것이 아니므로 이 행위는 불법이다). 그는 피해자를 죽일 의도를 가지고 있었으므로 또한 범죄의 정신적 요소, 다른 말로 고의mens rea의 요건을 충족한다. 정신적 요건은 고의intention이지 동기motive가 아님을 기억하자.16) 이 경우에 Cain의 피해자는 그의 앙숙이었으므로 Cain에게 그를 살해할 동기가 있었던 것도 사실이지만, 그가 설사 피해자가 누구인지를 모른 채 일시적 충동에 의하여 그를 죽이려고 총을 쏘았다고 해도, 또는 심지어 좋은 동기를 가지고 살해했다고 해도 안락사euthanasia가 살인죄로 처벌을 받을 수 있는 것처럼 사람을 살해한다는 것을 알고 사람을 살해하였다면 모두 죄가 됨에는 변함이 없다.

Abel은 피살자가 거기 있었는지도 몰랐는데 어떻게 되는가? 그 역시 다른 사람을 위법하게 살해하였으므로 금지된 행위를 하였지만, 사람을 죽일 의도가 없었으므로 살인죄로 될 정신상태의 요건을 충족하지 않는다.

형법의 목적에 비추어 책임성culpability이라는 요건을 생각해 보자. 범죄자로 되기 위하여는 "범죄적 마음guilty mind"을 가졌어야 한다고 요구한다고 해서 공

---

16) 의도는 사실을 인식하고 있는 것이고 동기는 어떠한 일을 하게 만드는 내적 유인이므로 양자는 구분된다. 의도 또는 고의는 사실을 인식하고 있는 것, 즉 이 경우에서는 자신이 해치고자 하는 대상이 사람이라는 것, 그리고 자신이 사람을 해치고자 한다는 것을 인식하고 살해행위에 나아가는 것을 말한다. 고의는 목적과도 구분하여야 하는데 고의가 사실을 인식하고 있는 것으로 족함에 비하여 목적은 그 이외에 어떠한 결과를 발생시키고자 하는 희망이 있어야 한다. 목적까지 있어야 범죄로 되는 범죄를 목적범이라고 하는데, 명예훼손죄는 자신이 타인의 사회적 평가를 해치는 행위를 하고 있음을 인식하는 것, 즉 고의만으로는 부족하고 그 행위를 통하여 피해자의 명예가 훼손되도록 유도할 목적까지 있어야 성립한다. 공공의 이익을 위하여 어떤 사람의 잘못을 폭로하고 지적하는 일은 허용되어야 하므로 이러한 행위와 단순히 타인에게 해를 가하려고 하는 행위를 구별하여 후자만을 처벌하기 위한 조치이다.

리주의가 가장 중요하다고 생각하는 형법의 목적인 억지효과의 달성에 도움이 되는 것은 아니다. 어떤 사람들은 법이 나쁜 일을 할 생각을 가지지 않은 사람에게는 범죄의 억지력을 행사할 수도 없고 해서도 안 된다고 주장한다. 예를 들어 Abel은 그가 결코 의도하지 않았음에도 살해의 결과를 야기한 데 불과하므로 그에게 범죄의 억지력이라는 것은 아무 의미가 없다. 그러나 이는 완전히 옳은 말은 아니다. 설사 Abel에게 피해자에게 총을 쏘아 살해할 의도는 없었다고 해도 그가 주의를 다하지 않았을 수는 있으며, 형벌의 경고효과는 사람들이 좀 더 주의 깊게 행동하도록 권장하는 효과는 가질 수 있다. 나아가 더 많은 사람을 살인죄로 처벌할수록 살인은 적어질 가능성이 있다는 점에서 Abel을 처벌하면 일반적으로는 범죄성criminality이 억지되는 효과는 있다고 할 것이다.

그러나 Abel이 잘못된 일을 할 생각이 없었음에도 처벌하는 일은 부당하다고 생각된다. 유죄판결criminal conviction은 범죄자로 낙인찍히는 불명예와 가혹한 처벌이 뒤따를 수 있다는 점에서 심각한 일이다. 우리는 범인이 도덕적으로 잘못된 행동을 하면 낙인효과를 주고 처벌기록을 보존해 두고자 한다. 설사 잘못이 없는 사람을 처벌하여 범죄가 더 잘 억제되는 결과가 나올 수 있다고 하더라도 응보이론은 억제효과에 한계가 있음을 인정하고 있을 뿐 아니라 우리가 죄지은 자를 처벌하는 이유 중 공리주의적 관점과 응보주의적 관점 중 어떤 것을 택하더라도 죄 없는 자를 처벌하는 것은 여전히 금지되어야 한다.

위의 예에서 Cain은 그의 희생자를 살해할 마음이 있었음이 분명하고, Abel은 그의 피해자가 그곳에 있었는지 조차 알지 못하였으므로 비난할 수 없음이 분명하지만, 어떤 사람을 범죄자라고 하려면 어떤 정신상태mental state가 있었어야 하는지를 판단하는 일은 훨씬 복잡한 경우가 많다. 전통적으로 범죄행위에 관한 규정들은 정신상태에 관하여 '계획된 악의를 가지고with malice aforethought', '고의를 가지고with intent to', '의도적으로willfully', '악의적으로maliciously', '부주의하게carelessly' 등등 혼란스러운 여러 가지 용어를 사용해 왔다. 모범형법전Model Penal Code이 정신상태를 '고의적으로purposely'(경우에 따라 intentionally라는 용어도 사용한다), '알면서knowingly', '무모하게recklessly', '부주의하게negligently' 등 4가지 용어만 사용하여 정의함으로써 이러한 혼란을 정리하려는 시도를 하였고 여러 주의 법제가 이에 따랐다. 몇 가지 가정을 들어 보면 그 차이를 알 수 있다.

"그러한 속성의, 또는 그 결과를 발생하게 할 행동을 수행할 의식적인 목적"이 있다면 고의적으로purposely 행동한 것이 된다. Cain이 총을 발사할 때 이루고자 한 것은 누군가를 살해하는 것이었으므로 그는 고의적으로 사람을 살해하였다. 그러나 그의 적이 다른 사람 사이에 서 있었는데 자동소총을 난사해서 그들 전부에게 총알이 날아가 모두 사망했다고 가정해 보자. Cain은 그의 적에 대해서는 고의적purposely 살해를 한 것이고 다른 사람은 알면서knowingly 살해한 것이 된다. 알면서 행동한다는 것은 Cain이 자기 행동이 어떤 금지되는 결과를 낳을 것임을 "실제상 확신practically certain"했거나 그가 자신의 행위 상황의 본질을 알고 있었음을 뜻한다. 옆에 있던 사람까지 살해하는 것은 그의 "의식적인 목적conscious object"이 아니었다 해도 그가 정상적인 정신적 능력을 가지고 있으므로 자신이 그 집단에 총을 쏘면 그중 누군가는 죽을 수 있음을 안다. '의도적'과 '알면서'에 큰 차이는 없을지 몰라도 입법기관이 범죄행위를 규정하면서 어떤 범죄적 행위를 달성하기를 원했던 사람을 단순히 자신의 행위로 인하여 형사적인 피해가 발생할 수 있음을 알았던 사람보다 더 강하게 처벌하기를 원한다면 그것을 가능하게 해주는 기능을 할 수 있다.

우리의 최초의 가정에서 Abel은 그 숲 중에서 잘 알려진 사냥터에 있었고, 총을 쏘기 전에 주변을 잘 살폈지만 피해자가 사슴 가까이에 있었던 것을 아직 알지 못하였다. 만약 그게 아니라 그가 사슴 주변에 피해자가 있는 것을 보았는데 자신이 정확한 사수가 아님을 알면서 그냥 총을 쏘아 버렸다고 하자. 그렇다면 그는 무모하게recklessly 행동한 것이다. 무모하게 행동하는 사람은 "실질적이고 정당화될 수 없는 위험을 의식적으로 무시하는consciously disregards a substantial and unjustifiable risk" 사람이다. 그는 사슴이 아니라 피해자가 맞을 수도 있다는 점을 알고 있었는데 그가 그러한 일이 발생할 수 있음을 알고 있었으므로 그는 의식적으로 위험을 무시하였지만 실제 그런 일이 발생할 것이라고 확신하지는 않았으므로 이를 알고서knowingly 한 것은 아니다. 그러나 그 행동에 따르는 위험은 그가 명사수가 아니었으므로 실질적인substantial 것이고, 그가 더 기다릴 수 없었던 시급한 이유가 없었으므로 그의 행동은 정당화될 수 없다.

끝으로, Abel이 그 지역에 다른 사냥꾼들이 있었음을 알고 있었으나 발사를 너무 서두른 나머지 발사 전에 주변을 살펴보지 못하여 피해자가 사슴의 근처에 서 있는 것을 보지 못하였다고 가정해 보자. 그는 다른 사람이 총에 맞을 수 있다는 위험을 의식적으로 무시하지는 않았으므로 무모하지는 않았으나 그는 그 위험성을 인식했어야만 하며 결국 그는 과실negligent이 있었거나 부주의careless했다.

이 네 가지는 예방되어야 할 사회적 해악과 행위의 도덕적 잘못의 면에서 그 해악의 순서에 따라 차례로 정리되어 있다. 공리주의자utilitarian의 시각에서는 무모한reckless 사람보다는 고의적인deliberate 살인자를, 부주의한careless 사람보다는 무모한reckless 살인자를 예방하고 처벌하는 것이 중요하다. 응보주의자retributivist의 시각에서는 살해할 의도를 가진 사람이 다른 사람에 대한 위험을 무시하여 사람을 죽게 한 사람보다는 도덕적 비난을 더 크게 받아야 하고, 자신이 위험을 야기하는 것을 알지 못한 사람이 그 다음의 순서가 된다. 정신상태mental state를 이렇게 구분하면 어떤 행위가 다른 행위보다 더 범죄적인지 규정할 수 있게 되고 더 심각한 행동을 더 강력하게 처벌할 수 있도록 해 준다.

원래의 가정에서 Abel의 경우로 되돌아가 보면 그는 자신이 쏜 사람을 보지 못한 데 대하여 부주의하지도 않았다. 대다수의 사람들은 그에게 어떤 잘못된 행동을 할 의도가 없었으므로 죄를 범한 것이 아니라고 말할 것이다. Abel이 그의 사냥 여행을 가는 도중에 시속 65마일 구역에서 80마일로 달림으로써 속도 위반 티켓을 받았다고 하자. Abel이 법원에 가서 그의 속도계가 자신도 모르는 사이에 15마일을 덜 표시하도록 고장이 나 있었다며 티켓 발부가 잘못되었다고 다툰다. Abel은 자신이 의도적으로나purposely, 알면서나knowingly, 무모하게든 recklessly 또는 부주의하게든carelessly 행동하지 않았다면서 속도위반이라는 범죄의 성립에 필요한 정신상태에 있지 않았다는 주장을 할 수 있을까?

이것은 성문법의 해석에 관한 문제이다. 입법기관이 교통법규를 제정할 때 어떤 정신상태가 필요하다고 생각하였을 것인가? 우리는 살인 등 다른 범죄라면 경우가 다르겠지만 일반적으로 과속의 잘못이 있다고 선언하는 정도라면 위 네 가지의 정신상태 중 어느 하나가 있다는 증거를 필요로 하지 않는다고 해도 그다지 불편하게 생각하지 않을 것이다. 응보주의의 관점에서는 Abel은 그의 속도계가 고장났음을 알아차리지 못한 데에 어떤 잘못이 있었다고 할 수 없을 수도 있지만 공리주의적 시각에서는 그 행위를 어떻게든 제재를 가할 필요가 있다고 보는 것이 옳을 것이다. 검사가 모든 사건에서 교통법규 위반자가 스스로 과속하고 있었음을, 그의 속도계가 정상작동하고 있었음을 또는 그것이 오작동하고 있음을 알았거나 알 수 있었음을 입증하기는 불가능하다. 따라서 우리는 Abel에게 엄격책임strict liability을 져야 한다거나 또는 잘못이 없어도 책임이 있었다고 인정할 수 있을 것인데 그 이유는 이것들이 중대한 범죄가 아니라 경미한 위반이기 때문이다.[17]

엄격형사책임strict criminal liability의 다른 형태로는 사용자책임vicarious liability[18]이 있는데 이는 다른 사람이 저지른 범죄에 책임을 지는 경우이다. 기업의 소유자는 고용관계 내에서 발생하는 피용자의 행위에 대하여 사용자책임을 진다. 피용자가 포장육에 라벨을 잘못 붙이거나, 미성년자에게 담배를 판매하거나, 독성폐기물을 내버리면 사용자가 그 피용자와 함께 형사책임을 지게 되는 수가 있다(주의할 것은 사용자가 사용자책임을 진다고 해서 피용자에게 제1차적 책임이 없어지지는 않는다는 것이다. 법률적으로는 사용자와 피용자가 모두 책임을 져야하지만 실무상으로는 고용주만이 기소되는 경우가 많다). 이와 비슷한 것으로 자동차의 소유자는 자신이 그 당시에 차를 운행했는지 여부에 관계없이 자기 차에 발부된 모든 주차위반 딱지에 책임을 진다. 엄격책임strict liability처럼 사용자책임vicarious liability도 중요 범죄보다는 상대적으로 경미하거나 규제위반사범regulatory offence에 부과되는 경우가 많다.

법인corporation이 범죄에 책임을 질 수 있는가? 초기 보통법common law 시대에는 부정되었다. 옛날 속담은 법인은 "비난할 영혼이 없고 걷어찰 몸체가 없

---

17) 이러한 입론은 속도위반이 형사법에 의하여 형벌로 규정된 경우를 전제로 한다. 그러나 속도위반은 형사범이 아니라 도로의 안전을 위한 행정적 목적을 위한 질서위반사범으로 처리하는 것이 보통이며, 행정법은 객관적으로 질서위반 행위가 있었는지, 즉 제한속도를 초과하여 운전함으로써 그 법률이 의도하는 안전이 저해된 사실만 있었다면 행위자의 내심의 의사는 묻지 않고 제재를 과하는 점에서 형사범과 다르다는 점을 주의하여야 한다.

18) 형법에서는 행위자 개인의 의사와 행위가 중요하므로 사용자책임과 같이 타인의 행위로 인하여 형사책임을 지는 일은 원칙적으로 인정되지 않는다. 다만, 타인을 고용하여 불법행위를 일삼게 하고 자신은 법망을 빠져 나가거나, 일의 속성상 범죄의 소지가 많음에도 사용자가 이를 감독, 제지하지 않는 일을 방치할 수는 없으며 타인으로 인하여 이득을 얻는 자가 그의 행위를 감독할 의무도 있는 것이므로 범죄에 대한 책임을 지우는 것이 타당하다. 그러나 피용자와 공모하여 범죄를 저지른 것이 아니라면 그와 동등한 책임을 지우는 것은 불합리하므로 주로 감독 소홀에 대한 책임으로 일정한 벌금형을 과하는 경우가 많으며 이를 양벌규정이라고 한다. 사용자가 법인인 경우라면 실제 행위자와 법인을 처벌한다.

다."고 했고 따라서 인간의 속성이 없으므로 범죄의 의도를 가질 수도, 처벌받을 수도 없었다. 시간이 흐르면서 법원들은 법인의 형사책임이 사용자책임vicarious liability의 특별한 형태라고 인식하기 시작했다. 대기업에서는 권한이 매우 분산되어 있으므로 어떤 종류의 범죄에 대해서는 피용자 개인보다는 법인 자체에 책임이 있다고 하지 않을 수 없는 경우가 있으며, 여러 사람이 함께 행한 행위에 대하여 한 사람의 피용자만을 떼어 내어 책임을 지우는 것도 불공정할 것이다. 법인을 범죄의 주체로 인정하면 최고경영자가 부하들의 행동을 잘 통제하도록 하는 촉진제가 될 수 있고, 법인의 이익을 위한 범죄행위가 저질러진 경우 법인을 처벌한다면 정당하게 책임질 자를 정확히 가려내어 낙인을 찍을 수 있다.

어떤 피고인이 자신이 사안을 잘못 판단했으므로 범죄의 성립요건 중 하나, 대개는 범죄의 주관적 요소가 인정되지 않는다는 주장을 한다고 가정해 보자. 그러한 착오mistake 때문에 피의자에게 범죄로 성립하기 위한 여러 요소 중 하나를 위반한다는 정신상태가 있었다고 인정되지 않는다고 보아야 한다면 그는 범죄를 저지른 것이 아니다. 만약 Abel이 사냥하면서 갈색 코트를 입은 사람을 쏘았는데 그 사람이 사슴이었다고 잘못 판단했다면 사람을 살해할 의도가 없었으므로 의도적 살인intentional homicide을 한 것으로 되지 않는다. 여기서 설사 그의 믿음이 비합리적이었어도 유일하게 따질 것은 그의 주관적 정신상태이므로 그는 의도나 인식이 요구되는 범죄를 저지른 것으로 되지 않는다. 그러나 그는 그 사람이 사슴이라고 생각한 데에는 부주의하였을 수 있고 이 경우 과실살인negligent homicide으로 유죄가 될 수 있다. 그리고 그 믿음이 합리적이었는지 여부는 그의 정신상태가 실제로 어떠했는지를 판정하는 데 관계가 된다. Abel이 밝은 오렌지색 코트를 입은 사람이 사슴이라고 생각했다고 증언한다면 배심원들은 그의 증언을 매우 의심할 것이며 특히 피해자가 Abel에게 최악의 앙숙이었다면 더욱 그럴 것이다.

정당방위는 언제 인정되는가?

누군가 범죄 때문에 재판을 받게 되면 먼저 검찰prosecution의 시각에서 사건이 제시된다. 검찰이 사건을 제시하면 피고인defendant은 검찰 측의 증인witness을 반대신문cross–examination하여 그 허점을 추궁할 기회를 가진다. 피고인은 자신의 입장에서 사건의 전말을 제시할 기회가 있다. 간단히 말하자면 검찰은 "당신이 그렇게 했다."라고 말한다. 피고인은 "아니오No." 또는 "맞습니다, 그러나Yes, but"라고 말하는 두 가지로 반응할 수 있다.

피고인이 검찰 측의 사건 제시에 대하여 "아니오."라고 말한다면 이는 근본적으로 피고인이 기소된 범죄를 범하지 않았다는 뜻이다. "맞습니다, 그러나"라는 반응은 다르다. 검찰 측의 주장이 사실이 아니라고 반박하는 대신에 피고인 측은 자신을 면책시킬 다른 새로운 요소들을 제시하는 것이다. 형법은 두 종류의 "Yes, but" 형태의 방어방법defense 또는 우리가 범죄의 요소를 충족시킨 사람의 처벌을 원치 않는 사유, 즉 정당행위justifications와 책임면제excuses의 사유를 인정한다.

형법은 도덕적 흠결이나 사회적 해악이라는 두 가지 관점에서 잘못되었을 때 그 행위를 범죄라고 규정한다. 그러나 어떤 경우 특별한 사정이 있거나, 보통이라면 범죄로 될 일이지만 우리가 기꺼이 용서하거나 심지어 권장하고 싶어 하는 행위였던 경우와 같이 범죄의 실행이었다 하더라도 그것이 잘못되었다고 보이지 않는 일이 있다. 이러한 일이 벌어지면 우리는 그 행위가 정당화되었으므로 피고인에게 죄가 있다고 하지 않는다. 정당행위justification는 보통 해악 중에서의 선택이며, 누군가가 두 개의 해악 중에서 덜 나쁜 쪽을 선택했다면 그 사람이 그 때문에 처벌되어서는 안 된다는 것이다. 정당행위에는 정당방위self-defense와 공적 권한에 의하여 하는 행위 그리고 이와 다른 사유로 인정되는 긴급피난 choice of evils 등이 있다.

다른 때라면 그 범죄는 정당화되지 않겠지만 참작해야 할 사유가 있어 형사책임을 부과하기는 편안치 않게 느껴지는 어떤 것들은 여전히 있다. 범죄자가 한 일이 옳지는 않지만 그가 더 잘 할 수 있었으리라고 기대하기 어렵게 만드는 특정한 사유가 있을 수 있다. 그런 사정이 있으면 범법자offender는 면책된다. 면책사유 excuses에는 정신장애mental disorder, 중독intoxication, 강요된 행위duress 등이 있다.

정당방위self-defence가 언제 인정되는지 "지하철 자경단원subway vigilante"이라고 자칭하는 Bernhard Goetz의 이야기를 통하여 알아보자.

크리스마스 직전의 어느 토요일 오후 Darryl Cabey, Troy Canty, James Ramseur, Barry Allen 등 4명의 젊은이가 New York시의 지하철에 탔다. 네 사람은 유순한 젊은이들이 아니었고 모두 범죄로 고등학교에서 퇴학당하였다.

Goetz는 14번가에서 기차에 탔다. 그도 아주 순진한 사람을 아니어서 총기소지 면허도 없이 허리에 총알이 장전된 38구경 캘리버 권총을 차고 있었는데 그는 3년 전 노상강도mugging로부터 부상을 당한 후 불법적으로 총을 소지하고 다녔다. 그는 이전에 두 번 총을 꺼내 보이는 것만으로 공격을 물리친 일이 있었다.

Canty와 Allen은 Goetz에게 다가가서 "5달러만 주시오."라고 말했다. Canty 는 물론 아무도 무기를 꺼낸 일은 없었다. Goetz는 Canty의 웃음 속에서 그들 이 "나랑 좀 놀아볼까."라는 뜻이 있음을 "알아차렸다."라고 하였다(이 모든 사 실관계는 Goetz의 자백에 따른다). Canty가 한 번 더 돈을 요구하자 Goetz는 일어나서 총을 꺼내 왼쪽에서 오른쪽으로 차례로 총을 쏘았다. 그는 모든 젊은 이에게 그들의 신체의 중심을 겨누어 총을 쏘았다. Goetz가 각자에게 한 방씩 쏜 후 그들의 상태를 살펴보았다. Cabey가 심각한 부상을 입지 않은 것을 확인 하자 Goetz는 "[너는] 괜찮은 것 같구나, 여기 한방 더!"라고 말하고 다시 총을 쏘아 그의 척수를 끊어 놓았다. Goetz는 나중에 자신이 "그들을 살해하고, 해치 고, 최대한 고통을 받게 해 주고 싶었다."고 말하였다.

Goetz는 이 사건으로 고의살인attempted murder, 폭력assault, 가중위험초래reckless endangerment 및 불법총기소지illegal possession of firearm의 혐의를 받았고 정당방위 self-defense를 이유로 항변하였다(People v. Goetz, 1986). 먼저 일련의 가정을 가지고 검토해 보자. 첫째, 그 젊은이들 중 한 사람이 총을 꺼내 Goetz에게 겨 누고 "네 머리를 날려버리겠다."라고 소리쳤다고 하자. Goetz가 이에 재빨리 대 응하여 자기 권총을 꺼내 공격자를 살해했다. Goetz는 의도적으로 다른 사람을 살해했으므로 범죄의 모든 구성요건을 충족시켰다. 그러나 사실이 이러하다면 우리는 Goetz가 명백한 정당방위self-defense 상황에서 행동했으므로 정당화될 수 있다고 말할 것이다. 이러한 일은 지하철에서 불량배들이 승객들을 공격하는 일을 억제할 수 있으므로 사람들이 스스로를 방위할 수 있도록 허용하는 것이 좋을 것이다. 이는 도덕적 견지에서도 옳다고 보인다. Goetz는 자신의 안전에 대한 권리가 있고 그 권리가 위협받으면 이를 보호할 수 있어야 할 것이다. 그 에 대한 위협은 즉각적이고 심각했으며, 그에게는 스스로를 보호하거나 죽는 것 이외에 다른 합리적인 대안이 없었다. 위협되는 해악이 덜 심각했다면 ("5달러 를 주지 않으면 당신을 한 대 때려주겠다.") 또는 덜 즉각적인 것이었으면("다음에 이 지하철에서 마주치면 죽여 버리겠다." 등) Goetz의 죽음을 부르는 무력의 행사는 정당화될 수 없었을 것이다.[19]

그러나 Goetz 사건의 사실관계는 훨씬 더 복잡하다. 이 사건에서 첫 번째 어려운 문제는 Goetz의 정당방위self-defense 주장을 평가하는 데 적용되어야 할 기준에 관한 것이다. 정당방위는 Goetz가 그 네 사람이 그를 즉시 공격할 것이라고 믿었고 그들을 막으려면 총을 쏠 필요가 있었을 것을 요구한다. 여기서 Goetz의 믿음 자체가 문제인가 아니면 그의 믿음이 합리적이었는가가 문제인가? Goetz가 자신이 공격을 당할 것이고 이를 방지하는 유일한 길이 총을 쏘는 일이었다고 믿었다면 그것으로 충분한가, 아니면 합리적인 사람이 그렇게 생각했을 것인지 여부를 기준으로 그의 믿음이 합리적이었는지 여부를 평가해야 할 것인가? 후자의 기준에 따라야 한다면 Goetz의 반응은 과도하였고 그 때문에 그는 정당방위의 항변을 유효하게 행사할 수 없게 될 것이다.[20]

모범형법전Model Penal Code은 이 문제에 대하여 그 법전에 규정된 정신상태 state of mind에 관한 일반원칙을 적용하고 행위자의 주관적 믿음에 초점을 맞추는 태도를 취한다. Goetz가 스스로 정당화될 수 있다고 믿었다면 네 사람을 불법적으로 살해할 의도적인 시도를 한 것이 아니며 따라서 의도적 살인attempted murder의 죄책을 지지 않는다고 한다. 만약 그의 믿음이 합리적이지 못했다는 경우라면 그는 과실살인죄negligent homicide 또는 무모한 살인죄reckless homicide의 죄책이 인정될 수 있겠으나, 더 중대한 범죄로 평가되는 의도적 살인죄attempted murder가 적용되기에 필요한 의도intent를 가지고 있지 않았다. 정당방위가 필요한지 여부에 대한 믿음은 설사 비합리적이었다고 해도 Goetz를 덜 무거운 죄에 해

---

19) 이러한 경우처럼 해악이 예상되지만 방위행위가 예상되는 해악에 비하여 균형을 잃었다고 볼 만큼 중대한 방법으로 행사된 경우를 과잉방위라고 하며, 대한민국의 형법 제21조 제2항은 "방위행위가 그 정도를 초과한 때에는 정황에 의하여 그 형을 감경 또는 면제할 수 있다."라고 하고 제3항은 제2항의 경우에 "그 행위가 야간 기타 불안스러운 상태하에서 공포, 경악, 흥분 또는 당황으로 인한 때에는 벌하지 아니한다."라고 한다.

20) 대한민국에서는 이를 이른바 오상(誤想)방위, 즉 과일을 깎기 위해 칼을 들고 왔는데 자신을 찌르려고 한 것으로 오인하고 방위행위를 하였다는 경우와 같이 객관적으로 정당방위에 해당할 요건이 갖추어지지 않았는데 방위행위라고 생각한 경우의 문제로 취급한다. 형법은 과잉방위에 대하여는 주 19)와 같은 규정을 두고 있지만 오상방위에 관하여는 언급이 없어 견해의 대립이 있는데 실무적으로는 죄책은 인정하되 착각에 이르게 된 경위 등을 참작하여 책임을 감경해 주는 것이 일반적이다.

당하도록 해 준다.

그러나 New York의 주법은 좀 달라서 Goetz의 믿음이 합리적이었을 것을 요구한다. 만약 그 기준이 완전히 주관에 의존하는 기준이라면 유난히 겁이 많거나 성질이 급한 사람은 보통 사람들이라면 할 수 없는 경우에도 정당방위를 주장할 수 있게 될 것이다. 이 견해에 의하면 형법은 그런 사람들이 성급하게 행동하는 것을 억제하려 하며 따라서 모든 사람을 동일한 기준, 즉 합리적인 사람이 가지는 기준으로 판단하여야 한다는 것이다. 이 견해를 적용하여 법원은 Goetz를 의도적 살인죄를 적용한 기소indictment를 인용하였다.

우리가 정당방위를 하려는 사람에게 합리적인 사람의 기준에 따라 행동할 것을 요구한다면 합리적인 사람의 속성이란 무엇인가? 보통 우리는 행위자의 정신 상태mental state가 아닌 신체적 조건의 어떤 것들을 참작한다. 연약한 사람이라면 훨씬 강한 사람의 공격을 물리치기 위해 사망에 이를 수 있는 힘을 사용해야 한다고 생각하는 것이 합리적일 수 있으나, 겁이 많은 사람이 불편한 상황에 처해 있었다고 해서 언제나 정당방위를 주장할 수 있는 것은 아니다.

Goetz 사건에서는 합리성의 문제가 특히 중요했다. Goetz가 전에 강도에게 부상을 당한 일이 있었는데 이것이 사건과 어떤 관련이 있는가? Goetz는 백인인데 그 네 사람은 흑인이었고, 많은 백인 도시거주자들은 험하게 생긴 십 대의 흑인들은 모두 언제든지 강도로 돌변할 수 있다고 생각하는 것이 어떤 관련성이 있는가? 이 사건의 배심원들이 사실상 다툼의 여지가 없다고 보아야 하는 미등록 총기소지 possession of unregistered firearm의 부분을 제외한 다른 모든 혐의에 죄가 없다고 평결verdict한 것으로 보아 그렇게 생각한 것이 분명하다. 배심원들은 아마도 그러한 일반적 요소들로 인하여 Goetz의 믿음이 이해할 만하고 심지어 전형적인 믿음이라고 생각한 것 같다. 그러나 전형적 믿음이라고 보는 것이 정당한가? 많은 사람들이 범죄를 두려워한다면 형법은 그러한 믿음을 존중해야 하는가 아니면 그 모습을 바로 잡으려는 노력을 해야 하는가? 백인 지하철 이용자가 십 대의 흑인들을 두려워한다면 법은 그러한 두려움에 근거하여 행동하는 것이 정당하다고 인정해야 하는가?

정당방위에 관한 이러한 이슈들과 이러한 경우에 인종적 요소가 과도하게 투영되는 경향은 2012년 George Zimmerman이 Trayvon Martin을 살해한 사건에서도 나타났다. 이웃감시 자원봉사자 Zimmerman은 Sanford, Florida에서 911에 전화하여 "선한 기색은 전혀 없고, 약물이나 어떤 것에 취한 것으로 보이는", "정말로 의심스러운 남자"가 있다고 신고하였다. 그 "남자"는 Trayvon Martin이 었는데 17세였고 Skittles 한 봉지를 사러 7-Eleven에 갔다. Zimmerman은 Martin을 따라가 말다툼과 몸싸움을 벌이다가 Martin을 총을 쏘아 살해하였다. 살인죄로 재판이 열리자 Zimmerman은 그가 자신에게 주먹질을 하고 머리를 땅에 짓찧었다고 주장하며 정당방위라고 항변하였고, 검사가 그의 진술에 이의를 제기하였으나 배심원은 Zimmerman이 Martin에게 총을 쏘아야 한다고 믿은 것이 상당하였다고 인정하고 정당방위로서 무죄라고 결론지었다. Zimmerman은 비록 911에 신고한 후 담당자로부터 Martin을 따라가지 말라는 권고를 받았음에도 그에게 접근함으로써 이러한 비극의 단초를 제공하였지만 치명적 무력을 행사하는 순간에는 정당방위의 요건을 갖추었다고 본 것이다.

Zimmerman 사건은 비록 그가 이 법을 근거로 정당방위를 주장한 것은 아니지만 Florida의 "Stand your Ground 법"에 관한 논쟁을 불러일으켰다. 보통 법common law에 의하면 누구든지 위험한 상황에서 안전하게 빠져나올 수 있다면 정당방위의 상황이라 하여도 치명적 무력을 실제로 사용할 필요가 없기 때문에 허용되지 않는다. 그러므로 만약 Zimmerman이 언쟁하다가 도망침으로써 그 상황에서 빠져나올 수 있었다면 Martin을 사살한 것이 정당방위라 하여 면책될 수 없었을 것이다("사람의 집은 그의 성이다."라는 격언에 따라 퇴각의 원칙retreat doctrine은 자기 집에서 공격받은 사람에게는 적용되지 않는다). 그러나 Florida는 다른 20여 개 주와 마찬가지로 행위자가 불법적 행위를 하지 않았고 자신이 있어도 되는 곳에 있었다면 설사 퇴각이 가능한 경우에도 공격에 대항하기 위하여 치명적 무력을 사용할 수 있도록 퇴각의 원칙을 폐지하였는데 이것이 타당한지 여부가 논쟁의 대상이 된 것이다.

경찰관의 무력 사용이 정당화되는 때는 언제인가?

경찰관이 도망치는 은행강도를 덮친다면 그는 폭력으로 유죄판결을 받게 될 것인가? 물론 그렇지 않다. 공무원이 정부의 권한을 행사하는 것은 다른 경우라면 범죄가 될 수 있는 경우에도 정당화된다. 경찰은 법을 집행하고 시민의 생명과 재산을 보호하는 공공의 이익을 위하여 자신의 임무를 수행할 때 무력을 사용할 권한이 있다. 그러나 경찰은 언제 이러한 행동을 할 수 있고 어디까지 할 수 있는지에 관하여 엄청난 논쟁이 있다.

New York시의 경찰관 Daniel Pantaleo가 납세증지가 없는 담배를 판매한 혐의로 Eric Garner를 체포하면서 그의 목을 조임으로써 Garner가 사망하였는데, Garner는 길가에서 경찰관이 목을 조였을 때 "숨을 쉴 수 없다."라고 여러 번 말하였다. Ferguson, Missouri의 경찰관 Darren Wilson은 편의점에서 강도 행위를 한 Michael Brown을 쫓아가 몸싸움이 벌이다가 Brown이 도망쳤다. 그 직후의 상황에 대해서는 목격자 사이의 증언이 엇갈리는데 Wilson은 결국 무장하지 않은 Brown에게 6발의 총을 쏘아 사망하게 하였다. Garner와 Brown은 아프리카계 미국인이었고 이 사건들은 Black Lives Matter 운동의 확산에 원인이 되었다. 이들 사건과 여러 경찰의 발포사건은 정당한 경찰의 무력사용의 한계가 어디인지의 딜레마에 대한 대중의 관심을 불러일으켰다. 우리는 경찰관이 임무를 제대로 수행할 수 있도록 하기 위하여 때로 치명적 무력까지도 사용할 수 있기를 원하지만, 동시에 우리는 그들이 너무 멀리 가지 않기를 바라고, 그들이 언제 그리고 어떻게 무력을 사용할 수 있는가에 관한 판단을 함에 있어 인종적 편견에 영향받지 않기를 바란다. 법은 이러한 목적 사이의 충돌을 해결하는데 어떤 도움을 줄 수 있는가?

모범형법전Model Penal Code과 같은 형벌법규는 경찰관이 체포를 함에 있어 "무력이 즉시 필요하다고 믿는 때"에는 무력을 사용하여도 정당하다고 규정한다. 이러한 규정에는 몇 가지 요건이 부가된다. 첫째, 그러한 정당화는 법을 집행할 권한이 있는 공무원에게 허용되며, 경찰관의 체포를 돕기 위하여 시민이 범죄자의 발을 걸어 주는 행위는 정당한 항변으로 인정받을 수 있으나 그 허용범위는 좀 더 제한적이다. 둘째, 경찰관은 범죄가 벌어졌고 이 사람이 그 범죄를 저질렀다고 믿을 만한 합리적 근거를 가지고 있어야 한다. 경찰관이 은행강도를 덮치는 것은 분명히 정당한 일이지만 만약 덮침을 당한 사람이 사실은 은행의 고객으로 돈뭉치를 들고 있다가 강도에게 겁을 먹어 도망치는 중이었는데 경찰관이 그가 은행강도라고 믿을 만한 사유가 있었다면 그의 합리적 믿음은 여전히 정당화의 사유가 된다. 셋째, 그 무력은 반드시 "즉시 필요한" 것이었어야 하는데 만약 무장한 은행강도가 범죄현장에서 도망치면서 총을 난사하고 있었다면 그에게 총을 쏘아도 정당하지만, 그 범인이 은행 창구 직원을 속여서 돈을 받아 낸 도둑으로 경찰관에게 투항하였다면 그에게 총을 쏘는 일이 정당화될 수 없다. 이 요건이 충족되었는지를 심사할 때는 그 경찰관이 무력을 사용하여야 한다고 믿었는지 여부가 집중적으로 검토되며, 설사 그 믿음이 사실에 의하여 완전히 뒷받침되지 않는다고 해도 마찬가지이다. 넷째로 "그러한 무력"은 필요 불가피했어야 하며 무력사용이 정당화되는 최우선적 근거인 공공의 이익을 보호할 필요성과 비례가 맞아야 한다.

경찰관의 발포에 관한 논쟁에서는 특히 비례성의 요건이 특히 문제된다. 법은 경찰관에게 치명적 무력의 사용을 허용하면서도 그 사용에 관하여는 특별한 제한을 둔다. 이에 관한 실정법은 다양하지만 치명적 무력은 두 가지 요건이 충족되어야만 허용된다고 하는 경우가 많다. 첫째는 체포하려는 용의자가 저지른 범죄 자체가 치명적 폭력이 사용되었거나, 사용이 위협되고 있거나 또는 용의자를 체포하지 않으면 그가 타인의 사망 또는 심각한 신체 손상을 일으킬 만한 실질적인 위험이 있는 경우이다. 둘째는 경찰관이 무력을 사용하여도 무고한 주위 사람에게 실질적 해가 되지 않아야 한다. 이러한 요건에는 헌법적 차원의 문제까지 연관되어 있는데 연방대법원은 추가조항 제4조는 경찰관에게 도망치는 범죄자가 자신 또는 타인에게 중대한 신체적 해악이 될 수 있다고 믿을 만한 상당한 사유probable cause가 있어야만 치명적 무력을 사용하도록 허용하는 뜻이라고 판시하였다. 다만, 연방대법원은 고속으로 차량 추격을 하고 있는 경우 등 어떤 사정 하에서는 상당한 사유의 존재에 관한 경찰관의 판단을 존중하기도 하였다.

경찰관의 행위를 판단하는 데에는 형법 이외에 다른 법도 동원된다. 연방정부는 경찰관을 형사적으로 기소할 수도 있고, 피해자 자신도 연방의 민권법Civil Rights Act에 의하여 그 경찰관과 그가 소속된 시당국에 민사소송civil action을 제기할 수 있다. 용의자를 위법하게 살해하는 것은 "주법을 빙자하여under the color of state law" 행해진, 적법절차due process에 의하지 않은 생명의 부인이기 때문이다. 아니면 피해자는 신체적 손상을 부른 고의적 또는 과실에 의한 행동에 대하여 불법행위 소송을 제기할 수 있다. 그러나 이러한 사건에 대하여 가장 긴급한 관심을 가지는 것은 형법이며 이것이 가장 중요하다. 사람들은 형사절차에서 내려지는 판단에 중대한 의미를 부여한다. 각 사건의 대배심grand jury이 Eric Garner와

Michael Brown의 사망에 연루된 경찰관들을 기소하기를 거부하였을 때 어느 여론조사에서 아프리카계 미국인의 2/3가 형사체계에 의한 사실조사에 신뢰를 가지지 않는다고 답할 정도로 흑인사회black community 구성원의 다수가 사법체계가 무너졌다고 생각하면서 이에 대한 분노가 치솟게 하였다.

이러한 유명한 사건은 형법의 원리와 원칙이 경찰관의 무력사용은 언제 정당화될 수 있는지 등의 이슈에 대한 우리의 이해의 틀이 될 수 있으나 그것만으로 문제가 해결될 수 없음을 보여준다. 모범형법전Model Penal Code은 경찰관의 무력사용이 정당화되는 요건에 관하여 두 개의 주된 조문main section과 그 아래 두 개의 항subsection, 6개의 호sub-sub-section 및 2개의 목sub-sub-sub-section으로 구성된 우아하고 잘 짜인 규정을 두고 있다. 이러한 복합적 법조문은 거리에서 자신의 생명이 위협받을 수도 있는 상황에서 순식간에 판단해야 하는 경찰관의 행위가 정당하였는지를 판정하는 데 사용된다. 이에 대한 판단은 모호하기도 하고 서로 충돌하기도 하는 증거와 증인의 증언을 바탕으로 각자의 배경, 신념 및 선입견에 따라 행동하는 변호사와 판사와 배심원에 의하여 내려지게 된다. 또한 이에 대한 형사판결은 범죄의 빈도와 경찰관의 행위 그리고 인종에 얽힌 미국의 불행한 역사에 대하여 각자 의견이 다른 대중에 의하여 한 번 더 판단을 받는다. 경찰과 법원은 행동을 하여야만 하고 국민들은 판단을 하여야만 하지만 우리가 판단하는 방법도 오염되고 불완전하다는 것을 늘 염두에 두어야만 할 것이다.

범죄를 저지르고도 정당화될 수 있는 다른 사유는 어떤 것이 있는가?

정당방위self-defense와 법집행law enforcement 권한의 행사[21]의 경우 행위자는

---

[21] 대한민국 형법 제20조는 이를 정당행위라고 부르고 "법령에 의한 행위 또는 업무로 인한 행위 기타 사회상규에 위배되지 아니하는 행위는 벌하지 아니한다."라고 하여 공무원의 권한 행사는 물론 일반 사인이라도 업무를 수행하는 과정에서 불가피한 행위도 포함된다. 태아 때문에 임산부가 혼수상태에 빠져 생명이 위급하므로 의사가 동의를 받지 않고 낙태한 경우 등이 업무로 인한 행위가 될 수 있다. 사회상규, 즉 사회의 상식에 비추어 상당하다고 인정되는 행위는 형식적으로는 범죄의 구성요건에 해당한다고 하여도 위법성이 없는 행위로 처벌받지 아니한다. 판례에 의하면 술에 취한 피해자가 뒤따라오면서 팔을 붙들자 순간적으로 이를 뿌리치다가 피해자가 넘어지며 머리를 땅에 부딪쳐 사망한 경우라도 이는 본능적인 자기방어의 행위로서 사회상규에 어

두 개의 악 중에서 덜 나쁜 악을 선택하기 때문에 정당화된다. 나를 공격하는 사람을 죽이는 것은 나쁘지만 내가 죽는 것보다는 낫다. 다른 종류의 행위를 정당화해주는 긴급피난choice of evil necessity[22])에 관한 일반원칙이 있는가? 이 이슈는 형법에 대한 궁극적 이해에 도움이 되는데 형법에서 가장 유명한 판결의 하나인 Regina v. Dudley and Stephens에 의하여 제기되었다.

1884년 7월 영국의 요트 선원 Dudley, Stephens, Brooks와 Parker는 폭풍을 만나 순무 2파운드 외에는 물도 실려 있지 않은 구명보트로 피난할 수밖에 없었다. Dudley, Stephens, Brooks는 요트의 선원이었고 Parker는 객실 직원이었다. 3일 동안 그들은 순무만 먹었다. 4일째 되는 날 그들은 조그만 거북이 한 마리를 잡았다. 그들은 비옷에 받아 둔 빗물 외에 마실 물도 없었다. 18일째 되는 날에는 이미 7일간 먹지 못하고 5일간은 물도 마시지 못하였는데 Dudley와 Stephens는 Brooks에게 그들 중 한 사람, 즉 Parker를 지칭하며 나머지를 구하기 위해 그가 희생되어야 한다고 제안했다. Brooks는 동의하지 않았으나 다음 날 Dudley와 Stephens는 용서를 구하는 기도를 한 후 Parker에게 그의 때가 왔다고 말하고 그의 목을 잘랐다. 세 사람의 선원은 4일 동안 Parker의 피와 몸으로 버텼으며 겨우 목숨만 붙어 있는 채 지나가던 배에 구조되었다.

항구에 돌아왔을 때 Dudley와 Stephens는 Parker에 대한 살인죄로 재판을 받게 되었다. 그들이 Parker를 살해하여 그의 인육을 먹지 않았으면 구조 전에 사망할 수도 있었으며, Parker는 가장 약했으므로 구조되기 전에 사망했을지도 모른다. 이러한 필요성 앞에서 Dudley와 Stephens가 Parker를 살해한 것이 정당화될 수 있을 것인가?

굿나지 않으므로 폭행치사죄의 책임을 지지 않는다(대법원 1980.9.24. 선고 80도1898 판결).

22) 대륙법계에서는 악의 선택choice of evil을 긴급피난이라고 부르는데 이는 자기 또는 타인의 법익이 급박한 어려움에 처한 경우 여기서 벗어나기 위하여 범죄에 해당하는 행위를 하는 것을 긴급피난이라고 한다. 길에서 다른 사람이 폭행을 하려 하므로 남의 집 유리창을 깨고 피신하여도 집주인에 대하여 재물손괴와 주거침입의 죄책을 지지 않는 것이 그 예이다. 긴급피난은 정당방위self-defense와 함께 범죄적 행위이더라도 위법성이 없게 하는 대표적인 위법성 조각사유의 하나인데 정당방위는 부당한 침해를 피하기 위하여 침해자에 대하여 행해지지만, 긴급피난은 반드시 부당한 침해이어야 할 필요가 없고, 위의 예에서 집주인과 같이 주로 공격자가 아닌 제3자에게 행해진다는 것이 가장 큰 차이점이다. 다만, 피난행위에 상당한 이유가 있어야 하며 위난을 피하지 못할 책임이 있는 자에게는 적용되지 않는다.

법원은 그렇지 않다고 했다. 법원은 먼저, 자기의 생명 유지는 높은 가치이지만 최고의 가치는 아니라고 하였다.

> 사람의 생명을 보전하는 일은 일반적으로 말하면 의무이지만, 이를 희생하는 것은 가장 분명하고 고귀한 의무일 것이다. 전쟁은 살지 말고 죽는 것이 의무인 순간들로 가득 찬 경우이다. 선박난파의 경우 선장의 그 선원에 대한 의무, 선원의 승객에 대한 의무 등등 이러한 모든 의무는 선원에게 자기의 생명을 보존하기 위해서가 아니라 다른 사람을 위하여 희생할 도덕적 요구를 부과하며, 다른 나라라면 몰라도 적어도 영국에서만큼은 선원들이 이를 회피하지 않을 것이 기대되고 있다.

그리고 둘째로 필요성의 원칙principle of necessity을 인정하면 봇물이 터질 것을 우려했다.

> 피고인들이 주장하는 원칙을 인정하자면 새삼 지적할 필요 없이 엄청난 위험이 따른다. 이러한 경우 필요성을 판단할 사람이 누구일 것인가? 어떠한 방법으로 생명의 상대적 가치를 계량할 것인가? 신체의 강건 정도인가 또는 지적 수준인가, 아니면 무엇인가? 이 원칙은 자신의 생명을 구하기 위하여 고의적으로 다른 사람의 생명을 빼앗음에 있어 자신을 정당화해 줄 필요성 여부의 판단을 그로부터 이득을 얻을 사람에게 맡기자는 것임이 명백하다.

이것이 Dudley와 Stephens에게 너무 많은 것을 요구하는 처사인가? 법원은 "우리는 스스로 이룰 수 없는 어떤 기준을 세우거나 우리 스스로 만족할 수 없는 규칙을 만들어야만 하는 경우를 종종 당한다."라면서 그렇지 않다고 했다. 그러므로 평범한 사람이라면 누구나 피고인들이 한 것과 같은 행동의 유혹을 뿌리칠 수 없다고 해도 법은 어떻게든 이에 저항해야 한다고 요구한다는 것이다.

현대의 법제 중에는 Dudley and Stephens 원칙에서 벗어나 "피하고자 했던 손해harm나 악evil이 기소된 범죄를 규정하는 법이 예방하고자 하는 손해와 악보다 더 큰 경우(모범형법전)" 또는 그러한 행동이 "일반인이 가지는 지적 및 도덕적 기준에 의하여 매우 중대하고, 그러한 손해를 회피하는 것이 바람직했던 정도와 급박성이 문제의 범죄를 규정하는 법이 예방하고자 하는 손해를 회피하는 것이 바람직한 정도를 명백하게 넘어서는 경우 … 임박한 공공의 또는 개인의 손해injury를 회피하기 위한 행위로서 필요했던 경우(New York 주법)"에만 긴급피난choice of evils의 항변을 인정하기도 한다. 이러한 기준들은 행동의 필요성과 악 사이의 상대적인 가치 판단에 대한 결정권을 행위자가 아니라 법원에 부여한다. Dudley와 Stephens가 Parker의 인육을 먹어야 할 필요성이 있고 정당하다고 믿었다 해도 법원은 예를 들어 적시에 구조될 기회가 충분히 많았다거나 또는 선원으로서 그들이 더 높은 의무를 지고 있었다는 등의 이유를 들어 그들의 주장을 받아들이지 않을 수 있다.

긴급피난의 항변은 다른 상황에서도 제기될 수 있다. John Charles Green은 Missouri의 감옥에 수감되어 있었는데 첫 6개월 동안 두 번의 집단강간gang rape을 당하였다. 그가 이러한 피해를 교도소 관리들에게 신고하였는데 그들은 "맞서 싸우거나, 포기하고 당하거나, 아니면 담을 넘어 도망하라."고 말했다. 어느 날 점심시간에 수감자 몇 명이 그날 밤 그의 감방으로 갈 텐데 성행위를 허락하지 않으면 죽여 버리겠다고 말하였다. 그날 오후 6시에 그는 탈옥하였다. 그는 탈옥으로 인하여 도주죄로 재판을 받게 되었고 재판에서 긴급피난의 항변을 하고자 하였으나 법원은 이를 배제시켰다. 항소법원의 다수의견majority opinion은 역시 그 항변이 즉각적인 해악을 피하고자 한 것이 아니었고 그러한 협박을 당국에 신고할 수 있었다면서 이 항변을 배제하였으나, 소수의견dissenting opinion을 낸 판사는 이 사실을 신고하였다면 그는 "고자질쟁이snitch"로 몰리고 "죽은 것과 다름없는 상태"가 되었을 것이라고 지적하면서 이러한 선택을 하라는 것은 비현실적인 요구라고 하였다.

다른 가정적 사안으로 째깍거리는 시한폭탄이 어디 있는지를 알아내기 위하여 용의자를 고문한다든가, 이런 일이 현실에서 벌어졌다고 할 만한 것으로 Bush 행정부의 Guantanamo 기지 등에 구금된 사람에 대한 "심문강화enhanced interrogation" 정책에 관한 논쟁을 살펴보자. 고문torture은 연방범죄federal crime이다. 물고문waterboarding과 다른 가혹한 심문기술이 고문이라면 이를 행한 요원들은 소추되어야 하는가? 2002년 8월의 악명 높은 제안서에서 연방법무부Justice Department의 법무자문관실Office of Legal Counsel은 미합중국에 대한 테러리스트의 공격을 방지하기 위하여 고문이 정당화될 수 있다고 권고하였다(이 제안서의 작성자는 고문이 정당방위, 즉 있을지 모르는 테러리스트의 공격으로부터 국가를 방위하는 행위의 사안으로 정당화될 수 있다는 창의적 의견까지 주장하였다). 연방법무부는 이후에 이 제안서를 철회했고 아직까지 이 문제가 법정으로 가지는 않고 있다.

　이러한 사안들은 형사책임과 형법의 목적에 관하여 가장 어려운 이슈들을 제기한다. 법은 몇몇 사건에서 가장 확신에 찬 낙태 반대론자는 어쩔 수 없더라도 낙태 반대자들의 위법행위를 처벌함으로써 그들의 행위를 억제하고 만류할 수 있었을 것이다. 그러나 아주 극단적인 상황에서는 그게 현실적인가? Dudley와 Stephens는 형사처벌이 두려워, 아니면 법원이 그런 행동이 불법으로 선언할 것이 두려워서 Parker의 인육을 먹는 대신 자신들을 희생했을 것인가? 아마 그렇지 않을 가능성이 높다. 법도 역시 스스로의 한계를 알고 있는 것처럼 보인다. Dudley와 Stephens는 사형을 선고받았으나 그 선고는 이후에 징역imprisonment 6개월로 감경commuted되었다. 형법의 중요한 기능의 하나는 사람들의 도덕적 견고성을 개발하고 강화하기 위하여 무엇이 옳고 그른지를 선언하는 일인데, 이와 같은 경우에 관한 사건들이 다른 사건보다 이러한 선언의 목적을 실현하는 데 더 적합하다고 할 것이다.

범죄자들이 정신이상으로 항변할 수 있도록 하는 이유는?

　정신이상의 항변insanity defense은 여러 세기에 걸쳐 형사법의 일부분이 되어 왔는데 어째서 그러한 항변이 통하는지를 설명해 주는 가정적 사건이 전해 내려온다. 정신병적 망상에 따라서 행동하는 사람이 자기 처를 목졸라 죽였는데 그는 이 일의 전 과정을 통하여 레몬을 짜는 것으로 생각하고 있었다. 자기 행동의 물리적 본질이 무엇인지도 모르는 사람이 어떻게 형사적인 책임을 질 수 있겠는가라는 질문에 관한 사안이다.

　그러나 정신이상insanity defense의 항변은 최근에 이목을 끄는 유명한 사건 또는 엽기적 사건에서 널리 사용됨으로써 엄청난 논쟁을 불러 일으켰다. Reagan 대통령을 저격하여 부상하게 한 John W. Hinkley Jr.와 암살기도 사건에 관련된 3명의 다른 사람들은 정신이상을 이유로 무죄를 선고받았다. Andrea Yates

는 자신의 6개월부터 7살이 된 자식 다섯 명을 집안의 욕조에서 물에 빠뜨려 죽였는데 제1심에서는 유죄판결이 선고되었으나 항소심에서 파기reverse되었고, 환송심retrial에서 그녀가 심한 산후 정신증세postpartum psychosis와 망상으로 인하여 자신이 아이들을 지옥에서 구해 내는 것으로 믿었다는 이유로 정신이상에 의한 무죄가 선고되었다. 돈 많은 괴짜인 John DuPont은 자신이 달라이 라마, 예수 또는 로마노프 왕가의 후손이라고 주장하며 DuPont사 소속 레슬링 선수로서 올림픽에 출전경력이 있는 Dave Schulz에게 총을 쏘았는데 유죄가 인정되었지만 정신질병mental illness가 있다는 판결을 받았다. 정신질병의 영향으로 인하여 끔찍한 범죄를 저지르는 사람들에게 형사사법제도는 무엇을 해야 하는가?

피고인의 정신 건강은 여러 가지 목적에 관계된다. 첫째, 정신질병이 있고 스스로 또는 타인에게 손해를 발생시킬 심각한 위험이 있는 사람은 보호처분civil commitment이라는 비형사적 절차를 거쳐 스스로 원하지 않더라도 정신치료시설에 구금될 수 있다. 보호처분을 받은 사람은 범죄행위로 유죄를 선고받은 것이 아니며 (사실, 정신질병이 있다고 해서 언제나 범죄적 행동이 수반되는 것은 아니다) 그의 정신 질병이 사회에 지속적 위험이 되는 한 치료시설에 유치될 수 있다.

둘째, 범죄행위 당시가 아니라 재판 당시에 정신질병mental illness이 있는 형사 피고인은 재판감당불능incompetent to stand trial을 선고받을 수 있다. 여기서는 정신질병의 문제가 범죄 그 자체와 결부되지는 않는다. 오히려 논점은 피고인이 자신이 받고 있는 혐의charges가 무엇인지 이해하고 자신을 방어하는 데 기여할 수 있는지 여부에 있다. 스스로에게 무슨 일이 벌어지고 있는지 이해하지 못하거나 또는 그 자신이 변호인에게 방어방법을 제기하는 일에 관하여 도움을 줄 수 없는데 그 상태에서 그를 재판하는 일은 적법절차due process라는 피고인의 헌법적 권리를 박탈하는 처사이다. 누군가가 재판감당불능임이 밝혀지면 국가는 피고인의 감당능력이 회복될 수 있는지 여부를 판단하여 치료를 제공하거나 또는 보호처분절차civil commitment process를 개시하여야 한다.

셋째, 형사절차는 형사절차의 마지막 단계로 사형선고를 받은 피고인이 정신적으로 불완전한 경우 집행execute되지 않을 수 있도록 한다. 법원들은 언제나 자신이 범죄로 유죄판결을 받고 사형을 선고받았음을 이해하지 못하는 사람의 사형집행을 불허해 왔고, 연방대법원은 정신이상인 사람에게 사형을 집행하는 것은 연방헌법 추가조항 제8조Eighth Amendment의 잔혹하고 이례적인 형벌cruel and unusual punishment의 금지를 위반한다고 판시했다. 이러한 입장에는 여러 가지 근거가 제시되었으나 대체로 자신에게 왜 그러한 일이 벌어지는지 감지하지 못하는 사람을 사형에 처하는 것은 불공평하고 비인간적이기까지 하다는 데 견해가 모아지고 있다. 그러나 이와 같이 자비성에 근거를 두는 견해에는 이상한 점이 있다. 사형이 집행되어야 할 정신질환자는 정신적 능력을 회복하는 치료를 받고 나서 정상의 상태가 되는 순간 죽게 된다.

정신이상의 항변은 보호처분civil commitment, 재판감당불능incompetent to stand trial 또는 처형불능incompetence to be executed과 다르다. 형사법에서 정신이상 insanity은 방어수단excuse이 된다. 누군가 형사법에 의하여 금지된 행위, 예를 들어 대통령 암살을 시도하는 등의 일을 저지른다. 그는 대통령을 겨누어 총을 쏘고, 스스로 하는 일의 의미를 알고 있으며, 그 일로 인하여 대통령이 사망할 수 있을 것이라는 점을 알고 있는 등 범죄의 모든 성립요소를 다 갖추었다. 그럼에도 불구하고 그의 변호사는 그 범죄를 행할 당시 정신적으로 질병이 있었기 때문에 그에게 그 행위로 인한 형사책임을 지워서는 안 된다고 주장한다. John Hinckley가 그랬던 것처럼 그 주장이 받아들여지면 비록 정신감정을 받기 위하여 구금되고 정신질병으로 인한 지속적인 범죄의 위험성이 없다고 인정되어야만 풀려날 수 있게 되며, 그 과정에서 오랜 기간 동안 정신병동에 억류되어 있을 수는 있을지언정 그 범죄에 대한 유죄판결을 받지 않고 형사처벌을 받지 않는다.

범죄자가 정신질환 때문에 형사책임에서 벗어날 수 있는 이유는 무엇인가? 형법과 형사처벌의 목적을 생각해 보자. 형법의 중요한 목적의 하나는 심각하게 잘못된 행동을 한 데 대하여 책임이 있는 사람에게 응보retribution와 도덕적 비난 그리고 처벌을 하는 것이다. 정신이상의 항변은 자기의 행동에 책임을 질 수 있는 사람과 그렇지 못한 사람을 구별하자는 것이다. 잘 알려진 법언대로 정신이상의 항변은 "미친 사람the mad을 나쁜 사람the bad과 구별하고, 아픈 사람the sick을 사악한 사람the wicked과 구별"한다. 형법은 보통의 경우를 상정하고 비난이나 처벌을 부과하기 때문에 보통의 경우라면 범죄가 되었을 행위를 한 사람이라도 정신적인 질환이 있다면 그는 그러한 비난이나 처벌을 받아서는 안 된다. 그러한 범법자는 치료를 받아야 하거나 설사 치료가 불가능하지만 위험하기 때문에 어디에 가두어 둘 필요가 있다고 해도 어디까지나 아픈 사람의 자격에서 그래야 하고 범죄자로서 그런 대우를 받아서는 안 된다.

형법은 범죄를 억제하고 범죄자로부터 범죄를 저지를 능력을 박탈incapacitate 하는 것도 목적으로 한다. 법이 정하는 정신이상insanity에 해당하는 정신질환을 가진 사람은 대개 자신의 행위의 결과를 예측하지 않으므로 범죄가 억제될 수 없고 형사적 제재가 경고의 효과를 가지지 못한다. 그리고 정신이상을 이유로 무죄평결verdict of not guilty을 받더라도 범죄의 위험성이 남아 있는 한 그 범법자에게 치료를 받도록 하는 조치가 따르므로 그는 치료를 받을 필요가 남아 있는 한 구금되어 있을 것이므로 다시 범죄를 저지를 수 없게 된다.

비록 재판에서 의학적 증언이 정신이상의 유무를 확인하기 위하여 필요하기는 하지만 정신이상은 의학적 개념이 아니라 법적 개념이다. 정신이상의 이슈는 형법의 목적과 원리에 따라 판단하여 피고인이 자신의 행위에 따른 형사적 책임을 지기에 적절한 정신상태mental state에 있었는지 여부를 따지는 것이다. 정신이상의 항변이 주장되는 대부분의 사건에서 피고인은 그 죄가 성립하기 위하여 요구되는 정신상태에 있었으나 그 정신상태가 너무나 흐려져 있어서 그에게 형사책임을 지우는 것이 어쨌든 현명하지 못한 처사라고 생각되는 경우이다. 그러나 시간이 지나면서, 특히 Hinckley 평결이 나온 이후 정신이상을 규정하는 법적 정의가 달라졌다. 근본적 문제는 그와 같은 형법의 목적과 원칙을 만족시킬 수 있으면서도 정신질환과 그것이 사람의 행동에 어떤 영향을 미치는지에 대한 우리의 이해와 조화를 이루는 판단기준을 만들어낼 수 있는지 여부에 있다.

정신이상insanity과 관련하여 잘 알려진 첫 판결은 1843년에 영국에서 내려진 M'Naghten 판결이다. Daniel M'Naghten은 Sir Robert Peel 수상의 개인 비서인 Edward Drummond를 총으로 살해하였다. M'Naghten은 Peel 수상이 자신을 살해하려는 음모에 가담되어 있다는 망상delusion에 사로잡혀 있었는데 그래서 자신은 Peel을 쏜다고 생각하고 총을 발사했고 (Peel의 오버코트를 대신 입고 있던) 불운한 Drummond가 사망하였다. 배심원단은 그의 망상(오늘날에는 이를 편집증적 조현병paranoid schizophrenia의 결과라고 본다)을 이유로 그를 무죄로 평결했고 당시에도 Hinckley 평결로 벌어졌던 파문과 비슷한 파문이 일었다. 영국 상원the House of Lords[23]은 이 사건에 토론을 벌여 왕좌재판소the Court of Queen's Bench의 대법관들에게 권고적 의견을 요청하였다. 그 권고의견에 후에 M'Naghten 원칙이라고 불리게 되는 것이 포함되어 있다.

> [정]신이상을 바탕으로 하는 방어defence를 하기 위해서는 기소된 당사자가 그 행위를 저지른 시점에 자신이 행하고 있는 행위의 본질 nature과 품질quality을 알 수 없을 만큼 또는 그가 이를 알고 있었다면 자신이 무언가 잘못된 일을 한다는 것을 알지 못할 정도로 마음의 병 에서 비롯된 이성reason의 흠결에 의하여 고통 받고laboring 있음이 명 백하게 입증되어야 한다.

M'Naghten 원칙은 미국의 각 법제에서 그 형태가 조금씩 다르기는 하지만 널리 채택되어 있다. 이 법칙은 인지력cognition, 즉 사람의 행동의 의미를 알아 차리고 이해하고 생각해 볼 수 있는 능력에 주목한다. 전제적 요건으로서 피고 인은 비록 어떤 종류이어야 하는지는 충분한 정도로 정의되어 있지 않지만 어떤 정신질환mental disease이나 정신적 결함defect을 앓고 있어야 한다. 그리고 그 질 환 등의 결과로 피고인이 행위의 본질을 이해하지 못하였거나 그 행위가 위법하 다는 것 중 하나라도 이해하지 못했어야 한다. 사람은 어떤 일을 지식의 수준으 로만 아는 경우도 있고, 그보다 더 깊은 공감까지 가질 수 있는 경우도 있기 때 문에 어떤 사람이 그 사실을 연관시킬 수 있다는 의미에서는 그가 살인이 나쁜 일임을 알고 있다고 할 수 있을지 몰라도 정서적으로는 여전히 살인행위가 나쁘 다는 것을 전혀 인지하지 못하는 사람도 있는 것이다. 이 때문에 요즘의 연방법 은 자기 행위의 본질을 "평가할 능력이 없었을 것"이라고 규정하는데 그 의미가 불분명하여 법원들도 때로 이 문구의 의도가 무엇인지 배심원에게 제대로 지도 하지instruct 못하는 경우도 생긴다.

이와 비슷하게 행위의 "본질nature과 품질quality"을 이해하지 못하거나 행위가 잘못되었음을 알지 못하였다는 것도 정의에 따라 의미가 달라진다. 본질과 품질 이란 보통 예컨대 피의자가 레몬을 짜는 것이 아니라 사람의 목을 졸랐고 이로

---

23) 영국에서는 비교적 최근까지도 상원이 최고법원의 역할을 수행하였다.

써 사망이라는 결과가 초래되었다는 등으로 자기의 행위의 결과를 지칭하기 위하여 사용되었다. 그리고 잘못이란 법적 잘못일 수도, 도덕적 감각에서의 잘못일 수도 있다.

M'Naghten 원칙은 형법의 목적에 비추어 보면 나름의 일리가 있다. 자기가 무엇을 하고 있는지 또는 그것이 잘못된 일인지 이해하지 못하는 사람은 스스로 자신의 범죄를 억제할 수 없고 따라서 도덕적으로 비난을 받아서는 안 된다. 그러나 정신건강에 관한 전문가들은 정신병리가 사람의 인격 전반에 영향을 미치는 경우가 많음에도 불구하고 이 논리는 인지능력의 결함에만 주목함으로써 사람의 정신과정에 대한 구시대적인 발상에 기초하고 있다고 비판한다.

M'Naghten 원칙은 중요한 점에서 한계가 있다. John Hinckley가 Ronald Reagan 대통령에게 총을 쏘면 대통령이 죽을 수도 있음을 알았고 그것이 법적으로나 도덕적으로나 잘못된 일임도 알았으나, 머릿속에서 총을 쏘라고 명령하는 목소리가 들렸는데 Hinckley가 그의 정신질환 때문에 그 명령을 거부할 수 없었다고 가정해 보자. M'Naghten 원칙에 따르면 Hinckley는 그의 행위의 본질과 위법성을 알고 있었기 때문에 면책될 수 없다. 이러한 한계에 대응하기 위하여 일부 주들은 M'Naghten 원칙에 대한 보충적 원칙으로 저항할 수 없는 충동의 이론irresistible impulse test을 채택하였다. 이 이론에 의하면 피고인이 정신질환이 있어 행위를 통제할 수 없다면 그를 억제할 수 있는 것이 없으니 비난받을 수도 없고 따라서 그는 정신이상 때문에 유죄판결을 받아서는 안 된다.

저항할 수 없는 충동의 이론은 두 가지 이유로 널리 받아들여지지 않았다. 첫째, 이 이론은 매우 어려운 구별, 즉 저항할 수 없는 충동과 단순히 저항하지 않은 충동을 구별하려고 시도한다는 점이다. 둘째, 형벌은 범죄억제에 중요한 효과를 가지고 있어 범죄의 충동을 받고 있는 사람에게 범죄를 저지르지 않겠다는 저항의 의지를 강화해 주는 기능이 있는데, 이러한 구별을 하게 되면 형벌의 범죄억제의 효과가 사라질 것이므로 사람들이 형벌의 범죄억지력을 상실시키는 이론을 채택하기를 꺼리는 것도 하나의 이유가 될 것이다.

M'Naghten 원칙의 강력한 경쟁자로는 모범형법전의 공식을 들 수 있다. 모범형법전은 M'Naghten 원칙과 저항할 수 없는 충동의 원칙을 변형시켜 정신질환이 행동에 미치는 영향에 대하여 더 많은 증거를 허용하는 방향으로 나간다.

범죄행위 당시 정신의 질환 또는 흠결의 결과로 자기 행위의 범
죄성criminality[위법성wrongfulness]을 평가할 능력 또는 법의 요구에 부
합하도록 행동할 실질적 능력이 결여된 사람은 범죄행위에 대하여
책임이 없다.

모범형법전은 인지능력cognition(자신의 행위에 대한 이해)을 중시하는 M'Naghten
원칙의 태도에 저항할 수 없는 충동이론irresistible impulse test이 말하는 의지(자신
의 행동을 통제할 능력)의 요소를 가미하고 있다. 그리고 이 법전은 정신질환으
로 인하여 피고인이 자신의 행위의 본질이나 위법성을 전혀 이해하지 못하였거
나 충동에 대한 통제력을 완전히 잃지는 않았더라도 그렇게 할 실질적인 능력을
가지지 못하였다고 보이는 경우에도 면책을 인정함으로써 정신질환의 역할에 좀
더 유연하게 접근한다.

모범형법전은 또한 "범죄 또는 기타의 반사회적 행위를 반복한다는 특징만을
가지는 비정상성abnormality"은 "정신질병mental disease 또는 결함defect"에서 제외
된다고 한다. 이 원칙에 따라 질병으로 인하여 끔찍한 범죄를 저지른 반사회적
인격장애자sociopath, 예컨대 반복적으로 사람을 살해하여 냉장한 후 피해자의 신
체를 섭취한 Jeffrey Dahmer와 같은 사람은 정신이상을 이유로 죄책을 면할 수
없다. 이 규정은 정신이상이 범죄성의 개념을 압도하여 이를 희석시키지 못하게
하고자 채택되었다. 범죄를 반복하는 사람이 자신이 범죄를 계속 저질러 왔음을
증거로 제시하면서 자신은 법이 요구하는 바에 따라 행동할 실질적 능력이 없다
고 주장할 수 있는가?

정신이상insanity을 이유로 무죄평결verdict of not guilty이 나오면 그것이 과연
죄가 있다는 뜻인지 없다는 뜻인지 구별하기는 어려운 문제로 될 수 있으며, 그
래서 법원들과 입법부들은 이를 보완하기 위해 두 가지 조치를 했다. 문제점의
하나는 중대한 범죄를 저질렀음이 명백한 피고인이 정신이상을 이유로 유죄판결
을 받지 않고 비록 그가 일시적으로 정신감정과 치료 등을 받기 위하여 구금은
되겠지만 재판 후 비교적 짧은 기간 안에 석방될 수 있다는 것이다. 몇 개 주는
중간적 대안을 마련했는데 그 내용은 배심원단이 범죄 당시에 피고인이 비록 법
적 의미의 정신이상legally insane 상태는 아니었지만 정신질환이 있었다고 판단한

다면 정신질환부유죄guilty but mentally ill라는 평결을 할 수 있도록 하였다. 이 평결은 피고인이 유죄를 선고받았고 무죄로 판단되지는 않았다는 것이므로 판사는 피고인을 구금incarceration하라는 선고를 할 수 있게 된다. 이 법률은 그러나 피고인이 교도소에 있는 동안 정신질환에 적절한 치료를 받도록 규정한다.

정신이상의 항변insanity defence이 가지는 또 다른 문제는 이 법리가 정신적 비정상 상태의 가장 극단적인 형태를 위하여 고안되었다는 점이다. 범죄자 중에는 어떤 정도의 정신질환을 가지고 있지만, 옳고 그름을 가리지 못할 정도 또는 자신의 행위를 실질적으로 조절하지 못할 정도에 이르지 않은 경우도 많다. 이 정도의 정신질환이나 장애impairment도 고려되어야 하는가? 그리고 이를 고려해 주기로 한다면 피고인의 정신이상 유무를 확인할 목적이 아니라 그가 자신의 행위에 대한 책임의식이 미약하다는 점을 입증할 목적을 가진 전문가증언expert testimony을 허용해야 할 것인가?

이 이슈에 대한 논쟁이 많았으며 법원들과 입법기관들은 여러 해결책을 모색해 왔다. 첫째가 법원이 유, 무죄를 판단할 때에는 정신상태에 대한 증거를 일단 배제하였다가 양형sentencing에 이를 고려하도록 하는 것이다. 판사가 양형에 대한 재량이 있는 법제에서는 범죄 당시 피고인이 정신상태 때문에 정상인보다 책임성이 적었다는 점이 인정된다면 이는 무거운 형을 완화해 줄 수 있는 요인이 될 것이다.

둘째, 정신상태에 따라 어느 범죄의 정신적 요건의 일부가 충족되지 않았다고 인정될 수도 있다. 이는 1급살인first-degree murder에서 살해의 의도와 같이 특정한 의도가 있었을 것을 요구하는 정신적 구성요건을 가진 범죄에 적용될 가능성이 특히 많은데 어떤 법제에서는 모든 범죄에 널리 적용되기도 한다. 피고인이 스스로 사람을 살해한다는 사실은 알고 있었으나 그 범행을 계획할 능력은 없었다는 경우 그는 살인죄homicide의 죄책을 지지만 더 낮은 등급, 즉 살해죄murder 대신 치사죄manslaughter로 유죄가 인정될 수 있다. 이러한 능력감축diminished capacity의 항변은 한편으로 배심원들로 하여금 개별 사건에서 피고인의 책임 정도에 맞추어 비난가능성culpability의 판단을 보다 개별화할 수 있게 해 준다. 그러나 다른 한편으로는 이에 의하여 정신분석에 관한 증언이 난무하여 혼란을 야기할 수도 있을 것이다. 정신건강 전문가들은 한 번 더 정상적 행동과 비정상적 행동을 구분하기에 어려움을 겪을 것이며 배심원단은 그들의 증언으로부터 도움을 받기보다 혼란을 느끼게 될 가능성이 더 높다.

다른 항변은 어떤 것이 있는가?

항변defence에 관한 공부를 마치기 전에 더 알아보아야 할 것으로는 중독intoxication과 강박duress이 있다. 술에 취하면 일시적으로 정신이상이 되는 것과 비슷한데 이를 항변으로 사용될 수 있는가? 많은 사건에서 사용될 수 있다. Doc Holiday[24])가 Billy Clanton을 사살한 혐의로 1급살인으로 기소되었다고 하자. 재판에서 Doc은 사격 현장에 있었고 Billy를 쏘고 싶었으나 너무 취해서 총을 총집에서 꺼낼 수 없었고 따라서 범죄를 저지르지 않았다고 증언[25])한다. 배심원이 Doc의 이야기를 믿는다면 그는 1급살인죄의 법률규정이 금지하는 행위(즉, Billy를 살해하는 일)를 하지 않았으므로 명백히 죄가 없다. 그러나 그 대신에 Doc이 실제로 Billy를 쏜 것은 맞으나 너무 취해서 무엇을 하는지를 몰랐다고 항변한다고 해보자. 배심원단이 Doc의 이야기를 믿는다면 그가 중독되어 있었다는 것이 항변이 될 수 있을 것인가?

어떤 주법들은 중독을 항변으로 인정하기를 거부하지만 대부분은 주 형법은 Doc에게 변명거리가 되며 적어도 1급살인죄first-degree murder의 적용을 피할 수 있는 변명은 된다고 한다. 그가 총을 뽑기도 어렵도록 취해 있었다면, 그의 중독 상태가 그 범죄의 행위요소act element 중 하나의 존재를 부정한다. 그가 너무 취하여 자기가 무엇을 하는지를 몰랐다면 그의 중독은 범죄의 정신적 요건을 부정한다. 1급살인이 되려면 그에게 Billy를 살해할 의도가 있었어야 한다. 그에게

---

24) 서부개척시대에 유명한 치과의사이자 도박사, 총잡이이다. 전설적인 보안관 Wyatt Earp의 친구로서 그를 돕고자 악명 높은 강도 Billy Clanton 일당과 맞서 싸운 오케이목장의 결투Gunfight at the O.K. Corral에 참여하였으며, 이 사건은 커크 더글러스가 닥 역을, 버트 랭카스터가 어프의 역할을 맡아 같은 제목의 영화로 만들어졌다.

25) 대한민국 법에 의하면 피고인은 사건의 당사자이고 공판에서 자기에게 불리한 진술을 거부할 수 있기 때문에 당사자로서 진술은 할 수 있으나 자신에 대한 공소사실에 대한 증언을 할 수 없는 것이 원칙이지만(변론을 분리하면 공범에 대한 증언은 할 수 있다) 영미법에서는 피고인의 판단에 따라 증언거부권을 포기하고 증언testimony을 할 수 있으며 이때는 일반의 증인witness과 마찬가지의 지위에 있게 되고 따라서 허위 증언에는 위증의 벌이 뒤따르는 것이 원칙이다.

그러한 의도가 없었다면 설사 그 의도를 가지지 않은 이유가 그가 취해 있었기 때문이라고 해도 그는 그 죄명의 범죄를 저지른 것이 아니다. 범죄는 비난을 받아 마땅한 범법자를 처벌하기 위하여 규정되었다. Doc은 술에 취하게 된 데에는 책임을 져야 마땅하지만 1급살인과 연관된 정도의 비난은 아니다.

Doc이 혐의를 완전히 벗을 수 있는지 여부는 중독이 항변으로 될 수 없는 형태의 다른 범죄가 규정되어 있는지에 달려 있다. 만약 Doc의 혐의가 말을 훔쳤다는 것인데 그가 너무 술에 취하여 자신이 타고 간 말이 다른 사람의 것인지 몰랐다고 항변한다면 중독의 주장은 완벽한 항변이 된다. 그러나 Billy를 살해한 사건에서라면 중독은 1급살인의 성립에는 살해의 의도intent가 있어야 한다는 요건을 부정하는 요소는 되지만, 그가 무모reckless하기만 했으면 그보다 낮은 등급의 살인죄는 성립하므로 그는 낮은 등급의 살인죄에는 유죄가 된다.

그러나 왜 그러한가? 무모함recklessness이란 중대하고도 정당화될 수 없는 위험을 의식적으로 무시했어야 성립하는데, 예를 들면 사람들이 모여 있는 쪽으로 마구 총을 쏘는 것은 무모하다. Doc이 만취해 있었다면 그는 스스로 만들어 내고 있는 위험을 의식하지 못했을 수 있다. 그러나 많은 법원들이 이 지점에서 선을 긋는다. Doc이 총을 쏘는 행위가 만들어 내는 위험 자체는 알지 못했다고 하더라도 그는 자신이 술에 취함으로써 만들어 내는 위험에 대해서는 알고 있었다(또는 알고 있을 것으로 추정된다). 정책의 문제로 중독되어 있던 동안의 행위에도 형사처벌을 받을 수 있다면 사람들은 술을 과도하게 마시지 않으려 할 것이고, 공정의 견지에서 자신이 술에 취함으로써 만들어낸 위험에 책임을 지운다고 해서 불합리하지도 않다.

다음으로 강요된 행위duress에 관하여 살펴보자. 남자 세 명이 총을 휘두르면서 택시에 타고 택시기사에게 자신들이 털고자 하는 은행으로 갈 것과 자신들의 도주를 돕도록 기다리지 않으면 총을 쏘겠다고 위협한다고 가정해 보자. 기사는 그가 강도행위에 참여하기를 원치 않았다고 해도 그는 강도범을 범행 장소에 데려다 주고 기다려 준다는 의도를 가지고 그러한 행위들을 했으므로(즉, 그가 그 행위들을 할 의사로 행동했으므로) 강도행위robbery에 참여한 것이고, 강도죄의 성립에 필요한 정신 상태도 갖추었으므로 강도죄라는 범죄의 성립요건을 모두 충족시켰다. 그러나 그가 그 강도행위에 도덕적으로 책임이 있다고 보이지는 않는다. 다른 말로 표현하자면 그가 강도행위를 도와주는 위법한 행위를 한 이유는 더 위법한 행위, 즉 은행강도 세 명에 의하여 살해당하는 일을 회피할 목적뿐이었으므로 그는 책임을 면해야만 할 것 같이 보인다.

이것이 강요된 행위duress라고 불리는 항변이다. 사람이 합리적으로 생각할 때 범죄가 되는 행위를 하는 것이 자신의 눈앞에 닥친 죽음이나 중대한 신체적 상해를 피할 유일한 길이라고 믿을 수밖에 없었다면 그들에게 면책사유excuse가 있다고 해야 하고 범죄에 책임을 지우지 말아야 한다. 법은 사람이 두 개의 악 중에서 하나를 선택하도록 강요당하는 경우도 있음을 인정하며, 그가 둘 중에서 덜 나쁜 해악을 선택했다면 처벌하지 않는다. 나쁜 일을 했더라도 그 이유를 이해할 수 있고 그를 용서할 수 있다면 행위자는 면책되며excused, 택시기사가 은행강도들을 도와준 일은 나쁜 일이지만 우리는 그가 대신에 자기의 생명을 희생했어야 한다고 말하기는 어렵다. 그는 강도들이 거부하면 죽이겠다고 했기 때문에 강도행위에 참여했을 뿐이고 그 협박은 명백히 눈앞에 있고 강도들은 협박을 그대로 실행할 의사와 능력을 가지고 있었다. 우리가 누구에게든지 이렇게 행동하지 말라고 할 수 없기 때문에 그의 행위는 처벌할 수 없다. 왜냐하면, 처벌받을 가능성이 즉시 살해당할 수 있다는 위협만큼 나쁘지는 않으므로 설사 강도행위에 동조하는 것이 형사처벌을 받을 일이라고 해도 누구나 그에 따랐을 것이기 때문이다. 그리고 택시 기사가 한 일은 나쁜 일이지만 그가 강요에 의해 강도행위 도중 누구를 총으로 살해했다면 또 다른 이야기가 될 수 있을지언정 운전을 해 주는 정도라면 그렇게 나쁜 일도 아니다.

정신이상, 중독, 강요된 행위 등의 항변은 오랫동안 인정되어 왔으나 새로운 면책 사유가 인정될 여지가 남아 있다. 범죄적 행위에 영향을 주는 사회적, 생리적 및 심리적 요인들에 대한 이해가 넓어짐에 따라 법률가들은 새로운 유형의 항변사유defence가 인정되어야 한다고 주장한다.

백만장자의 상속녀 Patty Hearst[26])는 Symbionese Liberation Army라는 무

---

26) Patty Hearst는 1954년생으로 미국의 언론재벌 William Randolf Hearst의 손녀인데 1974년에 Berkeley 대학 재학 중 재산의 무상분배를 주장하는 극좌파 무정부단체 SLA에 납치되었다. 그녀는 납치 두 달 만에 자신이 SLA에 가입하고 Tanya로 개명하였으며 단체를 위하여 목숨을 걸고 싸우겠다는 성명을 발표하고 총을 들고 은행강도에 참여하는 등 적극적으로 단체활동을 하던 중

장단체에 납치된 후 그 집단이 저지른 은행강도에 가담하였다. 그녀가 체포되어 재판 받으면서 그녀는 강도를 한 사람은 Patty Hearst가 아니라 그녀를 억류한 사람들의 세뇌로 만들어진 혁명전사 "Tanya"였다고 주장하였다. 빈민가 출신의 아프리카계 미국인 Benjamin Murdock은 아버지에게서 버림받고 흑인들에 대한 부당한 대우에 선입견을 가지고 있었는데 비무장의 해병대 병사 2명으로부터 인종적 욕설을 듣자 이들을 살해하였다. 그의 변호인은 그의 "열악한 사회적 배경"이 그 욕설에 대응하여 총을 쏘라는 충동을 받게 하였고 그로 하여금 여기에 저항할 수 없게 만들었으므로 배심원단이 이를 정신이상에 준하는 항변으로 고려할 기회를 가져야 한다고 주장하였다. 이와 반대로 16세의 Ethan Couch는 술에 취한 채 자기 아버지의 트럭을 과속으로 몰다가 2차로의 도로가에 정차해 있던 승용차 두 대를 들이받고 세 사람을 사망하게 하였다. 치사죄manslaughter로 유죄를 선고받은 후 Couch의 변호인은 그가 돈은 특권을 준다고 가르치는 가정환경에서 자라나서 "풍요병affluenza"에 걸린 나머지 자신의 방탕한 행위와 그 행위의 결과를 연결시킬 능력이 없다는 이유로 감옥 대신 보다 편안한 재활시설에 보내져야 한다고 주장하였다.

비평가들은 이러한 면책사유들이 개인의 책임을 부인하고 아주 기발한 생각을 하는 변호사들이 싸구려 과학을 이용하여 내세우는 딱한 술책이라고 조롱한다. 옹호하는 사람들은 형법이 전통적으로 정신이상이 있었는지 여부, 임박한 도발provocation이 존재했는지 여부 등으로 면책사유의 유무를 너무 엄격하게 구분해 왔다면서 이러한 항변 중 적어도 일부는 정당하다고 주장한다. 그들은 범죄를 저지르게 만드는 요소들이 매우 복잡함을 우리가 더 많이 이해하게 되었으므로 자유의지free will와 비난가능성blameworthiness에 대하여 좀 더 미세한 차이를 인정할 수 있도록 법이 바뀌어야 한다고 말한다. 그중 일부는 인정받았고 어떤 것은 인정받지 못했지만 논쟁은 계속될 것으로 보인다.

FBI에 체포되었다. 재판에서 그녀는 죽음의 공포 앞에서 살기 위한 선택이었으며 세뇌에 의한 행동이었다고 무죄를 주장하였으나 유죄와 35년의 형을 선고받았다가 7년으로 감형된 후 Carter 대통령에 의하여 가석방되고 Clinton 대통령에 의하여 완전사면을 받았다. 그녀는 지능저하와 기억상실 등의 증세를 보였으며 납치된 자가 납치자에게 의존하고 동조하게 된다는 Stockholm Syndrome의 대표적 사례로 거론된다.

범죄를 완성시키지 못하였어도 유죄가 될 수 있는가?

여태까지는 대부분 범죄의 구성요건을 모두 충족했을 때에만 유죄판결을 받아왔다. 예컨대 살인죄murder는 의도적인 살해행위이다. 영화 대부the Godfather에서 Don Vito Corleone를 살해하려는 시도를 생각해 보자. 신참 조직폭력단원인 Salazzo와 Tattaglia 가문은 저격수 두 사람으로 하여금 Don Corleone가 과일을 살 때 그에게 총을 쏘도록 했다. Don이 죽었다면 두 저격수는 살인죄murder를 저지른 것이 되겠지만 그가 죽지 않았기 때문에 저격수들은 살인죄가 아니라 가중폭력죄aggravated battery을 저지른 데 불과하게 되는가? 아니면 그들은 이루고자 하는 결과를 달성하지 못한 것, 즉 살인미수죄attempted murded로 기소되는가? 나아가 Don이 사망하였다면 Salazzo와 Tattaglia 가문은 어떻게 되는가? 이 가문의 사람들은 총을 직접 쏘지는 않았으나 이 일을 계획하고 돈을 대주었다. 그들은 자신들이 한 역할, 다시 말하면 범죄를 교사soliciting하거나 그 실행에 공모conspiracy한 혐의로 유죄가 인정될 것인가?

이 문제는 범죄행위가 완성되지 않았거나 완전하지 않았다는 뜻에서 불완전범죄inchoate crime라고 부르는 행위 유형에 관계된다. 저격수의 살인죄는 Don이 사망하지 않았으므로 완성되지 못했고, Salazzo와 Tattaglia 가문은 실제로 살해행위를 한 것은 아니기 때문에 범죄로서 불완전하다. 형법은 세 유형의 불완전범죄를 처벌하는데, 미수범attempt, 교사범soliciting, 공모범conspiracy이 그것들이다.[27]

형법은 아주 간단한 두 가지 이유 때문에 불완전범죄inchoate offence를 처벌한다. 첫째, 미수attempt, 교사solicitation 또는 공모conspiration에 가담한 사람은 실제로 범죄를 완성한 사람과 거의 마찬가지로 위험스럽다. 명중시키지 못한 저격수

---

27) 이들 이외에 불완전범죄의 유형으로 예비와 음모도 있다. 예비(豫備)는 단독 또는 여러 명이 어떤 범죄를 실행하기 위한 물적, 인적 준비를 하는 것으로 살인을 위하여 총이나 흉기를 구입하는 것이 물적 준비이고, 공범을 모집하거나 알리바이를 조작해 줄 사람을 구하는 것은 인적 준비이다. 범죄적 의사가 외부에 표출되었다는 점에서 단순한 마음속의 결의와 다르고 아직 실행에 착수하지 않았다는 점에서 미수죄와 구별된다. 음모(陰謀)는 여러 명의 사람이 어떤 범죄를 실행한다는 의사의 합치를 이루는 것인데 물적 준비를 한다면 예비에 해당할 것이므로 인적 예비의 한 형태라는 견해도 있으나 대한민국 형법은 이 두 유형을 항상 같이 취급하므로 구별의 실익은 적다. 형법은 중대한 범죄를 엄격하게 처벌하고자 하는 경우에 형법 각칙에 예비와 음모를 처벌한다는 규정을 두며 이러한 규정이 있어야만 예비와 음모를 처벌할 수 있다.

나, 그러한 공격을 계획한 보스들이나, 그 저격수를 고용한 중개인이나, 모두 실제로 명중시킨 저격수와 비슷하게 비난받아 마땅하다. "비난의 정도가 비슷할 것about as culpable"이라는 요건은 불완전범죄를 저지른 사람이 그 목적을 달성한 사람과 같은 정도로 엄하게 처벌되어야 하는지 여부에 대하여 논쟁이 많기 때문에 처벌에 필요한 요건이 된다. 한편으로는 총을 쏘았으나 겨냥을 잘못한 사람은 겨냥을 잘한 사람과 도덕적으로 같은 책임이 있기 때문에 도덕적 비난가능성의 정도가 동일하다고 보아야 한다. 그러나 다른 한편으로 보면 그들은 실제 살해에 성공한 경우와 똑같은 정도의 해악을 발생시키지는 않았고 법은 보통 발생한 해악을 도외시하고 그들의 의도의 수준에만 따라서 처벌하지는 않으므로 불완전 범죄를 논의할 실익이 있다.

둘째, 법집행law enforcement의 목적상 불완전범죄라는 개념을 명확히 정립해야 할 필요가 있다. 살인미수attempted murder가 범죄로 되지 않는다면 경찰관은 저격수가 총을 꺼내어 Don Corleone에게 접근하는 것을 보면서도 총을 발사하기 전에는 체포할 수 없다. 그리고 이른바 피해자 없는 범죄victimless crime를 포함하여 많은 범죄가 미수죄와 교사죄를 처벌하지 않으면 실효성이 없는 경우가 많다. 성매매에서 매매자와 매수자를 매매의 현장에서 검거하기는 극히 어렵기 때문에 경찰이 보통의 방법으로는 매춘을 입증할 수 없어 이러한 범죄를 처벌할 수 없겠지만, 유인책decoy이나 위장요원undercover agent을 이용하여 성매매자 또는 상대방과 성매매를 합의하도록 하고 그들을 교사죄로 소추하면 된다.

법집행의 수단으로 불완전범죄의 개념을 이용하는 일이 이 영역에서의 중심적 문제로 된다. 어떤 사람이 살인이나 성매매 같은 범죄에서 범죄성립의 요건을 모두 충족하지 못하였지만 처벌받아 마땅할 것으로 보이는 다른 어떤 일을 했다면 처벌을 받아야 할 것이다. 그런데 다른 어떤 일이란 정확히 무엇을 말하는가? 그 어떤 일을 너무 좁게 규정하면 불완전범죄의 개념은 실효성이 없어진다. 그것을 너무 넓게 규정하면 해악을 야기하는 일에서 너무 먼 거리에 있는 행동들도 범죄로 보게 된다.

이것이 어떻게 문제되는지 알아보기 위해 형법에서 미수범의 법리부터 고찰해보자. 형법에서 미수의 의미는 이 단어가 다른 곳에서 사용되는 경우와 크게 다르지 않아 누군가가 어떤 일을 달성하기 위하여 어떤 시도를 하였으나 그 일을 실제로 발생시키지 못한 것을 의미한다. 그러므로 미수범의 정신적 요소는 범죄를 저지르고자 하는 의사intent이다. 복잡한 문제는 행위의 요소와 관련해서 발생한다. 대부분의 범죄는 일련의 사실들로 구성되는데, 우선 범죄를 실행하려는 의사를 형성하는 것에서 시작되어 실행을 위한 준비를 거쳐 행위에 이르게 된다. 영화 대부에서Godfather 저격수는 먼저 Don을 살해해 주겠다는 계약을 하고, 그의 일정 중에서 범죄를 실행하기 좋은 때가 언제인지 알아내기 위해 며칠간 그를 관찰하고, 총을 준비하고, 과일가게 앞에서 기다리다가, Don이 다가오는 것을 보고 차에서 내리고, 총을 꺼내고, 드디어 발사한다. 이 중에서 어떤 시점에 이르러야 이들을 살인미수로 처벌해도 될 만큼의 범죄행위에 나아갔다고할 것인가? 경찰이 이 계획을 미리 알고 있었다고 가정하자. 그들이 저격수들을 체포하여 살인미수죄로 유죄를 받게 하려면 언제까지 기다려야 할 것인가?

법원과 입법기관들은 범행을 하려는 자가 형법적 의미가 있는 미수죄에 나아갔다고 인정되려면 어디까지 나아갔어야 하는지를 결정하기 위한 심사기준을 여러 가지로 만들어 내었다. 그 기준들은 중요하고도 법의 여기저기에서 발견되는 무언가를 설명해 준다. 그 심사기준이 비교적 명확하고 적용하기 쉽게 설정된다면 많은 사건에서 잘못된 결과를 낳을 수 있는데, 여기서 잘못된 결과라고함은 범죄적 행위를 예방할 필요성과 죄지은 자만을 처벌하고자 하는 우리의욕구 사이에서 충분한 균형을 잡지 못한다는 뜻이다. 이러한 정책목적 사이의균형을 잡으려면 좀 더 추상적이고 보다 개방적인 기준이 필요하지만 이들은적용하기 어렵고 결과를 예측하기 어려울 수밖에 없다. 그 기준 중의 하나만을검토해 보자.

모범형법전Model Penal Code은 피고인이 "범죄의 실행에 이르고자 계획된 일련의 행위과정에서 중요한 단계substantial step"에 해당하는 행위를 결국에 실행하였고, 그 중요한 단계가 "행위자의 범죄적 목적을 강하게 확정적으로 표시하는"경우를 미수죄라고 규정[28]한다. 이러한 태도는 배심원단으로 하여금 모든 사실

---

28) 대한민국 형법 제25조(미수범) 제1항은 "범죄의 실행에 착수하여 행위를 종료하지 못하였거나 결과가 발생하지 아니한 때에는 미수범으로 처벌한다."라고 규정하여 미수범의 요소를 실행행위를 완성하지 못한 것과 결과를 발생시키지 못한 것 등 두 가지로 본다. 미수범은 형법각칙에 미수범을 처벌한다는 규정이 있을 때에만 처벌하며 범죄행위가 일단 시작되었어야 하므로 실행의

을 평가하고, 피고인이 어떤 의미 있는 방법으로 범죄를 시도했는지 여부를 판단할 수 있게 해 주지만, 이를 위해서는 각 사건의 사실관계에 대하여 매우 개별적이고도 예측하기 어려운 판단이 필요하게 된다. 이를 좀 더 예측 가능하게 만들기 위하여 모범형법전은 중요한 단계가 되는 어떤 행동들을 나열하는데 그러한 것으로 숨어서 피해자를 기다리는 것 또는 범죄현장에서 범죄에 사용될 도구를 가지고 있는 것 등을 들고 있다.[29]

불완전범죄의 두 번째 유형은 교사solicitation[30]이다. 교사는 타인으로 하여금 범죄를 저지르도록 유도하는 것을 말한다. 교사죄도 미수죄attempt와 마찬가지로 범죄가 완성되었다면 실제 이루어진 범죄행위에 흡수된다. Tattaglia 가문이 Don Corleone를 살해하기 위하여 저격수를 고용했다면 가문에 소속된 자들의 모두가 그 살인행위에 어떤 방법으로든 책임이 있을 수 있다. 저격수가 그 일을

착수가 매우 중요한 의미를 가지는데 보통 '행위자의 범행계획상 범죄의 의사가 확실하게 표명되었다고 볼 만한 행위가 행해져 법이 보호하고자 하는 법익이 침해될 직접적 위험'이 야기되었다고 할 때 실행의 착수가 있다고 본다. 다만 구체적 시기는 범죄의 구성요건에 따라 법원이 판단하는데 판례는 소매치기가 피해자의 주머니에 손을 넣기 시작한 때, 야간주거침입절도는 남의 집 경계에 몸의 일부가 들어간 때, 살인은 흉기를 들고 피해자에게 접근하기 시작한 때 착수가 있고, 자동차에서 물건을 훔치고자 손전등으로 내부를 비춰 보았을 뿐 아직 문이나 유리창을 뜯으려는 시도가 없었다면 절도의 착수가 아니라고(예비죄는 성립할 수 있음) 한다.

29) 대한민국 형법은 일부의 죄에서는 예비, 음모를 처벌하기 때문에 미수범은 좀 더 범죄의 실행에 근접한 행위, 즉 이러한 경우에는 총을 겨누고 방아쇠에 손을 대는 등 보다 직접적인 행동에 이르렀어야 미수죄로 처벌할 수 있을 것이고 총을 준비하거나 현장에 엎드리는 행동은 살인예비죄로, 여러 명이 범행계획을 세우거나 범행 장소를 물색하였다면 살인음모죄가 될 수 있을 것이다.

30) 교사(敎唆)는 범죄행위를 할 의사가 없는 사람을 유인하여 범죄실행의 의사를 가지게 만드는 행위이다. 따라서 이미 범죄의사를 가진 사람과 실행을 하기로 합의하는 것은 공모이고 교사라고 할 수는 없다. 예를 들어 A가 B에게 C를 살해하라고 교사하였는데 B도 이미 C를 살해할 의사가 있었고 이들이 함께 살인행위를 한 경우 A와 B는 살인죄의 공동정범이다. 교사의 원래의 모습은 피교사자로 하여금 실행행위를 하도록 하고 교사자는 직접 가담하지 않는 것인데 대한민국에서는 이론 및 실무상 A가 실행행위에 가담하지 않았더라도 공모공동정범의 이론에 의하여 A, B 모두를 살인죄의 공동정범으로 본다. 공모 또는 교사에 의하여 범죄행위를 실행할 의사의 주체가 성립하였고 그 의사주체의 전부 또는 일부에 의하여 범죄행위가 실행된 이상 비록 일부가 직접 실행행위에는 가담하지 않았다고 하더라도 이들 모두를 공동정범으로 보아 중하게 처벌하는 것이 타당하다는 것이 공모공동정범의 이론이다. 공모공동정범 이론은 종속적 지위에서 범행이 실행을 용이하게 해 준 방조범에게도 적용된다. 과거에는 범죄행위의 망을 보아 준 행위를 정범의 행위를 도와준 방조범으로, 즉 정범이 아닌 종범으로 보았으나 현재는 망을 본 자도 공모공동정범으로 보아 동일하게 처벌하는 것이 보통이다.

거절했더라도 Tattaglia 가문은 범죄를 의도하여 이를 권유하는 행위를 하였으므로 여전히 교사의 책임을 질 수 있다.

교사를 정의하자면 미수죄를 정의할 때와 마찬가지의 문제가 생긴다. 다른 사람에게 범죄를 저지를 것을 요구하거나 유도했다면 그는 위험한 사람이고, 경찰은 범죄가 저질러지기 전에 이에 개입할 수 있어야 하며, 법원은 처벌할 수 있어야 한다. 그러나 누군가에게 범죄를 저지르라고 요구하는 일은 범죄 그 자체로부터 야기되는 해악으로부터 어느 정도는 떨어져 있고 따라서 교사의 범위를 너무 널리 인정하면 그저 범죄를 할까 생각해 보는 것만으로 또는 범죄를 준비하는 예비단계preliminary[31])에 불과한 행위를 처벌할 우려가 있게 된다.

미수와 교사는 범죄근접행위almost-crimes를 목표로 하며, 위험한 행위이지만 법에 규정되어 있는 범죄의 완성에까지 아직 고도화되지 못한 행위이다. 그러나 미수와 교사는 그 자체로는 범죄를 완성하지 못하였다는 한계가 있으므로 입법기관들은 어떤 행위가 범죄로 완결되기 전이라도 범죄로 처벌될 수 있도록 하기 위하여 새로운 범죄의 유형을 만듦으로써 그러한 한계에 대처해 왔다. 하나의 예가 스토킹 stalking이다. 어떤 남자가 전처에게 분노한 나머지 자동차를 그녀의 집 앞에 세워둔 채 차 안에 앉아 있고, 그녀의 일터에 따라가고, 그녀가 데이트하러 갈 때 주변을 배회한다고 가정하자. 그의 행위 중에 기존의 형법에 위배되어 죄로 될 만한 것은 아직 없으나 범죄적 행위를 야기할 수도 있고 전처는 그가 자신을 공격할지 모른다는 두려움에 사로잡힐 수 있다. 이에 따라 어떤 주의회는 스토킹을 새로운 범죄로 규정하여 이에 대응하였다. 예컨대 California 법률은 "누구든지 의도적으로willfully, 악의적으로maliciously 및 반복적으로repeatedly 다른 사람을 뒤쫓아 다니거나follow, 괴롭히고harrass, 그 사람으로 하여금 자신의 안전에 합리적 공포를 느낄 만한 상태에 빠뜨릴 의사로 현실적인credible 위협을 가하는 자"를 처벌한다. 그러한 법률에는 불완전범죄inchoate crime에 관한 모든 문제가 논의된다. 명백한 범죄적 행위에 이르지 않았어도 그 얼마쯤 전에 처벌할 수 있는가? 너무 오래 기다리면 해악의 발생을 예방할 기회를 잃어버리는 것일 수도 있고, 너무 빨리 행동에 나선다면 실제로 해롭지 않은 행동을 포함하여 너무 많은 행위를 범죄로 규정하는 결과가 될 수도 있다.

---

31) 예비에 관하여는 주27) 참조.

공모conspiracy는 불완전범죄의 세 번째 유형이며 검사들이 가장 널리 활용하는 형태이다. 공모는 둘 또는 그 이상의 사람이 위법한 행동을 목적으로 하는 합의이다. Tattaglia 가문의 리더들은 저격수를 고용하였고 스스로 Don Corleone를 죽이지 않았으나 그들은 완전히 동일한 계획의 일부이므로 저격수의 행동에 책임을 지게 될 수 있다. 더 넓게 보자면 Tattaglia 가문의 구성원은 도박, 마약거래, 매춘 및 살인청부 등 더 넓은 의미에서 범죄적 활동을 하고 있으므로 모두가 살인죄에 대한 공모자의 책임을 지게 될 수도 있다.

공모는 미수나 교사처럼 범죄근접성near-crimes이 있는 행위를 처벌하는 것이기도 하지만 집단적 범죄성의 문제를 넓게 다루는 데 의미가 있다. Tattaglia 가문이든 마약 카르텔이든 범죄집단은 개개의 구성원이 각각 저지르는 범죄를 모두 합한 것보다 위험성이 더 높다. 집단은 오랜 기간에 걸쳐 더 많은 범죄를 저지를 잠재력을 가지고 있고, (예컨대 두목과 저격수가 각각의 재주를 발휘하는 등 방법으로) 구성원의 역할분담을 통해 범죄를 보다 효율적으로 수행할 수 있으며, 구성원 간에 서로 범죄활동을 지원하고 부추기기 때문이다. 동시에 공모는 불완전범죄 중에서도 미수나 교사에서보다 훨씬 더 의문이 많다. 범죄를 실행하기로 합의한다는 것은 어떤 뜻이며, 합의의 일방 당사자는 다른 당사자가 저지른 행위의 어디까지 책임져야 하는가? Tattaglia 가문의 가장 말단 조직원이 조직의 다른 멤버가 저지른 모든 범죄와 폭력행위에 형사적 책임을 져야 하는가?

공모는 "검사의 유치원에서의 귀염둥이darling of the prosecutors' nursery"라고 불려왔는데 이유는 바로 그 확장성 때문이다. 공모범에 관한 실체법과 재판에서의 절차는 검찰에 여러 면에서 유리하게 되어 있다.

첫째, 공모의 본질은 합의이므로 공모자들은 미수범에 관한 법이 요구하는 것보다 범죄의 실제 결과로부터 훨씬 더 멀리 떨어져 있어도 유죄를 선고받게 될 수 있다. 그러나 합의를 했다는 것만으로 처벌한다면 행위가 없는 의사intent를 처벌하는 것과 다를 바 없고 이는 형법이 절대 하려 하지 않는 일이다. 대부분의 법제는 단순한 합의를 넘어서 공모자의 한 사람이라도 공모한 내용을 진전시키기 위하여 외부에 드러나는 행위를 하였음을 입증할 것을 요구함으로써 이 문제에 대처하고 있지만, 거기서 요구되는 외부적 행위는 범죄의사를 드러내는 행위이면 사소한 어떤 행위라도 거의 상관이 없기 때문에 검사들에게 별다른 부담은 되지 않는다.

둘째, 다른 불완전범죄inchoate offence와 달리 대부분의 법제에서 공모는 완성된 범죄에 흡수되지 않는다. 미수범의 경우 저격수들이 성공하면 그들은 살인죄의 죄책을 지며 이와 별도로 살인미수의 죄책도 함께 지지는 않는다. 그러나 저격이 성공하면 저격수들과 관련된 다른 모든 사람은 살인죄와 살인의 공모범으로 기소될 수 있으며 각자 따로따로 형을 선고받는다.[32] 공모는 따라서 범죄에 대한 처벌을 확대하는 효과를 가진다.

셋째, 공모에 가담한 사람은 모두 그 집단의 다른 구성원이 저지른 범죄에 책임을 지게 될 가능성이 있다. 이에 의하여 개별적 공모자의 책임 범위가 엄청나게 늘어날 수 있는데 이 때문에 유죄가 선고될 사람이 늘어날 수 있을 뿐 아니라 검사는 직접 실행행위에 가담하지 않은 공모자가 있으면 그들에게 자신이 직접 가담하지 않아 책임이 희박하다고 생각될 수 있는 범죄행위로 유죄를 선고받는 위험을 모면하게 해 주겠다는 이익을 제시함으로써 그들로 하여금 다른 공모자에 대하여 증언하도록 협상하는 중요한 수단이 되기도 한다. 전통적 이론은 공모자의 책임을 널리 인정하여 공모에 가담한 자는 다른 공모자가 그 공모의 내용을 실행하는 과정에서 합리적으로 예견할foreseeable 수 있는 다른 범죄를 저지른 경우 그 죄에도 책임을 지게 하였다.[33] 오늘날은 대다수의 법제가 모범형법전에 따라 피고인에게 스스로 교사했거나solicit, 방조했거나aid, 합의한agree to 범죄에 대해서만 책임을 지게 함으로써 책임을 좁게 인정한다.

넷째, 공모사건은 통상의 절차적 원칙들이 검찰 측에 유리하게 완화된다는

---

32) 대한민국의 법제에서는 이는 주30)에서 설명한 공모공동정범이라는 개념, 즉 공모가 있었고 그 공모를 실현하는 범죄가 실행되었다면 공모에 가담한 자는 비록 자신이 그 범죄를 실행하는 행위에는 가담하지 않았다고 하여도 공모의 죄가 아니라 범죄행위를 직접 실행한 것과 같이, 즉 직접 실행자와 똑같은 죄명(예컨대 살인교사 또는 살인방조의 죄가 아니라 살인죄)으로 의율되고, 다만 양형에서 직접 실행자보다는 가벼운 처분을 받게 될 가능성이 있는 것으로 된다. 공모에 의하여 범죄적 의사가 형성되었고 그 의사에 의하여 실제로 범죄가 이루어졌다면 의사의 형성에 가담한 자도 같은 죄책을 지는 것이 옳다는 논리로 설명된다. 대한민국 형법은 제30조(공동정범)에서 "2인 이상이 공동하여 죄를 범한 때에는 각자를 그 죄의 정범으로 처벌한다."고 하여 공동하여 죄를 범한 자의 각자를 종범이나 교사범이 아닌 정범으로 인정한다.
33) 예를 들어 A와 B가 어떤 사람에 대한 강도를 모의한 다음 A는 집 밖에서 망을 보고 B가 집 안에서 물건을 빼앗는 도중에 길 가던 행인이 범행을 목격하고 신고하려고 하자 A가 신고를 못하게 하기 위하여 그 행인을 살해한 경우 B는 이를 몰랐고 살인행위에는 가담하지 않았다고 하더라도 이러한 일은 능히 예상할 수 있었으므로 B도 강도살인죄의 죄책을 지게 되는 경우를 말한다.

점에서 다른 모든 범죄와 다르다. 공모자 전원이 한꺼번에 재판을 받을 수 있다. 이렇게 하면 모든 피고인에 대한 증거의 대부분이 동일할 것이므로 재판의 효율을 높일 수 있다. 그러나 이에 의하여 피고인들에게 불리한 대규모의 복잡한 재판이 될 수 있다. 여기서는 연합에 의한 유죄guilt by association[34]의 위험성이 생기는데 피고인 한 사람에 대한 증거가 다른 모든 사람에 대한 증거와 섞여 그들에 대한 증거라고 추론되게 될 수 있다. 피고인의 변호인에게도 역시 문제가 생길 수 있는데 범죄가 있었음이 명백한 경우 각 피고인은 다른 피고인에게 책임을 돌림으로써 자신의 죄를 가볍게 하려고 하다가 모두가 함께 휩쓸려 들어가게 되는 위험도 충분하다.[35] 더욱이 전문증거hearsay evidence[36]는 피고인이 죄를 인정하는 진술을 하는 경우를 제외하고는 보통 증거로 허용되지 않는다. 그러나 공모범의 사건에서는 보통은 한 사람의 피고인에 대해서만 사용할 수 있도록 허용되는 전문진술hearsay이 모든 피고인에 대하여 사용되도록 허용될 수 있다.

자신이 실행하지 않은 범죄에 책임지는 경우가 하나 더 있다. 이것은 방조책임accomplice liability이라고 부르는데 범죄적 행위를 실행하지 않았지만 실제 범인의 실행행위를 용이하게 하도록 도와준 경우이다. 방조의 책임은 공모의 경우와 어느 정도 유사하지만 이는 합의가 아니라 행위에 초점을 둔다. 저격수를 범죄장소에 데려다 주고 범행 후 도주시켜 준 자동차 운전자는 자신이 직접 Don Corleone를 살해하지는 않았으나 그는 여전히 살인에 대한 책임을 진다. 형사책임의 기본원칙은 그 운전자가 살해가 일어나게 할 의도로 살해행위에 가담한 것으로 본다. 범죄가 실행된 후 범죄를 실행한 자가 범죄를 은폐하거나 소추를 면

---

34) 피고인 한 사람이 임의로 한 자백은 다른 피고인에게는 객관적인 제3자에 의하여 제공되는 독립적인 증거가 되므로 범행에 가담한 피고인 전원에 대한 유죄의 증거로 사용될 수 있다. 만약 피고인 각자가 범행의 일부씩만 자백하였다면 이것들도 역시 다른 공모자에게는 독립적인 증거가되며 모두 합쳐져 범행 전체에 대한 증거로 사용될 수 있고 피고인 한 사람에게서 압수된 범행도구가 전원에 대한 유죄의 증거로 될 수도 있다는 경우를 말한다.

35) 범죄자들은 중한 처벌이 예상되면 자신의 가담 정도를 적게 하여 처벌을 감경받으려고 하는 경향이 있기 때문에 공모과정 또는 실행과정에서 주도적 역할을 다른 피고인이 하였다고 주장하는 경우가 많은데 예컨대 범행자금을 다른 피고인이 마련하였다고 주장하다가 이 자금을 마련하기위하여 저지른 강도행위를 함께 하였음을 자백하게 된다면 그들의 죄책이 더 확대된다.

36) 전문증거에 대하여는 제4장 p.202 이하 참조. 민사사건보다 형사사건에서 전문법칙이 더 엄격하게 적용되지만 그 대강은 비슷하다.

하도록 도와준 사람도 역시 공범accomplice으로 책임을 진다.[37]

살해죄homicide란 무엇인가?

이 책은 법을 소개하는 책자이므로 몇 가지 범죄만을 정의하고 논하기로 한다. New Jersey 형법은 살인에서부터 야구시합의 승부를 조작하는 일까지 200개의 개별 범죄를 규정한다. 입법기관은 어떤 사회 문제 또는 정책적 필요에 응하여 어떤 행위를 범죄로 규정함으로써 이 목록을 계속 늘려 나간다. 그러므로 이 책은 중요하고 형법의 일반적인 논점을 잘 설명해 줄 수 있는 몇 가지 범죄만을 살펴보기로 하는데 가장 중대한 범죄인 살해죄homicide[38] 또는 달리 말하여 사람을 죽이는 죄부터 시작해 본다.

살해죄는 범죄로서 중대할 뿐 아니라 살해죄에 관한 법의 발전단계가 형법의 역사에서 다른 각각의 죄가 점점 더 세세하게 구분되는 모습을 보여주고, 또 이를 구분하기가 얼마나 어려운지 등 형법의 근본적 작동원리를 잘 보여주기 때문에 개별적 죄들을 고찰하는 출발점으로 적격이다. 5백여 년 전의 영국 보통법 common law은 살인죄murder라는 단 한 가지 형태의 살해죄homicide만을 규정했고 그에 대하여 하나의 형벌, 즉 사형만을 규정했다. 그 이후 법원들과 입법기관들

---

37) 대한민국 형법에 의하면 방조는 범행 도구를 마련해 주거나 현장에서 망을 봐주는 등으로 범죄의 실행행위 이전 또는 도중, 최소한 범죄행위가 종료하기 이전에 범죄의 실행행위를 용이하게 하도록 협력하였어야 성립하고, 일단 실행행위가 종료한 이후에 본문과 같은 행위가 있었던 경우라면 이를 사후방조라고 하며 원칙적으로 타인이 실행한 범죄행위에 대한 방조죄에 해당하지 않고 별도로 증거인멸죄, 범인은닉죄, 범인도피죄 등으로 처벌받게 된다. 만약 실행행위 이전에 증거를 인멸해 주거나 도주를 도와주기로 약속하였다면 범죄의 실행을 용이하게 해 주었으므로 방조죄 또는 그 행위가 중대하다면 공모공동정범으로 처벌되게 될 것이다.

38) 영미법은 사람의 생명을 박탈하는 범죄를 그 살해의 의도 유무, 기타 요소에 따라 여러 가지로 구분하고 이에 따라 다른 용어를 사용한다. 이 중 homicide는 가장 넓은 개념으로서 사람의 생명이 침해되는 결과를 가져오는 범죄를 가장 넓게 지칭하는 용어이므로 이 책에서는 사람의 생명의 박탈을 초래하는 모든 범죄를 뭉뚱그려 지칭하는 뜻으로 사용한다. 대한민국 형법은 사람의 생명을 박탈하는 범죄를 박탈의 대상이 누구냐에 따라 살인죄와 갓 태어난 아기를 살해하는 영아살해 등 두 가지로만 구분하며 살인죄에서는 살인의 의도 유무에 따른 등급의 구별이 없으므로 생명을 박탈한 범죄는 모두 살인죄로 부르게 되어 영미법의 죄명을 번역하는 데 혼란이 있을 수 있으므로 homicide는 대한민국의 형법상 살인죄murder와 구별하여 '살해죄'라고 부르기로 한다.

은 여기서 여러 다른 형태의 살해죄를 분리시켰고 각각에 적절한 처벌 정도를 정해 왔다. 각 단계마다 그들은 형법의 목적에 바탕을 두고 더 중대한 것부터 덜 중대한 범죄를 구분해야 했다.

첫째, 전제가 되는 문제를 보자. 살해죄는 인간의 생명박탈killing을 수반하는 범죄이다. 언제 인간의 생명이 시작되고 끝나는지[39]가 문제된 사건이 몇 개 있으며 이 논쟁은 현대에 다시 부상하고 있다. 보통법의 원칙은 이러한 목적 때문에 태아fetus는 살아서 태어나야 인간이 된다고 했다. 어떤 입법기관들은 태아로 있던 기간의 마지막 단계에는 이 정의가 적용되는 것으로 보거나, 태아를 죽이는 일에 대처하기 위하여(물론 낙태를 할 여성의 자유에 대한 헌법적 보호의 한도 내에서) 특별법을 제정하기도 하였다. 삶의 다른 끝에 관해서는 의료기술의 발전에 따라 죽음에 임박한 사람이 아직 살아 있는지 여부를 판정하는 데 복잡한 문제가 대두되었다. 대부분 주들은 뇌 기능의 소멸에 초점을 두는 사망의 정의를 채택하였는데 따라서 뇌의 기능이 상실되어 심각하고 회복이 불가능한 혼수상태에 있는 사람에게서 인공호흡기를 제거하는 일은 살인이 아니게 되었다.[40]

살해죄homicide는 대체로 다음의 과정을 거쳐 여러 등급으로 나누어졌다. 첫

---

39) 살해죄homicide는 사람의 생명을 박탈하는 죄이므로 그 객체는 '사람'인바, 인간은 태아로 있다가 세상에 나와 사람이 되며 생명의 소멸로 인하여 사람으로서의 법적 지위를 상실한다. 그러므로 언제부터 언제까지가 사람인지가 법적으로 문제되며 사람이 되기 이전에 살해된 경우라면 낙태죄의 객체, 사람이 아니게 된 이후에 타인에 의하여 살해의 의도로 어떤 손상을 받은 경우에는 사체손괴죄의 객체가 되고 살해죄의 객체로 되지 않는다. 사람과 태아 또는 시체에 대한 공격은 법적 평가가 다를 수밖에 없고 따라서 사람으로 인정되는 시기와 종기에 대하여 여러 학설이 있으며 실무상의 필요에 의해서만이 아니라 윤리적, 도덕적으로 많은 논란이 있다. 대한민국에서는 사람의 시기에 대하여는 모체에서 출산을 위하여 분리되기 시작한 때 또는 진통이 시작된 때를 기준으로 하는 출산개시설 또는 진통설이 다수설이고 종기에 관하여는 심장과 폐의 기능이 정지된 때를 기준으로 하는 심폐정지설이 다수설이라고 할 수 있다. 다만, 민법에서는 모체로부터 완전히 분리되어 신체 전부가 노출된 때를(전부노출설) 사람의 시기로 본다.

40) 종래의 다수설인 심폐정지설에 의하면 뇌의 기능이 상실되어 사실상 회생이 불가능한 사람이라도 맥박과 호흡이 유지되는 한 장기를 적출하는 일이 살인죄에 해당하게 되므로 최근에는 장기이식과 관련하여 뇌의 기능이 상실된 때를 기준으로 하는 뇌사설이 세계적으로 힘을 얻고 있다. 그러나 이 역시 의료수준에 따라 뇌의 기능의 완전상실 여부를 누가 어떻게 어느 정도 정확하게 판정할 수 있는지에 관하여 의료의 면에서만이 아니라 철학적, 윤리적 논쟁이 있어 많은 나라에서 이를 확정적으로 채택하지는 못하고 있으며, 대한민국에서도 특히 독자적으로 심장박동이나 호흡을 할 수 없는 환자에게서 인공호흡기와 심장박동기를 제거하여 사망에 이르게 하는 행위가 허용되는지 등에 많은 논란이 있다.

째, 치사죄manslaughter가 살인죄murder에서 떨어져 나왔다. 살인죄에 대한 전통적인 정의는 여러 주에서 아직도 사용되고 있기도 하지만 사전의 악의malice aforethought 를 가지고 인간을 살해하는 것이라고 한다. 'malice aforethought'의 법적 정의 는 그 단어들의 일상적 의미와는 아주 다르며, malice 또는 forethought라는 단 어들의 일반적인 뜻과도 관련이 없다. 이 용어들은 오히려 법이 발전하면서 법 전에서 사용되는 용어로 정착되고, 살인죄murder의 피고인에게 유죄를 선고하기 위하여 요구되는 마음의 상태의 리스트를 표현하는 말이 되었다. 치사죄manslaughter 는 살인죄murder 이외의 모든 살해죄homicide의 유형을 포괄한다. 다음으로 살인 죄murder는 보통 1급살인first-degree murder[41])과 2급살인second-degree murder[42])으 로 등급이 나누어졌다. 1급살인은 기본적으로 의도intent에 의한 살해를 말하 고, 2급살인은 그 이외의 기타 유형의 살인죄를 말한다. 끝으로 자발적 치사죄 voluntary manslaughter와 비자발적 치사죄involuntary manslaughter가 나뉘었다. 유발 된 치사죄manslaughter under provocation는 자발적 치사죄의 전형적인 예이고, 무모 한 행위에 의한 살해reckless killing 또는 과실살해negligent killing는 비자발적 살해죄의 예이다.

1995년 Oklahoma City의 Murrah Federal Building 폭파사건을 바탕으로 한 가상적 사례로 이야기를 풀어 나가 보자. 반정부적 테러리스트 Timothy McVeigh 가 이 사건으로 유죄를 선고받았다. 검찰에 따르면 McVeigh는 대형 사제폭탄을 제조하기 위하여 원료들을 구했고, 빌린 트럭에서 폭탄을 제조하였으며, 폭탄이 실린 트럭을 위 건물 외곽에 주차했는데 그날은 Waco, Texas의 공무원들이 McVeigh가 동조하던 반정부주의자들과 싸우다 희생당한 기념일이었다.

먼저 알려진 사실대로 사건을 살펴보고, 다음으로 McVeigh가 어떤 정치적 주장의 방편으로 공무원 수십 명을 살해하려고 했다는 가정을 가지고 검토해 보 자. 이는 살해의 의도intent to kill라고 불리는 사전의 악의malice aforethought의 첫

---

41) 사전에 사람을 살해할 의도로 고의적이고 계획적으로 실행한 살해죄로서 여러 명이 모의를 한 경우는 물론이고 혼자라도 미리 계획을 세우고 살해를 도모한 경우에 인정된다. 사전에 살해의 의사를 가지고 있었음을 중시하여 모살(謀殺)이라고 번역하기도 한다.
42) 1급살인 이외의 murder를 말하며 사전에 살해의 의도를 가지고 있지 않았다는 점에서 고살(故 殺)이라고 번역하기도 한다.

번째 범주의 예가 된다. McVeigh는 공무원들의 죽음을 초래하려는 의도를 가지고 있었으며 따라서 이 사건은 살해죄homicide 중에서 가장 심각한 유형이 된다. 우리는 그의 동기motive, 즉 그가 어떤 이유로 살해하고자 했는지는 상관하지 않고 오직 그의 의도intention, 즉 그가 살해하기를 원했는지 여부만을 문제삼음을 기억해야 한다. 설사 살인을 한 사람이 칭찬할 만한 동기에서 그런 행동을 했다고 해도 그는 여전히 살해의 의도는 가진 것이므로 만약 어떤 사람이 고통이 심하고 종말에 가까워진 질병에 시달리는 늙은 아내를 총을 쏘아 살해했다면 그가 단지 아내의 불행을 끝내주고 싶어 했을 뿐이라는 점은 처벌 정도에 관련이 있을 수 있을지언정 유죄 여부의 판단에는 아무 상관이 없다.

　McVeigh가 Murrah Building을 파괴함으로써 자신의 정치적 메시지를 전달하려 했고 특별히 사람이 죽을 것에 대해서는 신경쓰지 않았다고 가정해 보자. 그는 폭탄이 장치된 트럭을 그 건물 건너편에 주차한다. 건물 안에 있던 사람들이 죽음을 당했을 때 McVeigh는 둘 중의 어떤 이론에 의하든지 여전히 사전의 악의를 가지고 행동한 것이 된다. 그는 스스로 엄청난 폭발력을 가진 폭탄을 제조했음을 알고 있으므로 만약 그가 누군가가 죽을 것이라고 실제로 확신했다면 그는 유죄이며, 그가 설사 일부로 누군가를 죽일 것을 원치 않았다고 하더라도 그러한 일이 생길 것임을 알고 있었기 때문에 유죄이다. 만약 그가 폭발력이 어느 정도일지 몰랐고 또한 그에 관심을 두지도 않았다면 그는 자신의 행동이 누군가의 죽음을 초래할 것을 알았다는 의미에서의 살해의 의도는 가지지 않았겠으나 그는 인간의 생명에 대한 극도의 무모한 경시extremely reckless disregard, 즉 보통법이 "타락한 마음depraved heart"이라는 화려한 말로 부르는 마음상태에서 행동했으므로 사전의 악의malice aforethought를 가지고 행동한 것이 된다(이는 사람에게 심각한 신체상해만을 가하겠다는 의도로 저질러졌으나 살해의 결과가 발생한 경우 사람에게 그렇게 심한 상해를 의도하는 것은 무모하기reckless 때문에 이를 살해죄homicide로 보지 않고 살인죄murder로 취급해 버리는 원칙과 같은 원리이다). 이는 사람의 생명에 부여된 가치가 반영된 결과라고 볼 수 있으며, 사전악의는 미리 계획된 살인premeditated murder과는 실제로는 아무 관계가 없음을 보여준다.

　사전악의malice aforethought에 관한 마지막 한 가지를 알아보기 위해 위의 가정으로 되돌아가 보자. McVeigh는 비료 성분, 연료용 기름과 화학물질을 혼합하고 뇌관으로 폭발시키는 폭탄을 만들었다. 그가 이 뇌관을 건축현장에서 강도행위robbery로 구했다고 가정해 보자. 공사장의 인부가 그 강도행위에 놀란 나머지 뇌관의 격발장치를 건드렸고 뇌관이 폭발하여 인부가 사망하였다고 하자. 살인죄murder에 관한 보통의 원칙에 의하면 McVeigh가 인부를 살해하고자 의도한 바 없으므로 사전악의를 가지고 행동한 것도 아니고, 건축현장에서의 강도행각이 사람의 생명에 대한 무모한 무관심이 드러난 행위라고 볼 수도 없다. 이에 불구하고 McVeigh는 전통적 중죄살인원칙felony–murder rule에 의하여 살인죄murder의 책임을 진다. (강도 등의) 중죄felony[43]를 실행하는 도중에 피해자의 사망이 야기되었다면 그 강도범이 살해를 의도했든 안 했든 자동적으로 살인죄murder가 된다.

중죄살인felony–murder의 원칙은 중죄를 실행하는 도중 사람의 사망을 초래한 행위를 엄격책임범죄strict liability crime[44]의 하나로 만드는 원칙이다. 범죄자가 살해를 의도하지 않았다고 해도, 또는 사람의 죽음을 초래하게 된 그 점에 대하여 주의를 게을리한 일이 없었다고 해도 그는 살인죄murder의 책임을 진다. 이 원칙의 주된 근거는 이렇게 해야 심각한 범죄를 저지를 위험성이 높은 사람들에게 더 큰 범죄억제의 효과를 가져 올 수 있으며, 비록 범죄자에게 확정적인 살해의 도가 없었다고 해도 그 범죄가 초래할 수 있는 그 결과의 심각성을 인식하게 하여 범죄를 자제하도록 유도하자는 데 있다. 그러나 법원들은 이 논리에 불편을 느껴 왔고 특히 그러한 연관성이 덜 명백한 사건에까지 확대 적용되는 것을 싫어했다. McVeigh가 폭발물을 구입할 때 필요한 연방의 허가증을 위조forging하

---

43) 법률의 규정에 사형 또는 1년 이상의 징역형 이상의 처벌을 할 수 있도록 정해진 죄를 총칭하는 개념으로 1년 미만의 징역형이나 벌금형에 처하도록 되어 있는 죄를 통칭하는 misdemeanor와 구별된다. 즉, 3년 이하의 징역형에 처한다고 규정된 죄는 실제 1년 이상의 징역형에 처해질 수 있으므로 중죄felony이다.

44) 범죄의 의도가 있었음을 요하지 않고 범죄에 해당하는 행위만 있었으면 성립하는 범죄이다. 형법은 범죄가 성립하려면 원칙적으로 범죄의도mens rea와 범죄행위actus reus가 동시에 존재하였을 것을 요구하는데, 예를 들어 남의 물건을 자기의 것으로 알고 가져갔다가 나중에 이를 알고도 돌려주지 않고 자기의 것으로 하려는 의사가 생겼어도 절도죄에 해당하지 않는다는 것이다. felony–murder는 그 중죄felony 자체를 실행한다는 고의가 있었을 뿐 대상자를 살해하겠다는 고의는 없었음에도 살인죄murder로 처벌하는 점에서 일종의 엄격책임범죄이다.

여 뇌관을 구입하려고 했다고 가정해 보자. 그가 뇌관 제조자에게 위조된 허가증을 제시하던 중에 그 제조자의 점원이 뇌관을 떨어뜨려 폭발해서 그가 사망했다. 연방의 허가증을 위조하는 것이 중죄felony이면 McVeigh는 중죄살인을 저지른 것이 되는가? 이는 지나친 결론이라고 보이며 따라서 대부분의 법제는 중죄살인의 원칙의 적용을 제한하여 생명에 위험을 야기하는 폭력적인 중죄에만 적용하거나 또는 강간rape, 강도robbery, 약취kidnapping, 방화arson 및 주거침입강도burglary 등과 같은 가장 중대한 일부의 중죄felony를 선정하여 이들에만 제한적으로 적용하는 경우가 많다. 많은 법제들이 중죄를 저지르는 도중에 발생한 살해행위 중에서 중죄살인에 해당하는 것을 제한적으로 인정하며, 따라서 McVeigh와 그의 공범accomplice이 건설현장에서 강도를 저지르는데 경찰관이 현장을 덮쳐 도망치던 공범자를 쏘았고 그가 사망하는 결과가 나왔더라도 McVeigh는 중죄살인의 책임을 지지 않는다. 그리고 모범형법전Model Penal Code의 중죄살인에 관한 규정은 위험한 중죄를 저지르던 도중에 발생한 살해행위는 무모한 행위reckless로 (따라서 살인죄murder에 해당하는 것으로) 추정하는 데 그치며 피고인이 이 추정을 반박하여 살인죄의 적용을 배제할 수 있도록 하고 있다.

살해의 의도가 없었더라도 중죄살인으로 취급될 수 있는 정도로 극도의 무모함extreme recklessness만 있었으면 어떤 생명박탈행위killing를 더 중대한 죄인 살인죄murder로 인정한다는 것은 추론을 통하여 행위자의 책임을 확대시키는 것이다. 극도의 무모한 행동은 의도에 의한 행동과 완전히 같지는 않으나 꽤 심각한 일인 것은 분명하며 따라서 법원들은 이를 살인죄로 처벌할 수 있도록 하였다. 그러면 그 다음의 단계로서 서로 다른 유형의 살인죄를 구분하는 일이 남는다. 세상에 다른 일보다 더 심각하기 때문에 더 중한 처벌을 받아야 마땅한 일이 있는가? 특히 사형death penalty은 모든 유형의 살인죄murder에 부과되어야 하는가 아니면 그중에서도 특히 심각한 어떤 경우에만 부과되어야 하는가?

옛날에는 살인죄murder를 1급first-degree과 2급second-degree으로 구분하고 1급 살인자에게만 사형을 선고할 수 있도록 했었다. 1794년 Pennsylvania 법률은 1급 살인을 "의도적이고willful, 고의적이며deliberate 그리고 미리 계획된premeditated" 것이어야 한다고 규정함으로써 살인자는 냉정하고 의식적으로 살해의 결심에 도달했을 것을 요구한다. 이 Pennsylvania 법률은 이러한 정의에 해당하는 살인죄의 종류를 "독극물을 이용하거나 잠복하여 기다리는 등의 방법을 이용하여 저질러진 모든 살인murder"이라고 예시한다. 이 법률은 가장 중대한 중죄serious felony를 실행하던 도중에 저질러진 살해행위를 1급살인으로 처벌하고 기타 모든 유형의 살인죄는 2급살인으로 분류된다. 그러므로 사전의 계획이 없었고 고의적이지는deliberate 않은 의도적intentional 살인, 극도로 무모한 살해 및 기타 형태의 중죄살인felony murder은 옛날부터 사형으로 처벌되지 않는 2급살인으로 취급되었다.

독극물을 이용하거나 잠복하였다가 사람을 죽인 자는 자신의 행위를 계산한 것이 분명하므로 사람을 의도적으로 살해하기는 하였으나 그 정도의 계산까지는 하지 않은 사람보다 더 특별한 비난을 받아야 마땅하다. 그러나 고의적 및 사전의 계획이라는 공식이 한 번 확립되자 그 한계를 규정하기 어려워졌다. 남편을 독살하고 생명보험금을 타 낸 다음 애인과 결혼하고자 마음먹은 아내는 독물의 치사량을 계산하고, 그 독약을 불법적으로 구입하고, 어떻게 하면 독약의 맛을 감출 것인가 궁리하고, 결정적으로 독약을 먹일 기회를 엿보느라 몇 주간 계획을 세웠을 수 있다. 그런데 이와 달리 그 아내가 미리 이 정도의 계획을 세우지 않고 저녁식사를 준비하면서 음식에 쥐약을 흘려 넣음으로써 남편을 간단히 제거할 수 있음을 알아차렸다고 가정해 보자. 그녀는 살인을 의도하고 사전에 계획을 세운 것인가? 대부분의 법원들은 이를 긍정할 것이다. 다음으로 그녀가 음식을 식탁에 놓는 순간에 비로소 자기 접시에 담긴 음식에 남편에게 심한 알레르기를 유발할 수 있는 성분이 들어 있으므로 남편에게 접시를 바꾸어 주고 먹도록 하면 남편이 죽을 수 있음을 알아차리고 그 음식을 남편에게 주는 경우를 상정해 보자. 법원들은 점점 더 1급살인을 인정하기 위해서 일정한 기간의 계획과 의도의 시간을 요구하는 태도로 변해 갔다.

모범형법전은 1급살인과 2급살인을 구분하기 어렵다는 점을 인정하고 그 구분을 폐지하고 있다. 이 법전은 먼저 살인죄murder를 목적을 가지고purposely, 알면서도knowingly 또는 "인간 생명의 가치에 대한 극도의 무관심이 명시적으로 드러나는 상황에서" 무모하게recklessly 초래된 살해행위라고 규정한다. 그리고 법전은 사형을 선고할지 여부를 판단함에 있어 고려되어야 할 가중사유aggravating factor와 감경사유mitigating factor를 규정한다. 이 법전이 말하는 가중사유와 감경사유 중 먼저 범죄의 속성에 관한 것으로는 "금전적 이득을 위하여 저지른" 또는 "이례적인 악성이 명백히 드러나도록 특별히 극악heinous, 잔학atrocious 또는 잔인cruel"하였다거나 또는 "피고인이 자신의 행위에 대한 도덕적 정당화 또는 정상참작extenuation 사유가 될 수 있다고 믿을 만한 환경하에서 저질러진" 경우 등이 있다. 법전은 또한 전과previous crime 유무, 연령, 자신의 행위의 위법성을 평가할 능력 등 범죄자에 관한 사유를 고려한다. 이러한 점에서 이 법전은 각 범죄를 일반적으로 구분하는 것에서 더 나아가 각 범죄의 환경과 이를 저지르는 사람들을 구분함으로써 범죄의 범주를 더 정밀하게 규정해야 한다는 예시를 보여준다고 할 수 있다.

범죄로서 살해죄homicide를 세분하는 다음의 단계는 살인죄murder와 치사죄manslaughter의 구분이다. 어떤 살해행위killing는 처벌이 당연할 만큼 잔혹한 것일 수도 있지만 어떤 경우는 살인죄murder로 구분되어야 마땅할 만큼 잔혹하지는 않은 것도 있다. 이들은 사전악의malice aforethought가 없는 살해행위이다. 이미 살펴보았듯이 사전악의라는 어구는 여러 가지의 극도로 나쁜 행위의 유형을 모두 포괄하는 용어이고, 치사죄manslaughter에도 역시 살해행위의 여러 유형이 포함된다. 그리고 치사죄는 다시 세분하여 자발적 치사죄voluntary manslaughter와 비자발적 치사죄involuntary manslaughter로 나누어진다.

자발적 치사죄의 범주에 해당하는 주요 유형은 살해행위에 이르게 하기에 충분할 정도의 유발행위provocation에 의하여 고조된 흥분에 따라 발생한, 즉 살인죄murder에서 요구되는 냉혈상태cold blood가 아니라 격정상태hot blood에서의 살해행위이다. 오랫동안 자발적 치사죄voluntary manslaughter를 설명하는 데 사용된 예는 남편이 집에 돌아와 아내가 다른 남자와 침대에 있는 것을 보았고 그래서 질투에 못이긴 분노로 그 남자를 살해했다는 것이 있다. 전통적으로 판사들은 어떻게 남자들이 아내의 부정으로 그만큼 충격을 받거나 자신의 권위를 모독당한 데 격분하여 자제력을 잃을 수 있는지 이해하였고, 아내의 정부를 살해하는 일이 비록 칭찬받을 수는 없으나 최소한 이해할 만한 일이고 따라서 비록 살해하려는 의도가 있었지만 살인죄murder보다는 범죄성이 약하다고 보았다.

유발행위provocation가 있었다는 이유로 사람을 살해한 범죄를 살인murder에서 치사죄manslaughter로 감경할 수 있게 하는 근본적 이유는 극단적인 상황에서라면 사람들에게 단순히 법이 요구하는 바대로 행동할 것을 기대할 수 없다는, 즉 인간의 약점을 인정하는 결과라고 할 수 있다. 그러나 우리가 이러한 기조를 그대로 따라간다면 살해행위가 면책 또는 감경되어야 하는 경우가 많아질 것이므로 형법은 그럴만한 유발행위만을 감경사유로 인정한다. 우리는 또 한 번 개별적 사정을 감안해야 한다는 점과 모든 사건 전체에 일관되게 적용될 원칙을 만드는 것 사이에서 갈등을 겪는다. 보통법 시대에 법원들은 상당하다고 인정할 만한 유발행위의 범주를 개발하려는 경향이 있었다. 아내의 부정행위를 발견한 남편이 전형적인 사례이다. 다른 경우로는 싸움을 하는 사람들과 심각한 공격의 피해자를 들 수 있다. 전통적으로 "단순한 말mere words"은 상당한 유발행위로 인정받지 못하여 예를 들어 아내로부터 말로 모욕 또는 협박을 당하거나 아내가 자신의 부정행위를 고백하는 것을 듣고 그에 반응하여 살해하였다면 감경사유로 인정받지 못한다. 더 최근에는 그 요건을 보다 더 개별화하려는 경향이 생겨나서 모범형법전은 피고인이 "그럴 만한 말 또는 변명reasonable explanation or excuse"을 듣고 이로 인하여 "극도의 정서적 혼란상태extreme emotional disturbance"에 빠져 살해행위를 했다면 살인죄에서 치사죄로 감경을 허용한다.

비자발적 치사죄involuntary manslaughter는 살해죄homicide의 마지막 유형이다. 혼잡한 인도에서 차를 난폭하게 몰고 가는 행위처럼 인간의 생명에 발생할 수 있는 위험에 극도로 무모하게 무관심하였다면 사전의 악의malice aforethought가 있었던 것으로 간주하여 살인죄murder에 해당할 수 있다. 불법행위법tort law에서는 출근길에 계란 맥머핀을 먹으며 운전하느라 도로 상황에 충분한 주의를 기울이지 않아 교통사고를 야기했다는 등의 통상의 과실ordinary negligence 또는 부주의를 이유로도 민사책임civil liability이 발생한다. 극도의 무모함extreme recklessness과 통상의 과실 사이의 어딘가에 또 다른 유형의 무모함과 형사적 과실negligence이 위치하며 여기서 비자발적 치사죄가 생겨난다. 이 이슈는 특히 사람의 사망을 야기한 자동차 사고에 관련된 사건에서 논쟁이 많다. 역사적으로 법원과 배심원들은 무모한 운전자에게 살인죄murder로 유죄를 선고하기를 꺼리는 태도를 보여 왔는데, 이는 아마도 누구나 "신의 은총이 없었더라면 나도 그런 상황에 처할 수 있을 것이다there but for the grace of God go I."라고 생각하는 경향이 있음에 기인한 것으로 보이며, 이에 따라서 입법기관들은 자동차살해죄vehicular homicide라는 범죄를 독립범죄free standing offence 또는 비자발적 치사죄의 변종의 하나로 입법하였다. 최근에는 음주운전drunk driving에 대한 반대여론이 높아지면서 음주운전에 의하여 사람의 사망을 야기한 경우 이를 비자발적 치사죄 또는 심지어는 2급살인으로 취급하는 등 범죄로 규정하는 경향이 증가하고 있다.

강간죄는 왜 그렇게 논란이 많은가?

강간죄rape는 최근에 형법에서 가장 많이 공론화되고 논란이 많으며 가장 변화를 많이 겪은 분야이기도 하다. 강력사건high-profile case은 언론과 대중의 주목을 받는다. 남성, 여성 그리고 형법이 성행위와 성별에 따른 역할의 유형과 그에 대한 관념의 변화에 어떻게 대처하는가? "노"는 언제나 "노"를 의미한다고 해야 하는가? 명백히 동의가 표시되지 않았다면 그 성행위는 강간인가?

강간에 관한 법은 범죄구성요건에서부터 재판에서 사용될 수 있는 증거의 종류까지 여러 차원에 걸쳐 있고 모든 요소가 다 유동적이다. 모든 법적 이슈가 다 그러하듯이 특정 사건에 대한 판결은 법률이나 어떤 법제에서의 판례의 구체적 문구에 따라 좌우되는 경우가 많다. 이 점을 기억하면서 강간죄에 관한 법의 과거와 현재 그리고 미래에 어디로 향해 갈 수 있을지에 관하여 보다 일반적인 의문을 검토해 보기로 한다.

1994년부터 엄청난 논란의 대상이 되어 온 Pennsylvania의 Commonwealth v. Robert Berkowitz 판결에서 시작해 본다. 여대생인 고소인complaint은 강의실에서 나와 기숙사 방으로 가서 마티니를 마셨고 라운지로 가서 남자친구를 기다렸다. 고소인은 남자친구가 나타나지 않자 다른 친구인 Earl Hassel을 찾으러 다른 기숙사 방으로 갔다. 고소인은 방문을 두드렸으나 답이 없었다. 그녀는 손잡이를 돌려 보고 잠겨 있지 않음을 알았으며 방에 들어갔는데 남자 하나가 침대에 누워 있었다. 고소인은 처음에는 그가 Hassel이라고 생각했는데 실제로는 그의 룸메이트인 Berkowitz였다. Berkowitz는 그녀에게 잠깐 머물러 있으라고 요구했고, 그녀는 "시간을 보내야 했으므로" 이에 동의했다. 그는 그녀에게 침대에 앉으라고 권했으나 그녀는 거부하고 방바닥에 앉았다.

Berkowitz는 그녀의 옆으로 옮겨 앉아 그녀의 셔츠와 브래지어를 올리고 가슴을 만졌다. 그리고 그는 자신의 바지를 내리고 성기를 그녀의 입에 넣으려고 했으나 실패했다. Berkowitz는 방문을 잠그고 그녀를 침대 위로 밀어 올렸으며 고소인의 표현에 따르면 "그는 나를 침대 위에 눕혔다 … 그는 나를 침대에 던지지 않았다. 그것은 일종의 밀치는 행동이었는데 사실은 미는 것이 아니었다." 그리고 그는 그녀의 운동복 바지를 벗기고 속옷을 내려 한쪽 다리만 빼내었다. Berkowitz는 그녀의 몸 위에 엎드린 것 이외에는 어떤 억압도 하지 않았고 그녀를 협박하지도 않았다. Berkowitz는 성기를 그녀의 음부에 삽입하였다. 고소인은 그와 같이 있는 시간 내내 "노"라고 말했다. Berkowitz가 성기를 빼내어 그녀의 배 위에 사정한 후 "와우, 우리가 흥분한get carried away 것 같다."라고 말하자 그녀는 "아니다. 우리가 아니라 네가 흥분했다."라고 말했다.

이것이 강간인가? Pennsylvania 대법원은 종래의 법이론에 따라 아니라고 하였다. Pennsylvania의 강간에 관한 법률의 규정은 남성이 자신의 배우자 아닌 여성과 "폭력적 강제에 의하여by forcible compulsion" 성행위하는 것을 범죄라고 한다. 이 법원의 견해에 의하면 고소인의 증언으로도 폭력force의 사용 또는 폭력을 사용하겠다는 협박threat이 인정되지 않는다. Berkowitz는 그녀를 때려눕히거나 물리적으로 제압하지 않았다. 그녀가 사건 내내 "노"라고 말하였으므로 동의가 없었다고 할 수는 있지만 Berkowitz가 폭력을 사용했다는 것은 아니다.

비슷한 사건인 State in the Interest of M.T.S. (1992) 판결에서 New Jersey Supreme Court는 위 견해에 동의하지 않았다. 15세의 C.G.는 타운하우스에서 어머니, 형제들 그리고 M.T.S.(청소년 관련 사건에서는 신원노출을 피하기 위하여 이니셜을 쓰는 때가 많다)를 포함한 다른 몇 사람과 함께 살고 있었다. 각자의 진술은 달랐지만, 사실심 법원trial court은 어느 날 새벽 C.G.는 M.T.S.와 키스와 깊은 페팅petting을 하는 데에는 동의하였으나 성교intercourse에는 동의하지 않았고, M.T.S.가 성기를 음부에 밀어 넣을 때 그를 밀쳐 내며 "그만해, 저리 가."라고 말하였다는 사실을 인정하였다. New Jersey 법원의 핵심 관심사는 힘이 아니라 동의의 유무였다. "적극적이고 자유롭게 주어진 허락이 없었다면without affirmative and freely given permission" 동의 없는 성기의 삽입 자체가 물리적 폭력physical force의 요건을 충족한다는 것이다. 허락은 반드시 말로 하거나, 선언되어야 하는 것은 아니지만 합리적 사람의 입장에서 동의가 있음이 드러났다고 보기에 충분한 증거가 있어야 한다는 것이다.

두 결론의 차이를 어떻게 설명할 수 있을 것인가? Pennsylvania 법률과 New Jersey 법률의 문구에 차이가 있기는 하지만 그처럼 큰 차이를 낳아야 할 만큼의 차이가 있는 것도 아니다. 이 차이는 Pennsylvania 법원은 강간범죄에 관한 전통적 개념을 적용하였고, New Jersey 법원은 좀 더 현대적인 개념을 적용하였기 때문이라면 이해할 수 있을 것이다.

강간에 관한 전통적 개념은 실행과정에서 폭력 또는 폭력을 사용하겠다는 협박45)을 요건으로 한다. 강간은 폭력적이어야 한다는 강간죄의 정의는 피해자가 가해자에게 "최대한to the utmost" 저항resistance을 했을 것을 요구한다. 그러나 압도적인 협박 앞에서 저항이 아무 소용이 없었다고 인정되는 경우 저항의 요건은 적용되지 않았다. 강간범이 피해자의 머리에 총을 겨누고 있다면 그녀가 저항했을 필요는 없다.

저항이 필요하다는 원칙은 남성, 여성 그리고 성행위에 관한 전통적 인식이 반영된 결과이며, 그러한 인식이 변화하면서 법도 변화하였다. 우리는 모두 법학자 Susan Estrich가 명명한 "진정한 강간real rape", 즉 "낯선 사람이 피해자의 머리에 총을 들이대고 죽이거나 때리겠다고 협박하면서 성행위를 하는 것"이 무엇인지 알고 있다. 그러나 대부분의 강간은 Estrich의 설명대로 "폭력이 좀 덜했거나 신체적 상해가 없었던 경우, 협박이 좀 불분명했던 경우, 두 사람이 서로 아는 경우, 현장이 골목길이 아닌 침실이었던 경우, 처음 만난 계기가 납치가 아니라 데이트였던 경우, 여성이 싫다고 말하지만 싸우지 않았던 경우" 등과 같이 어떤 면에서든 위의 모델과는 차이가 있다. 그러한 경우에 벌어진 일이 강간으로 불리기에 충분한지를 판단하는 일은 사람의 인식에 달려 있다. 종래의 법이론은 남성은 성적으로 공격적이고 여성은 수동적이며, 여성은 성교할 생각이 없다면 남성을 자극하거나 모호한 상황을 만들지 말아야 할 의무가 있다거나, 남

---

45) 대한민국을 비롯한 대륙법계의 형법은 전통적으로 폭행과 협박을 그 정도와 모습에 따라 구분하고 죄에 따라 달리 적용하는 태도를 가지고 있다. 즉, 최협의의 폭력, 협박은 피해자의 저항을 불가능하게 만드는 정도로서 강도나 강간죄의 경우에 요구되고, 협의로는 타인의 자유의지를 제약하여 저항이 불가능하지는 않더라도 곤란하게 만드는 정도로서 남에게 해를 가할 것 같은 태도를 보여 재물을 빼앗는 공갈죄가 그 예이며, 광의의 폭력은 사람의 신체에 대한 유형력의 행사로서 폭행죄, 협박죄에서 요구되며, 최광의 폭력은 사람에게든 물건에게든 폭력을 행사하여 인간에게 신체적, 심리적, 물리적 손상이나 위해를 가하는 경우까지를 포함하는 개념으로 사용된다.

성이 성행위를 제안하면 여성이 일단 거부하는 것은 늘 있는 일이라든가, "노"가 언제나 "노"를 의미하지 않는다는 등의 인식에 기인한다. 현대의 이론은 여성에게 자기결정권autonomy이 있다거나 남성은 여성이 성적 접촉에 동의하는지를 확인할 의무가 있다는 등의 인식에 보다 많이 기인한다(과거에는 강간은 남성이 여성에게만 범할 수 있다고 했으나 최근의 법률들은 성별에 중립적인 태도를 취하며 남성도 폭력에 의한 성폭력으로부터 보호하고 있다).

현대적 접근방식에 따라 많은 주가 저항의 원칙resistance rule을 폐지하고 강간죄의 정의를 다시 내렸다. 어떤 주법은 폭력과 동의의 부재라는 두 가지 요소를 요구하고, 어떤 주법은 이 범죄의 필수 요소로 폭력이나 폭력으로 강제된 동의의 부재 또는 단순히 동의의 부재만을 요건으로 규정하는 태도 중 어느 한 가지를 채택한다. 법률이 어떤 용어를 사용하는지는 중요한 문제이지만 성별에 따른 행동규범과 성적 행위에 대한 전통적인 인식이 여전히 남아 있다는 점도 중요하다. M.T.S. 판결에 의하여 New Jersey 법률은 폭력보다는 동의에 주목하는 것으로 변하였고 다른 주들도 이에 따랐다. 그러나 법의 변화에 불구하고 그러한 주의 경찰, 검사, 판사 그리고 배심원은 강간죄의 증거로 폭력의 행사 여부와 심지어 저항을 했는지의 여부를 여전히 중시하는 경향이 있다.

어떤 경우에는 성적 관계에 동의가 있었더라도 법이 그 동의의 효력을 부인하고 행위자로 하여금 강간죄의 죄책을 지도록 한다.[46] (법제에 따라서는 성폭력범죄에 등급을 규정하고 이 경우 강제력을 행사한 강간보다 가볍게 보기도 한다) 고등학교 교장이 학생에게 자신과 성교하지 않으면 졸업을 시키지 않겠다고 위협하였다면 과거의 법에 의하면 폭력이나 신체적 가해를 하겠다는 협박이 없었으므로 강간이 아니라고 하겠지만 그러나 모범형법전Model Penal Code은 교장의 행위가 강압에 의하여 이루어진 행위로 보아 범죄라고 한다. 남성이 여성의

---

46) 이러한 경우를 법이 강간죄로 간주한다는 의미에서 법정강간 또는 의제강간statutory rape이라고 하는데 폭행이나 협박과 같은 본래의 강간죄의 요건에 해당할 만한 행위가 없더라도 일정한 연령에 도달하지 않아 성행위를 감당하거나 성행위 또는 이에 동의하는 일의 의미를 제대로 이해하고 자유로운 의사에 의하여 선택하기 어렵다고 인정되는 여성과 성교하는 행위를 말한다. 이 경우는 설사 당해 여성이 동의하였더라도 강간죄로 처벌하며, 만약 이러한 여성을 폭행 또는 협박으로 강간한 경우라면 행위의 범죄성이 의제강간보다 더 중한 일반 강간죄가 될 것이다.

음료에 데이트강간 약물date-rape drug을 타서 마시게 하고 성교한 경우 또는 남성의 데이트 상대가 알코올이나 약물에 심하게 중독되어 명료하게 생각하거나 거부의 의사를 밝히지 못한 경우와 비교하면 전자가 더 비난가능성이 높음이 명백하지만 많은 주의 법률은 후자도 범죄행위라고 한다. 정신장애로 인하여 성관계의 본질과 위험을 이해할 수 없는 사람은 유효한 동의를 할 수 없다고 보는 것이다. 법은 또한 미성년자의 동의의 효력을 제한함으로써 그들을 특별히 보호하고자 한다. 이에 관한 실정법들은 동의를 할 수 있는 연령47)을 각기 다르게 정하거나 피고인과 피해자 사이의 나이 차이를 고려하는 등 다양한 모습을 가진다. 성인 남자가 자신과 성교하는 여성이 실제로는 14세임에도 18세라고 믿은 경우 그는 법을 위반한 것인가? 전통적 원칙은 이를 긍정하였다. 의제강간죄 statutory rape는 성행위에 동의할 만큼 성숙하지 못한 순진한 소녀를 보호하기 위하여 제정된 엄격책임범죄strict liability offence48)이고 소녀의 나이에 대한 착각은 유효한 항변이 될 수 없었다. 좀 더 최근에 들어 많은 법제들은 합리적인 착각을 항변으로 인정하는 쪽으로 법을 바꾸었다.

성적 행동에 대한 인식의 차이가 강간사건에 관한 증거법의 문제에도 영향을 주었다. 전통적인 개념은 강간을 당했다고 주장하는 고소인의 진실성을 의심하였고, 그러한 의심이 그 고소를 기소하기 어렵게 만드는 세 가지 원칙에 영향을 주었다. 첫째는 신속고소원칙fresh complaint rule으로서 피해자가 사건 후 신속하게 신고report하였을 것을 요구한다. 둘째는 보강법칙corroboration rule으로서 피해자의 증언을 보강할 만한 다른 증거가 없으면 피해자의 증언만으로 피고인에게 유죄를 선고하지 못한다. 셋째는 피해자의 종전의 성행위 전력sexual history을 증

---

47) 대한민국 형법은 13세 미만의 여성과 성교하거나 추행한 경우는 동의 여부에 관계없이 의제강간죄나 의제강제추행죄로 처벌하고 19세 미만의 미성년자인 경우 폭행 또는 협박이 아니라 그보다 약한 정도인 위계, 즉 속임수를 쓰거나 또는 위력, 즉 위세를 과시하여 겁을 주는 행위로 성교한 경우에는 미성년자간음 또는 추행으로 처벌한다.

48) 범죄의 의사가 없더라도 범죄라고 규정된 행위에 해당하는 행위만 있었으면 성립하는 범죄를 말하며 형법이 어떠한 행위를 특히 강력하게 금지하기 위하여 범죄구성의 정신적 요소인 고의나 과실이 없더라도 처벌하겠다고 선언하는 경우에 많이 생긴다. 예컨대 술, 담배를 판매할 때는 구매자의 연령을 신분증 등에 의하여 확인하여야 하고 이를 확인하지 않은 경우 반드시 연소자에게 판매하겠다는 의사가 없었더라도, 나아가 설사 구매자가 나이가 들어 보이므로 판매해도 괜찮을 것이라고 확신하였다고 하여도 불법판매로 처벌하는 경우 등이다.

거로 사용할 수 있는지의 문제이다. 이 원칙들은 시대에 뒤진 태도가 반영된 것으로 여러 법제에서 이미 폐기되었다.

무죄자 보호, 죄인의 방면Protecting the Innocent, Freeing the Guilty

형사소송법Criminal Procedure

당신은 다른 어느 법보다도 형사절차criminal procedure와 형사사법제도criminal justice system를 잘 알고 있을 수 있다. 흉악사건의 재판에 관한 보도와 수사 드라마는 형사절차를 매일 밤 미국인의 거실에 소개한다. 어린 아이마저 "당신은 진술을 거부할 권리가 있고, 당신이 말하는 모든 것은 법정에서 불리한 증거로 사용될 수 있고, 사용될 것이다."라는 미란다 경고Miranda warning를 외울 정도이다. 미란다 경고가 연방대법원의 판결 내용을 인용하는 것임을 모르고도 말이다.

형사절차는 법 중에서도 가장 많이 논의되는 분야이고, 가장 중요한 법이기도 하다. 연방헌법의 권리장전Bill of Rights[1]에 열거되어 있는 권리의 절반이 형사절차에 관한 것인데 그 이유는 형사절차법이 정부의 가장 강한 권력, 즉 사람의 자유, 심지어 생명까지도 박탈할 권력이 행사되는 영역에 관한 법이기 때문이다. 이 장에서는 그 절차와 그 권력이 어떻게 통제되는지 이해하고자 한다.

형사절차란 무엇인가?

형사절차criminal procedure 또는 형사사법제도criminal justice system라고 불리는

---

1) 연방헌법은 이미 설명된 바와 같이 처음 제정될 때에는 정부의 구조에 관한 규정만을 두고 있었으나 직후 국민의 자유와 권리를 보호하기 위한 기본권fundamental right에 관한 조항이 추가조항Amendments으로 삽입되었으며 이를 권리장전이라고 부른다.

절차는 범죄를 수사하고, 범죄자의 죄를 판단하고, 형벌을 부과하는 메커니즘이다. 여기에는 경찰관police, 검사prosecutor, 변호인defence lawyer, 법원court 그리고 그들이 따르는 관행과 절차, 이들을 외부적으로 규율하는 법원칙 등이 포함된다. 형사절차에서 개인은 정부 및 정부가 가진 모든 자원과 권력에 맞서게 되며, 국가의 가장 중대한 제재수단sanction, 즉 징역형imprisonment이나 사형death penalty 등은 형사절차를 통해서만 부과될 수 있다.

바로 앞 장에서 살펴본 형법criminal law은 어떤 행위가 범죄이며 범죄행위에 어떠한 형벌을 부과할 것인지를 규정한다. 형사절차는 형법이 작동할 수 있게 하는 절차인데 형법에 규정된 제재는 형사절차를 통하여 형법을 위반한 사람에게 그 제재가 실현될 수 있게 해야 효과를 발휘할 수 있기 때문이다. 동시에 형사절차는 형사적 제재가 죄를 지은 사람에게만 그리고 공정하다고 인정되는 절차에 의해서만 가해지도록 보장하는 것을 목적으로 한다. 형사절차의 목적의 하나는 죄 있는 사람을 처벌하는 것이지만, 다른 목적으로는 무고한innocent 사람을 보호하는 것과 설사 죄지은 사람이라고 해도 정부가 그에게 권력을 남용하지 못하도록 보장하는 것이 있다.

우리는 지금 "형사절차criminal process"를 논의하고 있지만 각 주와 연방의 법원에는 다른 제도들이 존재한다. 각 제도는 서로 겹치는 몇 개 법률집단에 의하여 규율된다. 대부분의 주는 체포arrest부터 상소appeal까지의 모든 과정의 골격을 잡는 종합적 형사소송법을 제정하였다. 이 법전을 보충하기 위해 각 주의 대법원은 그들의 권한을 이용하여 형사절차의 시행방법을 더 상세히 정하는 형사절차규칙을 채택하곤 한다. 이와 비슷하게 연방법원federal court에서의 형사사건은 연방의회Congress가 채택한 법률과 연방대법원이 제정하는 연방형사소송규칙Federal Rules of Criminal Procedure에 따라 처리된다.

그러나 가장 중요한 점에는 모든 주들과 연방의 형사사법제도가 유사한데 그것은 주법이나 연방법은 모두 연방헌법이 정하는 요건에 따라야 한다는 점이다. 연방법원들은 헌법상의 요구를 물론 언제나 준수해 왔지만 특히 1960년대에 형사절차법이 헌법에 준하는 지위로 격상된 이후에 더욱 그래 왔다. 이러한 형사절차의 혁명은 연방대법원이 연방헌법의 권리장전Bill of Rights에 규정된 적법절차due process 조항을 각 주의 형사절차에까지 적용하도록 한 것과 이 조항에 의한 보장을 연방대법원이 그전에 해 왔던 것보다 더 확장적으로 해석하는 두 단계를 거쳐 이루어졌다.

연방대법원은 초기에는 권리장전이 연방정부의 권한에 대한 제약이지 주정부의 권한에 대한 제약은 아니라고 해석했었다. 추가조항amendments에 대한 재건조항들 Reconstruction Amendments, 특히 추가조항 제14조Fourteenth Amendment에 대한 재 해석이 상황을 급변하게 했다. 추가조항 제14조가 종전의 노예들에게 시민권과 평등한 권리를 부여하는 데 그치지 않고 명시적으로 "모든 주정부"에게 "적법절 차due process를 거치지 않고는 모든 사람의 생명, 자유 또는 재산" 또는 "법의 평등한 보호"를 박탈하지 못하도록 금지하는 뜻이라고 해석한 것이다. 이제 연 방대법원에 주어진 임무는 권리장전에 의한 보호 중 어떤 것들이 이 모호한 명 령에 포함되는지를 판정하는 일이었다. 시간이 지나면서 연방대법원은 선택적 실현selective incorporation의 기준을 정립하였다. 추가조항 제14조는 권리장전에 의한 모든 보장을 다 실현하는 것이 아니며 이는 "질서정연한 자유의 영미식 체 제Anglo-American regime가 필요로 하는" 보장을 선택적으로 구현한 것이라고 보 았다. 권리장전에 그러한 보장이 포함되어 있다는 사실이 그러한 지위를 가진다 는 강력한 증거라는 것이다. 사실은 선택적 실현이라고 해도 그처럼 아주 선택 적인 것도 아니었다. 이러한 기준에 의하면 권리장전에 의한 거의 모든 보호는 기본적인 것이라고 해석되게 되었고 그중 대배심grand jury2)에 의하여 기소당할 권리만이 특기할 만한 예외였다.

권리장전에 의한 권리보장을 주정부에까지 확대했다고 해도 그 보장이 넓은 보장이 아니라면 별로 중요할 것도 없었을 것이다. Boyd v. United States (1886) 판결에서 연방대법원은 "사람과 재산의 안전"을 보장하기 위하여 연방대법원 스 스로에게 추가조항 제4조와 제5조 등에 의한 헌법적 보장을 "진보적으로 해석할 liberally construe" 의무가 있음을 인정하였다. 형사절차상 피고인의 권리를 좁게 해석하는 태도를 극복해야 한다는 운동은 1920년대에 힘을 얻었고, 1960년대에

---

2) grand jury는 대배심 또는 기소배심이라고 번역되며, 12~23명 가량의 일반시민을 선정하여 검사 가 사건 내용을 설명하고 배심원의 다수결로 피의자의 기소 여부를 결정한다. 재판에서 유무죄를 판단하는 재판배심petit jury은 통상 12명으로 구성되는 데 비하여 인원이 많으므로 대배심이라고 부른다. 상세 사항은 후술 본문 참조.

들어 급속도로 가속되었다.

주헌법들도 형사절차에서 점차 더 중요한 역할을 하기 시작했다. 주법원들은 연방헌법이 보장하는 것보다 더 넓은 권리를 주민과 형사 피고인들에게 부여하는 방향으로 자기 주의 헌법을 해석하곤 했다.

그러나 형사소송법과 헌법은 형사사법절차에서 한 개의 차원이 될 뿐이다. 절차에 참여하는 자들과 각 지역의 제도적 문화가 절차의 실제 운영에 중대한 역할을 한다. 어떤 사람이 경찰관으로 뽑히는가? 경찰관이 차량을 정지시킬 때, 가정분쟁 신고를 받았을 때, 마약거래상, 십 대 청소년, 그리고 심문받는 사람을 대할 때 어떻게 행동하는가? 용의자가 백인인지 흑인인지에 따라 경찰관의 행동이 달라지는가? 검사가 경미한 범죄의 처리, 보석bail이나 유죄인부협상plea bargaining에 어떤 태도로 임하는가? 누가 판사가 되고 그들의 경력은 어떠한가? 국선변호인public defender3)에게 얼마나 재정이 지원되고 이들이 얼마나 적극적으로 일하는가? 이러한 질문에 대답을 찾다 보면 어느 제도가 어떻게 운영되는지 알 수 있기 때문에 이 답들은 연방대법원의 최근 판례와 최소한 같은 정도로 중요한 의미가 있다. 형사소송법은 이들 행위자들의 행동을 규율하기 위하여 고안되었지만 법이 이들의 행동을 통제하는 능력에는 한계가 있기 때문이다.

형사소송법은 왜 필요한가?

어떤 행위가 범죄라고 규정하는 법은 있으나 그 법을 집행할 경찰관, 검사 또는 법원이 없다고 가정해 보자. 범죄자가 붙잡히고 소추될prosecuted 것을 두려워하지 않는다면 범죄를 억제하기 힘들 것이고 하나의 사회로서 우리가 잘못하는 사람을 처벌하는 데 별 관심이 없다는 강력한 메시지를 줄 것이다.

이와 반대로 우리가 범죄를 척결할 단호한 의지를 가지고 있다고 하자. 그렇다면 우리는 범죄를 수사하고 범죄자를 처벌하기 위하여 가능한 일이라면 무엇

---

3) public defender는 국선변호인이라고 번역할 수 있는데 미국에서의 운영형태는 다양하지만 대체로 정부 또는 변호사들의 주도로 로펌을 구성하고 스스로 변호사를 선임할 능력이 없는 피의자, 피고인을 위한 국선변호를 전담시키며 이들의 보수와 로펌 운영비용은 정부의 예산으로 지원된다. 본 장 주35) 참조.

이든 하려고 할 것이다. 경찰은 아무 전화든지 감청할wiretap 수 있고, 길을 가는 사람이 의심스러우면 언제든지 정지시켜서 수색할search 수 있으며, 문도 두드리지 않고 사람의 집이나 사무실에 들어갈 수 있거나, 용의자에게 자백confession을 강요할 수 있게 할 것이다. 또한 법정에서 피고인에게 변호인이 허용되지 않고, 검사만이 사건에 관하여 주장을 할 수 있도록 하며, 판사는 증거가 조잡해도 피고인에게 유죄를 선고할 수 있게 하면 될 것이다.

이러한 상황 중 어느 것도 허용되어서는 안 된다는 것은 분명하다. 형사절차는 범죄를 통제하기 위하여 죄를 저질렀을 수 있는 사람을 수사하고 잡아들이고 그들에게 죄가 있는지 여부를 재판으로 판정adjudicate해야 하기 때문에 필요하지만, 그 절차는 자유로운 사회에 대한 우리의 가치와 전통에도 부합하여야 한다. 이렇게 목적들이 서로 충돌하기 때문에 형사절차법의 내용에 대하여 엄청난 논쟁이 생겨난다. 경찰관, 검사, 판사들이 어디까지 자유로이 행동할 수 있도록 해야 하는가? 이 질문에 대하여 생각하려면 형사절차에 필연적으로 있을 수밖에 없는 가치들의 갈등에 대하여 좀 더 자세하게 짚어 보아야 한다.

형사절차의 첫 번째 가치는 진실발견truth-seeking이다. 형사절차는 죄를 지은 사람을 찾아 체포하고 처벌해야 하지만, 범죄를 저지르지 않은 사람의 누명을 벗겨주기도 해야 한다. 진실발견은 형사절차의 모든 단계에 중요한 하나의 가치이다. 진실발견은 재판에서 종국적으로 유죄인지 여부를 가리는 때에도 중요하지만 절차의 초기 단계에서도 중요하다. 경찰관은 수사를 개시할지, 어떤 사람을 체포할지 등을 결정할 때 충분한 사유가 있는지 정확하게 판단해야 하고, 검사들은 누군가를 기소할 것인지 여부에 올바른 결정을 해야 한다.

형사사법제도는 또한 진실을 효율적으로 발견해야 한다. 우리는 주어진 자원이 한정되어 있고, 실수는 있을 수밖에 없다는 점을 감안하여 이 제도가 형법을 집행하는 데 합리적으로 잘 기능하기를 바란다. 자원이 한정되어 있으므로 완벽한 제도를 가질 수는 없으나, 경찰은 많은 범죄를 해결해야 하고, 법원은 재판에 회부되는 사람들에게 유죄를 선고함에 있어 너무 많은 오류를 범해서는 안 된다.

효율성의 면에서 보자면 현재도 경찰관, 검사, 법원은 무고한 사람을 죄지은 사람들로부터 가려내는 일은 제법 잘 한다고 할 수 있다. 그러므로 절차에 관여하는 공무원들이 비공식적이고 관행에 따른 절차에 따라 직무를 수행하게 해도 좋다는 말도 일리는 있다. 예컨대 경찰관이 범죄를 수사하고 증거를 압수하고 용의자를 신문하는 등 범죄수사에서 꼭 해야 하는 일들을 하는데 지루한 절차나 극히 기술적인 요건을 지키느라 업무가 가중되어서는 안 될 것이며, 이러한 부담은 진실을 판단할 사법제도의 능력만 감소시키는 결과가 될 것이다.

그러나 제도가 너무 효율적이어서도 안 된다. 진실발견은 불완전한 작업이며 효율적인 진실발견의 절차는 위험한 절차일 수 있다. 자원은 한정되어 있고 경찰, 수사관, 검사와 판사가 사용할 수 있는 자원이 한정되어 있다는 것은 오류가 발생할 수밖에 없다는 뜻이다. 실제로 가장 잘 고안되고 충분한 재정지원이 이루어지는 제도에서도 오류는 생긴다. 이 제도를 운영하는 사람들도 단순한 사람들이고, 사람에게는 편견이 있으며, 나쁜 판단력이 드러날 수도 있다. 그러므로 실수가 있을 수밖에 없다면 무고한 사람이 유죄로 되지 않게 하는 방향이어야 하며 이는 곧 죄지은 사람의 일부는 무죄로 풀려 날 수 있다는 것을 뜻한다.

이러한 시각에서 비공식적이고 관행에만 따르는 절차는 특히 위험하다. 경찰관, 검사 그리고 형사법원의 판사는 범죄를 많이 보기 때문에 어디서나 범죄를 발견해 내고자 한다. 그들의 행위를 통제하기 위하여 규칙이 필요하며, 판사들은 이 규칙을 조심스럽게 적용해야 하고, 다른 판사가 그 결정을 재심사할 수 있어야 한다. 이러한 시각에 따르면 오류와 권한남용을 시정하는 데 사용될 수 있는 상당한 법적 보호제도와 함께 운영되는 대립구조adversary system4)가 가치를 가진다고 인정하게 되는데 설사 그러한 보호로 인하여 실제 죄를 지은 자를 처벌하지 못하게 되는 일이 있다고 해도 마찬가지이다.

---

4) 대립구조에 관하여는 제4장 주2) 참조. 민사소송에서는 원고와 피고, 형사소송에서는 검사와 피고인이 대립당사자가 된다. 중세에는 피고인을 단순한 조사의 대상으로 보고 판단자가 직접 대상자를 심문하고 피심문자에게 진실을 말할 의무를 부과하는 등 우월한 지위에서 절차를 진행하고 유, 무죄를 판단하며 피고인이 자신의 무죄를 입증할 책임을 지우기도 하는 등의 이른바 규문주의의 방식을 사용하였는데, 근대의 형사절차는 피의자 또는 피고인에게 자신을 방어할 권리를 보장하며, 검사가 범죄에 대한 모든 증거를 제시하여야 하고 피고인이 자신의 무죄를 입증할 필요가 없다는 무죄추정의 원칙 등을 골간으로 하는 대립구조의 절차가 일반화되어 있다.

이러한 충돌은 진실발견truth-seeking과 효율성의 사이에서만 나타나는 것이 아니다. 형사사법에서 정부는 개인을 괴롭히기 위하여 권력을 사용할 수도 있다. 그러나 국민은 관료주의적 시각에서 단순히 범죄를 통제하기 위하여 존재하는 대상으로만 취급되어서는 안 된다. 개인의 존엄과 지위는 형사절차에 필수적인 가치들이다. 형사제재는 그러한 존엄과 지위를 존중하는 태도를 가진 절차를 거친 후에만 부과될 수 있어야 하고 설사 그 절차가 느리고 지루하며 개인의 쪽에서 보아 오류가 있을 수 있다고 해도 마찬가지다.

잘못된 유죄 선고의 가능성을 줄이기 위하여, 또 개인의 존엄성을 존중하기 위하여 무죄추정presumption of innocence의 원칙5)이 있다. 어떤 사람이 경찰의 수사를 받고 체포되었고 검사가 그를 소추하였다면 죄가 있을 개연성이 높다는 말은 사실적으로는 옳겠으나 그 개연성은 법적으로는 전혀 다른 이야기이다. 이와 정반대로 모든 절차를 거쳐 유죄가 선고되는 순간까지 피고인은 법적으로는 무죄legally innocent라는 추정을 받는다. 국가가 이 추정을 번복하고자 하면 무거운 부담을 져야 하며 그 과정에서 모든 원칙을 준수해야 한다.

대립절차adversary process와 무죄추정presumption of innocence은 또 다른 목적을 가지고 있다. 우리가 형사절차에서 국가가 막강한 권력을 잘못 행사할 것을 두려워할 만한 정당한 이유가 있으며, 그 권력이 불평등하게 행사되는 것을 특별히 염려할 이유도 있다. 경찰관, 검사, 법원은 권한의 행사에 많은 재량을 가지는데 미국의 역사는 그 권한이 가난한 사람, 소수집단 그리고 다른 인기 없는 집단에게 불리하게 행사된 사건들로 점철되어 있다.

---

5) 무죄추정의 원칙은 형사절차에서 국가가 특정인이 범죄를 저질렀음을 입증하여야 하고 피의자나 피고인이 자신의 무죄를 입증할 필요가 없다는 원칙이다. 국가가 월등한 권력과 자원을 가지고 있음에도 일방적으로 개인을 범죄자로 지목하고 그에게 자신의 무죄를 입증하라고 요구할 수 있다면 개인은 방어능력의 한계로 인하여 억울하게 유죄의 판결을 받게 될 가능성이 높기 때문이다. 형사법은 이를 예방하기 위한 당연한 논리로 피고인은 일단 죄가 없다고 추정하고 검사가 모든 증거를 제시하여 이 추정의 번복에 성공하여야만 형벌을 과할 수 있도록 한다. 즉, 무죄추정의 원칙은 형사절차에서 누가 범죄를 입증할 것인지의 입증책임의 분배 문제이며, 이 책임은 아주 특수한 예외를 제외하고는 전부 검사가 부담하므로 검사가 범죄의 일부분이라도 입증에 실패하면 이를 이유로 무죄판결이 선고될 것을 요구한다. 따라서 이 원칙은 재판절차에 적용되는 증거법의 원칙으로 법정 안에서만 통용되는 것임에도 불구하고 피고인이 유죄로 확정되기 전까지는 마치 그가 법정 밖에서도 전혀 범죄를 저지르지 아니한 것과 똑같이 취급하여야 하고 일체의 불이익을 가해서는 안 된다는 뜻으로 오해하여서는 안 된다.

이와 같이 상충하는 목표들 사이에서 형사절차는 어떻게 균형을 잡을 것인가? 우리는 그 절차들이 제품을 조립하는 공정이나 장애물 피하기 게임 같아 보이기를 더 원하는가? 이러한 목표 사이의 갈등으로 인하여 현재 우리가 가지는 법체계를 마련할 때도 그러하였지만 앞으로 우리가 어떠한 형사절차를 가져야 하는지에 관하여 많은 주장들이 나오고 있다. 이 절차에 참여하고 있는 사람들과 형사절차를 연구하는 학자들은 모든 것이 혼란 속에 있다는 데 대부분 동의한다. 이 갈등은 일관되지도 않고 예측하기도 어려운 하나의 법체계를 만들어 내었다. 이 장에서는 당신이 그 원칙이 어떠해야 하는지를 생각해 가면서 또한 형사절차에 갈등하는 목표들이 있음을 전제로 하여 우리가 완전히 명확한 원칙들을 가질 수는 있을지 여부에 대하여 검토한다.

형사절차의 각 단계는 어떤 것이 있는가?

형사절차를 상세히 알아보기 전에 절차의 각 단계를 간단히 개관해 보고자 한다. 형사절차는 각 주마다 그리고 연방 차원에 있어 다르게 작동하며 모든 사건이 각각의 시스템에서 같은 방식으로 진행되지는 않으나 여기서는 가장 전형적인 사건이 진행되는 경로를 가장 비슷하게 기술하고자 한다.

형사절차는 물론 범죄가 있어야, 좀 더 정확하게 말하면 당국이 범죄가 있었다고 의심할 때 개시된다. 7-Eleven이 강도를 당하면 경찰관이 이 범죄를 목격하였을 수도 있겠지만 보다 일반적인 경우라면 경찰이 피해자(여기서는 편의점 주인)의 범죄신고를 받는다. 첫 단계는 경찰이 목격자witness를 인터뷰하고, 보안카메라의 비디오테이프를 보고, 범죄현장에서 증거들을 수집하고, 이 사건을 비슷한 사례와 비교해 보는[6] 등 수사investigation를 한다. 수사는 점차 어떤 한 사람(이하에서 Buggsy라고 부르자)에게 집중되고 경찰이 그를 신문question할 수도 있다. 경찰은 그를 길거리에서 정지시킬 수도 있고, 그의 집에 찾아갈 수도

---

6) 범죄자는 외모와 복장이 비슷하고 범죄의 유형별로 정도의 차이가 있지만 대부분 동일한 수법을 반복하는 경향이 있으며 범죄현장에서 특정한 버릇을 나타내는 경우가 많으므로 유사한 사건과 비교해 보면 용의자를 특정하는 데 도움이 되는 경우가 많다.

있고, 일시적으로 신문하기 위하여 구금detain[7]할 수도 있다. 그 편의점을 무장강도가 점거하고 있었다거나, 경찰이 Buggsy가 총을 가지고 있다고 의심할 다른 사유가 있으면 경찰은 그에게 촉수검사frisk, 즉 그의 옷을 토닥거려 보아 자신들을 즉시 위험에 빠뜨릴 수 있는 무기를 숨기고 있지 않는지 확인할 수 있다. 이러한 형태로 경찰관을 만나는 일은 시민에게 짜증나고 거슬리는 일이며 심지어 괴롭힘이 될 수도 있으나, 이러한 일은 사람을 체포하거나 구금taking into custody하기 위한 사전 단계로 허용된다.

다른 종류의 사건에서는 수사가 훨씬 더 복잡해질 수도 있다. 예컨대 살인사건homicide은 범죄현장crime scene에서의 과학수사scientific investigation가 더 광범위하게 시행되거나 피해자의 시신에 대한 부검autopsy[8]이 이루어지기도 한다. 정보원informant, 감청wiretapping, 심지어 유도공작sting operation 등 여러 가지 수사기법이 보다 복잡한 범죄집단criminal enterprise의 범죄를 적발하기 위한 기획수사에 사용되기도 한다.

이 시점에서부터 Buggsy에 대하여 형사절차가 공식적으로 개시되어야 할 것인가 여부와 일단 절차가 개시된 이후 그가 여기서 벗어날 수 있을지 여러 차례 점검이 이루어진다(Buggsy가 절차 안에 남아 있는 한 그의 범죄에 대한 수사는

---

7) 대한민국 형사소송법은 체포arrest와 구속detention을 엄격히 구분하여 체포는 현행범인이나 도주의 우려가 있는 피의자들을 수사를 위하여 일시 구금하는 것이고, 구속은 법원에서 발부한 영장warrant에 의하여 정식으로 구금시설에 인신을 구금해 두는 것을 말한다. 체포는 신속을 요하는 경우 판사의 영장 없이 하는 긴급체포와 사전에 영장을 발부받아 하는 경우가 있는데 체포된 피의자는 원칙적으로 48시간 이내에 법원에 구속영장을 청구하지 않으면 석방하여야 한다. 그러나 영미법에서는 체포와 구속을 엄격히 구분하지 않고 체포된 피의자는 지체 없이 판사 앞에 인치되어 혐의 유무와 보석 여부를 결정받고, 여기서 중대 죄인으로 보석이 불허되거나 보석금을 납부하지 못하는 경우 체포의 효력이 그대로 지속되어 구금상태에 재판을 기다리는 경우도 많다. 이와 같이 미국법상 체포와 구속이 엄격히 구분되지 않기 때문에 대한민국에서는 체포영장과 구속영장을 모두 arrest warrant라고 번역하는 경우가 많은데 혼란을 방지하기 위하여는 체포영장은 arrest warrant로, 구속영장은 detention warrant라고 번역하는 것이 적절할 것이다.

8) 사망자의 시신의 상태를 정밀하게 조사하고, 혈액, 장기의 샘플 등을 채취하여 이화학적 검사로 손상의 유무와 사망 원인을 확인하는 수사방법을 부검이라고 한다. 미국에서는 coroner 또는 Medical Examiner(M.E.)라고 불리는 전문가가 이를 담당하는데 대한민국에서는 검사의 지휘하에 국립과학수사연구원 소속 부검의들이 주로 담당한다. 시신의 외관만을 조사하는 것은 검시(檢屍)라고 하고, 해부하여 검체를 채취하고 검사하는 경우는 부검(剖檢)이라고 하는데 검시는 부검 여부를 결정하기 위하여 행해지는 경우가 많다.

진행 중인 것으로 되어 경찰관과 검사는 재판에서 그에게 불리하게 사용될 증거를 계속 수집하게 된다). 수사관이 Buggsy가 편의점을 털었다고 믿을 만한 상당한 근거probable cause가 있다고 인정하면 그를 체포할 것이다. Buggsy는 (아주 경미한 범죄를 제외하면) 구금in custody되어 그의 이름과 기타 정보가 형사기록에 등재되고 지문채취fingerprinted, 사진촬영photographed, 신체수색search 및 유치장 입감lock up 등을 거쳐 입건booked(역시 경미범죄인 경우 어느 때 판사 앞에 출두하라는 통지를 받고 석방)된다.

그 다음 단계는 Buggsy에게 공식적으로 범죄의 혐의를 인정할지 여부 및 인정한다면 어떤 범죄의 혐의를 인정할 것인지를 결정하는 기소단계charge이다. 기소charge는 공소장complaint, 즉 Buggsy에게 어떠한 범죄의 혐의가 있는지와 이를 뒷받침하는 사실을 기재한 서면을 법원에 제출함으로써 이루어진다. 기소의 결정은 경찰의 상급간부 또는 검사가 하며 그 둘 모두 할 수 있는 경우도 있다.[9) 기소 여부의 결정권자들은 여러 가지 이유로 Buggsy를 기소하지 않거나 원래의 범죄와 다른 범죄로 기소하도록 할 수 있다. 그들은 그 사안이 더 잘 처리될 수 있다면 다른 방법으로 사건을 처리할 수도 있다. 예를 들면 Buggsy가 7-Eleven 편의점에서 사탕을 훔친 어린이였다면 호된 훈계와 함께 석방하고 부모에게 인계할 수도 있다. 또는 Buggsy가 어떤 무기를 사용했는지, 훔친 금액이 얼마였는지 등의 범죄의 정상에 따라 혐의를 확장 또는 감축하는 등 체포한 경찰관이 혐의를 잘못 판단하였다고 인정하면 이를 변경할 수도 있다.

Buggsy가 기소되면 그의 지위는 피체포자arrestee에서 피고인defendant[10)으로 바뀌고 초점은 경찰서에서 법정으로 옮겨진다. 공소장complaint의 제출 직후 피고

---

9) 한국의 법제는 검사의 기소독점주의, 즉 피고인의 처벌을 요구하는 기소권은 경범죄처벌법위반의 경우를 제외하고는 오직 검사만이 행사할 수 있도록 하고 있으나 미국은 각 주별 법제에 따라 일부의 범죄는 경찰서장이 기소할 수 있도록 허용하는 경우도 있다.

10) 피의자와 피고인의 원칙적인 구별에 대하여는 제8장 주13) 참조. 다만, 대한민국에서는 현행범인으로 체포된 자도 일단 수사기관의 입건절차를 거쳐야 피의자로 되고, 그 사건이 검찰에 송치되고 검사가 범죄 혐의가 인정된다고 판단하여 기소하는 때부터 피고인이 된다. 한편 범죄를 저지른 것이 명백하고 신원이 확인되었다면 비록 신병이 확보되지 않았어도 미리 입건이 되는 경우도 있고, 특히 다른 사람으로부터 형사처벌을 해 달라는 고소장이 접수된 경우 일단 입건이 되므로 이때부터는 피의자로 불리게 된다.

인은 판사(하급의 치안판사magistrate11)가 담당하는 경우가 많다) 앞에 최초출두initial appearance12)를 하게 된다. 대부분의 법제는 판사 앞에 인치되기까지 얼마나 피고인이 구금될 수 있는지에 대하여 시간적 제한(보통은 24시간)을 둔다. 최초출두에서는 판사가 피고인에게 그가 받고 있는 혐의사실charge이 어떤 것인지를 알려주며 묵비권right to remain silent이나 변호인을 선임할 권리right to counsel 등 그에게 기본적 권리들이 있음을 고지한다. Buggsy가 가난하면 판사는 그에게 무료로 변호인attorney을 제공한다. 판사는 또한 보석bail을 정한다. 보석금의 액수는 범죄의 중대성, Buggsy의 환경, 그가 재판에 출석하지 않을 가능성 정도에 따라 결정된다. 피고인이 보석금bail을 납부하지 못하면 그는 석방되지 못하고 감옥에서 재판을 기다려야 한다. 판사가 보석금을 책정하지 않고 자신의 판단에 따라 피고인을 석방하는 경우도 많다.

최초출두initial appearance가 있은 이후 중죄felony에 해당하는 사건의 피고인은 예심preliminary hearing을 받을 권리가 있다. 경죄misdemeanor(felony 이외의 경미한 범죄minor crime)에는 예심 기타 중간 절차는 보통 필요하지 않다. 예심은 판사가 처음으로 독자적으로13) 기소된 사실charges을 검토하는 절차로서 피고인이 기소된 범죄를 범했다고 인정할 만한 상당한 근거probable cause가 있는지 여부를

---

11) 미국의 판사 제도는 법제에 따라 매우 다양한데 크게 나누어 통상 판사라고 불리는 Judge 이외에 치안판사라고 불리는 Magistrate Judge가 있으며 Magistrate Judge의 신분, 임무와 권한 역시 법제에 따라 다양하다. 영국의 전통에 따르면 법률가가 아니라도 임명될 수 있고 초기에는 하급법원에서 경미한 사건과 각종 영장, 즉결업무 등을 처리하였다. 이 제도가 계승, 발전되어 미국에도 정착되었는데 현대에는 치안판사의 업무 내용도 판사와 별 차이가 없는 경우가 많으며 특히 연방판사는 자격이나 임명의 기준이 매우 엄격하며 연방의회의 인준을 받아야 하므로 판사 증원이 어려운 현실에서 연방법원들이 부족한 인력을 손쉽게 충원하기 위하여 활용되며 연방판사로 임명될 주요 후보군으로 인식되고 있다(강한승, 미국법원을 말하다, 오래, 54면).

12) 대한민국에는 이러한 first appearance의 절차는 없고, 긴급체포 또는 체포영장에 의하여 체포된 피의자는 체포시간으로부터 48시간 내에 구속영장 청구서가 법원에 접수되지 않으면 석방하여야 하는 제한이 있다. 검사는 사법경찰관이 구속영장을 신청한 경우 청구의 필요성 유무를 판단하기 위하여 필요하면 피의자를 직접 또는 화상으로 접견하여 신문할 수 있고, 법원은 구속영장이 청구되면 구속전 피의자신문 또는 영장실질심사라고 불리는 절차에 따라 피의자를 법원으로 소환하여 신문하고 영장 발부 여부를 결정한다.

13) first appearance가 주로 보석 여부와 보석금의 액수를 결정하는 데 주안점이 있어 혐의 유무 자체에는 그리 비중을 두지 않는 데 비하여 예심에서는 혐의를 입증할 만한 상당한 사유가 있는지를 보다 중점적으로 살피게 된다는 의미로 보면 된다.

판단한다. 검사는 사건의 기초적 사실관계를 입증하기 위하여 증인witness을 출석시키며, Buggsy의 변호인은 그 증인을 반대신문cross-examination할 수도 있고 나아가 피고인 측의 증인defense witness을 출석시킬 수 있으나 기술적 이유로 그러한 기회는 잘 부여되지 않는다. 판사가 그를 피고인의 지위에 남아있게 하기에 충분한 상당한 근거가 있다고 판단하면 사건은 계속 진행되며, 그렇지 않다고 판단하면 검사가 기존의 증거만으로 원래 공소사실과 다른 범죄사실을 입증할 수 있다면 그것만을 선택하여 기소를 감축할 수 있고 그것마저 불가능하다면 사건이 기각dismiss된다.[14)

관례적으로 중죄에 해당하는 공소사실felony charge을 계속 심사하게 하는 제도는 대배심grand jury에 의한 재심사인데 여기서는 피고인을 재판에 회부indict하기에 충분한 증거가 있는지 여부를 재점검한다. 검사는 대배심을 공소를 제기하기 bringing charge 이전에 수사를 시행하는 주체로 이용할 수 있다. 대배심은 재판배심trial jury(또는 소배심petit jury)과 마찬가지로 일반인을 형사절차에 끌어들여 의사결정자가 되도록 하는 제도이다. 대배심에서의 절차는 공개되지 않으며 검사만이 증거를 제시한다. 대배심에 소환된 증인들은 증언testimony 도중 변호인 counsel의 조력을 받을 수 없다. 이에 따라 검사가 제시하는 사건을 심사하고 증거가 미약한 사건들을 걸러내도록 한다는 대배심제도의 전통적 기능은 대단히 약화되었다. 유능한 검사는 대배심이 햄샌드위치를 재판에 회부하도록 유도할 수 있다고 하는 속담이 있을 정도이다. 이제 대배심이 혐의사실을 재심사하도록 하지 않는 법제가 많다.

대배심grand jury이 피고인을 재판에 회부indict하면 그 공소장indictment이 법원에 접수된다. 대배심의 심사가 이루어지지 않는 법제에서는 검사가 공소장에 상응하는 서면인 통보서information를 접수시킨다. complaint과 마찬가지로 indictment 또는 information[15)에는 피고인에 대한 혐의charge 내용과 이를 뒷받침하는 사실

---

14) 예컨대 강도로 기소되었으나 피고인이 피해자에게 폭행 또는 협박을 가한 사실은 입증되지 않는데 물건을 허락 없이 마음대로 가져간 사실이 입증된다면 절도죄에 해당하게 되므로 검사는 공소사실을 절도죄로 변경할 수 있고, 만약 피해자가 물건을 가져가도록 허락하였음이 밝혀진다면 피고인의 행위가 범죄에 해당하지 않을 것이므로 혐의는 기각되게 된다.

15) 이와 같이 complaint과 indictment 또는 information은 서로 다른 서면이지만 한국의 형사절차

관계factual basis가 기재된다. Buggsy는 다시 법정에 불려 나와 그 공소장 또는 통보서의 내용을 인정하는지 여부를 신문arraigned받는다. 기소사실 인부절차 arraignment에서 그는 다시 자신에 대한 혐의 내용을 제시받고 이에 대하여 유죄 guilty인지 무죄not guilty인지를 선언plead할 것을 요구받는다. 이쯤되어(경우에 따라 이 이전 또는 이후에) 유죄인부협상plea bargaining이 등장하는데 Buggsy는 검사가 혐의사실을 줄이거나 선고형량을 유리하게 해 주는 대가로 유죄선언plead guilty을 할지 여부를 결정할 수 있다.

공소사실을 부인하고 무죄를 주장하는plead not guilty 피고인은 재판을 받게 된다. 그러나 재판이 개시되기 전에 피고인의 변호인은 법원에 일련의 절차적 procedural 또는 실체적substantive 사항에 관하여 신청motion을 할 수 있다. 절차적 신청은 공소제기의 절차에 어떤 하자가 있다고 주장하는 것이 대표적이다. 가장 중요한 실체적 신청은 검사가 주장하는 사실에 대한 증거개시discovery와 증거배제suppression의 신청이다. Buggsy는 재판 전에 자신에게 유리하든 불리하든 검사가 가지고 있는 자기 사건의 증거에 대하여 알 권리가 있고 그래야 방어준비를 잘 할 수 있다. 증거를 수집한 절차에 하자, 예컨대 경찰관이 Buggsy를 신문하기 전에 그의 헌법적 권리를 충분히 알려주지 않았다는 등의 문제가 있었다면 변호인은 그 증거를 재판에서 배제하는 조치를 해 달라는 신청을 할 수 있다.

형사절차의 공식적 중심은 재판trial이다. 피고인은 중죄felony이거나 또는 경죄misdemeanor라도 중대하다고 인정되는 어떤 죄인 경우 배심재판jury trial을 받을 권리를 가지는데, 이 권리는 피고인이 포기하고 판사에게 재판을 받을 수도 있다(이를 판사재판bench-trial이라고 부른다). 재판에서 피고인에게 무죄가 선고되면acquitted 사건은 종결된다. 유죄가 선고convicted되면 판사 또는 배심원은 법16)에

에서는 검사가 수사를 마친 후 피고인을 재판에 회부하기 위하여 법원에 제출하는 서류는 공소장 하나뿐이고 이후에 후자들과 같은 서류를 다시 제출하는 일이 없어 후자들에 대하여 적당한 번역이 없으므로 그냥 모두 공소장이라고 부르기로 한다.

16) 미국 법제에는 양형기준법sentence guideline이 있어서 유죄가 선고된 피고인에게는 피고인의 개인적 요소와 범죄의 내용에 따라 형량이 정해지고 판사는 일정한 범위에서만 자신의 재량으로 이를 가감할 수가 있는 것이 보통이다. 유죄인부협상이라고 불리는 arraignment 또는 plea bargaining은 피고인은 양형기준법을 감안하여 기소사실이 재판에서 유죄가 되는 경우 선고될 형량을 예측할 수 있고, 검사는 증거가 미약한 경우 재판에서 무죄가 선고될 위험을 피하는 한

정해진 바에 따라 선고형량sentence, 즉 피고인에게 부과될 처벌을 정한다.

　재판으로 모든 스토리가 끝나지는 않는다. 피고인defendant은 재판에 오류가 있는지 상급법원이 심사해 줄 것을 요구하며 상소appeal할 권리가 있다(피고인에게 무죄가 선고되면 헌법이 피고인에 대한 이중위험double jeopardy[17]을 금지하기 때문에 검사는 상소할 수 없다). 오류가 발견되면 피고인은 새로운 재판을 받을 권리가 있다. 통상의 절차가 완결된 이후에도 유죄를 선고받은 피고인은 판결 이후 구제수단을 추구할 수 있다. 피고인들은 그 재판에 주법원state court에서 시작되었어도 재판에 어떤 헌법적인 오류가 있었음을 주장하며 연방법원에 그 시정을 요청할 수 있다.

경찰은 언제 수색과 압수를 할 수 있는가?

　수색search과 압수seizure[18])에 관한 법은 수상한 사람을 정지시키고 옷과 자동차 기타 소지품을 검사하는 등의 전통적인 수사기법 외에도 현대에 개발된 감청wiretapping과 기타 전자적 감시장치electronic surveillance, 사업장부의 조사, 사람들이 배출한 쓰레기의 조사 등 경찰의 가장 기본적인 수사기법을 규율한다. 형사절차가 진실의 발견과 범죄의 해결에만 초점을 둔다면 경찰에게 수색과 압수가 더 널리 허용되어야 할 것이다. 그러나 이를 널리 인정하면 사람들의 권리와 재산, 사생활의 자유 그리고 개인이 안전이 침해될 것이다. 그러므로 경찰이 이러

편 시간과 노력을 절약할 수 있으므로 거의 대부분의 형사사건에 사용되고 실제 배심재판까지 이루어지는 사건은 매우 적다.

17) 피고인에게 사실심 재판에서 무죄가 선고되면 검사는 극히 예외적 경우를 제외하고는 상급법원에 항소하여 재차 유죄라고 다툴 수 없다는 원칙으로 검사의 상소가 허용되는 경우는 1년에 미국 전역에서 한 손에 꼽을 수 있는 정도라고 한다. 피고인이 유죄를 선고받을 위험을 두 번 겪게 하는 것이 가혹하며 국가는 한 번에 유죄의 입증을 하도록 노력하라는 취지에서 검사의 상소권을 봉쇄하는 것이다. 이를 일사부재리(一事不再理)의 원칙이라고 번역하기도 하는데 대한민국 법제에서는 검사는 무죄판결이나 형량이 가볍다고 판단하면 상급법원에 상소할 수 있으므로 미국식의 double jeopardy는 인정되지 않고 따라서 이를 일사부재리의 원칙과 혼동하면 안 된다. 대한민국에서 일사부재리는 동일한 죄에 대하여 유죄든 무죄든 확정된 판결이 있으면 재차 기소하여 처벌할 수는 없다는 의미로 사용된다.

18) 한국에서는 증거를 찾기 위하여 피의자나 제3자의 신체, 주거, 사무실, 소지품, 자동차 등을 강제적으로 들여다보고 범죄의 증거를 발견한 경우 이를 소지자에게서 빼앗아 확보하는 수사 수단을 압수수색이라고 하는데 논리적으로는 수색을 해 보아야 압수 여부를 결정할 수 있으므로 수색압수라고 부르는 것이 온당하다고 할 것이고 일본의 형사소송법도 수색압수라고 부르고 있다.

한 활동을 할 수 있는 권한은 연방헌법 추가조항 제4조Fourth Amendment에 의하여 통제를 받는다:

> 개인의 신체person, 주거house, 서류paper, 소유물effects이 불합리한 수색과 압수로부터 안전할 권리는 침해될 수 없으며, 영장warrant은 선서oath 또는 확인affirmation 등에 의하여 뒷받침되는 상당한 이유 probable cause가 있고 수색할 장소와 압수될 사람 및 물건이 특정되지 않으면 발부될 수 없다.

추가조항 제4조는 경찰관만이 아니라 모든 정부 관리의 수색과 압수에 적용된다. 학생의 로커를 수색하고 싶은 공립학교 교장이나 육류를 포장하는 공장을 검색하고 싶은 식품의약국Food and Drug Administration 검사관도 위 제4조를 준수해야 하고, 다만 이때는 어떤 맥락에서 부적절한unreasonable 수색이 되는지의 판단기준은 경찰관이 거리에서 사람을 정지시켜 몸을 수색하는 경우에 대한 판단과 다를 수는 있을 것이다. 한편 이러한 헌법상의 안전장치는 공무원이 행하는 행위로부터 시민을 보호하는 데에만 적용된다. 민간인인 사용자가 피용자의 이메일을 들여다보거나, 백화점이 탈의실에 보안 카메라를 설치하는 것은 헌법상의 제한과는 무관하다(어떤 경우에는 이러한 사안에 대하여 다른 법률이나 보통법 common law에 의하여 사생활의 권리로 인정되어 적절한 보호가 주어지기도 한다).

추가조항 제4조가 정부의 모든 행위에 적용되지만 국가안보에 관련되는 수사의 경우 어떻게 적용될지에 좀 불분명한 부분이 있다. 어떤 법률들은 이러한 수사에는 보통의 범죄수사에 허용되는 범위를 넘어서 정부의 권한을 확대해 준다. 예컨대 외국정보활동감시법Foreign Intelligence Surveillance Act(FISA)은 연방의 수사관들이 감청wiretapping, 수색영장search warrant, 기타의 수사 수단을 허용해 줄 것을 특별한 법원에 요청하면 그 법원이 이를 비밀리에 승인해 줄 수 있도록 한다. 9.11 사태의 충격 속에서 제정되고 그 이후에 개정된 미국애국법The USA PATRIOT Act은 수사관들이 수색 대상자에게 알리지 않은 채 수색을 할 수 있도록 허용하고, 수사 도중에 수사 대상자에게 알리지 않은 채 그의 도서관과 서점의 이용기록을 요구할 권한을 주는 'sneak and peek 영장'이라는 새로운 유형의 수사방법을 도입하였다. 2013년에 국가안보국National Security Agency(NSA)의

자료가 무더기로 유출된 때 드러났듯이 FISA 법원은 NSA에게 수백만 통의 전화와 이메일에 관한 정보를 영장 없이 수집할 수 있도록 권한을 주었는데, 이러한 권한의 확장은 2015년 미국자유법USA Freedom Act에 의하여 제한되게 되었다. 아래에서의 수색과 압수에 관한 논의는 전통적인 범죄소추에 관한 것에 국한한다(테러에 대한 국가의 대응조치의 합헌성에 관한 상세 사항은 제2장 참조).

이 법 분야에서의 첫 번째 의문은 수색search 또는 압수seizure가 무엇인가이다. 수색을 먼저 알아보자. 경찰관이 약물 흡입용구가 있는지 알아보기 위하여 당신의 차 안을 들여다본다면 그것이 수색search인가? 당신이 집 앞에 내놓은 쓰레기를 뒤지는 것은? 훈련받은 개에게 당신의 짐꾸러미의 냄새를 맡게 한다면? 당신이 마약 이야기를 하는지 들어 보려고 전화를 감청하면? 수색이 무엇인가라는 물음은 추가조항 제4조가 수색이나 압수가 있은 때에만 보호를 준다고 하므로 매우 중요한 질문이다. 그것이 수색이어야만 법원이 그 헌법조항이 요구하는 다른 요건을 충족했는지를 따지게 된다.

연방대법원은 원래 추가조항 제4조에 열거된 장소, 즉 신체, 주거, 서류, 재산 등에 물리적 침입physical intrusion이 있을 것을 수색의 요건으로 요구하였다. 그러나 연방대법원은 Katz v. United States (1967) 판결에서 수색의 범위와 방법에 관하여 사생활의 비밀이 보호되어야 할 정당성이 인정되는 경우라면 특정한 유형의 물리적 침입이 없더라도 이를 수색에 포함시킴으로써 보호의 범위를 확대하였다. 오늘날 연방대법원은 두 가지의 접근방법을 사용한다. 두 개의 사건의 다수의견에서 Scalia 대법관은 용의자의 차량에 GPS 위치추적장치를 설치한 경우(United States v. Jones, 2012)와 마약탐지견을 용의자의 집 현관에 데리고 간 경우(Florida v. Jardines, 2013)에 재산에 대한 물리적 침입physical intrusion이 있다면서 추가조항 제4조를 위반하였다고 판단하였는데, 각 사건에서 다른 대법관들은 그 결론에는 동의하면서도 이 판결의 핵심은 물리적 침입 여부가 아니라 사생활의 침해인지 여부라고 주장하였다.

사생활의 비밀에 대한 기대를 보호해야 한다는 심사기준에 따르자면 어떤 사건은 판단하기 쉽다. 공공연하게 크랙 파이프를 물고 거리를 걸어가는 사람은 자신의 위법적 행동을 공공에 노출시키는 것이고 경찰관이 그 사람을 관찰하는 것은 수색이 아니다. 집에서 커튼을 드리우고 문 뒤에서 크랙을 흡입하는 사람은 사생활에 대한 정당한 기대를 가지는 것이고 따라서 경찰관이 범죄행위를 발견하기 위하여 열쇠구멍으로 들여다보거나 집에 쳐들어갈 수는 없다.

그러한 간단한 사건 이외에 사생활의 비밀에 대한 기대를 정의하는 것은 매우 헷갈리는 일이 되며 연방대법원의 판단 중 많은 것은 이상하게 보인다. 예를 들면 주택의 내부는 경찰관이 열쇠구멍으로 들여다보거나 열화상 이미지 장치로 마리화나 재배를 위한 고열램프의 유무를 탐지하고자 스캐닝당하는 일로부터 보호되어야 하지만, 뒷마당이나 온실은 대마초 재배를 감시하기 위한 항공촬영으로부터 보호받지 못한다고 하는데 그 이유는 누구든 우연히 그 상공을 날아가다가 대마초를 볼 수 있기 때문이라고 한다. 누군가 자기의 물건을 내다 버리면 사생활의 비밀에 대한 기대가 더 이상 존재하지 않는 것이며, 이 개념은 쓰레기가 집 앞길에 불투명 용기에 담긴 채 쓰레기 수거일자에 "내버려졌다."는 경우에까지 확대된다. 그러므로 연방대법원에 따르면 신용카드 청구서, 러브레터, 기타 개인적인 또는 무언가를 폭로하는 의미를 가진 물품이 쓰레기에 포함되어 있었다면 사생활의 비밀에 대한 기대는 없다(여러 주헌법은 사생활의 비밀을 연방헌법에 의한 보호보다 더 널리 보호하는데 그러한 주의 법원들은 사람들이 내버린 쓰레기에도 사생활의 기대를 가지며 따라서 경찰은 이를 수색하기 전에 수색영장을 받아야 한다고 판시하였다). 끝으로 수사기관이 은행에서 개인의 은행거래 기록을 받거나 전화 회사에서 회사가 작성한 통화기록을 얻어 내는 것은 수색이 아니다. 그 이유는 그 정보는 은행이나 전화 회사가 가지고 있는 것이고 그 정보가 비밀로 유지될 것이라는 기대가 없다는 데 있다.

수색이 있었다고 무조건 경찰이 추가조항 제4조를 위반하였다는 뜻은 아니다. 그 추가조항이 두 개의 독립된 구절로 분리되어 있음에 주목해야 한다. 앞의 구절은 불합리한 수색을 금지하며, 뒤의 구절은 수색영장search warrant이 발부되기 위하여 갖추어야 하는 요건을 규정하면서 수색을 하기 위해서는 상당한 사유 probable cause가 있어야 한다고 명시적으로 요구하고 있다. 그러나 이 조항은 그 중 어느 것이 더 우선하는지[19]에 대하여는 아무런 언급이 없다.

---

19) 추가조항 제4조의 첫째 구절은 불합리한 수색은 허용되지 않는다고 하므로 합리적인 수색이라면 아무런 제약이 없이, 즉 영장 없이도 얼마든지 할 수 있는 것처럼 해석될 수 있고, 둘째 구절은

연방대법원은 오랫동안 영장 요건이 우선한다고 생각했다. 수색영장을 발부받으려면 경찰은 중립적인 치안판사magistrate가 주재하는 질서 있는 절차에서 그 수색으로 범죄의 증거가 얻어질 수 있을 것이라는 상당한 사유probable cause를 입증해야 한다. 영장을 필요로 하게 하는 것은 경찰의 행동에 중대한 견제가 되며 개인의 자유에는 상당한 보호수단이 된다. 물론 어떤 때에는 즉시 행동하지 않으면 증거가 사라져 버리거나 언제 인멸될지 모르는 경우도 있으므로 그 증거를 즉시 확보해 두어야 할 것인데 이러한 경우에까지도 영장을 받도록 하는 것은 비현실적인 경우도 있다. 그러므로 어떤 경우에는 영장 없는 수색이 가능하되, 다만 그것이 인정되는 상황을 매우 좁게 인정하여 수색이 비합리적이 되지 않도록 하고 있다.

연방대법원은 또한 위 추가조항의 해석에 관한 두 번째의 접근방식으로 그 요건의 순서를 뒤바꾸는 방법을 채택하기도 한다. 그러나 이러한 견해도 수색이 불상당해서는 안 된다는 것이 추가조항 제4조의 근본적 명령이라고 본다. 상당하지 못한 수색으로 되게 하는 요소는 수도 없이 많으며, 영장에 의하여 이루어지지 않았다는 것은 그중 하나의 사유일 뿐이다. 영장조항warrant clause은 유효한 영장을 발부받기 위해서 무엇이 필요한지는 말하고 있으나 영장 없이 이루어진 불상당한 수색에 대하여는 아무 말이 없다. 그러므로 연방대법원이 영장 없이 이루어진 수색의 상당성을 평가할 일반적인 기준을 정해야 했다.

첫 번째 이론은 형사절차의 중점이 권리의 보호에 있다고 보는 입장과 더 부합하고, 두 번째의 이론은 경찰이 자신의 임무를 보다 원활하게 수행할 수 있도록 해 주자는 입장과 더 어울린다고 보는 견해도 일단은 일리가 있다고 보인다. 상당성reasonableness이라는 보다 유연한 기준이 있음에도 불구하고 영장을 절대적으로 요구한다면 경찰이 수색을 할 수 있는 경우가 극도로 제한될 것이다. 그러나 판례법case law은 그런 방향으로 가지 않았다. 오히려 형사절차의 바탕을 이루는

첫 구절, 즉 합리성의 유무에는 언급하지 않고 영장을 발부받으려면 범죄가 있었다고 볼 만한 상당한 이유와 특정성이 필요하다는 영장발부의 요건만을 규정하므로 이와 같은 의문이 생긴다. 즉, 이 규정의 형식상 합리적 수색이라면 영장이 없어도 언제나 수색할 수 있다는 뜻인지, 아니면 합리적 수색이더라도 언제나 범죄가 있었다고 볼 상당한 이유와 특정성을 갖추어 발부받은 수색영장이 있어야 한다는 뜻인지 여부가 불분명하다는 것이다.

가치들의 대립이 각 견해에 표현되었다. 영장주의에 대한 예외가 마구 늘어났고 또한 상당성의 기준을 사용한다고 해도 완전히 제약이 없는 것도 아니었다.

영장 요건warrant requirement부터 보자. 영장은 경찰이 범죄의 증거를 수색하고 압수할 수 있도록 판사 또는 판사와 유사한 공무원이 경찰에게 권한을 주는 행위이다. 영장을 요구하는 이유는 그러한 수색이 적절한지 여부의 판단을 직접 수색을 하는 것을 임무로 하는 사람이 할 수 없도록 하자는 것, 즉 아마도 독립적인 치안판사magistrates가 그 증거들이 범죄에 관련되어 있는지 여부와 수색이 헌법의 기준에 부합하는지 여부를 보다 냉정하게 판단할 수 있을 것이라고 보기 때문일 것이다. 그러나 여러 법제에서 실제로 행해지는 영장 발부의 절차는 매우 역설적이다. 판사들은 청구된 영장을 대개 긍정적 시각으로 보므로 몇 분 이상 자세히 검토하는 일도 적고, 청구된 영장은 대부분 발부되며, 경찰관은 심지어 전화로 사실관계를 설명하고 영장의 발부를 신청할 수도 있다. 실정이 이러하다면 영장을 요구한다고 하여 경찰의 행위에 대하여 적절한 견제가 될 수 있을까? 물론 그러한 청구가 판사에게 제출되어 심사되어야 한다는 것을 알면 경찰관과 검사들이 법적 기준에 좀 더 충실하고자 할 것이므로 어느 정도까지는 여전히 그런 기능을 한다고 할 수는 있겠다.

영장을 발부하는 치안판사magistrate의 핵심적 임무는 그러한 수색으로 영장에 적시된 장소에서 범죄에 대한 특정한 증거를 발견할 수 있다고 믿을 만한 상당한 이유probable cause가 있는지를 판단하는 것이다. 이러한 의미에서 본다면 "상당한probable"이란 아마도 어떤 용의자에게 죄가 있는지 또는 수색으로 범죄의 증거가 드러날 수 있을지의 가능성의 정도를 뜻하는 것이 아니고, 수색을 하는 이유가 얼마나 상당해야만 할 것인지는 경찰에게 범죄와의 싸움에 있어서의 재량을 얼마나 주어야 할 것인가와 추가조항 제4조에 구현된 국민의 사생활의 이익을 보호하는 것 사이의 균형을 잡는 일이 될 것이다. 예를 들면, Warren 대법원장 시절에 연방대법원은 두 사건에서 경찰이 정보원informant으로부터 얻은 정보를 근거로 영장을 신청한 경우 치안판사는 상당한 이유의 존재 여부를 충분한 근거를 가지고 판단하기 위하여 경찰에게 그 정보원의 신빙성과 정보원이 범죄가 있다고 생각하게 된 결론의 근거에 관한 사실을 자신에게 충분히 제공하라고 요구할 수 있어야 한다고 하였다(Aguilar v. Texas (1964) 및 Spinelli v. United

States (1969)). 그러나 Burger 대법원장 시절에 연방대법원은 Illinois v. Gates (1983) 판결에서 이 기준을 명시적으로 포기하였다. "사정의 전체성totality of circumstances"을 감안하여 만약 치안판사가 상식적인 판단으로 상당한 이유가 있다고 결론지을 수 있었다면 설사 이름 모를 정보원의 신빙성이나 그 정보원의 정보의 근거가 모두 정확한지 판단할 자료를 제공받지 못한 채 영장을 발부하였더라도 괜찮다는 것이다.

추가조항 제4조에서 영장조항warrant clause이 우선한다는 견해에 따르더라도 어떤 수색은 영장 없이도 할 수 있다. 이 조항의 상당성 요건이 우선한다는 견해에 따르면 물론 상당성만 있으면 영장 없이도 수색을 할 수 있고, 이때는 범죄의 증거가 발견될 것이라고 믿을 만한 상당한 이유가 있었는지 여부가 수색의 유무를 판단하는 데 핵심적 징표가 된다. 일반적으로 우리는 영장을 받기 위하여 수사를 중단한다면 범죄 단속의 목적을 달성할 수 없게 되는 경우 또는 영장 없이 수색을 하더라도 추가조항 제4조가 보호하고자 하는 사생활의 권리가 심각하게 훼손되지 않는 경우라면 수색은 영장이 없이도 유효하다고 말할 수 있을 것이다. 그러나 이러한 일반적인 전제만으로는 우리가 경찰을 얼마나 자유롭게 해 줄 것인가에 관하여 왜 그렇게 많은 논쟁을 벌이는지를 설명할 수 없다.

평범한 시선plain view으로 발견되는 물건의 압수에 관한 예외에 대하여 생각해 보자. 어떤 경찰관이 적법하게 주택에 들어갔거나 자동차를 정지시켰는데 그 바닥에서 마약 한 봉지를 발견했다면 그는 영장이 없고 그 당시까지는 약물이 거기 있다고 의심할 만한 상당한 이유probable cause를 가지고 있지 못했다고 해도 이를 압수할 수 있다. 그 경찰관이 원래 그에게 허용되는 일을 하는 동안 그의 시선에 들어온 범죄의 증거를 압수할 수 없다면 법집행의 목적을 달성할 수 없을 것이기 때문이다. 그러나 이러한 예외를 인정하면 경찰은 두 가지의 유혹을 받게 된다. 하나는 자신들이 의심은 하고 있으나 아직 범죄가 있었다고 볼만한 상당한 이유까지는 확보하지 못했으면서도 어떤 핑계를 대면서 그러한 물건이 바로 보이게 되는 곳을 선택해서 사람을 정지시키거나, 다른 사유로 그곳을 수색할 수 있는 수색영장을 받거나 또는 영장 없이도 허용되는 수색을 하려고 할 것이라는 것이고, 다른 하나는 영장으로 부여받은 권한 이상으로 과도하게 수색을 하여 증거를 발견해 내고서도 우연히 그 증거물이 평범한 시선plain view

에 들어왔다고 거짓으로 증언하는 것이 그것이다. 연방대법원은 첫 번째의 유혹에 대해서는 한때 물건이 의도적이지 않게 눈에 들어온 경우에만 평범한 시선의 법칙의 예외라고 인정하는 방법으로 대처했었다. 그러나 연방대법원은 일단 경찰관이 어떤 수색이든 적법하게 진행하고 있었다면 그러한 수색 중 눈에 띈 물건을 압수할 수 있게 한다고 하여 보호받아야 할 사생활이 더 크게 침해되는 것도 아니고, 법원은 나중에 객관적 기준을 적용하여 그 경찰관의 의도와 상관없이 그 압수가 타당했는지(그 물건이 평범한 시선으로 발견될 수 있었는지)를 평가할 수 있을 것이므로 문제가 없다고 판시함으로써 결국 그 요건을 배격하였다. 그러나 둘째의 유혹은 여전히 남아 있으며 피고인의 변호인들은 경찰관들이 으레 수색 당시 발견된 물건이 평범한 시선으로 발견되었다고 거짓 증언을 한다고 주장한다.

영장 없이 할 수 있는 수색의 또 다른 예는 체포에 부수하여 수색을 하는 경우이다. 경찰관이 체포를 하는 때는 총이나 증거가 있는지를 확인하기 위하여 용의자와 그의 주변을 수색할 수 있어야 한다고 하는 것이 합리적이다. 그렇지 않다면 경찰관의 신변이 위험해질 것이고 용의자는 자신의 범죄의 증거를 감추거나 파괴해 버릴 수 있다(Chimel v. California, 1969). 만약 경찰관이 용의자의 휴대전화를 발견하였다면 그것이 무기로 사용될 수도 있고 또는 전화기에 용의자가 인멸하고자 하는 증거가 담겨 있을 수 있으므로 압수할 수 있다. 그러나 안전이 염려되거나 증거 보전의 필요성이 있다고 하여 경찰관이 임의로 전화기 안에 담긴 정보를 열어 보거나 문자메시지 또는 연락처 목록을 훑어보거나 범죄의 정보를 더 얻기 위하여 통화기록을 조사해 보는 것은 허용되지 않는다(Riley v. California, 2014). 이와 비슷하게 경찰관이 음주운전drunk driving으로 체포된 사람에게 음주측정을 요구하거나 체포된 사람에게 DNA 샘플을 수집하기 위하여 면봉으로 구강세포를 채취[20]하자고 요구할 수 있는데, 이는 안전운전과 피체포자의 신원을 정확하게 확인한다는 공적인 이익이 피체포자의 인격과 사생활에

---

20) 사람의 동일성을 확인하기 위하여 유전자 감식이 많이 사용되는데 이에 필요한 샘플은 입 안의 점막에서 상피세포가 쉽게 추출되기 때문에 면봉으로 이곳을 살짝 문질러 채취하는 방법을 쓰는 것이 가장 일반적이다.

대한 최소한의 침해보다 더 중요하기 때문이며, 다만 그렇다고 하여도 혈액채취는 개인적 자유의 침해 정도가 크므로 영장 없이는 요구할 수 없다.

객관적 심사기준을 이용하여 수색의 상당성을 평가하는 것은 경찰관들이 제대로 일할 수 있게 해 주고, 추가조항 제4조가 말하는 자유의 보호 사이에서 균형을 이루는 근거를 제공하는 것으로 여겨져 연방대법원이 점점 더 선호하게 되었다. 예를 들어 경찰이 범죄가 있었다고 믿을 만한 상당한 이유가 있다고 한다면 그들은 범죄를 저지른 사람을 정지시킬 수 있는데 이것은 추가조항 제4조에 따른 사람에 대한 정당한 신병확보seizure이다. 그러나 그 범죄가 단순한 교통위반사범에 불과하였고 실제로 그 사람을 정지시킨 것이 우범지역에서 아프리카계 미국인인 운전자의 마약거래에 관한 증거를 수색하기 위한 구실이었다고 가정해 보자. 그렇다면 불상당한 수색과 압수의 위험이 현실화되었다고 할 수 있을 것이지만 연방대법원은 상당한 이유probable cause가 존재하는 한 설사 그 경미한 교통위반이 있었다고 믿을 상당한 이유가 있었음을 인정할 자료가 경찰관의 증언뿐이라고 해도 그처럼 운전자를 정지시킨 것은 합리적이라고 판시하였다. 그리고 처음에 정지시킨 것은 상당하지 못하였고 그래서 헌법을 위배한 정지였다고 하더라도 경찰관이 점검한 결과 그 사람에 대하여 교통사범에 관한 영장이 발부되어 있음을 알게 되었다면 경찰관은 그를 체포하고 수색할 수 있으며 그가 발견한 증거가 있다면 다른 죄를 기소하는 데 사용할 수 있다. Sotomayor 대법관이 Utah v. Strieff (2016) 판결의 소수의견에서 밝힌 대로 이러한 접근방식은 경찰관에게 주어진 권한을 엄청나게 확대하는 것이며, 그래서 "유색인종이 이러한 뒤지기에서 더 큰 피해자인 것은 비밀이 아니다." 연방법무부의 조사 결과 교통 정지를 당한 경우 아프리카계 미국인이 백인에 비하여 수색을 받을 가능성이 세 배나 높았다.

어떤 상황에서는 경찰관은 수색과 압수를 하는 데 영장이든 상당한 이유든 아무 것도 필요하지 않은 경우가 있다. 이는 정지 및 검색stop and frisk의 경우로서 경찰관이 사람을 잠깐 정지시키고 그 사람에게 간단한 질문을 하기 위하여 잡아두는 것인데 보통은 그가 의심스런 행동을 한 경우 그에 대하여 물어보고 이때 그 사람이 경찰관에게 즉각적인 위험이 될 수 있는 무기를 가지고 있는지 확인하기 위하여 의복을 가볍게 두드려 보는 것이다. Terry v. Ohio (1968) 사건에서 연방대법원은 "경찰관은 있을지 모르는 범죄적 행동을 수사하기 위하여 적절한 상황하에서 적절한 방법으로 사람에게 접근할 수 있으며", "경찰관 자신을 공격하기 위하여 사용될 수 있는 무기의 유무를 확인할 목적으로 겉옷을 신중하게, 제한된 범위에서 수색할 수 있다."고 인정하였다. 이후에 연방대법원은 Terry stop 상황에서 수상한 사람에게 신원을 밝히도록 요구하는 것은 불합리한 수색과 압수를 당하지 아니할 것을 보장하는 추가조항 제4조를 위반하는 것도 아니고 자기부죄self–incrimination의 금지를 정하는 추가조항 제5조의 위반도 아니라고 판시하였다(Hiibel v. Sixth Judicial District Court, 2004).

정지시키기를 허용하기에 적절한 상황이란 어떤 것인가? 여기서의 핵심은 경찰관의 재량 남용을 예방하면서도 그의 임무를 제대로 수행할 수 있게 해 주는 것이다. 이때는 범죄적 행동을 이유로 정지당한 특정한 사람에게 그렇게 의심할 만한 사실적 근거가 있어야 하지만 그러한 객관적인 근거가 무엇인지는 분명하지 않으며 법원들은 대개 경찰관의 판단을 존중하곤 한다.

마지막으로 경찰관과 시민 사이에는 Terry stop의 수준에 달하지 않는 정도의 접촉이 있게 마련인데 이 경우에는 추가조항 제4조가 적용될 여지도 없다. Terry 판결에서 연방대법원은 "경찰관이 물리적 힘 또는 권위를 내세웠든 아니면 어떤 방식으로든 시민의 자유를 제한한 때"가 어떠한 경우인지를 밝혔다. 연방대법원의 견해에 따르면 그러므로 경찰관이 버스에 올라타 모든 승객의 차표와 신분증을 보여줄 것과 짐을 수색할 것을 요구한 경우 또는 순찰차를 보고 놀라 달아나는 젊은이를 경찰관이 뒤쫓아 간 것은 압수seizure에 해당하지 않는다.

*자기부죄*self-incrimination *금지의 특권이란 무엇인가?*

연방헌법 추가조항 제5조는 그 일부에 "누구든 … 어떤 형사사건에서든 자신에 대한 증인이 되도록 강요당하지 않는다."고 규정한다. 이 조항이 말하는 자기부죄금지특권privilege against self–incrimination은 미국 형사사법제도의 기본원칙이다. 탄핵주의accusatorial system21)하에서는 검찰이 스스로의 힘으로 사건을 입증할

---

21) 형사절차에서 심판기관과 소추기관을 분리하여 심판자는 소추자가 소추하지 않으면 스스로 심판

책임이 있고 기소당한 자에 대한 심문inquisition을 통하여 할 수는 없다. 피고인에게 진술할 것을 강제한다면 그는 "자기기소self-accusation, 위증perjury 또는 법정모독contempt 등 세 가지 사이의 잔혹한 트릴레마", 즉 범행을 자백하고 그 죄로 처벌받거나, 거짓말을 하고 위증으로 처벌받거나, 진술을 거부하고 법정을 모독한 죄로 처벌받는 것 중의 하나를 선택해야 하는 처지에 빠지게 된다. 이것은 페어플레이, 개인과 정부 사이의 균형, 개인의 존엄성에 대한 우리의 관념에 반한다. 이 특권은 또한 개인의 사생활을 보호하고 경찰이 자백을 이끌어 내기 위해서 이용하는 일부 실무관행에 대한 불신이 반영된 결과라고 할 수 있다.

그러나 이 특권을 인정하자면 치러야만 하는 대가가 있다. 많은 사건들에서 자백confession 또는 피고인으로부터 얻은 정보를 기초로 다른 증거가 발견됨으로써 피고인이 유죄임을 입증할 수 있는 유일한 증거가 되는 경우가 많다. 별다른 증인이 없고 물적 증거도 없거나 아주 부족한 경우에 용의자를 집중 추궁하여 유죄의 증거를 찾을 수밖에 없는 사건도 많다. 그러므로 피고인의 진술을 받지 못하도록 하는 것은 많은 범죄가 처벌되지 않을 수 있다는 뜻이 된다.

어떤 사람이 형사절차에서 자기 자신에게 불리한 증인이 되도록 강요당한다는 것은 무엇을 뜻하는가? 이 특권은 피고인이 말하는 진술증거testimonial evidence에 관한 것이고 다른 증거와는 관계가 없다. 적절한 절차에 따르기만 하면 검찰은 범죄의 입증을 위하여 피의자를 선면절차line-up[22]에 나서도록 하고, 음성이나 필적 샘플을 제출하도록 하며, 혈액을 제출하도록 할 수도 있다. 검찰은 조세포탈 사건의 소추를 위하여 회사의 장부 등 다른 목적을 위하여 준비된 기록을 정리하여 제출할 것을 강제할 수도 있다.

할 대상을 골라 심판할 수 없다는 원리를 말하며 불고불리의 원칙이라고도 한다. 형벌권을 가진 자가 심판 대상을 임의로 선택하여 처벌할 수 있다고 한다면 자의적이고 유죄의 예단에 따라 피심판자를 고르고 유죄로 인정할 위험성이 높을 뿐 아니라 권한의 집중으로 국민의 자유와 권리에 위협이 생길 수 있기 때문에 이를 분리하는 것으로 근대적 형사절차의 대표적 특징이다.

22) 서로 다른 외모와 특징을 가진 사람 또는 비슷하게 생긴 사람들을 여러 명 세워 놓고 목격자로 하여금 한쪽에서는 거울이지만 반대편에서는 투명유리인 편면거울을 통하여 용의자를 지목하게 하는 수사기법으로 대개 여러 용의자 중 현장에 있었던 사람을 가려내거나 목격자의 신빙성을 가리기 위하여 사용된다. 대한민국에서는 실무상 선면(選面)절차라고 불린다.

글자 그대로 읽으면 추가조항 제5조의 문언은 정부가 피고인에게 그의 재판에서 증언하도록 강요하는 것만을 금지하고 그 이외에는 피고인에 불리한 다른 모든 증거를 찾아내기 위하여 정부가 어떤 강제적 수단도 사용할 수 있는 것처럼 보일 수 있다. 그러나 연방대법원은 그 특권을 언제나 더 널리 해석해 왔다. 만약 경찰이 자백을 강요할 수 있다거나 검사가 대배심증언grand jury testimony[23]을 강제하여 이를 재판에서 증거로 사용할 수 있다면 이 특권을 인정한 정책적 이유의 의미가 크게 저해될 것이다.

검사가 증거를 수집하기 위하여 대배심을 이용하여 수사대상자를 소환하면 어떤 일이 벌어질지 생각해 보자. 그 증인은 대배심 앞에서 증언을 하라고 요구하는 소환장subpoena을 받는다. 그 증인이 출석하지 않거나 자신에게 주어진 질문에 대답하지 않으면 그는 법정모독contempt에 걸려 감옥에 갈 수 있다. 증인이 거짓으로 증언을 하면 위증perjury으로 소추될 수 있다. 그가 이러한 결과를 모두 회피하고 싶어서 사실대로 증언하면, 그리고 자신의 증언이 나중에 재판에서 자신에게 불리하게 사용된다면 그 증인은 사실상 자신에게 불리한 증언을 하도록 강요당한 것이다. 핵심은 강요된 진술을 사용하는 것이고 그러한 진술이 어디서 행해졌는지가 아니다.

검사는 대배심 절차 또는 다른 어떤 곳에서의 증언이든 그 증언이 이후의 형사소추에 사용되지 않을 것을 보장함으로써 자기부죄금지 특권을 행사하여 진술을 거부하는 일을 피할 수 있다. 이것은 보통 그 증언을 근거로 이용하는 소추로부터 면책immunity을 부여하는 형태로 이루어진다. 면책은 두 가지 형태가 있다. 사용면책use immunity은 검찰이 그 증인의 증언 또는 그로부터 파생하여 얻어진 모든 증거를 나중에 재판에서 사용할 수 없게 하는 것이다. 그러나 검사가 그 증인에게 불리한 증거이지만 증언의 산물이 아닌 다른 증거를 가지고 있는 경우 이는 사용될 수 있다. 거래면책transactional immunity은 검사가 증인에 대하여 이후에 증언에서 거론된 어떤 범죄로도 소추할 수 없게 하는 것을 말하는데 이 경우는 설사 검사가 증언에 의지하지 않고도 독자적으로 증인의 유죄를 입증할 증거를 얻었다 해도 마찬가지이다.

---

23) 대배심에 관하여는 본장 주2) 참조.

좀 더 흔하고 논쟁이 많은 이슈는 자기부죄금지의 특권이 공식적인 사법절차 이외의 절차, 특히 경찰의 신문interrogation에서 어떻게 적용될 것인가이다. 많은 경우 피고인에 대한 가장 중요한 신문은 법정에서나 대배심 법정에서가 아니라 경찰서에서 이루어진다. 연방대법원은 경찰서에서 용의자를 신문하는 일은 충분히 위협적인 일이어서 자기부죄금지의 특권을 무력화시킬 위험이 있음을 인정한다.

Miranda v. Arizona (1964) 판결은 연방대법원이 경찰관들이 흔히 사용한다고 생각되는 속임수나 다른 심리적 유도방법 등을 포함하여 경찰이 용의자를 신문하는 관행을 조사한 후에 "구금된 상태에서 신문을 받는다는 것 자체로 개인의 자유에 대한 큰 부담이 되며 개인의 나약함과 거래하는 것으로 된다."라고 결론 내렸다. "구금된 상태에서 오는 압박감을 불식할 충분한 보호장치"가 필요하다는 것이다. 이러한 보호장치는 모든 사건에 보장되어야 하며, 이제 유명해진 Miranda 경고를 포함한다. 첫째, 구금된 용의자suspect in custody가 신문을 받기 전에 그는 "묵비할remain silent 권리가 있고 … 모든 진술은 법정에서 그에게 불리하게 사용use against될 수 있고 또한 사용될 것이며, 변호사와 상의consult with할 권리가 있고 신문interrogation 중에 변호사와 함께 있을 수 있으며 … [또한] 그가 가난하면 자신을 대변할 변호인이 제공될 수 있음"을 고지받아야 한다. 둘째, 그 용의자가 "어떤 방식으로든, 신문에 앞서 또는 신문 도중에 묵비할 것을 원한다는 표시를 한다면 그 신문은 중지되어야 하며 [만약 그가] 변호사를 원한다고 말한다면 변호사가 올 때까지 신문은 중지되어야 한다."는 것을 뜻한다.

연방대법원은 용의자suspect의 권리를 효율적으로 보호할 다른 절차가 있다면 Miranda 보호장치 대신에 그것이 사용될 수도 있을 것이라고 시사했으나, 아직까지 그러한 다른 절차가 제공되거나 승인된 바는 없었고 따라서 Miranda 원칙이 오늘날 신문절차를 규율하는 주된 수단으로 남아 있다. 흥미로운 것은 경찰이 이처럼 쉽게 시행할 수 있는 절차를 자신들의 수사절차에 포함시켰음에도 자백의 빈도는 줄어들지 않았다. 그러나 이에 불구하고 어떤 사건에서는 경찰이 이 절차적 요건을 지키지 않아 이후에 얻어진 자백을 증거로 사용할 수 없게 되는 일이 생김으로써 이 판결은 여전히 논쟁거리가 되어 있다.

Miranda 판결에 의하여 인정되는 자기부죄금지의 특권은 경찰이 구금상태에서 심문custodial interrogation을 할 때 적용된다. 구금custody이란 용의자가 설사 정식으로 체포되지 않았더라도 겁을 먹을 만한 상황이 야기될 수 있는 것으로서 어떤 방식으로든 행동의 자유가 박탈된 상태를 말한다. 그러므로 국세청IRS 요원이 용의자를 그의 집이나 사무실에서 면담하는 경우 그 상황에 관하여 특별히 겁을 먹게 할 만한 요인이 없었다면 그는 구금상태에 있었던 것이 아니며, 거실에서 질문을 하는 일은 원래는 겁먹을 행동이 아니지만 비록 자기 집 침실이라도 새벽 4시에 경찰관 4명이 와서 질문을 한다면 강제적 요소가 있다고 해야 한다. 경찰이 용의자에게 경찰서로 나오라고 하였어도 그가 체포상태에 있지 않다고 특별히 말해 준 경우에는 구금상태가 아니다. 용의자가 어리석게도 그런 상황하에서 자백을 하였다면 자기부죄금지의 특권은 침해된 것이 아니다. 그러나 경찰이 그를 경찰차에 태우고 경찰서에 데려가서 자유롭게 집에 가도 된다는 말을 하지 않았다면 설사 정식으로 체포되지 않았다고 해도 그는 강제력에 지배되고 있다고 보아야 한다.

신문interrogation이 무엇인가라는 질문에 대해서도 답하기 어려운 경우가 많다. 경찰관이 용의자에게 질문을 하면 그것은 명백히 신문이 된다. 나아가 Miranda 판결의 의도는 헌법에 어긋나는 강제력 행사를 예방하기 위한 것이므로 다른 종류의 말이나 행동을 하더라도 경찰관이 그것이 범죄를 시인하는 반응을 유도할 수 있음을 알고 하는 것이면 신문이라고 인정되어야 한다. 그러나 이 특권을 거기까지 확대 적용하면 신빙성 있는 증거를 사용하지 못하게 되는 위험이 야기될 수 있다. 예를 들어 경찰관들은 피의자accused 앞에서 자기들끼리 어떤 대화를 할 수 있는데 피의자에게 자백하도록 유도하려는 의도나 그러한 효과를 가진 대화인 경우가 있다. Rhode Island v. Innis (1980) 판결에서 피고인은 권총을 가지고 살인과 강도를 한 혐의로 체포되었다. 경찰관이 그를 차에 태워 경찰서로 데리고 가면서 근처의 학교에서 다른 장애인 학생이 총을 주워 손대다가 다치면 안 되므로 그 총을 찾는 것이 얼마나 중요한지 이야기를 했다. 피고인은 자발적으로 총이 있는 곳을 경찰에게 알려주었는데 연방대법원은 경찰관이 그를 신문한 바 없으므로 그 진술과 증거는 피고인에게 불리하게 사용될 수 있다고 판시하였다. 반면에 Brewer v. Williams (1977) 판결은 추가조항 제6조가 말하는 변호인의 조력을 받을 권리와의 관계에서 언제 신문이 있었다고 판단할 것인지에 관한 판결인데 Williams는 살인죄로 체포되었다. 경찰차를 타고 Davenport에서 Des Moines로 가는 도중 경찰관 한 사람이 날씨가 나빠지고 있어서 피해자의 시신을 찾아 "기독교식 장례Christian burial"로 치러 주기가 어려울 것 같다고 말했다. 이 말을 들은 Williams는 시체의 위치를 가르쳐주었다. 이에 대하여 연방대법원은 경찰관의 말이 특별히 Williams를 지목해서 한 것이었고 그는 매우 종교적인 사람으로서 이 말에 부담을 느낄 수 있었으므로 신문interrogation이 있었다고 판시하였다.

용의자는 자기부죄금지의 특권 및 이와 관련된 변호인을 가질 권리를 포기할 수 있다. Miranda 원칙은 그 자체에 그 특권의 포기는 자발적이고, 내용을 알고, 지적으로 이루어져야 한다고 명시하고 있으며 이 경고를 받고 용의자가 아무 말을 하지 않았다거나 자백을 하였다고 하여 이를 포기한 것으로 추정되지는 않는다. 그러나 연방대법원은 최근의 판결에서 이 특권은 피의자에 의하여 명백하게 주장되지 않았다면 포기될 수 있다고 판시하였다. 예컨대 연방대법원은 Berghuis v. Thompkins (2010) 사건에서 Thompkins가 미란다 권리를 읽어줄 때와 이후 세 시간에 걸쳐 이루어진 신문에서 아무런 반응을 보이지 않음으로써 이 특권의 주장을 포기하였다고 보았고, "그 소년에게 총을 쏘아 쓰러뜨렸다는 것을 신에게 맹세할 수 있는가?"라는 경찰관의 질문에 결국 "예스"라고 대답하였으므로 이 진술은 재판에서 증거로 사용할 수 있게 되었다고 판시하였다. 여기서 연방대법원은 묵비권을 행사하는 것만으로는 묵비권을 주장하기에 부족하다는 역설적인 판단을 한 것이다.

경찰이 피의자의 권리를 침해하면 어떻게 되는가?

추가조항 제4조, 제5조, 제6조에 의한 헌법적 보호는 자기집행력self-executing이 없다. 예를 들면 제4조는 상당하지 않은unreasonable 수색search과 압수seizure를 금지하지만 그러한 수색이 벌어졌을 때 어떻게 해야 하는지에 대해서는 말이 없다. 이 분야에 대한 연방대법원의 판결을 둘러싸고 벌어지는 논쟁 중 많은 것이 헌법상의 권리가 침해되었을 때 어떤 구제가 주어져야 하는지에 관한 것이다. Weeks v. United States (1914) 판결에서부터 연방대법원은 증거의 배제법칙exclusionary rule을 발전시켰는데 이것은 정부가 연방헌법에 위배되는 방법으로 얻은 증거는 권리의 침해를 당한 피고인에 대하여 사용될 수 없다는 원칙이다. 경찰이 불법적인 수색 도중에 범죄를 입증할 증거를 얻거나 Miranda 원칙을 위반하여 자백을 받으면 그 증거나 자백은 그 피고인에 대한 유죄의 증거로 사용될 수 없다.

이러한 배제법칙exclusionary rule에 대해서는 법집행의 기본 목적을 훼손하는 것처럼 보이기 때문에 격렬한 반대가 있었다. Cardozo 대법관의 말대로 "경찰관이 실수했다고 범죄자가 무죄가 된다."는 것이 말이 되는가? 배제법칙은 죄지은 자의 손에 헌법상의 권리를 주장하여 유죄의 증거를 재판에 사용될 증거에서 배제시킬 수단을 쥐어 줌으로써 죄지은 자를 우대한다. 이 원칙에 따라 재판에서 유죄의 증거가 사용되지 못하게 되는 만큼 이 원칙은 진실의 추구와 형사처벌의 부과에 장애가 된다.

배제법칙이 인정되는 데는 몇 가지 이유가 있다. 법원들이 위법하게 수집된 증거의 사용을 허용한다면 실제로는 경찰의 위헌적인 행동을 승인하는 일이 된다. Mapp v. Ohio (1961) 판결에서 Clark 대법관은 Cardozo의 풍자를 이어받아 "꼭 그래야 한다면 범죄자를 풀어주어야 한다. 그러나 그를 풀어주는 것은 법이다. 정부가 스스로의 법을 지키지 않는 것보다 더 빨리 그 정부를 무너뜨릴 수 있는 것은 없다."라고 말하였다. 연방대법원은 Mapp 판결로 배제법칙을 모든 주정부의 기소에까지 확대 적용하도록 하면서 이 원칙에 불법적 수사에 대한 억제효과가 있음을 근거로 제시하였는데 이후 이것이 이 원칙의 근거로 점차 널리 강조되게 되었다. 이 원칙은 경찰이 불법적인 수색을 하거나 불법적으로 자백을 받아내 봐야 이를 피고인에 대한 유죄의 증거로 사용할 수 없기 때문에 그런 일들이 소용없게 만듦으로써 그러한 시도를 하지 않게 유도한다.

Mapp 판결 이후에 배제법칙에 관한 논쟁의 대부분은 이 법칙이 가지는 억제효과deterrent effect에 관하여 이루어졌다. 이 원칙이 의미 있는 억제효과를 가지며 위헌적인 경찰 행위를 억제하는 가치가 그로 인한 법집행상의 비용 증가를 감수하는 가치보다 클 것인가? 지지자들은 이 원칙이 억제를 통하여 죄지은 자를 비호하는 것 같이 보이지만 실제로는 무고한 자를 보호한다고 주장한다. 이 원칙은 개별 사건에서 불법적인 경찰의 행위에 대한 안전장치 이상의 훨씬 많은 어떤 역할을 한다는 것이다. 또한 모든 경찰관들에게 경고하는 역할을 하고, 경찰 당국이 경찰관의 훈련과 감독에 더 많은 신경을 쓰게 하며, 그 결과로 우리 모두의 헌법적 권리가 침해당하는 일이 줄어들 수 있게 해 준다고 한다. 그리고 이러한 억제에 소요되는 비용은 그리 크지 않다고 주장한다.

그러나 비판자들은 이 원칙이 대부분은 필요하지 않다고 주장한다. Miranda 경고와 같이 불법적으로 압수된 증거를 배제하는 것이 경찰이 권한남용을 일삼던 시대에는 예방의 도구가 되었을지 모르나 오늘날은 범죄에 대한 대처의 필요성이 더 크다. 증거의 배제는 범죄자에게 부당한 이득을 주고 법집행에 장애가 된다. 경찰에 불법적인 관행이 있다면 이는 경찰에 대한 불법행위 손해배상청구라든가 민권소송civil right action 등 다른 수단으로 처리하면 된다. 죄 없는 자나 죄 있는 자 모두 그들의 헌법상 권리는 보호받아야 하며 누구나 경찰의 불법적 수색에 대하여 소송을 제기하고 손해를 배상받을 수 있다는 것이다.

그러나 지지자들은 그러한 구제수단의 실효성에 의문을 제기한다. 헌법상 권리를 경미하게 침해한 경우 피해자가 소송을 제기할 유인이 부족하다. 예컨대 경찰이 자동차를 임의로 정지시키고 수색한 그 현장에서의 불편과 분노와 실망감은 매우 클 수 있지만 그 손해금액이 너무 적어 길고 긴 소송절차까지 가기 힘들 것이다. 좀 더 심각한 침해가 있어 그로 인하여 범죄를 입증할 증거가 발견된 경우라면 이론적으로는 배상금액이 커질 수 있지만 그 이론을 현실에 적용하기는 힘들 수 있다. 경찰관들은 이러한 소송에서 면책되는 일이 많고, 유죄판결을 받고도 경찰관을 상대로 불법행위로 제소하는 사람에게 배심원들이 동조할지도 극히 의심스럽다.

위법수집증거의 배제법칙exclusionary rule을 둘러싼 이러한 갈등은 법원의 판결에도 많은 역할을 하였다. 이 법칙이 더 발전된 형태의 하나가 "독수독과fruit of poisonous tree"24)의 법칙인데 Silverthorne Lumber Co. v. United States (1920) 판결에서 유래하였다. 연방의 수사관이 불법적 방법으로 피고인으로부터 범죄의 증거를 압수하였다. 법원이 그 증거의 반환을 명하자 검사는 대배심grand jury으로 하여금 피고인에게 같은 서류를 작성하여 제출하라는 명령장subpoena을 발부하게 했다. 연방대법원은 그 명령장이 불법 압수의 최종 목적물이라는 이유로 무효화하였다. Felix Frankfurter 대법관이 불법 수색의 결과물은 증거로 받

---

24) 독이 있는 나무에서 열린 열매는 역시 독이 있을 수밖에 없다는 뜻으로 한자로는 毒樹毒菓라고 표기한다.

아들여질 수 없다는 뜻으로 "독이 있는 나무의 열매fruit of poisonous tree"라는 멋진 신조어를 만들었다. 이 원칙은 경찰이 불법적 수색에서 어떤 결과를 얻은 다음 이를 이용하면 적법한 방법에 의하여 다른 증거를 얻을 수 있으리라는 기대 하에 불법수색에 나서지 못하게 함으로써 배제법칙을 더욱 확장한다. 그러나 법원은 이 원칙을 무조건 인정하지 않고 이에 대한 제한도 가하였다. 그 열매와 원래의 불법적 수색행위 사이의 연결이 희석된 경우, 그 열매가 존재한다는 사실을 별도의 독립된 정보로 알게 된 경우 또는 대상이 되는 증거가 그런 불법적 행위가 없었더라도 발견될 수밖에 없었으리라는 사정이 있는 경우 등에는 증거로 허용된다.

두 번째의 발전은 배제법칙이 적용되는 절차에 관하여 생겨났다. 이 원칙이 위법한 방법으로 수집된 증거를 검사가 자신의 주장을 입증하기 위하여 재판에 사용하지 못하도록 하는 것임은 명백하다. 나아가 불법을 억제하는 효과는 경찰이 이 증거를 아무 곳에도 사용할 수 없도록 하여야 최대한으로 얻어질 수 있다. 그러나 그렇게까지 되지는 않았다. 대신 연방대법원은 위법수집증거의 배제가 가지는 불법적 수사관행의 억제효과를 증진하는 방법으로 경찰이 이를 아무 곳에도 사용하지 못하게 하는 방법 대신에 재판 이외의 다른 절차에서는 사용할 수 있게 함으로써 이 법칙으로 인하여 진실의 발견과 범죄자에 대한 유죄선고의 비용이 증가되는 것과 균형을 잡고자 하였다. 이에 따라 연방대법원은 위법하게 수집된 증거라도 대배심 기소grand jury indictment의 근거로 사용하거나, 재판절차에서 피고인의 증언testimony[25]을 탄핵impeachment[26]하거나, 양형심리절차sentencing hearing[27]

25) 미국법상 피고인은 자기부죄금지의 원칙에 의하여 재판에서 자신의 행위에 대하여 증언할 의무가 없지만 경우에 따라 스스로 필요하다고 생각하는 경우 증언거부권을 포기하고 증언을 할 수 있는데 이때는 증인의 신분으로 바뀌어 허위 진술 시 처벌을 받겠다는 선서를 하여야 하고 자신이 경험한 기억과 다른 진술을 하는 경우 위증죄의 처벌을 받아야 한다.
26) 증거에는 직접 어떠한 사실을 입증하기 위하여 제출하는 본증과 제출된 증거의 신빙성을 다투기 위하여 제출하는 탄핵증거가 있다. 예컨대 피고인이 사실을 부인하는 증언을 하거나 자신의 주장이 정당하다며 이에 부합하는 어떤 증거를 제출하는 경우 이 증거가 허위 또는 위조되었다고 볼 만한 별도의 증거를 내세워 이들의 증명력을 없애거나 감소시키려는 증거를 말한다. 탄핵증거는 여러 법제에서 취급을 달리하는데 대체로 본증보다는 증거능력을 더 넓게 인정하여 본증으로서는 사용하지 못하는 증거도 탄핵증거로는 허용되는 경향이 있다.
27) 재판에서 유죄가 선고된 경우 피고인에게 적절한 형벌을 정하기 위하여 형량을 가중 또는 감경

의 자료로 사용하거나, 수감자가 유죄판결을 받은 후 그 효력을 다투는 인신보호절차habeas corpus[28])에서 사용하거나, 국세청IRS의 불법취득 자금의 추징levy 등에는 사용할 수 있다고 하였다.

세 번째의 발전이자 가장 중요한 것으로는 배제법칙exclusionary rule에 대한 선의[29])의 예외good faith exception의 원칙이다. 배제법칙은 헌법에 위배되는 경찰의 행위를 억제하는 데 우선적 목적이 있기 때문에 연방대법원도 경찰이 의도적으로 피고인의 헌법상 권리를 침해하지 않은 경우에는 설사 그 증거가 불법적으로 수집되었다고 해도 증거에서 배제되지 않는다고 판시하였다. 경찰의 수색이 비록 불법이었다고 하더라도 그 행위가 헌법상 허용된다고 선의로 믿었다면 설사 그 증거가 불법적으로 얻어졌다고 해도 그 증거를 사용하는 이익을 배척해서는 안 된다. 경찰관이 교통법규 위반을 이유로 어떤 운전자를 정지시켰는데 그 순찰차에 장치된 컴퓨터에서 그 운전자에게 체포영장arrest warrant이 발부되어 있음을 알았다고 하자. 경찰관이 그 운전자를 체포하고 그의 신체와 자동차를 수색하여 마약과 권총을 발견했다. 이때 그 영장은 사실은 이미 효력을 잃었는데 컴퓨터 입력에 문제가 있어 실효된 사실이 컴퓨터에 나타나지 않았다. 약물과 총의 수색은 그 수색을 유효하게 하는 체포영장에 의하여 부수적으로 행해진 수색이 아니기 때문에 불법으로 되겠지만 연방대법원은 그 경찰관이 그 컴퓨터 시스템을 믿은 것은 선의in good faith에 따른 행동이었으므로 증거에서 배제되지 않는다고 판시하였다.

선의의 예외의 원칙은 위법증거배제법칙에 중요한 잠식수단이 된다. 이에 의하면 어떤 경우든 그 영장을 집행하는 데 경찰관이 선의이기만 하면 오류가 치

할 사유가 있는지 여부 등 형벌의 양정에 관련된 사실을 심리하는 절차이다.

28) 인신보호절차habeas corpus는 어떠한 사유로든 신체의 구속을 당한 자가 자신에 대한 구금이 불합리하다는 사유를 들어 법원에 자신의 석방을 명령해 줄 것을 요구하는 절차로서 영국의 초기 보통법 시절 왕이 자의적으로 사람을 구금한 경우 이에 대한 구제수단으로 사용되기 시작한 것이 그 기원이고, 1679년 마그나 카르타Magna Carta에 따라 인신보호법Habeas Corpus Act이 제정됨으로써 법제화되었다. 미국에서도 헌법적 권리가 되어 있는데 시기에 따라 제도의 부침은 있으나 주로 구금된 사람이 연방법원에 석방을 청구하는 형태로 운영된다.

29) 법에서 선의good faith라 함은 단어의 일반적인 뜻과는 조금 달리 어떤 사실에 대하여 알지 못하였음, 즉 이 경우 경찰관이 타인의 헌법적 권리를 침해한다는 사실을 알지 못하였음을 의미한다. 이와 반대의 경우, 즉 사실을 안 경우는 악의라고 부른다.

유, 회복될 것이므로 경찰은 영장을 받고자 하는 사건에서 더 주의를 기울일 필요를 느끼지 못하며, 치안판사magistrate에게도 영장에 상당한 근거가 있는지 더 열심히 검토할 필요를 느끼지 못하게 하는 효과를 가져온다. 영장 없는 수색의 경우 이 원칙이 잠식될 여지가 더 많아진다. 이 원칙에 의하여 헌법적 권리에 침해가 있었어도 선의이기만 하면 그로 인해 얻어진 증거가 허용되기 때문에 경찰관들이 헌법상의 권리를 침해하는 실수를 저지르고자 하는 유혹을 느끼게 될 수 있다. 연방대법원은 경찰의 실수가 선의에 의한 것으로 단지 과실이 있었을 뿐이며 의도적이지 않은 경우라면 부적절한 경찰의 행동을 억제한다는 배제법칙의 이익은 그리 대단치 않으며, 그러한 소소한 이익은 범죄자를 무죄로 풀어줌으로써 발생하는 비용보다 더 크다고 평가받아야 한다고 판결하였다(Herring v. United States, 2009).

유죄인부협상plea bargaining이란 무엇인가?

텔레비전 프로그램은 검사와 피고인이 치열하게 다투는 재판을 형사절차의 중심으로 다룬다. 그러나 실제로 형사사건의 90~95%는 피고인이 유죄를 인정하면 유죄인부협상plea bargaining으로 재판trial이 없이 끝난다. 유죄인부협상은 피고인이(변호인을 통하여), 검사에게 유죄를 인정하고 검사는 그 대가로 피고인의 혐의를 가벼운 것으로 줄여주거나, 피고인이 받고 있는 혐의 사실의 일부를 각하dismiss해 주거나, 다른 혐의의 추가를 자제하거나, 피고인이 좀 더 관대한 처벌을 받도록 도와주기로 하는 피고인과 검사 사이의 협상deal이다.

Sara가 마약단속drug bust에서 코카인 10봉지와 미등록 권총을 소지한 혐의로 체포되었다고 가정하자. 그녀는 단속현장에서 빠져 나가려다가 경찰관과 격투를 벌였다. 검사는 Sara를 (압수된 코카인의 양이 많으므로) 판매목적 약물소지, 불법무기 소지, 체포저항resisting arrest, 가중폭행felonious assault 등의 혐의와 함께 그녀가 약봉지 1개를 길에 버렸다는 이유로 쓰레기투기littering 등으로 기소하였다. 검사들은 유죄인부 협상에서 유리한 지위를 점하기 위하여 적용이 가능한 한 모든 혐의를 다 기소하는 것이 통상적 행동양식이다. 유죄판결이 명백함을 감안하여 Sara의 변호인은 협상을 한다. 그녀가 유죄를 인정하는 대가로 검사는 판매 목적의 약물소지를 단순소지simple possession로 줄여주고, 무기소지, 폭력 및 쓰레기 투기 혐의는 각하해 주며, 판사에게 그녀를 감옥에 보내는 것보다는 약물치료 프로그램이 적절하다는 권고를 한다. 나아가 검사는 Sara가 다른 약물거래에 관련되었다는 증거를 가지고 있어도 그 사안에 대한 기소를 자제한다.

이 간단한 가정으로부터 형사사법제도에서 유죄인부협상plea bargaining이 왜 그렇게 중요한 부분이 되는지 알 수 있다. 검사의 입장에서는 Sara의 사건은 전형적인 사건이고 검사가 그 모두를 재판으로 가져가기에는 이러한 사건들이 너무 많다. 설사 검사는 그럴 수 있다고 해도 법원의 예산이 부족한 경우도 있고 사건이 밀려 있으면 판사가 이를 전부 재판할 수는 없을 것이다. 나아가 설사 Sara의 사건은 증거나 법리가 허술하지 않아 보인다 해도 세상에 완벽하게 확실한 사건은 없다. 따라서 검사에게 유죄인부협상은 이 사건을 효율적이고 확실하게 처리할 수 있는 수단이 된다. Sara 또한 유죄협상의 대가로 자신에 대한 약물공급자를 밝히고자 할 수도 있고, 검사는 약물공급자라는 더 나쁜 범죄자가 죄를 받도록 하기 위하여 그녀의 혐의사실을 지렛대로 사용할 수 있다.

유죄협상은 Sara에게도 유리하게 작용할 수 있다. 검사는 혐의사실을 치밀하게 구성하므로 그녀는 일단 유죄로 인정되면 오래 감옥살이를 해야 할 수도 있다. 그녀가 재판에 얼마나 승산이 있다고 생각할지는 몰라도(대부분의 피고인들에게는 승산이 많지 않은 것이 보통이다) 그녀가 진다면 엄한 처벌을 받을 수 있다. 혐의사실의 질과 그녀의 전과criminal history에 따라 다르겠지만 이미 같은 종류의 전과가 있다면 중죄felony로 세 번째 유죄판결을 받으면 "삼진아웃법three strikes and you're out"에 따라 자동적으로 아주 엄한 형벌이 선고될 수도 있는 반면, 그녀가 경죄misdemeanor에 유죄를 인정한다면 이를 피할 수 있기 때문에 혐의를 줄이는 것은 그녀에게 특히 더 중요한 의미를 가질 수 있다. 만약 그녀가 보석으로 석방될 수 없는 처지에 있다면 유죄를 인정하고 가벼운 처분을 받아 조기에 석방될 수도 있으므로 감옥에서 오래 재판을 기다릴 필요가 없다. 또한 형사절차에 얽매여 고민하는 고통도 크게 감소시킬 수 있다.

주로 화이트칼라 범죄에서 많이 발생하지만 어떤 경우 피고인은 협상에서 자신이 해야 할 유죄의 인정조차 할 필요가 없는 때도 있다. 피고인은 이 경우 방법적인 면에서 유죄를 인정하는 것은 아니지만 자신의 혐의에 대하여 다투지 않겠다는 취지의 이의없음no contest/nolo contendere을 선언하면 된다. 이 인정plea은 피고인이 사건에 유죄인정guilty plea을 한 것과 같은 효과를 가지며 법원은 이를 유죄인정과 같이 취급하여 형을 선고한다. 그러나 이후의 절차에는 중대한 차이가 있다. 유죄인정과는 달리 이의없음은 동일한 사실을 원인으로 하는 민사소송에서 피고가 제소당한 사실을 인정하는 자백으로 사용될 수 없다. 정부가 회사를 형사상의 독점담합금지criminal anti-trust 위반으로 소추한 경우를 예로 들자면 회사는 형사책임에 대하여는 이의없음nolo contendere을 이용함으로써 형사문제를 처리한 이후에 다른 기업이나 소비자가 그러한 독점으로 인한 손해배상을 청구하는 민사소송에서 자동적으로 독점의 책임이 인정되는 결과를 피하고 그 소송에서는 책임 유무를 다툴 수 있게 된다.

유죄인부협상plea bargaining은 보통 법원의 업무가 과중하고, 검사들의 사건부담이 많고, 피고인들이 재판 대기 상태에 있는 것을 좋아하지 않으며, 판사들도 사건을 덜어 낼 수 있다는 점에서 형사절차의 지연을 방지하기 위한 제도로 알려져 있다. 그러나 유죄인부협상은 적어도 1세기 이상 형사사법제도에서 가장 잘 알려진 제도였었고 대도시의 재판법원에서뿐만이 아니라 사건이 많지 않은 소도시나 농촌 지역에서도 많이 사용된다는 점에서 사건의 경감만을 위한 제도는 아니라고 할 것이다.

그러나 유죄인부협상이 우리 형사사법제도에서 중심적 제도가 되기에는 무언가 어색한 점이 있다. 정의를 실현한다는 것은 중고차 가격을 놓고 입씨름 벌이는 것과는 무언가 달라야 하지 않겠는가? 이 전체의 제도가 법에 대한 불신을 조장하는 등의 중대한 결과를 부를 수 있다. 비판하는 사람들은 이 협상이 정당치 못한 결과, 즉 어떤 경우에는 너무 관대하고 어떤 경우에는 너무 가혹한 결과를 낳는다고 주장한다. 범죄의 피해자와 범죄 통제론자들은 이 협상으로 범죄자들이 너무 쉽게 풀려난다고 불평한다. 범죄자들이 충분히 회개하고 그 책임을 받아들인다는 이유가 아니라 형사사법제도에 편의를 제공한다는 이유로 처벌을 경감 받는다는 것이다. 동시에 인부협상은 죄가 없거나 적어도 지금 받고 있는 혐의로는 유죄가 인정되어서는 안 될 피고인들에게 유죄를 인정하라는 압력이 된다고도 한다. 그렇게 인정하면 제도에서 빨리 벗어날 수 있고, 판사들은 재판을 받겠다고 고집하는 피고인들을 무겁게 처벌하는 경향이 있으므로 죄를 인정하면 가벼운 벌을 받을 수 있고, 재판으로 혹시라도 일을 그르칠 위험을 예방할 수 있기 때문이다. 그리고 앞을 예측하기 어려운 절차이므로 이 절차가 경찰과 검사들의 행위를 감독할 법원의 기능을 감소시키는 문제점도 있다고 한다.

유죄인부협상에는 옹호론자들도 있다. 이들은 대부분의 피고인들은 설사 기소되어 있는 모든 부분에 죄가 있지는 않다고 해도 적어도 일부에는 죄가 있다고 한다. 인부협상은 그렇다면 죄 있는 자가 확실히 처벌받게 하는 기능이 있고 그 사건에 관하여 가장 많이 아는 사람들, 즉 검사와 변호인이 모든 변수를 감안하여 가장 적절한 처벌에 합의할 수 있게 한다. 특히 삼진아웃제도 등의 의무적 가중처벌제도가 계속 보편화하고 있음을 감안하면 협상이 범죄에 맞는 처벌이 이루어지게 하는 데 꼭 필요한 재량을 남겨 두는 기능을 한다. 그리고 실무적 문제로서 모든 사건에 대하여 재판이 이루어져야 한다면 형사사법제도가 마비될 것이라는 우려를 해소하는 방법도 된다고 한다.

유죄인부협상에 관하여 논쟁이 많다고 해도 여기서 그쳐야 하겠다. 연방대법원은 유죄인부협상에 대하여 제동을 걸기도 했지만 아래와 같이 이를 찬양하기도 했다(Santobello v. New York, 1971);

> 검사와 피고인이 합의하여 범죄의 혐의를 마음대로 처분하는 것, 즉 때로 통칭하여 유죄인부협상plea bargaining이라고 불리는 제도는 정의를 구현하는 데 필수적인 구성요소이다. 잘만 시행된다면 권장되어야 할 일이다.

연방헌법은 유죄인부협상의 실무를 제한된 한도에서 규율한다. 첫째, 추가조항 제6조는 변호인의 조력을 받을 권리를 규정한다. 이 조항은 유죄인부협상에서도 재판의 경우와 마찬가지로 바로 적용된다. 피고인이 포기하지 않는 한 그는 자신을 위해 협상해 줄 변호인을 가지도록 허용되어야 하고, 그 스스로 선임할 능력이 없다면 변호인을 제공받아야 한다.

둘째, 피고인에게 인부협상에 응하라고 강요할 수는 없겠으나 변호사만의 편리를 위하여 유도를 당할 수 있다. 유도inducement는 유죄인부협상의 핵심이라 할 수 있지만 문제는 유도가 언제 강요로 돌변할지 모른다는 데 있다. 기본적으로, 설사 구미에 딱 맞지는 않더라도 피고인이 여러 대안 중에서 선택할 가능성이 있는 한 유죄를 인정할 것을 강요당하지 않는다. 예를 들어 수표위조 사건에서 검사가 유죄가 인정되면 보통은 무기징역life imprisonment이 선고될 죄명으로 기소하겠다고 겁을 주면서 유죄를 인정하는 대가로 법원에 징역 5년을 권고하겠다고 제안했다면 법은 피고인이 비록 강요당하지는 않았지만 유도되었다고 본다.

셋째, 피고인의 인정은 자발적이고voluntary, 내용을 알아야 하며knowing, 지적intelligent이어야 한다. 이는 피고인이 반드시 자신에게 괜찮은 선택을 했어야 한다는 뜻은 아니며, 자신의 혐의의 내용과 자신이 어떤 권리를 포기하는지 등을 포함하여 자신의 선택의 근거와 결과를 잘 알고 있어야 한다는 뜻이다. 지적이고 자발적인 선택이라는 요건은 보통 판사가 대본을 읽듯이 정형화되고 추상적인 대화를 통하여 피고인에게 지금 어떤 일이 벌어지고 있는지 아는지를 묻고 피고인이 간단하게나마 긍정적으로 대답하였다면 충족되었다고 본다.

넷째, 피고인의 유죄 인정에는 어떤 사실적 근거가 있어야 하지만 이상하게도 법원은 피고인이 반드시 유죄가 아니더라도 유죄인정을 받아들일 수 있다고 한다. North Carolina v. Alford (1970) 사건에서 Alford는 혹시 사형을 선고받을지 모른다는 것이 두려워 2급살인second-degree murder에 대한 유죄인부협상에 응했다. 그러나 그는 실제 협상arraignment에서는 자신이 죄가 없으며 단지 사형을 선고받을 위험을 피하기 위해서 인정했다고 증언했다. 그럼에도 불구하고 법원은 이 사건에 유죄가 선고될 만한 증거가 있었으므로 스스로 죄를 부인하면서도 어떤 범죄에 대한 죄를 인정하는 것이 허용된다고 한다.

끝으로 적어도 일부분에 관한 것이라도 합의는 합의이다. 검사와 피고인은 스스로 한 약속을 지켜야 한다. 검사가 유죄인정의 대가로 판사에게 어떤 형벌을 권고하겠다고 약속했다면 검사는 그렇게 해야만 한다. 비슷하게 피고인도 유죄인정 이외의 어떤 것, 예컨대 다른 공동피고인codefendant의 죄에 대하여 증언하겠다는 등의 약속을 했다면 약속을 지켜야 한다. 판사가 아직 그 인부협상에 관여하지 않았다면 피고인은 서로 양해했거나 검사가 제안한 협상조건에 따를 의무가 없다. 그러나 많은 사건에서 판사가 그 인정에 관한 합의를 승인하지 않았거나 아직 승인을 하기 전이라면 피고인은 협상을 철회하고 재판을 받기로 마음을 바꾸는 것이 허용된다.

배심원단의 존재이유는 무엇인가?

보통법계 국가common law country의 형사절차에서 가장 두드러진 특색이 배심원이다. 형사절차를 처음 설명할 때 배심원에는 두 종류가 있다고 설명하였으므로 그 기억을 더듬어 보자. 대배심grand jury은 피고인을 법원에 기소indict하거나 고발bring charge한다. 재판배심trial jury 또는 소배심petit jury은 재판에서 유죄 여부를 결정한다(대배심은 크고 재판배심은 프랑스어로 작다는 뜻의 petit를 써서 소배심이라고 불리는데 그 이유는 규모 때문이다. 연혁적으로 대배심은 23명으로 구성되었고 재판배심은 12명으로 구성되었다).

배심원단은 영국법에서 800년 동안 그리고 미국법에서는 미국이 생긴 때부터 형사재판에서 의사결정기구가 되어 왔다. 미국에서 배심원단은 영국 왕이 임명한 판사들royal judges의 전횡으로부터 식민지인들의 자유에 대한 보호자로서 역할을 했으므로 식민시대에 특별한 역할을 수행했다. 연방대법원은 Duncan v. Louisiana (1968) 판결에서 배심원단의 역사적인 역할에 대하여 아래와 같이 언급하였다:

> 우리 헌법을 기초한 사람들은 역사와 경험을 통하여 적을 몰아내기 위해 필요하다는 이유로 근거 없이 제기되는 고발로부터, 또 높은 사람들의 목소리에 너무 약한 판사들로부터 보호받을 필요가 있음을 알고 있었다. 기소된 사람들에게 자신의 동료들에 의하여 재판받을 권리를 부여하는 것은 부패하거나 지나치게 열정적인 검사와 불만과 편견에 차 있거나 괴짜인 판사들로부터 보호받기 위하여 헤아리기 어려울 정도로 든든한 안전장치가 되었다. 그 이상으로 연방과 각 주의 헌법에 규정된 배심재판 조항에는 공권력의 행사에 관한 근본적 결단, 즉 시민의 생명과 자유에 대하여 무제한적인 권한을 한 사람 또는 몇 명의 판사에게 맡기기 싫다는 결단이 반영되어 있다. 우리는 주정부나 연방정부가 다른 분야에서 견제되지 않는 권한을 행사하는 것을 너무나 흔히 보았는데 이에 대한 공포 때문에 형법에서는 유죄냐 무죄냐는 지역사회의 참여에 의하여 판단되어야 한다고 주장하게 되었고 이것이 법에 표현되었다.

좀 더 최근에 들어 배심제도는 공격을 받고 있다. 비판은 부분적으로는 배심제도가 그 당시에 맞는 역사적 기능을 발휘하였다는 것으로 비평가들은 이제 그 기능이 우리의 현대 사회에 더 이상 적합하지 않다고 믿는다. 그들은 배심원들jurors이 지역의 정서를 과도하게 법정으로 끌어들인다고 한다. 이러한 견해에 의하면 배심원의 사명은 피고인의 자유를 지키는 데 있지 않고 단지 오류나 편견 없이 사실을 발견하는 데 있는데 그런 면에서 그들은 전문적 법관보다 능력이 모자란다. 이 비판은 배심원의 역할에 내재한 충돌을 노출시킨다. 배심원단은 최종적인 사실인정자 fact finder이고 그러므로 중립적, 독립적 및 객관적이어야만 한다. 동시에 배심원은 법정 안에서 그 지역공동체의 양심이고, 민주주의 제도 안에서 시민이 통치에 참여하는 하나의 형태이다. 지역공동체의 시각을 소개함으로써 배심원들은 단순히 사실을 확정하고 중립적으로 법을 적용하는 것 이상의 무언가를 할 수 있다.

이러한 충돌의 극단적 예는 "배심원의 저항jury nullification"[30]을 둘러싸고 벌어지는 논쟁에서 찾아볼 수 있다. 재판에서 판사는 배심원단에게 관련되는 법을 지도하고instruct, 배심원단은 그 사건의 사실관계를 확정하며 거기에 지도받은 법을 적용한다. 그러나 배심원단이 한 번 무죄라고 판단하면 실제에 있어 어떤 목적으로도 이를 재심사할 방법이 없으므로 배심원단은 마음만 먹는다면 판사의 지도에도 불구하고 지도받은 법의 적용을 거부하면서 피고인에게 무죄 또는 가벼운 죄로 평결해 버릴 수 있다. 만약 배심원단이 그 법 자체 또는 그 법을 피고인에게 적용하여 유죄로 평결하는 것이 정의롭지 못하다거나, 너무 가혹하다거나 또는 그 공동체가 추구하는 가치에 부합하지 않는다고 판단하면 배심원의 저항이라는 방법을 사용하여 그 법에 저항할 수 있는 것이다. 어떤 법원은 이에 관하여 어떤 예외적인 사건들에서는 배심원단이 "제멋대로의 또는 통제 불능의 기관wildcat or runaway institution"이 아니라 부당한 유죄판결을 예방하는 "안전밸브 safety valve"의 역할을 할 수도 있다고 하였다(United States v. Thomas, 1996).

---

30) jury nullification은 실정법에 의하면 명백히 유죄라고 하여야 할 경우에도 배심원단이 그 법에 동의할 수 없는 경우 그 법의 적용을 거부하고 무죄 또는 다른 죄명으로 평결하는 것을 말한다. 1731년 뉴욕총독인 영국인 Cosby가 자신의 악행을 비판하는 신문기사를 출판한 Zenger를 명예훼손 혐의로 기소하자 변호사 Hamilton이 이 법을 무시하고 무죄평결을 할 것을 호소하고 배심원단이 이에 따름으로써 진실된 사실을 적시하는 것은 명예훼손이 되지 않는다는 common law가 확립된 것을 시초로 배심원단이 악법에 저항하는 수단으로 이용되어 왔다. 그러나 1950년대에는 흑인 민권운동가 살해범에 백인들이 무죄를 평결하는 수단으로 사용되기도 하는 등 어두운 면도 있었다고 한다(박철, '쟁거재판과 배심에 의한 법형성', 인터넷 법률신문 2003. 12. 30.자).

배심제도에 대한 모든 비판에 대하여 사회과학의 증거에 의하면 이 제도가 거의 대부분의 사건에서는 잘 운영되고 있거나 적어도 판사들이 하는 것만큼은 잘 운영되고 있다고 한다. 판사들에게 자신이라면 어떤 평결을 내렸을 것 같은지 물어보면 그들의 대답은 거의 대다수의 사건에 배심원단과 같은 결론이었다고 하고 배심원단과 견해를 달리한 사건에서 판사들이 유죄를 선고할 확률이 낮았다.

배심제도는 세월에 따라 변한 점도 있지만 어떤 속성은 그대로 남아 있다. 안정적으로 유지되어 온 두 가지 속성은 모든 중대 사건serious case에서 피고인이 이를 이용할 수 있다는 점과 최종성finality이다. 적어도 6개월 이상의 징역형 imprisonment에 처해질 수 있는 경우 피고인은 배심재판을 선택할 기회를 가져야 한다. 배심원단의 막강한 권한의 원천은 확정성이다. 민사사건에서는 배심원단의 평결verdict에 대하여 양 당사자 모두 상소appeal할 수 있다. 형사사건에서는 피고인은 재판 중에 발생한 오류를 이유로 유죄판결에 상소할 수 있으나, 피고인에게 무죄가 선고되면 검찰은 판결에 불복하여 상소할 수 없다. 배심제도에서 변화하는 것 두 가지를 들자면 그 규모와 판단의 요건이다. 역사적으로 배심원단은 12명으로 구성되어야 하고 평결verdict은 배심원의 전원일치에 의하여 해야 했다. 연방대법원은 이 두 가지의 어느 것도 연방헌법이 요구하는 것은 아니라고 판결하였다. 주정부는 적어도 사형에 처해질 수 있는 정도의 중대사건이 아닌 한 형사 배심원단이 6명으로 구성되어도 괜찮다고 하였고, 만장일치보다 적은 수로도 평결을 할 수 있도록 허용하였는데, 대부분의 주들은 형사사건 배심원단은 12명으로 구성되고 만장일치로 평결하여야 한다는 전통적인 입장을 고수하고 있다.

배심제도의 연혁적 목적이 지역공동체의 참여라는 요소를 형사절차에 접목시키고 편견 없는 판단자를 제공함으로써 국가권력의 남용을 미연에 방지하자는 데 있으므로 배심원단은 그 지역공동체를 널리 대변할 수 있는 대표성을 가져야 하며 또한 공평하여야 한다. 배심원은 많은 배심원 후보자 명단을 구축하는 것으로부터 시작되는 일련의 절차에 따라 선정된다. 각 법제에서 실무관행에 따라 명단은 유권자등록부voter registration list, 전화번호부, 납세자 명부 또는 운전면허발급대장 등으로부터 만들어진다. (예를 들면 영어를 하지 못하거나 외과의사 또는 소방관 등 근무처를 비우기 곤란한 직업을 가진 사람은 제외해야 하므로) 배심원으로 활동할 자격을 확인하기 위한 질문과 배심원의 임무를 수행하기 위하여 출석하라는 뜻이 기재된 일정 양식의 서류가 후보자들에게 우송된다. 필요한 인원을 충분히 채울 정도로 넉넉한 수의 배심원 후보자가 하루 또는 일주일 동안 소환되어 배심원 후보단venire이라고 불리는 집단이 구성되고 여기서 배심원단이 선정된다.31)

모든 배심원이 다 대표성을 가질 수 있는 것은 아니므로 대표성의 심사는 배심원 명단 전체에 대하여 이루어진다. 추가조항 제6조는 배심원 후보가 공정한 구성비cross-section에 따라 구성되어야 할 권리를 보장한다. 후보명단이 작성된 구역의 인구 내에서 특별하거나 독특한 그룹이 있더라도 정당한 사유가 없는 한 이들이 제도적으로 배제될 수는 없다. 이러한 헌법적 요구에 의하여 특정 그룹, 예컨대 인종 또는 민족적 소수자 또는 여성 등이 제도적으로 덜 반영될 수밖에 없도록 만드는 선정의 원칙은 무효화되어 왔다.

공정성impartiality은 전체 배심원 명단이 아니라 특정한 배심원의 특징과 관련이 더 크다. 공정성은 피고인의 권리이자 형사사법제도의 필수요소이기도 하지만, 공정성을 추구하는 방법의 하나로 종종 검찰과 변호인 각자가 자신이 원하는 것, 즉 각자에게 우호적 판단을 할 것이라고 생각되는 편파적 배심원단이 구성될 수 있도록 애쓰는 것을 허용한다. 배심원 후보자의 패널이 선정되면 배심원신문voir dire이 진행된다. 배심원들은 당사자, 변호인 또는 그 사건의 사실관계를 이미 알고 있는지 그리고 그들이 불공정하다고 여겨질 만한 어떤 배경적 요소, 경험 또는 성향을 가지고 있는지 질문을 받는다. 어떤 법제에서는 배심원신문 절차에서 판사가 질문을 하게 되어 있고 어떤 법제에서는 판사의 감독 아래 검사와 변호인의 양측이 질문을 하는 것이 허용된다. 변호사가 배심원신문voir dire을 하는 경우 이들은 신뢰감을 주기 위하여 정교하게 질문을 마련하고, 이때 앞으로 다룰 사건에 대하여 약간의 암시를 하기도 하는 등 이 신문을 배심원들에 대한 설득을 시작하는 기회로 활용한다. 통상의 사건에서는 배심원신문이 개별 사건의 사실관계에만 집중하고 빨리 끝날 수도 있다. 그러나 중요한 사건에서 변호인들은 배심원들이 평소 어떠한 신념을 가지고 있는지 그 미묘한 차이에까지

---

31) 배심원으로 출석하고 활동하는 것은 미국 시민의 의무이므로 시민은 정당한 이유 없이 이를 거부할 수 없고, 기일에 출석할 의무가 있으며 이유 없이 출석하지 않으면 제재가 따른다. 그러나 배심원이 되면 때에 따라 격리되거나 심리가 장기화되어 생업에 지장이 생기기도 하므로 달가워하지 않는 사람도 많으며 따라서 여러 가지 사유를 들어 제외를 신청하는 일이 많다.

신경을 쓰므로 배심원선정jury selection에 며칠 또는 심지어 몇 주가 걸리는 일도 많다.32) 이 절차는 특히 대형 사건에서 변호사들이 배심원 분석가jury consultant, 심리학자 기타 전문가를 활용하여 배심원의 풀을 분석하고, 표준적이라고 할 만한 배심원model juror을 찾아내며, 신문에서 질문할 사항을 준비하고, 배심원의 반응과 보디랭귀지까지도 평가하는 등 여러 가지 일을 담당하게 하는 일이 많아지는 것에서 알 수 있듯이 그 중요성이 더 두드러지고 있다.33)

배심원신문voir dire의 결과를 가지고 검찰과 변호인은 특정 배심원 후보자에 대하여 이의하고challenge 그를 배심원단에서 배제되도록 할 수 있다. 먼저 원인cause이 있는 이의가 있는데, 검사 또는 변호인이 어떤 배심원 후보자가 (예컨대, 재판 전에 사건이 공개됨으로써 그 후보자가 이미 피고인이 유죄라고 단정하고 있다는 등으로) 편견 없는 평결을 하지 못할 염려가 있음을 들어 이의하는 것이 그 예이다. 다음으로 양측은 아무 이유 없이도 특정인을 배심원단에서 배제되게 할 수 있는 절대적 이의권peremptory challenge을 여러 번 행사할 수 있다. 그러나 검사는 아프리카계 미국인이 피고인인 사건에서 모든 아프리카계 미국인을 배제하는 등 받아들이기 힘든 사유로 절대적 이의권을 행사할 수는 없다.

배심원신문 절차는 사형death penalty이 선고될 수 있는 사건에서 특별한 주의를 기울이게 된다. 연방대법원은 공정한 공동체의 표본에 공동체의 구성비가 공정하게 반영되었다면 "사형을 반대하는 양심적 관념"을 가진 모든 사람이 전부 배제된 배심원단은 있을 수 없다고 판시하였다. 그러한 배심원단은 유죄로 인정하고 사형을 선고할 가능성이 너무 높기 때문이다. 그러나 배심원은 사형을 인정하고death qualified 유죄의 평결과 사형선고를 할 용의가 있는 사람들만으로 구

---

32) 언론에 보도되는 등 잘 알려진 사건에 대하여 그 지역 주민들이 사건의 사실관계를 알고 있는 것이 보통이므로 voir dire가 특히 어려워진다. Oklahoma 연방건물 폭파사건에서는 이러한 여러 사정들이 겹쳐 배심원단 구성에만 1년여가 걸린 경우가 대표적 예이다.

33) 중요 사건에서 변호인은 배심원단을 가장 유리하게 구성하기 위하여 엄청난 노력을 기울이는데 이들은 그 지역의 인구 구성비에 따라 주민들 중에서 모의 배심원단을 선정하고 이들을 소집하여 그들의 성향과 특성을 분석하는 한편 여러 가지 질문을 준비하여 각 질문 내용과 방법에 대한 모의 배심원의 반응을 연구하는 등의 방법으로 가장 유리한 공판전략과 질문을 준비하며, 때로 이러한 일을 여러 번 반복하는 작업을 마다하지 않는다. 물론 이에 따라 변호사와 보조 인력, 모의 배심원에 대한 보수 등이 기하급수적으로 증가할 수밖에 없고 이를 감당할 수 있는 피고인과 그렇지 못한 사람과의 불균형 문제도 지적되고 있다.

성될 수도 있다. 어느 배심원이 사형에 대한 자신의 견해 때문에 사형에 처하는 평결을 하기 어렵다고 인정되는 경우라면 그에게는 이유cause가 있으므로 배심원에서 배제될 수 있다. 그 결과 사형을 인정하는death qualified 사람들로만 구성된 배심원단이 순전히 지역 대표성에 의해서만 구성된 배심원단에 비하여 사형을 선고할 가능성이 더 높아지겠지만 연방대법원의 견해에 의하면 그렇다고 해도 헌법에 위반되는 것은 아니다.

배심원단은 법정에 제시된 증거에만 의지하여 평결해야 하므로 그 사건이 재판 전에 또는 재판 도중에 공표되면 공정한 재판을 받을 피고인의 권리에 문제가 생긴다. 법원은 필요하면 변호인들에게 함구령gag order을 내려 재판에 관하여 공개적으로 발언을 하는 것을 금지할 수 있으나, 언론은 추가조항 제1조의 권리에 의하여 뉴스를 보도할 권리가 있으며, 일부 사건의 예외를 제외하면 법원은 재판을 공개하지 않을 수도, 언론이 범죄 또는 재판에 대하여 보도하는 것을 금지할 수도 없다(그러한 예외는 미성년인 성범죄 피해자가 법정에서 비공개로 증언하도록 하는 경우 또는 대중의 이목이 쏠린 사건에서 배심원들의 성명을 공개하지 못하도록 하는 경우 등 정부가 절차를 공개하지 않거나 다른 방법으로 보도를 제한할 절박한 이익이 있는 경우에 인정된다). 법원은 공정한 재판을 받을 권리와 절차를 보도할 권리 사이의 균형을 잘 잡아야만 한다.

극단적인 사건의 경우 사건을 보통 재판이 열렸을 지역venue 이외의 지역으로 옮겨 재판을 해야 그 균형을 잡을 수 있는 경우도 있다. 그 지역 내의 배심원 후보자 중 많은 사람이 사건에 대한 그들의 견해에 영향을 미칠 수 있는 뉴스를 시청했다면 재판이 다른 카운티로 옮겨질 수 있다.[34] 때로 이러한 재판의 이전으로 인하여 변호사, 법원 직원 및 증인들이 불편해지기보다는 배심원들이 불편해지는 반대의 효과가 나타나기도 하는데 법원이 재판장소를 다른 곳으로

---

34) 2002년 10월경 Washington D.C.와 Maryland, Virginia 등에서 자동차 트렁크에 숨어 주유소나 쇼핑몰 등에서 16명의 행인을 저격하여 10명을 사망하게 한 일명 DC스나이퍼 사건의 범인 John Allan Muhammad와 그의 양아들 Lee Boyd Malvo에 대한 재판이 제일 먼저 버지니아 주 법원에서 열렸는데 이 사건이 매우 충격적이고 수십 일간 언론에 대대적으로 보도되어 발생지역은 물론이고 전국적으로 이 사건을 알지 못하는 사람이 없었으므로 재판지인 Prince William County에서 이 사건에 대하여 들어 보지 못한 배심원을 구할 수 없었고 이는 다른 곳에서도 마찬가지이었겠지만 최소한의 공정성을 확보하기 위하여 결국 재판지를 옮겨 버지니아주 내에서 사건 발생지와 가장 멀리 떨어진 Virginia Beach County 주법원에서 열리게 되었다.

옮기지 않고 배심원들을 다른 지역에서 데려오는 경우가 있기 때문이다.

조금 덜 극단적인 사건에서 편견을 낳을 수 있는 보도의 문제는 배심원신문voir dire 중에 그리고 재판 도중에 예방적 조치로 처리된다. 핵심은 배심원들이 이미 들었던 것들을 제쳐 놓고 법정에 제시된 증거만을 고려하여 판단을 내릴 능력이 있는지 여부이다. 연방대법원은 배심원이 피고인의 유죄 여부에 확신을 가졌다고 해도 그 배심원이 그 사건에 대하여 판단을 내림에 있어 종전의 믿음을 유보하고 법정에서 들은 증거만으로 결론을 내릴 만한 능력이 있다면 당연히 실격되는 것은 아니라고 판시하였다. 재판이 시작되면 판사는 배심원들에게 사건을 심리하는 동안 이전에 본 보도를 무시하라고 경고한다. 판사는 상황에 따라 수시로 배심원에게 지도instruction를 하는데 이러한 조치는 배심원들이 판사의 말을 잘 듣는다면 이전에 자신들이 가지고 있던 선입견을 유보할 수 있을 것이라는 믿음에 기초한다. 판사는 그 사건에 대한 뉴스 보도를 읽거나 듣지 말 것을 지도하고, 특별한 상황이 있으면 배심원들을 격리시키거나 법원 직원들의 감독하에 호텔에 기거하게 하고 뉴스는 제한하여 볼 수 있도록 할 수 있다. 격리는 배심원들에게는 큰 부담이 될 것이므로 편견이 개입할 가능성이 매우 높은 사건에만 한정되어 사용된다.

당사자대립절차adversary process란 무엇인가?

배심원단이 구성되면 재판trial이 시작된다. 우리는 재판을 진실을 추구하는 과정이라고 부르지만 법은 그러한 추구에 제한을 가하고 법정 안에 있는 모든 사람에게 그 진실의 추구를 수행하는 데 있어서 서로 다른 역할을 부여한다. 형사재판에는 전체 형사사법제도가 반영되어 있으며 대립하는 당사자들이 서로 다른 목적을 가지고 활동하는 대립절차adversary process인데, 각자가 자신의 목적을 달성하기 위하여 여러 가지 수단을 사용할 수 있지만 그 수단은 법원칙과 직무윤리professional ethics에 의하여 제한을 받는다.

먼저 검사prosecutor의 경우를 보자. 검사의 직무는 물론 피고인에 대하여 유죄의 판결을 받아 내는 것이다. 개념적으로 보아 유죄판결은 검사의 개인적 승리가 아니다. 검사는 정부의 대리인agent이고 유죄판결을 받아 냄으로써 검사는 범죄자를 처벌하고 장래의 범죄를 예방한다는 정부의 이익을 위하여 봉사한다.

그러나 검사는 정부의 대리인이므로 그의 임무는 유죄판결을 얻어 내는 것에 그치지 아니한다. 정부의 임무는 정의를 실현하는 것이고 그것은 역시 검사의 일이기도 하다. 정의의 실현doing justice이라 함은 검사는 실제로 죄가 있는 자만이 유죄판결을 받도록 하는 데 노력하여야 하고, 단순히 유죄판결을 받아낼 수 있는 모든 사람에 대하여 유죄판결을 받아 내려 해서는 안 된다는 것이다. 이는 또한 검사는 검사가 유죄판결을 받기 어렵게 만들 수 있는 법까지도 포함하여 모든 법을 준수하여야 한다는 것을 의미한다.

물론 검사는 업무 부담이 크고 법정에서 열렬히 다투는 일을 하므로 종종 정의의 실현이라는 두 번째의 목표를 희생시켜 유죄판결의 획득이라는 첫 번째의 목표를 달성하는 데 집중하기도 한다. 부분적으로 이것은 인간의 본성이기도 하지만 형사절차의 두 가지 특성이 반영된 때문이기도 하다. 첫째, 검사는 형사사법제도 안에서 반복적으로 업무를 수행하다 보니 모든 피고인이 사실상으로는 유죄라고 추정하게 된다. 둘째, 검사들은 유죄판결을 인센티브로 여기게 된다. 주검사district attorney는 대부분의 지역에서 선거로 선출되므로 피고인의 권리를 보호하고 무고한 자에 대한 공소를 기각시키는 것보다 범죄에 대하여 강경하게 대처하고 유죄판결을 많이 받아 냈다는 기조에서 선거운동을 하는 것이 유리하다. 이러한 명제들이 일선의 검사들에게는 보통 유죄를 받아 내는 비율이 자신의 능력을 판단하는 기준이라는 압박으로 보이게 하여 검사들에게 영향을 준다.

변호인defense attorney은 재판에서 다른 역할을 맡는다. 변호인은 의뢰인client의 보호자advocate이며, 정부에게 피고인에 대한 범죄의 혐의가 합리적 의심을 넘는beyond reasonable doubt (이에 대해서는 곧바로 논한다) 정도로 증거에 의하여 입증되어야 한다고 요구하면서 정부에게 입증을 요구하는 사람이다. 그렇게 함에 있어 변호인은 국가 측의 증거를 공격하고, 증인의 신빙성에 의문을 제기하고, 실제의 사실관계가 기소된 사실과 다름을 증명해 주거나 최소한 국가가 주장하는 사실관계에 의심을 불러일으킬 수 있을 만한 반대증거contrary evidence를 제시한다. 변호인은 또한 피고인의 권리를 보호한다. 권리장전Bill of Rights에 의한 권리보호는 이를 실현해 주는 변호인이 있어야만 의미가 있다. 정부가 피고인에게 유죄가 선고되도록 하려면 법에 따라서 그렇게 해야 한다. 변호인의 역할은 매우 중요하므로 추가조항 제6조는 피고인the accused에게 "자신을 방어하기 위한 변호인counsel의 조력assistance"을 보장한다. 연방대법원은 스스로 변호인을 선임할 능력이 없는 피고인에게도 그를 대변해 줄 변호사가 선임되어야 한다고 하고, 변호인의 조력이 "효과적이지 못한" 경우라면 그 형사절차에 헌법적 결함이 있는 것이라고 규정함으로써 이 보장의 실효성을 강화하였다. 변호인이 이해충돌conflict of interest의 상황에 있거나, 재판전 증거개시pretrial discovery를 제대로 수행하지 아니하여 피고인에게 유리한 증거를 발견해 내지 못하였거나, 관련 법률을 알지 못하거나, 기타의 형태로 무능하였다면 피고인은 형식적으로는 조력을 받는 것처럼 보이겠지만 실제로는 변호인의 조력을 받을 권리를 부인당한 것이다.

사람들은 보통 검사가 하는 일은 잘 알지만 변호인의 역할은 이해하기 힘들어 하는 것 같다. 사법절차에 연루된 대부분의 피고인들은 의심의 여지 없이 유죄이다. 그러므로 이들의 역할은 James Kunen이 국선변호인public defender[35])으로 일해 온 경험을 기술한 책 제목인 "그 사람들을 어떻게 변호합니까?"라는 말로 설명할 수 있다. 그 답은 형사절차는 서로 충돌하는 가치를 바탕으로 하고 있기 때문이라는 상투적 답변이 될 수밖에 없겠지만, 대부분의 상투적 답변이 그러하듯이 이 말은 근본적으로는 정확한 답변이다. 형사사법제도에서 국가권력은 개인을 상대로 행사된다. 우리의 정부를 구성하는 기본원칙은 거대한 권력은 남용되기 쉽다는 것이다. 이것이 연방의회도 원칙적으로 대통령의 동의가 없으면 법률을 통과시킬 수 없게 하는 이유이고, 아주 세밀한 절차적procedural 및 실체적substantive 권리들을 규정하여 형사피고인의 권리를 보호하고자 하는 이유이다. 변호인의 역할은 피고인의 권리들이 확실하게 보호받도록 함으로써 정부의 권한을 견제하는 데 있다. 우리가 무고한 사람들의 권리만을 골라서 보호할 수 있다면 편리하겠지만 그것은 불가능하며 따라서 변호인이 모든 피고인의 권리를 주장할 수 있도록 대립당사자구조adversary process를 사용하는 것이다.

---

35) public defender는 대개 국가로부터 검사에 준하는 경제적 지원을 받으며 국가가 피고인을 위하여 선정해 주는 국선변호인의 임무를 전담하여 수행하는 변호사인데 공무원의 신분은 가지지 아니한다. 이들은 국가가 피고인을 위하여 선정해 준 변호인으로 피고인과 직접적 위임관계를 가지지 아니하므로 피고인 측에서 공익변호인의 활동이 마음에 들지 않는다고 하여 임의로 교체를 요구할 수는 없고 선정자인 법원이 그에게 계속 임무를 수행시키는 것이 부적절하다고 판단하는 경우 선정을 취소할 수는 있다. 본장 주3) 참조.

이러한 제도가 남용을 낳는가? 의심의 여지없이 그렇다. 변호인들advocates은 그 역할에 몰입하여 과도한 일을 하게 될 수 있고, 사실 피고인의 권리를 보호하는 장치는 모두 일부의 죄 있는 피고인들에게 법망을 피해 갈 수 있는 길을 보장해 주는 것에 다름 아니다. 결국 우리가 결심해야 할 것은 그러한 남용의 폐해가 이로 인한 이익보다 더 큰지 여부 그리고 이 제도가 무너지지 않으면서도 수정될 수 있는지 여부이다.

정부의 권한남용으로부터 피고인을 보호하기 위하여 대립당사자제도adversary system의 본래의 형태가 제한을 받는 것 가운데 두 가지를 알아보자. 텔레비전을 보면 재판이 깜짝 놀랄 증인에 의하여 반전되거나 또는 똑똑한 변호인이 예상치 못한 기술로 상대방을 이겨 버리는 일이 벌어진다. 그러나 실제에서는 증거개시제도discovery가 있으므로 그런 놀랄 일은 벌어질 가능성이 거의 없다. 연방대법원은 검사는 변호인에게 증거, 특히 피고인에게 유죄가 선고되게 만들 수 있는 증거를 제공해야 하는disclose 헌법상의 의무가 있다고 판시하였다. 반대로 피고인에게는 자기부죄self-incrimination를 하지 않을 권리가 있기 때문에 법원은 피고인에게 유죄의 증거가 있더라도 이를 제출하라고 요구할 수 없다. 그리고 검사와 피고인 사이에는 힘의 불균형이 존재하므로 검사에게 더 많은 정보를 공개하도록 요구하는 것이 공평하다고 보이며, 연방형사소송규칙Federal Rules of Criminal Procedure과 대부분의 주법들은 검사로 하여금 증거가 될 수 있는 것과 기타의 정보를 피고인에게 헌법이 요구하는 정도보다 더 많이 개시disclose하도록 하고 있다.

두 번째 보호수단은 검사가 합리적 의심을 넘어서는beyond a reasonable doubt 정도로 유죄를 입증할 책임burden of proving을 진다는 것이다. 배심원단의 무죄평결verdict of acquittal은 피고인이 죄가 아예 없다는 것을 뜻하지 않으며, 피고인은 결코 자신에게 죄가 없음을 스스로 입증할 책임이 없다. 유죄임을 입증할 책임은 순전히 검사에게 있고 검사가 그 책임을 다하지 못하면 무죄로 방면acquittal 해야 한다. 변호인은 재판 전략으로 배심원들이 피고인이 무죄라는 확신을 가지도록 하기 위하여 노력할 수도 있겠으나, 단순히 검사의 주장에 충분한 의심이 생기도록 유도함으로써 검사가 입증의 책임을 다하지 못하도록 하는 것도 역시 똑같이 적절한 방법이다.

합리적 의심reasonable doubt을 넘는 입증이란 다른 어떤 법의 분야에서 요구되는 입증책임burden of proof보다도 훨씬 높은 기준이다. 민사사건에서의 그 기준은 어떤 결론이 다른 결론보다 좀 더 그럴 듯하다는 것을 의미하는 증거의 우월preponderance of the evidence이다. 합리적 의심이란 배심원단이 모든 증거를 따져 보고 그 사안을 신중하게 검토한 다음에도 여전히 남는 유죄 여부에 대한 의심을 말한다. 이것이 오랫동안 형사사건에서 유죄를 선고하기 위한 기준이 되어 왔고 연방대법원은 그것이 적법절차due process의 요소로서 헌법적으로 요구된다고 판시하였다. 형사적 제재는 피고인이 범죄를 저질렀다는 최고의 확실성이 있는 사건에만 가해져야 한다. 더욱이 형사사법에서는 정부의 권력이 개인에 비하여 훨씬 크다는 불균형이 있기 때문에 합리적인 의심을 넘는 입증을 해야 한다는 기준은 정부의 억압으로부터 피고인을 더 두텁게 보호하는 수단이 된다.

양형sentencing은 어떻게 이루어지는가?

피고인에게 유죄의 판결이 선고되거나, 피고인이 유죄를 인정하고 나면 이제 양형sentencing의 과정을 거쳐 그에 대한 처벌이 주어진다. 어떤 일이 범죄인지를 규정하는 데서부터 시작되는 형사절차의 모든 단계 중에서 양형은 타이어가 도로를 만나는 지점인데, 대체로 말하면 형사절차의 모든 활동은 죄지은 자에 대한 처벌을 목적으로 하고 양형절차는 처벌의 정도를 결정하는 단계이다.

양형에서 첫째의 단계는 법률에 의하여 정해진다. 판사는 법이 정해 준 형벌만을 선고할 수 있다. 입법기관은 어떤 유형의 사건에 어떤 종류의 처벌36)을 가

---

36) 대한민국에서 형벌의 종류는 무거운 것부터 사형, 무기징역, 유기징역, 금고, 자격상실, 자격정지, 벌금, 구류, 과료, 몰수 등으로 정해져 있고, 이들은 각 범죄를 규정하는 형법각칙에 범죄의 구성요건과 함께 규정되어 있으므로 처벌도 그 정해진 범위에서 결정되어야 한다. 금고는 교정시설에 구금하지만 징역형과는 노역에 복무시키지 않는다는 차이가 있고 자격상실과 정지는 공무원이 될 권리 등을 상실 또는 정지시키는 것이며, 구류는 30일 이내의 구금이다. 과료는 소액의 벌금이라고 보면 되고 몰수는 이른바 부가형으로 다른 형에 부가하여 범죄로 취득한 물건 등의 소유권을 박탈하여 국고에 귀속시키는 형벌인데, 몰수하여야 할 물건을 피고인이 소비하였거나 멸실되어 몰수 불능이 되면 그 대가를 추징한다. 이외에도 현재 대한민국에서 형의 선고와 함께 보호관찰, 위치추적장치 부착, 신상공개, 사회봉사명령 등이 선고되는 경우가 있는데 이러한 처분은 형벌은 아니고 일종의 보호처분이지만 국민에 대한 불이익 처분이므로 역시 관련되는 법령에 규정되어 있어야 부과할 수 있다.

할 것인지 및 어떠한 절차를 거쳐 그러한 처벌을 할 것인지를 결정한다. 비록 연방헌법이 형량을 규정할 입법기관의 권한에 제한을 가하지만 연방대법원은 그 제한의 범위가 매우 넓다고 하였다. 예를 들어 연방대법원은 채찍질을 형벌로 규정하면 "가혹하고 이례적인 형벌cruel and unusual punishment"의 부과를 금지하는 추가 조항 제8조의 위반이 되겠지만 전과가 없는 피고인이 코카인 672그램(약 1.5 파운드)을 소지하였음을 이유로 가석방 불가 무기징역life imprisonment without parole을 선고하는 것은 가혹한 형벌일지는 모르겠으나 헌법이 말하는 이례적인unusual 형벌은 아니라고 판시하였다(Harmelin v. Michigan, 1991).

입법기관은 실제로 부과될 형벌의 종류를 결정하는 데 넓은 재량을 가지고 있다. 가장 엄중한 제재는 물론 사형death penalty이다. 구금incarceration과 보호관찰probation[37]은 훨씬 더 흔하게 규정되는 형벌이다. 범죄, 범죄자 그리고 각 법제에 따라 다양하므로 일반화하기는 쉽지 않지만 유죄로 판명된 중죄범인felon의 약 70%가 징역형imprisonment을 받고 약 30%가 보호관찰probation을 받는다. 덜 중한 범죄는 보호관찰을 선고받는 비율이 훨씬 높다. 경미범죄minor offence 또는 초범first-time offender에게는 사회봉사community service, 소년원youth boot camp, 가택연금home confinement 또는 다른 중간적 제재가 더 흔히 사용된다.

보호관찰probation을 받는 범죄자는 대개 징역형jail sentence을 함께 선고받는데 보호관찰 기간 중에는 선고된 징역형의 집행이 정지suspend된다. 그동안 범죄자는 일자리 찾기, 보호관찰관probation officer에 대한 정기적 동태보고, 더 이상 문제를 일으키지 않기 등등의 일련의 조건을 준수해야 한다. 보호관찰 조건을 위반하면 보호관찰 처분이 취소되고 유예된 형이 발효하여 교도소에 수감된다.

---

37) 미국법상 probation은 유죄가 인정된 범인이라도 교도소 등에 수감하지 않고 자유로운 상태에 두되 일정한 준수사항을 부과하여 이행하도록 하면서 갱생, 개선을 하도록 하는 처분이다. 일정한 기간 동안 보호관찰관probation officer이 준수사항을 이행하는지 감독하며 함께 선고된 징역형의 집행을 유보한다. 징역형을 복역하던 중 만기 이전에 가석방되는 parole의 경우에도 일정한 조건을 준수해야 한다는 probation이 부과되기도 한다. 대한민국 형법상 형의 집행유예는 선고된 유예기간 동안 재범하여 다시 징역형을 선고받지 않고 무사히 경과하면 원래 선고받은 징역형을 집행하지 않기로 확정되는 효력만이 있고 준수사항을 부과하거나 보호관찰관의 감독을 받지 않는다는 점에서 다르다. 한국 법에 의해서도 특정의 범죄와 범죄자에 대해서는 미국의 probation과 유사하게 보호관찰이 선고되는 경우가 있다.

최근까지는 유죄가 인정된 범죄자에 대한 양형은 판사가 법률에 정해진 범위 내에서 재량을 발휘하여 형의 종류와 정도를 선택하는 형태가 가장 전형적인 것이었다. 예를 들면 법률이 강도죄robbery를 5년 이상 15년 이하의 징역형에 처할 수 있다고 규정한다고 하자. 판사는 보호관찰소probation office로부터 전과criminal record, 가족관계, 직업, 경력, 심리상태 등 피고인에 관한 중요한 정보가 담긴 양형조사보고서presentence report를 받는다. 범죄의 피해자나 그 가족은 피해진술서 victim impact statement를 작성하여 법원에 그 범죄로 인하여 자신들이 받은 악영향이 어떠한 것인지를 진술할 수 있고, 재판에 현출된 것 이외의 범죄에 관한 사실을 전달할 수 있다. 판사는 이러한 자료들과 재판에서 받은 인상을 종합하여 법이 허용하는 범위 내에서 형량을 결정하고, 나아가 선고되는 형의 집행을 유예할지 여부 및 피고인을 보호관찰probation에 회부할지 여부 등을 결정한다.

피고인은 그러나 실제로는 선고 형량의 절반 또는 2/3까지도 적게 교도소에서 복역하는 경우도 있다. 부정기형제도indeterminate sentencing system[38]를 택하면 가석방당국parole office이 재소자가 선고된 형량을 다 채우기 이전에 석방되어도 좋을 만큼 충분히 재활되었는지rehabilitated 판단할 재량을 가지고 있다. 대부분의 주에는 역시 "선행시간good time"제도를 가지고 있어서 교도소 당국이 재소자들의 "선행시간" 또는 재감 중 교육, 노동 또는 기타 재활프로그램에 참여하는 등 선량하게 생활한 시간을 인정해 줄 수 있고, 재소자들은 그만큼 선고형량에서 감경을 받을 수 있는 제도를 가지고 있다.

이와 같은 전통적 형태가 아직도 널리 사용되고 있으나 1970년대 후반부터 양형에 관한 판사의 재량을 견제하기 위하여 제도를 재구축하는 종합적 노력이 시작되었다. 이러한 움직임은 판사들의 재량이 아주 커서 선고형량의 편차가 너무 크며, 이에 의하여 제도가 자의적이고 예측 가능성이 없게 운영된다는 인식에서 출발하였다. 두 사람의 판사가 유사한 범죄자에게 형을 선고함에 있어 한 사람이 더 관대하다든가 또는 특정한 양형인자를 매우 중시하는 성향을 가지고 있다면 형량이 달라질 것이다. 이러한 제도가 범죄자를 재활시키는 데는 역부족

---

38) 부정기형은 장기 -년, 단기 -년 등의 형식으로 선고되어 원칙상으로는 단기를 경과하면 교정 당국이 석방 여부를 심사하여 결정할 수 있는 것이 원칙이다. 대한민국에서는 19세 이하의 소년 범에 대하여만 인정된다.

이 아닌가라는 의문이 제기되었고 설상가상으로 판사들의 적절한 형량 선택능력, 가석방 당국의 피고인의 재활 여부에 대한 판단능력에 대한 신뢰가 줄어들었다. 형량 결정에 관한 재량을 제한하기 위한 방법들이 입법되었다.

첫 번째 방법은 양형기준sentencing guideline의 사용이다. 양형기준의 목적은 양형의 재량의 대부분을 사실심 판사trial judge로부터 입법부 또는 법에 따라 설치된 양형위원회sentencing commission에 넘겨주는 것이다. 이 기준은 사실심 판사가 선고형량을 결정함에 있어 반드시 지켜야 할 방법을 규정한다. 양형기준은 추정형량presumptive sentence을 포함하는 것이 보통인데 이는 피고인이 유죄를 선고받은 범죄의 심각성과 피고인의 특성, 특히 그의 범죄전력criminal history 등에 따라 적절하다고 추정되는 형량을 말한다. 예를 들면 강도죄에 대해서는 판사가 선고해야만 하는 기준 형량이 지정되어 있고 여기서 특정한 피고인이 가담 정도가 경미한 경우(예컨대 도망갈 차량을 운전한 정도 등)에는 일정 부분 감경하도록 하고, 피고인에게 특정한 범죄의 전과가 있다면 일정 부분 가중하도록 하는 등의 방식이다. 이 기준은 어떤 경우에 특정한 어떤 사실, 예컨대 범죄가 인종차별적 동기에서 비롯되었다는 사정 등이 있으면 형량을 가중하기도 한다. 이 제도에 의하여 사실심 판사는 추정형량presumptive sentence에서 벗어나는 형량을 선고하지 못하는 제한을 받게 되는데 만약 그렇게 하고자 하면 그는 그 사유를 설명하는 서류를 작성해야 하고 여기에 대하여는 상소appeal할 수 있다. 양형기준은 선고되는 형량의 편차를 줄일 수는 있겠으나 범죄와 범죄자에게 꼭 들어맞는 양형을 할 수 없게 만든다는 불만이 판사들로부터 많이 제기되고 있다.

양형기준sentencing guideline과 법정가중사유judicial enhancement of sentence는 2000년대에 들어 연방대법원이 추가조항 제6조가 보장하는 배심재판을 받을 권리에 의하여 형량을 가중하게 하는 사실은 반드시 배심원에게 제시되어야 하고 피고인이 이를 시인하지 않는 한 합리적 의심이 없는 정도로 입증되어야 한다고 여러 번 판시함에 따라 이용이 중단되었다. Blakely v. Washington (2004) 판결을 예로 들자면 Ralph Blakely는 보통 49개월에서 53개월의 징역형을 선고받게 되어 있는 2급약취second-degree kidnapping[39]의 혐의에 대하여 유죄를 인정하

---

39) 보통 납치 또는 유괴라고 하는 범죄의 법적 용어는 약취이다.

였다. 판사는 Washington 주법의 양형기준에 따라 Blakely에게 "의도적 잔인성 deliberately cruelty"이 있었다고 인정하여 90개월을 선고하였다. "의도적 잔인성"은 2급약취라는 의제적 범죄statutory offence[40])의 요소가 아니었으므로 연방대법원은 그에 대한 선고는 배심원단이 그 요소가 합리적 의심을 넘도록 입증되었다고 인정하지 않는 한 가중될 수 없다고 판시하였다. Washington 주법의 양형기준은 이에 따라 위헌unconstitutional으로 되었다. 이후 United States v. Booker (2005) 판결에서 연방대법원은 배심원단이 아닌 사실심 판사가 연방 양형기준에 의한 형의 가중사유를 판단하도록 하는 것은 헌법에 위배된다고 판시하였으며 양형기준은 이후에 강제적mandatory 효력이 아니라 권고적advisory 효력을 가지는 것으로 되었다. 이러한 판결들로 양형에서 일대 혼란이 야기되었다. 이제는 어떤 주는 배심원단이 양형에 영향을 줄 요인이 존재하는지 여부를 결정하도록 하고 있고, 어떤 주들은 연방대법원이 Booker 판결에서 제시한 바와 같이 판사에게 그 기준을 벗어날 재량을 더 넓게 인정하고 있다.

양형에서의 판사의 재량을 제한하는 다른 수단이 되면서도 추가조항 제6조에 의한 문제점을 회피할 수 있는 방법은 어떤 특정한 상황의 종류에 따른 의무적 양형mandatory sentencing이다. 법률에 이러한 규정을 두면 형량 결정에 있어 판사의 재량이 아주 적거나 없어진다(의무적 양형은 재량 제한의 문제와 무관하게 어떤 종류의 범죄에 대하여 처벌을 강화하기 위하여 자주 이용된다). 예컨대 Florida에서는 범죄의 실행 중에 총을 꺼낸 일이 있으면 최소 10년 이상을 의무적으로 가중해야 한다. Weldon Angelos는 경찰 정보원police informant에게 대마 350달러어치를 판매한 혐의로 징역 55년의 형을 선고받았는데 그가 이 판매행위 중에 총을 소지하였다는 것이 이유였으며 그는 이를 사용하지도 심지어 보여준 일도 없었는데도 그러하였다. 연방법률은 어떤 범행에 대하여는 반드시 선고되어야 할 최소 형량을 정하는 것들이 있는데 이 법률에 따라 형을 선고하는 판

---

40) 의제적 범죄란 법률이 행위자가 어떠한 범죄를 저지르겠다는 의사가 있었는지 여부를 묻지 않고 법이 정하는 구성요건에 해당하는 행위가 있었으면 범죄로 성립하는 경우를 말한다. 일정 연령이 되지 않은 자에 대한 술, 담배 판매행위는 미성년자임을 알지 못하였어도 성립하고, 한국 형법상 13세가 되지 아니한 여성과 성행위를 하면 설사 폭행, 협박이 없었고 나아가 그 여성이 동의를 하였더라도 미성년자의제강간죄로 처벌되는 경우 등이 그 예이다.

사는 이를 "부당하고, 가혹하며, 비이성적"이라고 비난한 일이 있다. 그 판사에 의하면 Angelos는 자신이 같은 날 형을 선고한 다른 피고인보다 더 오래 수감되어야 하는데, 그 다른 피고인은 16번 유죄를 선고받은 평생의 범죄자로서 젊은 여성의 집에 침입하여 칼은 겨누고 그녀로 하여금 운전을 하게 하여 범죄현장에서 도망친 사람이었다(United States v. Angelos, 2004). 의무적 양형은 추가조항 제6조의 문제를 피해 갈 수는 있겠으나 추가조항 제8조의 가혹하고 이례적 cruel and unusual 형벌의 금지에는 위배될 수 있으며, Miller v. Alabama (2012) 판결에서는 미성년자인 피고인에게 가석방 불가 무기징역life sentence without the possibility of parole의 의무적 선고가 위헌으로 선언된 바 있다.

의무적 양형의 다른 형태로 "삼진아웃three strikes and you're out"제도가 있다. 일정 이상의 중범죄felony로 세 번째 유죄가 인정되면 아주 장기의 징역형을 선고하여야 하거나 어떤 주에서는 가석방 불가 무기징역을 선고하게 된다.

삼진아웃 법률의 목적은 일정 정도 이상의 범죄로 세 번째 유죄로 선고받으면 치러야 할 대가를 높임으로써 범죄자들이 반복적으로 범죄를 저지르는 일을 억제하고, 가장 위험하다고 볼 범죄자인 반복적 범죄자repeat offender에게 중한 처벌을 받게 하여 장래의 범죄를 예방하자는 데 있다. 가끔 그런 일이 일어나지만 삼진아웃 법률은 예기치 못한 결과를 가져오기도 한다. 그 법률들이 그 규정을 일률적으로 적용하기 때문에 그에 의해 처벌받는 사람 중 일부는 법률의 기초자들이 생각했던 것만큼 사회에 중대한 위협이 되지 않는 경우도 있게 되는데, 그 악명 높은 예로 세 번째 범행이 피자를 훔친 경우인 California 사건을 들 수 있다. 나아가 장차 삼진아웃에 해당할 가능성이 있다고 보이는 피고인들은 중한 형을 받을 것이라는 두려움 때문에 행동에 영향을 받는데, 첫 번째나 두 번째의 범행에 대하여 유죄인정plea bargain을 잘 하지 않거나 세 번째 범행의 경우 체포를 면하기 위하여 더 격렬한 저항을 하게 될 가능성이 있다. 삼진아웃 법이나 기타의 다른 의무적 양형에 관한 법은 교도소의 재소자 수를 엄청나게 늘리는 효과도 가져왔다. 삼진아웃법의 가혹함에 대한 일반의 인식이 확산되면서 어떤 주들은 그 충격을 완화하기에 이르렀는데 California의 유권자들은 상습적 범죄자에게 무기징역을 선고하는 일을 제한하자는 입법제안을 통과시킨 것이 그 예이다.

끝으로 가석방parole release은 판사의 양형이 피고인이 실제로 복역해야 할 기간을 정하는 것이라는 "양형의 진실truth in sentence"에 관한 법률들에 의하여 엄격히 제한된다. 몇몇 주들은 가석방을 완전히 폐지하였으며 더 많은 주들은 이를 비폭력적 범죄nonviolent crime로 유죄를 선고받은 자에게만 제한하여 적용하고 있다. 대부분의 주들은 폭력 범죄자들이 형기의 85% 이상을 복역했어야 가석방될 수 있다고 함으로써 선행시간good time에 의한 형기의 감축을 제한한다.

사형에 관하여?

사형death penalty은 아마도 형사절차에 관한 것 중 가장 뜨거운 논쟁이 벌어져 온 영역일 것이다. 범죄억제, 정의, 공평성 및 국민의 권리에 관한 다른 모든 주장들은 국가가 사람의 생명을 빼앗을 수 있는지에 관한 논쟁과 연결되어 있다. 사형capital punishment 지지자들은 "눈에는 눈an eye for an eye. 이에는 이a tooth for a tooth."라는 성경의 구절을 인용하며 사형이 강력범죄의 궁극적 억제수단이 될 가능성에 주목한다. 반대론자들은 사형이 미개시대의 유물로서 모든 서방 국가에서 폐지되었고 범죄율의 감소에 거의 영향을 주지 못한다고 규정짓는다.

사형에 관한 논쟁은 너무 복잡하여 형사절차를 간단히 설명하는 이 책에서 일일이 설명할 수는 없으므로 논쟁이 얼마나 치열한지만 간단히 살피기로 한다. 이 논쟁은 슬로건에 지배되는 성격이 강하므로 이 장에서는 그 이슈가 얼마나 복잡한지를 보여주는 것에 그치고자 한다. 실제로는 두 가지 이슈로 요약할 수 있는데 하나는 사형이 활용되어야 하는가 여부 및 이를 긍정한다면 어떻게 해야 공정하게 활용될 수 있는가라고 할 수 있다.

사형제도의 존치 여부에 대한 논쟁에는 두 개의 가닥이 있다. 첫째는 사형의 도덕성에 관한 것으로, 사형이 사회적 결과는 차치하고라도 우선 도덕적으로 정당화될 수 있는가의 문제이다. 둘째는 그 결과를 직접 겨냥하는 것으로 사형이 중요한 사회적 목적, 특히 범죄억제라는 목적에 기여하는가의 문제이다.

지지자들은 살인한 사람은 처형execute하는 것이 당연하다고 한다. 그것이 정당한 이유는 그들의 범죄가 가장 극단적 형벌을 받아야 마땅하고, 사회적으로 받아야 마땅한 처벌을 하는 것이 형사법의 목적이라고 인정되어 있다고 한다.

사형은 복수vengeance보다 응보retribution, 즉 죄과에 상응한 불이익을 주는 것이며, 국가는 범죄자가 어떠한 비난을 받아야 하는가라는 비난가능성culpability을 검토하여 그에 가장 필요한 형벌을 과하는 데 불과하다고 한다.

비판자들은 범죄자의 처형과 정의의 실현doing justice에는 아무 연관성이 없다고 한다. 사형을 선고받은 사람들 중 많은 이가 비난가능성이 있고 위험하며 처벌과 구금confinement이 마땅한 것은 분명하지만, 설사 계산적으로 살인을 하는 사람에게 사형이 마땅하다고 해도 이러한 살인자의 전형적 모습에 해당하는 사람은 거의 없다고 주장한다. 오히려 그들의 대부분은 끔찍한 양육과정에서 잘못 길러졌고 정상적 양육의 기회를 박탈당한 탓으로 어느 정도는 병적으로 반사회적이 되었다는 것이다. 나아가 우리가 절도범의 손을 절단하거나 강간범을 거세하지 않는다면 살인범을 처형할 이유도 없다면서 처형이 응보를 위해서도 필요한지가 확실치 않다고 주장한다.

지지자들은 사형을 다른 사람의 생명을 빼앗은 사람들에게 가해지는 가장 엄한 제재로 남겨 두어야 사회가 인간의 생명에 부여하는 가치를 확인할 수 있다고 주장한다. 비판자들은 사형이 생명에 대한 우리의 존경을 약화시키고 우리를 야만적으로 만들며 사람을 죽이는 행위에 익숙해지게 만든다고 주장하며 이에 대항한다. 미국 카톨릭주교회의U.S. Conference of Catholic Bishops 결의문은 "사형에 대한 의존도가 증가하는 것은 우리의 가치를 깎아내리고 인간 생명의 경시가 증가한다는 징표이며 ... 사형은 우리가 생명을 빼앗음으로써 생명을 지킬 수 있다는 비극적 환상을 준다."고 하였다.

도덕적 논쟁은 정책적 논쟁과 연결되는데 설사 사형이 도덕적으로 정당화될 수 있다고 하여도 실제로 어떤 효과를 발휘하지 못한다면 사형제도를 옹호할 사람이 거의 없을 것이다. 옹호론자들은 형사절차에서 범죄의 억제deterrence는 형사절차의 중요한 기능이며, 사형에 대한 두려움이 범죄에 대한 궁극적인 억제수단이라고 주장한다.

비판론자들은 사형의 범죄억제적 효과는 그리 많지 않다고 주장한다. 살인을 하는 많은 사람들이 약물이나 알코올의 영향, 심리적 불안상태 또는 어떤 정서적인 상태에 있었기 때문에 자신의 행위를 멈추거나 그 결과를 냉정하게 생각해 볼 수 없었다는 것이다. 이들은 기타의 살인자들도 대부분의 범죄자들이 그러하듯이 자신이 붙들리지 않을 것이라거나 붙들리더라도 어떻게든 최악의 처벌만큼은 피해 갈 수 있을 것이라고 믿는다고 한다.

사형이 범죄를 억제하는 효과가 얼마나 있는지는 경험적으로 판단되어야 할 문제이지만 그 답을 구하기는 어렵다. 예를 들어 사형제도를 가진 주와 폐지한 이웃 주의 살인사건 발생률을 비교하거나 어떤 주에서 사형제도를 도입하기 전과 후의 살인 발생률을 비교하는 연구가 많이 있었다. 뜨겁게 논쟁이 벌어지면서도 명확한 통계를 수집하기 어려운 이슈들이 대개 그렇듯 연구결과도 다양하게 나왔다. 어떤 학자들은 억제효과를 발견하지 못했다고 하고, 다른 학자들은 사형이 한 번 집행될 때마다 18건의 살인을 예방하는 효과가 있다고 주장하며, 다른 연구는 사형집행이 일반인에게 잔인성을 높이는 효과를 주어 실제로는 살인률을 증가시키는 원인이 되었다고 주장하기도 한다. 현재로서는 사형의 억제효과에 대하여 확실한 증거가 없다고 결론지을 수밖에 없다.

도덕 및 억제효과에 대한 주장과 겹치는 이슈의 하나는 사형이 공정하고 일관되게 적용되는지 여부에 관한 것이다. 살인을 저지른 사람 중 상대적으로 적은 사람들, 즉 100명 중 1명의 비율로 사형을 선고받으며 실제로 그보다 적은 사람들에게 사형이 집행된다. 변호활동의 효율성, 경제적 자원, 개인의 성격 등은 모두 누가 사형을 선고받고 죽어야 할 것인가에 영향을 미치는 요인이다. 더욱 어려운 문제는 인종적 편견의 패턴이다. 예컨대 Louisiana에서 백인을 살해한 혐의로 유죄를 선고받은 자는 흑인을 살해한 자보다 사형을 선고받는 경우가 14배나 많았고 Washington주에서는 배심원단이 비슷한 사건에서 흑인에게 사형을 선고하는 비율이 백인에게보다 4배나 많았다.

사형의 옹호론자들은 그러한 일관성 결여와 차별이 문제이기는 하나 그 문제는 사형집행 건수가 너무 많아서가 아니라 너무 적기 때문에 발생한다고 반박한다. 인종적 편견의 문제에 대하여 예를 들면 그 문제는 백인을 살해한 사람이 너무 높은 비율로 사형에 처해지기 때문이 아니라 흑인을 살해한 사람이 집행되지 않는 사례가 많기 때문에 발생한다고 한다. 이를 해소하는 방법은 사형의 활용도를 높이는 것이 되겠고 사형의 폐지로 해결될 문제가 아니라고 한다.

비판론자들은 또한 사형이 한번 집행되면 다시 돌이킬 수 없기 때문에 오류 없이 활용될 수 있는지 여부가 중요한 문제라면서 이에 대하여도 의문을 제기한다. 연방대법원이 사형제도의 합헌성을 재확인한 1976년 이후 약 1,500명에 대하여 사형이 집행되었는데, 사형을 선고받은 사람들 중에서 150명은 추가 수사에 의하여 경찰관이나 검사의 과오, 불충분한 변호활동, 증인의 증언의 오류 또는 유전자 증거의 부재 등의 이유로 잘못된 판결을 받았음이 드러나 사형을 면하였다. 이는 처형된 사람 10명당 사형을 선고받은 1명이 무죄로 풀려났음을 뜻한다. 미국변호사협회American Bar Association와 같은 단체는 무고한 사람 또는 그럴 필요가 없는 사람이 사형을 선고받는 일이 없도록 공정성과 효과적인 절차가 제자리를 잡았다고 인정될 수 있을 만큼 절차가 안정될 때까지 사형집행이 유보moratorium되어야 한다고 요구한 일도 있다.

사형제도의 시행이 공공정책으로서 현명한지 여부에 불구하고 연방대법원은 합헌이라고 선언하였고, 비록 하나의 주(Texas)가 최근의 사형집행 건수의 1/3을 차지하는 반면 사형제도를 존치하는 주 중에서도 최소 10개 주는 최근 10년 또는 그 이상의 기간 동안 한 번도 집행을 하지 않고 있는 등 상황은 다양하지만 30개의 주들이 사형제도를 가지고 있다. 중심이 되는 헌법적 이슈는 사형이 추가조항 제8조의 가혹하고 이례적인cruel and unusual 형벌의 금지에 해당하는지 여부이다. 이 기준을 적용하면 헌법에 있어서 흥미 있는 주제가 부상한다. 사형제도는 1791년 권리장전Bill of Rights이 제정될 때 이미 시행되고 있었는데 어떻게 이와 같이 사형을 실행하던 사람들이 기초하고 비준한 헌법의 추가조항에 위배될 수 있는가? 답은 연방대법원이 처음으로 추가조항 제8조에 관련된 중요한 사건으로 판결한 Weems v. United States (1910)에서 나왔다. 연방대법원은 힘든 노동 중 쇠고랑을 차도록 하는 형벌을 무효라고 선언하였다. Joseph McKenna 대법관은 판결문에 "시간이 변화를 만들고 새로운 여건과 목적을 만들어 낸다. 그러므로 어떤 원칙이 생명력이 있으려면 그 원칙을 만들어 내게 한 문제점보다 더 넓게 적용될 수 있어야 한다."라고 하였다. Earl Warren 대법원장이 후에 이 원칙에 관하여 설명한 바와 같이 잔인하고 이례적인 형벌 금지의 의미는 "성숙해 가는 사회의 발전의 징표가 되는 고상함에 관하여 진화하는 기준으로부터 추출되어야 한다."는 것이다.

두 번째 이상한 점이 여기에 있다. 사형은 입법부, 즉 지역공동체의 대표들에 의하여 법률에 규정된다. 그렇다면 사형이 어째서 현재의 고상함의 기준에 저촉되는가? 물론 그 답은 다수(또는 좀 더 현실적으로 표현하자면 다수의 대표자)의 의지가 바로 공동체의 기준에 관하여 완결적인 의미를 가지지는 않는다는 것이다. 미국의 헌법하에서는 법원들이 입법에 대한 사법심사권judicial review을 가지고 있어 그들의 행위가 헌법적 한계를 넘어서는 경우 다수자를 정밀하게 견제한다.

사형의 합헌성은 1960년대에 일단의 변호사들이 전미흑인지위향상협회NAACP의 변호기금Legal Defense Fund과 연합하여 벌인 캠페인의 일환으로 일련의 사건들을 연방대법원에 끌고 감으로써 연방대법원에서 다루어지게 되었다. 결정적인 판결은 Furman v. Georgia (1972)인데 이 판결에는 사형을 선고받은 사람 3명이 직접적으로, 사형대기자 600명이 간접적으로 관련되어 있었다. 연방대법원의 역사상 단일 사건으로는 가장 긴 판결문이 나왔는데 대법관 다섯 명은 당시에 적용되어 온 사형제를 폐지해야 한다고 하였고, 네 명은 이에 반대하였으며 9명의 대법관 전원이 각각 자신의 의견을 냈다. Brennan 대법관과 Marshall 대법관은 (심사의 대상인 사건에서 나타나듯이) 사형의 선택이 재량에 의한다는 점, 잔인성, 사형에 범죄억제의 효과가 없다는 점 등의 요소를 주목하여 사형은 고유의 속성상 잔인하고 이례적인 형벌이라고 보았다. 다수의견에 가담한 다른 세 명의 대법관은 사형이 재량에 의하여 선택된다는 점에 주목하였다. 소수의견을 낸 대법관들도 사형이 어떤 면에서는 혐오스러운 형벌이라는 데에는 전원이 이의를 하지는 않으면서도 연방대법원은 "진화하는 고상함의 기준evolving standard of decency"에 관한 입법부의 판단을 존중해야만 한다고 주장하였다. 뒤이어 나온 Gregg v. Georgia (1976) 판결에서도 이와 유사하게 의견이 분산되었지만 연방대법원은 사형제도가 연방헌법에 반드시 위배되는 것은 아니라고 판시하면서 다만 이를 적용함에 있어 자의성arbitrariness을 줄이는 기준을 제시하였다.

Furman 판결과 Gregg 판결에서의 초점은 사형을 적용하는 데 있어서의 자의성에 있었으므로 여러 주의회들은 주의 양형법률을 연방대법원이 판시한 내용에 맞추는 방향으로 개정하였다. 그러한 자의성을 해결하는 방안으로 제안된 것 중의 하나는 무기징역을 선고받고 복역 중인 재소자가 살인을 한 경우 등과 같이 특정한 유형의 살인죄에는 사형을 의무화한다는 것이 있었다. 그러나 연방대법원은 이후에 모든 사람은 독자적인 독립체이므로 범죄와 범죄자에 관한 개개의 요소를 개별적으로 고려하여야 한다는 것이 연방헌법의 요구라는 견해를 취하면서 그러한 의무적 양형mandatory sentence의 효력을 부인하였다. 자의성의 문제를 없애기 위한 또 다른 해결책으로는 판단자의 재량에 일정한 지침을 주는 방법이 있는데 연방대법원은 이 방법은 승인하였다. 사형제도를 가지고 있는 주의 대부분이 배심원단이 사형을 선고할 수 있도록 허용하되 배심원단의 재량에 대한 지침을 주는 첫 단계로 바로 재판을 둘로 나누는 방법을 채택한다. 재판의 처음 단계에서 배심원단은 피고인이 유죄인지 여부에 대하여 평결verdict을 한다. 피고인이 유죄로 인정되면 재판의 두 번째 단계에서 양형에 관한 증거가 추가로 제출되고 배심원단이 결론으로 사형에 처할지 여부를 결정한다. 재판이 두 단계로 나뉘므로 유죄인정 단계에서는 허용될 수 없었던 증거라도 양형단계에서는 추가로 제출되어 배심원단이 가중요소aggravating factor 또는 감경요소mitigating factor에 관한 증거로 심리할 수 있다. 이 점은 연방대법원이 배심원단은 피고인의 죄책을 감경시킬 수 있는 모든 요소를 다 고려할 기회를 가짐으로써 사형이 적합하지 않은지를 자유롭게 결정할 수 있어야 한다고 판시하였으므로 중요한 의미를 가진다. 고려되어야 할 전형적 요소 중에는 가중사유로서 어떤 범죄를 특별히 극악하다고 보게 하는 점과 감경사유로서 어린 피고인이 다른 누구에 의하여 범죄를 저지르도록 영향을 받은 경우 등이 포함된다.

연방대법원은 또한 사형이 선고될 수 있는 범죄의 종류를 아예 축소하였다. 어떤 사정이 있으면 사형이라는 형벌은 범죄와 비례성을 잃은 것으로 되며, 따라서 예컨대 피고인이 범죄의 공범에 불과한 경우 또는 피고인이 살인죄murder가 아니라 강간죄rape로 유죄가 인정된 경우 사형을 선고할 수 없도록 하였다. 다른 경우로는 피고인에게 어떤 사정이 있으면 사형을 집행할 수 없게 되는데 연방대법원은 그러한 예로 정신지체가 있는 사람이나 범행 당시 18세가 되지 않은 사람에 대하여 사형을 집행하면 잔인하고 이례적인 형벌이 된다고 판시하였다.

형사사건의 상소절차는 왜 그렇게 오래 계속되는 것처럼 보이는가?

다른 형사절차에서와 마찬가지로 상소심appeals[41])에서도 상충하는 목적들 사

---

41) 제4장 주75)에 덧붙여 좀 더 상세히 설명하자면, 어느 법원이 내린 판단에 대하여 승복하지 못할

이의 균형을 잡아야 한다. 사실심 판사들trial judge이 실수를 할 수도 있고 그 실수가 피고인의 권리를 침해했다면 우리는 그 실수가 시정되는 것을 보고자 한다. 그렇지 않으면 연방헌법이 보장하는 권리들이 무너지고 무고한 사람이 감옥에 갈 수 있다. 그러나 언제나 한계는 있다. 재판의 확정성finality 역시 중요하다. 우리가 수사와 재판의 절차에서 오류가 없도록 하기 위하여 자원을 무한정 투자하기를 원치는 않으며 그런 만큼 역시 어느 선에서 피고인에 대한 판결이 상소법원에 의하여 한 번, 두 번 또는 그 이상 재검토되었다면 우리는 피고인이 그가 사건에 대한 재검토를 받을 만큼 받았다는 결론을 내리게 된다.

이 부분에서 논하는 것은 유죄판결에 대하여 피고인이 하는 상소appeal임을 기억하자. 민사소송에서는 양 당사자가 자기에게 불리한 판결에 대하여 상소할 수 있고 형사사건에서 피고인은 언제나 유죄판결에 대하여 또는 재판에서 어떤 오류가 있음을 주장하며 상소할 수 있다. 추가조항 제5조의 이중위험금지 조항 double jeopardy clause은 국가가 어떤 사람에 대하여 하나의 범죄에 대하여 무죄의 판결acquittal이 있은 후라면 유죄판결을 얻을 때까지 반복하여 소추를 할 수 없게 한다. 그러므로 검찰은 무죄판결에 대하여 상소를 할 수 없다. 그러나 이 조항의 적용범위는 그보다 넓다. 이중위험double jeopardy의 금지는 배심원단이 한 번 구성된 때로부터 개시되므로 검사는 재판이 뜻대로 잘 진행되지 않는다는 이유로 이를 중지시키고 다른 배심원단을 구성하여 다시 재판하자고 할 수 없다. 이 원칙은 또한 하나의 사실관계를 입증하는 데 필요한 증거가 다른 사실관계를 입증하는 데 필요한 증거와 동일하다면 그러한 사실관계에 다른 법률을 적용하여, 즉 죄명을 바꾸어 기소할 수 없도록 한다. 예를 들면, 운전자가 음주운전으

때 당사자가 그 법원보다 법원의 조직상 상급에 있는 법원 또는 상급의 재판부에 다른 판단을 내려줄 것을 요청하는 것을 통틀어 상소(上訴)라고 한다. 그러나 상소는 그 종류와 속성에 따라 여러 가지 이름으로 불린다. 한국의 소송법에서는 어떤 사안에 대하여 법원이 주는 대답은 대체로 그 사안이 문제에 대한 종국적 해결을 위하여 내린 판단, 즉 본안인 경우 판결이라고 하고, 판결을 하기 위한 절차에 관한 것이거나 임시적인 지위를 정하는 가처분신청 등에 대한 판단은 결정 또는 명령이라고 부르는데 판결에 대한 불복은 제1심의 판결에 대한 상소이면 항소(抗訴)라고 부르고, 제2심의 판결에 대하여 대법원에 하는 상소는 상고(上告)라고 부르며, 제1심 법원의 결정이나 명령에 대한 상소는 항고(抗告), 제2심 법원의 그것에 대한 항고는 재항고(再抗告)라고 부른다. 항소심이나 항고심을 담당하는 법원은 사안의 경중 등 여러 요소에 의하여 달라지게 되며 상고심이나 재항고심은 모두 대법원이 담당한다.

로 유죄가 인정되었다면 그는 이후에 그의 음주운전 행각으로 인하여 보행자를 치었다는 이유로 과실살인negligent homicide으로 기소될 수 없는데 그 이유는 그의 과실을 입증할 증거가 음주운전이기 때문이다. 정부는 두 혐의를 한꺼번에 기소할 수는 있으나 시차를 두고 기소하는 것은 이중위험double jeopardy에 해당한다. 그러나 범죄가 주와 연방의 법률을 각각 위반한다면 이중위험금지조항에도 불구하고 주정부와 연방정부가 각각 기소하는 일이 금지되지는 않는다. 은행강도bank robbery는 강도이므로 주법에 의하여 강도로 기소될 수 있고, 은행에 대한 강도는 연방범죄이므로 연방법에 의하여 은행강도로 기소될 수 있다. 관련 행위에 대하여 형사판결에 의하여 유죄로 인정된 다음에 징벌적punitive 효과를 가지는 민사소송[42]을 금지하는 것도 아니다. 어떤 재소자가 어린이에게 성적인 행위를 한 혐의로 선고받은 기간을 마치고 석방을 앞두고 있을 때 정부는 성폭력행위자 단속 관련 법률에 의하여 그를 주정부의 시설에 민사적으로 수용할 조치를 취할 수 있는데 이것이 이중위험에 해당하는 것은 아니다.

피고인이 유죄판결 또는 재판법원의 오류에 대하여 다투는 데는 두 가지 다른 방법이 있다. 상소appeal는 재판한 법원보다 사법제도상 상급에 있는 법원에 사실심 법원의 오류를 직접 재검토하여 시정해 줄 것을 요청하는 신청request이다. 부수적 이의collateral challenge는 그 이름이 암시하듯이 부수적 또는 통상적인 재검토의 계선 밖에서 재판법원의 판결을 공격하는 것인데 부수적 상소는 모든 상소수단이 다 소진된 이후에 사용됨이 보통이다. 피고인이 유죄판결에 끝도 없이 이의할 수 있게 한다는 비판은 실제로는 부수적 이의에 대한 비판이다.

먼저 상소appeal를 보자. 어떤 사건에서든 피고인은 사실심 법원trial court이 저지른 오류의 시정을 요구하며 상소할 권리를 가진다. 재판에서 판사가 부당하게 증거를 인정했거나 배심원들에게 법률지도instruction on the law를 잘못했는데

---

42) 이른바 징벌적 배상punitive damage을 청구하는 소송으로 어떤 사람이 고의 또는 과실로 다른 사람에게 손해를 가하였는데 그 행위에 사회적으로 비난할 요소가 있거나 장래에 유사한 행위를 하지 못하도록 할 실질적인 필요가 있을 때 그 행위에 상응하는 고액의 손해배상을 하도록 하는 것으로 발생한 손해만을 배상하게 하는 전보적 배상compensatory damage에 대비되는 개념이다. 1700년대 영국에서 발전하여 현재 영미법계 국가들이 주로 채택하고 있으며 주로 기업이나 개인이 저지른 악의적 불법행위에 대하여 민사적인 방법으로 제재를 가하는 데 이용된다.

피고인에게 이러한 잘못의 시정을 요구할 권리가 없다면 전체로서 불공정하다고 할 것이므로 이는 당연한 일이다. 이와 같이 재심사를 한 번 거친 후 그 이상의 상소는 재재심사 법원의 재량에 속하는 경우가 많다. 가장 전형적인 주법원 제도를 보면 피고인은 중간상소법원intermediate appellate court에 상소할 권리를 가지지만 주의 최고법원state supreme court은 자신에 대한 상소를 받아들일지 말지 결정할 재량을 가지는 것이 보통이다. 연방대법원은 다른 어떤 법원보다도 넓은 재량을 가지는데 피고인들은 연방대법원이 자기의 사건을 심리해 주기를 바라는 경우 이심영장writ of certiorari[43]의 발부를 신청해야 한다.

유죄로 인정된 피고인이 하급법원에서 있었던 어떤 실수에 대하여 상소법원이 관심을 가지도록 할 수 있었고, 상소법원이 그 실수를 찾아내어 그 판결을 파기reverse하고 다시 재판할 것을 명하였다고 하자. 어떤 재판이든 완벽할 수는 없으므로 피고인이 언제든지 한 개의 사과를 두 번, 세 번, 네 번 물어뜯을 수 있다면 어떤 유죄판결이든 재심사를 당해 낼 수 없을 것이다. 법원들은 이러한 상황을 방지하기 위하여 두 개의 원칙을 발전시켰는데 하나는 재심사의 대상에 관한 것이고 다른 하나는 재심사의 방법에 관한 것이다.

첫째의 원칙은 상소법원은 피고인이 재판에서 제기하였던 문제에 대해서만 재심사한다는 것이다. 그 근거는 단순해서 피고인이 처음부터 재판에서 그 문제를 제기했다면, 그리하여 재판법원이 실수를 시정할 기회가 있었다면 없어도 되었을 새로운 재판을 다시 하는 어려움과 비용을 감수하는 것은 비합리적이라는 것이다. 예를 들어 피고인은 그의 변호인이 위법하게 수집되었음을 이유로 배제할 것을 신청하지 않았던 증거라면 상소심에서 그 증거가 배제되지 못하고 사용되었기 때문에 유죄의 판결을 받았다는 주장을 할 수 없다.

---

43) 미국 연방대법원이 당사자의 신청에 의하여 자신인 사건에 대한 상소를 받아들여 이를 심리할 것을 결정하고 원심 법원에 사건을 연방대법원에 올리도록 명령하는 제도이다. 연방대법원은 이를 허용할지 여부에 재량을 가지며 발부 또는 기각의 이유는 설명하지 않는 것으로 되어 있는데 1년에 약 100여 건 가량의 이심영장이 발부되는 것이 보통이라고 한다. 한국의 민사소송법은 한때는 상고가 있으면 대법원이 이를 심사하여 상고를 허가하고 이때 정식으로 상고심이 개시되는 상고허가제를 채택하였다가 이를 폐지하였으며 현재는 민사소송에 대하여는 비교적 간이한 절차에 의하여 심리하여 상고의 이유가 부족하다고 보이면 심리를 종결하는 심리불속행제도를 채택하는데 이러한 결정이 있으면 상고가 기각된 것으로 보아 재판이 확정된다.

그러나 법에서는 모든 법칙에 예외가 있다. 이러한 이의불제기failure-to-raise 의 원칙에 대한 예외는 통상적 오류plain error의 원칙이다. 상소법원은 사실심 법원에서 발생한 통상의 오류 또는 다른 말로 표현하며 "실체적 권리에 영향을 주는 하자defects affecting substantial rights"는 설사 피고인이 하급심에서 그 문제를 제기하지 않았다고 하더라도 시정할 수 있다.

두 번째의 원칙은 모든 오류가 재판의 파기의 원인이 되지는 않도록 하는 원칙이다. 이 원칙은 문자 그대로 "해가 없으면 반칙이 아니다no harm, no foul."라고 표현된다. 무해오류의 원칙harmless error rule은 중요한 오류가 있어야만 유죄판결을 번복할 수 있다는 원칙이다. 이의가 제기된 오류가 피고인의 헌법상 권리에 관한 것이 아니라면 그 실수가 유죄판결을 하는 데 얼마나 영향을 미쳤는가가 문제된다. 예를 들어 판사가 어떤 점에 대하여 허용되어서는 안 되는 증거를 받아들였지만 이를 입증할 다른 증거가 많이 있었다면 설사 증거의 허용에 실수가 있었다고 해도 전체적 구도에서 해를 끼친 바가 없다.

실수로 인하여 피고인의 헌법상 권리가 영향을 받았다면 언제나 판결의 파기reversal의 문제가 생긴다고 생각할 수도 있을 것이다. 헌법적 권리의 침해가 있었다면 피고인에게 미치는 영향의 면에서나 헌법위반행위를 예방한다는 정책적 측면에서나 어떻게 무해하다고 할 수 있는가? 그러나 연방대법원은 무해한 헌법적 오류와 자동적으로 판결 파기를 부를 오류를 구별한다. 예를 들어 변호인의 조력을 받을 권리를 침해하여 얻어진 자백이 증거로 허용되었다면 무해한 오류의 원칙이 적용되지만 피고인과 같은 인종의 참여가 제도적으로 배제된 대배심에 의하여 기소되었다면 유죄의 증거가 아무리 많다고 하여도 그에 따른 유죄선고는 번복되어야 한다.

상소절차가 대부분의 오류를 시정하는 기능을 충분히 발휘해야 하겠지만 여러 세기에 걸쳐 이에 대한 대안, 즉 인신보호영장writ of habeas corpus이라는 부수적 공격수단이 별도로 인정되어 왔다. "인신보호Habeas Corpus"는 "당신이 그의 신체를 가지고 있다."는 뜻의 라틴어인데, 법원이 다른 사람의 신병을 구금하고 있는 정부 공무원에게 어떤 명령을 내릴 때 그 서두에 전제되는 말인 "당신은 이 사람의 신병을 관리하고 있고 당신이 그를 법정에 데려와야 한다."라는 문구에서 유래되었다. 인신보호영장habeas corpus은 대영장Great Writ이라고 불리기도 하는데, 사람의 구금confinement이 정당한지에 이의를 제기하는 데 사용되는 다용도의 절차라고 할 수 있다. 유죄판결을 받고 (실제 구금되어 있든 아니면 법적으로 구금되어 있다고 해석되는 경우이든) 구금 상태에 있는 사람은 자신을 구금하는 원인이 된 절차에 어떤 법적 오류가 있으므로 구금이 불법이라는 주장을 하면서 연방법원에 자신을 구금하고 있는 연방 또는 주의 당국에 대하여 효력이 있는 인신보호영장을 청구할 수 있다(제2장에서 살핀 대로 연방대법원은 아프가니스탄 전쟁의 포로와 적성 전투원enemy combatant으로 분류되어 미국 본토와 쿠바의 Guantanamo Bay에 구금되어 있는 사람들이 그 구금의 적법성을 다투기 위해서 인신보호영장 제도를 사용할 수 있다고 판시하였다(Hamadi v. Rumsfeld, 및 Rasul v. Bush, 2004).).

인신보호habeas corpus는 아주 강력한 구제수단이다. 여기에는 어떤 기본원칙이 표현되어 있는데 사람은 법 그리고 특히 합헌적인 법에 의해서만 형사적 처벌을 받을 수 있고, 그 요구는 너무나 중요하므로 보통의 상소권right of appeal 이외의 사법적 구제수단이 더 주어져야 한다는 것이다. 그러나 역시 여기에도 충돌이 생긴다. 피고인이 유죄판결에 이의하기 위하여 인신보호를 이용할 수 있다면 여러 개의 오류를 차례로 주장하면서, 심지어 직접 상소심에서 다루어지지 않은 오류까지 주장하면서 몇 번이고 반복해서 사용할 수 있는가? 법원들과 입법기관들은 인신보호제도가 보호하고자 하는 권리와 확정성finality 및 범죄자 처벌의 실제적 필요 사이에 균형을 잡고자 시도해 왔다.

1970년대부터 그러한 균형점은 인신보호청구권의 제한 쪽으로 옮겨졌다. 첫째, 현행법에 의하면 많은 종류의 헌법적 권리의 침해 주장은 인신보호절차에서 아예 제기될 수 없다. 특히 추가조항 제4조를 근거로 위법하게 수집된 증거에 의하여 유죄판결을 받았다고 하는 주장은 피고인이 주법원의 절차에서 그 주장을 제기할 "완전하고 공정한 절차"를 제공받았었다면 인신보호절차에서 제기할 수 없다. 법원들은 피고인이 그러한 기회를 가졌다면 위법한 경찰의 행동에 영향을 미치기 위하여 추가조항 제4조가 의도하는 어떤 억제효과라도 이미 느꼈을 것이므로 피고인으로 하여금 이러한 주장을 다시 다투도록 허용할 필요가 없다고 말하였다.

둘째, 인신보호 신청에 착수하기에 앞서 피고인은 다른 모든 구제수단을 다 사용해 보았어야 한다. 피고인의 권리가 침해된 것이 명백하면 그는 주법원에 먼저 그 문제를 제기해야 한다. 이 원칙에 대한 예외는 피고인이 그러한 청구를 하지 못한 이유와 그 결과 실제로 불이익이 있었음을 입증한 경우, 사법제도가 근본적으로 제 기능을 하지 못한 경우 또는 주법원에서 이를 시정받을 효과적인 기회가 없었을 경우뿐이다. 그러나 놀라운 것은 피고인이 자신이 유죄를 선고받은 혐의에 대하여 실제로는 무죄임을 입증하려고 시도해도 법원은 인신보호 청구를 인용하지 않으려는 태도를 보인다는 점이다.

셋째, 인신보호에 관한 연방법률은 이전의 인신보호 청구에서 다루어졌던 이슈이고 더 이상 심사한다고 해도 "정의의 목적을 달성하는 데 도움이 되지 않으면" 법원이 재차의 인신보호 청구를 거부할 수 있도록 한다. 이 법률은 또한 인신보호영장 제도의 남용을 목적으로 하는 청구는 거부할 수 있도록 하는데, 피고인이 이전에 인신보호 청구를 했었음에도 이후에 다른 이유를 들어 다시 청구한 경우 피고인이 이전에 그 문제를 제기하지 못했던 이유와 이로 인하여 받을 불이익을 제대로 설명하지 못한다면 법원은 이후의 청원을 거부할 수 있도록 하고 있다.

넷째, 피고인이 유죄를 선고받은 혐의에 대하여 실제로 무죄였는지 여부는 인신보호영장을 부여하는 것과는 관계가 없다. 유죄판결에 이르게 된 증거들을 가장 우호적으로 살펴보아 이성적인 배심원단이라면 합리적인 의심을 넘어서는 증거가 있다고 하여 유죄판결을 선고하였을 것이라고 인정되면 인신보호영장은 기각된다.

결어 Conclusion

이 책을 읽고 당신은 미국 법의 기본적 원칙과 이슈들을 알게 되었다. 판사, 변호사 그리고 법학도는 이들 개념을 일상적으로 사용한다. 이 지식으로 당신도 판사가 사건을 판결할 때, 변호사가 의뢰인의 문제를 해결할 때 또는 법학도가 기말고사를 볼 때 하는 일들을 할 수 있는지 알아보자.

오늘 신문에서 법과 관련이 있는 기사나 일상생활에서 마주치는 일 중 법과 관련이 있는 일을 골라 보자. 이제 당신은 법적 이슈들이 어디에든 널려 있음을 알기 때문에 이 일은 쉽게 할 수 있을 것이다. 그렇다면 당신도 판사, 변호사, 법학도가 하는 일들, 즉 관련되는 쟁점을 찾아내고 양측의 주장을 검토하며 그 문제가 어떻게 해결되어야 하는지 결론을 내려 보기 바란다.

당신이 생각해야 할 의문점들은 아래와 같다.

- 법의 어떤 분야 또는 분야들이 그 문제에 관련되는가? 뒤따르는 헌법의 문제가 있는가 아니면 사법private law의 문제인가? 그 문제가 절차procedure에 관한 것인가 아니면 실체substance에 관한 것인가?

- 어떤 법칙과 원리가 적용되는가? 어떤 특정한 법원칙이 이 문제에 관련이 있는가? 어떤 일반원칙, 이론 그리고 정책이 적용되는가?

- 당신의 문제가 이 책에서 논의된 사건과 비슷한가? 그것이 어떤 면에서 유사하고 어떤 면에서 상이한가? 그러한 유사성과 차이점이 당신이 찾아낸 법칙과 원리에 의하여 그 사건이 어떻게 판단되어야 하는지 제시하는 바가 있는가?

- 정말 문제되는 것이 무엇인가? 어떤 경제적, 사회적 그리고 정치적 이해관계가 개입되어 있는가? 이 사건이 이렇게 또는 저렇게 결론지어짐에 따라 누가 혜택받고 누가 고통받을 것인가?

- 그 이슈를 어떤 쪽으로 해결하기 위하여 당신이 찾아낸 원칙, 원리, 선례 그리고 사실관계를 이용하여 당신이 할 수 있는 최선의 주장은 무엇인가? 그 이슈를 다른 쪽으로 해결하기 위하여 당신이 할 수 있는 최선의 주장은 무엇인가?

- 당신은 가장 정당한 결론이 무엇이라고 생각하는가? 그 결론은 현재의 법이 바뀌어야만 도출될 수 있는가? 법을 그렇게 바꾸면 어떤 결과가 올 것인가?

이 마지막 시험을 치러 보니 그 결과는 어떠한가? 이 책에서 배운 것들을 활용할 수 있었는가? 문제의 또 다른 면을 볼 수 있었는가? 그 문제들에 쉬운 답이 없는 것처럼 보였는가? 정의에 대한 당신의 관념을 보다 정밀하게 가다듬을 수 있었는가? 그렇다면 축하하며 법의 세계로 들어온 당신을 환영한다.

——— 역자약력

김영준

서울고, 서울대 법대
Visiting Scholar, Duke Law School
대검찰청 검찰연구관
주미국대사관 법무협력관
법무부 국제법무과장, 법무심의관
수원지검 여주지청장
창원지검 검사장
법무부 출입국·외국인정책본부장
법무법인 삼우 대표변호사

LAW 101 (5TH EDITION)

ⓒ Jay M. Feinman 2018

LAW 101 (5TH EDITION) was originally published in English in 2018. This translation is published by arrangement with Oxford University Press. Parkyoung Publishing Co. is solely responsible for this translation from the original work and Oxford University Press shall have no liability for any errors, omissions or inaccuracies or ambiguities in such translation or for any losses caused by reliance thereon.

Korean translation copyright ⓒ 2021 by Parkyoung Publishing Co.
Korean translation rights arranged with Oxford University Press through EYA (Eric Yang Agency).

이 책의 한국어판 저작권은 EYA(에릭양 에이전시)를 통해
Oxford University Press 사와 독점 계약한 박영사에 있습니다.
저작권법에 의하여 한국 내에서 보호를 받는 저작물이므로
무단전재 및 복제를 금합니다.

미국법에 대하여 알아야 할 모든 것

초판발행	2021년 7월 16일
중판발행	2022년 7월 15일

지은이	Jay M. Feinman
옮긴이	김영준
펴낸이	안종만·안상준

편 집	윤혜경
기획/마케팅	조성호
표지디자인	최윤주
제 작	고철민·조영환

펴낸곳	(주) **박영사**
	서울특별시 금천구 가산디지털2로 53, 210호(가산동, 한라시그마밸리)
	등록 1959. 3. 11. 제300-1959-1호(倫)
전 화	02)733-6771
f a x	02)736-4818
e-mail	pys@pybook.co.kr
homepage	www.pybook.co.kr
ISBN	979-11-303-3894-1 93360

* 파본은 구입하신 곳에서 교환해 드립니다. 본서의 무단복제행위를 금합니다.
* 역자와 협의하여 인지첩부를 생략합니다.

정 가	29,000원